D1666721

Kohlhammer

Ralf Diedrich
Stefan Dierkes

Kapitalmarktorientierte Unternehmensbewertung

1. Auflage

Verlag W. Kohlhammer

1. Auflage 2015

Alle Rechte vorbehalten
© 2015 W. Kohlhammer GmbH Stuttgart
Gesamtherstellung: W. Kohlhammer GmbH, Stuttgart

Print:
ISBN 978-3-17-020038-8

E-Book-Formate:
epub: ISBN 978-3-17-026828-9
mobi: ISBN 978-3-17-026829-6

Vorwort

Die Bewertung von Unternehmen gehört zu den theoretisch schwierigsten und praktisch bedeutsamsten Problemen, mit denen sich die Betriebswirtschaftslehre auseinandersetzt. Nicht nur ein fundiertes Wissen auf nahezu allen Gebieten der Betriebswirtschaftslehre ist dafür erforderlich, es werden auch sehr weitreichende Kenntnisse aus den verschiedensten Nachbardisziplinen der Betriebswirtschaftslehre benötigt. Kein Lehrbuch zur Unternehmensbewertung kann daher alle Aspekte des Themas abdecken. Jedem Lehrbuch liegt eine Auswahl als relevant erachteter Inhalte zugrunde, die die Ansichten und Vorlieben der jeweiligen Autoren widerspiegeln. Das aus unserer Sicht Wichtigste zum Thema Unternehmensbewertung haben wir in diesem Lehrbuch wiedergegeben. Dabei mussten viele Aspekte der Unternehmensbewertung unberücksichtigt bleiben, obwohl sie auch unserer Meinung nach bedeutsam sind. Dies gilt etwa für alternative Möglichkeiten, das Preissystem am Kapitalmarkt für Bewertungszwecke nutzbar zu machen, oder für Verfahren, bei denen der Unternehmenswert aus den Präferenzen der jeweiligen Parteien abgeleitet wird. Als Richtschnur für die Auswahl des behandelten Stoffes dienten uns die Praktikabilität und die praktische Relevanz der jeweiligen Verfahren. Wir haben uns bemüht, die wichtigsten in der Bewertungspraxis auftretenden Probleme zu behandeln und hierfür gleichermaßen theoretisch fundierte wie praktikable Lösungen zu präsentieren.

Ein wesentlicher Unterschied zu anderen Lehrbüchern besteht darin, dass die kapitalmarkttheoretischen Grundlagen der Bewertung von Beginn an unter Berücksichtigung eines Systems der persönlichen Besteuerung von Kapitalerträgen entwickelt werden. Die theoretische Grundlegung führt damit direkt auf Nachsteuerrechnungen; Vorsteuerrechnungen geraten in das Blickfeld, wenn von einem entsprechend einfachen Steuersystem ausgegangen wird, oder werden als Instrument zur Vereinfachung von Nachsteuerrechnungen eingeführt. Die theoretischen Zusammenhänge, die Nachsteuerrechnungen in Abhängigkeit von der jeweils angenommenen Finanzierungspolitik zugrunde liegen, werden vergleichsweise ausführlich erörtert. Dabei konnten wir nicht durchgängig auf Ausgestaltungshinweise in der Literatur zurückgreifen. An den betreffenden Stellen enthält unser Buch Vorschläge, die über den bisherigen Stand der Literatur hinausgehen. Um der Leserin und dem Leser die Möglichkeit zu geben, sich auf das Wesentliche zu konzentrieren, haben wir die Ausführungen im Text bewusst knapp gehalten. Ergänzende und weiterführende Aspekte aus Theorie und Praxis wurden in Einschübe ausgelagert, die je nach Bedarf und Interesse gelesen werden können. Gleiches gilt für eine Vielzahl von Einzelbeispielen, die der Verdeutlichung der im Text behandelten theoretischen und praktischen Inhalte dienen. An einer in den Text integrierten, die Darstellung des gesamten Bewertungsprozesses begleitenden Fallstudie wird der Bewertungszusammenhang verdeutlicht.

Der Schwerpunkt der Darstellung liegt auf der Anwendung der Discounted Cashflow Verfahren. Unser Ziel ist es, die Leserinnen und Leser an die praktische Bewertung von Unternehmen heranzuführen. Eine Möglichkeit dazu besteht darin, dem Aufbau des Buches folgend zunächst die theoretischen Grundlagen zu erarbeiten und anschließend die praktische Vorgehensweise bei der Bewertung zu studieren. Eine andere Möglichkeit ist, zunächst den Anwendungsteil zu lesen und anschließend ausgewählte theoretische Grundlagen nachzuarbeiten. Es spricht auch nichts dagegen, sich zunächst auf Vorsteuerrechnungen zu konzentrieren und je nach Bedarf anschließend Nachsteuerrechnungen zu behandeln. Die beste Vorgehensweise bei der Erschließung des Textes hängt nicht zuletzt von den vorhandenen Vorkenntnissen ab. Wir hoffen, dass das vorliegende Lehrbuch mit diesem Ansatz einschlägige Lehrveranstaltungen in Master- und Promotionsstudiengängen sinnvoll begleiten und in der betrieblichen Praxis gewinnbringend eingesetzt werden kann.

Die Entstehung des Buches wurde durch Diskussionen und Gespräche mit Praktikerinnen und Praktikern, Kolleginnen und Kollegen sowie Mitarbeiterinnen und Mitarbeitern auf Tagungen oder Seminaren oder einfach nur beim Mittagessen befördert. Gerade die informellen Gespräche haben in besonderer Weise zum Gelingen des Projektes beigetragen. Für die Bereitschaft, mit uns zu diskutieren, die kritische Durchsicht einzelner Textteile und die Hilfe bei der redaktionellen Bearbeitung möchten wir allen Beteiligten, insbesondere Herrn M. Sc. Christian Große, Herrn Dr. Hans-Christian Gröger, Frau Dipl.-Oec. Evelyn Raths, Herrn Dr. Ulrich Schäfer, Frau Dr. Ulrike Schirmer und Frau M. A. Carolin Stier von Herzen danken.

Leipzig und Göttingen, Oktober 2014   Ralf Diedrich, Stefan Dierkes

Inhaltsverzeichnis

Verzeichnis der wichtigsten Symbole

BE	Buchwert des Eigenkapitals (Book Value Equity)
BD	Buchwert des Fremdkapitals (Book Value Debt)
c	Credit Spread
CS	Gezeichnetes Kapital inklusive Kapitalrücklagen (Common Stock)
d	Erwartete Dividendenrendite
D	Marktwert des Fremdkapitals (Market Value Debt)
Div	Dividende (Dividend)
DP	Marktwert des Duplikationsportefeuilles
E	Marktwert des Eigenkapitals (Market Value Equity)
EBIT	Earnings before Interest and Taxes
g	Erwartete Kursgewinnrendite
G	Kursgewinn (Gain)
GSt	Gewerbesteuer
I	Fremdkapitalzinsen oder Zinsaufwendungen (Interest)
IC	Invested Capital
k	Kapitalkostensatz (Cost of Capital)
kd	Fremdkapitalkostensatz (Cost of Debt)
ke	Eigenkapitalkostensatz (Cost of Equity)
KSt	Körperschaftsteuer
L	Verschuldungsgrad (Leverage)
LGD	Loss given Default
LTA	Anlagevermögen (Long Term Assets)
MRP	Marktrisikoprämie (Market Risk Premium)
n	Nettoinvestitionsrate
NI	Nettoinvestitionen (Net Investments)
NOPLAT	Net Operating Profit less Adjusted Taxes
NWC	Nettoumlaufvermögen (Net Working Capital)
OP	Periodenergebnis aus betriebsnotwendigem Vermögen (Operating Profit)
p	Preis eines Arrow/Debreu Wertpapiers
P	Preis eines Wertpapiers
PD	Probability of Default
q	Ausschüttungsquote
r	Risikoloser Zinssatz (Riskless Rate of Return)

s	Persönlicher Steuersatz (Personal Tax Rate)
R	Rendite (Rate of Return)
RE	Gewinnrücklagen (Retained Earnings)
ROIC	Return on Invested Capital
T	Steuern (Taxes)
TS	Tax Shield
v	Reales Wachstum in Prozent
V	Marktwert (Market Value)
VTS	Marktwert des Tax Shields
w	Nominales Wachstum in Prozent
X, z	Zahlung (Cashflow)
β	Betafaktor
Δ	Veränderung einer Größe im Vergleich zur Vorperiode
Θ	Fremdkapitalquote
μ	Erwartete Rendite (Expected Return)
π	Inflationsbedingtes Wachstum in Prozent
ρ	Korrelationskoeffizient
σ	Standardabweichung
τ	Unternehmensteuersatz (Corporate Tax Rate)

Die Symbole werden mittels folgender Indizes genauer spezifiziert:

d	auf Dividenden bezogen
D	auf das Fremdkapital bezogen
EBIT	auf den EBIT bezogen
ESt	auf die Einkommensteuer bezogen
f	Fremdkapitalkategorie
FCF	als freier Cashflow
FtD	als Flow to Debt
FtE	als Flow to Equity
g	auf Kursgewinne bezogen
GSt	auf die Gewerbesteuer bezogen
KSt	auf die Körperschaftsteuer bezogen
ℓ	des verschuldeten Unternehmens
LTA	auf das Anlagevermögen bezogen
M	auf das Marktportefeuille bezogen
s	nach persönlichen Steuern
St	bei Eintritt des betreffenden Zustands im Zeitpunkt t
NWC	auf das Nettoumlaufvermögen bezogen
R	auf die Rentenphase bezogen
RU	des Referenzunternehmens
TCF	als Total Cashflow
u	des unverschuldeten Unternehmens
v	als vertraglich vereinbarte Zahlung oder Verzinsung

SZ	auf den Solidaritätszuschlag bezogen
θ	Informationsstand
t, κ, ν	Periode oder Zeitpunkt
τ	unter Berücksichtigung des unternehmensteuerbedingten Tax Shields

Abbildungsverzeichnis

Tabellenverzeichnis

Abkürzungsverzeichnis

Abs.	Absatz
AG	Aktiengesellschaft
AktG	Aktiengesetz
AKU	Arbeitskreis Unternehmensbewertung
AMT	Alternative Minimum Tax
APV	Adjusted Present Value
AStG	Außensteuergesetz
Aufl.	Auflage
BayObLG	Bayrisches Oberstes Landesgericht
BB	Betriebs-Berater
Bd.	Band
BGB	Bürgerliches Gesetzbuch
BGH	Bundesgerichtshof
BilMoG	Bilanzmodernisierungsgesetz
Buchst.	Buchstabe
BVerfG	Bundesverfassungsgericht
BVerfGE	Entscheidungen des Bundesverfassungsgericht
BWL	Betriebswirtschaftslehre
bzw.	beziehungsweise
CF	Corporate Finance
c. p.	ceteris paribus
ca.	circa
CAPM	Capital Asset Pricing Model
CDAX	Composite DAX
DB	Der Betrieb
d. h.	das heißt
DAX	Deutscher Aktienindex
DCF	Discounted Cashflow
DDR	Deutsche Demokratische Republik
DIH	Days Inventory Held
DIHK	Deutsche Industrie- und Handelskammer
DPO	Days Payable Outstanding
DSO	Days Sales Outstanding
DRS	Deutsche Rechnungslegungsstandards
DVFA	Deutsche Vereinigung für Finanzanalyse und Asset Management

EBIT	Earnings before Interest and Taxes
EBITA	Earnings before Interest, Taxes and Amortization
EBITDA	Earnings before Interest, Taxes, Depreciation and Amortization
ERP	Equity Risk Premium
EStG	Einkommensteuergesetz
et al.	und andere
etc.	et cetera
EURIBOR	European Interbank Offered Rate
EVA	Economic Value Added
e. V.	eingetragener Verein
f.	folgende
FAS	Financial Accounting Standard
FAUB	Fachausschuss für Unternehmensbewertung und Betriebswirtschaft
FB	Finanz-Betrieb
ff.	fortfolgende
FCF	Free Cashflow
FN	Fußnote
FS	Festschrift
FtD	Flow to Debt
FtE	Flow to Equity
GewStG	Gewerbesteuergesetz
Ggf.	gegebenenfalls
GmbH	Gesellschaft mit beschränkter Haftung
H.	Heft
HFA	Hauptfachausschuss
HGB	Handelsgesetzbuch
Hrsg.	Herausgeber
http	Hypertext Transfer Protocol
IAS	International Accounting Standards
i. d. F.	in der Fassung
IDW	Institut der Wirtschaftsprüfer
IDW ES	Institut der Wirtschaftsprüfer Standard Entwurf
IDW RS	Institut der Wirtschaftsprüfer Stellungnahme zur Rechnungslegung
IDW S	Institut der Wirtschaftsprüfer Standard
IFRS	International Financial Reporting Standards
i. V. m.	in Verbindung mit
IVS	International Valuation Standard
Jg.	Jahrgang
KG	Kommanditgesellschaft
KMU	Kleine und mittlere Unternehmen
KPMG	Klynveld, Peat, Marwick und Goerdeler
KStG	Körperschaftsteuergesetz
LCD	Liquid Crystal Display
LG	Landesgericht

LGD	Loss given Default
LIBOR	London Interbank Offered Rate
MCPM	Market-derived Pricing Model
NOPAT	Net Operating Profit after Taxes
NOPLAT	Net Operating Profit Less Adjusted Taxes
n. F.	neue Fassung
Nr.	Nummer
OECD	Organisation for Economic Co-operation and Development
OFD	Oberfinanzdirektion
OHG	Offene Handelsgesellschaft
OLG	Oberlandesgericht
OLS	Ordinary Least Square
p. a.	per anno
Q	Quartal
REX	Rentenindex
ROIC	Return on Invested Capital
Rn	Randnummer
S&P	Standard and Poor's
S.	Seite
Sp.	Spalte
SFAS	Statement of Financial Accounting Standard
SolZG	Solidaritätszuschlagsgesetz
StSenkG	Steuersenkungsgesetz
TCF	Total Cashflow
TS	Tax Shield
Tsd.	Tausend
Tz.	Textziffer
u. a.	unter anderem
u. ä.	und ähnliche
UmwG	Umwandlungsgesetz
US	United States
USA	United States of America
US-GAAP	United States Generally Accepted Accounting Principles
vgl.	vergleiche
Vol.	Volume
VOFI	Vollständige Finanzpläne
vs.	versus
VWL	Volkswirtschaft
WACC	Weighted Average Cost of Capital
WP	Wirtschaftsprüfer
WPg	Wirtschaftsprüfung
z. B.	zum Beispiel
ZfB	Zeitschrift für Betriebswirtschaft
ZfbF	Zeitschrift für betriebswirtschaftliche Forschung
z. T.	zum Teil

Verzeichnis der Theorie- und Praxiseinschübe

Verzeichnis der Einschübe mit Beispielen

1 Anlässe, Zwecke und Verfahren der Unternehmensbewertung

1.1 Anlässe der Unternehmensbewertung

Im Vorfeld der Unternehmensbewertung muss sich der Bewerter Klarheit über den Anlass und den Zweck seiner Bewertung verschaffen; ferner muss er das anzuwendende Verfahren bestimmen. Klarheit über den Anlass ist schon deshalb notwendig, weil bei Unternehmensbewertungen häufig rechtliche oder vertragliche Bestimmungen zu beachten sind. Ohne die Kenntnis dieser Bestimmungen ist eine sachgerechte Bewertung nicht möglich. Vom Zweck der Bewertung hängt die Konzeption des Wertes ab, den es zu ermitteln gilt. Diese wiederum begrenzt die Menge der Bewertungsverfahren, die für die Bewertung in Frage kommen. Oft werden zu ein und demselben Anlass mehrere Unternehmensbewertungen durchgeführt, wobei ggf. sogar verschiedene Verfahren zum Einsatz kommen. Ergeben sich dabei differierende Wertgrößen, so bedeutet dies nicht notwendigerweise, dass bei der Bewertung Fehler unterlaufen sind. Abweichungen können vielmehr auch daraus resultieren, dass die ermittelten Wertgrößen unterschiedlichen Zwecken dienen. Ein Streit darüber, welches Bewertungsverfahren grundsätzlich am besten geeignet ist, Unternehmen zu bewerten, macht deshalb keinen Sinn: Die Eignung eines Bewertungsverfahrens richtet sich nach dem Zweck, der mit der Bewertung im Einzelfall verfolgt wird.

Tab. 1.1: Anlässe der Unternehmensbewertung

Bewertungen aufgrund gesetzlicher Vorschriften	Bewertungen aufgrund vertraglicher Vereinbarungen	Freiwillige Bewertungen
Gesellschaftsrechtlich bedingte Bewertungen	Bewertungen aufgrund von Abfindungsklauseln	Bewertungen im Vorfeld von Unternehmenskäufen und -verkäufen
Familienrechtlich bedingte Bewertungen	Bewertungen aufgrund von Schiedsklauseln	Bewertungen im Vorfeld von Umwandlungsvorgängen
Erbrechtlich bedingte Bewertungen	...	Bewertungen im Vorfeld strategischer Entscheidungen
Steuerrechtlich bedingte Bewertungen		...
...		

Anlässe für Unternehmensbewertungen lassen sich in verschiedener Weise klassifizieren. Ein gängiges Klassifikationskriterium stellt auf die **Verpflichtung zur Bewertung in rechtlicher Hinsicht** ab. Demnach sind Bewertungen aufgrund gesetzlicher Vorschriften, Bewertungen aufgrund vertraglicher Vereinbarungen und freiwillige Bewertungen zu unterscheiden. Weitergehende Unterscheidungsmöglichkeiten gibt die vorstehende Tabelle wieder.

Bewertungen aufgrund gesetzlicher Vorschriften

Zu den wichtigsten gesellschaftsrechtlich bedingten Bewertungsanlässen gehören der Abschluss von Unternehmensverträgen, Eingliederungen oder der Ausschluss von Minderheitsgesellschaftern (Bewertungsanlässe gemäß AktG) sowie Verschmelzungen und Spaltungen (Bewertungsanlässe gemäß UmwG). Des Weiteren können dieser Gruppe Bewertungen zugerechnet werden, die der externen Rechnungslegung dienen. Familienrechtlich bedingte Bewertungen umfassen vor allem Unternehmensbewertungen zur Bestimmung des Zugewinnausgleichs bei Ehescheidungen. Erbrechtlich bedingte Bewertungen haben z. B. Erbteilungen oder die Bemessung des Pflichtteils zum Gegenstand. Darüber hinaus gibt es eine Vielzahl weiterer gesetzlich vorgeschriebener Bewertungen. Es versteht sich von selbst, dass sich der Bewerter bei einer gesetzlich vorgeschriebenen Bewertung eingehend mit den rechtlichen Vorgaben, der Kommentarlage und der Rechtsprechung zu dem spezifischen Bewertungsanlass vertraut machen muss.

Bewertungen aufgrund vertraglicher Vereinbarungen

Bei den Bewertungen aufgrund vertraglicher Vereinbarungen ist zunächst die Bestimmung der Abfindung von Gesellschaftern, die aus Personengesellschaften ausscheiden, anzuführen. Zwar existiert hierfür in § 738 BGB eine gesetzliche Regelung, jedoch wird diese in aller Regel durch eine Abfindungsklausel im Gesellschaftsvertrag abbedungen. Diese Abfindungsklausel gibt vor, wie bei der Bemessung der Abfindung zu verfahren ist. Darüber hinaus findet man z. B. in Verträgen über Gemeinschaftsunternehmen Schiedsklauseln, auf deren Grundlage im Konfliktfall eine Lösung gefunden werden soll, ohne dass es zu zeitaufwendigen und kostenintensiven gerichtlichen Auseinandersetzungen kommt. Solche Schiedsklauseln können ebenfalls Unternehmensbewertungen erforderlich machen. In allen Fällen vertraglich vereinbarter Bewertungen muss sich der Bewerter zunächst mit der rechtlichen Zulässigkeit der jeweiligen Klausel auseinandersetzen. Hierzu sind insbesondere die gesetzlichen Vorschriften zu sichten, die maßgeblich wären, wenn es die vertraglichen Bestimmungen nicht gäbe. Eine wichtige Aufgabe besteht aufgrund der Interpretationsbedürftigkeit vertraglicher Klauseln regelmäßig auch darin, den Willen der Vertragsparteien zum Zeitpunkt des Vertragsabschlusses zu erforschen.

Freiwillige Bewertungen

Freiwillige Bewertungen werden im Vorfeld von Unternehmenskäufen und –verkäufen durchgeführt, um Preisvorstellungen zu bilden. Analog gilt dies auch für Umwandlungsvorgänge, wie z. B. Verschmelzungen oder Spaltungen, bei denen Vermögenspositionen ausgetauscht werden. Darüber hinaus dienen freiwillige Bewertungen der Beurteilung strategischer Alternativen. Welche Bedeutung den Bewertungsergebnissen hierbei zukommt, ist von der unternehmerischen Zielsetzung abhängig: Bei einem Unternehmen mit einer strikten Shareholderorientierung gilt jede Maßnahme, die zu einer Erhöhung des Unternehmenswertes führt, als vorteilhaft, jede Maßnahme, die diesen vermindert, gilt als nachteilig. Aber auch für Unternehmen mit einer Stakeholderorientierung ist der Unternehmenswert von Interesse, weil dieser neben anderen Zielgrößen in die Beurteilung von strategischen Alternativen eingeht. In beiden Fällen wird man zur Abschätzung der wertmäßigen Konsequenzen nicht notwendigerweise umfängliche Bewertungen durchführen müssen. Gleichwohl sind Unternehmensbewertungen ein zentrales Instrument der Entscheidungsfindung.

1.2 Zwecke der Unternehmensbewertung

Der Zweck der Bewertung bestimmt die Funktion, die der Bewerter innehat. Je nachdem, ob die Bewertung im Zusammenhang mit einer **Änderung der Eigentumsverhältnisse** in Bezug auf das Unternehmen steht, unterscheidet man Haupt- und Nebenfunktionen. Einen Überblick über die Bewertungsfunktionen gibt nachstehende Tabelle:

Tab. 1.2: Funktionen der Unternehmensbewertung

Hauptfunktionen der Bewertung	Nebenfunktionen der Bewertung
Beratungsfunktion	Informationsfunktion
Schiedsfunktion	Kommunikationsfunktion
Argumentationsfunktion	Steuerbemessungsfunktion
	...

Beratungsfunktion

Gegenstand der Bewertung in der **Beratungsfunktion** ist die Bestimmung von **Entscheidungswerten**. Im einfachsten Fall handelt es sich dabei um Preisober- bzw. -untergrenzen für potenzielle Unternehmenskäufer und -verkäufer. Die Preisobergrenze des Käufers entspricht demjenigen Preis, bei dem der Käufer gegenüber dem Erwerb des Unternehmens indifferent ist. Würde er einen höheren Preis zahlen, wäre der Kauf des Unternehmens für ihn nachteilig. Bei einem niedrigeren Preis bringt ihm die Transaktion Vorteile. Analog ergibt sich die Preisuntergrenze aus der Sicht des potenziellen Verkäufers als derjenige Preis, der nicht unterschritten werden darf, ohne dass die Veräußerung des Unternehmens zum Verlustgeschäft wird. Preisober- und -untergrenzen werden im Vorfeld von Preisverhandlungen bestimmt, um den Verhandlungsspielraum abzustecken.

Auf einer höheren Abstraktionsebene sind Entscheidungswerte Ausdruck einer **Subjekt – Objekt – Objekt Relation**. Im Mittelpunkt dieser Relation steht das Bewertungsobjekt, das Unternehmen, das es zu bewerten gilt. Bei der Bewertung sind die Präferenzen des Bewertungssubjekts, etwa des potenziellen Käufers oder Verkäufers des

Unternehmens, zu berücksichtigen. Aus den alternativen Handlungsmöglichkeiten des Bewertungssubjekts wird ein Vergleichsobjekt, etwa eine Anlage am Kapitalmarkt, konstruiert, die für das Bewertungssubjekt den gleichen Nutzen wie das Bewertungsobjekt verkörpert. Der Preis, der für das Vergleichsobjekt zu entrichten wäre, entspricht dem gesuchten Entscheidungswert. Der Entscheidungswert ist demnach vom Prinzip her eine subjektive, d.h. auf die Präferenzen und die Handlungsmöglichkeiten eines spezifischen Bewertungssubjekts abgestimmte Wertgröße.

Schiedsfunktion

Während die Bewertung in der Beratungsfunktion meist auf freiwilliger Basis beruht, liegen Bewertungen in der **Schiedsfunktion** (Vermittlungsfunktion, Arbitriumfunktion) regelmäßig gesetzliche Vorschriften oder vertragliche Vereinbarungen zugrunde. **Schiedswerte** (Arbitriumwerte) werden vor allem immer dann benötigt, wenn es zu einer Verlagerung des Eigentums an einem Unternehmen kommt, ohne dass der bisherige Eigentümer dies verhindern kann, z.B. beim Ausschluss von Minderheitsaktionären. In solchen Fällen muss der Bewerter einen Wertansatz finden, der die Interessen der beteiligten Parteien berücksichtigt und übergeordneten Gerechtigkeitsvorstellungen genügt. Idealtypisch werden dazu zunächst die Entscheidungswerte der beteiligten Parteien bestimmt. Im Anschluss daran kommen Gerechtigkeitspostulate zum Einsatz, mittels derer die Entscheidungswerte in einen Schiedswert überführt werden. In der Praxis hat sich dieses Procedere nicht durchgesetzt, da der Bewerter in der Schiedsfunktion regelmäßig nicht über die Informationen verfügt, die für die Ermittlung der Entscheidungswerte nötig wären. Stattdessen wird auf mehr oder weniger direktem Wege eine Wertgröße ermittelt, die den Anforderungen an einen Schiedswert gerecht wird.

Argumentationsfunktion

Der Bewerter in der **Argumentationsfunktion** bestimmt einen **Argumentationswert**. Diese Wertgröße ist dazu gedacht, die Position einer Partei in Verhandlungen über den Preis für ein Unternehmen oder in gerichtlichen oder außergerichtlichen Auseinandersetzungen zu fundieren oder zu stützen. Die zentrale Aufgabe des Bewerters besteht darin, alle Bewertungsspielräume zugunsten seiner Partei zu nutzen, um deren Interessen durchzusetzen. Allerdings darf er keine übertrieben einseitige Bewertung vorlegen, um seine Glaubwürdigkeit nicht zu gefährden. Erforderlich ist in jedem Fall eine methodisch korrekte und allen rechtlichen Anforderungen genügende Bewertung, die keine formalen Angriffspunkte bietet. Der Nachweis eines methodischen Fehlers etwa hätte sofort eine Schwächung der Verhandlungsposition zur Folge.

Den Zusammenhang der Hauptfunktionen der Unternehmensbewertung sowie der damit korrespondierenden Wertkonzeptionen für den Fall eines Unternehmenskaufs zeigt die Abbildung auf der nächsten Seite. Auf der Geraden sind potenzielle Preise für das Unternehmen abgetragen. Die Preisuntergrenze des Verkäufers und die Preisobergrenze des Käufers begrenzen die Bandbreite möglicher Verhandlungslösungen; es handelt sich um die jeweiligen Entscheidungswerte. Der Käufer wird in der Verhandlung typischerweise zunächst einen geringeren Preis als der Verkäufer vorschlagen; die Preisvorschläge

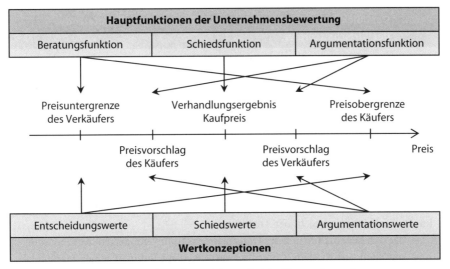

Abb. 1.1: Hauptfunktionen und Wertkonzeptionen bei der Unternehmensbewertung

basieren auf Argumentationswerten. Im Idealfall bewegen sich die Preisvorstellungen so lange aufeinander zu, bis ein Verhandlungsergebnis in Form eines von beiden Parteien akzeptierten Kaufpreises erreicht wird.

Die Nebenfunktionen der Unternehmensbewertung werden in der Literatur uneinheitlich abgegrenzt. Im Folgenden werden nur die drei wichtigsten Nebenfunktionen angesprochen:

- Im Rahmen der Informationsfunktion geht es um die Ermittlung von Wertgrößen, die für die Entscheidungsfindung von Bedeutung sind oder für Anreizsysteme benötigt werden. Hierunter fallen vor allem Bewertungen, die der Beurteilung strategischer Alternativen im Rahmen einer wertorientierten Unternehmensführung dienen. Zu denken wäre etwa an Entscheidungen über Produktionsstandorte, Vertriebswege oder Produkt/Markt – Kombinationen. Des Weiteren sind Bewertungen angesprochen, auf deren Grundlage Boni oder Gratifikationen an Mitarbeiter gezahlt werden.
- Die Kommunikationsfunktion umfasst Bewertungen, deren Ergebnis Dritten mitgeteilt werden soll. Hierunter fallen z. B. Bewertungen, die im Zuge der externen Rechnungslegung erforderlich werden, etwa im Rahmen der Bestimmung von Beteiligungsbuchwerten oder für den Impairmenttest. Darüber hinaus sind der Kommunikationsfunktion Bewertungen zuzuordnen, die der weitergehenden Information der Kapitalmarktteilnehmer zur Pflege der Investor Relations dienen.
- Im Rahmen der Steuerbemessungsfunktion werden Besteuerungsgrundlagen z. B. für Vermögens- oder Erbschaftsteuern bestimmt. Die Zweckabhängigkeit der Bewertung wird in diesem Zusammenhang besonders deutlich. Denn aus Gründen der Rechtssicherheit müssen Besteuerungsgrundlagen objektivierbar sein. Ein Bewertungsverfahren, das dem Bewerter weitgehende Ermessensspielräume lässt, kommt hierfür nicht in Frage.

> **PRAXIS:** Der objektivierte Wert nach den Verlautbarungen des Berufsstands der Wirtschaftsprüfer
>
> In den Verlautbarungen des Berufsstands der Wirtschaftsprüfer wird die erläuterte Auflistung von Bewertungsfunktionen modifiziert. Die Argumentationsfunktion entfällt, zusätzlich wird die sogenannte »Funktion des neutralen Gutachters« aufgeführt. Diese wird wie folgt charakterisiert:
> »In der Funktion als neutraler Gutachter wird der Wirtschaftsprüfer als Sachverständiger tätig, der mit nachvollziehbarer Methodik einen von den individuellen Wertvorstellungen betroffener Parteien unabhängigen Wert des Unternehmens – den objektivierten Unternehmenswert – ermittelt.«[1]
> Daneben findet sich folgende Erläuterung:
> »Der objektivierte Unternehmenswert ist ein **intersubjektiv nachprüfbarer Zukunftserfolgswert** aus Sicht der Anteilseigner,
> – der sich bei Fortführung des Unternehmens in unverändertem Konzept und
> – mit allen realistischen Zukunftserwartungen im Rahmen seiner Marktchancen und –risiken, finanziellen Möglichkeiten sowie sonstigen Einflussfaktoren nach den Grundsätzen betriebswirtschaftlicher Unternehmensbewertung und unter einer anlassbezogenen Typisierung der steuerlichen Verhältnisse der Anteilseigner bestimmen lässt.«[2]
> Aus theoretischer Sicht wird man die Funktion des neutralen Gutachters als Sonderfall der Kommunikationsfunktion betrachten können. Dies entspricht auch den Intentionen des Berufsstands: »Der Wertermittlung kommt bei dieser Interpretation eine Kommunikationsfunktion zu: Den Verhandlungspartnern sollen komprimierte Informationen über die Ertragskraft des Unternehmens vermittelt werden.«[3]

1.3 Verfahren der Unternehmensbewertung

Die Verfahren der Unternehmensbewertung lassen sich in Einzelbewertungsverfahren, Multiplikatorverfahren und Kapitalwertverfahren einteilen. Einen Überblick gibt die Darstellung auf der nächsten Seite.

Einzelbewertungsverfahren

Bei den Einzelbewertungsverfahren läuft der Bewertungskalkül auf eine Aufsummierung von Einzelwerten hinaus. Der auf die Eigner des Unternehmens entfallende Unter-

---

1 Institut der Wirtschaftsprüfer (Hrsg.) (2008), Tz. 12.
2 Institut der Wirtschaftsprüfer (Hrsg.) (2014), S. 7.
3 Institut der Wirtschaftsprüfer (Hrsg.) (2014), S. 7.

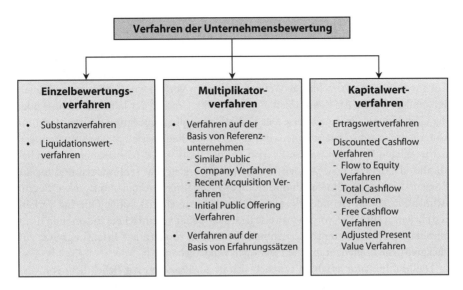

Abb.1.2: Verfahren der Unternehmensbewertung

nehmenswert entspricht der Summe der Vermögenswerte abzüglich der Schulden des Unternehmens. Verfahrensunterschiede ergeben sich im Hinblick auf die Annahmen, die der Bestimmung der Einzelwerte zugrunde gelegt werden: Die **Substanzwertverfahren** gehen von der Fortführung des Unternehmens aus. Der Unternehmenswert entspricht demjenigen Betrag, der erforderlich wäre, um ein vergleichbares Unternehmen zu errichten, und wird deshalb auch als Rekonstruktionswert bezeichnet. Je nachdem, ob dabei immaterielle Vermögenswerte in die Betrachtung einbezogen werden, die nicht entgeltlich erworben wurden, spricht man von Voll- bzw. Teilrekonstruktionswerten. Die Berücksichtigung des Alters der Vermögenswerte führt im Weiteren zu der Unterscheidung von Rekonstruktionsalt- und Rekonstruktionsneuwerten. Das **Liquidationswertverfahren** dagegen geht von der Zerschlagung des Unternehmens aus. Die aufzuaddierenden Einzelwerte entsprechen potenziellen Liquidationserlösen. Dabei ist nicht zwingend von einer Veräußerung einzelner Vermögensgegenstände auszugehen, auch eine Veräußerung kompletter Anlagen, Werke oder sonstiger Unternehmensteile kommt in Frage. Zu berücksichtigen sind auch die durch die Liquidation ausgelösten Kosten.

Einzelbewertungsverfahren finden vor allem dann Anwendung, wenn der Zweck der Bewertung eine Objektivierung erfordert, z. B. im Rahmen der Steuerbemessungsfunktion. Ihr wesentlicher Nachteil besteht darin, dass die Wertermittlung nicht an dem Nutzen anknüpft, den das Unternehmen als Ganzes erbringt. Einem hochprofitablen Dienstleistungsunternehmen mit nur geringem Anlagevermögen wird tendenziell ein geringerer Wert beigemessen als einem wenig rentablen Produktionsunternehmen mit umfangreichem Anlagenpark. Für Wertermittlungen im Rahmen der Beratungs- und der Schiedsfunktion sind Einzelbewertungsverfahren im Allgemeinen weniger geeignet.

Multiplikatorverfahren

Bei den Multiplikatorverfahren ergibt sich der Unternehmenswert als Produkt einer unternehmensspezifischen Kennzahl und eines Multiplikators, der als Preiskomponente interpretiert werden kann. Es handelt sich um einfach anzuwendende Verfahren, die z. B. für eine erste, überschlägige Wertermittlung im Vorfeld von Unternehmenskäufen verwendet werden. Als Kennzahlen dienen z. B. der Umsatz, der Jahresüberschuss oder der Cashflow des Unternehmens. Der Multiplikator gibt die Relation der am Markt für Unternehmen und Unternehmensanteile gezahlten Kaufpreise zu den Ausprägungen der jeweiligen Kennzahl wieder. Er wird auf der Basis von Referenzunternehmen bestimmt, die dem zu bewertenden Unternehmen vergleichbar sein müssen und für die Börsennotierungen (Similar Public Company Verfahren), Akquisitionspreise (Recent Acquisition Verfahren) oder Börseneinführungskurse (Initial Public Offering Verfahren) bekannt sind. Die Vorgehensweise lässt sich weiter vereinfachen, indem man nicht einzelfallbezogen Referenzunternehmen heranzieht, sondern auf Erfahrungssätze zurückgreift, die branchentypische Relationen wiedergeben.

Die Multiplikatorverfahren erfreuen sich in der Praxis großer Beliebtheit; von wissenschaftlicher Seite wird das Fehlen eines theoretischen Fundaments bemängelt. Insbesondere lässt sich nicht überzeugend darlegen, warum die Wertschätzung gerade an den verwendeten Kennzahlen und nur an diesen anknüpfen sollte. Es fehlt eine nachvollziehbare Bewertungsidee, wie sie den Einzelbewertungsverfahren mit dem Rekonstruktions- oder Liquidationsgedanken und vor allem den Kapitalwertverfahren zugrunde liegt. Die wohl beste Begründung für den Einsatz von Multiplikatorverfahren besteht darin, dass sie häufig zu recht guten Näherungen an die Ergebnisse der besser fundierten Kapitalwertverfahren führen. Im Rahmen einer ersten überschlägigen Wertermittlung mag es daher durchaus zweckmäßig sein, ein Multiplikatorverfahren einzusetzen. Im Zuge weiterer Überlegungen sollte dann aber ein besser fundiertes Verfahren zur Anwendung kommen. Wenn der Unternehmenswert mit einem Kapitalwertverfahren bestimmt wird, können die Multiplikatorverfahren im Rahmen einer Plausibilitätsprüfung eingesetzt werden.

Kapitalwertverfahren

Bei den Kapitalwertverfahren wird der Unternehmenswert mittels eines Kapitalwertkalküls, d. h. im Wege der Abzinsung monetärer Ergebnisse und der Aufsummierung der Barwerte, bestimmt. Ausgangspunkt ist die Idee, dass der Unternehmenswert aus der Fähigkeit des Unternehmens resultiert, monetäre Ergebnisse zu erwirtschaften. Mittels des Kapitalisierungszinssatzes werden diese Ergebnisse in Wertgrößen transformiert. Die in der Abbildung aufgeführten Varianten des Kapitalwertverfahrens unterscheiden sich sowohl in Bezug auf die Abgrenzung der abzuzinsenden Ergebnisse als auch im Hinblick auf den zur Anwendung kommenden Kapitalisierungszinssatz. Während z. B. das Ertragswertverfahren die Abzinsung von Ertragsüberschüssen beinhaltet, werden bei den Discounted Cashflow Verfahren in bestimmter Weise definierte Einzahlungsüberschüsse abgezinst. Beim Flow to Equity Verfahren wird der für Zahlungen an die Eigenkapitalgeber verfügbare Einzahlungsüberschuss diskontiert, beim Total Cashflow Verfahren der für Zahlungen an alle Kapitalgeber bereitstehende Betrag. Der Einzahlungsüberschuss beim Free Cashflow Verfahren unterscheidet sich von dem beim Total Cashflow Verfahren bezüglich der Höhe der berücksichtigten Steuerzahlungen, während beim Adjusted Present Value Verfahren eine Aufspaltung des Einzahlungsüberschusses in zwei Komponenten vorgenommen wird. Diese und weitere Unterschiede werden an späterer Stelle ausführlich behandelt.

Ein großer Vorteil der Kapitalwertverfahren besteht darin, dass in Abhängigkeit von der Ermittlung der Eingangsgrößen unterschiedlich zu interpretierende Wertgrößen bestimmt werden können. Werden die abzuzinsenden Ergebnisse und der Kapitalisierungszinssatz an den Präferenzen und Handlungsmöglichkeiten potenzieller Käufer oder Verkäufer ausgerichtet, so handelt es sich bei der resultierenden Wertgröße um einen Entscheidungswert. Es ist aber auch denkbar, bei der Festlegung der Eingangsgrößen parteispezifische Gegebenheiten und Gerechtigkeitspostulate zu berücksichtigen, so dass die resultierende Wertgröße den Charakter eines Schiedswertes besitzt. Spielräume bei der Festlegung der Eingangsgrößen lassen sich für die Bestimmung von Argumentationswerten nutzen. Letztlich können die Kapitalwertverfahren auf diese Weise für nahezu alle Bewertungszwecke nutzbar gemacht werden.

Eine bedeutsame Rolle bei der Bewertung mit Hilfe von Kapitalwertverfahren spielen sogenannte **Typisierungen**. Oben wurde bereits darauf hingewiesen, dass ein Entscheidungswert Ausdruck einer Subjekt – Objekt – Objekt Relation ist. Handelt es sich bei dem Bewertungssubjekt nicht um ein Individuum, sondern um eine Gruppe von Personen, so muss der Bewertung ein in geeigneter Weise typisiertes Bewertungssubjekt zugrunde gelegt werden. Die Typisierung kann sich z.B. auf die steuerlichen Verhältnisse beim Bewertungssubjekt oder auf die Erwartungen bezüglich der abzuzinsenden Ergebnisse beziehen. Mit der Typisierung des Bewertungssubjektes geht eine Typisierung des Vergleichsobjektes einher, weil das relevante Vergleichsobjekt aus den alternativen Handlungsmöglichkeiten des Bewertungssubjektes abzuleiten ist. Typisierungen können ferner der Berücksichtigung von Gerechtigkeitspostulaten bei der Bestimmung von Schiedswerten dienen und sind nicht zuletzt ein Instrument, um die Bewertung zu vereinfachen. Unter praktischen Gesichtspunkten erscheinen Typisierungen schlichtweg notwendig, um Bewertungen überhaupt oder mit vertretbarem Aufwand durchführen zu können.

Bei der Bestimmung von Entscheidungswerten hat jede Typisierung eine Abweichung der ermittelten Größe von dem eigentlich relevanten Unternehmenswert zur Folge. In den meisten Fällen gilt dies auch in Bezug auf andere Wertkonzeptionen. Folglich muss bei jeder Bewertung, die auf Typisierungen basiert, die Frage gestellt werden, ob die resultierende Wertgröße den Bewertungszweck trotz dieser Typisierungen noch erfüllt. Bei den in diesem Buch behandelten kapitalmarktorientierten Verfahren ist vor allem zu hinterfragen, ob das Vergleichsobjekt der Bewertung aus den an dem betreffenden Kapitalmarkt verfügbaren Anlagemöglichkeiten abgeleitet werden kann. Des Weiteren muss geprüft werden, ob die modelltheoretisch basierte Auswertung des Preissystems am Kapitalmarkt im Ergebnis zu einem Kapitalisierungszinssatz führt, der das Vergleichsobjekt der Bewertung hinreichend genau widerspiegelt. Ggf. muss der Kapitalisierungszinssatz modifiziert werden, um nicht oder übermäßig vereinfacht erfasste Sachverhalte zu berücksichtigen.

Literatur zu Kapitel 1

Ballwieser, Wolfgang: Unternehmensbewertung mit Hilfe von Multiplikatoren, in: Rückle, Dieter (Hrsg.): Aktuelle Fragen der Finanzwirtschaft und Unternehmensbesteuerung – Festschrift für Erich Loitlsberger zum 70. Geburtstag, Wien 1991, S. 47–66.

Ballwieser, Wolfgang: Unternehmensbewertung, Marktorientierung und Ertragswertverfahren, in: Wagner, Udo (Hrsg.): Zum Erkenntnisstand der Betriebswirtschaftslehre am Beginn des 21. Jahrhunderts – Festschrift für Erich Loitlsberger zum 80. Geburtstag, Berlin 2001, S. 17–31.

Ballwieser, Wolfgang: Unternehmensbewertung in der IFRS-Bilanzierung, in: Börsig, Clemens; Wagenhofer, Alfred (Hrsg.): IFRS in Rechnungswesen und Controlling, Stuttgart 2006, S. 265–282.

Ballwieser, Wolfgang; Leuthier, Rainer: Betriebswirtschaftliche Steuerberatung – Grundprinzipien, Verfahren und Probleme der Unternehmensbewertung, in: Deutsches Steuerrecht, 24. Jg., 1986, S. 545–551 und 604–610.

Berner, Christian; Rojahn, Joachim: Anwendungseignung von marktorientierten Multiplikatoren, in: Finanz-Betrieb, 5. Jg., 2003, S. 155–161.

Böcking, Hans-Joachim; Nowak, Karsten: Der Beitrag der Discounted Cash Flow-Verfahren zur Lösung der Typisierungsproblematik bei Unternehmensbewertungen – Eine Warnung vor einer »naiven« Übertragung modelltheoretischer Erkenntnisse auf die Bewertungspraxis, in: Der Betrieb, 51. Jg., 1998, S. 685–690.

Breuer, Wolfgang: Die Marktwertmaximierung als finanzwirtschaftliche Entscheidungsregel, in: Wirtschaftswissenschaftliches Studium, 26. Jg., 1997, S. 222–226.

Brösel, Gerrit: Objektiv gibt es nur subjektive Unternehmenswerte, in: Unternehmensbewertung & Management, 1. Jg., 2003, S. 130–134.

Brösel, Gerrit: Eine Systematisierung der Nebenfunktionen der funktionalen Unternehmensbewertungstheorie, in: Betriebswirtschaftliche Forschung und Praxis, 58. Jg., 2006, S. 128–143.

Buchner, Robert: Marktorientierte Unternehmensbewertung, in: Seicht, Gerhard (Hrsg.): Jahrbuch für Controlling und Rechnungswesen, Wien 1995, S. 401–427.

Bühner, Rolf: Kapitalmarktorientierte Unternehmenssteuerung – Grundidee und Varianten des Shareholder Value, in: Wirtschaftswissenschaftliches Studium, 25. Jg., 1996, S. 392–396.

Coenenberg, Adolf G.; Schultze, Wolfgang: Das Multiplikator-Verfahren in der Unternehmensbewertung – Konzeption und Kritik, in: Finanz-Betrieb, 4. Jg., 2002, S. 697–703.

Coenenberg, Adolf G.; Schultze, Wolfgang: Methoden der Unternehmensbewertung, in: Wirtz, Bernd W. (Hrsg.): Handbuch Mergers & Acquisitions Management, Wiesbaden 2006, S. 471–500.

Fischer-Winkelmann, Wolf F.: Gutachterliche Unternehmensbewertung, in: Walger, Gerd (Hrsg.): Formen der Unternehmensberatung – Unternehmensberatung – Systemische Unternehmensberatung, Organisationsabwicklung, Expertenberatung und gutachterliche Beratungstätigkeit in Theorie und Praxis, Köln 1995, S. 19–40.

Freiburg, Markus; Timmreck, Christian: Fundamentalmultiples, in: Richter, Frank; Timmreck, Christian (Hrsg.): Unternehmensbewertung – Moderne Instrumente und Lösungsansätze, Stuttgart 2004, S. 381–396.

Goetzke, Wolfgang; Sieben, Günter (Hrsg.): Moderne Unternehmungsbewertung und Grundsätze ihrer ordnungsmäßigen Durchführung, Köln 1977.

Hannes, Frank: Die Rechtsprechung zur Unternehmensbewertung, in: Peemöller, Volker H. (Hrsg.): Praxishandbuch der Unternehmensbewertung – Grundlagen und Methoden, Bewertungsverfahren, Besonderheiten bei der Bewertung, 5. Aufl., Herne 2012, S. 1119–1142.

Hayn, Marc: Unternehmensbewertung – Die funktionalen Wertkonzeptionen – Gemeinsamkeiten, Unterschiede und Konsequenzen für die Überarbeitung des Entwurfs der HFA-Stellungnahme 2/1983, in: Der Betrieb, 53. Jg., 2000, S. 1346–1353.

Henselmann, Klaus: Gründe und Formen typisierender Unternehmensbewertung, in: Betriebswirtschaftliche Forschung und Praxis, 58. Jg., 2006, S. 144–157.

Hinz, Holger; Behringer, Stefan: Unternehmensbewertung – Anlässe, Funktionen, Instrumente, in: Wirtschaftswissenschaftliches Studium, 29. Jg., 2000, S. 21–27.

Hommel, Michael; Braun, Inga: Marktorientierte Unternehmensbewertung – der Börsenkurs auf dem Prüfstand, in: Betriebs-Berater, 57. Jg., Beilage 6, 2002, S. 10–17.

Institut der Wirtschaftsprüfer (Hrsg.): IDW Standard – Grundsätze zur Durchführung von Unternehmensbewertungen (IDW S 1 i. d. F. 2008), in: Die Wirtschaftsprüfung, 58. Jg., 2008, Supplement, S. 68–89.

Institut der Wirtschaftsprüfer (Hrsg.): WP Handbuch 2014 – Wirtschaftsprüfung, Rechnungslegung, Beratung, Band II, 14. Aufl., Düsseldorf 2014.

Krolle, Sigrid; Schmitt, Günter; Schwetzler, Bernhard (Hrsg.): Multiplikatorverfahren in der Unternehmensbewertung – Anwendungsbereiche, Problemfälle, Lösungsalternativen, Stuttgart 2005.

Kuhner, Christoph; Maltry, Helmut: Unternehmensbewertung, Berlin Heidelberg 2006.

Mandl, Gerwald; Rabel, Klaus: Unternehmensbewertung – Eine praxisorientierte Einführung, Wien 1997.

Matschke, Manfred J.; Brösel, Gerrit: Unternehmensbewertung – Funktionen, Methoden, Grundsätze, 4. Aufl., Wiesbaden 2013.

Moxter, Adolf: Grundsätze ordnungsmäßiger Unternehmensbewertung, 2. Aufl., Wiesbaden 1983.

Nölle, Jens-Uwe: Grundlagen der Unternehmensbewertung – Anlässe, Funktionen, Verfahren und Grundsätze, in: Schacht, Ulrich; Fackler, Matthias (Hrsg.): Praxishandbuch Unternehmensbewertung, 2. Aufl., Wiesbaden 2009, S. 9–29.

Peemöller, Volker H.: Wert und Werttheorien, in: Peemöller, Volker H. (Hrsg.): Praxishandbuch der Unternehmensbewertung – Grundlagen und Methoden, Bewertungsverfahren, Besonderheiten bei der Bewertung, 5. Aufl., Herne 2012, S. 1–15.

Peemöller, Volker H.: Anlässe der Unternehmensbewertung, in: Peemöller, Volker H. (Hrsg.): Praxishandbuch der Unternehmensbewertung – Grundlagen und Methoden, Bewertungsverfahren, Besonderheiten bei der Bewertung, 5. Aufl., Herne 2012, S. 17–28.

Rappaport, Alfred: Creating Shareholder Value – A Guide for Managers and Investors, 2. Aufl., New York u. a. 1998.

Sieben, Günter: Der Substanzwert der Unternehmung, Wiesbaden 1963.

Sieben, Günter: Funktionen der Bewertung ganzer Unternehmen und von Unternehmensanteilen, in: Das Wirtschaftsstudium, 12. Jg., 1983, S. 539–542.

2 Kapitalmarkttheoretische Grundlagen der Unternehmensbewertung

2.1 Zahlungsströme als Bewertungsobjekt

Der **Marktwert eines Unternehmens** entspricht demjenigen Betrag, der auf einem idealisierten Kapitalmarkt für die Finanzierungstitel des Unternehmens aufzuwenden wäre. Um ein Verfahren angeben zu können, das zu diesem Betrag führt, ist zunächst zu klären, wie sich Preise für Finanzierungstitel von Unternehmen am Kapitalmarkt bilden. Da das Geschehen an realen Kapitalmärkten viel zu komplex ist, um in seiner Gänze berücksichtigt zu werden, kommt man nicht umhin, mit vereinfachenden Vorstellungen über die Eigenschaften von Kapitalmärkten und Kapitalmarktakteuren zu arbeiten.

Ausgangspunkt aller folgenden Überlegungen ist die Annahme, dass die Finanzierungstitel von Unternehmen am Kapitalmarkt erworben werden, weil damit **Ansprüche auf künftige Zahlungen** verbunden sind. In der Realität geht das Eigentum an einer Aktie zwar mit einem Anteil an dem sozio-ökonomischen System Unternehmen im Ganzen einher, es wird jedoch davon ausgegangen, dass sich ihr Börsenkurs letzten Endes auf Erwartungen bezüglich künftiger Dividendenzahlungen zurückführen lässt. Auf den ersten Blick handelt es sich hierbei um eine sehr einschneidende Vereinfachung der realen Gegebenheiten; denn natürlich können auch andere als monetäre Motive für den Kauf einer Aktie von Bedeutung sein. Doch Vorsicht: Es wird nicht behauptet, dass alle Kapitalmarktakteure bei ihren Anlageentscheidungen nur rein monetäre Erwägungen anstellen. Die Annahme ist vielmehr, dass sich die realisierten Preise so darstellen, als ob lediglich monetäre Erwägungen relevant wären. Monetäre Interessen müssen demnach für die Preisbildung am Kapitalmarkt nicht von alleiniger, aber doch von entscheidender Bedeutung sein.

Die Zahlungen, die das Unternehmen mit seiner Umwelt verbindet, lassen sich in verschiedene Komponenten aufspalten. Zahlungen, die dem **Leistungsbereich** des Unternehmens zugeordnet sind, dienen vor allem unmittelbar der Erfüllung des Sachziels des Unternehmens. Der Cashflow aus laufender Geschäftätigkeit umfasst in erster Linie Umsatzerlöse, soweit sie zu Einzahlungen führen, sowie ausgezahlte Löhne und Gehälter. Der Cashflow aus Investitionstätigkeit setzt sich aus den Auszahlungen für Investitionen in das Anlage- und Umlaufvermögen und aus Einzahlungen infolge von Desinvestitionen zusammen. Bei den Zahlungen, die dem **Finanzbereich** des Unternehmens zugeordnet sind, handelt es sich um Zahlungen aus dem Unternehmen an die Inhaber von Finanzierungstiteln (Kapitalgeber) bzw. um Zahlungen von Kapitalgebern an das Unternehmen. Diese Zahlungen bestimmen den Wert des Unternehmens. Der **Flow**

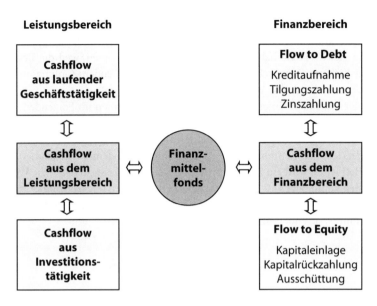

Abb. 2.1: Zahlungsströme des Leistungs- und Finanzbereichs

to Equity (FtE) beinhaltet die Einzahlungen der Eigenkapitalgeber in Form von Kapitalzuführungen sowie die Auszahlungen an die Eigenkapitalgeber in Form von Gewinnausschüttungen und Kapitalrückzahlungen. Der Flow to Debt (FtD) setzt sich aus den Einzahlungen der Fremdkapitalgeber infolge der Gewährung von Krediten oder der Emission von Anleihen und den Auszahlungen an Fremdkapitalgeber in Form von Zins- und Tilgungszahlungen zusammen. Der Flow to Equity und der Flow to Debt bilden den Total Cashflow (TCF) des Unternehmens.

Die Ein- und Auszahlungen aus dem Leistungs- und dem Finanzbereich führen zu Veränderungen des Finanzmittelfonds des Unternehmens, also des Bestands an Zahlungsmitteln und Zahlungsmitteläquivalenten (wie z.B. jederzeit abrufbaren Bankguthaben). Weist der Finanzmittelfonds am Ende einer Periode die gleiche Höhe auf wie am Anfang, so ist ein etwaiger Auszahlungsüberschuss im Leistungsbereich durch einen gleich hohen Einzahlungsüberschuss im Finanzbereich gedeckt worden. Z.B. könnte zwecks Durchführung einer Investition ein entsprechender Kredit aufgenommen worden sein. Umgekehrt müssen Zahlungen an die Kapitalgeber aus Einzahlungsüberschüssen des Leistungsbereichs gespeist werden, wenn der Finanzmittelfonds im Zeitablauf konstant bleiben soll. Aufgrund dieses Zusammenhangs liegt es nahe, bei der Bestimmung der wertrelevanten Zahlungen aus dem Unternehmen an den Einzahlungsüberschüssen des Leistungsbereichs anzusetzen.

Finanzielle Mittel sind für die Kapitalmarktakteure kein Selbstzweck. Ihr Nutzen resultiert vielmehr erst aus den Konsummöglichkeiten, die sie eröffnen. Es ist deshalb zu berücksichtigen, dass die Zahlungen aus dem Unternehmen von den Kapitalgebern nicht vollständig für Konsumzwecke einsetzbar sind, soweit sie bei ihnen einer persönlichen Besteuerung unterliegen. Letztlich entscheidend ist der Betrag, der nach **Abführung der persönlichen Steuern** für Konsum verbleibt. Selbst wenn zwei Zahlungen zunächst die gleiche Höhe haben, kann dieser Betrag differieren, weil die Besteuerung unterschiedlich ist. Demnach wird der Anleger entsprechenden Zahlungsansprüchen dann auch nicht die gleiche Wertschätzung entgegenbringen.

Zahlungen aus dem Unternehmen an Kapitalgeber werden im Folgenden mit x bezeichnet. x^s steht für eine Zahlung nach Abzug persönlicher Steuern. Es wird davon ausgegangen, dass alle Zahlungen am Ende einer Periode anfallen. Das Ende der Periode t markiert den Zeitpunkt t. x_t ist die Zahlung aus dem Unternehmen im Zeitpunkt t. Betrachtet wird ein Zeitraum, der T Perioden umfasst, so dass t die Werte 0 bis T annehmen kann. Bei t = 0 handelt es sich um den **Bewertungszeitpunkt**[1], zu diesem Zeitpunkt fällt noch keine Zahlung an. Die Periode T ist die letzte Periode des Betrachtungszeitraums, sie endet mit dem Zeitpunkt T.

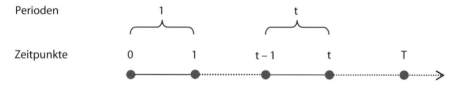

Abb. 2.2: Zeitstrahl mit Zeitpunkten und Perioden

Da die Zahlungen aus dem Unternehmen aus der Sicht des Bewertungszeitpunkts in der Zukunft liegen, sind sie im Allgemeinen mit **Unsicherheit** behaftet. Um dies zu berücksichtigen, geht man davon aus, dass die relevante Umwelt in Abhängigkeit von der eintretenden Entwicklung verschiedene Zustände einnehmen kann. Diese Zustände werden mit s bezeichnet und mit dem Index t versehen, um deutlich zu machen, auf welchen Zeitpunkt sie sich beziehen. S_t gibt an, wie viele Zustände im Zeitpunkt t unterschieden werden. Das Konzept wird mittels eines sogenannten **Zustandsbaums** verdeutlicht.

Der Zustand im Bewertungszeitpunkt ist bekannt, es gilt $S_0 = 1$. In Periode 1 können unterschiedliche Entwicklungen eintreten, die zu S_1 unterschiedlichen Zuständen im Zeitpunkt $t = 1$ führen. Der Zustandsbaum in der Abbildung geht beispielhaft von $S_1 = 2$ aus und unterscheidet die Zustände $s_1 = 1$ und $s_1 = 2$. Ausgehend von dem in $t = 1$ eingetretenen Zustand können in $t = 2$ die Zustände $s_2 = 1$ oder $s_2 = 2$ bzw. $s_2 = 3$ oder $s_2 = 4$ eintreten. Jeder Zustand geht aus genau einem Zustand im vorhe-

---

1 Es wird davon ausgegangen, dass der Bewertungszeitpunkt dem Bewertungsstichtag entspricht, soweit aus dem Zusammenhang nichts anderes hervorgeht.

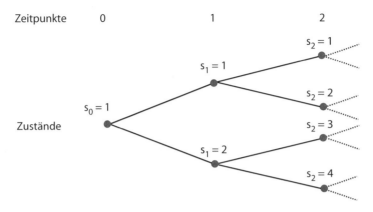

Abb. 2.3: Zustandsbaum

rigen Zeitpunkt hervor. Der Zustandsbaum lässt sich auf beliebig viele Zeitpunkte und Zustände erweitern.

Unter Berücksichtigung der möglichen Zustände werden die Zahlungen aus dem Unternehmen als zeit- und zustandsabhängige Größen spezifiziert und durch x_{t,s_t} symbolisiert. Können für die künftigen Zustände Eintrittswahrscheinlichkeiten angegeben werden, so handelt es sich um Zufallsvariablen $\tilde{x}_t$; die Tilde bringt die Abhängigkeit der Zahlung von dem jeweils eingetretenen Zustand zum Ausdruck. Für die Charakterisierung der künftigen Zahlungen werden die üblichen statistischen Kenngrößen herangezogen, insbesondere die Erwartungswerte $E[\tilde{x}_t]$ und die Varianzen $V[\tilde{x}_t]$. Die dabei zugrunde gelegten Wahrscheinlichkeitsverteilungen basieren grundsätzlich auf den zum Bewertungszeitpunkt vorhandenen Informationen. In manchen Fällen ist es aber auch nötig, auf den Informationsstand zu einem späteren Zeitpunkt Bezug zu nehmen. Beruht der Erwartungswert einer Zahlung auf der zum Zeitpunkt θ mit $0 < \theta < t$ vorhandenen Information, so wird er mit $E_\theta[\tilde{x}_t]$ bezeichnet. Es handelt sich bei diesem bedingten Erwartungswert um eine Zufallsvariable, da noch nicht bekannt ist, welcher Zustand im Zeitpunkt θ eintreten wird.

THEORIE: **Modellierung des Wahrscheinlichkeitsraumes und der Informationsstruktur[1]**

Im Rahmen einer formal angelegten Betrachtung basieren die dargestellten Zusammenhänge auf einem Wahrscheinlichkeitsraum (Ω, A, P) mit dem Zustandsraum Ω, der Algebra A und dem Wahrscheinlichkeitsmaß P. Im einfachsten Fall ist Ω die endliche Menge der Zustände, die am Ende des Betrachtungszeitraums eingetre-

---

1 Zur formalen Modellierung des Wahrscheinlichkeitsraums siehe Bauer (2002).

ten sein können, A die Potenzmenge auf Ω und P das auf dieser Algebra erklärte Wahrscheinlichkeitsmaß.

Der Informationszuwachs im Zeitablauf wird durch eine Filtration $\Phi = \{\Phi_t, t = 0, \ldots, T\}$ modelliert, also eine Folge von Algebren mit $\Phi_\theta \subset \Phi_t$ für $\theta < t$. Es gilt $\Phi_0 = \{\varnothing, \Omega\}$ und $\Phi_T = A$. Die Filtration korrespondiert mit einer immer feiner werdenden Zerlegung des Zustandsraums, die die in der Zukunft möglichen Informationsstände wiedergibt. Zum Bewertungszeitpunkt erscheinen noch alle Zustände in Ω möglich. In t tritt ein Ereignis aus Φ_t ein, so dass die Menge möglicher Zustände entsprechend eingegrenzt wird. Am Ende des Betrachtungszeitraums ist der wahre Zustand bekannt.

Die Zahlungen $\tilde{x}_t$ sind der Filtration adaptiert, d.h. jedes $\tilde{x}_t$ ist bezüglich Φ_t messbar. Die Wahrscheinlichkeit von Zahlungen wird aus der Wahrscheinlichkeit von Ereignissen in Φ_t abgeleitet.

$E_\theta[\tilde{x}_t]$ ist der bedingte Erwartungswert $E[\tilde{x}_t|\Phi_\theta]$. Dieser gibt als Zufallsvariable die für den Zeitpunkt t erwartete Zahlung beim noch unbekannten Informationsstand im Zeitpunkt θ wieder. Die Folge $\{E_\theta[\tilde{x}_t], \theta = 0, \ldots, t-1\}$ der bedingten Erwartungswerte ist ein stochastischer Prozess, der die Eigenschaften eines sogenannten Martingals besitzt. Für $\kappa \leq \theta < t$ gilt $E_\kappa[E_\theta[\tilde{x}_t]] = E_\kappa[\tilde{x}_t]$.

2.2 Unternehmensbewertung bei vollkommenem und vollständigem Kapitalmarkt

2.2.1 Charakteristika eines vollkommenen und vollständigen Kapitalmarktes

Am Kapitalmarkt werden Ansprüche auf künftige Zahlungen gehandelt, die im Folgenden – unabhängig von der Verbriefung – als Wertpapiere bezeichnet werden. Damit aus den Preisen von Wertpapieren Wertmaßstäbe für Unternehmensbewertungen abgeleitet werden können, muss der Kapitalmarkt im Idealfall vollkommen und vollständig sein. Im Folgenden werden zunächst die hierfür erforderlichen Bedingungen erörtert. Die Frage, wie weit sich diese Bedingungen abschwächen lassen, wird nur am Rande behandelt.

Ein vollkommener Kapitalmarkt liegt vor,

1) wenn der Marktzugang frei ist und alle Marktteilnehmer vollständige Markttransparenz besitzen,
2) wenn alle Wertpapiere beliebig teilbar sind, es keine Transaktionskosten und keine mengenmäßigen Handelsbeschränkungen gibt,
3) wenn die Besteuerung von Einkünften aus Wertpapieren von individuellen Gegebenheiten unabhängig und symmetrisch ist,

4) wenn es eine sichere Anlage- und Verschuldungsmöglichkeit gibt, die unbeschränkt zur Verfügung steht,

5) wenn kein Marktteilnehmer den Marktpreis mit seinen Transaktionen beeinflussen kann (vollständiger Wettbewerb) und

6) wenn alle Marktteilnehmer homogene Erwartungen bezüglich der künftigen Zahlungen aus den Wertpapieren haben und rational handeln.

Bedingung 1) fordert, dass kein Wirtschaftssubjekt vom Handel ausgeschlossen wird und jeder Marktteilnehmer alle gehandelten Wertpapiere kennt (**freier Marktzugang** und **vollständige Marktransparenz**). Damit ist sichergestellt, dass das Angebot bzw. die Nachfrage jedes Wirtschaftssubjektes bei der Preisbildung Berücksichtigung findet. Der resultierende Preis hat für alle Wirtschaftssubjekte Gültigkeit. Bedingung 2) schafft mit der Annahme **beliebiger Teilbarkeit** eine rechentechnische Vereinfachung und gewährleistet, dass die Preisbildung nicht durch Kosten beeinflusst wird, die mit dem Kauf oder Verkauf von Wertpapieren einhergehen (**keine Transaktionskosten**). Letzteres könnten etwa transaktionsabhängige Steuern, Kosten für die Suche nach geeigneten Handelspartnern oder Kosten für die Transaktionsabwicklung sein. Des Weiteren ist ausgeschlossen, dass die Preisbildung durch Beschränkungen bezüglich der Anzahl gehandelter Wertpapiere beeinflusst wird (**keine Handelsbeschränkungen**). Auf dem betrachteten Kapitalmarkt ist es demnach zulässig, Wertpapiere zu verkaufen, ohne bereits über diese zu verfügen (Leerverkauf). Der Verkäufer muss die betreffenden Wertpapiere dann zu einem späteren Zeitpunkt erst selbst erwerben, um seine Verpflichtung erfüllen zu können.

Anstelle von Bedingung 3) findet man in der Literatur häufig die Annahme, dass auf Einkünfte aus Wertpapieren keine Steuer erhoben wird. Für die hier verfolgten Zwecke ist diese Annahme zu eng. Es wird davon ausgegangen, dass die Gegebenheiten bei den Marktteilnehmern, die die betreffenden Wertpapiere halten, für die Bestimmung und die Besteuerung von Einkünften aus Wertpapieren keine Rolle spielen (**steuerliche Irrelevanz individueller Gegebenheiten**). Insbesondere hängt die Höhe der Steuer, die auf die Einkünfte aus einem Wertpapier entfällt, nicht davon ab, welche Wertpapiere der Marktteilnehmer darüber hinaus hält. Demzufolge ist der Steuersatz von der Höhe der Steuerbemessungsgrundlage unabhängig. Fällt die Steuerbemessungsgrundlage negativ aus, kommt es zu einer Steuererstattung (**symmetrische Besteuerung**). Unter einer sicheren Anlage- und Verschuldungsmöglichkeit gemäß Bedingung 4) wird ein Wertpapier verstanden, dessen Zahlungen zustandsunabhängig sind. Der Kauf eines solchen Wertpapiers beinhaltet eine sichere Anlage, sein Verkauf kommt einer Kreditaufnahme gleich, bei der der Rückzahlungsbetrag feststeht. Anstelle des Wertpapierpreises wird in der Regel die Verzinsung angegeben.

Bedingung 5) wird in der Literatur teilweise nicht als Eigenschaft eines vollkommenen Kapitalmarktes aufgeführt, sondern als Bedingung für **vollständigen Wettbewerb**. Ihr zufolge ist der Marktpreis für alle Marktteilnehmer ein Datum; das Angebot oder die Nachfrage einzelner Marktteilnehmer hat keinen – genauer: nur einen marginalen – Einfluss auf die Preisbildung. Die Annahme vollständigen Wettbewerbs erscheint plausibel, wenn es viele Marktteilnehmer gibt und der Anteil des einzelnen Marktteilnehmers am Handelsvolumen hinreichend klein ist. **Homogene Erwartungen** gemäß

Bedingung 6) liegen vor, wenn alle Marktteilnehmer bei allen Wertpapieren von gleichen zustandsabhängigen Zahlungen ausgehen und gleiche Wahrscheinlichkeitsverteilungen der Zahlungen annehmen. **Rationales Verhalten** ist im einfachsten Fall gegeben, wenn die Marktteilnehmer höhere Zahlungen gegenüber geringeren bevorzugen. Je nach Kontext wird darüber hinaus gefordert, dass sich das Entscheidungsverhalten der Marktteilnehmer mittels der Erwartungsnutzentheorie beschreiben lässt oder an daraus abgeleiteten Entscheidungsregeln orientiert.

Die Bedingungen für einen vollkommenen Kapitalmarkt stellen die Existenz von (Markt-)Preisen sicher, bei denen Angebot und Nachfrage zum Ausgleich kommen (**Kapitalmarktgleichgewicht**). Diese Marktpreise gelten für alle Wirtschaftssubjekte gleichermaßen; insbesondere sind sie unabhängig davon, ob eine Käufer- oder eine Verkäuferposition eingenommen wird. Ein Auseinanderfallen von Soll- und Habenzinssätzen – etwa in Bezug auf die sichere Anlage- und Verschuldungsmöglichkeit – ist demnach auf einem vollkommenen Kapitalmarkt unmöglich. Des Weiteren würde kein Marktteilnehmer im Kapitalmarktgleichgewicht eine zusätzliche Anzahl eines Wertpapiers zum Marktpreis kaufen oder verkaufen wollen – sonst wären Angebot und Nachfrage nicht ausgeglichen. Also besteht offenbar auch für keinen Marktteilnehmer eine Arbitragemöglichkeit, d. h. kein Marktteilnehmer kann ohne Kapitaleinsatz risikolos Gewinne erwirtschaften. Denn wäre dies der Fall, gäbe es weitere Nachfrage oder ein zusätzliches Angebot.

Das Konzept der **Arbitrage** spielt im Folgenden eine wichtige Rolle und muss deshalb genauer betrachtet werden. Dabei wird auf die im vorherigen Kapitel eingeführte Modellierung zurückgegriffen. Die Betrachtung wird zunächst auf eine Periode beschränkt, so dass der Zeitindex entfallen kann. Die Wertpapiere werden durch den Index i mit i = 1, …, n kenntlich gemacht; es gibt insgesamt n Wertpapiere. $z_{i,s}^{s}$ bezeichnet die Zahlung, die das Wertpapier i am Ende der betrachteten Periode bei Eintritt des Zustands s nach Abzug persönlicher Steuern erbringt. P_i ist der Preis des Wertpapiers i im Transaktionszeitpunkt. Betrachtet wird eine Transaktion, die den Kauf und Verkauf von Wertpapieren vorsieht. Die Anzahl der gekauften oder verkauften Wertpapiere wird mit a_i bezeichnet; ein positives Vorzeichen steht für einen Kauf, ein negatives für einen Verkauf. Eine Arbitrage ist eine Transaktion $(a_1, …, a_n)$, die im Transaktionszeitpunkt einen finanziellen Vorteil und am Ende der Periode zumindest keinen finanziellen Nachteil zur Folge hat. Formal bedeutet dies:

Finanzieller Vorteil im Transaktionszeitpunkt

$$\sum_{i=1}^{n} a_i \cdot P_i < 0 \tag{1}$$

Kein finanzieller Nachteil am Ende der Periode

$$\sum_{i=1}^{n} a_i \cdot z_{i,s}^{s} \geq 0 \qquad\qquad \text{für } s = 1, …, S \tag{2}$$

Gemäß (1) fließt aus dem Verkauf von Wertpapieren im Transaktionszeitpunkt ein höherer Betrag zu als für den Kauf von Wertpapieren benötigt wird, so dass insgesamt ein finanzieller Vorteil resultiert. Mit diesem Vorteil geht gemäß (2) kein Nachteil am Ende der Periode einher, weil die per Saldo anfallende Nachsteuerzahlung in keinem Zustand negativ ist.

BEISPIEL:　Arbitrage

Am Ende einer Periode sind vier Zustände möglich. Auf dem Kapitalmarkt werden drei Wertpapiere mit folgenden Preisen und Nachsteuerzahlungen gehandelt:

	t = 0	t = 1			
	P_i	s = 1	s = 2	s = 3	s = 4
i = 1	18 €	20 €	20 €	20 €	20 €
i = 2	18 €	18 €	22 €	16 €	24 €
i = 3	17 €	26 €	18 €	28 €	12 €

Die Transaktion $(a_1, a_2, a_3) = (-3, 2, 1)$ führt zu folgenden Zahlungen:

t = 0	t = 1			
	s = 1	s = 2	s = 3	s = 4
−1 €	2 €	2 €	0 €	0 €

Am Ende der Periode fallen demnach in allen Zuständen nichtnegative Nachsteuerzahlungen an. Am Anfang der Periode verbleibt hingegen ein Überschuss von 1 €. Die Transaktion (−3, 2, 1) ist also eine Arbitrage.

Aufgrund der Vollkommenheit des Kapitalmarktes kann man davon ausgehen, dass es **keine Arbitragemöglichkeit** gibt. Umgekehrt lässt sich fragen, ob aus der Abwesenheit von Arbitragemöglichkeiten Schlussfolgerungen in Bezug auf das Preissystem gezogen werden können, das sich im Gleichgewicht bildet. Dies ist tatsächlich der Fall. Gemäß einem von dem ungarischen Mathematiker *Farkas* formulierten Lemma[1] existiert entweder eine Arbitragemöglichkeit in dem oben formal präzisierten Sinne oder es existieren reelle Zahlen $p_s \geq 0$, für die gilt:

$$P_i = \sum_{s=1}^{S} z_{i,s}^s \cdot p_s \qquad \text{für } i = 1, \ldots, n \tag{3}$$

1　Siehe Farkas (1901).

Gemäß (3) kann p_s als Preis eines Wertpapiers aufgefasst werden, das bei Eintritt des Zustands s am Ende der betrachteten Periode eine Nachsteuerzahlung von genau einer Geldeinheit erbringt und dessen Inhaber bei Eintritt eines anderen Zustands leer ausgeht. Ein solches Wertpapier wird als **Arrow/Debreu Wertpapier** bezeichnet, um die Wissenschaftler zu ehren, auf die die hier behandelten Konzepte zurückgehen.[1] Der Preis eines beliebigen Wertpapiers lässt sich nachvollziehen, indem man die zustandsabhängigen Nachsteuerzahlungen aus diesem Wertpapier mit den Preisen der jeweiligen Arrow/Debreu Wertpapiere multipliziert und aufsummiert. Er entspricht dem Betrag, der für ein Portefeuille von Arrow/Debreu Wertpapieren mit gleicher Zahlungscharakteristik gezahlt werden müsste.

Dieser Zusammenhang lässt sich auch nutzen, um die **Verzinsung der sicheren Anlage- und Verschuldungsmöglichkeit** gemäß Bedingung 5) zu bestimmen. Man betrachte dazu ein Portefeuille von Arrow/Debreu Wertpapieren, das am Ende der Periode mit Sicherheit – also unabhängig vom eingetretenen Umweltzustand – eine Zahlung von einer Geldeinheit erbringt. Hierfür ist der Kauf jeweils einer Einheit aller Arrow/Debreu Wertpapiere erforderlich, wofür insgesamt $\sum_{s=1}^{S} p_s$ Geldeinheiten aufzuwenden sind. Die Verzinsung r^s der sicheren Anlage- und Verschuldungsmöglichkeit ergibt sich dann aus:

$$\sum_{s=1}^{S} p_s = \frac{1}{1+r^s} \iff r^s = \frac{1-\sum_{s=1}^{S} p_s}{\sum_{s=1}^{S} p_s} \tag{4}$$

Es handelt sich um einen Nachsteuerzinssatz, der den Anlageerfolg bzw. die Finanzierungskosten unter Berücksichtigung der Besteuerung auf privater Ebene wiedergibt.

Arrow/Debreu Wertpapiere existieren zwar in der Realität nicht, es handelt sich jedoch um ungemein nützliche gedankliche Konstrukte, wie sich im Weiteren zeigen wird. Allerdings gibt es noch ein Problem: Das Lemma von Farkas erlaubt es zwar, auf die Existenz von Größen zu schließen, die sich als Preise für Arrow/Debreu Wertpapiere interpretieren lassen, es stellt jedoch nicht deren **eindeutige Bestimmtheit** sicher. Möglicherweise existieren nämlich verschiedene Preissysteme für Arrow/Debreu Wertpapiere. Aus jedem dieser Preissysteme kann zwar der Preis aller gehandelten Wertpapiere mittels (3) errechnet werden. Geht es aber darum, den potenziellen Marktpreis eines zusätzlichen, bislang noch nicht gehandelten Wertpapiers zu bestimmen, so können unterschiedliche Ergebnisse resultieren.

In dieser Situation ist nicht gewährleistet, dass aus den Preisen am Kapitalmarkt eindeutige Wertmaßstäbe für Unternehmensbewertungen abgeleitet werden können. Mit anderen Worten: Die Vollkommenheit des Kapitalmarktes ist noch keine hinreichende

---

1 Siehe insbesondere Arrow (1964) und Debreu (1959).

BEISPIEL: **Fehlende Eindeutigkeit der Preise von Arrow/Debreu Wertpapieren**

Die Arbitragemöglichkeit besteht in obigem Beispiel nicht mehr, wenn der Preis des Wertpapiers 2 auf 19 € steigt. Die Wertpapiere sind dann wie folgt zu beschreiben:

	t = 0	t = 1			
	P_i	s = 1	s = 2	s = 3	s = 4
i = 1	18 €	20 €	20 €	20 €	20 €
i = 2	19 €	18 €	22 €	16 €	24 €
i = 3	17 €	26 €	18 €	28 €	12 €

Für $c \in [0{,}20, 0{,}40]$ führt jedes aus folgender Tabelle resultierende Preissystem für Arrow/Debreu Wertpapiere zu den angegebenen Wertpapierpreisen.

s = 1	s = 2	s = 3	s = 4
$-0{,}40 \, € + 2\,c \, €$	$0{,}90 \, € - 2\,c \, €$	$0{,}40 \, € - c \, €$	$c \, €$

Die Verzinsung der sicheren Anlage- und Verschuldungsmöglichkeit ist wie folgt zu bestimmen:

$$\frac{1 - 0{,}90}{0{,}90} = 11{,}\overline{1}\%$$

Voraussetzung für eine kapitalmarktorientierte Unternehmensbewertung. Um auf modelltheoretischer Ebene hinreichende Voraussetzungen zu schaffen, sind verschiedene Möglichkeiten denkbar. Im Rahmen der hier angestellten Betrachtung bietet es sich an, zusätzlich die Eindeutigkeit der Preise von Arrow/Debreu Wertpapieren zu fordern. Dafür ist (3) als lineares Gleichungssystem aufzufassen und es sind die Bedingungen zu spezifizieren, bei deren Einhaltung dieses Gleichungssystem eine eindeutige Lösung besitzt. Letzteres ist formal genau dann der Fall, wenn es genau so viele Wertpapiere gibt, deren Nachsteuerzahlungen linear unabhängige Vektoren bilden, wie Zustände am Ende der betrachteten Periode unterschieden werden. Ist diese Bedingung erfüllt, wird der Kapitalmarkt als **vollständig** bezeichnet.

BEISPIEL: **Vollständiger Kapitalmarkt**

Der Kapitalmarkt im Beispiel lässt sich durch Hinzunahme eines vierten Wertpapiers vervollständigen. Die Zahlungscharakteristik des vierten Wertpapiers könnte z. B. wie folgt sein:

	t = 0	t = 1			
	P_i	s = 1	s = 2	s = 3	s = 4
i = 1	18 €	20 €	20 €	20 €	20 €
i = 2	19 €	18 €	22 €	16 €	24 €
i = 3	17 €	26 €	18 €	28 €	12 €
i = 4	10 €	12 €	10 €	16 €	10 €

Das Preissystem für Arrow/Debreu Wertpapiere errechnet sich durch die Lösung des nachfolgenden Gleichungssystems:

$$20 \cdot p_1 + 20 \cdot p_2 + 20 \cdot p_3 + 20 \cdot p_4 = 18 \,€$$

$$18 \cdot p_1 + 22 \cdot p_2 + 16 \cdot p_3 + 24 \cdot p_4 = 19 \,€$$

$$26 \cdot p_1 + 18 \cdot p_2 + 28 \cdot p_3 + 12 \cdot p_4 = 17 \,€$$

$$12 \cdot p_1 + 10 \cdot p_2 + 16 \cdot p_3 + 10 \cdot p_4 = 10 \,€$$

Da die Nachsteuerzahlungen der betrachteten Wertpapiere linear unabhängige Vektoren bilden, ist das Preissystem für Arrow/Debreu Wertpapiere eindeutig bestimmt:

s = 1	s = 2	s = 3	s = 4
0,20 €	0,30 €	0,10 €	0,30 €

Der Kapitalmarkt ist arbitragefrei, weil alle Preise nichtnegativ sind.

Die Vollständigkeit des Kapitalmarktes garantiert auch, dass sich die Zahlungscharakteristik eines beliebigen Arrow/Debreu Wertpapiers durch eine Kombination real gehandelter Wertpapiere erzeugen lässt. Damit kann im Folgenden so getan werden, als ob Arrow/Debreu Wertpapiere tatsächlich existierten. Denn immer dann, wenn von einem Portefeuille von Arrow/Debreu Wertpapieren die Rede ist, lässt sich an dessen Stelle ein Portefeuille real gehandelter Wertpapiere setzen.

BEISPIEL: Konstruktion von Arrow/Debreu Wertpapieren

Ausgehend von den im Beispiel angenommenen Wertpapieren lässt sich z.B. ein Portefeuille konstruieren, das nur in s = 1 zu einer Zahlung von einem Euro führt. Hierfür ist folgendes Gleichungssystem zu lösen:

$$a_1 \cdot 20 + a_2 \cdot 18 + a_3 \cdot 26 + a_4 \cdot 12 = 1 \,€$$

$$a_1 \cdot 20 + a_2 \cdot 22 + a_3 \cdot 18 + a_4 \cdot 10 = 0 \,€$$

$$a_1 \cdot 20 + a_2 \cdot 16 + a_3 \cdot 28 + a_4 \cdot 16 = 0 \,€$$

$$a_1 \cdot 20 + a_2 \cdot 24 + a_3 \cdot 12 + a_4 \cdot 10 = 0 \,€$$

Die Lösung ist eindeutig bestimmt:

a_1	a_2	a_3	a_4
3,65	$-2,25$	$-0,75$	$-1,00$

Der Preis des Portefeuilles ergibt sich wie folgt:

$$3,65 \cdot 18 - 2,25 \cdot 19 - 0,75 \cdot 17 - 1,00 \cdot 10 = 0,20 \ €$$

Er entspricht dem Preis des betreffenden Arrow/Debreu Wertpapiers.

2.2.2 Der Marktwert von Zahlungsströmen bei vollkommenem und vollständigem Kapitalmarkt

Im Folgenden wird davon ausgegangen, dass zu jedem Zeitpunkt innerhalb eines längeren Betrachtungszeitraums Handel stattfindet und der Kapitalmarkt im gesamten Betrachtungszeitraum vollkommen ist. Folglich gibt es in keinem Zeitpunkt Arbitragemöglichkeiten und in jedem Zeitpunkt existiert ein Preissystem für Arrow/Debreu Wertpapiere, die zu einer zustandsabhängigen Zahlung am Ende der jeweiligen Periode führen. Des Weiteren sei der Kapitalmarkt über den gesamten Betrachtungszeitraum hinweg in dem Sinne vollständig, dass die (zustandsabhängigen) Preise all dieser Wertpapiere eindeutig bestimmt und schon zu Beginn des Betrachtungszeitraums bekannt sind. Der zeit- und zustandsabhängige Preis eines Wertpapiers, das in mehreren Perioden Zahlungen erbringt, lässt sich dann wie folgt darstellen:

$$P_{t, s_t} = \sum_{s_{t+1} \in N(s_t)} (z^s_{t+1, s_{t+1}} + P_{t+1, s_{t+1}}) \cdot p_{t+1, s_{t+1}}$$

$$\text{für } s_t = 1, \ldots, S_t \text{ und } t = 0, \ldots, T-1 \qquad (5)$$

$P_{t+1, s_{t+1}}$ ist der Preis des Wertpapiers, der bei Eintritt des betreffenden Zustands als Veräußerungserlös am Ende der Periode erzielt werden könnte. $z^s_{t+1, s_{t+1}}$ steht für die zustandsabhängige Zahlung aus dem Wertpapier nach Abzug persönlicher Steuern, die auf diese Zahlung erhoben werden oder vom Preis des Wertpapiers am Ende der Periode abhängen. $N(s_t)$ bezeichnet die Menge der Zustände, die im Zeitpunkt $t+1$ aus dem Zustand s_t hervorgehen.

Der Ausdruck (5) gibt zwar keine direkte Auskunft über den Preis des Wertpapiers zu Beginn des Betrachtungszeitraums, dieser Preis kann jedoch durch rekursive Anwendung von (5) bestimmt werden. Aufgrund der Vollständigkeit des Kapitalmarktes ist es darüber hinaus möglich, für jeden denkbaren Zahlungsstrom einen potenziellen Preis zu ermitteln. Dieser Preis entspricht dem Betrag, der für ein Portefeuille von Wertpapieren (**Duplikationsportefeuille**) zu Beginn des Betrachtungszeitraums verausgabt werden muss, das – ggf. unter Berücksichtigung selbstfinanzierender Wertpapierkäufe und -verkäufe zu späteren Zeitpunkten – den betrachteten Zahlungsstrom nach Steuern generiert, und wird als **Marktwert des Zahlungsstroms** bezeichnet. Aufgrund der

Eindeutigkeit der Preise von Arrow/Debreu Wertpapieren ist der Marktwert jedes Zahlungsstroms eindeutig bestimmt.

Damit kann nun auch die Frage beantwortet werden, welcher Betrag für die Finanzierungstitel eines Unternehmens aufzuwenden wäre. Da für die Wertschätzung der Kapitalmarktakteure nur die mit diesen Finanzierungstiteln verbundenen Zahlungsansprüche eine Rolle spielen, errechnet sich dieser Betrag als der Marktwert des Zahlungsstroms an deren Inhaber. Bezeichnet DP_{t,s_t} den Wert des Portefeuilles, das diesen Zahlungsstrom dupliziert, so ergibt sich der Marktwert eines Unternehmens V_{t,s_t} aus:

$$V_{t,s_t} = DP_{t,s_t} \qquad \text{für } s_t = 1, \ldots, S_t \text{ und } t = 0, \ldots, T \qquad (6)$$

Der Zeit- und Zustandsindex entfällt, sofern es sich um den Marktwert im Bewertungszeitpunkt handelt; anstelle von $V_{0,1}$ wird also V notiert.

THEORIE: Competitivity und Spanning

Die in Kapitel 2.2.1 aufgeführten Eigenschaften eines vollkommenen und vollständigen Kapitalmarktes lassen sich in verschiedener Hinsicht abschwächen, ohne dass die Möglichkeit zur Bestimmung aussagekräftiger Marktwerte verloren geht. Zwei Bedingungen müssen jedoch in jedem Fall erfüllt sein:

Die Competitivity Bedingung fordert, dass das Angebot des Zahlungsstroms aus dem Unternehmen keinen nennenswerten Einfluss auf das Preisgefüge am Kapitalmarkt hat. Wenn diese Bedingung nicht erfüllt ist, ergeben sich aus den vor einer etwaigen Unternehmenstransaktion notierten Preisen offensichtlich keine validen Wertmaßstäbe. Für den Fall, dass der Zahlungsstrom aus dem Unternehmen bereits am Kapitalmarkt gehandelt wird, ist dies durch die im Text angeführte Eigenschaft 5) des vollkommenen Kapitalmarktes abgedeckt.

Die Spanning Bedingung beinhaltet eine Abschwächung der Vollständigkeit des Kapitalmarktes.[1] Während ein vollständiger Kapitalmarkt die Duplikation jedes Zahlungsstroms erlaubt, der sich in den betrachteten Zustandsbaum einordnen lässt, stellt die Spanning Bedingung im vorliegenden Kontext nur auf die Möglichkeit zur Duplikation des Zahlungsstroms aus dem zu bewertenden Unternehmen ab. Auf einem arbitragefreien Kapitalmarkt reicht die Möglichkeit zur Duplikation eben dieses Zahlungsstroms aus, um einen aussagekräftigen Marktwert zu bestimmen.

Führt man (5) und (6) zusammen, so erhält man:

$$V_{t,s_t} = \sum_{s_{t+1} \in N(s_t)} (x^s_{t+1,s_{t+1}} + V_{t+1,s_{t+1}}) \cdot p_{t+1,s_{t+1}} \quad \text{für } s_t = 1, \ldots, S_t \text{ und } t = 0, \ldots, T-1 \qquad (7)$$

---

1 Siehe DeAngelo (1981), insbesondere FN 6 auf S. 22.

(7) ist insofern ein Meilenstein in der Darstellung, als es sich um die erste Formel für die Bewertung eines Unternehmens handelt. Freilich ist diese Formel für die praktische Anwendung noch nicht geeignet. In den folgenden Kapiteln wird es darum gehen, sie handhabbarer zu gestalten und schrittweise zu konkretisieren.

Auf theoretischer Ebene lässt sich aus (7) eine für die Unternehmensbewertung wichtige Konsequenz ableiten, die als **Wertadditivität** bezeichnet wird. Man betrachte zwei Zahlungsströme $x_{t,s_t}^{1,s}$ und $x_{t,s_t}^{2,s}$ mit den Marktwerten V_{t,s_t}^1 bzw. V_{t,s_t}^2. Für den zusammengesetzten Zahlungsstrom $x_{t,s_t}^{1\&2,s}$ mit dem Marktwert $\tilde{V}_t^\ell = V^\ell$ gilt unter den getroffenen Annahmen $x_{t,s_t}^{1\&2,s} = x_{t,s_t}^{1,s} + x_{t,s_t}^{2,s}$. Wertadditivität besagt nun, dass der Marktwert des zusammengesetzten Zahlungsstroms der Summe der Marktwerte seiner Komponenten bzw. der einzelnen Zahlungsströme entspricht:

$$V_{t,s_t}^{1\&2} = V_{t,s_t}^1 + V_{t,s_t}^2 \qquad \text{für } s_t = 1, \ldots, S_t \text{ und } t = 0, \ldots, T \qquad (8)$$

Für den Beweis dieses Resultates ist davon auszugehen, dass die letzten Zahlungen im Zeitpunkt T anfallen, so dass die Marktwerte der Zahlungsströme nach diesen Zahlungen gleich null sind. (8) folgt dann aus einer rekursiven Anwendung von (7).

Eine für die Praxis der Unternehmensbewertung wichtige Implikation der Wertadditivität ist, dass der Wert eines Unternehmens als **Summe der Wertbeiträge seiner Geschäftsbereiche** bestimmt werden kann. Dementsprechend macht die Zusammenführung zweier Geschäftsbereiche unter dem Dach eines Unternehmens im Rahmen einer wertorientierten Unternehmensführung keinen Sinn, wenn die Zahlungen an die Kapitalgeber in der Summe die gleichen bleiben wie vorher. Erst wenn diese Zahlungen aufgrund von **Synergieeffekten** – etwa günstigerer Beschaffungs-, Produktionsmöglichkeiten oder Absatzmöglichkeiten – höher ausfallen, wird zusätzlicher Wert geschaffen.

THEORIE: Das Separationstheorem von Fisher[1]

Die Existenz eines vollkommenen und vollständigen Kapitalmarktes hat für die Führung von Unternehmen eine weitere bedeutsame Implikation: Die Vorteilhaftigkeit eines Investitionsprojektes hängt ausschließlich von dem Marktwert der dadurch ausgelösten Zahlungsströme einerseits und dem für die Initiierung des Projektes erforderlichen Betrag andererseits ab. Präferenzen bezüglich des zeitlichen Anfalls der Zahlungen oder der damit verbundenen Unsicherheit spielen keine Rolle.

---

1 Die Grundform des Separationstheorems geht zurück auf Fisher (1930). Gegen Mitte der siebziger Jahre wurde die Separierbarkeit von Investitions- und Konsumentscheidungen im Rahmen der sogenannten Unanimity Theory Gegenstand eingehender Untersuchungen, siehe z. B. Grossmann/Stiglitz (1977).

Ursächlich hierfür ist, dass der Zahlungsstrom aus dem Projekt jederzeit zu einem Preis in Höhe seines Marktwertes verkauft werden kann. Mit dem Veräußerungs-erlös wiederum können Anlagen getätigt werden, die einen den Präferenzen des Anlegers entsprechenden Zahlungsstrom zur Folge haben. Auf diese Weise lässt sich ein Zahlungsstrom, dessen zeitliche Struktur oder dessen Risiko zunächst unvorteilhaft erscheint, stets in einen an die jeweiligen Konsumvorhaben angepassten Zahlungsstrom transformieren. Im Ergebnis wird von zwei Zahlungsströmen immer derjenige mit dem höheren Marktwert den größeren Konsumnutzen entfalten. Die Entscheidung über Investitionsprojekte kann von Konsumentscheidungen separiert werden.

Aufgabe der Unternehmensführung ist es vor diesem Hintergrund, diejenigen Projekte zu tätigen, deren Zahlungsströme einen Marktwert besitzen, der die für die Initiierung der Projekte erforderlichen Beträge überschreitet. Um die Präferenzen der Kapitalgeber bezüglich des zeitlichen Anfalls und der Unsicherheit der resultierenden Zahlungen braucht sie sich nicht zu kümmern. Es steht den Kapitalgebern frei, den resultierenden Zahlungsstrom durch geeignete Kapitalmarkttransaktionen an ihre Präferenzen anzupassen.

2.2.3 Kapitalkostensätze als Wertmaßstab

Mit den Preisen von Arrow/Debreu Wertpapieren sind auf theoretischer Ebene perfekte Wertmaßstäbe gefunden. Leider lassen sich diese Wertmaßstäbe nicht praktisch nutzbar machen. Denn für eine Anwendung der Bewertungsfunktion (7) aus dem letzten Kapitel wäre es ja erforderlich, zunächst alle von den Marktteilnehmern für möglich gehaltenen Umweltentwicklungen aufzulisten und dann ausgehend von den Notierungen der gehandelten Wertpapiere Preise für Arrow/Debreu Wertpapiere zu bestimmen. Dass dies kein erfolgversprechendes Unterfangen ist, liegt auf der Hand. In der Bewertungspraxis wird deshalb nicht mit Preisen für zustandsabhängige Zahlungen, sondern mit Zinssätzen als Wertmaßstäben gearbeitet. Diese Zinssätze werden aus Gründen, die nachfolgend deutlich werden, als Kapitalkostensätze bezeichnet.

Die Ableitung einer auf Kapitalkostensätzen basierenden Bewertungsfunktion knüpft an den Überlegungen des letzten Kapitels an. Der **Kapitalkostensatz** wird wie folgt definiert:[1]

$$k^s_{\theta,t+1} = \frac{E_\theta[\tilde{x}^s_{t+1} + \widetilde{DP}_{t+1}]}{E_\theta[\widetilde{DP}_t]} - 1 \qquad \text{für } 0 \le \theta \le t \text{ und } t = 0, \ldots, T-1 \qquad (9)$$

---

1 Zu alternativen Kapitalkostendefinitionen siehe Kruschwitz/Löffler (2006); Laitenberger (2006, 2007); Rapp (2006); Kern/Mölls (2007); Gröger (2009).

$\widetilde{DP}_{t+1}$ und $\widetilde{DP}_t$ beziehen sich auf das Portefeuille, das den zu bewertenden Zahlungsstrom aus dem Unternehmen dupliziert. Da die in der Definition verwendeten bedingten Erwartungswerte im Allgemeinen Zufallsvariablen sind, ist auch der Kapitalkostensatz außer aus Sicht des Bewertungszeitpunkts $\theta = 0$ eine Zufallsvariable. Wie bei Erwartungswerten wird für $\theta = 0$ auf die Kennzeichnung des Informationsstands verzichtet; anstelle von $k^s_{0,t+1}$ wird also k^s_{t+1} notiert.

Unter Berücksichtigung der Definition des Marktwertes erhält man durch Umformung:

$$E_\theta[\widetilde{V}_t] = \frac{E_\theta[\widetilde{x}^s_{t+1} + \widetilde{V}_{t+1}]}{1 + k^s_{\theta,t+1}} \qquad \text{für } 0 \leq \theta \leq t \text{ und } t = 0, \ldots, T-1 \qquad (10)$$

Gemäß (10) lässt sich der beim Informationsstand θ für den Zeitpunkt t erwartete Marktwert des Unternehmens als Barwert der für das Ende der Periode $t+1$ erwarteten Größen darstellen. Der Kapitalkostensatz leistet dabei im Prinzip das Gleiche wie die Preise für Arrow/Debreu Wertpapiere. Dies lässt sich auch daran ersehen, dass die für (10) benötigten Kapitalkostensätze unter Zuhilfenahme von (7) aus den Preisen für Arrow/Debreu Wertpapiere abgeleitet werden können. Der Vorteil der Nutzung von Kapitalkostensätzen als Wertmaßstab liegt demnach nicht darin, dass für eine Bewertung auf der Basis von Kapitalkostensätzen weniger Informationen benötigt würden. Er besteht vielmehr darin, dass sich die Komplexität des Bewertungsproblems besser durch vereinfachende Annahmen reduzieren lässt.

BEISPIEL: Zusammenhang zwischen Preisen für Arrow/Debreu Wertpapiere und Kapitalkostensätzen

Der folgenden Tabelle sind Informationen zur Bewertung eines Zahlungsstroms über zwei Perioden zu entnehmen. Im Zeitpunkt 1 werden 2, im Zeitpunkt 2 werden vier Zustände unterschieden. Die Zustände 1 und 2 im Zeitpunkt 2 gehen aus Zustand 1 im Zeitpunkt 1 hervor, die Zustände 3 und 4 aus Zustand 2 im Zeitpunkt 1. Die dritte Spalte gibt die Preise für die jeweiligen Arrow/Debreu Wertpapiere wieder. Der zu bewertende Zahlungsstrom ist der vierten Spalte zu entnehmen. In der letzten Spalte sind die Wahrscheinlichkeiten der jeweiligen Zustände aufgeführt.

t	s_t	p_{t,s_t}	x^s_{t,s_t}	w_{t,s_t}
1	1	0,44 €	5 €	0,4
1	2	0,48 €	8 €	0,6
2	1	0,35 €	2 €	0,1
2	2	0,50 €	3 €	0,3
2	3	0,40 €	9 €	0,2
2	4	0,44 €	6 €	0,4

Anwendung von (7) führt auf folgende Marktwerte:

$V_{1,1}$	$V_{1,2}$	V
2,20 €	6,24 €	10,00 €

In $t=1$ resultieren zustandsabhängig die Erwartungswerte $E_1^{s_1=1}[\tilde{x}_2^s]=2,75$ € und $E_1^{s_2=2}[\tilde{x}_2^s]=7,00$ €. Anhand von (10) lassen sich zustandsabhängig die folgenden Kapitalkostensätze für die zweite Periode errechnen:

$$k_{1,2}^{s,s_1=1}=\frac{E_1^{s_1=1}[\tilde{x}_2^s]}{V_{1,1}}-1=25,0\% \qquad k_{1,2}^{s,s_1=2}=\frac{E_1^{s_1=2}[\tilde{x}_2^s]}{V_{1,2}}-1=12,2\%$$

Die Erwartungswerte im Bewertungszeitpunkt sind in folgender Tabelle angegeben:

t	$E[\tilde{x}_t^s]$	$E[\tilde{V}_t]$	$E[\tilde{x}_t^s+\tilde{V}_t]$
1	6,80 €	4,62 €	11,42 €
2	5,30 €	0,00 €	5,30 €

Bei Kenntnis dieser Größen können dann schließlich die Kapitalkostensätze ermittelt werden:

$$k_2^s=\frac{E[\tilde{x}_2^s+\tilde{V}_2]}{E[\tilde{V}_1]}-1=14,6\% \qquad k_1^s=\frac{E[\tilde{x}_1^s+\tilde{V}_1]}{V}-1=14,2\%$$

Die Bezeichnung Kapitalkostensatz ist darauf zurückzuführen, dass in dieser Größe eine **Renditeerwartung der Kapitalgeber** zum Ausdruck kommt, aus der für das Unternehmen Kosten resultieren. Die Überlegung ist wie folgt: Wer ein Unternehmen zum Marktwert erwirbt, verbindet damit die Forderung an das Management, für eine angemessene Rendite zu sorgen. Angemessen ist die Rendite dann, wenn sie jedenfalls nicht hinter der Rendite des Duplikationsportefeuilles zurückbleibt. Die Nachsteuerrendite des Duplikationsportefeuilles in der Periode $t+1$ ist ex post:

$$R_{t+1,s_{t+1}}^s=\frac{x_{t+1,s_{t+1}}^s+DP_{t+1,s_{t+1}}}{DP_{t,s_t}}-1 \qquad \text{für } t=0,...,T-1 \qquad (11)$$

Aus der ex ante Sicht des Zeitpunktes t handelt es sich um eine Zufallsvariable mit Erwartungswert:

$$E_t[\tilde{R}_{t+1}^s]=\frac{E_t[\tilde{x}_{t+1}^s+\widetilde{DP}_{t+1}]}{DP_t}-1 \qquad \text{für } t=0,...,T-1 \qquad (12)$$

Ein Vergleich mit (9) zeigt, dass die im Zeitpunkt t erwartete Rendite mit dem Kapitalkostensatz der Periode t+1 beim Informationsstand t übereinstimmt. Die Kapitalgeber müssen demnach mindestens eine Rendite in Höhe des Kapitalkostensatzes erwarten können, ansonsten lohnt sich ihr Engagement im Vergleich zu einer Investition in das Duplikationsportefeuille ex ante nicht. Für das Management bedeutet dies, dass kein Investitionsprojekt getätigt werden sollte, dessen erwartete Rendite nicht mindestens so hoch ist wie der Kapitalkostensatz.

THEORIE: **Kapitalkostensätze und erwartete Renditen[1]**

Kapitalkostensätze und erwartete Renditen weisen zwar Bezüge zueinander auf, sind jedoch nicht ohne Weiteres gleichzusetzen. Die beim Informationsstand θ für die Periode t+1 erwartete Rendite des Duplikationsportefeuilles ist:

$$E_\theta[\tilde{R}^s_{t+1}] = E_\theta\left[\frac{\tilde{x}^s_{t+1} + \widetilde{DP}_{t+1}}{\widetilde{DP}_t}\right] - 1$$

Unter Berücksichtigung von

$$E_\theta[\tilde{x}^s_{t+1} + \widetilde{DP}_{t+1}] = E_\theta\left[\frac{\tilde{x}^s_{t+1} + \widetilde{DP}_{t+1}}{\widetilde{DP}_t} \cdot \widetilde{DP}_t\right]$$

$$= E_\theta\left[\frac{\tilde{x}^s_{t+1} + \widetilde{DP}_{t+1}}{\widetilde{DP}_t}\right] \cdot E_\theta[\widetilde{DP}_t] + C_\theta\left[\frac{\tilde{x}^s_{t+1} + \widetilde{DP}_{t+1}}{\widetilde{DP}_t}, \widetilde{DP}_t\right]$$

und folglich

$$E_\theta\left[\frac{\tilde{x}^s_{t+1} + \widetilde{DP}_{t+1}}{\widetilde{DP}_t}\right] = \frac{E_\theta[\tilde{x}^s_{t+1} + \widetilde{DP}_{t+1}] - C_\theta[\tilde{R}^s_{t+1}, \widetilde{DP}_t]}{E_\theta[\widetilde{DP}_t]}$$

ergibt sich:

$$E_\theta[\widetilde{DP}_t] = \frac{E_\theta[\tilde{x}^s_{t+1} + \widetilde{DP}_{t+1}]}{1 + E_\theta[\tilde{R}^s_{t+1}] + C_\theta[\tilde{R}^s_{t+1}, \widetilde{DP}_t]/E_\theta[\widetilde{DP}_t]}$$

---

1 Vgl. Kruschwitz/Löffler (2006); Laitenberger (2006); Gröger (2009); Kruschwitz/Löffler/Lorenz (2012).

Demnach gilt:

$$k_{\theta,t+1}^s = E_\theta[\tilde{R}_{t+1}^s] + C_\theta[\tilde{R}_{t+1}^s, \widetilde{DP}_t]/E_\theta[\widetilde{DP}_t]$$

Der Kapitalkostensatz der Periode $t+1$ entspricht demnach der um einen Kovarianzterm modifizierten erwarteten Rendite des Duplikationsportefeuilles. Der Kovarianzterm entfällt für $\theta = t$, da es sich dann bei DP_t um eine sichere Größe handelt.

Ergänzend sollen diese theoretischen Überlegungen anhand des vorangegangenen Beispiels in diesem Kapitel illustriert werden. Für den Kapitalkostensatz der zweiten Periode ergab sich aus der Sicht des Bewertungszeitpunkts:

$$k_2^s = \frac{E[\tilde{x}_2^s + \tilde{V}_2]}{E[\tilde{V}_1]} - 1 = 14{,}6\%$$

Der Erwartungswert der Rendite der zweiten Periode berechnet sich hingegen aus dem Erwartungswert von Zufallsvariablen, was, wie oben gezeigt, im Allgemeinen zu einem vom Kapitalkostensatz abweichenden Ergebnis führt:

$$E[\tilde{R}_2^s] = E\left[\frac{\tilde{x}_2^s + \tilde{V}_2}{\tilde{V}_1}\right] - 1 = 17{,}31\%$$

Die Kovarianz der Rendite $\tilde{R}_2^s$ und des Marktwertes $\tilde{V}_1$ beträgt aus der Sicht des Bewertungszeitpunktes $-0{,}1243$, der erwartete Marktwert $E[\tilde{V}_1]$ 4,62 €. Damit kann der Kapitalkostensatz k_2^s aus dem Erwartungswert der Rendite $E[\tilde{R}_2^s]$ wie folgt abgeleitet werden:

$$k_2^s = 17{,}31\% + \frac{-0{,}1243}{4{,}62} = 14{,}6\%$$

Abschließend sei darauf hingewiesen, dass der Erwartungswert der Kapitalkostensätze $E[\tilde{k}_{1,2}^s]$ mit dem Erwartungswert der Rendite $E[\tilde{R}_2^s]$ übereinstimmt.

Bewertungsfunktion (10) lässt sich durch Annahmen bezüglich der Besteuerung in verschiedene Richtungen weiterentwickeln. Diesbezüglich ist zwischen drei Fällen zu unterscheiden:

Ausschließliche Besteuerung von Zahlungen aus dem Unternehmen
Werden Zahlungen aus dem Unternehmen mit dem persönlichen Steuersatz s besteuert, während an dem Marktwert am Ende einer Periode keine Besteuerungsfolgen anknüpfen, so resultiert:

$$E_\theta[\tilde{V}_t] = \frac{E_\theta[\tilde{x}_{t+1} \cdot (1-s) + \tilde{V}_{t+1}]}{1+k^s_{\theta,t+1}} \qquad \text{für } 0 \leq \theta \leq t \text{ und } t=0,\ldots,T-1 \qquad (13)$$

Gleichung (13) führt auf eine sogenannte **Nachsteuerrechnung**: Nachsteuerzahlungen werden mit einem Kapitalkostensatz abgezinst, der als **Kapitalkostensatz nach Steuern** bezeichnet wird.

Einheitliche Besteuerung von Zahlungen aus dem Unternehmen und Marktwertzuwächsen

Bei einer einheitlichen Besteuerung von Marktwertzuwächsen und Zahlungen aus dem Unternehmen und damit des ökonomischen Gewinns folgt aus (10):

$$E_\theta[\tilde{V}_t] = \frac{E_\theta[\tilde{x}_{t+1} - \tilde{x}_{t+1} \cdot s - (\tilde{V}_{t+1} - \tilde{V}_t) \cdot s + \tilde{V}_{t+1}]}{1+k^s_{\theta,t+1}}$$

$$= \frac{E_\theta[\tilde{x}_{t+1} - s \cdot \overbrace{(\tilde{x}_{t+1} + \tilde{V}_{t+1} - \tilde{V}_t)}^{\text{ökonomischer Gewinn}} + \tilde{V}_{t+1}]}{1+k^s_{\theta,t+1}}$$

$$\text{für } 0 \leq \theta \leq t \text{ und } t=0,\ldots,T-1 \qquad (14)$$

Bei der Anwendung von (14) ergibt sich das Problem, dass der für den Beginn einer Periode erwartete Marktwert in die Bemessungsgrundlage der Besteuerung am Ende der Periode eingeht. Es handelt sich bei (14) somit um eine implizite Bewertungsfunktion. Die hieraus resultierenden Zirkularitätsprobleme kann man umgehen, wenn (14) nach dem erwarteten Marktwert zu Beginn der Periode aufgelöst wird:

$$E_\theta[\tilde{V}_t] = \frac{E_\theta[\tilde{x}_{t+1} + \tilde{V}_{t+1}] \cdot (1-s)}{1-s+k^s_{\theta,t+1}} \qquad \text{für } 0 \leq \theta \leq t \text{ und } t=0,\ldots,T-1 \qquad (15)$$

Dividiert man Zähler und Nenner durch $(1-s)$ so erhält man mit $k_{\theta,t+1} = k^s_{\theta,t+1}/(1-s)$:

$$E_\theta[\tilde{V}_t] = \frac{E_\theta[\tilde{x}_{t+1} + \tilde{V}_{t+1}]}{1+k_{\theta,t+1}} \qquad \text{für } 0 \leq \theta \leq t \text{ und } t=0,\ldots,T-1 \quad . \qquad (16)$$

(16) charakterisiert eine **Vorsteuerrechnung**, bei der Vorsteuerzahlungen mit einem Kapitalkostensatz diskontiert werden, der als **Kapitalkostensatz vor Steuern** bezeichnet wird.

Differenzierte Besteuerung von Zahlungen aus dem Unternehmen und Marktwertzuwächsen

Im Falle einer differenzierten Besteuerung von Zahlungen mit s_d und Marktwertzuwächsen mit s_g ergibt sich schließlich:

$$E_\theta[\tilde{V}_t] = \frac{E_\theta[\tilde{x}_{t+1} - \tilde{x}_{t+1} \cdot s_d - (\tilde{V}_{t+1} - \tilde{V}_t) \cdot s_g + \tilde{V}_{t+1}]}{1 + k^s_{\theta,t+1}}$$

$$\text{für } 0 \leq \theta \leq t \text{ und } t = 0, \ldots, T-1 \tag{17}$$

Bei (16) handelt es sich ebenfalls um eine implizite Bewertungsfunktion. Für $s_{d^*} = (s_d - s_g)/(1 - s_g)$ und $k^{s^*}_{\theta,t} = k^s_{\theta,t}/(1 - s_g)$ folgt:

$$E_\theta[\tilde{V}_t] = \frac{E_\theta[\tilde{x}_{t+1} \cdot (1 - s_{d^*}) + \tilde{V}_{t+1}]}{1 + k^{s^*}_{\theta,t+1}} \qquad \text{für } 0 \leq \theta \leq t \text{ und } t = 0, \ldots, T-1 \tag{18}$$

(18) führt auf eine **modifizierte Nachsteuerrechnung**, bei der ein modifizierter Steuersatz s_{d^*} und ein **modifizierter Kapitalkostensatz nach Steuern** zur Anwendung kommen.

BEISPIEL: Vor- und Nachsteuerrechnung

In der nachfolgenden Tabelle sind die Zahlungen aus dem Unternehmen (vor persönlichen Steuern) und die Marktwerte des Unternehmens am Ende der ersten Periode in den drei Zuständen 1, 2 und 3 angegeben. Die Wahrscheinlichkeiten der drei Zustände betragen 0,3, 0,5 und 0,2.

s	s=1	s=2	s=3	E[·]
$x_{1,s}$	100 €	120 €	140 €	118 €
$V_{1,s}$	1.000 €	1.200 €	1.250 €	1.150 €

Vereinfachend wird davon ausgegangen, dass die Preise der Arrow/Debreu Wertpapiere vom Steuersystem unabhängig sind:

s	s=1	s=2	s=3
$p_{1,s}$	0,20 €	0,40 €	0,30 €

Ausschließliche Besteuerung von Zahlungen aus dem Unternehmen
Bei dem Steuersatz von s = 25 % ergeben sich folgende Nachsteuerzahlungen:

s	s=1	s=2	s=3	$E[\tilde{x}^s_1]$
$x^s_{1,s}$	75 €	90 €	105 €	88,50 €

Mit Hilfe der Preise für die Arrow/Debreu Wertpapiere errechnet sich ein Marktwert in Höhe von 1.137,50 €. Der Kapitalkostensatz nach Steuern beläuft sich auf $k^s_1 = 8,88\%$. Die Nachsteuerrechnung ergibt:

$$V = \frac{88,50 + 1.150,00}{1 + 8,88\%} = 1.137,50 \ \text{\euro}$$

Einheitliche Besteuerung von Zahlungen aus dem Unternehmen und Marktwertzuwächsen

Bei einem Steuersatz von $s = 25\%$ ergibt sich der Marktwert des Unternehmens mittels der Preise der Arrow/Debreu Wertpapiere aus:

$$V = (75 - 0,25 \cdot (1.000 - V) + 1.000) \cdot 0,2 + (90 - 0,25 \cdot (1.200 - V) + 1.200) \cdot 0,4$$

$$+ (105 - 0,25 \cdot (1.250 - V + 1.250) \cdot 0,3$$

Durch Auflösen erhält man einen Marktwert in Höhe von 1.127,42 €. Es resultieren folgende Nachsteuerzahlungen:

s	s = 1	s = 2	s = 3	$E[\tilde{x}_1^s]$
$x_{1,s}^s$	106,85 €	71,85 €	74,35 €	82,85 €

Aus dem Kapitalkostensatz nach Steuern in Höhe von 9,35 % lässt sich der Kapitalkostensatz vor Steuern $k_1 = 12,47\%$ ableiten. Die Vorsteuerrechnung ergibt:

$$V = \frac{118 + 1.150}{1 + 12,47\%} = 1.127,42 \ \text{\euro}$$

Differenzierte Besteuerung von Zahlungen aus dem Unternehmen und Marktwertzuwächsen

Geht man davon aus, dass Zahlungen aus dem Unternehmen mit $s_d = 25\%$ und Marktwertzuwächse mit $s_g = 15\%$ besteuert werden, kann analog zu oben zunächst der Marktwert des Unternehmens in Höhe von 1.132,08 € berechnet werden. Für die Nachsteuerzahlungen ergibt sich:

s	s = 1	s = 2	s = 3	$E[\tilde{x}_1^s]$
$x_{1,s}^s$	94,81 €	79,81 €	87,31 €	85,81 €

Der Kapitalkostensatz nach Steuern beläuft sich auf 9,16%, woraus sich der modifizierte Kapitalkostensatz nach Steuern $k_1^{s^*} = 10,78\%$ ableitet. Unter Berücksichtigung des modifizierten Steuersatzes $s_{d^*} = 11,76\%$ folgt aus der Nachsteuerrechnung:

$$V = \frac{104,12 + 1.150}{1 + 11,76\%} = 1.132,08 \ \text{\euro}$$

2.3 Das Capital Asset Pricing Model

2.3.1 Einperiodenfall

Die im letzten Kapitel abgeleiteten Bewertungsfunktionen zeigen, dass sich der Marktwert eines Unternehmens auf praktikable Weise bestimmen lässt, wenn man die zugehörigen Kapitalkostensätze kennt. Genau hierin liegt aber ein Problem. Denn Definition (9) in Kapitel 2.2.3 ist zwar eine theoretisch gute Grundlage für die Ableitung von Bewertungsfunktionen. Sie bietet aber mit dem Bezug auf ein Duplikationsportefeuille noch keinen Anhaltspunkt dafür, wie bei der Bestimmung von Kapitalkostensätzen konkret zu verfahren ist. Denn wären das Duplikationsportefeuille und der hierfür im Bewertungszeitpunkt zu verausgabende Betrag bekannt, wäre dies offensichtlich auch der gesuchte Unternehmenswert. Man müsste also gleichsam schon das Ergebnis der Bewertung kennen, wollte man auf dieser Grundlage den anzuwendenden Kapitalkostensatz bestimmen.

Ein Ausweg aus diesem Dilemma ist nur möglich, wenn der maßgebliche Kapitalkostensatz bestimmt werden kann, ohne dazu ein Portefeuille konstruieren zu müssen, das in jedem Zeitpunkt und bei Eintritt jedes möglichen Zustands den zu bewertenden Zahlungsstrom dupliziert. Beim gegenwärtigen Stand der Darstellung ist dies nicht möglich. Es wurde zwar herausgearbeitet, dass der Preis eines Wertpapiers von den Zahlungsansprüchen abhängt, die mit ihm verbunden sind. Die Bestimmungsgründe für Wertpapierpreise wurden jedoch noch nicht genauer hinterfragt. Infolgedessen ist nicht ausgeschlossen, dass zwei Wertpapiere sehr verschiedene Marktpreise besitzen, obwohl die Wahrscheinlichkeitsverteilungen der Zahlungen nur geringe Unterschiede aufweisen. Das scheint wenig realitätsnah. Plausibler ist die Annahme, dass die am Kapitalmarkt notierten Wertpapierpreise auf globalere Eigenschaften der jeweiligen Zahlungsströme zurückzuführen sind.

Mit der Frage, wovon die am Kapitalmarkt notierten Preise abhängen, beschäftigt sich die **Kapitalmarkttheorie**. Zu ihrer Beantwortung werden Hypothesen formuliert, Modelle zur Preisbildung entwickelt und deren Implikationen empirisch überprüft. Das prominenteste und für die Praxis bedeutsamste Modell der Preisbildung am Kapitalmarkt ist das **Capital Asset Pricing Model** (CAPM). Dieses Modell wurde aufbauend auf der Portefeuilletheorie von *Markowitz*[1] Mitte der fünfziger Jahre von *Sharpe*, *Lintner* und *Mossin*[2] entwickelt. Inzwischen liegt eine schier unüberschaubare Zahl von Modifikationen und Weiterentwicklungen vor, die zum größten Teil theoretisch motiviert sind. Für die praktische Unternehmensbewertung sind vor allem das sogenannte **Standard-CAPM** und dessen Erweiterung im Hinblick auf persönliche Steuern, das von *Brennan*[3] vorgestellte **Tax-CAPM**, von Bedeutung. Da persönliche Steuern in der Dar-

---

1 Siehe Markowitz (1952).
2 Siehe Sharpe (1964), Lintner (1965), Mossin (1966).
3 Siehe Brennan (1970).

stellung hier von Anfang an eine Rolle spielen, wird im Folgenden eine vereinfachte Version des Tax-CAPM erörtert.

Ausgangspunkt ist wieder die Annahme, dass auf dem – weiterhin als vollkommen und vollständig angenommenen – Kapitalmarkt n risikobehaftete Wertpapiere gehandelt werden, die durch den Index i = 1, ..., n kenntlich gemacht sind. Diese Wertpapiere können am Anfang der betrachteten Periode zum Preis P_i gekauft werden. $\tilde{z}_i^s$ bezeichnet die Zahlung, die das Wertpapier i am Ende der Periode nach Abzug persönlicher Steuern erbringt. Anders als in Kapitel 2.2.1 ist diese Zahlung hier direkt als Zufallsvariable modelliert. Die sichere Anlage- und Verschuldungsmöglichkeit wird durch den Index 0 gekennzeichnet. Der dazugehörige Nachsteuerzinssatz wird mit r^s bezeichnet.

Den Marktteilnehmern ist der Index j = 1, ..., m zugeordnet. Jeder Marktteilnehmer verfügt zu Beginn der Periode über ein bestimmtes **Anfangsvermögen**, das mit W_j^a bezeichnet wird. Dieses Anfangsvermögen wird angelegt, um am Ende der Periode ein möglichst hohes Endvermögen zu erzielen. a_{ij} bezeichnet die Anzahl an Wertpapieren des Typs i, die der Marktteilnehmer j am Anfang der Periode erwirbt; ein negatives Vorzeichen deutet auf eine Veräußerung des Wertpapiers hin. a_{0j} ist derjenige Betrag, der risikolos zum Zinssatz r^s angelegt wird, oder – bei negativem Vorzeichen – der Betrag, den der Marktteilnehmer j zu diesem Zinssatz aufnimmt. Für das Endvermögen des Marktteilnehmers j ergibt sich:

$$\widetilde{W}_j^e = a_{0j} \cdot (1 + r^s) + \sum_{i=1}^{n} a_{ij} \cdot \tilde{z}_i^s \tag{1}$$

Offensichtlich handelt es sich ex ante um eine Zufallsvariable, da zu Beginn der Periode noch nicht bekannt ist, welche Zahlungen die Wertpapiere am Ende der Periode erbringen werden.

Um den **Entscheidungskalkül der Marktteilnehmer** im Hinblick auf die Anzahl der zu erwerbenden Wertpapiere a_{ij} und den anzulegenden bzw. aufzunehmenden Betrag a_{0j} nachzuvollziehen, muss deren Einstellung in Bezug auf risikobehaftete Vermögenspositionen näher spezifiziert werden. Dabei wird regelmäßig davon ausgegangen, dass sich das Entscheidungsverhalten der Marktteilnehmer durch die Erwartungsnutzentheorie beschreiben lässt. Weitergehende Annahmen in Bezug auf Nutzenfunktionen und/oder Wahrscheinlichkeitsverteilungen führen zu dem Schluss, dass für den einzelnen Marktteilnehmer letztendlich nur der Erwartungswert und die Varianz des Endvermögens eine Rolle spielen.[1] Ein höherer Erwartungswert des Endvermögens wird gegenüber einem geringeren c. p. vorgezogen, weil mit einem höheren Endvermögen weitergehende Konsummöglichkeiten verbunden sind. Bei gleichem Erwartungswert wird diejenige Vermögensposition bevorzugt, die eine geringere Varianz aufweist. Hierin äußert sich eine Abneigung gegenüber Risiko (**Risikoaversion**) im Sinne einer

---

1 Zu solchen Annahmen siehe insbesondere Chamberlain (1983).

durch die Varianz gemessenen Abweichung des Endvermögens von dem erwarteten Wert. Idealtypisch lässt sich der Nutzen des Marktteilnehmers j durch

$$U_j = E[\widetilde{W}_j^e] - \alpha_j \cdot V[\widetilde{W}_j^e] \tag{2}$$

beschreiben. α_j steht für das jeweilige Ausmaß der Risikoaversion. Im Fall $\alpha_j = 0$ spielt das durch die Varianz des Endvermögens gemessene Risiko offenbar keine Rolle. Der Marktteilnehmer orientiert sich bei seiner Anlageentscheidung nur an dem Erwartungswert des Endvermögens: er ist risikoneutral. Bei $\alpha_j > 0$ wird – wie oben angegeben – von zwei Anlagealternativen mit gleichem erwarteten Endvermögen diejenige gewählt, die mit einem geringeren Risiko behaftet ist.

Im Zuge der Maximierung von (2) ist zu beachten, dass die Anlagemöglichkeiten jedes Marktteilnehmers durch das vorhandene Anfangsvermögen begrenzt sind:

$$a_{0j} + \sum_{i=1}^{n} a_{ij} \cdot P_i \le W_j^a \tag{3}$$

Da eine Ausweitung der sicheren Anlage bzw. eine Verminderung der Verschuldung (Erhöhung von a_{0j}) bei positivem r^s stets zu einer Erhöhung des Endvermögens um einen sicheren Betrag führt, kann davon ausgegangen werden, dass die Budgetrestriktion (3) mit Gleichheit erfüllt ist. Dies erlaubt es, (3) nach a_{0j} aufzulösen und a_{0j} in (1) zu substituieren. Die Nutzenfunktion (2) kann dann mit Standardmethoden optimiert werden, ohne Nebenbedingungen beachten zu müssen. Im Ergebnis erhält man diejenigen Werte für $(a_{1j}, ..., a_{nj})$ die die optimale Anlageentscheidung in Bezug auf unsichere Wertpapiere widerspiegeln. Durch Auswertung der Budgetrestriktion (3) kommt man schließlich auf denjenigen Betrag, den der Marktteilnehmer im Optimum in die sichere Anlagemöglichkeit investiert bzw. um den er sich verschuldet.

THEORIE: Optimierung der Anlageentscheidung – Tobin Separation[1]

Unter Berücksichtigung von

$$E[\widetilde{W}_j^e] = a_{0j} \cdot (1+r^s) + \sum_{i=1}^{n} a_{ij} \cdot E[\tilde{z}_i^s]$$

$$V[\widetilde{W}_j^e] = \sum_{i=1}^{n} \sum_{k=1}^{n} a_{ij} \cdot a_{kj} \cdot C[\tilde{z}_i^s, \tilde{z}_k^s]$$

resultiert aus $U_j = E[\widetilde{W}_j^e] - \alpha_j \cdot V[\widetilde{W}_j^e]$:

---

1   Zur Tobin Separation siehe Tobin (1958).

$$U_j = a_{0j} \cdot (1 + r^s) + \sum_{i=1}^{n} a_{ij} \cdot E[\tilde{z}_i^s] - \alpha_j \cdot \sum_{i=1}^{n} \sum_{k=1}^{n} a_{ij} \cdot a_{kj} \cdot C[\tilde{z}_i^s, \tilde{z}_k^s]$$

Auflösen der Budgetrestriktion nach a_{0j} und Einsetzen ergibt:

$$U_j = (W_j^a - \sum_{i=1}^{n} a_{ij} \cdot P_i) \cdot (1 + r^s) + \sum_{i=1}^{n} a_{ij} \cdot E[\tilde{z}_i^s] - \alpha_j \cdot \sum_{i=1}^{n} \sum_{k=1}^{n} a_{ij} \cdot a_{kj} \cdot C[\tilde{z}_i^s, \tilde{z}_k^s]$$

Die partiellen Ableitungen der Nutzenfunktion nach a_{ij} sind:

$$\frac{\partial U_j}{\partial a_{ij}} = -P_i \cdot (1 + r^s) + E[\tilde{z}_i^s] - 2 \cdot \alpha_j \cdot \sum_{k=1}^{n} a_{kj} \cdot C[\tilde{z}_i^s, \tilde{z}_k^s] \qquad \text{für } i = 1, ..., n$$

Es resultieren folgende Bedingungen 1. Ordnung für ein Maximum:

$$E[\tilde{z}_i^s] - 2 \cdot \alpha_j \cdot \sum_{k=1}^{n} \hat{a}_{kj} \cdot C[\tilde{z}_i^s, \tilde{z}_k^s] = (1 + r^s) \cdot P_i \qquad \text{für } i = 1, ..., n$$

Das Dach im Symbol $\hat{a}_{kj}$ deutet darauf hin, dass es sich um die Ausprägung der Entscheidungsvariablen im Optimum handelt. Die Gesamtheit der Bedingungen 1. Ordnung ist als lineares Gleichungssystem aufzufassen, bei dessen Lösung an die Stelle von $\hat{a}_{kj}$ die Größen $\hat{a}_k^m = \alpha_j \cdot \hat{a}_{kj}$ treten können. Die Ausprägung dieser Größen ist offenbar unabhängig von j, da in den Bedingungen 1. Ordnung der Index j ansonsten nirgendwo auftaucht.

Dies erlaubt es, die Anlageentscheidung in zwei Schritten zu treffen (Tobin Separation). Im ersten Schritt wird das optimale Portefeuille risikobehafteter Wertpapiere durch Lösung des folgenden Gleichungssystems bestimmt:

$$E[\tilde{z}_i^s] - 2 \cdot \sum_{k=1}^{n} \hat{a}_k^m \cdot C[\tilde{z}_i^s, \tilde{z}_k^s] = (1 + r^s) \cdot P_i \qquad \text{für } i = 1, ..., n$$

Die Struktur des optimalen Portefeuilles (ohne Berücksichtigung der sicheren Anlage) ist demnach unabhängig von α_j und damit von der spezifischen Risikoaversion des jeweiligen Marktteilnehmers. Im zweiten Schritt werden die Anzahl der anzuschaffenden Wertpapiere $\hat{a}_{kj} = \hat{a}_k^m / \alpha_j$ berechnet und der Betrag $\hat{a}_{0j}$ aus der Budgetrestriktion (3) abgeleitet.

Bis hierhin ging es lediglich um individuelle Anlagekalküle bei gegebenen Wertpapierpreisen. Im nächsten Schritt werden die Anlagekalküle gedanklich zusammengefasst, um die am Kapitalmarkt insgesamt wirksame, von den Wertpapierpreisen abhängige Nachfrage zu bestimmen. Es wird weiter davon ausgegangen, dass diese Nachfrage auf ein Angebot trifft, das alle existierenden Wertpapiere umfasst. Die Gesamtheit dieser Wertpapiere bildet das sogenannte **Marktportefeuille**. Der Kapitalmarkt ist im Gleichgewicht, wenn die Nachfrage das Marktportefeuille abdeckt. Ziel ist die Ableitung der Wertpapierpreise, bei denen dies der Fall ist.

Üblicherweise werden die Implikationen des CAPM auf die Renditen bezogen, die die Wertpapiere im Kapitalmarktgleichgewicht in der betrachteten Periode erwarten lassen. Bezeichnet man die erwartete Nachsteuerrendite des Wertpapiers i (des Marktportefeuilles) mit μ_i^s μ_M^s die zugehörige Standardabweichung mit σ_i^s (σ_M^s) und die Korrelation der Nachsteuerrendite des Wertpapiers i mit der Nachsteuerrendite des Marktportefeuilles mit ρ_{iM}^s so lässt sich das Kapitalmarktgleichgewicht durch folgenden Zusammenhang charakterisieren (**Wertpapiermarktlinie**):

$$\mu_i^s = r^s + \frac{\mu_M^s - r^s}{\sigma_M^s} \cdot \sigma_i^s \cdot \rho_{iM}^s \tag{4}$$

THEORIE: Ableitung der Wertpapiermarktlinie

Oben zeigte sich, dass die das optimale Portefeuille beschreibenden Größen $\hat{a}_k^m$ von der individuellen Risikoeinstellung des Anlegers unabhängig sind. Demzufolge halten alle Marktteilnehmer bei homogenen Erwartungen ein strukturell gleiches Portefeuille risikobehafteter Wertpapiere. $\hat{a}_k^m$ lässt sich als Produkt der Anzahl insgesamt vorhandener Wertpapiere $\hat{a}_k^M$ und einer Konstanten c darstellen; es gilt $\hat{a}_k^m = c \cdot \hat{a}_k^M$. Aus den Bedingungen 1. Ordnung für das Optimum folgt:

$$E[\tilde{z}_i^s] - 2 \cdot c \cdot \sum_{k=1}^{n} \hat{a}_k^M \cdot C[\tilde{z}_i^s, \tilde{z}_k^s] = (1+r^s) \cdot P_i \qquad \text{für } i = 1, ..., n$$

Bezeichnet man den Wert des Marktportefeuilles mit $P_M = \sum_{i=1}^{n} \hat{a}_i^M \cdot P_i$ und die Zahlungen aus dem Marktportefeuille mit $\tilde{Z}_M^s = \sum_{i=1}^{n} \hat{a}_i^M \cdot \tilde{z}_i^s$ so erhält man:

$$E[\tilde{z}_i^s] - 2 \cdot c \cdot C[\tilde{z}_i^s, \tilde{Z}_M^s] = (1+r^s) \cdot P_i \qquad \text{für } i = 1, ..., n$$

Multiplikation mit $\hat{a}_i^M$ und Aufsummieren über alle i ergibt:

$$E[\tilde{Z}_M^s] - 2 \cdot c \cdot V[\tilde{Z}_M^s] = (1+r^s) \cdot P_M$$

Nutzt man diese Beziehung, um c in der obenstehenden Beziehung zu ersetzen, gelangt man auf:

$$E[\tilde{z}_i^s] - \frac{E[\tilde{Z}_M^s] - (1+r^s) \cdot P_M}{V[\tilde{Z}_M^s]} \cdot C[\tilde{z}_i^s, \tilde{Z}_M^s] = (1+r^s) \cdot P_i \qquad \text{für } i = 1, ..., n$$

Im Folgenden wird die Nachsteuerrendite des Wertpapiers i mit $\tilde{R}_i^s$ und diejenige des Marktportefeuilles mit $\tilde{R}_M^s$ bezeichnet; es gilt $\tilde{z}_i^s = (1 + \tilde{R}_i^s) \cdot P_i$ bzw. $\tilde{Z}_M^s = (1 + \tilde{R}_M^s) \cdot P_M$. Dies eingesetzt ergibt nach einigen Umformungen:

$$E[\tilde{R}_i^s] = r^s + \frac{E[\tilde{R}_M^s] - r^s}{V[\tilde{R}_M^s]} \cdot C[\tilde{R}_i^s, \tilde{R}_M^s] \qquad \text{für } i = 1, \ldots, n$$

Unter Berücksichtigung von $C[\tilde{R}_i^s, \tilde{R}_M^s] = \sigma_i^s \cdot \sigma_M^s \cdot \rho_{iM}^s$ resultiert (4).

Der Erwartungswert der Nachsteuerrendite eines beliebigen Wertpapiers i setzt sich gemäß (4) aus der risikolosen Nachsteuerverzinsung zuzüglich eines Risikozuschlags zusammen. Der Risikozuschlag wiederum ist das Produkt zweier Faktoren, die als Marktpreis des Risikos $(\mu_M^s - r^s)/\sigma_M^s$ bzw. als Maß für das dem Wertpapier inhärente Risiko $\sigma_i^s \cdot \rho_{iM}^s$ interpretiert werden können. Vielleicht die theoretisch wichtigste Implikation des CAPM besteht darin, dass nicht das gesamte, in der Standardabweichung σ_i^s zum Ausdruck kommende Risiko eines Wertpapiers durch den Risikozuschlag entgolten wird, sondern nur ein Teil davon, nämlich $\sigma_i^s \cdot \rho_{iM}^s$. Ursächlich hierfür sind Diversifikationseffekte im Zuge der Portefeuillebildung, durch die ein Teil des Risikos einzelner Wertpapiere vermieden werden kann. Dieser Teil des Risikos wird als **unsystematisches Risiko** bezeichnet, das verbleibende Risiko ist das sogenannte systematische Risiko. Da unsystematisches Risiko vermeidbar ist, wird seine Übernahme vom Kapitalmarkt nicht entgolten, d. h. nicht in einen Risikozuschlag zur risikolosen Verzinsung umgesetzt. Das **systematische Risiko** kommt in dem Term $\sigma_i^s \cdot \rho_{iM}^s$ zum Ausdruck; (4) beschreibt demnach einen linearen Zusammenhang zwischen der erwarteten Rendite eines Wertpapiers und dem damit verbundenen systematischen Risiko.

BEISPIEL: Diversifikation, systematisches und unsystematisches Risiko

Es sei angenommen, am Kapitalmarkt würden zwei unsichere Wertpapiere gehandelt. Dazugehörige Daten sind folgender Tabelle zu entnehmen:

	i = 1	i = 2
μ_i^s	8 %	11 %
σ_i^s	0,08	0,64

Des Weiteren sei $C[\tilde{R}_1^s, \tilde{R}_2^s] = -0,0046$. Kombiniert man die beiden Wertpapiere, so ergibt sich in Bezug auf die Portefeuillerendite $\tilde{R}_P^s$:

$$E[\tilde{R}_P^s] = q \cdot E[\tilde{R}_1^s] + (1 - q) \cdot E[\tilde{R}_2^s]$$

$$V[\tilde{R}_P^s] = q^2 \cdot V[\tilde{R}_1^s] + (1 - q)^2 \cdot V[\tilde{R}_2^s] + 2 \cdot q \cdot (1 - q) \cdot C[\tilde{R}_1^s, \tilde{R}_2^s]$$

Dabei bezeichnet q den Anteil des insgesamt investierten Betrags, der für den Kauf von Wertpapieren des Typs 1 verwendet wurde. Die durch Variation von q erreichbaren $\mu - \sigma$ – Positionen sind in folgender Abbildung dargestellt.

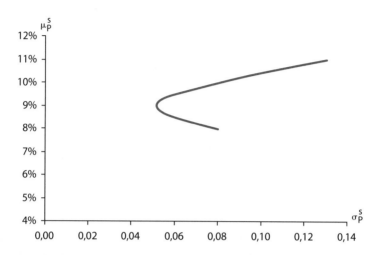

Es wurden nur die für $q \geq 0$ erreichbaren Positionen berücksichtigt. Offenbar besteht die Möglichkeit, die Standardabweichung der Portefeuillerendite unter 0,06 und damit unter das den beiden Wertpapieren jeweils inhärente Risiko (0,08 bzw. 0,64) zu senken (Diversifikation).

Die Bestimmung des jeweiligen systematischen Risikos setzt die Kenntnis des Kapitalmarktgleichgewichts voraus. Für $r^s = 5\%$ und $P_1 = P_2 = 10 \,€$ realisieren alle Marktteilnehmer das Portefeuille mit $q = 0,6$. Im Kapitalmarktgleichgewicht entspricht die Zusammensetzung des Portefeuilles dem Marktportefeuille. Es folgt:

	i = 1	i = 2	i = M
μ_i^s	8 %	11 %	9,2 %
σ_i^s	0,0800	0,6400	0,0529
$\sigma_i^s \cdot \rho_{iM}^s$	0,0378	0,0756	0,0529

Das systematische Risiko der beiden Wertpapiere bleibt erheblich hinter dem insgesamt jeweils vorhandenen Risiko zurück. Ein entsprechend großer Anteil des Risikos der beiden Wertpapiere ist unsystematisch und kann durch Diversifikation vermieden werden. Unter Berücksichtigung des Marktpreises des Risikos von 0,7937 Prozentpunkten pro Einheit systematischen Risikos lassen sich die erwarteten Wertpapierrenditen und die erwartete Rendite des Marktportefeuilles erklären.

(4) eignet sich sehr gut, um den Zusammenhang zwischen systematischem und unsystematischem Risiko zu verdeutlichen. Weitaus geläufiger ist jedoch folgende Darstellung desselben Sachverhalts:

$$\mu^s = r^s + (\mu_M^s - r^s) \cdot \beta^s \tag{5}$$

Zu Vereinfachungszwecken wurde hier und wird im Folgenden auf Indizes verzichtet, sofern keine Verwechslungsgefahr besteht. Der Risikozuschlag zum risikolosen Nachsteuerzins ergibt sich in (5) als Produkt der Marktrisikoprämie $\mu_M^s - r^s$ und des Betafaktors β^s. Die **Marktrisikoprämie** gibt an, um wie viel höher die erwartete Nachsteuerrendite des Marktportefeuilles als der risikolose Zins nach Steuern ist. Der **Betafaktor** misst die Volatilität der Wertpapierrendite in Relation zur Rendite des Marktportefeuilles, formal:

$$\beta^s = \frac{C[\tilde{R}^s, \tilde{R}_M^s]}{V[\tilde{R}_M^s]} \tag{6}$$

Dabei bezeichnet $\tilde{R}^s$ die Nachsteuerrendite des betrachteten Wertpapiers und $\tilde{R}_M^s$ diejenige des Marktportefeuilles. Auch der Betafaktor ist als Maß für das systematische Risiko des betrachteten Wertpapiers zu verstehen: Ein Betafaktor von eins deutet darauf hin, dass das Wertpapier dem gleichen systematischen Risiko wie das Marktportefeuille unterliegt, so dass auch die erwartete Rendite des Wertpapiers derjenigen des Marktportefeuilles entspricht. Ein höheres systematisches Risiko geht mit einem höheren, ein geringeres systematisches Risiko mit einem geringeren Betafaktor einher.

Aus dem Zusammenhang zwischen der Rendite eines Wertpapiers und seinem Preis folgt:

$$P = \frac{E[\tilde{z}^s]}{1 + \mu^s} \tag{7}$$

Offenbar kann der Preis eines Wertpapiers mittels (7) rekonstruiert werden, sofern die zu erwartende Zahlung, die risikolose Verzinsung, die Marktrisikoprämie sowie der maßgebliche Betafaktor bekannt sind. Alternativ ergibt sich der Preis eines Wertpapiers mit Hilfe der **Preisgleichung** des CAPM:

$$P = \frac{E[\tilde{z}^s] - \dfrac{\mu_M^s - r^s}{V[\tilde{R}_M^s]} \cdot C[\tilde{z}^s; \tilde{R}_M^s]}{1 + r^s} \tag{8}$$

(8) folgt, wenn man die Rendite des Wertpapiers in die Wertpapiermarktlinie einsetzt und nach dem Preis auflöst.

THEORIE: Empirische Überprüfung und Befunde zum CAPM[1]

Die Aussagen des CAPM betreffen erwartete Wertpapier- und Portefeuillerenditen, die selbst nicht direkt beobachtbar sind. Die empirischen Untersuchungen zum CAPM richten sich deshalb auf am Kapitalmarkt realisierte Renditen. Dahinter steht die Annahme, dass diese Renditen im Mittel den erwarteten Renditen entsprechen. Die Tests betreffen in der Regel Versionen des CAPM, die von der Besteuerung auf privater Ebene abstrahieren.

Die Ergebnisse, die im Zuge der empirischen Untersuchungen erzielt worden sind, waren von Beginn an nicht eindeutig: Eine Reihe von Untersuchungen scheint die Kernaussagen des CAPM (insbesondere die Existenz eines linearen Zusammenhangs zwischen Rendite und Risiko) zu bestätigen, andere Untersuchungen führten zu Resultaten, die im Widerspruch zu diesen Aussagen stehen.

Zu diesen ernüchternden Ergebnissen sind seit Mitte der siebziger Jahre Zweifel getreten, ob das CAPM überhaupt empirisch überprüft werden kann. Die dabei vorgebrachten Argumente geben auch Anlass, diejenigen Untersuchungen zu hinterfragen, die einen positiven Zusammenhang zwischen Rendite und Risiko bestätigen. Das zentrale Problem ist die Abgrenzung des Marktportefeuilles. Grundsätzlich umfasst das Marktportefeuille alle risikobehafteten Anlagemöglichkeiten. Im Rahmen einer empirischen Untersuchung kann aber natürlich nur ein Teil der tatsächlich vorhandenen Anlagemöglichkeiten berücksichtigt werden, an die Stelle des Marktportefeuilles tritt üblicherweise ein Aktienindex. Die Ergebnisse eines empirischen Tests hängen deshalb entscheidend von der Qualität dieses Stellvertreters ab. Es kann sein, dass die Ergebnisse positiv im Sinne einer Bestätigung des CAPM ausfallen, dies jedoch nur auf die Eigenschaften des Stellvertreters für das Marktportefeuille zurückzuführen ist. Ebenso ist der umgekehrte Fall denkbar.

Zusammenfassend ist festzuhalten, dass die Frage nach der empirischen Validität des CAPM trotz nunmehr fast vier Jahrzehnte währender empirischer Forschung immer noch nicht abschließend beantwortet ist. Dies ist umso unbefriedigender, als ein Großteil der Instrumente der wertorientierten Unternehmensführung und der Unternehmensbewertung auf Implikationen des CAPM aufbauen.

2.3.2   Mehrperiodenfall

Als Grundlage für die weiteren Überlegungen reicht die damit gefundene Charakterisierung des Preissystems im Kapitalmarktgleichgewicht noch nicht aus. Denn bei Unternehmensbewertungen geht es ja nicht nur um die Bewertung einer einzelnen Zahlung,

---

1   Einen Überblick über die methodischen Probleme bei der empirischen Überprüfung des CAPM und die Ergebnisse empirischer Untersuchungen bietet z. B. Spremann (2009). Die Diskussion über die empirische Überprüfbarkeit des CAPM wurde von Roll (1977) angestoßen.

sondern um die Bewertung eines ganzen Zahlungsstroms, der auch Zahlungen umfasst, die weiter in der Zukunft liegen. Es ist deshalb zu fragen, welche Konsequenzen sich ergeben, wenn die zu bewertende Zahlung mehr als eine Periode in der Zukunft liegt. Ist diese Frage beantwortet, lassen sich auch Aussagen über die Preise von Wertpapieren treffen, die Zahlungen zu mehreren Zeitpunkten generieren.

Die einfachste Möglichkeit, die bisherige Betrachtung auf einen Zeitraum mit mehreren Perioden auszudehnen, besteht in der Annahme, dass sich das Kapitalmarktgleichgewicht in jeder Periode wie in (5) beschreiben lässt. Hinreichende Bedingungen hierfür hat *Fama* in einem 1977 veröffentlichten Aufsatz herausgearbeitet[1]. Auf diesen Aufsatz wird in der Literatur zur Unternehmensbewertung und auch in der Bewertungspraxis regelmäßig Bezug genommen. Ausgangspunkt ist die Überlegung, dass die Marktteilnehmer ihre Anlageentscheidungen bei einem längeren Betrachtungszeitraum grundsätzlich unter Berücksichtigung auch der Anlagemöglichkeiten zu späteren Zeitpunkten treffen. Es werden nicht nur Diversifikationsmöglichkeiten genutzt, die die jeweils nächste Anlageperiode betreffen, sondern auch periodenübergreifende Diversifikationsgelegenheiten.

In den bisherigen Überlegungen hat dies noch keine Rolle gespielt. (5) kann deshalb im Rahmen einer mehrperiodischen Betrachtung nur dann Bestand haben, wenn **periodenübergreifende Diversifikationsmöglichkeiten** ausgeschlossen sind. Im Allgemeinen ist dies nur der Fall, wenn sämtliche Eingangsgrößen in (5) deterministisch sind, so dass auch alle für die Zukunft erwarteten Wertpapierrenditen bereits im Betrachtungszeitpunkt mit Sicherheit bekannt sind. Versieht man die betreffenden Größen mit einem Zeitindex, um den Periodenbezug deutlich zu machen, so ergibt sich:

$$\mu_{t+1}^s = r_{t+1}^s + (\mu_{M,\,t+1}^s - r_{t+1}^s) \cdot \beta_{t+1}^s \qquad\qquad \text{für } t = 0, \ldots, T-1 \qquad\qquad (9)$$

Für den Preis eines Wertpapiers im Zeitpunkt t folgt:

$$\tilde{P}_t = \frac{E_t[\tilde{z}_{t+1}^s + \tilde{P}_{t+1}]}{1 + \mu_{t+1}^s} \qquad\qquad \text{für } t = 0, \ldots, T-1 \qquad\qquad (10)$$

Obwohl es sich bei μ_{t+1}^s entsprechend den eben getroffenen Annahmen um eine deterministische Größe handelt, ist der Preis des Wertpapiers in t aus der Sicht früherer Zeitpunkte eine Zufallsvariable. Die Unsicherheit rührt daher, dass noch nicht bekannt ist, welche Erwartungen es bezüglich der künftigen Zahlungen aus dem Wertpapier im Zeitpunkt t geben wird. Formal spiegelt sich dies darin wider, dass der bedingte Erwartungswert $E_t[\tilde{z}_{t+1}^s + \tilde{P}_{t+1}]$ eine Zufallsvariable ist.

Auch aus der Unsicherheit künftiger Erwartungen können periodenübergreifende Diversifikationsmöglichkeiten resultieren, die ausgeschlossen werden müssen. Hierzu

---

[1] Siehe Fama (1977).

wird angenommen, dass die Entwicklung der bedingten Erwartungswerte im Zeitablauf den Regeln einer **rationalen Erwartungsbildung** folgt. Dies bedeutet, dass bei der Bildung dieser Erwartungswerte jeweils alle zum betreffenden Zeitpunkt vorhandenen Informationen korrekt ausgewertet werden. Anders ausgedrückt: die Erwartungswerte dürfen keinen systematischen Fehleinschätzungen unterliegen. Es ist dann zwar möglich, dass sich ein Erwartungswert mit dem Zugang neuer Information ändert, aber es ist in früheren Zeitpunkten nicht von einer solchen Änderung auszugehen. Mit Bezug auf eine beliebige Zahlung $\tilde{x}_{t+1}^s$ gilt:[1]

$$E_\kappa[E_\theta[\tilde{x}_{t+1}^s]] = E_\kappa[\tilde{x}_{t+1}^s] \qquad \text{für } \kappa \leq \theta \leq t \text{ und } t = 0, \ldots, T-1 \qquad (11)$$

Unter Berücksichtigung von (11) lässt sich der zum Zeitpunkt $\theta \leq t$ erwartete Preis des Wertpapiers wie folgt bestimmen:

$$E_\theta[\tilde{P}_t] = \frac{E_\theta[\tilde{z}_{t+1}^s + \tilde{P}_{t+1}]}{1 + \mu_{t+1}^s} \qquad \text{für } 0 \leq \theta \leq t \text{ und } t = 0, \ldots, T-1 \qquad (12)$$

(12) ist gewissermaßen das Gegenstück zu (7) im Einperiodenfall. Und wie (7) gilt (12) nicht nur für einzelne Wertpapiere, sondern auch für Portefeuilles risikobehafteter Wertpapiere. Dies eröffnet nun endlich die Möglichkeit, die in Kapitel 2.2.3 entwickelte Definition von Kapitalkostensätzen mit Leben zu füllen. Diese lautete:

$$k_{\theta,t+1}^s = \frac{E_\theta[\tilde{x}_{t+1}^s + \widetilde{DP}_{t+1}]}{E_\theta[\widetilde{DP}_t]} - 1 \qquad \text{für } 0 \leq \theta \leq t \text{ und } t = 0, \ldots, T-1 \qquad (13)$$

Aus (9) und (13) folgt:

$$k_{t+1}^s = \mu_{t+1}^s = r_{t+1}^s + (\mu_{M,t+1}^s - r_{t+1}^s) \cdot \beta_{t+1}^s \qquad \text{für } t = 0, \ldots, T-1 \qquad (14)$$

Offenbar ist der Index θ beim Kapitalkostensatz entbehrlich, da es sich bei μ_{t+1}^s um eine deterministische Größe handelt. Gemäß (13) und (14) entspricht der Kapitalkostensatz der erwarteten Nachsteuerrendite des Portefeuilles, das den zu bewertenden Zahlungsstrom dupliziert. Die Bestimmung dieser Größe erfordert nun nicht mehr die explizite Konstruktion eines Duplikationsportefeuilles. Es reicht vielmehr aus, die risikolose Verzinsung, die erwartete Marktrisikoprämie sowie den Betafaktor als Maß für das systematische Risiko des zu bewertenden Zahlungsstroms zu ermitteln.

---

1 Es wird damit davon ausgegangen, dass es sich bei der Folge bedingter Erwartungswerte um einen stochastischen Prozess handelt, der die Eigenschaften eines Martingals besitzt; siehe dazu den Einschub am Ende von Kapitel 2.1.

In Abhängigkeit von der Besteuerung kann (14) in verschiedener Weise weiterentwickelt werden. Dazu ist zunächst eine Zerlegung der Renditegrößen erforderlich, die sich zweckmäßigerweise an den jeweiligen Steuerbemessungsgrundlagen orientiert. Im Folgenden wird davon ausgegangen, dass sich die Vorsteuerrendite eines Wertpapiers aus zwei steuerlich relevanten Komponenten zusammensetzt, die mit $\tilde{R}_{t+1}^d$ und $\tilde{R}_{t+1}^g$ bezeichnet werden. $\tilde{R}_{t+1}^d$ bezieht sich auf die Zahlungen aus dem Wertpapier, $\tilde{R}_{t+1}^g$ auf Marktwertzuwächse. Die Erwartungswerte der beiden Renditekomponenten sind d_{t+1} bzw. g_{t+1} es ist davon auszugehen, dass es sich wie bei μ_{t+1}^s um deterministische Größen handelt. Wie im vorangegangenen Kapitel bietet es sich auch hier an, zwischen drei Fällen zu unterscheiden.

Ausschließliche Besteuerung von Zahlungen aus dem Unternehmen

Für den Fall, dass Marktwertzuwächse keiner Besteuerung unterliegen und Zahlungen aus Wertpapieren mit dem persönlichen Steuersatz s besteuert werden, ergibt sich der Betafaktor gemäß (6) aus:

$$\beta_{t+1}^s = \frac{C[\tilde{R}_{t+1}^d \cdot (1-s) + \tilde{R}_{t+1}^g, \tilde{R}_{M,t+1}^d \cdot (1-s) + \tilde{R}_{M,t+1}^g]}{V[\tilde{R}_{M,t+1}^d \cdot (1-s) + \tilde{R}_{M,t+1}^g]}$$

$$\text{für } t = 0, \ldots, T-1 \qquad (15)$$

Für den **Kapitalkostensatz nach Steuern** folgt:

$$k_{t+1}^s = r_{t+1} \cdot (1-s) + (d_{M,t+1} \cdot (1-s) + g_{M,t+1} - r_{t+1} \cdot (1-s)) \cdot \beta_{t+1}^s$$

$$\text{für } t = 0, \ldots, T-1 \qquad (16)$$

Die dazugehörige, bereits im letzten Kapitel hergeleitete Bewertungsfunktion führt auf eine **Nachsteuerrechnung**; sie lautet:

$$E_\theta[\tilde{V}_t] = \frac{E_\theta[\tilde{x}_{t+1} \cdot (1-s) + \tilde{V}_{t+1}]}{1 + k_{t+1}^s} \qquad \text{für } 0 \leq \theta \leq t \text{ und } t = 0, \ldots, T-1 \qquad (17)$$

Einheitliche Besteuerung von Zahlungen aus dem Unternehmen und Marktwertzuwächsen

Für den Fall, dass auch Marktwertzuwächse mit dem Satz s besteuert werden, folgt aus (6):

$$\beta_{t+1}^s = \frac{C[\tilde{R}_{t+1} \cdot (1-s), \tilde{R}_{M,t+1} \cdot (1-s)]}{V[\tilde{R}_{M,t+1} \cdot (1-s)]} = \frac{C[\tilde{R}_{t+1}, \tilde{R}_{M,t+1}]}{V[\tilde{R}_{M,t+1}]} = \beta_{t+1}$$

$$\text{für } t = 0, \ldots, T-1 \qquad (18)$$

Der Betafaktor resultiert demnach aus Vorsteuergrößen. Für den im letzten Kapitel eingeführten **Kapitalkostensatz vor Steuern** ergibt sich:

$$k_{t+1} = \frac{k_{t+1}^s}{1-s} = \frac{r_{t+1} \cdot (1-s) + (\mu_{M,\,t+1} - r_{t+1}) \cdot (1-s) \cdot \beta_{t+1}}{1-s} = r_{t+1} + (\mu_{M,\,t+1} - r_{t+1}) \cdot \beta_{t+1}$$

$$\text{für } t = 0, \ldots, T-1 \qquad (19)$$

Die zugehörige Bewertungsfunktion wurde ebenfalls bereits im letzten Kapitel hergeleitet; sie lautet:

$$E_\theta[\tilde{V}_t] = \frac{E_\theta[\tilde{x}_{t+1} + \tilde{V}_{t+1}]}{1+k_{t+1}} \qquad \text{für } 0 \le \theta \le t \text{ und } t = 0, \ldots, T-1 \qquad (20)$$

Aus (18) und (19) geht hervor, dass die Bewertung mittels (20) auch in Bezug auf die Bestimmungsgrößen des Kapitalkostensatzes als **Vorsteuerrechnung** ausgelegt werden kann.

Differenzierte Besteuerung von Zahlungen aus dem Unternehmen und Marktwertzuwächsen

Als letzter Fall wird betrachtet, dass Zahlungen aus Wertpapieren mit dem Satz s_d besteuert werden, während Marktwertzuwächse dem Steuersatz s_g unterliegen. Für den Betafaktor folgt:

$$\beta_{t+1}^s = \frac{C[\tilde{R}_{t+1}^d \cdot (1-s_d) + \tilde{R}_{t+1}^g \cdot (1-s_g), \tilde{R}_{M,\,t+1}^d \cdot (1-s_d) + \tilde{R}_{M,\,t+1}^g \cdot (1-s_g)]}{V[\tilde{R}_{M,\,t+1}^d \cdot (1-s_d) + \tilde{R}_{M,\,t+1}^g \cdot (1-s_g)]}$$

$$= \frac{C[\tilde{R}_{t+1}^d \cdot (1-s_{d*}) + \tilde{R}_{t+1}^g, \tilde{R}_{M,\,t+1}^d \cdot (1-s_{d*}) + \tilde{R}_{M,\,t+1}^g]}{V[\tilde{R}_{M,\,t+1}^d \cdot (1-s_{d*}) + \tilde{R}_{M,\,t+1}^g]} \qquad (21)$$

$$\text{für } t = 0, \ldots, T-1$$

Dabei ist $s_{d*} = (s_d - s_g)/(1-s_g)$ Der im letzten Kapitel abgeleitete **modifizierte Kapitalkostensatz nach Steuern** resultiert aus:

$$k_{t+1}^{s*} = \frac{k_{t+1}^s}{1-s_g} = r_{t+1} \cdot (1-s_{d*}) + (d_{M,\,t+1} \cdot (1-s_{d*}) + g_{M,\,t+1} - r_{t+1} \cdot (1-s_{d*})) \cdot \beta_{t+1}^s$$

$$\text{für } t = 0, \ldots, T-1 \qquad (22)$$

Die zugehörige Bewertungsfunktion ist:

$$E_\theta[\tilde{V}_t] = \frac{E_\theta[\tilde{x}_{t+1} \cdot (1-s_{d*}) + \tilde{V}_{t+1}]}{1+k_{t+1}^{s*}} \qquad \text{für } 0 \le \theta \le t \text{ und } t = 0, \ldots, T-1 \qquad (23)$$

Gleichungen (21) und (22) zeigen, wie eine **modifizierte Nachsteuerrechnung** bei Zugrundelegung des CAPM auszugestalten ist.

(21) macht deutlich, dass der Betafaktor im Fall einer differenzierten Besteuerung von Zahlungen und Marktwertzuwächsen deutlich komplexer wird, was insbesondere die Schätzung dieser Größe auf empirischer Grundlage erschwert. Eine mögliche Vereinfachung besteht darin, $\tilde{R}_{t+1}^d$ und $\tilde{R}_{M,t+1}^d$ als deterministische Größen aufzufassen, also – soweit es Aktien betrifft – von sicheren Dividendenrenditen auszugehen. Für eine solche Annahme sprechen auch theoretische Gründe, die das Bestreben von Unternehmen zum Gegenstand haben, eine kontinuierliche Geschäftsentwicklung zu signalisieren. Da sich R_t^d und $R_{M,t}^d$ auf den zunächst noch unsicheren Marktwert des Duplikationsportefeuilles bzw. des Marktportefeuilles zu Beginn der betrachteten Periode beziehen, bleiben die Zahlungen weiter in der Zukunft liegender Perioden unsicher. Gleichwohl vereinfacht sich der Betafaktor erheblich, es folgt:

$$\beta_{t+1}^s = \frac{C[\tilde{R}_{t+1}^g \cdot (1-s_g), \tilde{R}_{M,t+1}^g \cdot (1-s_g)]}{V[\tilde{R}_{M,t+1}^g \cdot (1-s_g)]} = \frac{C[\tilde{R}_{t+1}^g, \tilde{R}_{M,t+1}^g]}{V[\tilde{R}_{M,t+1}^g]} = \beta_{t+1}$$

Der Betafaktor ist demnach wieder auf der Basis von Vorsteuergrößen zu bestimmen, im Unterschied zu (17) spielt aber lediglich die auf Marktwertzuwächse entfallende Vorsteuerrendite eine Rolle. Für den Kapitalkostensatz nach Steuern folgt:

$$k_{t+1}^s = r_{t+1} \cdot (1-s_d) + (R_{M,t+1}^d \cdot (1-s_d) + g_{M,t+1} \cdot (1-s_g) - r_{t+1} \cdot (1-s_d)) \cdot \beta_{t+1}$$

Die Annahme einer sicheren Dividendenrendite löst zwar Probleme im Zusammenhang mit der Schätzung von Betafaktoren, wirft aber gleichzeitig ein anderes Problem auf. Denn natürlich müssen die dem Bewertungskalkül zugrunde gelegten Zahlungen aus dem Unternehmen und die angenommene Dividendenrendite konsistent sein. Hiervon ist a priori nicht auszugehen. Hilfsweise lässt sich eine etwaige Differenz zwischen dem für Ausschüttungen verfügbaren Betrag und der anzunehmenden Dividendenzahlung durch die Annahme heilen, dass für die Dividendenzahlung nicht benötigte Mittel im Unternehmen thesauriert und für Investitionen verwendet werden. Ohne nähere Informationen über die Auswirkungen dieser Investitionen müssen hierzu weitere Annahmen getroffen werden. Zum Beispiel kann davon ausgegangen werden, dass diese Investitionen zu Rückflüssen führen, die im Zeitpunkt der Thesaurierung einen Marktwertzuwachs in Höhe des thesaurierten Betrags zur Folge haben.

In Bezug auf die Bewertungsfunktion ergibt sich:

$$E_0[\tilde{V}_t] = \frac{E_\theta[R_{t+1}^d \cdot \tilde{V}_t \cdot (1-s_d) + (\tilde{x}_{t+1} - R_{t+1}^d \cdot \tilde{V}_t) \cdot (1-s_g) - (\tilde{V}_{t+1} - \tilde{V}_t) \cdot s_g + \tilde{V}_{t+1}]}{1 + k_{t+1}^s}$$

$R_{t+1}^d \cdot \tilde{V}_t$ ist die Dividendenzahlung in $t+1$. Es folgt:

$$E_\theta[\tilde{V}_t] = \frac{E_\theta[(\tilde{x}_{t+1} + \tilde{V}_{t+1}) \cdot (1 - s_g)]}{1 + s_g + k_{t+1}^s - R_{t+1}^d \cdot (s_g - s_d)} = \frac{E_\theta[\tilde{x}_{t+1} + \tilde{V}_{t+1}]}{1 + k_{t+1}}$$

Dabei ist:

$$k_t = \frac{k_t^s}{1 - s_g} + R_t^d \cdot s_{d*}$$

$$= r_{t+1} \cdot (1 - s_{d*}) + (R_{M,t+1}^d \cdot (1 - s_{d*}) + g_{M,t+1} - r_{t+1} \cdot (1 - s_{d*})) \cdot \beta_{t+1} + R_{t+1}^d \cdot s_{d*}$$

Verkettung führt für $E_\theta[\tilde{V}_T] = 0$ auf die Bewertungsfunktion:

$$E_\theta[\tilde{V}_t] = \sum_{v=t+1}^{T} \frac{E_\theta[\tilde{x}_v]}{\prod_{\kappa=t+1}^{v}(1 + k_\kappa)}$$

Man gelangt also unter den getroffenen Annahmen zu einer Vorsteuerrechnung, bei der Vorsteuergrößen mittels eines Kapitalkostensatzes vor Steuern abgezinst werden. Der Korrekturterm beim Kapitalkostensatz vor Steuern ist eine Folge der differenzierten Besteuerung von Zahlungen und Marktwertzuwächsen; er entfällt bei einer einheitlichen Besteuerung.

Die Bewertungsfunktion wird anhand eines Beispiels mit einem Betrachtungszeitraum von 5 Perioden verdeutlicht. Folgende Daten werden zugrunde gelegt:

R_t^d	s_d	s_g	k_t^s	k_t
4,0%	25,0%	20,0%	6,0%	7,75%

Die Größen gelten jeweils für alle fünf Perioden des Betrachtungszeitraums. Die erwarteten Zahlungen aus dem Unternehmen und die aus den angegebenen Bewertungsfunktionen resultierenden Größen gehen aus folgender Tabelle hervor:

t	0	1	2	3	4	5
$E[\tilde{x}_t]$		100,00 €	90,00 €	110,00 €	120,00 €	130,00 €
$E[\tilde{V}_t]$	436,79 €	453,17 €	470,16 €	487,79 €	506,09 €	525,06 €
$E[\widetilde{Div}_t]$		17,47 €	18,13 €	18,81 €	19,51 €	20,24 €
$E[\widetilde{RE}_t]$		82,53 €	160,80 €	264,45 €	385,44 €	525,06 €

Außer aus der Wiederanlage thesaurierter Beträge fallen nach dem Zeitpunkt 5 keine Zahlungen aus dem Unternehmen mehr an. $\widetilde{Div}_t$ bezeichnet die Dividendenzahlung, $\overline{RE}_t$ den thesaurierten Betrag im Zeitpunkt t. Der Marktwert am Ende des Betrachtungszeitraums beläuft sich auf 525,06 €; er entspricht dem in t = 5 thesaurierten Betrag.

Literatur zu den Kapiteln 2.1 bis 2.3

Arrow, Kenneth J.: The Role of Securities in the Optimal Allocation of Risk-bearing, in: Review of Economic Studies, Vol. 31, 1964, S. 91–96.

Bauer, Heinz: Wahrscheinlichkeitstheorie, 5. Aufl., Berlin 2002.

Berk, Jonathan; DeMarzo, Peter: Corporate Finance, 3. Aufl., Boston u. a. 2014.

Brealey, Richard A.; Myers, Stewart C.; Allen, Franklin: Principles of Corporate Finance, 11. Aufl., New York 2014.

Brennan, Michael J.: Taxes, Market Valuation and Corporate Financial Policy, in: National Tax Journal, Vol. 23, 1970, S. 417–427.

Brennan, Michael J.: Capital Market Equilibrium with Divergent Borrowing and Lending Rates, in: Journal of Financial and Quantitative Analysis, Vol. 6, 1971, S. 1197–1205.

Chamberlain, Gary: A Characterization of the Distributions That Imply Mean-Variance Utility Functions, in: Journal of Economic Theory, Vol. 29, 1983, S. 185–201.

Copeland, Thomas E.; Weston, John F.; Shastri, Kuldeep: Financial Theory and Corporate Policy, 4. Aufl., Boston u. a. 2005.

DeAngelo, Harry: Competition and Unanimity, in: American Economic Review, Vol. 71, 1981, S. 18–27.

Debreu, Gerard: The Theory of Value – An Axiomatic Analysis of Economic Equilibrium, New York 1959.

Diedrich, Ralf; Dierkes, Stefan; Gröger, Hans-Christian: Kapitalmarktorientierte Unternehmensbewertung bei asymmetrischer Besteuerung von Soll- und Habenzinsen, in: Zeitschrift für Betriebswirtschaft, 81. Jg., 2011, S. 657–675.

Dierkes, Stefan; Schirmer, Ulrike: CAPM und Preise für zustandsbedingte Zahlungsansprüche – Die Fallstudie zur Betriebswirtschaftslehre, in: Wirtschaftswissenschaftliches Studium, 39. Jg., 2010, S. 267 und 312–316.

Duffie, Darrell: Dynamic Asset Pricing Theory, 3. Aufl., Princeton 2001.

Elton, Edwin J.; Gruber, Martin J.; Brown, Stephen J.; Goetzmann, William N.: Modern Portfolio Theory and Investment Analysis, 8. Aufl., New York 2010.

Fama, Eugene F.: Risk-adjusted Discount Rates and Capital Budgeting Under Uncertainty, in: Journal of Financial Economics, Vol. 5, 1977, S. 3–24.

Farkas, Julius: Theorie der einfachen Ungleichungen, in: Journal für die reine und angewandte Mathematik, 124. Jg., 1902, S. 1–27.

Fisher, Irving: The Theory of Interest – As Determined by Impatience to Spend Income and Opportunity to Invest It, New York 1930.

Franke, Günter; Hax, Herbert: Finanzwirtschaft des Unternehmens und Kapitalmarkt, 6. Aufl., Berlin 2009.

Gröger, Hans-Christian: Mehrperiodiges Nachsteuer-CAPM mit Thesaurierung, in: Zeitschrift für Betriebswirtschaft, 77. Jg., 2007, S. 1263–1291.

Gröger, Hans-Christian: Kapitalmarktorientierte Unternehmensbewertung – Untersuchung unter Berücksichtigung der persönlichen Besteuerung der Kapitalgeber, Wiesbaden 2009.

Grossmann, Sanford J.; Stiglitz, Joseph E.: On Value Maximization and Alternative Objects of the Firm, in: Journal of Finance, Vol. 32, 1977, S. 389–402.

Grundke, Peter: Arbitragefreiheit und Bewertung von Finanztiteln, in: Das Wirtschaftsstudium, 29. Jg., 2000, S. 797–801.

Haley, Charles W.; Schall, Lawrence D.: The Theory of Financial Decisions, 2. Aufl., New York u. a. 1979.

Hughes, John S.; Liu, Jing; Liu, Jun: On the Relation Between Expected Returns and Implied Cost of Capital, in: Review of Accounting Studies, Vol. 14, 2009, S. 246–259.

Ingersoll, Jonathan E. Jr.: Theory of Financial Decision Making, Lanham 1987.

Jonas, Martin; Löffler, Andreas; Wiese, Jörg: Das CAPM mit deutscher Einkommensteuer, in: Die Wirtschaftsprüfung, 57. Jg., 2004, S. 898–906.

Kern, Christian; Mölls, Sascha H.: Anmerkung zum Beitrag »Rendite und Kapitalkosten« von Jörg Laitenberger, in: Zeitschrift für Betriebswirtschaft, 77. Jg., 2007, S. 171–174.

Kruschwitz, Lutz; Husmann, Sven: Finanzierung und Investition, 7. Aufl., München 2012.

Kruschwitz, Lutz; Löffler, Andreas: Bemerkungen über Kapitalkosten vor und nach Steuern, in: Zeitschrift für Betriebswirtschaft, 74. Jg., 2004, S. 1175–1190.

Kruschwitz, Lutz; Löffler, Andreas: Kapitalkosten, Wertprozesse und Steuern, in: Zeitschrift für Betriebswirtschaft, 75. Jg., 2005, S. 1013–1019.

Kruschwitz, Lutz; Löffler, Andreas: Discounted Cash Flow – A Theory of the Valuation of Firms, Chichester 2006.

Kruschwitz, Lutz; Löffler, Andreas: Kapitalkosten aus theoretischer und praktischer Perspektive, in: Die Wirtschaftsprüfung, 61. Jg., 2008, S. 803–810.

Kruschwitz, Lutz; Löffler, Andreas; Lorenz, Daniela: Zum Unlevering und Relevering von Betafaktoren – Stellungnahme zu Meitner/ Streitferdt, WPg 2012, S. 1037–1047 – Zugleich Grundsatzüberlegungen zu Kapitalkostendefinitionen, in: Die Wirtschaftsprüfung, 65. Jg., 2012, S. 1048–1052.

Laitenberger, Jörg: Rendite und Kapitalkosten, in: Zeitschrift für Betriebswirtschaft, 76. Jg., 2006, S. 79–101.

Laux, Helmut: Wertorientierte Unternehmenssteuerung und Kapitalmarkt – Fundierung finanzwirtschaftlicher Entscheidungskriterien und (Anreize für) deren Umsetzung, 2. Aufl., Berlin 2006.

Lintner, John: The Valuation of Risk Assets and the Selection of Risky Investments in Stock Portfolios and Capital Budgets, in: Review of Economics and Statistics, Vol. 47, 1965, S. 13–37.

Mai, Jan M.: Mehrperiodige Bewertung mit dem Tax-CAPM und Kapitalkostenkonzept, in: Zeitschrift für Betriebswirtschaft, 76. Jg., 2006, S. 1225–1253.

Markowitz, Harry M.: Portfolio Selection, in: Journal of Finance, Vol. 7, 1952, S. 77–91.

McDougall, Fred M.: Multi-Period Capital Asset Pricing Models – A Review of Development, in: Accounting & Finance, Vol. 21, 1981, S. 33–44.

Meitner, Matthias; Streitferdt, Felix: Unternehmensbewertung – Verändertes Bewertungsumfeld, Krisenunternehmen, unsichere zukünftige Inflationsentwicklung, Wertbeitragsrechnung, innovative Lösungsansätze, Stuttgart 2011.

Mossin, Jan: Equilibrium in a Capital Asset Market, in: Econometrica, Vol. 34, 1966, S. 768–783.

Myers, Stewart C.: The Cost of Capital, in: Newman, Peter K.; Milgate, Murray; Eatwell, John (Hrsg.): The New Palgrave Dictionary of Money and Finance, London 1992, S. 486–489.

Perridon, Louis; Steiner, Manfred; Rathgeber, Andreas W.: Finanzwirtschaft der Unternehmung, 16. Aufl., München 2012.

Pliska, Stanley R.: Introduction to Mathematical Finance – Discrete Time Models, Oxford 1997.

Rapp, Marc S.: Die arbitragefreie Adjustierung von Diskontierungssätzen bei einfacher Gewinnsteuer, in: Zeitschrift für betriebswirtschaftliche Forschung, 58. Jg., 2006, S. 771–806.

Rapp, Marc S.; Schwetzler, Bernhard: Das Nachsteuer-CAPM im Mehrperiodenkontext – Stellungnahme zum Beitrag von Dr. Jörg Wiese, FB 2006 S. 242ff., in: Finanz-Betrieb, 9. Jg., 2007, S. 108–116.

Richter, Frank: Zwei Klarstellungen zu den »Bemerkungen über Kapitalkosten vor und nach Steuern« von Lutz Kruschwitz und Andreas Löffler, in: Zeitschrift für Betriebswirtschaft, 76. Jg., 2006, S. 103–107.

Roll, Richard: A Critique of the Asset Pricing Theory's Tests – Part I: On Past and Potential Testability of the Theory, in: Journal of Financial Economics, Vol. 4, 1977, S. 129–176.

Ross, Stephen A.; Westerfield, Randolph W.; Jaffe, Jeffrey F.: Corporate Finance, 10. Aufl., New York 2013.

Rudolph, Bernd: Zur Theorie des Kapitalmarktes – Grundlagen, Erweiterungen und Anwendungsbereiche des »Capital Asset Pricing Model (CAPM)«, in: Zeitschrift für Betriebswirtschaft, 49. Jg., 1979, S. 1034–1067.

Schmidt, Reinhard H.; Terberger, Eva: Grundzüge der Investitions- und Finanzierungstheorie, 4. Aufl., Wiesbaden 1997.

Schmitt, Dirk; Dausend, Florian: Unternehmensbewertung mit dem Tax CAPM, in: Finanz-Betrieb, 8. Jg., 2006, S. 233–242.

Schultze, Wolfgang: Methoden der Unternehmensbewertung, 2. Aufl., Düsseldorf 2003.

Sharpe, William F.: Capital Asset Prices – A Theory of Market Equilibrium Under Conditions of Risk, in: Journal of Finance, Vol. 19, 1964, S. 425–442.

Spremann, Klaus: Wirtschaft und Finanzen – Einführung in die BWL und VWL, 6. Aufl., München 2013.

Stoimenov, Pavel A.; Wilkens, Sascha: Die empirische Validierung des Capital Asset Pricing Model, in: Wirtschaftswissenschaftliches Studium, 34. Jg., 2005, S. 269–273.

Tobin, James: Liquidity Preference as Behavior Towards Risk, in: Review of Economic Studies, Vol. 25, 1958, S. 65–86.

Wiese, Jörg: Das Nachsteuer-CAPM im Mehrperiodenkontext, in: Finanz-Betrieb, 8. Jg., 2006, S. 242–248.

Wiese, Jörg: Das Nachsteuer-CAPM im Mehrperiodenkontext – Replik zu der Stellungnahme von Rapp/ Schwetzler auf den Beitrag aus FB 2006 S. 242ff., in: Finanz-Betrieb, 9. Jg., 2007, S. 116–120.

Wilhelm, Jochen: Zum Verhältnis von Capital Asset Pricing Model, Arbitrage Pricing Theory und Bedingungen der Arbitragefreiheit von Finanzmärkten, in: Zeitschrift für betriebswirtschaftliche Forschung, 33. Jg., 1981, S. 891–905.

Wilhelm, Jochen: Bemerkungen über Kapitalkosten vor und nach Steuern – Anmerkungen zu dem gleichnamigen Beitrag von Kruschwitz und Löffler, in: Zeitschrift für Betriebswirtschaft, 75. Jg., 2005, S. 1005–1012.

Wilhelm, Jochen: Replik zu Kruschwitz und Löffler, in: Zeitschrift für Betriebswirtschaft, 75. Jg., 2005, S. 1021–1024.

Zimmermann, Heinz: State-Preference Theorie und Asset Pricing – Eine Einführung, Heidelberg 1998.

2.4 Der Einfluss der Kapitalstruktur auf den Marktwert und die Kapitalkostensätze von Unternehmen

2.4.1 Annahmen bezüglich der Finanzierung

In den vorangegangenen Kapiteln wurde erläutert, wie die Marktwerte künftiger Zahlungen mit Hilfe von Kapitalkostensätzen bestimmt werden können und wie sich Letztere bei Gültigkeit der Annahmen des CAPM zusammensetzen. Das theoretische Fundament für die kapitalmarktorientierte Bewertung von Unternehmen ist damit gelegt. Bevor nun auf praktische Bewertungsverfahren eingegangen werden kann, muss noch die – allerdings ziemlich schwierige und facettenreiche – Frage geklärt werden, wie sich der Marktwert und die Kapitalkostensätze eines Unternehmens verändern, wenn dessen **Kapitalstruktur** variiert, also der Anteil des Fremdkapitals erhöht oder vermindert wird. Um die Komplexität der Zusammenhänge nicht zu groß werden zu lassen, ist dabei von einigen vereinfachenden Annahmen in Bezug auf die Finanzierung der betrachteten Unternehmen auszugehen.

Bezüglich des Eigenkapitals der betrachteten Unternehmen wird von Einlagen und Eigenkapitalrückzahlungen abstrahiert. Zahlungen an die Eigenkapitalgeber können demnach nur aus dem in der jeweiligen Periode erwirtschafteten Ergebnis oder aus Gewinnrücklagen bestritten werden. Das Fremdkapital gilt als nicht ausfallbedroht, d.h. die vertraglich vereinbarten Zins- und Tilgungszahlungen werden an die Fremdkapitalgeber mit Sicherheit in voller Höhe und termingerecht geleistet. Aus dieser Annahme folgt unmittelbar, dass der Fremdkapitalkostensatz dem risikolosen Zinssatz entspricht. Des Weiteren wird davon ausgegangen, dass der Marktwert des Fremdkapitals mit dem nominal zu verzinsenden Fremdkapital übereinstimmt; jede Marktwertveränderung ist dann auf die Aufnahme bzw. die Rückzahlung von Fremdkapital zurückzuführen.

Von besonderer Bedeutung für die folgenden Überlegungen ist die **Finanzierungspolitik** des Unternehmens. Es geht dabei vor allem um die Frage, welchen Beitrag Eigen- und Fremdkapital zur Deckung des künftigen Finanzbedarfs leisten. Um die Konsequenzen der jeweils verfolgten Finanzierungspolitik zu erörtern, wird zunächst die **Fremdkapitalquote** $\Theta_{\theta,t}$ der Periode t beim Informationsstand θ als Quotient des erwarteten Fremdkapitals $E_\theta[\widetilde{D}_t]$ und des erwarteten Marktwertes des verschuldeten Unternehmens $E_\theta[\widetilde{V}_t^\ell]$ bestimmt:

$$\Theta_{\theta,t} = \frac{E_\theta[\widetilde{D}_t]}{E_\theta[\widetilde{V}_t^\ell]} \qquad \text{für } 0 \leq \theta \leq t \text{ und } t = 0, ..., T-1 \qquad (1)$$

Im Bewertungszeitpunkt ($\theta = t = 0$) entspricht die Fremdkapitalquote dem Verhältnis des tatsächlich vorhandenen Fremdkapitals zum tatsächlich vorhandenen Marktwert des verschuldeten Unternehmens. In Bezug auf alle späteren Zeitpunkte $t > 0$ ergibt sie sich als Quotient des in $\theta \leq t$ erwarteten Fremdkapitals und des erwarteten Marktwertes des Unternehmens. Man beachte, dass die Fremdkapitalquote nicht als Erwartungswert eines Quotienten, sondern als Quotient von Erwartungswerten definiert ist. Neben der Fremdkapitalquote und der daraus abgeleiteten Eigenkapitalquote $1-\Theta_{\theta,t}$ spielt der Verschuldungsgrad $L_{\theta,t}$ des Unternehmens eine Rolle:

$$L_{\theta,t} = \frac{E_\theta[\tilde{D}_t]}{E_\theta[\tilde{E}_t^\ell]} \qquad \text{für } 0 \le \theta \le t \text{ und } t = 0, ..., T-1 \qquad (2)$$

Offenbar gilt $L_{\theta,t} = \Theta_{\theta,t}/(1-\Theta_{\theta,t})$ bzw. $\Theta_{\theta,t} = L_{\theta,t}/(1+L_{\theta,t})$. Sowohl bei der Fremdkapitalquote als auch beim Verschuldungsgrad wird für $\theta = 0$ auf die Kennzeichnung des Informationsstands verzichtet.

Ausgehend von diesen Festlegungen lassen sich nun die beiden für die Bewertungslehre wichtigsten Ausprägungen der Finanzierungspolitik, nämlich die autonome und die wertabhängige Finanzierung (auch: atmende Finanzierung) charakterisieren:[1]
Die autonome Finanzierung beinhaltet eine deterministische Festlegung der absoluten Höhe des zu verzinsenden Fremdkapitals künftiger Perioden im Bewertungszeitpunkt. Dies lässt sich etwa so verstehen, dass das Unternehmen genau weiß, wie viel Fremdkapital in Zukunft benötigt wird, um die Investitionsvorhaben zu finanzieren. Bei der Berechnung der Fremdkapitalquote tritt die vom Informationsstand unabhängige Größe D_t an die Stelle von $E_\theta[\tilde{D}_t]$. Die Fremdkapitalquote einer bestimmten künftigen Periode bleibt jedoch vom Informationsstand der vorgelagerten Perioden abhängig, da $E_\theta[\tilde{V}_t^\ell]$ im Allgemeinen mit dem Informationsstand variiert. Es handelt sich daher um eine Zufallsvariable. Das Gleiche gilt für den Verschuldungsgrad.
Bei wertabhängiger Finanzierung wird nicht die absolute Höhe des Fremdkapitals, sondern der künftige Anteil des Fremdkapitals am Marktwert des Unternehmens im Bewertungszeitpunkt deterministisch festgelegt. Dahinter könnte z.B. die Überlegung stehen, dass die Unternehmensleitung eine feste Vorstellung über die Finanzierungsrelation hat, die unter Abwägung aller relevanten Aspekte die meisten Vorteile bietet. Das Fremdkapital ist dann in jeder Periode so anzupassen, dass diese Relation erreicht wird. Bezeichnet man das angestrebte Verhältnis zwischen dem Fremdkapital und dem Marktwert des Unternehmens mit Θ_t, so folgt wegen $\tilde{D}_t = \Theta_t \cdot \tilde{V}_t^\ell$

$$E_\theta[\tilde{D}_t] = \Theta_t \cdot E_\theta[\tilde{V}_t^\ell] \qquad \text{für } t = 1, 2 ... \qquad (3)$$

unmittelbar, dass es sich bei dieser Größe um die unter (1) definierte Fremdkapitalquote handelt. Offenbar ist die Fremdkapitalquote bei wertabhängiger Finanzierung eine vom Informationsstand unabhängige Größe. Gleiches gilt für den Verschuldungsgrad. Wie aus (3) unmittelbar zu ersehen ist, hat dies zur Folge, dass das für eine bestimmte künftige Periode erwartete Fremdkapital mit dem Informationsstand variiert,

---

1 Mit der autonomen und der wertabhängigen Finanzierung werden die für die Bewertung von Unternehmen wichtigsten Spielarten der Finanzierungspolitik behandelt. Zu weiteren Möglichkeiten, wie z.B. einer buchwertabhängigen Finanzierung, siehe Kruschwitz/Löffler (2006).

weshalb es sich also um eine Zufallsvariable handelt. In der folgenden Tabelle 2.1 sind die Bestimmung des Fremdkapitals, der Fremdkapitalquote und des Verschuldungsgrades bei autonomer und wertabhängiger Finanzierung zusammengefasst.

Tab. 2.1: Fremdkapital, Fremdkapitalquote und Verschuldungsgrad bei autonomer und wertabhängiger Finanzierung

Finanzierung	Autonom	Wertabhängig
Fremdkapital	$D_t = \Theta_{\theta,t} \cdot E_\theta[\tilde{V}_t^\ell]$	$E_\theta[\tilde{D}_t] = \Theta_t \cdot E_\theta[\tilde{V}_t^\ell]$
Fremdkapitalquote	$\Theta_{\theta,t} = \dfrac{D_t}{E_\theta[\tilde{V}_t^\ell]}$	$\Theta_t = \dfrac{E_\theta[\tilde{D}_t]}{E_\theta[\tilde{V}_t^\ell]}$
Verschuldungsgrad	$L_{\theta,t} = \dfrac{D_t}{E_\theta[\tilde{E}_t^\ell]}$	$L_t = \dfrac{E_\theta[\tilde{D}_t]}{E_\theta[\tilde{E}_t^\ell]}$

2.4.2 Vorsteuerrechnung ohne Berücksichtigung einer Unternehmensteuer

Wie in Kapitel 2.2.3 erörtert, kann der Marktwert eines Unternehmens auf einem vollständigen und vollkommenen Kapitalmarkt mittels einer Vorsteuerrechnung und damit ohne explizite Berücksichtigung von persönlichen Steuern ermittelt werden, wenn die Ausschüttungen an die Eigenkapitalgeber, die Zinszahlungen an die Fremdkapitalgeber und Marktwertzuwächse, die nicht auf Kapitalzuführungen zurückzuführen sind, mit dem gleichen Steuersatz besteuert werden. Von einem entsprechenden System der Besteuerung auf privater Ebene wird im Folgenden ausgegangen. Darüber hinaus wird in diesem Kapitel angenommen, dass **keine Unternehmensteuer** existiert.[1] Der beim Informationsstand θ für den Zeitpunkt t erwartete Marktwert $E_\theta[\tilde{V}_t^u]$ eines unverschuldeten, d.h. nur mit Eigenkapital finanzierten Unternehmens bestimmt sich dann aus:

$$E_\theta[\tilde{V}_t^u] = E_\theta[\tilde{E}_t^u] = \frac{E_\theta[\tilde{x}_{t+1} + \tilde{V}_{t+1}^u]}{1 + ke_{\theta,t+1}^u} \qquad \text{für } 0 \le \theta \le t \text{ und } t = 0, ..., T-1 \qquad (1)$$

Da das Unternehmen unverschuldet ist, entspricht der Marktwert des Unternehmens dem Marktwert des Eigenkapitals. $E_\theta[\tilde{x}_{t+1}]$ bezeichnet den vom Informationsstand

---

1 Alternativ könnte man auch davon ausgehen, dass die Fremdkapitalzinsen nicht von der Steuerbemessungsgrundlage der Unternehmensteuer abzugsfähig sind, was zur Folge hätte, dass die Unternehmensteuer unabhängig von der Kapitalstruktur ist.

abhängigen Erwartungswert des Total Cashflow des Unternehmens. Für die Abzinsung kommt der Eigenkapitalkostensatz des unverschuldeten Unternehmens $ke_{\theta,t+1}^{u}$ zum Ansatz. Wie aus der Symbolik hervorgeht, werden stochastische Kapitalkostensätze in den folgenden Betrachtungen zugelassen. Gleichung (1) beinhaltet eine Vorsteuerrechnung, dementsprechend handelt es sich bei $ke_{\theta,t+1}^{u}$ um einen Kapitalkostensatz vor Steuern.

Die Grundidee der weiteren Überlegungen liegt in einem **Vergleich des unverschuldeten Unternehmens mit einem verschuldeten Unternehmen**, das das gleiche Investitionsprogramm und demzufolge ein übereinstimmendes Investitionsrisiko aufweist. Der Wert des unverschuldeten Unternehmens resultiert aus (1). Die Bewertung des verschuldeten Unternehmens kann auf zweierlei Wegen erfolgen. Zum Ersten kann der für den Zeitpunkt t erwartete Marktwert des verschuldeten Unternehmens $E_{\theta}[\tilde{V}_{t}^{\ell}]$ durch Diskontierung des erwarteten Total Cashflow mit dem Gesamtkapitalkostensatz $k_{\theta,t+1}$ bestimmt werden:

$$E_{\theta}[\tilde{V}_{t}^{\ell}] = \frac{E_{\theta}[\tilde{x}_{t+1} + \tilde{V}_{t+1}^{\ell}]}{1 + k_{\theta,t+1}} \qquad \text{für } 0 \leq \theta \leq t \text{ und } t = 0, ..., T-1 \qquad (2)$$

Der Unterschied zu (1) besteht darin, dass der Total Cashflow nicht in voller Höhe den Eigenkapitalgebern zufließt, sondern daraus zunächst die den Fremdkapitalgebern zustehenden Zahlungen geleistet werden müssen. Infolgedessen kann sich der anzusetzende Gesamtkapitalkostensatz von dem in (1) verwendeten Eigenkapitalkostensatz unterscheiden.

Zum Zweiten kann der erwartete Marktwert des verschuldeten Unternehmens unter Rückgriff auf die Wertadditivität als Summe der erwarteten Marktwerte des Eigenkapitals $E_{\theta}[\tilde{E}_{t}^{\ell}]$ und des Fremdkapitals $E_{\theta}[\tilde{D}_{t}]$ ermittelt werden:

$$E_{\theta}[\tilde{V}_{t}^{\ell}] = E_{\theta}[\tilde{E}_{t}^{\ell}] + E_{\theta}[\tilde{D}_{t}] \qquad \text{für } 0 \leq \theta \leq t \text{ und } t = 0, ..., T-1 \qquad (3)$$

Der erwartete Marktwert des Eigenkapitals bestimmt sich dabei wie folgt:

$$E_{\theta}[\tilde{E}_{t}^{\ell}] = \frac{E_{\theta}[\tilde{x}_{t+1} - r_{t+1} \cdot \tilde{D}_{t} + \widetilde{\Delta D}_{t+1} + \tilde{E}_{t+1}^{\ell}]}{1 + ke_{\theta,t+1}^{\ell}} \qquad \text{für } 0 \leq \theta \leq t \text{ und } t = 0, ..., T-1 \qquad (4)$$

Der in (4) im Zähler angesetzte Flow to Equity errechnet sich aus dem Total Cashflow, indem man die Fremdkapitalzinsen abzieht und die Veränderung des nominalen Fremdkapitals $\widetilde{\Delta D}_{t+1} = \tilde{D}_{t+1} - \tilde{D}_{t}$ hinzurechnet. Damit wird berücksichtigt, dass die Zins- und Tilgungszahlungen an die Fremdkapitalgeber die möglichen Zahlungen an die Eigenkapitalgeber mindern, während liquide Mittel aus neu aufgenommenem Fremdkapital prinzipiell – wenn dem keine Ausschüttungsbeschränkungen entgegenstehen – für Zahlungen an die Eigenkapitalgeber verwendet werden können. r_{t+1} bezeichnet dabei den risikolosen Zinssatz der Periode $t+1$. Aus der Notation ist ersichtlich, dass der risikolose

Zinssatz als deterministische Größe modelliert ist. Für die Abzinsung ist der Eigenkapitalkostensatz des verschuldeten Unternehmens $ke^\ell_{\theta,t+1}$ heranzuziehen.

Löst man (2) nach $E_\theta[\tilde{x}_{t+1} + \tilde{V}^\ell_{t+1}]$ auf und setzt das Ergebnis unter Nutzung von (3) in (4) ein, so ergibt sich für den Gesamtkapitalkostensatz $k_{\theta,t+1}$ der nachstehende Ausdruck:

$$k_{\theta,t+1} = ke^\ell_{\theta,t+1} \cdot \frac{E_\theta[\tilde{E}^\ell_t]}{E_\theta[\tilde{V}^\ell_t]} + r_{t+1} \cdot \frac{E_\theta[\tilde{D}_t]}{E_\theta[\tilde{V}^\ell_t]} \qquad \text{für } 0 \le \theta \le t \text{ und } t = 0, ..., T-1 \qquad (5)$$

Die Größe $k_{\theta,t+1}$ entspricht demnach der Summe der mit der Eigen- bzw. Fremdkapitalquote gewichteten Eigen- und Fremdkapitalkostensätze; der Gesamtkapitalkostensatz wird deshalb auch als **durchschnittlicher Kapitalkostensatz** bezeichnet.

Die Frage ist nun, in welchem Größenverhältnis der Marktwert des verschuldeten Unternehmens und der Marktwert des unverschuldeten Unternehmens zueinander stehen. Das klassische Resultat zu dieser Frage geht auf *Modigliani* und *Miller*[1] zurück; es findet sich unter dem Stichwort »Irrelevanz der Finanzierung«. Die beiden Autoren haben mittels eines **Arbitragearguments** gezeigt, dass die Marktwerte eines unverschuldeten und eines verschuldeten Unternehmens unter bestimmten Bedingungen übereinstimmen. Unter den hier getroffenen Annahmen resultiert dieses Ergebnis unmittelbar aus der Wertadditivität: Da die an die Kapitalgeber der beiden Unternehmen fließenden Zahlungen in der Summe keine Unterschiede aufweisen, müssen sie in der Summe auch den gleichen Marktwert besitzen.

THEORIE: Das Arbitrageargument von Modigliani/Miller zur Irrelevanz der Finanzierung im Fall ohne Unternehmensteuern

Die Idee von *Modigliani* und *Miller* bestand darin, Vermögenspositionen zu konstruieren, die in Bezug auf die Höhe und das Risiko zu den gleichen Zahlungen führen. Solche Vermögenspositionen müssen den gleichen Marktwert besitzen, wenn Arbitragefreiheit gewährleistet sein soll.

Man betrachte zwei Unternehmen mit dem gleichen Investitionsprogramm, das eine unverschuldet, das andere verschuldet. Der Marktwert des unverschuldeten Unternehmens sei $E^u = V^u$, derjenige des verschuldeten Unternehmens $V^\ell = E^\ell + D$. Beide Unternehmen leisten nur am Ende der betrachteten Periode Zahlungen. Aus dem unverschuldeten Unternehmen fließen den Eigenkapitalgebern $\tilde{x}$ Euro zu, aus dem verschuldeten $\tilde{x} - r \cdot D$. Die Fremdkapitalgeber erhalten das eingebrachte Kapital am Ende der Periode samt darauf entfallender Zinsen zurück. Steuern spielen weder auf Unternehmensebene noch auf privater Ebene eine Rolle.

---

1 Siehe Modigliani/Miller (1958).

Duplikation der Zahlungen des unverschuldeten Unternehmens
- Position I: 100%-ige Beteiligung am unverschuldeten Unternehmen
- Position II: (1) 100%-ige Beteiligung am verschuldeten Unternehmen
                  (2) Private Anlage des Betrags D

Zahlungen:
- Position I: $\tilde{x}$
- Position II: $(\tilde{x}-(1+r)\cdot D)+(1+r)\cdot D=\tilde{x}$

Duplikation der Zahlungen des verschuldeten Unternehmens
- Position III: 100%-ige Beteiligung am verschuldeten Unternehmen
- Position IV: (1) 100%-ige Beteiligung am unverschuldeten Unternehmen
                  (2) Private Verschuldung in Höhe von D

Zahlungen:
- Position III: $\tilde{x}-(1+r)\cdot D$
- Position IV: $\tilde{x}-(1+r)\cdot D$

Da die Positionen I und II sowie III und IV hinsichtlich der daraus resultierenden Zahlungen äquivalent sind, müssen ihre Werte übereinstimmen, da ansonsten Arbitragemöglichkeiten existieren würden. Demzufolge muss gelten:

$$V^{\ell}=E^{\ell}+D=V^{u}$$

Aus der Übereinstimmung der Marktwerte gemäß (1) und (2) kann weiter geschlossen werden, dass der Gesamtkapitalkostensatz ebenfalls unabhängig von der Kapitalstruktur ist und mit dem Eigenkapitalkostensatz des unverschuldeten Unternehmens übereinstimmen muss:

$$k_{\theta,t+1}=ke^{u}_{\theta,t+1} \qquad\qquad \text{für } 0\leq\theta\leq t \text{ und } t=0,\ldots,T-1 \qquad (6)$$

Offen ist damit nur noch der Zusammenhang zwischen dem Eigenkapitalkostensatz des verschuldeten Unternehmens und dem Verschuldungsgrad. Ersetzt man in (5) $k_{\theta,t+1}$ durch $ke^{u}_{\theta,t+1}$ gemäß (6) und nutzt den Zusammenhang gemäß (3), so erhält man:

$$ke^{\ell}_{\theta,t+1}=ke^{u}_{\theta,t+1}+(ke^{u}_{\theta,t+1}-r_{t+1})\cdot\frac{E_{\theta}[\tilde{D}_{t}]}{E_{\theta}[\tilde{E}^{\ell}_{t}]} \qquad \text{für } 0\leq\theta\leq t \text{ und } t=0,\ldots,T-1 \qquad (7)$$

Der Eigenkapitalkostensatz des verschuldeten Unternehmens steigt gemäß (7) mit zunehmendem Verschuldungsgrad linear an. Dies ist darauf zurückzuführen, dass die Eigenkapitalgeber eines verschuldeten Unternehmens zusätzlich zum operativen Risiko, das aus dem Investitionsprogramm resultiert (auch: Investitionsrisiko, Geschäftsrisiko, Business Risk), ein finanzielles Risiko tragen, das auf die Verschuldung zurückzuführen ist (auch: Finanzierungsrisiko, Kapitalstrukturrisiko, Financial Risk). Dieses finanzielle Risiko rührt daher, dass das operative Risiko bei verschuldeten Unternehmen nicht mehr von allen, sondern nur noch von einem Teil der Kapitalgeber getragen wird, nämlich von den Eigenkapitalgebern. Mit zunehmender Verschuldung kommt es gewissermaßen zu einer Konzentration des operativen Risikos auf eine immer kleinere Gruppe von Eigenkapitalgebern, was zu einer sukzessiven Erhöhung des Eigenkapitalkostensatzes des verschuldeten Unternehmens führt. Diese Erhöhung fällt gerade so aus, dass der durchschnittliche Kapitalkostensatz gemäß (5) konstant bleibt, obwohl das Gewicht, mit dem der Eigenkapitalkostensatz in den durchschnittlichen Kapitalkostensatz eingeht, immer kleiner wird.

THEORIE: Der Leverage Effekt

Der Anstieg des von den Eigenkapitalgebern eines Unternehmens zu tragenden Risikos mit dem Verschuldungsgrad lässt sich auch anhand des (finanziellen) Leverage Effektes verdeutlichen. Gemäß dem Leverage Effekt besteht zwischen der Eigenkapitalrentabilität rb^e, dem Fremdkapitalzinssatz r, der Gesamtkapitalrentabilität rb^g, dem bilanziellen Eigenkapital BE und dem bilanziellen Fremdkapital BD folgende Beziehung:

$$rb^e = rb^g + (rb^g - r) \cdot \frac{BD}{BE}$$

Die Eigenkapitalrentabilität errechnet sich als Quotient aus dem Jahresüberschuss und dem bilanziellen Eigenkapital, die Gesamtkapitalrentabilität entspricht dem Jahresüberschuss vor Abzug von Fremdkapitalzinsen in Relation zum Gesamtkapital. Man beachte, dass sich der Leverage Effekt im Allgemeinen auf Rentabilitäten bezieht, also auf bilanzielle Kennzahlen, und nicht auf Renditen.

Die zentrale Aussage des Leverage Effektes ist, dass die Eigenkapitalrentabilität bei gleichbleibender Gesamtkapitalrentabilität und gleichbleibendem Fremdkapitalzinssatz mit dem Verschuldungsgrad steigt. Die Verschuldung wirkt als »Hebel« für die Anhebung der Eigenkapitalrentabilität, was dem Effekt seinen Namen gibt. Der Anstieg der Eigenkapitalrentabilität hat jedoch seinen Preis, was deutlich wird, wenn man die künftige Gesamtkapitalrentabilität als Zufallsvariable ansieht, z.B. weil der Markterfolg der Produkte des Unternehmens eben keine sichere Angelegenheit ist. Offenbar ist dann auch die Eigenkapitalrentabilität eine Zufallsvariable. Für die Varianz dieser Zufallsvariable gilt:

$$V[\widetilde{rb}^e] = V[\widetilde{rb}^g] \cdot \left(1 + \frac{BD}{BE}\right)^2$$

Die Varianz der Eigenkapitalrentabilität als eine Möglichkeit, das von den Eigenkapitalgebern getragene Risiko zu beschreiben, steigt also mit dem Verschuldungsgrad.

Der im Text abgeleitete Zusammenhang zwischen dem Eigenkapitalkostensatz und dem Verschuldungsgrad ist vor diesem Hintergrund nicht überraschend.

Die angestellten Überlegungen führen zu dem Schluss, dass die Finanzierung eines Unternehmens unter den angenommenen Bedingungen keine große Rolle spielt: Der Verschuldungsgrad hat keinen Einfluss auf den Marktwert des Unternehmens, und auch der Gesamtkapitalkostensatz ist von der Kapitalstruktur unabhängig. Dass der Eigenkapitalkostensatz mit der Verschuldung ansteigt, ist lediglich ein Reflex auf die Konzentration des operativen Risikos auf die Eigenkapitalgeber und ändert an der **Irrelevanz der Finanzierung** nichts. Für die abgeleiteten Resultate spielt es auch grundsätzlich keine Rolle, welche Finanzierungspolitik das Unternehmen verfolgt. Allerdings kann die Finanzierungspolitik Einfluss auf den Charakter von Kapitalkostensätzen nehmen, wie an Ausdruck (7) zu ersehen ist. Geht man nämlich von einer autonomen Finanzierung aus, so variiert der Verschuldungsgrad einer bestimmten Periode mit dem Informationsstand. Dementsprechend handelt es sich bei dem Eigenkapitalkostensatz des verschuldeten Unternehmens im Allgemeinen um eine stochastische Größe, selbst wenn der Eigenkapitalkostensatz des unverschuldeten Unternehmens deterministisch ist. Wie in Kapitel 2.3.2 erläutert, lassen sich stochastische Eigenkapitalkostensätze nicht mit einer mehrperiodischen Anwendung des CAPM auf der Grundlage der von *Fama* formulierten Annahmen in Einklang bringen. Bei wertabhängiger Finanzierung besteht dieses Konsistenzproblem nicht, da der künftige Verschuldungsgrad feststeht und damit gemäß (7) der Eigenkapitalkostensatz eines verschuldeten Unternehmens bei wertabhängiger Finanzierung deterministisch ist, sofern dies auch für den Eigenkapitalkostensatz des unverschuldeten Unternehmens gilt.

Die obenstehenden Überlegungen werden in der Literatur häufig auf einen Spezialfall bezogen, der als **Rentenfall** bezeichnet wird und der – wie sich zeigen wird – nicht nur theoretisch, sondern auch praktisch von großer Bedeutung ist. Der Rentenfall ist durch die Annahme gekennzeichnet, dass der Total Cashflow des Unternehmens zeitlich unbeschränkt anfällt und der aus der Sicht des Bewertungszeitpunktes erwartete Total Cashflow aller Perioden gleich groß ist.[1] Ferner wird angenommen, dass die Kapitalkostensätze aller Perioden beim Informationsstand $\theta = 0$ identisch sind und auch der risikolose Zinssatz im Zeitablauf gleich bleibt. Für den Marktwert des verschuldeten Unternehmens im Bewertungszeitpunkt folgt dann aus (2):

$$V^\ell = \frac{E[\tilde{x}]}{k} \tag{8}$$

---

1   Bei Existenz einer Unternehmensteuer wird die Annahme eines gleichbleibenden erwarteten Cashflow in der Regel auf den später eingeführten freien Cashflow bezogen. Siehe hierzu die nachfolgenden Kapitel. Da hier davon ausgegangen wird, dass keine Unternehmensteuer existiert, stimmt der Total Cashflow mit dem freien Cashflow überein.

THEORIE: **Herleitung der Bewertungsfunktion für den Rentenfall**

Geht man zunächst von einer beschränkten Anzahl von Perioden aus, so folgt unter den ansonsten getroffenen Annahmen aus (2):

$$V^{\ell} = E[\tilde{V}_T^{\ell}] \cdot (1+k)^{-T} + \sum_{t=1}^{T} E[\tilde{x}] \cdot (1+k)^{-t}$$

Für den Grenzwert $T \to \infty$ resultiert:

$$V^{\ell} = \sum_{t=1}^{\infty} E[\tilde{x}] \cdot (1+k)^{-t} = \frac{E[\tilde{x}] + \sum_{t=2}^{\infty} E[\tilde{x}] \cdot (1+k)^{-(t-1)}}{1+k} = \frac{E[\tilde{x}] + \sum_{t=1}^{\infty} E[\tilde{x}] \cdot (1+k)^{-t}}{1+k}$$

Durch Einsetzen ergibt sich:

$$V^{\ell} = \frac{E[\tilde{x}] + V^{\ell}}{1+k} \quad \text{und schließlich} \quad V^{\ell} = \frac{E[\tilde{x}]}{k}$$

Aus (2) und (8) lässt sich weiter im Wege der Induktion ableiten, dass der im Bewertungszeitpunkt erwartete Marktwert einer beliebigen künftigen Periode dem gegenwärtigen Marktwert entspricht:

$$E[\tilde{V}_t^{\ell}] = V^{\ell} \qquad \text{für } t = 1, 2 \ldots \qquad (9)$$

Zur Abgrenzung des Rentenfalls gehört bei **autonomer Finanzierung** ferner die Annahme, dass das Fremdkapital im Zeitablauf unverändert bleibt. Für den Marktwert des Eigenkapitals im Bewertungszeitpunkt folgt dann analog zu (8):

$$E^{\ell} = \frac{E[\tilde{x}] - r \cdot D}{ke^{\ell}} \qquad (10)$$

Da aus (4) analog zu (9)

$$E[\tilde{E}_t^{\ell}] = E^{\ell} \qquad \text{für } t = 1, 2 \ldots \qquad (11)$$

abgeleitet werden kann, ergibt sich aus (7) für den Eigenkapitalkostensatz des verschuldeten Unternehmens beim Informationsstand $\theta = 0$:

$$ke_t^\ell = ke^u + (ke^u - r) \cdot \frac{D}{E^\ell} \tag{12}$$

Bei **wertabhängiger Finanzierung** wird im Rentenfall von einer konstanten Fremdkapitalquote ausgegangen. Für das im Bewertungszeitpunkt erwartete Fremdkapital künftiger Perioden gilt damit:

$$E[\tilde{D}_t] = \Theta \cdot E[\tilde{V}_t^\ell] = \Theta \cdot V^\ell = D \qquad \text{für } t = 1, 2 \ldots \tag{13}$$

Aus (4) resultiert damit wiederum (10); für den Eigenkapitalkostensatz des verschuldeten Unternehmens beim Informationsstand $\theta = 0$ gilt (12).

THEORIE: Der Rentenfall im weiteren und im engeren Sinne

Als Rentenfall wird hier eine Situation bezeichnet (Rentenfall im weiteren Sinne), in der der Total Cashflow zeitlich unbefristet anfällt und aus der Sicht des Bewertungszeitpunktes in jeder Periode den gleichen Erwartungswert besitzt. Da nur eine Annahme über die Erwartungen zum Bewertungszeitpunkt getroffen wird, ist auch nur eine Aussage über den Marktwert zu diesem Zeitpunkt bzw. über die zu diesem Zeitpunkt erwarteten künftigen Marktwerte möglich.

Bei einer restriktiveren Variante des Rentenfalls (Rentenfall im engeren Sinne) wird zusätzlich angenommen, dass die Erwartungen über den künftigen Total Cashflow im Zeitablauf keinen Veränderungen unterliegen, dass also $E_\theta[\tilde{x}] = E[\tilde{x}]$ für alle $\theta > 0$ gilt. Ferner wird unterstellt, dass alle Kapitalkostensätze deterministisch sind. Unter diesen Annahmen ist der künftige Marktwert aller Perioden bereits im Bewertungszeitpunkt mit Sicherheit bekannt. Er entspricht dem Marktwert zum Bewertungszeitpunkt. Aus (8) und (2) folgt zunächst:

$$E_\theta[\tilde{V}_t^\ell] = V^\ell$$

Für $\theta = t$ ergibt sich:

$$\tilde{V}_t^\ell = V^\ell$$

Für die Darstellung wurde die weniger restriktive Variante des Rentenfalls gewählt. Ausschlaggebend hierfür war, dass die Sicherheit der künftigen Marktwerte zu restriktiv erscheint. Darüber hinaus gehen insbesondere die Arbeiten zur Analyse des Einflusses der Kapitalstruktur auf den Marktwert und die Kapitalkosten unter Berücksichtigung einer Unternehmensteuer bei wertabhängiger Finanzierung von dem Rentenfall im weiteren Sinne aus.

2.4.3 Vor- und Nachsteuerrechnung unter Berücksichtigung einer Unternehmensteuer

2.4.3.1 Annahmen bezüglich der Unternehmensteuer

Die Steuern, die ein Unternehmen entrichten muss, werden bei Unternehmensbewertungen grundsätzlich wie andere Belastungen behandelt. Dies gilt etwa für die Grundsteuer, für die Kraftfahrzeugsteuer und für die Mineralölsteuer, um nur einige wenige Beispiele zu nennen. Infolge der Zahlung dieser Steuern kann an die Kapitalgeber nur ein entsprechend geringerer Betrag fließen, was zwar den Unternehmenswert mindert, aber für die Bewertung an sich keine Probleme aufwirft. Problematisch wird es aus der Sicht der Bewertungslehre erst dann, wenn die Höhe der Steuer von der Finanzierung des Unternehmens abhängt. Dies ist in der Regel bei **ertragsabhängigen Steuern** der Fall, weshalb der Begriff Unternehmensteuer in der Literatur zur Unternehmensbewertung und im Folgenden als Synonym für solche Steuern verwendet wird.

Die Finanzierungsabhängigkeit der Ertragsbesteuerung auf Unternehmensebene resultiert daraus, dass die vom Unternehmen zu zahlenden Fremdkapitalzinsen die Steuerbemessungsgrundlage mindern. Hieraus folgt eine Steuerersparnis, die als **Tax Shield** der Fremdfinanzierung bezeichnet wird. Es handelt sich um denjenigen Betrag, um den die Unternehmensteuer infolge der Fremdfinanzierung geringer ausfällt. Anders ausgedrückt: Der Tax Shield der Fremdfinanzierung ist die Differenz der (höheren) Steuerzahlungen, die das Unternehmen leisten müsste, wenn es unverschuldet wäre, und der (geringeren) Steuerzahlungen, die es tatsächlich leisten muss. Betrachtet man wie im letzten Kapitel zwei ansonsten gleiche Unternehmen, von denen das eine unverschuldet und das andere verschuldet ist, so kann das letztere infolge der steuerlichen Abzugsfähigkeit von Fremdkapitalzinsen in der Summe höhere Zahlungen an seine Kapitalgeber leisten.

Die im letzten Kapitel ausgearbeitete Logik der Irrelevanz der Finanzierung bricht damit zusammen. Im Folgenden ist zu untersuchen, welche Konsequenzen sich hieraus ergeben. Dabei wird davon ausgegangen, dass die Fremdkapitalzinsen vollständig von der Steuerbemessungsgrundlage der Unternehmensteuer abzugsfähig sind und dass es sich bei dem Unternehmensteuersatz um eine deterministische, im Zeitablauf konstante Größe handelt. Eine weitergehende Spezifikation der Unternehmensteuer ist noch nicht erforderlich; auf die Einbeziehung komplexerer Steuersysteme und vor allem des deutschen Steuersystems wird in Kapitel 4.3.2 eingegangen. Wie im letzten Kapitel wird angenommen, dass die Ausschüttungen an die Eigenkapitalgeber, die Zinszahlungen an die Fremdkapitalgeber und Marktwertzuwächse, die nicht auf Kapitalzuführungen zurückzuführen sind, mit dem gleichen Steuersatz besteuert werden, sodass die Bewertung mittels einer Vorsteuerrechnung vorgenommen werden kann.

2.4.3.2 Vorsteuerrechnung

2.4.3.2.1 Autonome Finanzierung

Ausgangspunkt der Betrachtung sind wie bei der Vorsteuerrechnung ohne Berücksichtigung einer Unternehmensteuer zwei Unternehmen, die das gleiche Investitionsrisiko aufweisen. Während das eine Unternehmen ausschließlich mit Eigenkapital finanziert ist, verfolgt das andere, verschuldete Unternehmen eine autonome Finanzierung. Der Tax Shield der Fremdfinanzierung TS_t bei diesem Unternehmen errechnet sich als Produkt aus den im Zeitpunkt t zu entrichtenden Fremdkapitalzinsen $r_t \cdot D_{t-1}$ (als Minderung der Steuerbemessungsgrundlage) und dem Unternehmensteuersatz τ (als Steuerersparnis pro Geldeinheit, um die die Steuerbemessungsgrundlage vermindert wird). Da die Zahlungen an die Fremdkapitalgeber annahmegemäß keinem Ausfallrisiko unterliegen und die Höhe des Fremdkapitals künftiger Perioden bei autonomer Finanzierung feststeht, ist der Tax Shield aller Perioden bereits im Bewertungszeitpunkt mit Sicherheit bekannt. Bezeichnet man die Unternehmensteuer des verschuldeten Unternehmens mit $\tilde{T}_t^\ell$ und die des unverschuldeten Unternehmens mit $\tilde{T}_t^u$, so folgt:

$$\tilde{T}_{t+1}^\ell = \tilde{T}_{t+1}^u - TS_{t+1} = \tilde{T}_{t+1}^u - \tau \cdot r_{t+1} \cdot D_t \qquad \text{für } t = 0, \ldots, T-1 \qquad (1)$$

Den Eigenkapitalgebern des unverschuldeten Unternehmens fließen die Zahlungen aus dem Leistungsbereich $\tilde{x}_t$ abzüglich der Unternehmensteuer $\tilde{T}_t^u$ zu. Der beim Informationsstand θ für den Zeitpunkt t erwartete Marktwert des unverschuldeten Unternehmens bestimmt sich dann unter Berücksichtigung des maßgeblichen Eigenkapitalkostensatzes des unverschuldeten Unternehmens wie folgt:

$$E_\theta[\tilde{V}_t^u] = E_\theta[\tilde{E}_t^u] = \frac{E_\theta[\tilde{x}_{t+1} - \tilde{T}_{t+1}^u + \tilde{V}_{t+1}^u]}{1 + ke_{\theta,t+1}^u} \qquad \text{für } 0 \le \theta \le t \text{ und } t = 0, \ldots, T-1 \qquad (2)$$

Der erwartete Marktwert des verschuldeten Unternehmens kann nun wie im vorherigen Kapitel zum einen unmittelbar durch Diskontierung des an die Eigen- und Fremdkapitalgeber fließenden Total Cashflow nach Unternehmensteuer mit dem Gesamtkapitalkostensatz berechnet werden:

$$E_\theta[\tilde{V}_t^\ell] = \frac{E_\theta[\tilde{x}_{t+1} - \tilde{T}_{t+1}^\ell + \tilde{V}_{t+1}^\ell]}{1 + k_{\theta,t+1}} \qquad \text{für } 0 \le \theta \le t \text{ und } t = 0, \ldots, T-1 \qquad (3)$$

Zum anderen lässt er sich unter Nutzung der Wertadditivität als Summe der erwarteten Marktwerte des Eigenkapitals und des Fremdkapitals ausdrücken:

$$E_\theta[\tilde{V}_t^\ell] = E_\theta[\tilde{E}_t^\ell] + D_t \qquad \text{für } 0 \le \theta \le t \text{ und } t = 0, \ldots, T-1 \qquad (4)$$

Für die Berechnung des erwarteten Marktwertes des Eigenkapitals sind die erwarteten Zahlungen an die Eigenkapitalgeber, die sich aus dem erwarteten Total Cashflow nach Unternehmensteuer abzüglich der Fremdkapitalzinsen und zuzüglich der Veränderung des Fremdkapitalbestandes ergeben, mit dem Eigenkapitalkostensatz des verschuldeten Unternehmens zu diskontieren:

$$E_\theta[\tilde{E}_t^\ell] = \frac{E_\theta[\tilde{x}_{t+1} - \tilde{T}_{t+1}^\ell - r_{t+1} \cdot D_t + \Delta D_{t+1} + \tilde{E}_{t+1}^\ell]}{1 + ke_{\theta,t+1}^\ell} \qquad \text{für } 0 \le \theta \le t \text{ und } t = 0, \ldots, T-1 \qquad (5)$$

Aus den Ausdrücken (3), (4) und (5) kann analog zum Fall ohne Unternehmensteuer nachstehende Beziehung für den Gesamtkapitalkostensatz $k_{\theta,t+1}$ abgeleitet werden:

$$k_{\theta,t+1} = ke_{\theta,t+1}^\ell \cdot \frac{E_\theta[\tilde{E}_t^\ell]}{E_\theta[\tilde{V}_t^\ell]} + r_{t+1} \cdot \frac{D_t}{E_\theta[\tilde{V}_t^\ell]} \qquad \text{für } 0 \le \theta \le t \text{ und } t = 0, \ldots, T-1 \qquad (6)$$

(6) ist zu entnehmen, dass auch hier die Bezeichnung durchschnittlicher Kapitalkostensatz für den Gesamtkapitalkostensatz gerechtfertigt ist.

Die Bewertungsfunktion (4), zu deren Nutzung der durchschnittliche Kapitalkostensatz nach (6) dient, hat den für die Ableitung praktikabler Bewertungsverfahren bedeutsamen Nachteil, dass im Zähler mit der Unternehmensteuer des verschuldeten Unternehmens eine **finanzierungsabhängige Größe** auftritt. Für die Bestimmung der Unternehmensteuer muss ja die Höhe der Fremdkapitalzinsen bekannt sein, da diese als Abzugsposten in die Steuerbemessungsgrundlage eingehen. Das Problem kann behoben werden, indem man zunächst (3) unter Zuhilfenahme von (1) wie folgt umformt:

$$E_\theta[\tilde{V}_t^\ell] = \frac{E_\theta[\tilde{x}_{t+1} - \tilde{T}_{t+1}^u + \tilde{V}_{t+1}^\ell] + \tau \cdot r_{t+1} \cdot D_t}{1 + k_{\theta,t+1}} \qquad \text{für } 0 \le \theta \le t \text{ und } t = 0, \ldots, T-1 \qquad (7)$$

Setzt man dann (6) in (7) ein, so erhält man nachstehende alternative Bewertungsfunktion:

$$E_\theta[\tilde{V}_t^\ell] = \frac{E_\theta[\tilde{x}_{t+1} - \tilde{T}_{t+1}^u + \tilde{V}_{t+1}^\ell]}{1 + k_{\theta,t+1}^\tau} \qquad \text{für } 0 \le \theta \le t \text{ und } t = 0, \ldots, T-1 \qquad (8)$$

Dabei ist:

$$k_{\theta,t+1}^\tau = ke_{\theta,t+1}^\ell \cdot \frac{E_\theta[\tilde{E}_t^\ell]}{E_\theta[\tilde{V}_t^\ell]} + r_{t+1} \cdot (1-\tau) \cdot \frac{D_t}{E_\theta[\tilde{V}_t^\ell]}$$

$$\text{für } 0 \le \theta \le t \text{ und } t = 0, \ldots, T-1 \qquad (9)$$

Während in Bewertungsfunktion (3) der finanzierungsabhängige Total Cashflow nach Unternehmensteuer, im Folgenden kurz der Total Cashflow, diskontiert wird, sieht Bewertungsfunktion (8) die Abzinsung des Total Cashflow abzüglich des Tax Shields vor. Diese Größe wird als freier Cashflow bezeichnet. Sie entspricht dem Total Cashflow, der sich einstellen würde, wenn das Unternehmen unverschuldet wäre, und abstrahiert insofern von der Finanzierung, worin auch genau der Vorteil der Bewertungsfunktion (8) gegenüber Funktion (3) liegt. Zwar hat die Abzinsung des im Vergleich zum Total Cashflow geringeren freien Cashflow für sich genommen eine Verfälschung des Bewertungsergebnisses zur Folge. Dieser Effekt wird jedoch ausgeglichen durch eine Modifikation bei der Bestimmung des durchschnittlichen Kapitalkostensatzes. Anstelle des einfachen Fremdkapitalkostensatzes wird in (9) nämlich der Fremdkapitalkostensatz nach Unternehmensteuer berücksichtigt. Die steuerliche Abzugsfähigkeit der Fremdkapitalzinsen kann also entweder durch Abzinsung des Total Cashflow oder durch Ansatz eines entsprechend verringerten Fremdkapitalkostensatzes berücksichtigt werden.

In welchem Größenverhältnis stehen nun aber der Marktwert des unverschuldeten und der des verschuldeten Unternehmens? Auch hierüber gibt ein grundlegendes Ergebnis der Finanzierungstheorie Auskunft, das auf *Modigliani* und *Miller*[1] zurückgeht. Mittels eines Arbitragearguments haben die Autoren gezeigt, dass der Marktwert des verschuldeten Unternehmens größer als der Marktwert des unverschuldeten Unternehmens sein muss. Ausschlaggebend hierfür ist erstens, dass es bei dem verschuldeten Unternehmen zu einer Steuerersparnis infolge der Fremdfinanzierung kommt, und zweitens, dass diese Steuerersparnis nicht auf privater Ebene rekonstruiert werden kann. Letzteres ist bei dem hier zugrunde gelegten System der Besteuerung auf privater Ebene gegeben. Das Resultat von *Modigliani* und *Miller* lässt sich daher unter den getroffenen Annahmen durch Rückgriff auf die Wertadditivität nachvollziehen.

Da der Total Cashflow des verschuldeten Unternehmens den des unverschuldeten Unternehmens um den Tax Shield übersteigt, muss der Marktwert des verschuldeten Unternehmens der Summe des Marktwertes des unverschuldeten Unternehmens und des Marktwertes des Tax Shields entsprechen. Letzterer wird im Folgenden mit VTS_t bezeichnet. Der Tax Shield aller Perioden ist in der betrachteten Konstellation bereits zum Bewertungszeitpunkt mit Sicherheit bekannt, also ist für die Bestimmung des Marktwertes des Tax Shields der risikolose Zinssatz heranzuziehen. Da auch bezüglich des künftigen risikolosen Zinssatzes keine Unsicherheiten bestehen, ist der künftige Marktwert des Tax Shields eine sichere Größe. Es folgt:

$$E_\theta[\tilde{V}_t^\ell] = E_\theta[\tilde{V}_t^u] + VTS_t \qquad\qquad \text{für } 0 \leq \theta \leq t \text{ und } t = 0, \ldots, T-1 \qquad (10)$$

mit

$$VTS_t = \frac{\tau \cdot r_{t+1} \cdot D_t + VTS_{t+1}}{1 + r_{t+1}} \qquad\qquad \text{für } t = 0, \ldots, T-1 \qquad (11)$$

---

[1] Siehe Modigliani/Miller (1963).

THEORIE: Das Arbitrageargument von Modigliani/Miller zur Relevanz der Finanzierung im Fall mit Unternehmensteuern

Einige Jahre nach dem Irrelevanzresultat veröffentlichten *Modigliani* und *Miller* eine »Korrektur« ihres Ergebnisses, in der sie die Auswirkungen der Unternehmensbesteuerung auf den Marktwert von Unternehmen herausarbeiteten. Um die Argumentation darzustellen, kann auf die gleichen Annahmen wie im Einschub oben zurückgegriffen werden. Mit einer Ausnahme: Es wird jetzt davon ausgegangen, dass eine Unternehmensteuer existiert und dass Fremdkapitalzinsen von der Bemessungsgrundlage dieser Steuer abgezogen werden können. Von Steuern auf der privaten Ebene wird weiterhin abstrahiert.

Duplikation der Zahlungen des unverschuldeten Unternehmens
- Position I: 100%-ige Beteiligung am unverschuldeten Unternehmen
- Position II: (1) 100%-ige Beteiligung am verschuldeten Unternehmen
                  (2) Private Anlage des Betrags $(1+r\cdot(1-\tau))\cdot D/(1+r)$

Zahlungen:

- Position I: $\tilde{X}-\tilde{T}^u$

- Position II: $\tilde{x}-\tilde{T}^u+\tau\cdot r\cdot D-(1+r)\cdot D+(1+r\cdot(1-\tau))\cdot D=\tilde{x}-\tilde{T}^u$

Duplikation der Zahlungen des verschuldeten Unternehmens
- Position III: 100%-ige Beteiligung am verschuldeten Unternehmen
- Position IV: (1) 100%-ige Beteiligung am unverschuldeten Unternehmen
                  (2) Private Verschuldung in Höhe von $(1+r\cdot(1-\tau))\cdot D/(1+r)$

Zahlungen:

- Position III: $\tilde{x}-\tilde{T}^u+\tau\cdot r\cdot D-(1+r)\cdot D$

- Position IV: $\tilde{x}-\tilde{T}^u+\tau\cdot r\cdot D-(1+r)\cdot D$

Da die Positionen I und II sowie III und IV hinsichtlich der daraus resultierenden Zahlungen äquivalent sind, müssen ihre Werte übereinstimmen, da ansonsten Arbitragemöglichkeiten existieren würden. Dies führt zu folgendem Ergebnis:

$$V^{\ell}=E^{\ell}+D=V^u+\tau\cdot D$$

---

(10) macht den **Wertunterschied** zwischen verschuldeten und unverschuldeten Unternehmen deutlich und kann weiter genutzt werden, um den Zusammenhang zwischen dem Eigenkapitalkostensatz des verschuldeten Unternehmens und dem Verschuldungsgrad herzuleiten. Gemäß (10) ergibt sich der erwartete Marktwert des verschuldeten Unternehmens aus dem erwarteten Marktwert des unverschuldeten Unternehmens zuzüglich des Marktwertes des Tax Shields. Zugleich bestimmt sich der erwartete

Marktwert des verschuldeten Unternehmens gemäß (4) aus der Summe der erwarteten Marktwerte des Eigenkapitals und des Fremdkapitals. Es gilt demnach:

$$E_\theta[\tilde{V}_t^\ell] = E_\theta[\tilde{V}_t^u] + VTS_t = E_\theta[\tilde{E}_t^\ell] + D_t \qquad \text{für } 0 \le \theta \le t \text{ und } t = 0, \dots, T-1 \qquad (12)$$

Löst man (2) nach $E_\theta[\tilde{x}_{t+1} - \tilde{T}_{t+1}^u]$ auf und setzt dies unter Nutzung von (1) in (5) ein, so erhält man nach einigen Umformungen unter Beachtung von (11) und (12):

$$ke_{\theta,t+1}^\ell = ke_{\theta,t+1}^u + (ke_{\theta,t+1}^u - r_{t+1}) \cdot \frac{D_t - VTS_t}{E_\theta[\tilde{E}_t^\ell]} \qquad \text{für } 0 \le \theta \le t \text{ und } t = 0, \dots, T-1 \qquad (13)$$

Der Eigenkapitalkostensatz des verschuldeten Unternehmens steigt demnach mit zunehmender Verschuldung an, was auf das von den Eigenkapitalgebern zusätzlich zu tragende Finanzierungsrisiko zurückzuführen ist. Der Anstieg wird jedoch im Vergleich zum Fall ohne Unternehmensbesteuerung abgeschwächt; denn das zusätzliche Risiko wird teilweise durch die Steuerersparnis kompensiert, die den Eigenkapitalgebern zugutekommt. Zum Charakter des Eigenkapitalkostensatzes ist das Gleiche wie im vorherigen Kapitel anzumerken. Da der Verschuldungsgrad bei autonomer Finanzierung als Zufallsvariable anzusehen ist, handelt es sich bei dem Eigenkapitalkostensatz grundsätzlich um eine stochastische Größe.

Setzt man schließlich $ke_{\theta,t+1}^\ell$ gemäß (13) in (6) und (9) ein, so erhält man für die durchschnittlichen Kapitalkostensätze:

$$k_{\theta,t+1} = ke_{\theta,t+1}^u - (ke_{\theta,t+1}^u - r_{t+1}) \cdot \frac{VTS_t}{E_\theta[\tilde{V}_t^\ell]} \qquad \text{für } 0 \le \theta \le t \text{ und } t = 0, \dots, T-1 \qquad (14)$$

$$k_{\theta,t+1}^\tau = ke_{\theta,t+1}^u - (ke_{\theta,t+1}^u - r_{t+1}) \cdot \frac{VTS_t}{E_\theta[\tilde{V}_t^\ell]} - \tau \cdot r_{t+1} \cdot \frac{D_t}{E_\theta[\tilde{V}_t^\ell]}$$

$$\text{für } 0 \le \theta \le t \text{ und } t = 0, \dots, T-1 \qquad (15)$$

Der durchschnittliche Kapitalkostensatz ist demnach bei Existenz einer Unternehmensteuer nicht mehr unabhängig von der Verschuldung. Er sinkt mit dem Verschuldungsgrad. Auch hier bestätigt sich die **Relevanz der Finanzierung** infolge der Unternehmensbesteuerung.

THEORIE:	**Alternative Herleitung des Zusammenhangs zwischen dem Eigenkapitalkostensatz und dem Verschuldungsgrad bei autonomer Finanzierung (Vorsteuerrechnung)**

Unter Ausnutzung der Wertadditivität kann der Zusammenhang zwischen dem Eigenkapitalkostensatz und dem Verschuldungsgrad auch wie folgt hergeleitet werden. Gemäß (4) und (10) gilt für den erwarteten Marktwert des Eigenkapitals des verschuldeten Unternehmens:

$$E_\theta[\tilde{V}_t^\ell] = E_\theta[\tilde{V}_t^u] + VTS_t - D_t$$

Der Eigenkapitalkostensatz des verschuldeten Unternehmens entspricht – analog zur Bestimmung des durchschnittlichen Kapitalkostensatzes – der Summe der mit den jeweiligen Marktwertanteilen gewichteten Kapitalkostensätze der drei Marktwertkomponenten auf der rechten Seite:

$$ke_{\theta,t+1}^\ell = ke_{\theta,t+1}^u \cdot \frac{E_\theta[\tilde{V}_t^u]}{E_\theta[\tilde{E}_t^\ell]} + r_{t+1} \cdot \frac{VTS_t}{E_\theta[\tilde{E}_t^\ell]} - r_{t+1} \cdot \frac{D_t}{E_\theta[\tilde{E}_t^\ell]}$$

$$= ke_{\theta,t+1}^u + (ke_{\theta,t+1}^u - r_{t+1}) \cdot \frac{D_t - VTS_t}{E_\theta[\tilde{E}_t^\ell]}$$

Im **Rentenfall** wird davon ausgegangen, dass der erwartete freie Cashflow im Zeitablauf konstant ist. Darüber hinaus bleibt bei autonomer Finanzierung das Fremdkapital im Zeitablauf annahmegemäß konstant. Demzufolge ist die Steuerersparnis in jeder Periode identisch, so dass auch der aus der Sicht des Bewertungszeitpunktes erwartete Total Cashflow aller Perioden gleich groß ist. Aus den abgeleiteten Bewertungsfunktionen folgt damit analog zu den Überlegungen im vorherigen Kapitel:

$$V^\ell = \frac{E[\tilde{x} - \tilde{T}^u]}{k^\tau} = \frac{E[\tilde{x} - \tilde{T}^\ell]}{k} = V^u + VTS = \frac{E[\tilde{x} - \tilde{T}^u]}{ke^u} + \tau \cdot D \qquad (16)$$

Darüber hinaus gilt für den Marktwert des Eigenkapitals:

$$E^\ell = \frac{E[\tilde{x} - \tilde{T}^\ell] - r \cdot D}{ke^\ell} \qquad (17)$$

Wegen $E[\tilde{E}_t^\ell] = E^\ell$ gilt beim Informationsstand $\theta = 0$ für den Zusammenhang des Eigenkapitalkostensatzes mit dem Verschuldungsgrad:

$$ke^\ell = ke^u + (ke^u - r) \cdot (1 - \tau) \cdot \frac{D}{E^\ell} \qquad (18)$$

Aus $E[\tilde{V}_t^\ell] = V^\ell$ folgt für die durchschnittlichen Kapitalkostensätze:

$$k = ke^\ell \cdot \frac{E^\ell}{V^\ell} + r \cdot \frac{D}{V^\ell} = ke^u - (ke^u - r) \cdot \tau \cdot \frac{D}{V^\ell} \qquad (19)$$

$$k^{\tau} = ke^{\ell} \cdot \frac{E^{\ell}}{V^{\ell}} + r \cdot (1-\tau) \cdot \frac{D}{V^{\ell}} = ke^{u} \cdot \left(1 - \tau \cdot \frac{D}{V^{\ell}}\right) \qquad (20)$$

Die Ausdrücke für den Rentenfall zeigen damit die gleichen Zusammenhänge wie im allgemeinen Fall und bedürfen daher keiner weiteren Erläuterung.

THEORIE: Der Rentenfall im engeren Sinne und Existenz einer Unternehmensteuer

Beim Rentenfall im engeren Sinne wird zusätzlich von einem vom Informationsstand unabhängigen und im Zeitablauf gleichbleibenden erwarteten freien Cashflow sowie deterministischen Kapitalkostensätzen ausgegangen. Hieraus folgt analog zum Fall ohne Berücksichtigung einer Unternehmensteuer, dass der künftige Marktwert des verschuldeten Unternehmens, der Marktwert des Eigenkapitals sowie die Fremdkapitalquote und der Verschuldungsgrad sicher sind und in jedem Zeitpunkt mit dem Wert im Bewertungszeitpunkt übereinstimmen, was sowohl bei autonomer als auch bei wertabhängiger Finanzierung gilt.

2.4.3.2.2 Wertabhängige Finanzierung

Im Fall einer wertabhängigen Finanzierung wird das Fremdkapital in jeder Periode gemäß der beabsichtigten Fremdkapitalquote an den Marktwert des Unternehmens angepasst. Letzterer ist im Allgemeinen eine unsichere Größe, also ist auch die Höhe des künftigen Fremdkapitals aus der Sicht des Bewertungszeitpunktes unsicher. Die Unsicherheit überträgt sich auf die künftig zu entrichtenden Fremdkapitalzinsen und die damit einhergehenden Steuerersparnisse. Hier liegt der für die Bewertung wesentliche Unterschied zwischen autonomer und wertabhängiger Finanzierung: Während die Steuerersparnisse künftiger Perioden bei autonomer Finanzierung sicher sind, sind sie bei wertabhängiger Finanzierung grundsätzlich unsicher. Ursächlich ist hierfür nicht etwa ein Ausfallrisiko auf Seiten der Fremdkapitalgeber. Nach wie vor wird davon ausgegangen, dass ein solches Risiko nicht existiert. Die Unsicherheit künftiger Steuerersparnisse resultiert vielmehr ausschließlich daraus, dass nicht bekannt ist, wie hoch das Fremdkapital ist, das bedient werden muss. Ihre Folge ist, dass die erwarteten Steuerersparnisse im Allgemeinen nicht mit dem risikolosen Zinssatz diskontiert werden können, um zum Marktwert des Tax Shields zu gelangen. Die hieraus resultierenden Konsequenzen sind im Folgenden zu erörtern. Außer in Bezug auf die Finanzierungspolitik gelten dabei die gleichen Annahmen wie im vorherigen Kapitel.

Die Überlegungen verlaufen zunächst in den gleichen Bahnen wie bei autonomer Finanzierung. Der beim Informationsstand θ für den Zeitpunkt t erwartete Marktwert des unverschuldeten Unternehmens beläuft sich auf:

$$E_{\theta}[\tilde{V}_t^u] = E_{\theta}[\tilde{E}_t^u] = \frac{E_{\theta}[\tilde{x}_{t+1} - \tilde{T}_{t+1} + \tilde{V}_{t+1}^u]}{1 + ke_{\theta,t+1}^u} \qquad \text{für } 0 \leq \theta \leq t \text{ und } t = 0, \ldots, T-1 \qquad (1)$$

Der erwartete Marktwert des verschuldeten Unternehmens lässt sich durch Diskontierung des Total Cashflow mit dem Gesamtkapitalkostensatz berechnen.

$$E_\theta[\tilde{V}_t^\ell] = \frac{E_\theta[\tilde{x}_{t+1} - \tilde{T}_{t+1}^\ell + \tilde{V}_{t+1}^\ell]}{1 + k_{\theta,t+1}} \qquad \text{für } 0 \leq \theta \leq t \text{ und } t = 0, \ldots, T-1 \qquad (2)$$

(1) und (2) sind formal identisch zu den Bewertungsfunktionen im vorherigen Kapitel, es gibt aber den oben betonten wichtigen Unterschied: Die in $\tilde{T}^\ell$ berücksichtigte Steuerersparnis infolge der Fremdfinanzierung ist bei wertabhängiger Finanzierung unsicher, während es sich bei autonomer Finanzierung um eine sichere Größe handelt.

Alternativ kann der erwartete Marktwert des verschuldeten Unternehmens als Summe der erwarteten Marktwerte des Eigen- und des Fremdkapitals berechnet werden:

$$E_\theta[\tilde{V}_t^\ell] = E_\theta[\tilde{E}_t^\ell] + E_\theta[\tilde{D}_t] \qquad \text{für } 0 \leq \theta \leq t \text{ und } t = 0, \ldots, T-1 \qquad (3)$$

Für den erwarteten Marktwert des Eigenkapitals gilt dabei:

$$E_\theta[\tilde{E}_t^\ell] = \frac{E_\theta[\tilde{x}_{t+1} - \tilde{T}_{t+1}^\ell - r_{t+1} \cdot \tilde{D}_t + \widetilde{\Delta D}_{t+1} + \tilde{E}_{t+1}^\ell]}{1 + ke_{\theta,t+1}^\ell} \qquad \text{für } 0 \leq \theta \leq t \text{ und } t = 0, \ldots, T-1 \qquad (4)$$

Analog zum vorherigen Kapitel lässt sich der Gesamtkapitalkostensatz als durchschnittlicher Kapitalkostensatz darstellen:

$$k_{\theta,t+1} = ke_{\theta,t+1}^\ell \cdot \frac{E_\theta[\tilde{E}_t^\ell]}{E_\theta[\tilde{V}_t^\ell]} + r_{t+1} \cdot \frac{E_\theta[\tilde{D}_t]}{E_\theta[\tilde{V}_t^\ell]} = ke_{\theta,t+1}^\ell \cdot (1 - \Theta_t) + r_{t+1} \cdot \Theta_t \qquad \text{für } 0 \leq \theta \leq t \text{ und } t = 0, \ldots, T-1 \qquad (5)$$

Die Abzinsung des Total Cashflow mit dem durchschnittlichen Kapitalkostensatz gemäß (5) ist nicht die einzige Möglichkeit, den Marktwert des verschuldeten Unternehmens zu bestimmen. Wie im vorherigen Kapitel lässt sich durch Einsetzen von (5) in (2) folgende alternative Bewertungsfunktion aufstellen:

$$E_\theta[\tilde{V}_t^\ell] = \frac{E_\theta[\tilde{x}_{t+1} - \tilde{T}_{t+1}^u + \tilde{V}_{t+1}^\ell]}{1 + k_{\theta,t+1}^\tau} \qquad \text{für } 0 \leq \theta \leq t \text{ und } t = 0, \ldots, T-1 \qquad (6)$$

Für den durchschnittlichen Kapitalkostensatz gilt dabei:

$$k_{\theta,t+1}^\tau = ke_{\theta,t+1}^\ell \cdot (1 - \Theta_t) + r_{t+1} \cdot (1 - \tau) \cdot \Theta_t \qquad \text{für } 0 \leq \theta \leq t \text{ und } t = 0, \ldots, T-1 \qquad (7)$$

Im Unterschied zu (2) sieht (6) die Abzinsung des freien Cashflows mit einem modifizierten durchschnittlichen Kapitalkostensatz vor, in den der **Fremdkapitalkostensatz nach Unternehmensteuer** eingeht. Die Zählergröße in (6) bleibt demnach finanzierungsunabhängig; sämtliche Finanzierungseffekte werden in den Kapitalkostensatz verlagert.

Analog zum vorherigen Kapitel lässt sich auch noch folgender Zusammenhang zwischen dem erwarteten Marktwert eines verschuldeten Unternehmens und dem erwarteten Marktwert eines unverschuldeten Unternehmens formulieren:

$$E_\theta[\widetilde{V}_t^\ell] = E_\theta[\widetilde{V}_t^u] + E_\theta[\widetilde{VTS}_t] \qquad \text{für } 0 \leq \theta \leq t \text{ und } t = 0, \ldots, T-1 \qquad (8)$$

An dieser Stelle enden jedoch die Parallelen zu den Überlegungen für den Fall autonomer Finanzierung. Denn es ist unklar, wie der erwartete Marktwert des Tax Shields der Fremdfinanzierung in (8) bestimmt werden soll. Infolgedessen ist auch nicht unmittelbar ersichtlich, wie der Zusammenhang zwischen dem Eigenkapitalkostensatz und dem Verschuldungsgrad eines Unternehmens aussieht. Damit fehlt die Grundlage, um die durchschnittlichen Kapitalkostensätze gemäß (5) und (7) zu berechnen, so dass auch eine Bewertung mittels (2) bzw. (6) ausgeschlossen ist.

Das Verdienst, diese Unklarheiten beseitigt zu haben, kommt *Miles* und *Ezzell*[1] zu. Den Überlegungen dieser Autoren folgend ist bei der Bestimmung des erwarteten Marktwertes des verschuldeten Unternehmens auf der Grundlage von (8) rekursiv vorzugehen. Im Zeitpunkt $T-1$ ist die Höhe der Steuerersparnis im Zeitpunkt T sicher, da das über die Periode T zu verzinsende Fremdkapital in $T-1$ bekannt ist. Folglich ist die erwartete Steuerersparnis im Zeitpunkt T mit dem risikolosen Zinssatz auf den Zeitpunkt $T-1$ zu diskontieren. Aus (8) folgt:

$$E_\theta[\widetilde{V}_{T-1}^\ell] = \frac{E_\theta[\tilde{x}_T - \tilde{T}_T^u]}{1+ke_{\theta,T}^u} + \frac{\tau \cdot r_T \cdot \Theta_{T-1} \cdot E_\theta[\widetilde{V}_{T-1}^\ell]}{1+r_T}$$

$$\text{für } 0 \leq \theta \leq T-1 \qquad (9)$$

Durch Auflösen nach dem erwarteten Marktwert des verschuldeten Unternehmens ergibt sich:

$$E_\theta[\widetilde{V}_{T-1}^\ell] = \frac{E_\theta[\tilde{x}_T - \tilde{T}_T^u]}{(1+ke_{\theta,T}^u) \cdot \left(1 - \dfrac{\tau \cdot r_T \cdot \Theta_{T-1}}{1+r_T}\right)} \qquad \text{für } 0 \leq \theta \leq T-1 \qquad (10)$$

---

1 Siehe Miles/Ezzell (1980) und Miles/Ezzell (1985).

Der für den Zeitpunkt T – 2 erwartete Marktwert des verschuldeten Unternehmens bestimmt sich gemäß (8) aus der Summe des erwarteten Marktwertes des unverschuldeten Unternehmens, des mit dem risikolosen Zinssatz diskontierten erwarteten Tax Shields in T – 1 und des diskontierten erwarteten Marktwertes künftiger Tax Shields in T – 1:

$$E_\theta[\tilde{V}_{T-2}^{\ell}] = \frac{E_\theta[\tilde{x}_{T-1} - \tilde{T}_{T-1}^u + \tilde{V}_{T-1}^u]}{1 + ke_{\theta,T-1}^u} + \frac{\tau \cdot r_{T-1} \cdot \Theta_{T-2} \cdot E_\theta[\tilde{V}_{T-2}^{\ell}]}{1 + r_{T-1}} + \frac{E_\theta[\widetilde{VTS}_{T-1}]}{1 + ?}$$

für $0 \le \theta \le T - 2$ (11)

Während der erwartete Tax Shield in T – 1 aus den gleichen Gründen wie bei der Ableitung von (9) mit dem risikolosen Zinssatz zu diskontieren ist, bleibt hier zunächst unklar, welcher Zinssatz der Diskontierung des erwarteten Marktwertes künftiger Tax Shields in T – 1 zugrunde zu legen ist. Zur Klärung dieser Frage ist gemäß (1) von dem Marktwert des unverschuldeten Unternehmens im Zeitpunkt T – 1 beim Informationsstand T – 1 auszugehen:

$$\tilde{V}_{T-1}^u = \frac{E_{T-1}[\tilde{x}_T - \tilde{T}_T^u]}{1 + ke_{T-1,T}^u}$$

(12)

Löst man diesen Ausdruck nach dem erwarteten freien Cashflow auf, so erhält man:

$$E_{T-1}[\tilde{x}_T - \tilde{T}_T^u] = (1 + ke_{T-1,T}^u) \cdot \tilde{V}_{T-1}^u$$

(13)

Gemäß (10) gilt für den Marktwert des verschuldeten Unternehmens im Zeitpunkt T – 1 beim Informationsstand T – 1:

$$\tilde{V}_{T-1}^{\ell} = \frac{E_{T-1}[\tilde{x}_T - \tilde{T}_T^u]}{(1 + ke_{T-1,T}^u) \cdot \left(1 - \frac{\tau \cdot r_T \cdot \Theta_{T-1}}{1 + r_T}\right)}$$

(14)

Aus (13) und (14) ergibt sich für den Marktwert des verschuldeten Unternehmens im Zeitpunkt T – 1:

$$\tilde{V}_{T-1}^{\ell} = \frac{1}{1 - \frac{\tau \cdot r_T \cdot \Theta_{T-1}}{1 + r_T}} \cdot \tilde{V}_{T-1}^u$$

(15)

Der Marktwert des verschuldeten Unternehmens im Zeitpunkt T – 1 unterscheidet sich demnach nur durch einen zu jedem Zeitpunkt bekannten Faktor vom Marktwert des unverschuldeten Unternehmens. Zur Diskontierung des in früheren Zeitpunkten erwarteten Marktwertes des verschuldeten Unternehmens in T – 1 ist damit der gleiche Kapitalkostensatz wie für den erwarteten Marktwert des unverschuldeten Unternehmens zu verwenden. Es wird angenommen, dass dies der Eigenkapitalkostensatz des unverschuldeten Unternehmens ist.[1] Da aus (8)

$$E_\theta[\widetilde{VTS}_{T-1}] = E_\theta[\tilde{V}^\ell_{T-1}] - E_\theta[\tilde{V}^u_{T-1}] \qquad \text{für } 0 \le \theta \le T-2 \qquad (16)$$

folgt, ist dann auch der erwartete Marktwert des Tax Shields in T – 1 mit dem Eigenkapitalkostensatz des unverschuldeten Unternehmens abzuzinsen. Aus (11) und (16) ergibt sich:

$$E_\theta[\tilde{V}^\ell_{T-2}] = \frac{E_\theta[\tilde{x}_{T-1} - \tilde{T}^u_{T-1} + \tilde{V}^u_{T-1}]}{1 + ke^u_{\theta,T-1}} + \frac{\tau \cdot r_{T-1} \cdot \Theta_{T-2} \cdot E_\theta[\tilde{V}^\ell_{T-2}]}{1 + r_{T-1}}$$
$$+ \frac{E_\theta[\tilde{V}^\ell_{T-1}] - E_\theta[\tilde{V}^u_{T-1}]}{1 + ke^u_{\theta,T-1}}$$

$$\text{für } 0 \le \theta \le T-2 \qquad (17)$$

Durch Auflösen nach $E_\theta[\tilde{V}^\ell_{T-2}]$ erhält man:

$$E_\theta[\tilde{V}^\ell_{T-2}] = \frac{E_\theta[\tilde{x}_{T-1} - \tilde{T}^u_{T-1} + \tilde{V}^\ell_{T-1}]}{(1 + ke^u_{\theta,T-1}) \cdot \left(1 - \dfrac{\tau \cdot r_{T-1} \cdot \Theta_{T-2}}{1 + r_{T-1}}\right)}$$

$$\text{für } 0 \le \theta \le T-2 \qquad (18)$$

In analoger Weise können die erwarteten Marktwerte des verschuldeten Unternehmens für die vorangehenden Zeitpunkte bestimmt werden. Es folgt:

$$E_\theta[\tilde{V}^\ell_t] = \frac{E_\theta[\tilde{x}_{t+1} - \tilde{T}^u_{t+1} + \tilde{V}^\ell_{t+1}]}{(1 + ke^u_{\theta,t+1}) \cdot \left(1 - \dfrac{\tau \cdot r_{t+1} \cdot \Theta_t}{1 + r_{t+1}}\right)} \qquad \text{für } 0 \le \theta \le t \text{ und } t = 0, ..., T-1 \qquad (19)$$

In der so hergeleiteten Bewertungsfunktion werden alle Finanzierungseffekte wie in der Bewertungsfunktion (6) im Diskontierungsfaktor berücksichtigt. Demzufolge ergibt sich für den durchschnittlichen Kapitalkostensatz $k_{\theta,t+1}^{\tau}$ bei wertabhängiger Finanzierung:

$$k_{\theta,t+1}^{\tau} = ke_{\theta,t+1}^{u} - \tau \cdot r_{t+1} \cdot \Theta_t \cdot \frac{1+ke_{\theta,t+1}^{u}}{1+r_{t+1}} \Leftrightarrow 1+k_{\theta,t+1}^{\tau} = (1+ke_{\theta,t+1}^{u}) \cdot \left(1 - \frac{\tau \cdot r_{t+1} \cdot \Theta_t}{1+r_{t+1}}\right)$$

$$\text{für } 0 \leq \theta \leq t \text{ und } t = 0, \ldots, T-1 \qquad (20)$$

Setzt man (20) in (6) ein, lässt sich des Weiteren der durchschnittliche Kapitalkostensatz $k_{\theta,t+1}$ für die Bewertungsfunktion (2) herleiten:

$$k_{\theta,t+1} = ke_{\theta,t+1}^{u} - \tau \cdot r_{t+1} \cdot \Theta_t \cdot \frac{ke_{\theta,t+1}^{u} - r_{t+1}}{1+r_{t+1}} \qquad \text{für } 0 \leq \theta \leq t \text{ und } t = 0, \ldots, T-1 \qquad (21)$$

Gleichung (20) bzw. (21) ist zu entnehmen, dass der durchschnittliche Kapitalkostensatz mit zunehmendem Verschuldungsgrad sinkt, was einen Anstieg des Marktwertes des verschuldeten Unternehmens zur Folge hat. Hierin bestätigt sich die **Relevanz der Finanzierung** für den Marktwert und den Kapitalkostensatz eines Unternehmens.

Zu zeigen ist nun noch der Zusammenhang zwischen dem Eigenkapitalkostensatz des verschuldeten Unternehmens und dem Verschuldungsgrad. Dabei ist davon auszugehen, dass der durchschnittliche Kapitalkostensatz gemäß (5) aus den mit den Eigen- bzw. Fremdkapitalquoten gewichteten Eigen- und Fremdkapitalkostensätzen resultiert. Durch Gleichsetzen der Ausdrücke (21) und (5) oder (20) und (7) und anschließendes Auflösen nach dem Eigenkapitalkostensatz des verschuldeten Unternehmens erhält man unter Berücksichtigung von $L_t = \Theta_t/(1-\Theta_t)$:

$$ke_{\theta,t+1}^{l} = ke_{\theta,t+1}^{u} + (ke_{\theta,t+1}^{u} - r_{t+1}) \cdot \frac{1+r_{t+1}\cdot(1-\tau)}{1+r_{t+1}} \cdot L_t$$

$$\text{für } 0 \leq \theta \leq t \text{ und } t = 0, \ldots, T-1 \qquad (22)$$

Aus (22) folgt, dass der Eigenkapitalkostensatz des verschuldeten Unternehmens mit zunehmendem Verschuldungsgrad steigt, was wie bei autonomer Finanzierung in dem von den Eignern zusätzlich zu tragenden Finanzierungsrisiko begründet liegt. Offenbar handelt es sich um eine bereits im Bewertungszeitpunkt mit Sicherheit bekannte Größe, wenn dies auch für den Eigenkapitalkostensatz des unverschuldeten Unternehmens gilt. Dies hat dann gemäß (5) bzw. (7) zur Folge, dass auch der durchschnittliche Kapitalkostensatz deterministisch ist.

THEORIE: **Alternative Herleitung des Zusammenhangs zwischen dem Eigenkapital-kostensatz und dem Verschuldungsgrad bei wertabhängiger Finanzierung (Vorsteuerrechnung)**

Der Zusammenhang zwischen dem Eigenkapitalkostensatz und dem Verschuldungs-grad kann unter Ausnutzung der Wertadditivität auch wie folgt hergeleitet werden. Für den erwarteten Marktwert des Eigenkapitals gilt gemäß (3) und (8) allgemein:

$$E_\theta[\tilde{E}_t^\ell] = E_\theta[\tilde{V}_t^u] + E_\theta[\widetilde{VTS}_t] - E_\theta[\tilde{D}_t]$$

Der Eigenkapitalkostensatz des verschuldeten Unternehmens ergibt sich aus der Summe der mit <u>den jeweiligen Marktwertanteilen gewichteten Kapitalkostensätze</u> der drei Marktwertkomponenten auf der rechten Seite. Geht man für den erwarte-ten Marktwert des Tax Shields $E_\theta[\widetilde{MTS}_t]$ zunächst von einem unspezifizierten Kapi-talkostensatz $k_{\theta,t+1}^{TS}$ aus, so ergibt sich:

$$ke_{\theta,t+1}^\ell = ke_{\theta,t+1}^u + (ke_{\theta,t+1}^u - r_{t+1}) \cdot \frac{E_\theta[\tilde{D}_t]}{E_\theta[\tilde{E}_t^\ell]} - (ke_{\theta,t+1}^u - k_{\theta,t+1}^{TS}) \cdot \frac{E_\theta[\widetilde{VTS}_t]}{E_\theta[\tilde{E}_t^\ell]}$$

Den Überlegungen von Miles und Ezzell folgend gilt für den Kapitalkostensatz $k_{\theta,t+1}^{TS}$:

$$k_{\theta,t+1}^{TS} = r_{t+1} \cdot \frac{\dfrac{\tau \cdot r_{t+1} \cdot E_\theta[\tilde{D}_t]}{1+r_{t+1}}}{E_\theta[\widetilde{VTS}_t]} + ke_{\theta,t+1}^u \cdot \frac{\dfrac{E_\theta[\widetilde{VTS}_{t+1}]}{1+ke_{\theta,t+1}^u}}{E_\theta[\widetilde{VTS}_t]}$$

Der Marktwert des Tax Shields $E_\theta[\widetilde{VTS}_t]$ bestimmt sich gemäß:

$$E_\theta[\widetilde{VTS}_t] = \frac{\tau \cdot r_{t+1} \cdot E_\theta[\tilde{D}_t]}{1+r_{t+1}} + \frac{E_\theta[\widetilde{VTS}_{t+1}]}{1+ke_{\theta,t+1}^u}$$

Setzt man den Kapitalkostensatz $k_{\theta,t+1}^{TS}$ und den Marktwert des Tax Shields $E_\theta[\widetilde{VTS}_t]$ in obige Gleichung ein, so erhält man (22):

$$ke_{\theta,t+1}^\ell = ke_{\theta,t+1}^u + (ke_{\theta,t+1}^u - r_{t+1}) \cdot \frac{1+r_{t+1} \cdot (1-\tau)}{1+r_{t+1}} \cdot L_t$$

Im **Rentenfall** wird bei wertabhängiger Finanzierung von einer konstanten Fremdka-pitalquote ausgegangen. Da der erwartete freie Cashflow aller Perioden aus der Sicht des Bewertungszeitpunktes annahmegemäß gleich groß ist, ergibt sich aus Bewertungs-funktion (6) analog zum vorherigen Kapitel:

$$V^\ell = \frac{E[\tilde{x} - \tilde{T}^u]}{k^\tau} \tag{23}$$

Des Weiteren lässt sich wie gehabt $E[\tilde{V}_t^\ell] = V^\ell$ ableiten: Der für künftige Perioden erwar-tete Marktwert des Unternehmens ist gleich dem Marktwert im Bewertungszeitpunkt. Weiter folgt:

$$E[\tilde{D}_t] = \Theta \cdot E[\tilde{V}_t^\ell] = \Theta \cdot V^\ell = D \qquad \text{für } t = 1, 2 \dots \tag{24}$$

Gemäß (24) entspricht das erwartete Fremdkapital künftiger Perioden dem Marktwert des Fremdkapitals im Bewertungszeitpunkt. Aus (24) ergibt sich:

$$E[\widetilde{TS}_t] = TS_1 \qquad \text{für } t = 2, 3 \dots \tag{25}$$

Damit ist auch der aus Sicht des Bewertungszeitpunktes erwartete Total Cashflow aller künftigen Perioden identisch. An die Stelle von (23) kann deshalb auch folgende Bewer-tungsfunktion treten:

$$V^\ell = \frac{E[\tilde{x} - \tilde{T}^\ell]}{k} \qquad \text{für } t = 1, 2 \dots \tag{26}$$

(4) führt auf:

$$E^\ell = \frac{E[\tilde{x} - \tilde{T}^\ell - r \cdot D]}{ke^\ell} \tag{27}$$

Wiederum gilt $E[\tilde{E}_t^\ell] = E^\ell$. Für den Zusammenhang des Eigenkapitalkostensatzes mit dem Verschuldungsgrad gilt beim Informationsstand $\theta = 0$:

$$ke^\ell = ke^u + (ke^u - r) \cdot \frac{1 + r \cdot (1 - \tau)}{1 + r} \cdot L \tag{28}$$

Aus (5) und (21) bzw. (7) und (20) ergibt sich schließlich für die durchschnittlichen Ka-pitalkostensätze:

$$k = ke^\ell \cdot (1 - \Theta) + r \cdot \Theta = ke^u - (ke^u - r) \cdot \Theta \cdot \frac{\tau \cdot r}{1 + r} \tag{29}$$

$$k^{\tau} = ke^{\ell} \cdot (1-\Theta) + r \cdot (1-\tau) \cdot \Theta = ke^{u} - \tau \cdot r \cdot \Theta \cdot \frac{1+ke^{u}}{1+r} \tag{30}$$

THEORIE: **Der Zusammenhang zwischen dem Eigenkapitalkostensatz und dem Verschuldungsgrad nach Harris/Pringle (Vorsteuerrechnung[1])**

Harris und *Pringle* gehen davon aus, dass die Anpassung des Fremdkapitals nicht nur am Ende einer Periode, sondern auch im Verlauf einer Periode erfolgen kann. Nimmt man im Grenzfall eine kontinuierliche Anpassung an, so tendiert der Zeitraum, über den hinweg ein bekannter Fremdkapitalbestand zu bedienen ist, gegen null. Maßgeblich für die Abzinsung des Tax Shields ist dann durchgängig der Kapitalkostensatz des unverschuldeten Unternehmens. Aus der Argumentation im Text folgt für den Eigenkapitalkostensatz des verschuldeten Unternehmens:

$$ke^{\ell}_{\Theta,t+1} = ke^{u}_{\Theta,t+1} + (ke^{u}_{\Theta,t+1} - r_{t+1}) \cdot L_t$$

Dies ist formal genau der Zusammenhang, der in Kapitel 2.4.2 für den Fall ohne Unternehmensteuer abgeleitet worden war. Inhaltlich besteht aber natürlich ein gewichtiger Unterschied.

2.4.3.2.3 Vergleich autonomer und wertabhängiger Finanzierung

Wie sich in den letzten Kapiteln gezeigt hat, besitzt die Finanzierung infolge der Unternehmensbesteuerung Auswirkungen auf den Marktwert und die Kapitalkostensätze von Unternehmen. Die Konsequenzen im Einzelnen sind von der Finanzierungspolitik abhängig, was insbesondere in unterschiedlichen Formeln zur Anpassung der Kapitalkostensätze an den Verschuldungsgrad zum Ausdruck kommt. In der nachfolgenden Tabelle sind die wichtigsten dieser Formeln für den Rentenfall zusammengefasst.

Offenbar ist der durchschnittliche Kapitalkostensatz des verschuldeten Unternehmens bei wertabhängiger Finanzierung größer als derjenige bei autonomer Finanzierung, wenn man von einer übereinstimmenden Fremdkapitalquote ausgeht. Ursächlich hierfür ist, dass ein Teil der Zahlungen, die an die Kapitalgeber fließen, nämlich die Steuerersparnis infolge der Fremdfinanzierung, bei wertabhängiger Finanzierung mit einem höheren Risiko belastet ist. Dieses höhere Risiko trifft die Eigenkapitalgeber, da sie es sind, denen die Steuerersparnis zugutekommt. Demzufolge ist auch der Eigenkapitalkostensatz bei wertabhängiger Finanzierung höher als bei autonomer Finanzierung. Dies wiederum führt zu einer Verminderung des Marktwertes des Eigenkapitals

---

1   Siehe Harris/Pringle (1985).

und in der Folge zu einer Verminderung des Marktwertes des verschuldeten Unternehmens. In der Abbildung unter der Tabelle sind diese Zusammenhänge dargestellt.

Tab. 2.2: Formeln zur Anpassung der Kapitalkostensätze an den Verschuldungsgrad bei autonomer und wertabhängiger Finanzierung im Rentenfall (Vorsteuerrechnung)

Autonome Finanzierung

$$ke^{\ell} = ke^{u} + (ke^{u} - r) \cdot (1 - \tau) \cdot L$$

$$k = ke^{u} - (ke^{u} - r) \cdot \tau \cdot \frac{D}{V^{\ell}}$$

$$k^{\tau} = ke^{u} \cdot (1 - \tau \cdot \frac{D}{V^{\ell}})$$

Wertabhängige Finanzierung

$$ke^{\ell} = ke^{u} + (ke^{u} - r) \cdot \frac{[1 + r \cdot (1 - \tau)]}{(1 + r)} \cdot L$$

$$k = ke^{u} - (ke^{u} - r) \cdot \Theta \cdot \frac{\tau \cdot r}{1 + r}$$

$$k^{\tau} = ke^{u} - \tau \cdot r \cdot \Theta \cdot \frac{1 + ke^{u}}{1 + r}$$

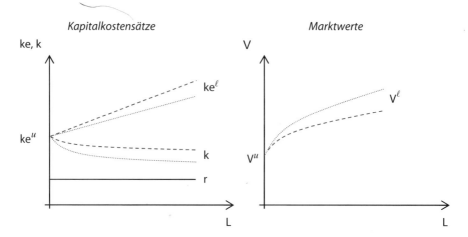

.... autonome Finanzierung

- - - - - - - wertabhängige Finanzierung

Abb. 2.4: Kapitalkostensätze und Marktwerte bei autonomer und wertabhängiger Finanzierung

Beispiel:	**Marktwerte und Kapitalkostensätze bei autonomer und wertabhängiger Finanzierung im Rentenfall**			

Geht man von einem erwarteten freien Cashflow von $E[\tilde{x} - \tilde{T}^u] = 250.000\ €$, einem Unternehmensteuersatz von $\tau = 50\%$, einem risikolosen Zinssatz von $r = 5\%$ und einem Eigenkapitalkostensatz des unverschuldeten Unternehmens von $ke^u = 10\%$ aus, so beträgt der Marktwert des unverschuldeten Unternehmens im Bewertungszeitpunkt $2.500.000\ €$. In der nachfolgenden Übersicht sind die Marktwerte und Kapitalkostensätze des verschuldeten Unternehmens im Bewertungszeitpunkt bei einem Verschuldungsgrad von 50% bzw. 150% angegeben:

Finanzierung	autonom		wertabhängig	
L	50%	150%	50%	150%
Θ	33%	60%	33%	60%
ke^{ℓ}	11,25%	13,75%	12,44%	17,32%
k^{τ}	8,33%	7,00%	9,13%	8,43%
V^{ℓ}	3.000.000,00 €	3.571.428,57 €	2.739.130,43 €	2.966.101,69 €
D	1.000.000,00 €	2.142.857,14 €	913.043,48 €	1.779.661,02 €

Das Beispiel illustriert, dass der Marktwert eines verschuldeten Unternehmens bei autonomer Finanzierung bei übereinstimmender Fremdkapitalquote bzw. übereinstimmendem Verschuldungsgrad größer als der bei wertabhängiger Finanzierung ist.

Die für den Rentenfall abgeleiteten Aussagen gelten auch für den allgemeinen Fall. Folgende Tabelle führt die Anpassungsformeln für die Kapitalkostensätze zusammen:

Tab. 2.3: Formeln zur Anpassung der Kapitalkostensätze an den Verschuldungsgrad bei autonomer und wertabhängiger Finanzierung im allgemeinen Fall (Vorsteuerrechnung)

Autonome Finanzierung

$$ke^{\ell}_{\theta,t+1} = ke^u_{\theta,t+1} + (ke^u_{\theta,t+1} - r_{t+1}) \cdot \frac{D_t - VTS_t}{E_{\theta}[\tilde{E}^{\ell}_t]}$$

$$k_{\theta,t+1} = ke^u_{\theta,t+1} - (ke^u_{\theta,t+1} - r_{t+1}) \cdot \frac{VTS_t}{E_{\theta}[\tilde{V}^{\ell}_t]}$$

$$k^{\tau}_{\theta,t+1} = ke^u_{\theta,t+1} - (ke^u_{\theta,t+1} - r_{t+1}) \cdot \frac{VTS_t}{E_{\theta}[\tilde{V}^{\ell}_t]} - \tau \cdot r_{t+1} \cdot \frac{D_t}{E_{\theta}[\tilde{V}^{\ell}_t]}$$

jeweils für $0 \le \theta \le t$ und $t = 0, \ldots, T-1$

Tab. 2.3 Formeln zur Anpassung der Kapitalkostensätze an den Verschuldungsgrad bei autonomer und wertabhängiger Finanzierung im allgemeinen Fall (Vorsteuerrechnung) – Fortsetzung

Wertabhängige Finanzierung

$$ke^{\ell}_{\theta,t+1} = ke^{u}_{\theta,t+1} + (ke^{u}_{\theta,t+1} - r_{t+1}) \cdot \frac{\left(1 + r_{t+1} \cdot (1-\tau)\right)}{\left(1 + r_{t+1}\right)} \cdot L_t$$

$$k_{\theta,t+1} = ke^{u}_{\theta,t+1} - \tau \cdot r_{t+1} \cdot \Theta_t \cdot \frac{ke^{u}_{\theta,t+1} - r_{t+1}}{1 + r_{t+1}}$$

$$k^{\tau}_{\theta,t+1} = ke^{u}_{\theta,t+1} - \tau \cdot r_{t+1} \cdot \Theta_t \cdot \frac{\left(1 + ke^{u}_{\theta,t+1}\right)}{\left(1 + r_{t+1}\right)}$$

jeweils für $0 \leq \theta \leq t$ und $t = 0, \ldots, T-1$

Die Auswirkungen der Finanzierungspolitik auf die Höhe der Kapitalkostensätze sind hier nicht so einfach zu ersehen wie im Rentenfall, gehen jedoch in dieselbe Richtung. Dies verdeutlicht noch einmal folgende Überlegung: Unterstellt man zunächst eine wertabhängige Finanzierung, so können die Eigenkapitalkostensätze des verschuldeten Unternehmens sowie die durchschnittlichen Kapitalkostensätze anhand der Angaben in Tabelle 2.3 bestimmt werden. Auf dieser Grundlage lassen sich dann der Marktwert des verschuldeten Unternehmens im Bewertungszeitpunkt und die für künftige Zeitpunkte erwarteten Marktwerte errechnen. Aus dem vorgegebenen Verschuldungsgrad wiederum ergibt sich das Fremdkapital im Bewertungszeitpunkt und das erwartete Fremdkapital künftiger Perioden. Würde alternativ von einer autonomen Finanzierung mit fest eingeplantem Fremdkapital in entsprechender Höhe ausgegangen, so würde die Verminderung des Risikos in Bezug auf die künftigen Steuerersparnisse zu einer Verminderung des Eigenkapitalkostensatzes und des durchschnittlichen Kapitalkostensatzes sowie in der Konsequenz zu einem Anstieg des Marktwertes des verschuldeten Unternehmens führen.

BEISPIEL: **Marktwerte und Kapitalkostensätze bei autonomer und wertabhängiger Finanzierung im allgemeinen Fall**

Der erwartete freie Cashflow eines Unternehmens beläuft sich in den ersten beiden Perioden auf 75.000 € und 77.500 €. An diese beiden Perioden schließt sich eine Rentenphase mit einem Erwartungswert des freien Cashflows in Höhe von 77.500 € an. Der zustandsabhängige freie Cashflow in den beiden Zeitpunkten ist aus dem nachfolgenden Zustandsbaum ersichtlich. Die Eintrittswahrscheinlichkeiten der Zustände im Zeitpunkt 1 betragen jeweils 0,5; im Zeitpunkt 2 betragen diese jeweils 0,25. Der freie Cashflow in den Zuständen im Zeitpunkt 2 stimmt mit dem jeweils erwarteten freie Cashflow in der Rentenphase überein.

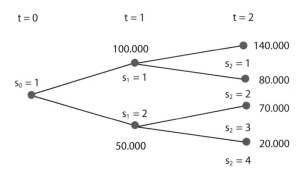

Es wird von einem Steuersatz $\tau = 50\%$, einem risikolosen Zinssatz $r = 5\%$ und einem Eigenkapitalkostensatz des unverschuldeten Unternehmens $ke^u = 10\%$ ausgegangen. Bei einer wertabhängigen Finanzierung mit einer konstanten Fremdkapitalquote von $\Theta = 60\%$ ergeben sich aus der Sicht des Bewertungszeitpunktes die in der nachfolgenden Tabelle angegebenen Werte:

t	0	1	2 ff.
ke_t^{ℓ}		17,32%	17,32%
k_t^{τ}		8,43%	8,43%
$E[\tilde{V}_t^{\ell}]$	917.185,86 €	919.491,53 €	919.491,53 €
$E[\tilde{D}_t]$	550.311,52 €	551.694,92 €	551.694,92 €
$E[\tilde{E}_t^{\ell}]$	366.874,34 €	367.796,61 €	367.796,61 €

Im Fall einer autonomen Finanzierung, bei der die in der obigen Tabelle aufgeführten erwarteten Marktwerte des Fremdkapitals im Bewertungszeitpunkt deterministisch festgelegt werden, kommt man zu folgenden Ergebnissen:

t	0	1	2 ff.
$E[\tilde{V}_t^{u}]$	772.727,27 €	775.000,00 €	775.000,00 €
D_t	550.311,52 €	551.694,92 €	551.694,92 €
TS_t		13.757,79 €	13.792,37 €
VTS_t	275.814,52 €	275.847,46 €	275.847,46 €

t	0	1	2 ff.
$E[\tilde{V}_t^\ell]$	1.048.541,79 €	1.050.847,46 €	1.050.847,46 €
$E[\tilde{E}_t^\ell]$	498.230,28 €	499.152,54 €	499.152,54 €
ke_t^ℓ		12,75%	12,76%
k_t^τ		7,37%	7,38%

Die Ergebnisse illustrieren, dass der Marktwert des verschuldeten Unternehmens und der Marktwert des Eigenkapitals durch den Wechsel von der wertabhängigen Finanzierung auf die autonome Finanzierung ansteigen.

Für ein tiefergehendes Verständnis ist es hilfreich, die Marktwerte und Kapitalkostensätze in Abhängigkeit von der Finanzierungspolitik für die zwei Zustände im Zeitpunkt 1 zu berechnen. In den nachfolgenden Tabellen sind die Ergebnisse angegeben:

Autonome Finanzierung:

Zustand	$s_1 = 1$	$s_1 = 2$
V_1^{u,s_1}	1.100.000,00 €	450.000,00 €
$D_1^{s_1}$	551.694,92 €	551.694,92 €
$VTS_1^{s_1}$	275.847,46 €	275.847,46 €
V_1^{ℓ,s_1}	1.375.847,46 €	725.847,46 €
E_1^{ℓ,s_1}	824.152,54 €	174.152,54 €
$\Theta_1^{s_1}$	40,10%	76,01%
ke_2^{ℓ,s_1}	11,67%	17,92%
k_2^{τ,s_1}	8,00%	6,20%

Wertabhängige Finanzierung:

Zustand	$s_1 = 1$	$s_1 = 2$
V_1^{u,s_1}	1.100.000,00 €	450.000,00 €
$\Theta_1^{s_1}$	60%	60%
ke_2^{ℓ,s_1}	17,32%	17,32%
k_2^{τ,s_1}	8,43%	8,43%
V_1^{ℓ,s_1}	1.305.084,75 €	533.898,31 €
$D_1^{s_1}$	783.050,85 €	320.338,98 €
E_1^{ℓ,s_1}	522.033,90 €	213.559,32 €

Eine genauere Betrachtung der Angaben in Tabelle 2.3 zeigt, dass für die Bestimmung der periodenspezifischen Kapitalkostensätze bei autonomer Finanzierung die Kenntnis der erwarteten Marktwerte des Eigenkapitals oder des Unternehmens am Anfang der betreffenden Periode erforderlich ist. Bei den Bewertungsfunktionen (5), (3) bzw. (8) in Kapitel 2.4.3.2.1 handelt es sich demnach um implizite Funktionen, wenn man als Bewertungsmaßstab den Eigenkapitalkostensatz des unverschuldeten Unternehmens heranzieht. Die Anwendung solcher impliziter Funktionen führt zu Zirkularitätsproblemen bei der Bewertung. Auf die Konsequenzen hieraus wird in Kapitel 3 eingegangen.

Nach der Gegenüberstellung der Auswirkungen der autonomen und der wertabhängigen Finanzierung stellt sich abschließend die Frage, welche Finanzierungspolitik für die Unternehmensbewertung von größerer Relevanz ist. Geht man davon aus, dass das Management des Unternehmens dessen Marktwert zu maximieren sucht, so sprechen die aufgezeigten Zusammenhänge zunächst klar für die Annahme einer autonomen Finanzierung, da der Marktwert bei dieser höher ausfällt. Es gilt allerdings zu bedenken, dass das künftige Fremdkapital bei einer autonomen Finanzierung unabhängig von der Entwicklung des Leistungsbereichs des Unternehmens und damit unabhängig vom Erfolg oder Misserfolg seiner Investitionen festgelegt werden muss. Dies erscheint unrealistisch und würde von den Kapitalmarktteilnehmern, auf deren Einschätzung es in dieser Frage ankommt, sicher selbst dann für wenig glaubhaft gehalten, wenn das Management einen entsprechenden Finanzierungsplan offenlegte.

Die Alternative, das Fremdkapital im Sinne einer wertabhängigen Finanzierung kontinuierlich an den intendierten Verschuldungsgrad anzupassen, wird wegen der damit verbundenen Kosten vielfach als ebenfalls unrealistisch und unpraktikabel eingestuft. Damit drängt sich der Schluss auf, dass die autonome und die wertabhängige Finanzierung zwei Extreme darstellen, die in Reinform in der Realität gar nicht anzutreffen sind. Dies gilt umso mehr, als bei der Festlegung der Finanzierungspolitik eine Reihe weiterer Aspekte berücksichtigt werden müssen, die in der Darstellung hier keine Beachtung fanden. Für die Bewertung folgt, dass abgeschätzt werden muss, ob die Finanzierungspolitik des Unternehmens eher durch das Ideal einer autonomen oder das einer wertabhängigen Finanzierung angenähert werden kann. Etwas erleichtert wird diese Aufgabe dadurch, dass die autonome und die wertabhängige Finanzierung im Rahmen praktischer Bewertungen kombiniert, d.h. zu einer gemischten Finanzierungspolitik zusammengeführt werden können. Was dies in einer Vorsteuerrechnung bedeutet, wird in Kapitel 4.6.2.3 erörtert.

2.4.3.3 Nachsteuerrechnung

2.4.3.3.1 Die Bewertung eines unverschuldeten Unternehmens

Der Marktwert eines Unternehmens konnte im vorherigen Kapitel mittels einer Vorsteuerrechnung bestimmt werden, weil davon ausgegangen wurde, dass die Ausschüttungen an die Eigenkapitalgeber, die Zinszahlungen an die Fremdkapitalgeber und Marktwertzuwächse, die nicht auf Kapitalzuführungen zurückzuführen sind, mit dem gleichen Steuersatz besteuert werden. Diese Voraussetzung ist in der Realität aber häufig nicht erfüllt. Im Weiteren werden deshalb die Auswirkungen eines Systems der persönlichen Besteuerung untersucht, das die Besteuerung der Ausschüttungen an die Eigenkapitalgeber sowie der Zinszahlungen an die Fremdkapitalgeber mit einem Steuersatz s_d und von Marktwertzuwächsen (Kursgewinnen) mit einem gegebenenfalls abweichenden Steuersatz s_g vorsieht. Da Marktwertveränderungen beim Fremdkapital unter den getroffenen Annahmen ausschließlich auf die Aufnahme oder Tilgung von Fremdkapital zurückzuführen sind, betreffen die zu versteuernden Marktwertzuwächse ausschließlich Veränderungen des Marktwertes des Eigenkapitals. Es wird davon ausgegangen, dass sämtliche Änderungen des Marktwertes des Eigenkapitals der Besteuerung beim Eigenkapitalgeber unterliegen.[1] Die abgeleiteten Bewertungsformeln bedürfen demnach einer Anpassung, wenn von einer Kapitalrückzahlung ausgegangen wird.

Betrachtet man zunächst ein unverschuldetes Unternehmen, so ergibt sich dessen erwarteter Marktwert, indem man den für die kommende Periode erwarteten freien Cashflow sowie den für das Ende der Periode erwarteten Marktwert um die persönlichen Steuern vermindert und mit dem Eigenkapitalkostensatz des unverschuldeten Unternehmens nach Steuern diskontiert. Es folgt:

$$E_\theta[\tilde{V}_t^u] = E_\theta[\tilde{E}_t^u] = \frac{E_\theta[(\tilde{x}_{t+1} - \tilde{T}_{t+1}^u) \cdot (1-s_d) + \tilde{V}_{t+1}^u - s_g \cdot (\tilde{V}_{t+1}^u - \tilde{V}_t^u)]}{1+ke_{\theta,t+1}^{u,s}}$$

$$\text{für } 0 \le \theta \le t \text{ und } t = 0, ..., T-1 \qquad (1)$$

Offenbar führt die Kursgewinnbesteuerung zu einem Zirkularitätsproblem, da der erwartete Marktwert $E_\theta[\tilde{V}_t^u]$ in die Bemessungsgrundlage der persönlichen Steuern eingeht. Zur Beseitigung dieses Problems ist (1) nach dem erwarteten Marktwert des Unternehmens aufzulösen:

$$E_\theta[\tilde{V}_t^u] = \frac{E_\theta[(\tilde{x}_{t+1} - \tilde{T}_{t+1}^u) \cdot (1-s_{d^*}) + \tilde{V}_{t+1}^u]}{1+ke_{\theta,t+1}^{u,s^*}}$$

$$\text{für } 0 \le \theta \le t \text{ und } t = 0, ..., T-1 \qquad (2)$$

Dabei gilt $s_{d^*} = (s_d - s_g)/(1-s_g)$ und $ke_{\theta,t+1}^{u,s^*} = ke_{\theta,t+1}^{u,s}/(1-s_g)$. Im Ergebnis spiegelt (2) eine modifizierte Nachsteuerrechnung wider, bei der die erwarteten Ausschüttungen an die Eigenkapitalgeber mit dem modifizierten Steuersatz s_{d^*} besteuert werden und ein modifizierter Eigenkapitalkostensatz $ke_{\theta,t+1}^{u,s^*}$ nach Steuern Berücksichtigung findet.

THEORIE: **Alternative Herleitung des modifizierten Eigenkapitalkostensatzes des unverschuldeten Unternehmens nach persönlichen Steuern[2]**

Gemäß (1) wird der modifizierte Eigenkapitalkostensatz $ke_{\theta,t+1}^{u,s^*}$ aus dem Eigenkapitalkostensatz $ke_{\theta,t+1}^{u,s}$ abgeleitet. Eine alternative Herleitung hierzu baut auf der Überlegung auf, dass der Marktwert am Beginn einer Periode in die Bemessungsgrund-

---

1 Es wird davon ausgegangen, dass die Marktwertzuwächse unabhängig von ihrer Realisation der persönlichen Besteuerung unterworfen werden. Auf die Berücksichtigung einer Besteuerung nur von realisierten Marktwertzuwächsen wird im Rahmen der Anwendung der Discounted Cashflow Verfahren in Kapitel 4 eingegangen.
2 Siehe Dierkes/Diedrich/Gröger (2009).

lage der Besteuerung am Ende der Periode eingeht. Die betreffende Komponente der Besteuerung unterliegt zu Beginn der betrachteten Periode keinem Risiko und ist daher isoliert betrachtet mit dem risikolosen Zinssatz nach persönlichen Steuern $r^s = r \cdot (1 - s_d)$ zu diskontieren. Der erwartete freie Cashflow nach persönlichen Steuern und der erwartete künftige Marktwert sind dann konsequenterweise mit einem Eigenkapitalkostensatz $ke^{u,s'}_{\theta,t+1}$ abzuzinsen, der sich nur auf unsichere Größen bezieht. Der erwartete Marktwert des unverschuldeten Unternehmens $E_\theta[\tilde{V}^u_t]$ ergibt sich demnach aus:

$$E_\theta[\tilde{V}^u_t] = \frac{E_\theta[(\tilde{x}_{t+1} - \tilde{T}^u_{t+1}) \cdot (1-s_d)] + E_\theta[\tilde{V}^u_{t+1}]}{1 + ke^{u,s'}_{\theta,t+1}} - s_g \cdot \left(\frac{E_\theta[\tilde{V}^u_{t+1}]}{1 + ke^{u,s'}_{\theta,t+1}} - \frac{E_\theta[\tilde{V}^u_t]}{1 + r^s} \right)$$

Durch Auflösen nach $E_\theta[\tilde{V}^u_t]$ gelangt man zu (2) mit:

$$ke^{u,s*}_{\theta,t+1} = (1 + ke^{u,s'}_{\theta,t+1}) \cdot \frac{1 + r^{s*}}{1 + r^s} - 1$$

Dabei ist $r^{s*} = r \cdot (1 - s_{d*}) = r \cdot (1 - s_d)/(1 - s_g) = r^s/(1 - s_g)$. Es besteht folgender Zusammenhang:

$$ke^{u,s}_{\theta,t+1} = (1 + ke^{u,s'}_{\theta,t+1}) \cdot \left(1 - \frac{s_g}{1 + r^s} + \frac{s_g}{1 + ke^{u,s'}_{\theta,t+1}} \right) - 1$$

Im Rentenfall führt (2) auf:

$$V^u = \frac{E[(\tilde{x} - \tilde{T}^u) \cdot (1 - s_{d*})]}{ke^{u,s*}} \tag{3}$$

Durch Multiplikation von Zähler und Nenner mit $(1 - s_g)$ ergibt sich:

$$V^u = \frac{E[(\tilde{x} - \tilde{T}^u) \cdot (1 - s_d)]}{ke^{u,s}} \tag{4}$$

Stimmen die Steuersätze s_d und s_g überein, gilt also $s_d = s_g = s$ so gehen die Bewertungsfunktionen (2) und (3) bzw. (4) wegen $s_{d*} = 0$ und $ke^{u,s*}_{\theta,t+1} = ke^{u,s}_{\theta,t+1}/(1-s) = ke^u_{\theta,t+1}$ bzw. $ke^{u,s*} = ke^{u,s}/(1-s) = ke^u$ in die Bewertungsfunktionen (2) bzw. (16) in Kapitel 2.4.3.2.1 über. Aus der Nachsteuerrechnung wird somit eine Vorsteuerrechnung.

107

Gegeben sind der periodeninvariante Eigenkapitalkostensatz des unverschuldeten Unternehmens nach persönlichen Steuern $ke^{u,s} = 10\%$, der Steuersatz auf Ausschüttungen und Zinszahlungen $s_d = 25\%$ und der Kursgewinnsteuersatz $s_g = 20\%$. Für den modifizierten Steuersatz und den modifizierten Eigenkapitalkostensatz ergibt sich:

$$s_{d^*} = \frac{25\% - 20\%}{1 - 20\%} = 6,25\% \qquad ke^{u,s^*} = \frac{10\%}{1 - 20\%} = 12,50\%$$

Der erwartete freie Cashflow des Unternehmens beträgt in den ersten drei Perioden 20.000, 30.000 und 25.000 €. Für alle nachfolgenden Perioden wird von einem erwarteten freien Cashflow in Höhe von 20.000 € ausgegangen. Die für die folgenden Perioden erwarteten Marktwerte des Unternehmens und der Marktwert des Unternehmens im Bewertungszeitpunkt können dann mittels (3) bzw. (2) wie folgt ermittelt werden:

$$E[\tilde{V}_3^u] = \frac{20.000 \cdot (1 - 0,0625)}{0,125} = 150.000,00 \; €$$

$$E[\tilde{V}_2^u] = \frac{25.000 \cdot (1 - 0,0625) + 150.000}{1 + 0,125} = 154.166,67 \; €$$

$$E[\tilde{V}_1^u] = \frac{30.000 \cdot (1 - 0,0625) + 154.166,67}{1 + 0,125} = 162.037,04 \; €$$

$$V^u = \frac{20.000 \cdot (1 - 0,0625) + 162.037,04}{1 + 0,125} = 160.699,59 \; €$$

Bei Kenntnis des erwarteten Marktwertes zu Beginn der jeweils nächsten Periode kann der (erwartete) Marktwert auch mittels (1) berechnet werden. Für den erwarteten Marktwert im Zeitpunkt 1 gilt bspw.:

$$E[\tilde{V}_1^u] = \frac{30.000 \cdot (1 - 0,25) + 154.166,67 - 0,2 \cdot (154.166,67 - 162.037,04)}{1 + 0,1}$$

$$= 162.037,04 \; €$$

Die ergänzenden theoretischen Ausführungen zur alternativen Herleitung des modifizierten Eigenkapitalkostensatzes kann man sich anhand des Beispiels verdeutlichen. Es liegen folgende Kapitalkostensätze zugrunde:

$$ke^{u,s'} = 11,49\% \qquad r = 5\%$$

2.4.3.3.2 Autonome Finanzierung

Im Fall eines verschuldeten Unternehmens mit autonomer Finanzierung knüpft die Bewertung an den Ausschüttungen an die Eigenkapitalgeber nach Abzug persönlicher Steuern an:

$$(\tilde{x}_{t+1} - \tilde{T}^u_{t+1} + \tau \cdot r_{t+1} \cdot D_t - r_{t+1} \cdot D_t + \Delta D_{t+1}) \cdot (1-s_d) - s_g \cdot (\tilde{E}^\ell_{t+1} - \tilde{E}^\ell_t)$$

$$\text{für } t = 0, ..., T-1 \qquad (1)$$

Darüber hinaus sind die Zahlungen an die Fremdkapitalgeber nach persönlichen Steuern zu berücksichtigen:

$$r_{t+1} \cdot D_t \cdot (1-s_d) - \Delta D_{t+1} \qquad\qquad \text{für } t = 0, ..., T-1 \qquad (2)$$

Die Ausschüttungen gemäß (1) entsprechen dem freien Cashflow $(\tilde{x}_{t+1} - \tilde{T}^u_{t+1})$ zuzüglich des Tax Shields aus der Fremdfinanzierung $\tau \cdot r_{t+1} \cdot D_t$ abzüglich der Fremdkapitalzinsen $r_{t+1} \cdot D_t$ und zuzüglich des zusätzlich aufgenommenen Fremdkapitals ΔD_{t+1}. Durch den Faktor $(1-s_d)$ wird die Besteuerung der Ausschüttung auf privater Ebene berücksichtigt. Der letzte Term $s_g \cdot (\tilde{E}^\ell_{t+1} - \tilde{E}^\ell_t)$ in (1) betrifft die Kursgewinnsteuer, die die Eigenkapitalgeber auf den Marktwertzuwachs entrichten müssen. (2) umfasst die Fremdkapitalzinsen nach Abzug der darauf entfallenden persönlichen Steuern $r_{t+1} \cdot D_t \cdot (1-s_d)$ sowie das von den Fremdkapitalgebern zusätzlich eingebrachte Fremdkapital ΔD_{t+1}. Aufgrund der Annahme einer autonomen Finanzierung sind alle Komponenten von (1) und (2), die von der Höhe des Fremdkapitals abhängen, schon im Bewertungszeitpunkt mit Sicherheit bekannt.

Der erwartete Marktwert des verschuldeten Unternehmens lässt sich nun in gewohnter Weise bestimmen, indem die Zahlungen an die Kapitalgeber gemäß (1) und (2) mit dem Gesamtkapitalkostensatz nach Steuern $k^s_{\theta,t+1}$ diskontiert werden:

$$E_\theta[\tilde{V}^\ell_t] = \frac{E_\theta[(\tilde{x}_{t+1} - \tilde{T}^u_{t+1} + \tau \cdot r_{t+1} \cdot D_t - r_{t+1} \cdot D_t + \Delta D_{t+1}) \cdot (1-s_d)]}{1+k^s_{\theta,t+1}}$$

$$+ \frac{E_\theta[-s_g \cdot (\tilde{E}^\ell_{t+1} - \tilde{E}^\ell_t)] + r_{t+1} \cdot D_t \cdot (1-s_d) - \Delta D_{t+1} + E_\theta[\tilde{V}^\ell_{t+1}]}{1+k^s_{\theta,t+1}}$$

$$\text{für } 0 \le \theta \le t \text{ und } t = 0, ..., T-1 \qquad (3)$$

Wie im Fall eines unverschuldeten Unternehmens handelt es sich um eine **implizite Bewertungsfunktion.** Um den Zirkelbezug aufzulösen, ist zunächst die aus der Wertadditivität resultierende Beziehung

$$E_\theta[\tilde{E}_t^\ell] = E_\theta[\tilde{V}_t^\ell] - D_t \qquad \text{für } 0 \le \theta \le t \text{ und } t = 0, \ldots, T-1 \qquad (4)$$

zu nutzen, um den erwarteten Marktwert des Eigenkapitals in (3) zu ersetzen. Im nächsten Schritt wird (3) nach dem erwarteten Marktwert des verschuldeten Unternehmens aufgelöst. Man erhält:

$$E_\theta[\tilde{V}_t^\ell] = \frac{E_\theta[(\tilde{x}_{t+1} - \tilde{T}_{t+1}^u + \tau \cdot r_{t+1} \cdot D_t) \cdot (1 - s_{d^*}) - \Delta D_{t+1} \cdot s_{d^*} + \tilde{V}_{t+1}^\ell]}{1 + k_{\theta,t+1}^{s^*}}$$

$$\text{für } 0 \le \theta \le t \text{ und } t = 0, \ldots, T-1 \qquad (5)$$

Neben dem schon bekannten modifizierten Steuersatz $\left(s_{d^*} = (s_d - s_g)/(1 - s_g) \right.$ nutzt (5) den modifizierten Gesamtkapitalkostensatz $k_{\theta,t+1}^{s^*} = k_{\theta,t+1}^s/(1 - s_g)$.

Der erwartete Marktwert des Eigenkapitals bestimmt sich auf der Grundlage von (1) durch Diskontierung mit dem Eigenkapitalkostensatz des verschuldeten Unternehmens nach Steuern $ke_{\theta,t+1}^{\ell,s}$:

$$E_\theta[\tilde{E}_t^\ell] = \frac{E_\theta[(\tilde{x}_{t+1} - \tilde{T}_{t+1}^u + \tau \cdot r_{t+1} \cdot D_t - r_{t+1} \cdot D_t + \Delta D_{t+1}) \cdot (1 - s_d)]}{1 + ke_{\theta,t+1}^{\ell,s}}$$

$$+ \frac{E_\theta[-s_g \cdot (\tilde{E}_{t+1}^\ell - \tilde{E}_t^\ell) + \tilde{E}_{t+1}^\ell]}{1 + ke_{\theta,t+1}^{\ell,s}}$$

$$\text{für } 0 \le \theta \le t \text{ und } t = 0, \ldots, T-1 \qquad (6)$$

Auflösung der Zirkularität ergibt:

$$E_\theta[\tilde{E}_t^\ell] = \frac{E_\theta[(\tilde{x}_{t+1} - \tilde{T}_{t+1}^u + \tau \cdot r_{t+1} \cdot D_t - r_{t+1} \cdot D_t + \Delta D_{t+1}) \cdot (1 - s_{d^*}) + \tilde{E}_{t+1}^\ell]}{1 + ke_{\theta,t+1}^{\ell,s^*}}$$

$$\text{für } 0 \le \theta \le t \text{ und } t = 0, \ldots, T-1 \qquad (7)$$

Dabei wurde $ke_{\theta,t+1}^{\ell,s^*} = ke_{\theta,t+1}^{\ell,s}/(1 - s_g)$ genutzt. Löst man (7) nach $E_\theta[\tilde{x}_{t+1} - \tilde{T}_{t+1}^u + \tau \cdot r_{t+1} \cdot D_t] \cdot (1 - s_{d^*})$ auf, nutzt (4) und setzt das Ergebnis in (5) ein, so erhält man die schon bekannte Beziehung

$$k_{\theta,t+1}^{s^*} = ke_{\theta,t+1}^{\ell,s^*} \cdot \frac{E_\theta[\tilde{E}_t^\ell]}{E_\theta[\tilde{V}_t^\ell]} + r_{t+1}^{s^*} \cdot \frac{D_t}{E_\theta[\tilde{V}_t^\ell]} \qquad \text{für } 0 \le \theta \le t \text{ und } t = 0, \ldots, T-1 \qquad (8)$$

mit $r_{t+1}^{s*} = r_{t+1} \cdot (1 - s_{d*}) = r_{t+1} \cdot (1 - s_d)/(1 - s_g) = r_{t+1}^s/(1 - s_g)$. Der modifizierte Gesamtkapitalkostensatz nach Steuern lässt sich demnach als gewogenes Mittel des modifizierten Eigenkapitalkostensatzes nach Steuern und eines modifizierten Fremdkapitalkostensatzes nach Steuern bestimmen. Letzterer wird analog zu den anderen modifizierten Kapitalkostensätzen auf der Grundlage des Fremdkapitalkostensatzes nach Steuern $r_{t+1}^s = r_{t+1} \cdot (1 - s_d)$ bestimmt.

Um herauszufinden, wie sich die Marktwerte des unverschuldeten und des verschuldeten Unternehmens zueinander verhalten, vergleicht man als Nächstes die jeweiligen Zahlungen an die Kapitalgeber nach Abzug persönlicher Steuern. Beim verschuldeten Unternehmen entsprechen diese Zahlungen der Summe aus (1) und (2), die Zahlungen beim unverschuldeten Unternehmen ergeben sich aus (1) im vorherigen Kapitel. Es errechnet sich folgende Differenz zugunsten der Kapitalgeber des verschuldeten Unternehmens:

$$\tau \cdot r_{t+1} \cdot D_t \cdot (1 - s_d) - \Delta D_{t+1} \cdot s_d - s_g \cdot (\tilde{E}_{t+1}^\ell - \tilde{E}_{t+1}^u) + s_g \cdot (\tilde{E}_t^\ell - \tilde{E}_t^u)$$

$$\text{für } 0 \le \theta \le t \text{ und } t = 0, ..., T-1 \qquad (9)$$

Offenbar ist (9) im Allgemeinen von null verschieden, so dass sich auch die Marktwerte des verschuldeten und des unverschuldeten Unternehmens unterscheiden.

Ein erster Wertunterschied resultiert aus dem Tax Shield der Fremdfinanzierung in Bezug auf die Unternehmensteuer. Der Term $\tau \cdot r_{t+1} \cdot D_t \cdot (1 - s_d)$ in (9) beinhaltet gegenüber den Überlegungen in den vorherigen Kapiteln nur insofern etwas Neues, als die an die Eigenkapitalgeber fließende Steuerersparnis um persönliche Steuern vermindert wird. Dies ändert jedoch nichts daran, dass es sich bei der Steuerersparnis aus der Sicht des Bewertungszeitpunktes um eine sichere Größe handelt, so lange von einer autonomen Finanzierung ausgegangen wird. Der zweite Wertunterschied – er betrifft den Term $-\Delta D_{t+1} \cdot s_d$ – resultiert aus der unterschiedlichen steuerlichen Behandlung der Finanzierungsbeiträge von Eigen- und Fremdkapitalgebern auf privater Ebene. Nimmt das verschuldete Unternehmen für die Finanzierung von Investitionen zusätzliches Fremdkapital auf ($\Delta D_{t+1} > 0$), so erfordert dies beim unverschuldeten Unternehmen eine Verminderung der Ausschüttungen an die Eigenkapitalgeber. Beide Möglichkeiten haben eine um den gleichen Betrag verminderte Gesamtzahlung an die Kapitalgeber zur Folge. Während jedoch die Fremdkapitalzuführung auf der privaten Ebene steuerlich neutral bleibt, führt die Ausschüttungsverminderung zu einer Senkung der von den Eigenkapitalgebern zu entrichtenden persönlichen Steuern ($-\Delta D_{t+1} \cdot s_d$). Wird Fremdkapital zurückgeführt, kehrt sich die Argumentation um: Das unverschuldete Unternehmen leistet anstelle von Tilgungszahlungen ($\Delta D_{t+1} < 0$) Ausschüttungen, die beim Eigenkapitalgeber zu versteuern sind ($\Delta D_{t+1} \cdot s_d$), während die Tilgungszahlung beim Fremdkapitalgeber unversteuert bleibt. Ein dritter Wertunterschied resultiert schließlich aus den restlichen beiden Termen in (9). Er betrifft die Auswirkungen der Kursgewinnsteuer auf die Marktwertunterschiede, die durch die beiden vorher erörterten Effekte ausgelöst werden.

Unter Berücksichtigung von $\tilde{E}_t^\ell = \tilde{V}_t^\ell - D_t$ folgt aus (9):

$$\tau \cdot r_{t+1} \cdot D_t \cdot (1-s_d) - \Delta D_{t+1} \cdot (s_d - s_g) - s_g \cdot (\widetilde{VTS}_{t+1} - \widetilde{VTS}_t)$$

$$\text{für } 0 \leq \theta \leq t \text{ und } t = 0, \ldots, T-1 \qquad (10)$$

Dabei ist $\widetilde{VTS}_t = \tilde{V}_t^\ell - \tilde{V}_t^u$. (10) macht deutlich, dass die Differenz der Zahlungen, die das unverschuldete und das verschuldete Unternehmen zu einem beliebigen Zeitpunkt leisten, bereits im Bewertungszeitpunkt mit Sicherheit bekannt ist. Denn die beiden ersten Komponenten in (9) knüpfen unmittelbar an der Höhe des Fremdkapitals an, die bei autonomer Finanzierung gegeben ist. Infolgedessen sind diese Zahlungskomponenten mit dem risikolosen Zinssatz zu diskontieren. Die letzte Komponente bezieht sich auf die durch die ersten beiden Komponenten ausgelösten Marktwertdifferenzen. Da auch bezüglich des risikolosen Zinssatzes künftiger Perioden keine Unsicherheit besteht, sind diese Marktwertdifferenzen bzw. die damit einhergehenden Kursgewinnsteuern bereits im Bewertungszeitpunkt bekannt.

Der erwartete Marktwert des verschuldeten Unternehmens lässt sich deshalb ohne weitere Probleme als Summe des erwarteten Marktwertes des unverschuldeten Unternehmens und des Marktwertes des Tax Shields ermitteln:

$$E_\theta[\tilde{V}_t^\ell] = E_\theta[\tilde{V}_t^u] + VTS_t \qquad \text{für } 0 \leq \theta \leq t \text{ und } t = 0, \ldots, T-1 \qquad (11)$$

Der Marktwert des Tax Shields errechnet sich durch Diskontierung mit dem risikolosen Zinssatz nach Steuern; es folgt:

$$VTS_t = \frac{\tau \cdot r_{t+1} \cdot D_t \cdot (1-s_d) - \Delta D_{t+1} \cdot (s_d - s_g) - s_g \cdot (VTS_{t+1} - VTS_t) + VTS_{t+1}}{1 + r_{t+1} \cdot (1 - s_d)}$$

$$\text{für } 0 \leq \theta \leq t \text{ und } t = 0, \ldots, T-1 \qquad (12)$$

Durch Auflösen der Zirkularität ergibt sich:

$$VTS_t = \underbrace{\frac{\tau \cdot r_{t+1}^{s*} \cdot D_t}{1 + r_{t+1}^{s*}}}_{\substack{\text{Unternehmen-} \\ \text{steuerbedingter} \\ \text{Tax Shield}}} - \underbrace{\frac{s_{d*} \cdot \Delta D_{t+1}}{1 + r_{t+1}^{s*}}}_{\substack{\text{Einkommen-} \\ \text{steuerbedingter} \\ \text{Tax Shield}}} + \frac{VTS_{t+1}}{1 + r_{t+1}^{s*}}$$

$$\text{für } 0 \leq \theta \leq t \text{ und } t = 0, \ldots, T-1 \qquad (13)$$

Der Marktwert des Tax Shields kann somit auf zwei Ursachen zurückgeführt werden: Zum Ersten ist er in der Abzugsfähigkeit der Fremdkapitalzinsen von der Steuerbemessungsgrundlage der Unternehmenssteuer begründet, was im Prinzip bereits aus Kapitel 2.4.3.2.1 bekannt ist. Dieser Teil des Tax Shields wird als **unternehmensteuerbedingter Tax Shield** bezeichnet. Zum Zweiten haben Veränderungen des Fremdkapitals beim verschuldeten Unternehmen Besteuerungsunterschiede im Vergleich zum unverschuldeten Unternehmen zur Folge, da Fremdkapitalaufnahmen oder -rückzahlungen im Gegensatz zu Ausschüttungsminderungen oder -erhöhungen auf der privaten Ebene keiner Besteuerung unterliegen. Der daraus resultierende Werteffekt ist als **einkommensteuerbedingter Tax Shield** bekannt (je nach Vorzeichen auch: Einkommensteuereffekt, Ausschüttungsdifferenzeneffekt, Tilgungseffekt).

Zur Herstellung des Zusammenhangs zwischen dem modifizierten Eigenkapitalkostensatz des unverschuldeten Unternehmens und dem des verschuldeten Unternehmens ist auf Bewertungsfunktion (2) des vorherigen Kapitels zurückzugreifen. Demnach gilt:

$$E_\theta[(\tilde{x}_{t+1} - \tilde{T}^u_{t+1}) \cdot (1 - s_{d^*})] = E_\theta[\tilde{V}^u_t] \cdot (1 + ke^{u,s^*}_{\theta,t+1}) - E_\theta[\tilde{V}^u_{t+1}]$$

für $0 \leq \theta \leq t$ und $t = 0, \ldots, T-1$ \qquad (14)

Setzt man diesen Ausdruck in (7) ein, so ergibt sich für den modifizierten Eigenkapitalkostensatz des verschuldeten Unternehmens:

$$ke^{\ell,s^*}_{\theta,t+1} = ke^{u,s^*}_{\theta,t+1} + (ke^{u,s^*}_{\theta,t+1} - r^{s^*}_{t+1}) \cdot \frac{D_t - VTS_t}{E_\theta[\tilde{E}^\ell_t]}$$

für $0 \leq \theta \leq t$ und $t = 0, \ldots, T-1$ \qquad (15)

Durch Multiplikation von (15) mit $(1 - s_g)$ erhält man die Anpassungsformel für den Eigenkapitalkostensatz $ke^{\ell,s}_{\theta,t+1}$

$$ke^{\ell,s}_{\theta,t+1} = ke^{u,s}_{\theta,t+1} + (ke^{u,s}_{\theta,t+1} - r_{t+1} \cdot (1 - s_d)) \cdot \frac{D_t - VTS_t}{E_\theta[\tilde{E}^\ell_t]}$$

für $0 \leq \theta \leq t$ und $t = 0, \ldots, T-1$ \qquad (16)

Auch hier ist zu konstatieren, dass es sich bei den Eigenkapitalkostensätzen gemäß (15) und (16) – und in der Folge bei dem modifizierten durchschnittlichen Kapitalkostensatz gemäß (8) – im Allgemeinen um stochastische Größen handelt.

THEORIE: **Alternative Herleitung des Zusammenhangs zwischen dem modifizierten Eigenkapitalkostensatz und dem Verschuldungsgrad bei autonomer Finanzierung (Nachsteuerrechnung)**

Unter Ausnutzung der Wertadditivität kann die Formel zur Anpassung des modifizierten Eigenkapitalkostensatzes an den Verschuldungsgrad auch wie folgt hergeleitet werden. Für den erwarteten Marktwert des Eigenkapitals des verschuldeten Unternehmens gilt gemäß (4) und (11):

$$E_\theta[\tilde{E}_t^\ell] = E_\theta[\tilde{V}_t^u] + VTS_t - D_t$$

Zur Bestimmung des modifizierten Eigenkapitalkostensatzes des verschuldeten Unternehmens sind die steuerlich angepassten Kapitalkostensätze der drei Marktwertkomponenten mit ihren jeweiligen Marktwertanteilen zu gewichten:

$$ke_{\theta,t+1}^{\ell,s*} = ke_{\theta,t+1}^{u,s*} \cdot \frac{E_\theta[\tilde{V}_t^u]}{E_\theta[\tilde{E}_t^\ell]} + r_{t+1}^{s*} \cdot \frac{VTS_t}{E_\theta[\tilde{E}_t^\ell]} - r_{t+1}^{s*} \cdot \frac{D_t}{E_\theta[\tilde{E}_t^\ell]}$$

$$= ke_{\theta,t+1}^{u,s*} + (ke_{\theta,t+1}^{u,s*} - r_{t+1}^{s*}) \cdot \frac{D_t - VTS_t}{E_\theta[\tilde{E}_t^\ell]}$$

Im **Rentenfall** verschwindet der einkommensteuerbedingte Tax Shield wegen $\Delta D_{t+1} = 0$, so dass sich aus (13) im Wege der Grenzwertbildung $VTS = \tau \cdot D$ ableiten lässt. Für den Marktwert des verschuldeten Unternehmens ergibt sich ausgehend von (11) unter Berücksichtigung von (3) aus dem vorherigen Kapitel:

$$V^\ell = \frac{E[(\tilde{x} - \tilde{T}^u) \cdot (1 - s_{d*})]}{ke^{u,s*}} + \tau \cdot D = \frac{E[(\tilde{x} - \tilde{T}^u) \cdot (1 - s_d)]}{ke^{u,s}} + \tau \cdot D \qquad (17)$$

Der Marktwert des Eigenkapitals im Bewertungszeitpunkt resultiert aus (7):

$$E^\ell = \frac{E_\theta[(\tilde{x} - \tilde{T}^u + \tau \cdot r \cdot D - r \cdot D) \cdot (1 - s_{d*})]}{ke^{\ell,s*}} \qquad (18)$$

Wegen $E[\tilde{E}_t^\ell] = E^\ell$ folgt aus (15):

$$ke^{\ell,s*} = ke^{u,s*} + (ke^{u,s*} - r^{s*} \cdot (1 - \tau) \cdot \frac{D}{E^\ell} \qquad (19)$$

Die Anpassungsformel für den Eigenkapitalkostensatz ke^ℓ erhält man, indem (19) mit $(1 - s_g)$ multipliziert wird:

$$ke^{\ell,s} = ke^{u,s} + (ke^{u,s} - r \cdot (1 - s_d)) \cdot (1 - \tau) \cdot \frac{D}{E^\ell} \qquad (20)$$

Sowohl im allgemeinen Fall als auch im Rentenfall gehen die angeführten Bewertungsfunktionen bei einer einheitlichen Besteuerung von Ausschüttungen, Zinszahlungen und Marktwertzuwächsen in die Bewertungsfunktionen aus Kapitel 2.4.3.2.1 über. An die Stelle von Nachsteuerrechnungen können dann Vorsteuerrechnungen treten.

BEISPIEL: Bewertung eines verschuldeten Unternehmens mittels einer Nachsteuerrechnung bei autonomer Finanzierung

Wie in dem Beispiel zur Bewertung eines unverschuldeten Unternehmens mittels einer Nachsteuerrechnung wird von einem periodeninvarianten Eigenkapitalkostensatz des unverschuldeten Unternehmens nach persönlichen Steuern $ke^{u,s} = 10\%$ einem Steuersatz auf Ausschüttungen und Zinszahlungen $s_d = 25\%$ und einem Kursgewinnsteuersatz $s_g = 20\%$ ausgegangen. Der freie Cashflow des Unternehmens wird ebenfalls übernommen. Zusätzlich werden ein risikoloser Zinssatz $r = 5\%$ und der Unternehmensteuersatz $\tau = 40\%$ berücksichtigt. Das Fremdkapital im Bewertungszeitpunkt beträgt 80.000 €, das Fremdkapital der Perioden 1, 2 und 3 beläuft sich auf 75.000 €, 70.000 € bzw. 65.000 €. In späteren Perioden wird das Fremdkapital annahmegemäß nicht mehr verändert. Unter Berücksichtigung von

$$s_{d*} = \frac{25\% - 20\%}{1 - 20\%} = 6,25\% \quad \text{und} \quad r^{s*} = 5\% \cdot (1 - 0,0625) = 4,69\%$$

folgt für die Marktwerte der Tax Shields:

$$VTS_3 = \frac{0,0469 \cdot 0,4 \cdot 65.000 - 0,0469 \cdot 0}{0,0469} = 26.000,00 \, €$$

$$VTS_2 = \frac{0,0469 \cdot 0,4 \cdot 70.000 - (0,0469 \cdot (-5.000)) + 26.000}{1 + 0,0469} = 26.388,06 \, €$$

$$VTS_1 = \frac{0,0469 \cdot 0,4 \cdot 75.000 - (0,0469 \cdot (-5.000)) + 26.388,06}{1 + 0,0469} = 26.848,30 \, €$$

$$VTS = \frac{0,0469 \cdot 0,4 \cdot 80.000 - 0,0469 \cdot (-5.000) + 26.848,30}{1 + 0,0469} = 27.377,48 \, €$$

Der Marktwert des verschuldeten Unternehmens im Bewertungszeitpunkt entspricht dem Marktwert des unverschuldeten Unternehmens zuzüglich des Marktwertes der Tax Shields. Es folgt:

$$V^\ell = 160.699,59 + 27.377,48 = 188.077,07 \, €$$

Nach Subtraktion des Fremdkapitals ergibt sich für den Marktwert des Eigenkapitals:

$$E^{\ell} = 188.077,07 - 80.000 = 108.077,07 \; \text{\euro}$$

Die Marktwerte des Unternehmens und die Marktwerte des Eigenkapitals können ebenso mit Hilfe der Bewertungsfunktionen (3) und (5) bzw. (6) und (7) bestimmt werden, was die Bestimmung der durchschnittlichen Kapitalkostensätze und Eigenkapitalkostensätze erfordert. Der Leser ist dazu eingeladen, dies zu überprüfen.

2.4.3.3.3 Wertabhängige Finanzierung

Bei einer wertabhängigen Finanzierung ist der Marktwert des Fremdkapitals über die vorgegebene Fremdkapitalquote an den Marktwert des verschuldeten Unternehmens gekoppelt. Die hieraus resultierende Unsicherheit bezüglich der Höhe des zu verzinsenden Fremdkapitals ist bei der Bestimmung der an die Eigenkapitalgeber fließenden Nachsteuerzahlungen zu berücksichtigen. Letztere sind:

$$(\tilde{x}_{t+1} - \tilde{T}^u_{t+1} + \tau \cdot r_{t+1} \cdot \tilde{D}_t - r_{t+1} \cdot \tilde{D}_t + \widetilde{\Delta D}_{t+1}) \cdot (1-s_d) - s_g \cdot (\tilde{E}^{\ell}_{t+1} - \tilde{E}^{\ell}_t)$$

$$\underbrace{\qquad\qquad}_{FCF} \quad \underbrace{\qquad\qquad}_{TS}$$

$$\text{für } t = 0, \dots, T-1 \qquad (1)$$

Für die Nachsteuerzahlungen an die Fremdkapitalgeber gilt:

$$r_{t+1} \cdot \tilde{D}_t \cdot (1-s_d) - \widetilde{\Delta D}_{t+1}$$

$$\text{für } t = 0, \dots, T-1 \qquad (2)$$

Zur Erläuterung der einzelnen Komponenten dieser Zahlungen sei auf die Ausführungen im vorherigen Kapitel verwiesen. Im Wege der Diskontierung der erwarteten Zahlungen mit dem Gesamtkapitalkostensatz nach Steuern $k^s_{\theta,t+1}$ erhält man den erwarteten Marktwert des verschuldeten Unternehmens:

$$E_\theta[\tilde{V}^{\ell}_t] = \frac{E_\theta[(\tilde{x}_{t+1} - \tilde{T}^u_{t+1} + \tau \cdot r_{t+1} \cdot \tilde{D}_t - r_{t+1} \cdot \tilde{D}_t + \widetilde{\Delta D}_{t+1}) \cdot (1-s_d)]}{1+k^s_{\theta,t+1}}$$

$$+ \frac{E_\theta[-s_g \cdot (\tilde{E}^{\ell}_{t+1} - \tilde{E}^{\ell}_t)] + E_\theta[r_{t+1} \cdot \tilde{D}_t \cdot (1-s_d) - \widetilde{\Delta D}_{t+1}]}{1+k^s_{\theta,t+1}}$$

$$+ \frac{E_\theta[\tilde{V}^{\ell}_{t+1}]}{1+k^s_{\theta,t+1}}$$

$$\} \; TCF$$

$$\text{für } 0 \le \theta \le t \text{ und } t = 0, \dots, T-1 \qquad (3)$$

Da der erwartete Marktwert des Eigenkapitals $E_\theta[\tilde{E}_t^\ell]$ in die Bemessungsgrundlage der Kursgewinnsteuer eingeht, handelt es sich um eine implizite Bewertungsfunktion. Aufgrund der Wertadditivität gilt weiter:

$$E_\theta[\tilde{E}_t^\ell] = E_\theta[\tilde{V}_t^\ell] - E_\theta[\widetilde{D}_t]$$
$$\text{für } 0 \le \theta \le t \text{ und } t = 0, \ldots, T-1 \qquad (4)$$

Ersetzt man $E_\theta[\tilde{E}_t^\ell]$ in (3) gemäß (4) und löst nach dem erwarteten Marktwert des verschuldeten Unternehmens auf, so erhält man:

$$E_\theta[\tilde{V}_t^\ell] = \frac{E_\theta[(\tilde{x}_{t+1} - \tilde{T}_{t+1}^u + \tau \cdot r_{t+1} \cdot \tilde{D}_t) \cdot (1 - s_{d^*}) - \widetilde{\Delta D}_{t+1} \cdot s_{d^*} + \tilde{V}_{t+1}^\ell]}{1 + k_{\theta,t+1}^{s^*}} \qquad \rightarrow \; \text{DGFC}$$

$$\text{für } 0 \le \theta \le t \text{ und } t = 0, \ldots, T-1 \qquad (5)$$

Für den hier verwendeten modifizierten Steuersatz und den modifizierten Gesamtkapitalkostensatz gilt $s_{d^*} = (s_d - s_g)/(1 - s_g)$ bzw. $k_{\theta,t+1}^{s^*} = k_{\theta,t+1}^s/(1 - s_g)$. (5) entspricht auf den ersten Blick der im vorherigen Kapitel abgeleiteten Bewertungsfunktion; anders als bei autonomer Finanzierung ist das künftige Fremdkapital in (5) aber keine aus der Sicht des Bewertungszeitpunktes sichere Größe. Es gilt:

$$E_\theta[\widetilde{D}_t] = \Theta_t \cdot E_\theta[\tilde{V}_t^\ell]$$
$$\text{für } 0 \le \theta \le t \text{ und } t = 0, \ldots, T-1 \qquad (6)$$

Ersetzt man das erwartete Fremdkapital in (5) gemäß (6) und löst die Gleichung nach dem erwarteten Marktwert des verschuldeten Unternehmens auf, so erhält man:

$$E_\theta[\tilde{V}_t^\ell] = \frac{E_\theta[(\tilde{x}_{t+1} - \tilde{T}_{t+1}^u) \cdot (1 - s_{\bar{d},t+1}) + \tilde{V}_{t+1}^\ell]}{1 + k_{\theta,t+1}^{\tau,s^*}} \qquad WACC$$

$$\text{für } 0 \le \theta \le t \text{ und } t = 0, \ldots, T-1 \qquad (7)$$

Der erwartete Marktwert des verschuldeten Unternehmens kann demnach bestimmt werden, indem man vom freien Cashflow ausgeht und einen modifizierten Steuersatz $s_{\bar{d},t+1} = (s_{d^*} \cdot (1 - \Theta_{t+1}))/(1 - s_{d^*} \cdot \Theta_{t+1})$ berücksichtigt sowie für die Abzinsung den modifizierten Gesamtkapitalkostensatz nach Steuern $k_{\theta,t+1}^{\tau,s^*}$ mit

$$k_{\theta,t+1}^{\tau,s^*} = \frac{1 + k_{\theta,t+1}^{s^*}}{1 - s_{d^*} \cdot \Theta_{t+1}} - \tau \cdot r_{t+1} \cdot \Theta_t \cdot (1 - s_{\bar{d},t+1}) - \frac{\Theta_t}{1 - \Theta_{t+1}} \cdot s_{\bar{d},t+1} - 1$$

$$\text{für } 0 \le \theta \le t \text{ und } t = 0, \ldots, T-1 \qquad (8)$$

verwendet.

117

> **THEORIE:** **Ermittlung des Marktwertes des verschuldeten Unternehmens mit dem modifizierten durchschnittlichen Kapitalkostensatz bei autonomer Finanzierung**
>
> Die Bewertungsfunktion (7) kann mit den angegebenen Spezifikationen für den modifizierten Steuersatz und den modifizierten Gesamtkapitalkostensatz auch bei autonomer Finanzierung verwendet werden, wenn die Fremdkapitalquote Θ_t durch $D_t/E_\theta[\tilde{V}_t^\ell]$ ersetzt wird (analog für $t+1$). Da in diesem Fall jedoch offensichtlich Zirkularitätsprobleme auftreten, wurde auf die Ableitung von (7) im vorangegangenen Kapitel verzichtet.

Zur direkten Ermittlung des erwarteten Marktwertes des Eigenkapitals sind die erwarteten Nachsteuerzahlungen an die Eigenkapitalgeber gemäß (1) mit dem Eigenkapitalkostensatz des verschuldeten Unternehmens nach Steuern zu diskontieren:

$$E_\theta[\tilde{E}_t^\ell] = \frac{E_\theta[(\tilde{x}_{t+1} - \tilde{T}_{t+1}^u + \tau \cdot r_{t+1} \cdot \tilde{D}_t - r_{t+1} \cdot \tilde{D}_t + \widetilde{\Delta D}_{t+1}) \cdot (1-s_d)]}{1+ke_{\theta,t+1}^{\ell,s}}$$

$$+ \frac{E_\theta[-s_g \cdot (\tilde{E}_{t+1}^\ell - \tilde{E}_t^\ell) + \tilde{E}_{t+1}^\ell]}{1+ke_{\theta,t+1}^{\ell,s}}$$

$$\text{für } 0 \le \theta \le t \text{ und } t = 0, ..., T-1 \qquad (9)$$

Auflösen nach $E_\theta[\tilde{E}_t^\ell]$ ergibt:

Equity

$$\boxed{E_\theta[\tilde{E}_t^\ell] = \frac{E_\theta[(\tilde{x}_{t+1} - \tilde{T}_{t+1}^u + \tau \cdot r_{t+1} \cdot \tilde{D}_t - r_{t+1} \cdot \tilde{D}_t + \widetilde{\Delta D}_{t+1}) \cdot (1-s_{d*}) + \tilde{E}_{t+1}^\ell]}{1+ke_{\theta,t+1}^{\ell,s*}}}$$

$$\text{für } 0 \le \theta \le t \text{ und } t = 0, ..., T-1 \qquad (10)$$

Für den in (10) verwendeten modifizierten Eigenkapitalkostensatz gilt $ke_{\theta,t+1}^{\ell,s*} = ke_{\theta,t+1}^{\ell,s}/(1-s_g)$. Aus (10) und (5) lässt sich dann wie bei autonomer Finanzierung unter Nutzung von (4) und (6) nachstehende Beziehung für den modifizierten Gesamtkapitalkostensatz ableiten:

WACC

$$\boxed{k_{\theta,t+1}^{s*} = ke_{\theta,t+1}^{\ell,s*} \cdot (1-\Theta_t) + r_{t+1}^{s*} \cdot \Theta_t} \qquad \text{für } 0 \le \theta \le t \text{ und } t = 0, ..., T-1 \qquad (11)$$

Dabei ist $r_{t+1}^{s*} = r_{t+1} \cdot (1-s_{d*}) = r_{t+1} \cdot (1-s_d)/(1-s_g) = r_{t+1}^s/(1-s_g)$. Der modifizierte Gesamtkapitalkostensatz nach Steuern kann demnach wie bei autonomer Finanzierung als gewogenes Mittel des modifizierten Eigenkapitalkostensatzes nach Steuern und des modifizierten Fremdkapitalkostensatzes nach Steuern berechnet werden. Setzt man den durchschnittlichen Kapitalkostensatz in (8) ein, so ergibt sich für den modifizierten Gesamtkapitalkostensatz $k_{\theta,t+1}^{\tau,s*}$:

$$k_{\theta,t+1}^{\tau,s*} = ke_{\theta,t+1}^{\ell,s*} \cdot \frac{1-\Theta_t}{1-s_{d*}\cdot\Theta_{t+1}} + r_{t+1}^{s*}\cdot(1-\tau)\cdot\frac{\Theta_t}{1-s_{d*}\cdot\Theta_{t+1}} + s_{d*}\cdot\frac{\Theta_{t+1}-\Theta_t}{1-s_{d*}\cdot\Theta_{t+1}}$$

für $0\leq\theta\leq t$ und $t=0,...,T-1$ (12)

Obwohl damit bereits eine ganze Reihe von Zusammenhängen entwickelt worden ist, die sich für Nachsteuerrechnungen nutzbar machen lassen, ist die Bewertung eines Unternehmens bei wertabhängiger Finanzierung auf der Grundlage der bisherigen Überlegungen im Allgemeinen noch nicht möglich. Hierzu bedarf es noch einer weitergehenden Spezifikation des Zusammenhangs zwischen dem Eigenkapitalkostensatz und dem Verschuldungsgrad, wie sie aus den Überlegungen von *Miles* und *Ezzell* in Bezug auf Vorsteuerrechnungen folgt. Überträgt man deren rekursive Vorgehensweise auf die Nachsteuerrechnung, so erhält man für den erwarteten Marktwert des verschuldeten Unternehmens folgenden Ausdruck:

$$E_\theta[\tilde{V}_t^\ell] = \frac{E_\theta[\tilde{x}_{t+1} - \tilde{T}_{t+1}^u]\cdot(1-s_{d*}) + E_\theta[\tilde{V}_{t+1}^u]}{1+ke_{\theta,t+1}^{u,s*}}$$

$$+\frac{\tau\cdot r_{t+1}\cdot\Theta_t\cdot E_\theta[\tilde{V}_t^\ell]\cdot(1-s_{d*})}{1+r_{t+1}^{s*}} - s_{d*}\cdot\frac{\Theta_{t+1}\cdot E_\theta[\tilde{V}_{t+1}^\ell]}{1+ke_{\theta,t+1}^{u,s*}}$$

$$+s_{d*}\cdot\frac{\Theta_t\cdot E_\theta[\tilde{V}_t^\ell]}{1+r_{t+1}^{s*}} + \frac{E_\theta[\widetilde{VTS}_{t+1}]}{1+ke_{\theta,t+1}^{u,s*}}$$

für $0\leq\theta\leq t$ und $t=0,...,T-1$ (13)

THEORIE: **Übertragung der Überlegungen von Miles/Ezzell auf Nachsteuerrechnungen**

Wie in Kapitel 2.4.3.2.2 geschildert, bedienen sich *Miles* und *Ezzell* einer rekursiven, vom Ende des Betrachtungszeitraums ausgehenden Vorgehensweise. Um diese auf Nachsteuerrechnungen zu übertragen, sind als Ausgangspunkt zweckmäßigerweise die folgenden Ausdrücke für den Marktwert des unverschuldeten bzw. des verschuldeten Unternehmens zu wählen:

$$\tilde{V}_{T-1}^u = \frac{E_{T-1}[\tilde{x}_T - \tilde{T}_T^u]\cdot(1-s_d)}{1+ke_{T-1,T}^{u,s'}} + s_g\cdot\frac{\tilde{V}_{T-1}^u}{1+r_T\cdot(1-s_d)}$$

$$\tilde{V}^{\ell}_{T-1} = \frac{E_{T-1}[\tilde{x}_T - \tilde{T}^u_T]\cdot(1-s_d)}{1+ke^{u,s'}_{T-1,T}} + \frac{\tau\cdot r_T\cdot\Theta_{T-1}\cdot\tilde{V}^{\ell}_{T-1}\cdot(1-s_d)}{1+r_T\cdot(1-s_d)}$$

$$+(s_d-s_g)\cdot\frac{\Theta_{T-1}\cdot\tilde{V}^{\ell}_{T-1}}{1+r_T\cdot(1-s_d)} + s_g\cdot\frac{\tilde{V}^{\ell}_{T-1}}{1+r_T\cdot(1-s_d)}$$

In dem Kapitalkostensatz $ke^{u,s'}_{\theta,t}$ wird nur das Geschäftsrisiko des Unternehmens berücksichtigt. Nach Auflösung zeigt sich, dass die Marktwerte des verschuldeten und des unverschuldeten Unternehmens nur um einen deterministischen Faktor differieren. Demzufolge ist für die Abzinsung des erwarteten Marktwertes des verschuldeten Unternehmens auf frühere Zeitpunkte der gleiche Kapitalkostensatz wie für den erwarteten Marktwert des unverschuldeten Unternehmens heranzuziehen. Eine Übertragung der Argumentation zeigt, dass dies analog für den erwarteten Marktwert des verschuldeten Unternehmens zu früheren Zeitpunkten gilt. Letztendlich gelangt man zu dem im Text angegebenen Zusammenhang (13).

Der erste Summand in (13) stimmt mit der Bewertungsfunktion in Kapitel 2.4.3.3.1 zur Bestimmung des erwarteten Marktwertes des unverschuldeten Unternehmens überein. Aus $E_{\theta}[\widetilde{VTS}_t] = E_{\theta}[\tilde{V}^{\ell}_t] - E_{\theta}[\tilde{V}^u_t]$ ergibt sich:

$$E_{\theta}[\widetilde{VTS}_t] = \underbrace{\frac{\tau\cdot r^{s*}_{t+1}\cdot\Theta_t\cdot E_{\theta}[\tilde{V}^{\ell}_t]}{1+r^{s*}_{t+1}}}_{\substack{\text{Unternehmensteuer-}\\\text{bedingter Tax Shield}}}$$

$$-\left(\underbrace{s_{d*}\cdot\frac{\Theta_{t+1}\cdot E_{\theta}[\tilde{V}^{\ell}_{t+1}]}{1+ke^{u,s*}_{\theta,t+1}} - s_{d*}\frac{\Theta_t\cdot E_{\theta}[\tilde{V}^{\ell}_t]}{1+r^{s*}_{t+1}}}_{\substack{\text{Einkommensteuer-}\\\text{bedingter Tax Shield}}} + \frac{E_{\theta}[\widetilde{VTS}_{t+1}]}{1+ke^{u,s*}_{\theta,t+1}}\right)$$

$$\text{für } 0\le\theta\le t \text{ und } t=0,\dots,T-1 \qquad (14)$$

Gemäß (14) ist der Marktwert des Tax Shields als der Marktwertvorsprung des verschuldeten gegenüber dem unverschuldeten Unternehmen wie bei autonomer Finanzierung auf zwei Ursachen zurückzuführen: Der **unternehmensteuerbedingte Tax Shield** resultiert daraus, dass die Fremdkapitalzinsen von der Steuerbemessungsgrundlage abzugsfähig sind. Die Folgen der unterschiedlichen Besteuerung von Fremdkapitalaufnahmen oder -rückzahlungen im Vergleich zu Ausschüttungsminderungen oder -erhöhungen schlagen sich im **einkommensteuerbedingten Tax Shield** nieder. Ein Vergleich mit den Ausdrücken für den Fall autonomer Finanzierung zeigt, dass ein Teil der Steuereffekte mit einem höheren Risiko belastet ist, weshalb zur Diskontierung der modifizierte Eigenkapitalkostensatz des unverschuldeten Unternehmens herangezogen werden muss.

Auf der Basis von (14) kann nun der noch fehlende Zusammenhang zwischen dem modifizierten Eigenkapitalkostensatz des unverschuldeten Unternehmens und des verschuldeten Unternehmens abgeleitet werden. Hierzu sind (10), (2) aus Kapitel 2.4.3.3.1 sowie der aus der Wertadditivität resultierende Zusammenhang

$$E_\theta[\tilde{V}_t^\ell] = E_\theta[\tilde{V}_t^u] + E_\theta[\widetilde{VTS}_t] = E_\theta[\tilde{E}_t^\ell] + E_\theta[\tilde{D}_t]$$

$$\text{für } 0 \leq \theta \leq t \text{ und } t = 0, \ldots, T-1 \qquad (15)$$

mit (14) zusammenzuführen. Nach einigen Umformungen erhält man nachstehende Formel zur Anpassung des modifizierten Eigenkapitalkostensatzes an den Verschuldungsgrad:

$$s^* = (s_d - s_g)/(1 - s_g)$$

$$ke_{\theta,t+1}^{\ell,s^*} = ke_{\theta,t+1}^{u,s^*} + (ke_{\theta,t+1}^{u,s^*} - r_{t+1}^{s^*}) \cdot \frac{1 - s_{d^*} + r_{t+1}^{s^*} \cdot (1-\tau)}{1 + r_{t+1}^{s^*}} \cdot L_t$$

$$\text{für } 0 \leq \theta \leq t \text{ und } t = 0, \ldots, T-1 \qquad (16)$$

Durch Multiplikation von (16) mit $(1-s_g)$ ergibt sich die Anpassungsformel für den Eigenkapitalkostensatz $ke_{\theta,t+1}^{\ell,s}$

$$ke_{\theta,t+1}^{\ell,s} = ke_{\theta,t+1}^{u,s} + (ke_{\theta,t+1}^{u,s} - r_{t+1} \cdot (1-s_d)) \cdot \frac{1 - s_{d^*} + r_{t+1}^{s^*} \cdot (1-\tau)}{1 + r_{t+1}^{s^*}} \cdot L_t$$

$$\text{für } 0 \leq \theta \leq t \text{ und } t = 0, \ldots, T-1 \qquad (17)$$

Zur Bestimmung des Marktwertes des verschuldeten Unternehmens gemäß (7) benötigt man den modifizierten Eigenkapitalkostensatz gemäß (16) für die Berechnung des modifizierten durchschnittlichen Kapitalkostensatzes gemäß (12).

THEORIE: **Alternative Herleitung des Zusammenhangs zwischen dem modifizierten Eigenkapitalkostensatz und dem Verschuldungsgrad bei wertabhängiger Finanzierung (Nachsteuerrechnung)**

Unter Ausnutzung der Eigenschaft der Wertadditivität kann der Zusammenhang zwischen dem Eigenkapitalkostensatz und dem Verschuldungsgrad auf alternativem Wege hergeleitet werden. Für den erwarteten Marktwert des Eigenkapitals gilt gemäß (15):

$$E_\theta[\tilde{E}_t^\ell] = E_\theta[\tilde{V}_t^u] + E_\theta[\widetilde{VTS}_t] - E_\theta[\tilde{D}_t]$$

Der modifizierte Eigenkapitalkostensatz des verschuldeten Unternehmens $ke_{\theta,t+1}^{\ell,s*}$ ergibt sich aus der Summe der mit den jeweiligen Marktwertanteilen gewichteten Kapitalkostensätze der drei Marktwertkomponenten auf der rechten Seite. Geht man für den Marktwert der Tax Shields $E_{\theta}[\widetilde{VTS}_t]$ zunächst von einem unspezifizierten Kapitalkostensatz $k_{\theta,t+1}^{TS}$ aus, so ergibt sich:

$$ke_{\theta,t+1}^{\ell,s*} = ke_{\theta,t+1}^{u,s*} + (ke_{\theta,t+1}^{u,s*} - r_{t+1}^{s*}) \cdot \frac{E_{\theta}[\widetilde{D}_t]}{E_{\theta}[\widetilde{E}_t^{\ell}]} - (ke_{\theta,t+1}^{u,s*} - k_{\theta,t+1}^{TS}) \cdot \frac{E_{\theta}[\widetilde{VTS}_t]}{E_{\theta}[\widetilde{E}_t^{\ell}]}$$

Bei Übertragung der Überlegungen von *Miles* und *Ezzell* auf die Nachsteuerrechnung erhält man für den Kapitalkostensatz $k_{\theta,t+1}^{TS}$:

$$k_{\theta,t+1}^{TS} = r_{t+1}^{s*} \cdot \frac{\dfrac{\tau \cdot r_{t+1} \cdot E_{\theta}[\widetilde{D}_t] \cdot (1-s_{d*}) + s_{d*} \cdot E_{\theta}[\widetilde{D}_t]}{1+r_{t+1}^{s*}}}{E_{\theta}[\widetilde{VTS}_t]} + ke_{\theta,t+1}^{u,s*} \cdot \frac{\dfrac{E_{\theta}[\widetilde{VTS}_{t+1}] - s_{d*} \cdot E_{\theta}[\widetilde{D}_{t+1}]}{1+ke_{\theta,t+1}^{u,s*}}}{E_{\theta}[\widetilde{VTS}_t]}$$

Der Marktwert der Tax Shields $E_{\theta}[\widetilde{VTS}_t]$ bestimmt sich gemäß:

$$E_{\theta}[\widetilde{VTS}_t] = \frac{\tau \cdot r_{t+1} \cdot E_{\theta}[\widetilde{D}_t] \cdot (1-s_{d*}) + s_{d*} \cdot E_{\theta}[\widetilde{D}_t]}{1+r_{t+1}^{s*}} + \frac{E_{\theta}[\widetilde{VTS}_{t+1}] - s_{d*} \cdot E_{\theta}[\widetilde{D}_{t+1}]}{1+ke_{\theta,t+1}^{u,s*}}$$

Den Zusammenhang des Eigenkapitalkostensatzes mit dem Verschuldungsgrad erhält man durch Einsetzen des Kapitalkostensatzes $k_{\theta,t+1}^{TS}$ und des Marktwertes der Tax Shields $E_{\theta}[\widetilde{VTS}_t]$ in obige Gleichung. Schließlich ergibt sich (16):

$$ke_{\theta,t+1}^{\ell,s*} = ke_{\theta,t+1}^{u,s*} + (ke_{\theta,t+1}^{u,s*} - r_{t+1}^{s*}) \cdot \frac{1 - s_{d*} + r_{t+1}^{s*} \cdot (1-\tau)}{1+r_{t+1}^{s*}} \cdot L_t$$

Im **Rentenfall** mit konstantem erwarteten freien Cashflow und konstanter Fremdkapitalquote vereinfacht sich (7) zu:

$$V^{\ell} = \frac{E[(\tilde{x} - \widetilde{T}^u) \cdot (1-s_{\overline{d}})]}{k^{\tau,s*}} \tag{18}$$

Aus den Zusammenhängen zwischen den Eigenkapitalkostensätzen und dem Verschuldungsgrad gemäß (16) und (17) folgt für den Rentenfall:

$$ke^{\ell,s*} = ke^{u,s*} + (ke^{u,s*} - r^{s*}) \cdot \frac{1 - s_{d*} + r^{s*} \cdot (1-\tau)}{1+r^{s*}} \cdot L \tag{19}$$

$$ke^{\ell,s} = ke^{u,s} + (ke^{u,s} - r \cdot (1 - s_d)) \cdot \frac{1 - s_{d^*} + r^{s^*} \cdot (1 - \tau)}{1 + r^{s^*}} \cdot L$$

(20)

Für den modifizierten Gesamtkapitalkostensatz gilt:

$$k^{\tau,s^*} = ke^{\ell^*} \cdot \frac{1 - \Theta}{1 - s_{d^*} \cdot \Theta} + r^{s^*} \cdot (1 - \tau) \cdot \frac{\Theta}{1 - s_{d^*} \cdot \Theta}$$

(21)

Der Marktwert des Eigenkapitals im Bewertungszeitpunkt entspricht einerseits:

$$E^\ell = (1 - \Theta) \cdot V^\ell$$

(22)

Wegen $E[\widetilde{D}_t] = \Theta \cdot E[\widetilde{V}^\ell_t] = \Theta \cdot V^\ell = D$ kann der Marktwert des Eigenkapitals andererseits mit Hilfe nachstehender, aus (10) abgeleiteter Formel berechnet werden:

$$E^\ell = \frac{E[(\tilde{x} - \tilde{T}^u + \tau \cdot r \cdot D - r \cdot D) \cdot (1 - s_{d^*})]}{ke^{\ell,s^*}}$$

(23)

Wie bei autonomer Finanzierung gehen die Bewertungsfunktionen für $s_g = s_d$ sowohl im allgemeinen Fall als auch im Rentenfall in die Bewertungsfunktionen aus Kapitel 2.4.3.2.2 über. Demzufolge kann die Bewertung eines Unternehmens dann auch mit Hilfe von Vorsteuerrechnungen vorgenommen werden.

THEORIE: Der Zusammenhang zwischen dem Eigenkapitalkostensatz und dem Verschuldungsgrad nach Harris/Pringle (Nachsteuerrechnung)

Den Überlegungen von *Harris* und *Pringle* folgend kann der Zusammenhang zwischen dem Eigenkapitalkostensatz und dem Verschuldungsgrad auch in einer Nachsteuerbetrachtung vereinfacht werden. Dazu wird wieder davon ausgegangen, dass das Fremdkapital kontinuierlich an den vorgegebenen Verschuldungsgrad angepasst wird. Infolgedessen ist für die Abzinsung des Marktwertes der Tax Shields durchgängig der modifizierte Eigenkapitalkostensatz des unverschuldeten Unternehmens maßgeblich. Aus der vorstehenden Argumentation folgt:

$$ke^{\ell,s}_{\Theta,t+1} = ke^{u,s}_{\Theta,t+1} + (ke^{u,s}_{\Theta,t+1} - r_{t+1} \cdot (1 - \tau)) \cdot L_t$$

> **BEISPIEL:** **Bewertung eines verschuldeten Unternehmens mittels einer Nachsteuer-rechnung bei wertabhängiger Finanzierung**
>
> Wie in den Beispielen zu den vorangegangenen Kapiteln wird von einem perioden-invarianten Eigenkapitalkostensatz des unverschuldeten Unternehmens nach persönlichen Steuern $ke^{u,s} = 10\%$, einem Steuersatz auf Ausschüttungen und Zinszahlungen $s_d = 25\%$ und einem Kursgewinnsteuersatz $s_g = 20\%$ ausgegangen. Der freie Cashflow nach persönlichen Steuern sowie der risikolose Zinssatz $r = 5\%$ und der Unternehmenssteuersatz $\tau = 40\%$ werden gleichfalls übernommen. Die Fremd-kapitalquoten in den Zeitpunkten 0, 1, 2 und 3 betragen 42,54%, 39,71%, 38,77% bzw. 36,93%. In den nachfolgenden Perioden wird die Fremdkapitalquote annahme-gemäß nicht mehr verändert. Für die Fremdkapitalquoten werden damit die Werte angenommen (gerundet), die sich in dem Beispiel zur autonomen Finanzierung einstellen.
>
> Unter Berücksichtigung von
>
> $$s_d^* = \frac{s_d - s_g}{(1 - s_g)}$$
>
> $$s_{d*} = \frac{25\% - 20\%}{1 - 20\%} = 6,25\% \quad \text{und} \quad r^{s^*} = 5\% \cdot (1 - 6,25\%) = 4,69\%$$
>
> ergeben sich die in der nachfolgenden Tabelle aufgeführten Werte für ke_t^{ℓ,s^*} und k_t^{τ,s^*}. Die modifizierten Eigenkapitalkostensätze können hierbei zum einen direkt mit (16) berechnet werden. Zum anderen können auch zunächst die Eigenkapitalkostensätze $ke_t^{\ell,s}$ mit (17) ermittelt und hieraus dann die modifizierten Eigenkapitalkostensätze mit $ke_t^{\ell,s^*} = ke_t^{\ell,s} / (1 - s_g)$ abgeleitet werden.

t	0	1	2	3	4 ff.
L_t	74,03%	65,86%	63,32%	58,55%	58,55%
$s_{\bar{d},t}$		3,86%	3,92%	4,04%	4,04%
ke_t^{ℓ,s^*}		17,84%	17,25%	17,06%	16,72%
k_t^{τ,s^*}		11,55%	11,74%	11,69%	11,86%

Für die erwarteten Marktwerte resultiert:

$$E[\tilde{V}_3^{\ell}] = \frac{20.000 \cdot (1 - 4,04\%)}{0,1186} = 161.866,22 \, €$$

$$E[\tilde{V}_2^{\ell}] = \frac{25.000 \cdot (1 - 4,04\%) + 166.866,22}{1,1169} = 166.400,48 \, €$$

$$E[\tilde{V}_1^\ell] = \frac{30.000 \cdot (1-3,92\%) + 166.400,48}{1,1174} = 174.712,03 \ €$$

$$V^\ell = \frac{20.000 \cdot (1-3,86\%) + 174.712,03}{1,1155} = 173.851,82 \ €$$

Der Marktwert des Eigenkapitals im Bewertungszeitpunkt entspricht:

$$E^\ell = 173.851,82 \cdot (1-42,54\%) = 99.895,25 \ €$$

Vergleicht man die Ergebnisse mit denjenigen im Beispiel zur autonomen Finanzierung, so zeigt sich wiederum, dass eine autonome Finanzierung wegen des vergleichsweise geringeren Risikos zu höheren Unternehmenswerten führt.

Zur Übung sollte der Leser die Marktwerte des Unternehmens und die Marktwerte des Eigenkapitals auch mit Hilfe von (3), (5), (9) und (10) berechnen. Darüber hinaus können die Differenzen zwischen den erwarteten Marktwerten des verschuldeten und denen des unverschuldeten Unternehmens mittels (14) ermittelt werden.

2.4.3.3.4 Vergleich autonomer und wertabhängiger Finanzierung

Die Finanzierung hat in einer Nachsteuerrechnung wie auch in einer Vorsteuerrechnung mit Berücksichtigung einer Unternehmensteuer Auswirkungen auf den Marktwert und die Kapitalkostensätze von Unternehmen. Durch die zusätzliche Berücksichtigung der persönlichen Steuern sind die Formeln zur Anpassung der Kapitalkostensätze an den Verschuldungsgrad und zur Ermittlung des Marktwertes jedoch vergleichsweise komplex. In den folgenden Tabellen 2.4 und 2.5 sind die wichtigsten Formeln für den Rentenfall und den allgemeinen Fall zusammengefasst, wobei nur die Bewertungskalküle angegeben sind, mittels derer bei autonomer und wertabhängiger Finanzierung eine **zirkularitätsfreie Bewertung** möglich ist. Bei den Bewertungskalkülen handelt es sich um modifizierte Nachsteuerrechnungen, die durch die Diskontierung von modifizierten Nachsteuerzahlungen mit modifizierten Kapitalkostensätzen gekennzeichnet sind.

Tab. 2.4: Formeln zur Anpassung der Kapitalkostensätze an den Verschuldungsgrad und Bewertung bei autonomer und wertabhängiger Finanzierung im Rentenfall (Nachsteuerrechnung)

Autonome Finanzierung

Anpassungsformel

$$ke^{\ell,s^*} = ke^{u,s^*} + (ke^{u,s^*} - r^{s^*}) \cdot (1-\tau) \cdot L$$

oder

$$ke^{\ell,s} = ke^{u,s} + (ke^{u,s} - r \cdot (1-s_d)) \cdot (1-\tau) \cdot L$$

Bewertungsformel

$$V^{\ell} = \frac{E[(\tilde{x} - \tilde{T}^u) \cdot (1 - s_{d^*})]}{ke^{u,s^*}} + \tau \cdot D$$

Wertabhängige Finanzierung

Anpassungsformel

$$ke^{\ell,s^*} = ke^{u,s^*} + (ke^{u,s^*} - r^{s^*}) \cdot \frac{1 - s_{d^*} + r^{s^*} \cdot (1-\tau)}{1 + r^{s^*}} \cdot L$$

oder

$$ke^{\ell,s} = ke^{u,s} + (ke^{u,s} - r \cdot (1-s_d)) \cdot \frac{1 - s_{d^*} + r^{s^*} \cdot (1-\tau)}{1 + r^{s^*}} \cdot L$$

Bewertungsformel

$$V^{\ell} = \frac{E[(\tilde{x} - \tilde{T}^u) \cdot (1 - s_{\bar{d}})]}{k^{\tau,s^*}}$$

mit

$$s_{\bar{d}} = \frac{s_{d^*} \cdot (1 - \Theta)}{1 - s_{d^*} \cdot \Theta} \qquad k^{\tau,s^*} = ke^{\ell^*} \cdot \frac{1 - \Theta}{1 - s_{d^*} \cdot \Theta} + r^{s^*} \cdot (1-\tau) \cdot \frac{\Theta}{1 - s_{d^*} \cdot \Theta}$$

jeweils mit

$$ke^{u,s^*} = \frac{ke^{u,s}}{1 - s_g} \qquad ke^{\ell,s^*} = \frac{ke^{\ell,s}}{1 - s_g} \qquad r^{s^*} = \frac{r^s}{1 - s_g} = \frac{r \cdot (1 - s_d)}{1 - s_g} = r \cdot (1 - s_{d^*}) \qquad s_{d^*} = \frac{s_d - s_g}{1 - s_g}$$

Tab. 2.5: Formeln zur Anpassung der Kapitalkostensätze an den Verschuldungsgrad und Bewertung bei autonomer und wertabhängiger Finanzierung im allgemeinen Fall (Nachsteuerrechnung)

Autonome Finanzierung

Anpassungsformel

$$ke_{\theta,t+1}^{\ell,s*} = ke_{\theta,t+1}^{u,s*} + (ke_{\theta,t+1}^{u,s*} - r_{t+1}^{s*}) \cdot \frac{D_t - VTS_t}{E_\theta[\tilde{E}_t^\ell]}$$

oder

$$ke_{\theta,t+1}^{\ell,s} = ke_{\theta,t+1}^{u,s} + (ke_{\theta,t+1}^{u,s} - r_{t+1} \cdot (1-s_d)) \cdot \frac{D_t - VTS_t}{E_\theta[\tilde{E}_t^\ell]}$$

Bewertungsformel

$$E_\theta[\tilde{V}_t^\ell] = E_\theta[\tilde{V}_t^u] + VTS_t$$

$$= \frac{E_\theta[(\tilde{x}_{t+1} - \tilde{T}_{t+1}^u) \cdot (1-s_{d*}) + \tilde{V}_{t+1}^u]}{1 + ke_{\theta,t+1}^{u,s*}} + \frac{\tau \cdot r_{t+1}^{s*} \cdot D_t - s_{d*} \cdot \Delta D_{t+1} + VTS_{t+1}}{1 + r_{t+1}^{s*}}$$

Wertabhängige Finanzierung

Anpassungsformel

$$ke_{\theta,t+1}^{\ell,s*} = ke_{\theta,t+1}^{u,s*} + (ke_{\theta,t+1}^{u,s*} - r_{t+1}^{s*}) \cdot \frac{1 - s_{d*} + r_{t+1}^{s*} \cdot (1-\tau)}{1 + r_{t+1}^{s*}} \cdot L_t$$

oder

$$ke_{\theta,t+1}^{\ell,s} = ke_{\theta,t+1}^{u,s} + (ke_{\theta,t+1}^{u,s} - r_{t+1} \cdot (1-s_d)) \cdot \frac{1 - s_{d*} + r_{t+1}^{s*} \cdot (1-\tau)}{1 + r_{t+1}^{s*}} \cdot L_t$$

Bewertungsformel

$$E_\theta[\tilde{V}_t^\ell] = \frac{E_\theta[(\tilde{x}_{t+1} - \tilde{T}_{t+1}^u) \cdot (1-s_{\bar{d},t+1}) + \tilde{V}_{t+1}^\ell]}{1 + k_{\theta,t+1}^{\tau,s*}}$$

$$\text{mit } s_{\bar{d},t+1} = \frac{s_{d*} \cdot (1-\Theta_{t+1})}{1 - s_{d*} \cdot \Theta_{t+1}} \qquad k_{\theta,t+1}^{\tau,s*} = ke_{\theta,t+1}^{\ell,s*} \cdot \frac{1 - \Theta_t}{1 - s_{d*} \cdot \Theta_{t+1}} + r_{t+1}^{s*} \cdot (1-\tau) \cdot \frac{\Theta_t}{1 - s_{d*} \cdot \Theta_{t+1}}$$

$$+ s_{d*} \cdot \frac{\Theta_{t+1} - \Theta_t}{1 - s_{d*} \cdot \Theta_{t+1}}$$

jeweils für $0 \leq \theta \leq t$ und $t = 0, ..., T-1$ sowie mit

$$ke_{\theta,t+1}^{u,s*} = \frac{ke_{\theta,t+1}^{u,s}}{1-s_g} \qquad ke_{\theta,t+1}^{\ell,s*} = \frac{ke_{\theta,t+1}^{\ell,s}}{1-s_g} \qquad r_{t+1}^{s*} = \frac{r_{t+1}^s}{1-s_g} = \frac{r_{t+1} \cdot (1-s_d)}{1-s_g} = r_{t+1} \cdot (1-s_{d*}) \qquad s_{d*} = \frac{s_d - s_g}{1-s_g}$$

Die Erhöhung des Marktwertes verschuldeter gegenüber unverschuldeten Unternehmen ist auf zwei Effekte zurückzuführen. Der **unternehmensteuerbedingte Tax Shield** berücksichtigt die Folgen der Abzugsfähigkeit der Berücksichtigung der Fremdkapitalzinsen von der Steuerbemessungsgrundlage der Unternehmensteuer. Darüber hinaus stehen Veränderungen des Fremdkapitals beim verschuldeten Unternehmen veränderte Ausschüttungen beim unverschuldeten Unternehmen gegenüber, was sich in dem **einkommensteuerbedingten Tax Shield** niederschlägt. Die Unsicherheit der Fremdkapitalbestände bei wertabhängiger Finanzierung hat auch in einer Nachsteuerrechnung zur Folge, dass der Marktwert eines Unternehmens mit autonomer Finanzierung c. p. größer als der eines Unternehmens mit wertabhängiger Finanzierung ist. Zur praktischen Relevanz der autonomen und wertabhängigen Finanzierung sei auf die diesbezüglichen Ausführungen im Rahmen der Vorsteuerrechnung in Kapitel 2.4.3.2.3 verwiesen. Auf die Folgen einer möglichen Kombination der wertabhängigen und autonomen Finanzierung in einer Nachsteuerrechnung wird in Kapitel 4.6.3.3 eingegangen.

Literatur zu Kapitel 2.4

Braun, Inga: Discounted Cashflow-Verfahren und der Einfluss von Steuern – Der Unternehmenswert unter Beachtung von Bewertungsnormen, Wiesbaden 2005.

Brealey, Richard A.; Myers, Stewart C.; Allen, Franklin: Principles of Corporate Finance, 11. Aufl., New York 2014.

Brigham, Eugene F.; Houston, Joel F.: Fundamentals of Financial Management, 13. Aufl., Mason 2013.

Clubb, Colin D. B.; Doran, Paul: On the Weighted Average Cost of Capital with Personal Taxes, in: Accounting and Business Research, Vol. 23, 1992, S. 44–48.

Cooper, Ian A.; Nyborg, Kjell G.: Valuing the Debt Tax Shield, in: Journal of Applied Corporate Finance, Vol. 19, 2007, S. 50–59.

Copeland, Thomas E.; Weston, John F.; Shastri, Kuldeep: Financial Theory and Corporate Policy, 4. Aufl., Boston u. a. 2005.

De Matos, João A.: Theoretical Foundations of Corporate Finance, Princeton 2001.

Dierkes, Stefan: Marktwerte, Kapitalkosten und Betafaktoren bei wertabhängiger Finanzierung, in: Diskussionsbeiträge der Universität Leipzig, Wirtschaftswissenschaftliche Fakultät, Beitrag Nr. 21, Leipzig 2000.

Dierkes, Stefan; Diedrich, Ralf; Gröger, Hans-Christian: Unternehmensbewertung bei wertabhängiger und autonomer Finanzierungspolitik unter Berücksichtigung einer Kursgewinnbesteuerung, in: Zeitschrift für Betriebswirtschaft, 79. Jg., 2009, S. 275–301.

Drukarczyk, Jochen; Schüler, Andreas: Unternehmensbewertung, 6. Aufl., München 2009.

Fernández, Pablo: The Value of Tax Shields Is NOT Equal to the Present Value of Tax Shields, in: Journal of Financial Economics, Vol. 73, 2004, S. 145–165.

Fernández, Pablo: Reply to »Comment on ›The Value of Tax Shields Is NOT Equal to the Present Value of Tax Shields‹«, in: Quarterly Review of Economics and Finance, Vol. 45, 2005, S. 188–192.

Fieten, Paul; Kruschwitz, Lutz; Laitenberger, Jörg; Löffler, Andreas; Tham, Joseph; Vélez-Pereja, Ignacio; Wonder, Nicholas: Comment on »The Value of Tax Shields Is NOT Equal to the Present Value of Tax Shields«, in: Quarterly Review of Economics and Finance, Vol. 45, 2005, S. 184–187.

Gorny, Christian; Rosenbaum, Dirk: Die methodische Berücksichtigung von Ertragsteuern in der Unternehmensbewertung – Aktuelle Probleme und Lösungsvorschläge, in: Die Wirtschaftsprüfung, 57. Jg., 2004, S. 861–868.

Gröger, Hans-Christian: Kapitalmarktorientierte Unternehmensbewertung – Untersuchung unter Berücksichtigung der persönlichen Besteuerung der Kapitalgeber, Wiesbaden 2009.

Hachmeister, Dirk: Die Abbildung der Finanzierung im Rahmen verschiedener Discounted Cash Flow-Verfahren, in: Zeitschrift für betriebswirtschaftliche Forschung, 48. Jg., 1996, S. 251–277.

Harris, Robert S.; Pringle, John J.: Risk-adjusted Discount Rates – Extensions from the Average-risk Case, in: Journal of Financial Research, Vol. 8, 1985, S. 237–244.

Heitzer, Bernd; Dutschmann, Matthias: Unternehmensbewertung bei autonomer Finanzierungspolitik – Anmerkungen zum Beitrag von Bernhard Schwetzler und Niklas Darijtschuk (ZfB 1999, H. 3, S. 295–318), in: Zeitschrift für Betriebswirtschaft, 69. Jg., 1999, S. 1463–1471.

Husmann, Sven; Kruschwitz, Lutz; Löffler, Andreas: Tilgungseffekt und Kapitalherabsetzung – Abschließende Replik zur Stellungnahme von J. Laitenberger zum Aufsatz: »Unternehmensbewertung unter deutschen Steuern« von S. Husmann, L. Kruschwitz und A. Löffler, in: Die Betriebswirtschaft, 62. Jg., 2002, S. 559–561.

Husmann, Sven; Kruschwitz, Lutz; Löffler, Andreas: Unternehmensbewertung unter deutschen Steuern, in: Die Betriebswirtschaft, 62. Jg., 2002, S. 24–42.

Inselbag, Isik; Kaufold, Howard: Two DCF Approaches for Valuing Companies Under Alternative Financing Strategies (And How to Choose Between Them), in: Journal of Applied Corporate Finance, Vol. 10, 1997, S. 114–122.

Kruschwitz, Lutz; Löffler, Andreas: DCF-Verfahren, Finanzierungspolitik und Steuern, in: Seicht, Gerhard (Hrsg.): Jahrbuch für Controlling und Rechnungswesen, Wien 2001, S. 101–116.

Kruschwitz, Lutz; Löffler, Andreas: Discounted Cash Flow – A Theory of the Valuation of Firms, Chichester 2006.

Laitenberger, Jörg: Tilgungseffekt und Kapitalherabsetzung – Anmerkung zum Beitrag von Sven Husmann, Lutz Kruschwitz und Andreas Löffler: »Unternehmensbewertung unter deutschen Steuern«, in: Die Betriebswirtschaft, 62. Jg., 2002, S. 555–559.

Laitenberger, Jörg: Kapitalkosten, Finanzierungsprämissen und Einkommensteuer, in: Zeitschrift für Betriebswirtschaft, 73. Jg., 2003, S. 1221–1239.

Laitenberger, Jörg; Bahr, Christian: Die Bedeutung der Einkommensteuer bei der Unternehmensbewertung, in: Finanz-Betrieb, 4. Jg., 2002, S. 703–708.

Lobe, Sebastian: Marktbewertung des Steuervorteils der Fremdfinanzierung und Unternehmensbewertung, in: Finanz-Betrieb, 3. Jg., 2001, S. 645–652.

Miles, James A.; Ezzell, John R.: The Weighted Average Cost of Capital, Perfect Capital Markets, and Project Life – A Clarification, in: Journal of Financial and Quantitative Analysis, Vol. 15, 1980, S. 719–730.

Miles, James A.; Ezzell, John R.: Reformulating Tax Shield Valuation – A Note, in: Journal of Finance, Vol. 40, 1985, S. 1485–1492.

Modigliani, Franco; Miller, Merton H.: The Cost of Capital, Corporation Finance and the Theory of Investment, in: American Economic Review, Vol. 48, 1958, S. 261–297.

Modigliani, Franco; Miller, Merton H.: Corporate Income Taxes and the Cost of Capital – A Correction, in: American Economic Review, Vol. 53, 1963, S. 433–443.

Rebien, Axel: Kapitalkosten in der Unternehmensbewertung – Auswahl und Einsatz von Ermittlungsmethoden zur sachgerechten Ableitung von Risikokosten unter Berücksichtigung fundamentaler Fwwwaktoren, Aachen 2007.

Ross, Stephen A.; Westerfield, Randolph W.; Jaffe, Jeffrey F.: Corporate Finance, 10. Aufl., New York 2013.

Schultze, Wolfgang: Methoden der Unternehmensbewertung, 2. Aufl., Düsseldorf 2003.

Schwetzler, Bernhard; Darijtschuk, Niklas: Unternehmensbewertung und Finanzierungspolitiken, in: Zeitschrift für Betriebswirtschaft, 70. Jg., 2000, S. 117–134.

129

Wallmeier, Martin: Kapitalkosten und Finanzierungsprämissen, in: Zeitschrift für Betriebswirtschaft, 69. Jg., 1999, S. 1473–1490.

Wiese, Jörg: Unternehmensbewertung und Abgeltungssteuer, in: Die Wirtschaftsprüfung, 60. Jg., 2007, S. 368–375.

3 Grundlegende Charakterisierung der Discounted Cashflow Verfahren

3.1 Systematisierung der Discounted Cashflow Verfahren

Das gemeinsame Merkmal der Discounted Cashflow (DCF) Verfahren besteht darin, dass erwartete Cashflow-Größen mit Kapitalkostensätzen diskontiert werden, die auf Informationen über das Preissystem am Kapitalmarkt basieren. Im Rahmen einer kapitalmarktorientierten Anwendung dieser Verfahren geht es darum, den Marktwert des Eigenkapitals des zu bewertenden Unternehmens zu bestimmen. Alle DCF Verfahren führen bei korrekter Vorgehensweise und Zugrundelegung der gleichen Annahmen zum gleichen Bewertungsergebnis, obwohl die Vorgehensweise z. T. deutliche Unterschiede aufweist. Wenn unterschiedliche Bewertungsergebnisse resultieren – was in der Praxis durchaus häufig der Fall ist – dann ist dies in der Regel darauf zurückzuführen, dass bei der Anwendung der Verfahren unbewusst Annahmen eingeführt werden, die nicht in Einklang miteinander stehen.

Es gibt verschiedene Möglichkeiten, die DCF Verfahren zu systematisieren. Am einfachsten ist es, zunächst zwischen Entity und Equity Verfahren (auch: Brutto- und Nettoverfahren) zu unterscheiden. Bei den Entity Verfahren wird in einem ersten Schritt der Marktwert des Unternehmens insgesamt bestimmt, und nach Abzug des Marktwertes des Fremdkapitals ergibt sich in einem zweiten Schritt der Marktwert des Eigenkapitals. Die Weighted Average Cost of Capital (WACC) Verfahren gehen dabei so vor, dass der auf alle Kapitalgeber entfallende erwartete Cashflow mit einem durchschnittlichen Kapitalkostensatz diskontiert wird. In Abhängigkeit davon, ob die Abzugsfähigkeit der Fremdkapitalzinsen von der Steuerbemessungsgrundlage der Unternehmensteuern im Kapitalkostensatz oder im Cashflow berücksichtigt wird, unterscheidet man zwischen dem Free Cashflow (FCF) Verfahren und dem Total Cashflow (TCF) Verfahren.

Beim Adjusted Present Value (APV) Verfahren, das ebenfalls den Entity Verfahren zuzuordnen ist, wird der Marktwert des Unternehmens in einem mehrstufigen Procedere komponentenweise ermittelt. Das APV Verfahren macht sich damit schon bei der Bestimmung des Marktwertes des Unternehmens die Wertadditivität zunutze; die Grundidee des Verfahrens wird deshalb treffend auch mit »zerlege und bewerte« charakterisiert. Ausgangspunkt ist der Marktwert des fiktiv als rein eigenfinanziert angenommenen Unternehmens. Zu diesem Marktwert wird der Marktwert der künftigen fremdfinanzierungsbedingten Steuerersparnisse addiert. Zusätzlich können vergleichsweise problemlos auch noch weitere Wertkomponenten, wie z. B. steuerlich geltend zu machende Verlustvorträge oder insolvenzbedingte Veränderungen des freien Cashflow, berücksichtigt werden. Als Summe all dieser Wertkomponenten resultiert der

Marktwert des Unternehmens. Die Ermittlung des Marktwertes des Eigenkapitals erfolgt wie bei den WACC Verfahren, indem der Marktwert des Fremdkapitals von dem Marktwert des Unternehmens in Abzug gebracht wird.

Das den **Equity Verfahren** zuzurechnende **Flow to Equity** (**FtE**) **Verfahren** stellt direkt auf den Cashflow ab, der auf die Eigenkapitalgeber des zu bewertenden Unternehmens entfällt. Für die Abzinsung wird der Eigenkapitalkostensatz[1] verwendet. Als Ergebnis erhält man den Marktwert des Eigenkapitals ohne den Umweg über den Marktwert des Unternehmens.

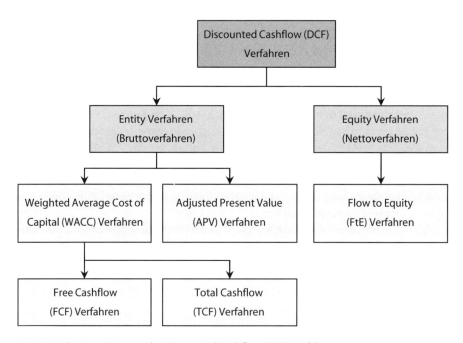

Abb. 3.1: Systematisierung der Discounted Cashflow (DCF) Verfahren

Im Folgenden werden die Bewertungsformeln der DCF Verfahren erörtert, um ein grundlegendes Verständnis für diese Verfahren zu entwickeln. Sofern es sich um implizite Bewertungsfunktionen handelt, wird der Frage nachgegangen, wie mit den hieraus resultierenden Zirkularitätsproblemen bei der Bewertung umzugehen ist oder welche Schlussfolgerungen in Bezug auf den Anwendungsbereich der Verfahren zu ziehen sind. Um die Darstellung möglichst einfach zu halten, wird davon ausgegangen, dass die

---

1 Aus den vorangegangenen Kapiteln ist bekannt, dass zwischen dem Eigenkapitalkostensatz des verschuldeten und dem des unverschuldeten Unternehmens unterschieden werden muss. Sofern im Weiteren vom Eigenkapitalkostensatz die Rede ist, handelt es sich um den Eigenkapitalkostensatz des verschuldeten Unternehmens.

Bewertung mittels einer **Vorsteuerrechnung** erfolgen kann. Wie aus den vorherigen Kapiteln bekannt ist, führen Vorsteuerrechnungen nur unter bestimmten steuerlichen Voraussetzungen zum korrekten Bewertungsergebnis. Die Annahme, dass diese steuerlichen Voraussetzungen erfüllt sind, dient jedoch nur der Einfachheit der Darstellung; alle in diesem Kapitel geschilderten Überlegungen lassen sich ohne Weiteres auf Nachsteuerrechnungen übertragen.

Für den aufmerksamen Leser wird die einführende Charakterisierung der DCF Verfahren wenig Neues bringen, da die Grundlagen dieser Verfahren im vorhergehenden Kapitel bereits ausführlich erörtert wurden. Damit die Zusammenhänge zwischen den kapitalmarkttheoretischen Grundlagen und den DCF Verfahren deutlich werden, wird wie bislang davon ausgegangen, dass das Fremdkapital nicht ausfallbedroht ist und das nominal zu verzinsende Fremdkapital mit dem Marktwert des Fremdkapitals übereinstimmt. Auf die Lockerung dieser Annahmen und die hieraus resultierenden Konsequenzen wird im nachfolgenden Kapitel zur Anwendung der DCF Verfahren eingegangen. Das Ziel dieses Kapitels besteht damit vor allem darin, die wesentlichen Charakteristika der DCF Verfahren zu erläutern und vor den dargestellten kapitalmarkttheoretischen Hintergrund zu stellen. Dem Leser sollte klar werden, dass ein tiefergehendes Verständnis der DCF Verfahren ohne ein solides theoretisches Fundament nicht möglich ist.

3.2   Das Free Cashflow Verfahren

Das FCF Verfahren ist durch einen zweistufigen Aufbau gekennzeichnet. Im ersten Schritt wird bei diesem Entity Verfahren der Marktwert des Unternehmens bestimmt. Aus dem Marktwert des Unternehmens wird im zweiten Schritt der Marktwert des Eigenkapitals abgeleitet.

Ausgangspunkt des ersten Bewertungsschrittes ist der **freie Cashflow**, also die Zahlung, die an die Kapitalgeber des Unternehmens geleistet werden könnte, wenn das Unternehmen unverschuldet wäre. Der freie Cashflow unterscheidet sich von der Zahlung, die tatsächlich an die Kapitalgeber geleistet werden kann, dem Total Cashflow, in der Behandlung des Tax Shields der Fremdfinanzierung: Bei seiner Berechnung werden nicht die tatsächlich zu zahlenden (geringeren) Unternehmensteuern angesetzt, sondern die (höheren) Unternehmensteuern, die das fiktiv als rein eigenfinanziert angenommene Unternehmen zahlen müsste. Dabei kann hinter der Bezeichnung Unternehmensteuer auch ein komplexes Steuersystem stehen. Die Unternehmensteuern, die das Unternehmen leisten müsste, wenn es unverschuldet wäre, sind jedenfalls unter Berücksichtigung der maßgeblichen steuerrechtlichen Regelungen zu bestimmen.

Der erwartete freie Cashflow wird mit einem **Kapitalkostensatz** diskontiert, der sich als gewogener Durchschnitt des Eigenkapitalkostensatzes und des Fremdkapitalkostensatzes errechnet; das FCF Verfahren zählt daher zu den WACC Verfahren. Als Gewichtungsfaktoren dienen die Eigenkapitalquote bzw. die Fremdkapitalquote, jeweils berechnet auf der Basis von Marktwerten. Der Tax Shield der Fremdfinanzierung findet dadurch Berücksichtigung, dass nicht der annahmegemäß mit dem risikolosen Zinssatz des Kapitalmarktes übereinstimmende Fremdkapitalkostensatz r_t sondern der Fremdkapitalkostensatz nach Unternehmensteuern $r_t \cdot (1-\tau)$ zum Ansatz kommt. Bei komplexen Steuersystemen ist als Unternehmensteuersatz grundsätzlich der auf die Fremdkapitalzinsen anzuwendende Teilsteuersatz anzusetzen.[1]

Unter Verwendung der Symbolik aus dem vorherigen Kapitel kann die Bewertungsformel des ersten Schrittes des FCF Verfahrens allgemein wie folgt charakterisiert werden:

$$V^\ell = \sum_{t=1}^{\infty} \frac{E[\tilde{x}_t^{FCF}]}{\prod_{\kappa=1}^{t}(1+k_\kappa^\tau)} \tag{1}$$

Dabei ist:

$$k_t^\tau = ke_t^\ell \cdot \frac{E[\tilde{E}_{t-1}^\ell]}{E[\tilde{V}_{t-1}^\ell]} + r_t \cdot (1-\tau) \cdot \frac{E[\tilde{D}_{t-1}]}{E[\tilde{V}_{t-1}^\ell]} \qquad \text{für } t = 1, 2, \ldots \tag{2}$$

Offenbar korrespondiert (1) mit den Bewertungsfunktionen, die im vorherigen Kapitel abgeleitet worden sind. Durch Verkettung der rekursiven Bewertungsfunktion (6) in Kapitel 2.4.3.2.2 kann zunächst eine zu (1) analoge Bewertungsformel für ein Unternehmen mit beschränkter Lebensdauer abgeleitet werden. Anschließende Grenzwertbildung führt dann auf die hier angegebene Bewertungsformel. (2) entspricht (7) in Kapitel 2.4.3.2.2; die Definition des freien Cashflow wurde in Kapitel 2.4.3.2.1 eingeführt.

Im zweiten Schritt des FCF Verfahrens ist der Marktwert des Fremdkapitals D vom Marktwert des Unternehmens zu subtrahieren; es ergibt sich der gesuchte **Marktwert des Eigenkapitals**:

$$E^\ell = V^\ell - D \tag{3}$$

Der letzte Schritt des FCF Verfahrens lässt sich mit der Wertadditivität begründen. Der Marktwert des Fremdkapitals wird entweder auf der Grundlage der Marktpreise der Fremdfinanzierungstitel des Unternehmens bestimmt oder errechnet, indem man die von den Fremdkapitalgebern erwarteten Zahlungen mit dem Fremdkapitalkostensatz diskontiert.

Für die praktische Anwendung ist die Frage wichtig, ob es sich bei (1) um eine implizite Bewertungsfunktion handelt oder – anders formuliert – ob das FCF Verfahren mit **Zirkularitätsproblemen** behaftet ist. Da der freie Cashflow eine finanzierungsunabhängige Größe ist, können Zirkularitätsprobleme nur im Zusammenhang mit dem

---

1 Zur Teilsteuerrechnung siehe Kapitel 4.3.2.2.

durchschnittlichen Kapitalkostensatz auftreten. Betrachtet man (2) daraufhin genauer, so zeigt sich in der Tat, dass der durchschnittliche Kapitalkostensatz über die Faktoren, mit denen der Eigen- und der Fremdkapitalkostensatz gewichtet werden, vom Marktwert des Unternehmens abhängt. Des Weiteren ist zu berücksichtigen, dass der für die Berechnung des durchschnittlichen Kapitalkostensatzes benötigte Eigenkapitalkostensatz mit dem Verschuldungsgrad steigt und mithin vom Marktwert des Eigenkapitals abhängig ist. Diesen gilt es aber durch (3) erst zu ermitteln.

Ob sich aus diesen Abhängigkeiten Zirkularitätsprobleme ergeben, kann nur mit Blick auf die verfolgte Finanzierungspolitik entschieden werden. Bei **autonomer Finanzierung** wird das in künftigen Perioden zu verzinsende Fremdkapital bereits zum Bewertungszeitpunkt festgelegt. Die Bestimmung des erwarteten Marktwertes des Fremdkapitals macht insoweit keine Probleme. Um die für die Bestimmung des durchschnittlichen Kapitalkostensatzes benötigten Gewichtungsfaktoren zu ermitteln, ist darüber hinaus die Kenntnis des erwarteten Marktwertes des Eigenkapitals erforderlich. Ggf. muss dieser Marktwert auch bekannt sein, um den Eigenkapitalkostensatz an den davon abhängigen Verschuldungsgrad anzupassen. Der Marktwert des Eigenkapitals ist aber genau die Größe, die im Zuge der Bewertung erst bestimmt werden soll. Folglich handelt es sich im Fall autonomer Finanzierung bei (1) um eine implizite Bewertungsfunktion. Die Lösung der resultierenden Zirkularitätsprobleme ist zwar im Wege einer rekursiven Vorgehensweise möglich – und mittels eines Tabellenkalkulationsprogramms auch relativ einfach umsetzbar –, noch einfacher ist es jedoch, von vornherein ein Verfahren zu nutzen, das eine zirkularitätsfreie Bewertung erlaubt. Das FCF Verfahren erscheint daher weniger zweckmäßig, wenn das zu bewertende Unternehmen eine autonome Finanzierung verfolgt.

Bei **wertabhängiger Finanzierung** wird die Fremdkapitalquote aller künftigen Perioden im Bewertungszeitpunkt festgelegt. Damit stehen dann auch die Eigenkapitalquote und der Verschuldungsgrad aller Perioden fest. Der Eigenkapitalkostensatz und der durchschnittliche Kapitalkostensatz können bestimmt werden, ohne dass der gesuchte Marktwert des Eigenkapitals bereits bekannt sein müsste. Denn die Kenntnis der Fremdkapitalquote bzw. des Verschuldungsgrades geht nicht notwendigerweise mit der Kenntnis der jeweiligen Marktwerte einher. Das FCF Verfahren kann demnach bei wertabhängiger Finanzierung angewendet werden, ohne dass Zirkularitätsprobleme auftreten. Dies ist einer der Gründe, weshalb sich das FCF Verfahren in der Praxis großer Beliebtheit erfreut.

BEISPIEL: **FCF Verfahren bei wertabhängiger Finanzierung**

In den nächsten zwei Jahren wird ein freier Cashflow in Höhe von 200 € und 300 € erwartet. Ab dem dritten Jahr wird in einer Rentenphase von einem gleichbleibenden erwarteten freien Cashflow von 400 € ausgegangen. Das Unternehmen verfolgt bei einem Fremdkapitalkostensatz von 10 % eine wertabhängige Finanzierung mit einer konstanten Fremdkapitalquote von 60 %. Der Unternehmenssteuersatz beträgt 50 %, Fremdkapitalzinsen sind vollständig von der Steuerbemessungsgrundlage der Unternehmensteuern abzugsfähig. Der an das Finanzierungsrisiko angepasste Eigenkapitalkostensatz beläuft sich auf 15 %. Der durchschnittliche Kapitalkostensatz für das FCF Verfahren berechnet sich demnach wie folgt:

$$k^\tau = 15\% \cdot 40\% + 10\% \cdot (1 - 50\%) \cdot 60\% = 9\%$$

Diskontiert man den erwarteten künftigen freien Cashflow mit dem durchschnittlichen Kapitalkostensatz, erhält man als Marktwert des Unternehmens im Bewertungszeitpunkt:

$$V^\ell = \frac{200}{1,09} + \frac{300}{1,09^2} + \frac{400}{1,09^2 \cdot 0,09} = 4.176,79\,€$$

Wie in Kapitel 2.4.3.2.2 dargestellt können in entsprechender Weise auch die erwarteten Marktwerte zu Beginn der nächsten Jahre bestimmt werden:

$$E[\tilde{V}_1^\ell] = \frac{300}{1,09} + \frac{400}{1,09 \cdot 0,09} = 4.352,70\,€$$

$$E[\tilde{V}_t^\ell] = \frac{400}{0,09} = 4.444,44\,€ \qquad \text{für } t = 2, 3, \ldots$$

Der Marktwert des Fremdkapitals wird bei wertabhängiger Finanzierung in jeder Periode an den vorgegebenen Verschuldungsgrad angepasst. Der nach der Anpassung der Fremdfinanzierung resultierende Marktwert des Fremdkapitals und der Marktwert des Eigenkapitals sind in der nachfolgenden Tabelle angegeben.

t	0	1	2 ff.
$E[\tilde{V}_t^\ell]$	4.176,79 €	4.352,70 €	4.444,44 €
$E[\tilde{D}_t]$	2.506,07 €	2.611,62 €	2.666,67 €
$E[\tilde{E}_t^\ell]$	1.670,72 €	1.741,08 €	1.777,78 €

3.3 Das Total Cashflow Verfahren

Das TCF Verfahren ist wie das FCF Verfahren zweistufig aufgebaut: Im ersten Schritt wird der Marktwert des Unternehmens insgesamt bestimmt, anschließend wird im zweiten Schritt der Marktwert des Eigenkapitals ermittelt.

Anders als beim FCF Verfahren wird der Tax Shield der Fremdfinanzierung beim TCF Verfahren nicht im durchschnittlichen Kapitalkostensatz, sondern in dem auf die Kapitalgeber entfallenden erwarteten Cashflow berücksichtigt. Der zu diskontierende **Total Cashflow** gibt den Betrag an, der für Zahlungen an die Eigen- und Fremdkapitalgeber unter Berücksichtigung der tatsächlich zu zahlenden Unternehmensteuern zur Verfügung steht. Infolgedessen handelt es sich beim Total Cashflow – anders als beim freien Cashflow – um eine finanzierungsabhängige Größe. Zur Abzinsung des erwarteten Total Cashflow dient wie beim FCF Verfahren ein durchschnittlicher **Kapitalkostensatz**. Da die Abzugsfähigkeit der Fremdkapitalzinsen von der Steuerbemessungsgrundlage der Unternehmensteuern jedoch bereits im Cashflow verarbeitet wurde, geht beim TCF Verfahren – anders als beim FCF Verfahren – der Fremdkapitalkostensatz vor Unternehmensteuern in den durchschnittlichen Kapitalkostensatz ein.

Verwendet man wiederum die Symbolik aus dem vorherigen Kapitel, so ergibt sich der Marktwert des Unternehmens nach dem TCF Verfahren wie folgt:

$$V^{\ell} = \sum_{t=1}^{\infty} \frac{E[\tilde{x}_t^{TCF}]}{\prod_{\kappa=1}^{t}(1+k_{\kappa})} \tag{1}$$

Dabei sind:

$$k_t = ke_t^{\ell} \cdot \frac{E[\tilde{E}_{t-1}^{\ell}]}{E[\tilde{V}_{t-1}^{\ell}]} + r_t \cdot \frac{E[\tilde{D}_{t-1}]}{E[\tilde{V}_{t-1}^{\ell}]} \qquad \text{für } t = 1, 2, \ldots \tag{2}$$

$$\tilde{x}_t^{TCF} = \tilde{x}_t^{FCF} + \widetilde{TS}_t \qquad \text{für } t = 1, 2, \ldots \tag{3}$$

Auch (1) und (2) lassen sich unmittelbar aus den Bewertungsfunktionen ableiten, die im vorherigen Kapitel erörtert worden sind. (1) resultiert aus Bewertungsfunktion (2) in Kapitel 2.4.3.2.2 mit anschließender Grenzwertbildung. (2) korrespondiert mit (5) im selben Kapitel. (3) stellt den Zusammenhang zwischen dem Total Cashflow und dem freien Cashflow her, indem zum freien Cashflow die fremdfinanzierungsbedingten Steuereinsparungen bzw. der Tax Shield addiert werden. Subtrahiert man von dem mittels (1) bestimmten Marktwert des Unternehmens den Marktwert des Fremdkapitals, so erhält man wie beim FCF Verfahren den gesuchten Marktwert des Eigenkapitals:

$$E^{\ell} = V^{\ell} - D \tag{5}$$

Zirkularitätsprobleme können bei Anwendung des TCF Verfahrens nicht nur beim durchschnittlichen Kapitalkostensatz, sondern auch beim Total Cashflow auftreten, da es sich um eine finanzierungsabhängige Größe handelt. Betrachtet man zunächst den Fall einer **autonomen Finanzierung**, so ergeben sich in Bezug auf den durchschnittlichen Kapitalkostensatz die gleichen Zirkularitätsprobleme wie beim FCF Verfahren: Zur Ermittlung der Gewichtungsfaktoren muss der gesuchte Marktwert des Unternehmens bekannt sein; zudem ist der Eigenkapitalkostensatz vom Verschuldungsgrad und damit letztlich vom Marktwert des Eigenkapitals abhängig. Ohne Kenntnis dieser Marktwerte kann der durchschnittliche Kapitalkostensatz für die Abzinsung des erwarteten Total Cashflow nicht bestimmt werden. Die Bestimmung des erwarteten Total Cashflow dagegen ist bei autonomer Finanzierung zirkularitätsfrei möglich. Denn da das zu verzinsende Fremdkapital aller Perioden im Bewertungszeitpunkt bekannt ist, lässt sich der erwartete Tax Shield der Fremdfinanzierung ermitteln, ohne dass damit Zirkularitätsprobleme einhergingen.

Im Fall einer **wertabhängigen Finanzierung** ergeben sich beim durchschnittlichen Kapitalkostensatz und auch beim Eigenkapitalkostensatz keine Zirkularitätsprobleme. Es gilt das Gleiche wie beim FCF Verfahren. Anders sieht es jedoch beim erwarteten Total Cashflow aus. Denn da bei der Berechnung des Total Cashflow die tatsächlich zu leistenden Unternehmenssteuern berücksichtigt werden, müssen zunächst die zu zahlenden Fremdkapitalzinsen bestimmt werden. Diese wiederum hängen von dem nominal zu verzinsenden Fremdkapital ab. Letzteres wird bei wertabhängiger Finanzierung in jeder Periode nach Maßgabe der vorgegebenen Fremdkapitalquote angepasst. Folglich gibt es eine indirekte Abhängigkeit des erwarteten Total Cashflow von dem Marktwert des Unternehmens, den es erst zu ermitteln gilt. Eine zirkularitätsfreie Anwendung des TCF Verfahrens ist damit auch bei wertabhängiger Finanzierung nicht möglich. Vor diesem Hintergrund ist es wenig überraschend, dass dieses DCF Verfahren für die Unternehmensbewertung von untergeordneter Bedeutung ist. Im Vergleich zum FCF Verfahren weist das TCF Verfahren aber den Vorteil auf, dass relativ problemlos komplexere Bestimmungen zur steuerlichen Berücksichtigung von Fremdfinanzierungsaufwand berücksichtigt werden können, während dies beim FCF Verfahren vergleichsweise schwierig ist.

BEISPIEL: TCF Verfahren bei wertabhängiger Finanzierung

Dem Beispiel liegen die gleichen Ausgangsdaten wie demjenigen zum FCF Verfahren zugrunde. Der durchschnittliche Kapitalkostensatz ergibt sich beim TCF Verfahren wie folgt:

$$k = 15\% \cdot 40\% + 10\% \cdot 60\% = 12\%$$

Die Bestimmung des erwarteten Total Cashflow erfordert die Prognose der fremdfinanzierungsbedingten Steuerersparnisse. Um diese zu ermitteln, müssen die zu erwartenden Zinszahlungen an die Fremdkapitalgeber prognostiziert werden. Da die Finanzierung in jeder Periode an den vorgegebenen Verschuldungsgrad angepasst wird, hängen diese Zinszahlungen von dem gesuchten Marktwert des Unternehmens ab. Mit einem Tabellenkalkulationsprogramm lässt sich dieses Zirkularitätsproblem rekursiv lösen. Dies wird im Folgenden am Beispiel illustriert. Aufgrund der hier getroffenen Annahmen entsprechen die Fremdkapitalzinsen dem Produkt aus dem Fremdkapitalkostensatz und dem Marktwert des Fremdkapitals zu Beginn der betreffenden Periode.

Der erwartete Marktwert im Zeitpunkt 2 ergibt sich dann gemäß dem TCF Verfahren aus:

$$E[\tilde{V}_2^\ell] = \frac{400 + 0.5 \cdot 0.1 \cdot 0.6 \cdot E[\tilde{V}_2^\ell]}{0.12}$$

Durch Auflösen dieser Gleichung erhält man:

$$E[\tilde{V}_2^\ell] = \frac{400}{0.12 - 0.5 \cdot 0.1 \cdot 0.6} = \frac{400}{0.09} = 4.444,44 \ \euro$$

Der erwartete Marktwert im Zeitpunkt 1 ist:

$$E[\tilde{V}_1^\ell] = \frac{300 + 0.5 \cdot 0.1 \cdot 0.6 \cdot E[\tilde{V}_1^\ell] + 4.444,44}{1.12}$$

Auflösen der Gleichung ergibt:

$$E[\tilde{V}_1^\ell] = \frac{300 + 4.444,44}{1.12 - 0.5 \cdot 0.1 \cdot 0.6} = \frac{4.744,44}{1.09} = 4.352,70 \ \euro$$

In entsprechender Weise kann der Marktwert zu Beginn des Planungszeitraums berechnet werden:

$$V^\ell = \frac{200 + 0.5 \cdot 0.1 \cdot 0.6 \cdot V^\ell + 4.352,70}{1.12} \Leftrightarrow V^\ell = 4.176,79 \ \euro$$

Die Weiterrechnung zum Marktwert des Eigenkapitals erfolgt wie beim FCF Verfahren.

3.4 Das Adjusted Present Value Verfahren

Auch das APV Verfahren bestimmt im ersten Schritt der Bewertung den Marktwert des Unternehmens insgesamt, weshalb es der Gruppe der Entity Verfahren zuzuordnen ist. Erst im zweiten Bewertungsschritt wird der Marktwert des Eigenkapitals ermittelt, indem der Marktwert des Fremdkapitals vom Marktwert des Unternehmens abgezogen wird.

Das wesentliche Charakteristikum des APV Verfahrens besteht darin, dass die Auswirkungen der Finanzierung auf den Marktwert des Unternehmens im ersten Bewertungsschritt separat betrachtet werden. Die Zahlungen, die das verschuldete Unternehmen an seine Kapitalgeber leistet, werden dazu in die Zahlungen des als rein eigenfinanziert an-genommenen Unternehmens und die Zahlungen infolge fremdfinanzierungsbedingter Steuerersparnisse zerlegt. Auch weitere Zahlungen, z. B. infolge von steuerlich nutzba-ren Verlustvorträgen oder Insolvenzkosten, können berücksichtigt werden. Die betref-fenden Zahlungsströme werden separat bewertet und aufgrund der Wertadditivität ist sichergestellt, dass die Summe der resultierenden Marktwertbeiträge mit dem Markt-wert des Unternehmens übereinstimmt:

$$V^{\ell} = V^{u} + VTS \tag{1}$$

Zunächst wird also der Marktwert des Unternehmens berechnet, wie er sich darstellen würde, wenn das Unternehmen unverschuldet wäre. Dieser Marktwert ergibt sich aus der Diskontierung des **freien Cashflow** mit dem **Eigenkapitalkostensatz des unver-schuldeten Unternehmens**:

$$V^{u} = \sum_{t=1}^{\infty} \frac{E[\tilde{x}_{t}^{FCF}]}{\prod_{\kappa=1}^{t}(1+ke_{\kappa}^{u})} \tag{2}$$

(2) resultiert für endliche Betrachtungszeiträume aus (2) in Kapitel 2.4.3.2.1. Die hier angegebene Bewertungsformel berücksichtigt eine Grenzwertbildung. Die verwendeten Symbole wurden in den vorherigen Kapiteln bereits definiert.

Die Ermittlung des Marktwertbeitrags der fremdfinanzierungsbedingten Steuer-ersparnisse ist abhängig von der Finanzierungspolitik. Im Fall einer **autonomen Finan-zierung** wird das nominal zu verzinsende Fremdkapital aller Perioden deterministisch geplant. Sofern das Fremdkapital wie hier angenommen nicht ausfallbedroht ist, sind die künftigen Zinszahlungen und damit auch die daraus resultierenden Steuerersparnisse sicher. Demzufolge ist für die Abzinsung der Steuerersparnisse der risikolose Zins-satz des Kapitalmarktes heranzuziehen:

$$VTS = \sum_{t=1}^{\infty} \frac{TS_{t}}{\prod_{\kappa=1}^{t}(1+r_{\kappa})} \tag{3}$$

Der Ausdruck zur Ermittlung des Marktwertbeitrags gemäß (3) korrespondiert mit (11) in Kapitel 2.4.3.2.1, es wurden die gleichen Symbole wie in den vorherigen Ka-piteln verwendet. Verfolgt ein Unternehmen eine **wertabhängige Finanzierung**, so ist die Steuerersparnis einer Periode in dieser Periode genauso sicher wie die Zinszahlun-gen an die Fremdkapitalgeber. Demzufolge ist die erwartete Steuerersparnis einer Pe-riode unter den getroffenen Annahmen mit dem risikolosen Zinssatz auf den Beginn dieser Periode zu diskontieren. Für die weitere Abzinsung auf den Bewertungszeit-punkt ist jedoch nicht der risikolose Zinssatz maßgeblich. Denn aus der Sicht früherer Zeitpunkte unterliegt die Steuerersparnis der betrachteten Periode einer Unsicherheit, die daraus resultiert, dass der Marktwert des Fremdkapitals und damit das zu bedienende Fremdkapital bei wertabhängiger Finanzierung ständig an den zum Bewertungszeitpunkt noch unbekannten Marktwert des Unternehmens angepasst wird. In Anlehnung an die in Kapitel 2.4.3.2.2 dargestellten Überlegungen von *Miles* und *Ezzell* wird die erwartete Steuerersparnis deshalb über alle weiter vorgelagerten Perioden mit dem Eigenkapitalkostensatz des unverschuldeten Unternehmens abgezinst. Es folgt:

$$VTS = \sum_{t=1}^{\infty} \frac{E[\widetilde{TS}_t]}{(1+r_t) \cdot \prod_{\kappa=1}^{t}(1+ke_{\kappa-1}^{u})} \qquad \left(ke_0^{u} = 0\right) \qquad (4)$$

Ausgehend von (2) sowie (3) bzw. (4) ergibt sich der Marktwert des Unternehmens aus (1). Die anschließende Ermittlung des Marktwertes des Eigenkapitals entspricht der Vorgehensweise bei den anderen Entity Verfahren:

$$E^{\ell} = V^{\ell} - D \qquad (5)$$

Zirkularitätsprobleme können beim APV Verfahren nur bei der Bestimmung des Wertbeitrags der fremdfinanzierungsbedingten Steuerersparnisse auftreten; der Marktwert des als eigenfinanziert an genommenen Unternehmens ist diesbezüglich unkritisch. Im Fall einer **wertabhängigen Finanzierung** resultiert ein Zirkularitätsproblem daraus, dass die erwarteten Steuerersparnisse vom zu verzinsenden Fremdkapital und damit vom Marktwert des Unternehmens abhängig sind. Insofern ist die Anwendung des APV Verfahrens bei wertabhängiger Finanzierung mit Zirkularitätsproblemen behaftet. Geht man indes von einer **autonomen Finanzierung** aus, so treten die Vorzüge des APV Verfahrens zu Tage. In diesem Fall resultieren die erwarteten Steuerersparnisse unmittelbar aus den Vorgaben bezüglich des zu verzinsenden Fremdkapitals. Infolgedessen ist mit dem APV Verfahren ein DCF Verfahren gefunden, das eine zirkularitätsfreie Bewertung bei autonomer Finanzierung ermöglicht.

BEISPIEL: APV Verfahren bei wertabhängiger und autonomer Finanzierung

Die Daten des Beispiels finden sich im Beispiel zum FCF Verfahren. Die Bestimmung des Marktwertes des unverschuldeten Unternehmens, also des Marktwertes, der sich ergeben würde, wenn das Unternehmen unverschuldet wäre, setzt die Kenntnis des Eigenkapitalkostensatzes des unverschuldeten Unternehmens voraus. Der in dem Beispiel bekannte Eigenkapitalkostensatz des verschuldeten Unternehmens ist zu dessen Bestimmung um das Finanzierungsrisiko zu bereinigen. Da von einer wertabhängigen Finanzierung ausgegangen wird, kann die gesuchte Größe durch Auflösen von (22) in Kapitel 2.4.3.2.2 nach dem Eigenkapitalkostensatz des unverschuldeten Unternehmens berechnet werden:

$$ke^u = \frac{ke^\ell + r \cdot \dfrac{1+r \cdot (1-\tau)}{1+r} \cdot L}{1 + \dfrac{1+r \cdot (1-\tau)}{1+r} \cdot L}$$

Setzt man die Werte des Beispiels ein, so erhält man den Eigenkapitalkostensatz des unverschuldeten Unternehmens in Höhe von 12,06 %. Mit diesem können dann folgende (erwartete) Marktwerte berechnet werden:

$$V^u = 3.059{,}71 \, €$$

$$E[\widetilde{V}_1^u] = 3.228{,}59 \, €$$

$$E[\widetilde{V}_2^u] = 3.317{,}83 \, €$$

Da zur Ermittlung der Marktwerte der künftigen Steuerersparnisse die Zinszahlungen an die Fremdkapitalgeber bekannt sein müssen, ergibt sich ein Zirkularitätsproblem, das durch eine rekursive Vorgehensweise gelöst werden kann. Sofern wie hier angenommen die Fremdkapitalzinsen dem Produkt aus dem Fremdkapitalkostensatz und dem Marktwert des Fremdkapitals zu Beginn der betreffenden Periode entsprechen, folgt für den erwarteten Marktwert im Zeitpunkt 2:

$$E[\widetilde{V}_2^\ell] = \frac{400}{0{,}1206} + \frac{0{,}5 \cdot 0{,}1 \cdot 0{,}6 \cdot E[\widetilde{V}_2^\ell] \cdot 1{,}1206}{1{,}1 \cdot 0{,}1206}$$

$$\Leftrightarrow \quad E[\widetilde{V}_2^\ell] = \frac{400}{0{,}1206 - 0{,}5 \cdot 0{,}1 \cdot 0{,}6 \cdot \dfrac{1{,}1206}{1{,}1}} = 4.444{,}44 \, €$$

Die erwarteten Marktwerte in den beiden vorangehenden Zeitpunkten berechnen sich wie folgt:

$$E[\widetilde{V}_1^\ell] = \frac{300 + 3.317{,}83}{1{,}1206} + \frac{0{,}5 \cdot 0{,}1 \cdot 0{,}6 \cdot E[\widetilde{V}_1^\ell]}{1{,}1} + \frac{1.126{,}61}{1{,}1206} \quad \Leftrightarrow \quad E[\widetilde{V}_1^\ell] = 4.352{,}70 \, €$$

$$V^\ell = \frac{200 + 3.228{,}59}{1{,}1206} + \frac{0{,}5 \cdot 0{,}1 \cdot 0{,}6 \cdot V^\ell}{1{,}1} + \frac{1.124{,}11}{1{,}1206} \quad \Leftrightarrow \quad V^\ell = 4.176{,}79 \, €$$

Die Ergebnisse illustrieren, dass das APV Verfahren bei Zugrundelegung gleicher Annahmen zu den gleichen Ergebnissen wie beim FCF und TCF Verfahren führt.

Da sich die Anwendung des APV Verfahrens vor allem bei autonomer Finanzierung empfiehlt, soll die Bewertung auch bei Zugrundelegung dieser Finanzierungspolitik illustriert werden. Hierzu wird davon ausgegangen, dass das zu verzinsende Fremdkapital im Betrachtungszeitraum jeweils in Höhe des bei wertabhängiger Finanzierung erwarteten Marktwertes des Fremdkapitals festgelegt wird:

$$D = BD = 2.506{,}07 \, \text{€}; \; D_1 = BD_1 = 2.611{,}62 \, \text{€}; \; D_2 = BD_2 = 2.666{,}67 \, \text{€}$$

Die Marktwerte des Unternehmens können dann mit dem APV Verfahren ohne Zirkularitätsprobleme wie folgt berechnet werden:

$$V^{\ell} = 3.059{,}71 + \left(\frac{0{,}5 \cdot 0{,}1 \cdot 2.506{,}07}{1{,}1} + \frac{0{,}5 \cdot 0{,}1 \cdot 2.611{,}62}{1{,}1^2} + \frac{0{,}5 \cdot 0{,}1 \cdot 2.666{,}67}{0{,}1 \cdot 1{,}1^2} \right)$$

$$= 3.059{,}71 + 1.323{,}76 = 4.383{,}47 \, \text{€}$$

$$E[\tilde{V}_1^{\ell}] = 3.228{,}59 + \left(\frac{0{,}5 \cdot 0{,}1 \cdot 2.611{,}62}{1{,}1} + \frac{0{,}5 \cdot 0{,}1 \cdot 2.666{,}67}{0{,}1 \cdot 1{,}1} \right)$$

$$= 3.228{,}59 + 1.330{,}83 = 4.559{,}42 \, \text{€}$$

$$E[\tilde{V}_2^{\ell}] = 3.317{,}83 + \frac{0{,}5 \cdot 0{,}1 \cdot 2.666{,}67}{0{,}1} = 3.317{,}83 + 1.333{,}33 = 4.651{,}16 \, \text{€}$$

Ein Vergleich der Marktwerte bei autonomer und bei wertabhängiger Finanzierung zeigt, dass die Marktwerte bei autonomer Finanzierung höher ausfallen. Wie in Kapitel 2.4.3.2.3 erläutert ist dies darauf zurückzuführen, dass die künftigen Steuerersparnisse mit dem niedrigeren Fremdkapitalkostensatz diskontiert werden.

Die bei autonomer Finanzierung mit dem APV Verfahren ermittelten Marktwerte können auch mit Hilfe der anderen DCF Verfahren bestimmt werden, wobei jedoch Zirkularitätsprobleme auftreten, die ein rekursives Vorgehen erfordern.

3.5   Das Flow to Equity Verfahren

Das FtE Verfahren zielt als Equity Verfahren unmittelbar auf den Marktwert des Eigenkapitals ab. Dieser Marktwert wird errechnet, indem der Flow to Equity mit dem Eigenkapitalkostensatz des Unternehmens diskontiert wird:

$$E^{\ell} = \sum_{t=1}^{\infty} \frac{E[\tilde{x}_t^{FtE}]}{\prod_{\kappa=1}^{t}(1 + ke_{\kappa}^{\ell})} \tag{1}$$

Dabei ist:

$$\tilde{x}_t^{FtE} = \tilde{x}_t^{FCF} + \widetilde{TS}_t - \tilde{I}_t + \widetilde{\Delta D}_t = \tilde{x}_t^{TCF} - \tilde{I}_t + \widetilde{\Delta D}_t \qquad \text{für } t = 1, 2, \ldots \qquad (2)$$

Der Flow to Equity ist definiert als der Teil des für Zahlungen an alle Kapitalgeber verfügbaren Betrags, der auf die Eigenkapitalgeber entfällt. Ausgehend vom freien Cashflow ergibt sich der Flow to Equity, indem zunächst die fremdfinanzierungsbedingten Steuerersparnisse hinzugerechnet und die an die Fremdkapitalgeber zu entrichtenden, hier mit $\tilde{I}_t$ bezeichneten Fremdkapitalzinsen abgezogen werden. Darüber hinaus führen Kreditaufnahmen (Fremdkapitalerhöhungen) und Kredittilgungen (Fremdkapitalminderungen) zu Erhöhungen bzw. Verminderungen des Flow to Equity. (1) lässt sich für endliche Betrachtungszeiträume aus (4) in Kapitel 2.4.3.2.2 ableiten; im Wege der Grenzwertbildung erhält man die angegebene Bewertungsformel. Sofern man ergänzend an dem Marktwert des Unternehmens interessiert ist, kann dieser als Summe des Marktwertes des Eigenkapitals und des Marktwertes des Fremdkapitals errechnet werden.

Das FtE Verfahren ist sowohl bei autonomer als auch bei wertabhängiger Finanzierung mit **Zirkularitätsproblemen** behaftet. Bei **autonomer Finanzierung** ergeben sich diese Probleme aus dem Eigenkapitalkostensatz, da dieser über den Verschuldungsgrad vom Marktwert des Eigenkapitals abhängt. Der erwartete Flow to Equity lässt sich bei autonomer Finanzierung zirkularitätsfrei bestimmen. Bei **wertabhängiger Finanzierung** dagegen kann die Abhängigkeit des Eigenkapitalkostensatzes vom Verschuldungsgrad problemlos berücksichtigt werden. Jedoch ist es nicht möglich, den erwarteten Flow to Equity ohne Zirkularitätsprobleme zu ermitteln, da die erwarteten Zinszahlungen und die erwartete Steuerersparnis vom zu verzinsenden Fremdkapital und mithin – wegen des Zusammenhangs mit dem Marktwert des Fremdkapitals und dem vorgegebenen Verschuldungsgrad – vom Marktwert des Eigenkapitals abhängen.

Trotz dieser Probleme erfreut sich das FtE Verfahren in der Praxis einer vergleichsweise großen Beliebtheit. In verfahrenstechnischer Hinsicht sind hierfür in der Regel Schwierigkeiten ausschlaggebend, die mit der **Berücksichtigung des Fremdkapitals** im Rahmen der Entity Verfahren in manchen Fällen einhergehen. Finanziert sich ein Unternehmen z. B. in größerem Umfang über Pensionsrückstellungen, so könnte der Gedanke aufkommen, das FtE Verfahren zu verwenden, um das Problem der Bestimmung von adäquaten Kapitalkostensätzen für diese Fremdkapitalkategorie zu umgehen. Natürlich hat das nur zur Folge, dass mit impliziten Kapitalkostensätzen gearbeitet wird – die aber ggf. leichter zu rechtfertigen sind. Des Weiteren spielt Fremdkapital in manchen Branchen, insbesondere bei Banken und Versicherungen, eine besondere Rolle. Fremdkapital dient bei diesen Unternehmen nicht nur der Finanzierung, es ist vielmehr auf komplexe Weise Bestandteil des Geschäftsmodells. **Banken und Versicherungen** werden deshalb ganz überwiegend mit Hilfe des FtE Verfahrens bewertet. Dabei wird jedoch teilweise mit weitergehenden Vereinfachungen gearbeitet. So wird nicht selten auf die Anpassung der verwendeten Eigenkapitalkostensätze an den Verschuldungsgrad verzichtet. Aus theoretischer Sicht ist ein solches Vorgehen schlecht zu rechtfertigen. Insbesondere ist es mit der Gefahr verbunden, dass der Eigenkapitalkostensatz bei steigender Verschuldung zu niedrig angesetzt wird, was eine Überschätzung von Marktwerten zur Folge hat.

BEISPIEL: **FtE Verfahren bei wertabhängiger Finanzierung**

Es wird wiederum von den Daten des Beispiels zum FCF Verfahren ausgegangen. Da der Flow to Equity nicht ohne Kenntnis der fremdfinanzierungsbedingten Steuerersparnisse bestimmt werden kann, treten bei diesem Verfahren wie beim TCF Verfahren bei wertabhängiger Finanzierung Zirkularitätsprobleme auf, die ein rekursives Vorgehen erfordern. Zunächst bietet es sich an, aus der vorgegebenen Fremdkapitalquote von 60 % den Verschuldungsgrad L zu bestimmen:

$$L = \frac{0,6}{1-0,6} = 1,5$$

Sofern wie angenommen die Fremdkapitalzinsen dem Produkt aus dem Fremdkapitalkostensatz und dem Marktwert des Fremdkapitals zu Beginn der betreffenden Periode entsprechen, gilt für den erwarteten Marktwert des Eigenkapitals zu Beginn der Rentenphase im Zeitpunkt 2:

$$E[\tilde{E}_2^\ell] = \frac{400 - 0,1 \cdot 1,5 \cdot E[\tilde{E}_2^\ell] + 0,5 \cdot 0,1 \cdot 1,5 \cdot E[\tilde{E}_2^\ell]}{0,15}$$

$$\Leftrightarrow \; E[\tilde{E}_2^\ell] = 1.777,78 \; €$$

Für die vorhergehenden Zeitpunkte ergibt sich:

$$E[\tilde{E}_1^\ell] = \frac{300 - (0,1 \cdot 1,5 - 0,5 \cdot 0,1 \cdot 1,5) \cdot E[\tilde{E}_1^\ell] + 1,5 \cdot (1.777,78 - E[\tilde{E}_1^\ell]) + 1.777,78}{1,15}$$

$$\Leftrightarrow \; E[\tilde{E}_1^\ell] = 1.741,08 \; €$$

$$E^\ell = \frac{200 - (0,1 \cdot 1,5 - 0,5 \cdot 0,1 \cdot 1,5) \cdot E^\ell + 1,5 \cdot (1.741,08 - E^\ell) + 1.741,08}{1,15}$$

$$\Leftrightarrow \; E^\ell = 1.670,72 \; €$$

Addiert man die Marktwerte des Fremdkapitals, so erhält man die mit den anderen Verfahren ermittelten Marktwerte des Unternehmens.

PRAXIS: Das Ertragswertverfahren

Neben dem FtE Verfahren ist in der kontinentaleuropäischen Bewertungspraxis ein weiteres Verfahren von Bedeutung, das unmittelbar auf die an die Eigenkapitalgeber fließenden Zahlungen abstellt: das Ertragswertverfahren. Bis vor ca. 20 Jahren wurde für Unternehmensbewertungen in Deutschland sogar nahezu ausschließlich das Ertragswertverfahren angewendet, auch jetzt noch ist dieses Verfahren weit verbreitet. Es wird z. B. gern bei gerichtlichen Auseinandersetzungen genutzt, weil sich ein großer Teil der Rechtsprechung zur Unternehmensbewertung auf das Ertragswertverfahren bezieht. Ebenso findet das Ertragswertverfahren aus den in der Erörterung zum FtE Verfahren genannten Gründen bei der Bewertung von Banken und Versicherungen Anwendung. In den Stellungnahmen des Berufsstands der Wirtschaftsprüfer wird das Ertragswertverfahren als gleichwertige Alternative zu den DCF Verfahren behandelt.

Konzeptionell bestehen im Grunde kaum Unterschiede zwischen dem Ertragswertverfahren und dem FtE Verfahren. Bei beiden Verfahren werden die an die Eigenkapitalgeber fließenden Zahlungen auf den Bewertungszeitpunkt abgezinst und aufsummiert. Im Rahmen einer kapitalmarktorientierten Bewertung ist beim Ertragswertverfahren wie beim FtE Verfahren der Eigenkapitalkostensatz des Unternehmens für die Diskontierung heranzuziehen, wobei in einer subjektiven Unternehmensbewertung beim Ertragswertverfahren auch auf individuelle Zeit- und Risikopräferenzen basierende Diskontierungsfaktoren zum Einsatz kommen können.

Der wesentliche Unterschied zwischen den beiden Verfahren besteht in der Ermittlung der abzuzinsenden Größen. Während das FtE Verfahren auf den Betrag abstellt, der für Zahlungen an die Eigenkapitalgeber zur Verfügung steht, den Flow to Equity, orientiert sich das Ertragswertverfahren an dem Ertragsüberschuss, den das Unternehmen in der jeweiligen Periode erzielt. Dahinter steht die Überlegung, dass die Möglichkeiten des Unternehmens, Zahlungen an die Eigenkapitalgeber zu leisten, eher durch gesellschaftsrechtliche, dem Gläubigerschutz dienende Ausschüttungssperren als durch die vorhandenen liquiden Mittel begrenzt sind.

Ausgeschüttet werden darf bei Kapitalgesellschaften im Wesentlichen der Jahresüberschuss, modifiziert um Rücklagenveränderungen. Dementsprechend wird beim Ertragswertverfahren der Ertragsüberschuss einer Periode als der für die Zahlungen an die Eigenkapitalgeber grundsätzlich maßgebliche Betrag angesehen. Für den Fall, dass nicht genügend liquide Mittel zur Verfügung stehen, um den Ertragsüberschuss an die Eigenkapitalgeber auszuschütten, ist die Aufnahme von Fremdkapital vorgesehen. Überschüssige liquide Mittel werden für die Tilgung von Fremdkapital eingesetzt. Um die aus den Veränderungen des Fremdkapitals resultierenden Auswirkungen auf den Ertragsüberschuss späterer Perioden zu berücksichtigen, wird neben der Ertragsüberschussrechnung eine Finanzbedarfsrechnung erstellt.

Da die Veränderungen des Fremdkapitals – wie an (2) ersichtlich – auch bei der Bestimmung des Flow to Equity zu berücksichtigen sind, können die beim FtE Verfahren und beim Ertragswertverfahren abzuzinsenden Größen ohne Weiteres übereinstimmen. Dies gilt umso mehr, als die Frage, ob der Flow to Equity in entsprechender Höhe überhaupt ausgeschüttet werden darf, natürlich auch bei Anwendung des FtE Verfahrens geprüft werden muss. Der Unterschied zwischen dem FtE Verfahren und dem Ertragswertverfahren betrifft daher im Wesentlichen die gedankliche Herangehensweise an die Prognose der an die Eigenkapitalgeber fließenden Zahlungen.

3.6 Gegenüberstellung der Discounted Cashflow Verfahren

Die in den vorherigen Kapiteln erörterten Bewertungsformeln führen letztlich alle zum Marktwert des Eigenkapitals. Der Weg dorthin ist allerdings recht unterschiedlich: Während das FtE Verfahren unmittelbar auf den Marktwert des Eigenkapitals abstellt, sehen die drei Entity Verfahren zunächst die Bestimmung des Marktwertes des Unternehmens vor, ehe aus diesem durch Subtraktion des Marktwertes des Fremdkapitals der Marktwert des Eigenkapitals abgeleitet wird. Das FCF Verfahren und das TCF Verfahren bedienen sich bei der Ableitung des Marktwertes des Unternehmens eines durchschnittlichen Kapitalkostensatzes, weswegen diese Verfahren als WACC Verfahren bezeichnet werden. Die Verfahren unterscheiden sich in der Berücksichtigung der steuerlichen Abzugsfähigkeit der Fremdkapitalzinsen von der Bemessungsgrundlage der Unternehmensteuern: Während beim FCF Verfahren ein entsprechend modifizierter Fremdkapitalkostensatz im durchschnittlichen Kapitalkostensatz verarbeitet wird, wird die erwartete Steuerersparnis beim TCF Verfahren explizit im Cashflow berücksichtigt. Beim APV Verfahren wird der Marktwert des Unternehmens als Summe des Marktwertes des fiktiv als unverschuldet angenommenen Unternehmens und finanzierungsbedingter Wertbeiträge bestimmt; ein durchschnittlicher Kapitalkostensatz wird nicht benötigt.

Tab. 3.1: Bewertungsformeln der DCF Verfahren

Entity Verfahren

1. Ermittlung des Marktwertes des verschuldeten Unternehmens

FCF Verfahren

$$V^\ell = \sum_{t=1}^{\infty} \frac{E[\tilde{x}_t^{FCF}]}{\prod\limits_{\kappa=1}^{t}(1+k_\kappa^\tau)}$$

$$k_t^\tau = ke_t^\ell \cdot \frac{E[\tilde{E}_{t-1}^\ell]}{E[\tilde{V}_{t-1}^\ell]} + r_t \cdot (1-\tau) \cdot \frac{E[\tilde{D}_{t-1}]}{E[\tilde{V}_{t-1}^\ell]}$$

Tab. 3.1: Bewertungsformeln der DCF Verfahren – Fortsetzung

TCF Verfahren

$$V^\ell = \sum_{t=1}^{\infty} \frac{E[\tilde{x}_t^{TCF}]}{\prod_{\kappa=1}^{t}(1+k_\kappa)} \qquad\qquad \tilde{x}_t^{TCF} = \tilde{x}_t^{FCF} + \widetilde{TS}_t$$

$$k_t = ke_t^\ell \cdot \frac{E[\tilde{E}_{t-1}^\ell]}{E[\tilde{V}_{t-1}^\ell]} + r_t \cdot \frac{E[\tilde{D}_{t-1}]}{E[\tilde{V}_{t-1}^\ell]}$$

APV Verfahren

$$V^\ell = V^u + VTS$$

$$V^u = \sum_{t=1}^{\infty} \frac{E[\tilde{x}_t^{FCF}]}{\prod_{\kappa=1}^{t}(1+ke_\kappa^u)}$$

autonome Finanzierung: wertabhängige Finanzierung:

$$VTS = \sum_{t=1}^{\infty} \frac{E[\widetilde{TS}_t]}{\prod_{\kappa=1}^{t}(1+r_\kappa)} \qquad VTS = \sum_{t=1}^{\infty} \frac{E[\widetilde{TS}_t]}{(1+r_t)\cdot\prod_{\kappa=1}^{t}(1+ke_{\kappa-1}^u)} \quad ke_0^u = 0$$

2. *Ermittlung des Marktwertes des Eigenkapitals*

$$E^\ell = V^\ell - D$$

Equity Verfahren: FtE Verfahren

Ermittlung des Marktwertes des Eigenkapitals

$$E^\ell = \sum_{t=1}^{\infty} \frac{E[\tilde{x}_t^{FtE}]}{\prod_{\kappa=1}^{t}(1+ke_\kappa^\ell)} \qquad \begin{aligned} \tilde{x}_t^{FtE} &= \tilde{x}_t^{FCF} + \widetilde{TS}_t - \tilde{I}_t + \widetilde{\Delta D}_t \\ &= \tilde{x}_t^{TCF} - \tilde{I}_t + \widetilde{\Delta D}_t \end{aligned}$$

Wie erörtert ist die Anwendung der DCF Verfahren in einer Reihe von Fällen mit Zirkularitätsproblemen behaftet, weil die Bestimmung entweder des erwarteten Total Cashflow bzw. der erwarteten fremdfinanzierungsbedingten Steuerersparnisse oder der anzuwendenden Kapitalkostensätze erst möglich ist, wenn das Bewertungsergebnis bereits bekannt ist. Für beide hier behandelten Grundformen der Finanzierungspolitik, die autonome und die wertabhängige Finanzierung, gibt es jedoch Verfahren, die eine **zirkularitätsfreie Bewertung** ermöglichen: Bei wertabhängiger Finanzierung ist dies das FCF Verfahren, bei autonomer Finanzierung das APV Verfahren. Es empfiehlt sich daher, diese DCF Verfahren in Abhängigkeit von der jeweiligen Finanzierungspolitik einzusetzen. Im Folgenden wird die praktische Anwendung dieser beiden Verfahren erörtert. In diesem Zusammenhang wird auch dargestellt, wie das FCF Verfahren und das APV Verfahren im Rahmen von Nachsteuerrechnungen auszugestalten sind.

Literatur zu Kapitel 3

Albrecht, Thomas: Kritische Überlegungen zur Discounted Cash Flow-Methode – Anmerkungen; zur Äquivalenz von Brutto- und Netto-Methode der Unternehmenswertermittlung – Kritische Anmerkungen zum Beitrag von Hans-Jürgen Kirsch/ Clemens Krause (ZfB 66 Jg. (1996), H. 7, S. 793 – 812), in: Zeitschrift für Betriebswirtschaft, 67. Jg., 1997, S. 511–516.

Baetge, Jörg; Niemeyer, Kai; Kümmel, Jens; Schulz, Roland: Darstellung der Discounted Cashflow-Verfahren (DCF-Verfahren) mit Beispiel, in: Peemöller, Volker H. (Hrsg.): Praxishandbuch der Unternehmensbewertung – Grundlagen und Methoden, Bewertungsverfahren, Besonderheiten bei der Bewertung, 5. Aufl., Herne 2012, S. 349–498.

Ballwieser, Wolfgang: Unternehmensbewertung mit Discounted Cash Flow-Verfahren, in: Die Wirtschaftsprüfung, 51. Jg., 1998, S. 81–92.

Ballwieser, Wolfgang: Verbindungen von Ertragswert- und Discounted-Cashflow-Verfahren, in: Peemöller, Volker H. (Hrsg.): Praxishandbuch der Unternehmensbewertung – Grundlagen und Methoden, Bewertungsverfahren, Besonderheiten bei der Bewertung, 5. Aufl., Herne 2012, S. 499–510.

Ballwieser, Wolfgang; Hachmeister, Dirk: Unternehmensbewertung – Prozess, Methoden und Probleme, 4. Aufl., Stuttgart 2013.

Berk, Jonathan; DeMarzo, Peter: Corporate Finance, 3. Aufl., Boston u. a. 2014.

Böcking Hans-Joachim; Nowak, Karsten: Der Beitrag der Discounted Cash Flow-Verfahren zur Lösung der Typisierungsproblematik bei Unternehmensbewertungen – Eine Warnung vor einer »naiven« Übertragung modelltheoretischer Erkenntnisse auf die Bewertungspraxis, in: Der Betrieb, 51. Jg., 1998, S. 685–690.

Brealey, Richard A.; Myers, Stewart C.; Allen, Franklin: Principles of Corporate Finance, 11. Aufl., New York 2014.

Breuer, Wolfgang: Unternehmensbewertung mittels Equity-, Entity- und APV-Ansatz, in: Das Wirtschaftsstudium, 30. Jg., 2001, S. 1511–1515.

Casey, Christopher: Unternehmensbewertung anhand von Discounted Cash Flow-Modellen – Ein methodischer Vergleich der verschiedenen Verfahren, Wien 2004.

Copeland, Thomas E.; Weston, John F.; Shastri, Kuldeep: Financial Theory and Corporate Policy, 4. Aufl., Boston u. a. 2005.

Dierkes, Stefan; Hanrath, Stephanie: Unternehmensbewertung auf der Grundlage von Discounted Cash Flow (DCF)-Verfahren und des Economic Value Added (EVA), in: Brösel, Gerrit; Kasperzak, Rainer: Internationale Rechnungslegung, Prüfung und Analyse, München 2004, S. 500–509.

Drukarczyk, Jochen: DCF-Methoden und Ertragswertmethoden – Einige klärende Anmerkungen, in: Die Wirtschaftsprüfung, 48. Jg., 1995, S. 329–334.

Drukarczyk, Jochen; Schüler, Andreas: Unternehmensbewertung, 6. Aufl., München 2009.

Hachmeister, Dirk: Die Abbildung der Finanzierung im Rahmen verschiedener Discounted Cash Flow-Verfahren, in: Zeitschrift für betriebswirtschaftliche Forschung, 48. Jg., 1996, S. 251–277.

Hachmeister, Dirk: Der Discounted Cash Flow als Maß der Unternehmenswertsteigerung, 4. Aufl., Frankfurt am Main 2000.

Heitzer, Bernd; Dutschmann, Matthias: Unternehmensbewertung bei autonomer Finanzierungspolitik – Anmerkungen zum Beitrag von Bernhard Schwetzler und Niklas Darijtschuk (ZfB 1999, H. 3, S. 295–318), in: Zeitschrift für Betriebswirtschaft, 69. Jg., 1999, S. 1463–1471.

Inselbag, Isik; Kaufold, Howard: Two DCF Approaches for Valuing Companies Under Alternative Financing Stategies (And How to Choose Between Them), in: Journal of Applied Corporate Finance, Vol. 10, 1997, S. 114–122.

Institut der Wirtschaftsprüfer (Hrsg.): WP Handbuch 2014 – Wirtschaftsprüfung – Rechnungslegung – Beratung, Bd. II, 14. Aufl., Düsseldorf 2014.

Jonas, Martin: Unternehmensbewertung – Zur Anwendung der Discounted-Cash-flow-Methode in Deutschland, in: Betriebswirtschaftliche Forschung und Praxis, 47. Jg., 1995, S. 83–98.

Kaden, Jens; Wagner, Wolfgang; Weber, Theo; Wenzel, Klaus: Kritische Überlegungen zur Discounted Cash Flow-Methode, Methodenharmonisierung von Ertragswert und Discounted Cash Flow, in: Zeitschrift für Betriebswirtschaft, 67. Jg., 1997, S. 499–508.

Kruschwitz, Lutz; Löffler, Andreas: DCF = APV + (FTE & TCF & WACC)?, in: Richter, Frank; Schüler, Andreas; Schwetzler, Bernhard (Hrsg.): Kapitalgeberansprüche, Marktwertorientierung und Unternehmenswert – Festschrift für Jochen Drukarczyk zum 65. Geburtstag, München 2003, S. 235–253.

Kruschwitz, Lutz; Löffler, Andreas: Fünf typische Missverständnisse im Zusammenhang mit DCF-Verfahren, in: Finanz-Betrieb, 5. Jg., 2003, S. 731–733.

Kruschwitz, Lutz; Löffler, Andreas: Zur Bewertung ewig lebender Unternehmen mit Hilfe von DCF-Verfahren, in: Der Betrieb, 56. Jg., 2003, S. 1401–1402.

Kruschwitz, Lutz; Löffler, Andreas: Ein neuer Zugang zum Konzept des Discounted Cashflow, in: Journal für Betriebswirtschaft, 55. Jg., 2005, S. 21–36.

Kruschwitz, Lutz; Löffler, Andreas: Discounted Cash Flow – A Theory of the Valuation of Firms, Chichester 2006.

Kuhner, Christoph; Maltry, Helmut: Unternehmensbewertung, Berlin Heidelberg 2006.

Luehrmann, Timothy A.: Using APV – A Better Tool for Valuing Operations, in: Harvard Business Review, Vol. 75, 1997, S. 145–155.

Nippel, Peter: Zirkularitätsprobleme in der Unternehmensbewertung, in: Betriebswirtschaftliche Forschung und Praxis, 51. Jg., 1999, S. 333–347.

Richter, Frank: Die Finanzierungsprämissen des Entity-Ansatzes vor dem Hintergrund des APV-Ansatzes zur Bestimmung von Unternehmenswerten, in: Zeitschrift für betriebswirtschaftliche Forschung, 48. Jg., 1996, S. 1076–1097.

Ross, Stephen A.; Westerfield, Randolph W.; Jaffe, Jeffrey F.: Corporate Finance, 10. Aufl., New York 2013.

Schacht, Ulrich; Fackler, Matthias: Discounted Cashflow-Verfahren – Eine Einführung, in: Schacht, Ulrich; Fackler, Matthias (Hrsg.): Praxishandbuch Unternehmensbewertung – Grundlagen, Methoden, Fallbeispiele, 2. Aufl., Wiesbaden 2009, S. 205–232.

Schmidt, Johannes G.: Die Discounted Cash-flow-Methode – Nur eine kleine Abwandlung der Ertragswertmethode?, in: Zeitschrift für betriebswirtschaftliche Forschung, 47. Jg., 1995, S. 1088–1118.

Schultze, Wolfgang: Methoden der Unternehmensbewertung, 2. Aufl., Düsseldorf 2003.

Schwetzler, Bernhard; Darijtschuk, Niklas: Unternehmensbewertung mit Hilfe der DCF-Methode – Eine Anmerkung zum »Zirkularitätsproblem«, in: Zeitschrift für Betriebswirtschaft, 69. Jg., 1999, S. 295–318.

Schwetzler, Bernhard; Darijtschuk, Niklas: Unternehmensbewertung und Finanzierungspolitiken, in: Zeitschrift für Betriebswirtschaft, 70. Jg., 2000, S. 117–134.

Sieben, Günter: Unternehmensbewertung – Discounted Cash Flow-Verfahren und Ertragswertverfahren – Zwei völlig unterschiedliche Ansätze?, in: Lanfermann, Josef (Hrsg.): Internationale Wirtschaftsprüfung – Festschrift zum 65. Geburtstag von Hans Havermann, Düsseldorf 1995, S. 713–737.

Streitferdt, Felix: Unternehmensbewertung mit dem WACC-Verfahren bei konstantem Verschuldungsgrad, in: Finanz-Betrieb, 6. Jg., 2004, S. 43–49.

4 Anwendung der Discounted Cashflow Verfahren

4.1 Der Ablauf einer Unternehmensbewertung im Überblick

Die Bewertung eines Unternehmens erfordert weit mehr als die Kenntnis einer Bewertungsformel. Denn da im Prinzip alle wirtschaftlichen Aktivitäten des Unternehmens auf die gesuchte Wertgröße Einfluss nehmen, muss der Bewerter in der Lage sein, die wertrelevanten Aspekte grundsätzlich aller Unternehmensaktivitäten zu beurteilen. Hierfür sind umfassende **Kenntnisse der Betriebswirtschaftslehre und ihrer Nachbardisziplinen** erforderlich. Zuallererst muss sich der Bewerter mit der in den letzten Kapiteln behandelten Bewertungstheorie auskennen. Von nicht minder großer Bedeutung sind Kenntnisse des internen und des externen Rechnungswesens, da die Bewertung regelmäßig auf Daten des Rechnungswesens aufsetzt. Unverzichtbar ist ferner eine profunde **Kenntnis der Branche**, in der das Unternehmen tätig ist. Wenn der Bewerter selbst keine Branchenkenntnisse besitzt, muss er entweder einen branchenkundigen Dritten hinzuziehen oder sich selbst mit der Branche vertraut machen. Grundlegende Kenntnisse des Gesellschaftsrechts sind notwendig, um die Eigentumsverhältnisse des Unternehmens beurteilen und den Bewertungsanlass sowie die daraus folgenden Konsequenzen einordnen zu können. Kenntnisse des Steuerrechts spielen schon deshalb eine Rolle, weil das Unternehmen selbst Steuern entrichten muss und weil der Erfolg des Unternehmens dessen Eigentümern erst nach Abzug von Steuern zukommt. Die Liste notwendiger Kenntnisse ließe sich fortsetzen.

Da jedes Unternehmen in gewisser Weise einen Einzelfall darstellt, treten bei nahezu allen Bewertungen Probleme auf, mit denen der Bewerter bislang noch nicht oder nicht in dieser Form konfrontiert war. Nicht selten ist es sogar so, dass das jeweilige Problem auch in der Literatur noch nicht behandelt worden ist. Der Bewerter ist dann gefordert, auf der Grundlage seiner Kenntnis des durch die Bewertungstheorie vermittelten Problemzusammenhangs eine eigenständige Problemlösung zu entwerfen. Diese Problemlösung muss selbstverständlich mit den bewertungstheoretischen Grundlagen und den im Verlaufe der Bewertung getroffenen Annahmen konsistent sein. Dies stellt sehr hohe Anforderungen an die **Methodenkompetenz** des Bewerters. Nicht umsonst gelten viele Bewertungsprobleme auch aus wissenschaftlicher Sicht noch als ungelöst. So erscheint z.B. derzeit noch unklar, wie der Lock-In Effekt[1]

---

1 Der Lock-In Effekt beschreibt den empirisch zu beobachtenden Sachverhalt, dass Kursgewinne bei einer realisationsorientierten Kursgewinnbesteuerung zur Vermeidung von

einer realisationsorientierten Kursgewinnbesteuerung bei der Bewertung adäquat berücksichtigt werden kann.

Für ein tiefergehendes Verständnis der Bewertungsaufgabe ist es wichtig zu wissen, dass sich Unternehmenswerte nicht allein durch logische Deduktion ableiten lassen. Es gibt einfach nicht genügend gesicherte Erkenntnisse über die Zusammenhänge zwischen den bewertungsrelevanten Größen, um den Wert eines Unternehmens wie etwa das Gewicht eines Baukörpers zu berechnen. Selbst der ideale, mit allen erforderlichen Kenntnissen und Kompetenzen ausgestattete Bewerter wäre nicht in der Lage, den Unternehmenswert so zu errechnen, wie der Statiker die Tragfähigkeit einer Brücke errechnet. Ursächlich hierfür ist, dass die wertrelevanten Überlegungen in die Zukunft reichen, also nicht auf Feststellungen, sondern auf **Prognosen** beruhen. Wie sich eine bestimmte Maßnahme auf den Erfolg eines Unternehmens auswirkt, kann niemand mit Gewissheit sagen. Folglich wird bei jeder Bewertung ein Punkt erreicht, an dem mit **Schätzungen** gearbeitet werden muss, die sich nicht nach einer vorgegebenen Regel aus den vorhandenen Informationen ableiten lassen. Manche Autoren gehen deshalb sogar so weit zu behaupten, dass es sich bei der Bewertung von Unternehmen eher um eine Kunst als um eine Wissenschaft handele.

Man könnte meinen, daraus folge eine gewisse Erleichterung für den Bewerter – etwa in dem Sinne, dass sich ihm Spielräume eröffnen, über deren Ausfüllung er keine Rechenschaft ablegen muss. Genau das Gegenteil ist jedoch der Fall. Denn der Nutzen einer Bewertung steht und fällt mit der **Überzeugungskraft der Argumente**, die zu der resultierenden Wertgröße führen. Mit der Angabe des bloßen Bewertungsergebnisses wird man der Bewertungsaufgabe nicht gerecht. Erst dann, wenn dieses Bewertungsergebnis begründet ist, kann es als Unternehmenswert seinen Zweck erfüllen. Folglich muss der Bewerter neben dem eigentlichen Bewertungsergebnis eine das Für und Wider seiner Einschätzungen abwägende und überzeugende Argumentation liefern. Die Überlegungen sind so darzustellen, dass ein sachverständiger Dritter in der Lage ist, die Bewertung mit gleichem Ergebnis zu wiederholen. Alle Informationsquellen sind nachzuweisen und im Hinblick auf ihre Vertrauenswürdigkeit zu prüfen. Des Weiteren müssen alle Bewertungsannahmen, die nicht unmittelbar aus diesen Informationen abgeleitet werden können, offengelegt und begründet werden.

Um diesen Anforderungen gerecht zu werden und die vielfältigen bei der Bewertung auftretenden Interdependenzen im Auge zu behalten, bietet es sich an, den **Bewertungsprozess** in bestimmter Weise zu strukturieren und durch ein Bewertungsgutachten oder ein Arbeitspapier zu dokumentieren[1]. Geht man von der Anwendung des FCF Verfahrens oder des APV Verfahrens aus, so umfasst der Bewertungsprozess folgende Phasen:

Zu Beginn der Bewertung steht die Klärung der Bewertungsaufgabe. Hierzu gehört in erster Linie die Bestimmung des Anlasses und des Zwecks der Bewertung. Ferner sind

---

Steuerzahlungen auch dann nicht realisiert werden, wenn eine Veräußerung für den Anleger aus Allokationsgesichtspunkten vorteilhaft ist. Siehe hierzu Müller/Langkau (2013).

1 Für Wirtschaftsprüfer gelten die berufsüblichen Grundsätze bezüglich der Anlage von Arbeitspapieren. Siehe Institut der Wirtschaftsprüfer (Hrsg.) (2014), S. 201 ff.

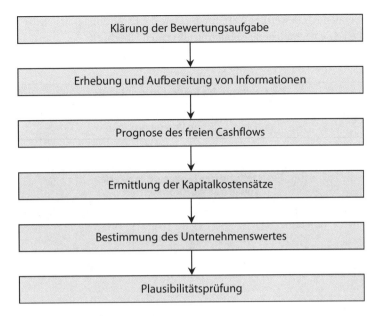

Abb. 4.1: Phasen des Bewertungsprozesses

erste Überlegungen bezüglich des Verfahrens anzustellen, das bei der Bewertung zur Anwendung kommen soll. Im Rahmen der Erhebung und Aufbereitung von Informationen zum Bewertungsobjekt werden die rechtlichen, wirtschaftlichen und steuerlichen Grundlagen des Unternehmens bestimmt sowie seine Wettbewerbssituation analysiert. Des Weiteren ist die wirtschaftliche Entwicklung des Unternehmens in der jüngeren Vergangenheit anhand der vorliegenden Unterlagen im Detail zu untersuchen. Damit werden die Voraussetzungen geschaffen, um im Rahmen der Prognose des freien Cashflows die der Bewertung zugrunde zu legenden Zahlungen an die Kapitalgeber des Unternehmens zu bestimmen. Für die Transformation dieser Zahlungen in eine Wertgröße werden Bewertungsmaßstäbe benötigt, um die es im Rahmen der Ermittlung von Kapitalkostensätzen geht. Im Wege der Zusammenführung aller wertrelevanten Größen und der Anwendung der maßgeblichen Bewertungsformel erfolgt anschließend die Bestimmung des Unternehmenswertes. Zuletzt ist eine umfassende Plausibilitätsprüfung vorzunehmen, in der die Konsistenz und Schlüssigkeit der Bewertungsannahmen, der Unternehmensplanung und des ermittelten Unternehmenswertes auf den Prüfstand gestellt wird. Die einzelnen Phasen des Bewertungsprozesses werden im Folgenden ausführlich behandelt.

4.2 Klärung der Bewertungsaufgabe

Die Klärung der Bewertungsaufgabe umfasst die Feststellung des Bewertungsanlasses, die Festlegung des Bewertungszwecks sowie der Wertkonzeption, eine Eingrenzung des anzuwendenden Bewertungsverfahrens sowie die Ermittlung potenzieller Informationsquellen. Die nachfolgende Abbildung gibt einen Überblick:

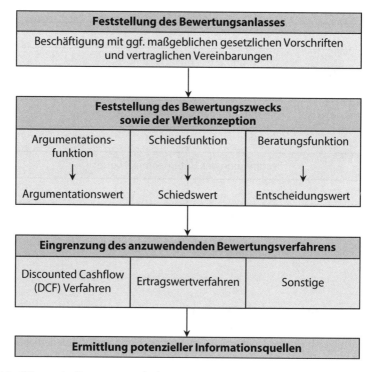

Abb. 4.2: Klärung der Bewertungsaufgabe

Zur Feststellung des **Anlasses der Bewertung** kann auf die Klassifikation möglicher Bewertungsanlässe in Kapitel 1.1 zurückgegriffen werden. Steht der Anlass der Bewertung fest, sind die ggf. maßgeblichen gesetzlichen Vorschriften oder vertraglichen Vereinbarungen zu sichten, wobei vor allem Vorgaben zu Bewertungsverfahren, -ergebnis und -stichtag eine Rolle spielen.

Bei Bewertungen aufgrund gesetzlicher Vorschriften sind rechtliche **Vorgaben zum Bewertungsverfahren** von besonderer Bedeutung. Da Gesetzestexte jedoch meist nur recht allgemein gehaltene Formulierungen enthalten, müssen einschlägige Kommentare und die Rechtsprechung herangezogen werden, um den Gesetzeswortlaut zu interpretieren. Dabei finden sich in aller Regel nicht nur Informationen zu den in Frage kommenden Verfahren, sondern auch Details zu deren Anwendung, die insbesondere im Fall gerichtlicher Auseinandersetzungen bedeutsam werden können. Es ist anzuraten, die Ergebnisse der Recherche in der Dokumentation aufzuführen und im weiteren Verlauf der Bewertung im Auge zu behalten. Bei Bewertungen aufgrund vertraglicher Vereinbarungen sind die Vorgaben bezüglich des anzuwendenden Bewertungsverfahrens meist vergleichsweise konkret, bedürfen aber ebenfalls im Detail regelmäßig einer Auslegung durch den Bewerter. Dabei sind insbesondere der Stand der Bewertungstheorie und die Intentionen der Vertragsparteien zum Zeitpunkt des Vertragsabschlusses zu berücksichtigen.

Neben Vorgaben zum Bewertungsverfahren können **Vorgaben zum Bewertungsergebnis** eine Rolle spielen. Z.B. ist der Wert börsennotierter Aktien bei bestimmten Bewertungen aufgrund gesetzlicher Vorschriften unter Berücksichtigung des Börsenkurses zu ermitteln.[1] Folglich muss in solchen Fällen das Bewertungsergebnis darauf hin überprüft werden, ob es in einer angemessenen Relation zum Börsenkurs des Unternehmens steht. Bei Bewertungen aufgrund vertraglicher Vereinbarungen sollte man grundsätzlich die Frage stellen, welcher Wert sich ergeben hätte, wenn der Vertrag keine Regelungen zur Bewertung beinhalten würde. Bedeutsam wird dies etwa bei der Bestimmung der Abfindung eines Personengesellschafters aufgrund einer Abfindungsklausel im Gesellschaftsvertrag. Ist z.B. eine Abfindung zum Buchwert vorgesehen, so kann ein grobes Missverhältnis gegenüber der gesetzlichen Regelung nach § 738 Abs. 1 BGB vorliegen, demzufolge die Klausel sittenwidrig ist. In diesem Fall wäre die Klausel nichtig und die Abfindung müsste sich an der gesetzlichen Regelung orientieren.

Von nicht zu unterschätzender praktischer Bedeutung sind **Vorgaben zum Bewertungsstichtag**, also dem Datum, auf das sich die Bewertung beziehen soll. Bei Bewertungen aufgrund gesetzlicher Vorschriften finden sich hierzu häufig schon im Gesetzestext Aussagen. Z.B. heißt es in § 30 UmwG zur Bemessung des Angebots auf Barabfindung widersprechender Anteilsinhaber bei einer Verschmelzung durch Aufnahme: »Die Barabfindung muss die Verhältnisse des übertragenden Rechtsträgers im Zeitpunkt der Beschlussfassung über die Verschmelzung berücksichtigen.« Ebenso enthalten vertragliche Bestimmungen, auf deren Grundlage Unternehmensbewertungen durchgeführt werden, in der Regel eine Klausel zum maßgeblichen Bewertungsstichtag. Bei freiwilligen Bewertungen ist der Bewertungsstichtag – wenn immer dies mit dem Zweck der Bewertung vereinbar ist – aus Praktikabilitätsgründen auf einen Abschlussstichtag zu legen.

Die Frage nach dem maßgeblichen Bewertungsstichtag bezieht sich nicht nur auf den Zeitpunkt, auf den die zu erwartenden künftigen Zahlungen an die Kapitalgeber abgezinst werden, sondern auch auf den Informationsstand, der bei der Prognose der abzuzinsenden Ergebnisse und der Ermittlung der Kapitalkostensätze zu berücksichtigen ist. Liegt der Bewertungsstichtag in der Vergangenheit, so sind nicht die seitdem tatsächlich eingetretenen Entwicklungen relevant, sondern die Entwicklungen, mit denen aus der Sicht des Bewertungsstichtags zu rechnen gewesen ist. In der Praxis bereitet dies regelmäßig Probleme, weil kaum abgegrenzt werden kann, womit man am Bewertungsstichtag rechnen konnte und womit nicht. Häufig wird in diesem Zusammenhang auf die sogenannte **Wurzeltheorie des BGH**[2] Bezug genommen, nach der nur solche Ent-

---

1 Siehe BVerfG vom 27.04.1999, 1 BvR 1613/94, S. 1693.
2 Siehe BGH vom 17.01.1973, IV ZR 142/70, S. 563 – 565.

wicklungen berücksichtigt werden dürfen, deren »Wurzeln« in der Zeit vor dem Bewertungsstichtag liegen. Diese Wurzeln müssen zum Bewertungsstichtag bereits erkennbar gewesen sein, es reicht nicht aus, dass »... sich rückblickend eine irgendwie geartete Kausalkette bis vor den Stichtag zurückverfolgen lässt.«[1] Jedenfalls sind die eingetretenen Entwicklungen nur in der Weise zu berücksichtigen, wie dies bei einer Bewertung zum damaligen Zeitpunkt erfolgt wäre.

Nach dem Bewertungsanlass ist der **Zweck der Bewertung** zu bestimmen; gleichzeitig ist die Funktion festzulegen, in der der Bewerter tätig ist. Eine Auflistung der Bewertungsfunktionen enthält Kapitel 1.2. Anhaltspunkte für die Bestimmung des Bewertungszwecks bzw. der Funktion des Bewerters ergeben sich häufig schon aus dem Auftraggeber und dem Bewertungsanlass. Vermutungen reichen jedoch an dieser Stelle nicht aus: Man muss sich Klarheit verschaffen – vor allem, wenn der Auftraggeber selber keine Bewertungskenntnisse besitzt. Der im Einvernehmen mit dem Auftraggeber festgelegte Bewertungszweck ist zu dokumentieren, um Meinungsverschiedenheiten zu späteren Zeitpunkten zu vermeiden.

Von dem Bewertungszweck hängt – wie in Kapitel 1.2 erläutert – die zugrunde zu legende **Wertkonzeption** ab. In der Praxis geht es bei extern durchgeführten Bewertungen überwiegend um Argumentationswerte, mittels derer im Vorfeld von Unternehmensübernahmen oder bei gerichtlichen Auseinandersetzungen Verhandlungs- oder Rechtspositionen fundiert oder unterstützt werden sollen. Des Weiteren werden Argumentationswerte ermittelt, um Preisvorstellungen gegenüber Aufsichtsgremien zu begründen. Daneben spielen Schiedswerte eine Rolle, etwa wenn Wirtschaftsprüfer von Gerichten als Gutachter eingesetzt werden. Interne Bewertungen dienen in der Regel dazu, die Vorteilhaftigkeit unternehmerischer Maßnahmen zu beurteilen oder die Wertbeiträge einzelner Geschäftsbereiche zu bestimmen. Sie haben in der jüngeren Zeit aufgrund der Verbreitung des Gedankenguts der wertorientierten Unternehmensführung erheblich an Bedeutung gewonnen und stellen mittlerweile ein wichtiges Tätigkeitsfeld der Mitarbeiter in Controlling- oder Finanzabteilungen dar. Die wichtigste Wertkonzeption in diesem Zusammenhang ist der Entscheidungswert.

Der Bewertungszweck bestimmt auch, von welchen Annahmen bei einer **Fortführung des Unternehmens** ausgegangen werden muss. Ist das zu bewertende Unternehmen in einen Unternehmensverbund eingebunden, so stellt sich insbesondere die Frage, ob die Lieferungs- und Leistungsbeziehungen mit den anderen Unternehmen des Verbunds erhalten bleiben oder ob neue Verflechtungen an deren Stelle treten. Bei der Ermittlung von Entscheidungswerten sind dafür die Pläne des jeweiligen Bewertungssubjektes ausschlaggebend. Die Preisobergrenze eines potenziellen Käufers etwa muss dessen spezifische Vorhaben berücksichtigen, wobei vor allem an neu zu schaffende Synergieeffekte zu denken ist, die der Käufer nutzbar machen kann, aber auch an entfallende Synergieeffekte infolge der Herauslösung aus einem bestehenden Unternehmensverbund. Bei der Bestimmung von Schiedswerten sind prinzipiell die Pläne und Möglichkeiten aller beteiligten Parteien

---

1 Siehe OLG Düsseldorf vom 17.02.1984, 19 W 1/81, S. 817 f.

in angemessenem Umfang zu berücksichtigen, was mangels Einblick in die jeweiligen Verhältnisse jedoch häufig an Grenzen stößt. Jedenfalls sind etwaige rechtliche Vorgaben bezüglich der Einbeziehung zu erwartender Synergieeffekte zu beachten. Bei der Ermittlung von Argumentationswerten besteht die Aufgabe darin, Fortführungsperspektiven zu entwerfen, mittels derer die angestrebte Wertvorstellung begründet werden kann. Dazu muss man sich in die Lage der jeweils anderen Partei versetzen und darüber nachdenken, welche Maßnahmen aus deren Sicht ergriffen werden könnten.

Zur Klärung der Bewertungsaufgabe gehört schließlich die Eingrenzung der geeignet erscheinenden **Bewertungsverfahren**. Sofern dies mit dem Zweck der Bewertung vereinbar ist und nicht anderslautende gesetzliche Vorschriften oder vertragliche Vereinbarungen entgegenstehen, werden für die Bewertung heute in aller Regel Kapitalwertverfahren verwendet. Von den Kapitalwertverfahren wiederum sind grundsätzlich die Entity Verfahren der DCF Verfahren vorzuziehen, da diese Verfahren eher die Möglichkeit bieten, Investitions- und Finanzierungsfragen losgelöst voneinander zu behandeln. Von den Entity Verfahren genießt das FCF Verfahren in der Praxis die weiteste Verbreitung. Auch aus theoretischer Sicht weist dieses Verfahren Vorteile auf, wenn sich das Unternehmen wertabhängig finanziert. Verfolgt das Unternehmen dagegen eine autonome Finanzierung, so ist das APV Verfahren zu präferieren. Wie im Folgenden noch erläutert wird, spielen Mischformen beider Verfahren ebenfalls eine Rolle.

Wie in Kapitel 3.5 ausgeführt gibt es eine Vielzahl von Fällen, in denen statt einem der genannten Entity Verfahren ein Equity Verfahren zur Anwendung kommt. Hierfür sind zwei Gründe anzuführen: Erstens ergeben sich bei den Entity Verfahren im Hinblick auf das Fremdkapital in manchen Fällen Schwierigkeiten, denen man durch Ausweichen auf ein Equity Verfahren zumindest vordergründig aus dem Weg gehen kann. Solche Schwierigkeiten können aus einer komplexen Fremdfinanzierung resultieren. Z.B. bereitet die korrekte Berücksichtigung von Pensionsrückstellungen bei den Entity Verfahren theoretisch wie praktisch erhebliche Probleme. Sie können aber auch auf die Branche des Unternehmens zurückzuführen sein. Banken und Versicherungen etwa werden regelmäßig mit Hilfe eines Equity Verfahrens bewertet, weil Fremdkapital bei diesen Finanzdienstleistern einen anderen Charakter besitzt als bei anderen Unternehmen. Zweitens kann sich die Anwendung von Equity Verfahren bei gerichtlichen Auseinandersetzungen anbieten, wenn die einschlägige Rechtsprechung auf das Ertragswertverfahren (oder das FtE Verfahren) abstellt.

Während der Anlass und die Funktion der Bewertung im Rahmen der Klärung der Bewertungsaufgabe abschließend bestimmt werden können, ist dies in Bezug auf das Bewertungsverfahren in dieser frühen Phase der Bewertung noch nicht möglich. Der Grund dafür besteht darin, dass erst im weiteren Verlauf der Bewertung Informationen gesammelt werden, die für die Auswahl des Bewertungsverfahrens von Bedeutung sind. Z.B. wird regelmäßig noch nicht bekannt sein, von welchen Annahmen bezüglich der künftigen Finanzierung des Unternehmens auszugehen ist. Dementsprechend kann die Entscheidung zwischen dem FCF Verfahren und dem APV Verfahren noch nicht getroffen werden. Des Weiteren mag sich im Zuge der Bewertung herausstellen, dass einer der im letzten Absatz angegebenen Gründe für die Anwendung des FtE Verfahrens vorliegt. Die Überlegungen bezüglich des anzuwendenden Bewertungsverfahrens besitzen daher vorläufigen Charakter. Gleichwohl ist es aufgrund des Zusammenhangs mit dem Zweck der Bewertung bzw. mit der zugrunde zu legenden Wertkonzeption wichtig, sich über die in Frage kommenden Bewertungsverfahren Gedanken zu machen.

PRAXIS: Stellenwert und Einsatzbereich alternativer Bewertungsverfahren und Wertgrößen

Häufig wird in der betrieblichen Praxis auch noch auf andere Bewertungsverfahren und Wertgrößen Bezug genommen, die teilweise an anderer Stelle schon erörtert wurden:

Das grundsätzliche Vorgehen bei den Multiplikatorverfahren wurde bereits in Kapitel 1.3 skizziert. Die Verfahren werden gern von Beratern verwendet, die sich auf Mergers & Acquisitions spezialisiert haben. Sie dienen vor allem zur Bildung erster Wertvorstellungen und werden in erster Linie bei kleineren Transaktionen herangezogen. Im Unterschied zu den DCF Verfahren basieren die Multiplikatorverfahren nicht auf einer geschlossenen theoretischen Grundlage.

Zum Ertragswert des Unternehmens siehe den Einschub am Ende des Kapitels 3.5. Das Ertragswertverfahren ähnelt dem FtE Verfahren insoweit, als die an die Eigenkapitalgeber fließenden Zahlungen auf den Bewertungszeitpunkt abgezinst und aufsummiert werden. Der Unterschied zum FtE Verfahren besteht im Wesentlichen darin, dass nicht der FtE, sondern der Ertragsüberschuss des Unternehmens als der unter gesellschaftsrechtlichen Aspekten an die Eigenkapitalgeber ausschüttungsfähige Betrag abgezinst wird. Wenn bei Anwendung des FtE Verfahrens und des Ertragswertverfahrens sowohl auf die Finanzierbarkeit als auch auf die Ausschüttungsfähigkeit des Ertragsüberschusses bzw. des FtE geachtet wird, besteht diesbezüglich im Prinzip kein Unterschied zwischen den Verfahren.

Der Substanzwert eines Unternehmens ergibt sich, indem man die vorhandenen Vermögenswerte aufaddiert und die Schulden abzieht. Wie der Name schon sagt, knüpft das Verfahren an der betrieblichen Substanz und nicht an dem Erfolg aus Sicht der Unternehmenseigner an. Im Kern steht die Frage, welcher Betrag aufzuwenden wäre, wenn das Unternehmen rekonstruiert werden müsste. Das Substanzwertverfahren stellte in den fünfziger und sechziger Jahren des letzten Jahrhunderts den State of the Art der Unternehmensbewertung dar, wird aber heute als weitgehend überholt angesehen.

Der Liquidationswert folgt wie der Substanzwert einem Einzelbewertungsansatz. Während beim Substanzwert jedoch von einer Fortführung des Unternehmens ausgegangen wird, liegt dem Liquidationswert die Annahme einer Auflösung des Unternehmens zugrunde. Dementsprechend werden nicht Fortführungswerte, sondern Liquidationswerte (Veräußerungswerte) aufaddiert. Allgemein gilt der Grundsatz, dass der Wert eines Unternehmens nach unten durch seinen Liquidationswert begrenzt wird, sofern eine Liquidation praktisch möglich ist.

Der letzte Schritt im Rahmen der Klärung der Bewertungsaufgabe besteht darin, Ansprechpartner zu bestimmen, die für Auskünfte zur Verfügung stehen, und eine (erste) Liste von Informationsquellen zusammen zu stellen. Hierfür kann z.B. auf die Auflistung potenzieller Informationsquellen in dem internen Erhebungsbogen des IDW zur Unternehmensbewertung zurückgegriffen werden.

PRAXIS: Interner Erhebungsbogen des IDW zur Unternehmensbewertung[1]

Der Arbeitskreis Unternehmensbewertung des IDW hat einen Erhebungsbogen verfasst, anhand dessen die für eine Unternehmensbewertung erforderlichen Informationen zusammengetragen werden können. Selbstverständlich wird dabei kein Anspruch auf Vollständigkeit erhoben. Der Erhebungsbogen ist wie folgt gegliedert:

A. *Bewertungsauftrag*
1. Auftraggeber
2. Bewertungsobjekt
3. Bewertungsanlass
4. Funktion des Wirtschaftsprüfers
5. Prüfung der Unabhängigkeit des Gutachters
6. Verwendete Bewertungsmethoden
7. Bewertungsstichtag
8. Referenzzeitraum für die Vergangenheitsanalyse
9. Prognosezeitraum und dessen Unterteilung

B. *Informationen zum Bewertungsobjekt*
1. Eigenschaften des Bewertungsobjekts
2. Aufbau des Unternehmens
3. Informationen aus dem Rechnungswesen
4. Rechtliche Verhältnisse
5. Wirtschaftliche Verhältnisse
6. Steuerliche Verhältnisse

C. *Erhebungen zur Wertermittlung*
1. Vergangenheitsanalyse
2. Planungsanalyse
3. Darstellung der den Planungen zugrunde liegenden Prämissen und Daten sowie Angabe ihrer Quelle
4. Ermittlung der Ergebniserwartungen
5. Finanzplanung und Zinsprognose
6. Ertragsteuern der Unternehmenseigner (persönliche Ertragsteuern)
7. Nicht betriebsnotwendiges Vermögen

---

1 Siehe Arbeitskreis Unternehmensbewertung (AKU) des IDW (2003).

8. Ermittlung des Kapitalisierungszinssatzes
9. Ermittlung der künftigen Ertragsüberschüsse
10. Ermittlung des künftigen Cashflow
11. Liquidationswert
12. Anhaltspunkte für Plausibilitätsbeurteilungen

Der Wirtschaftsprüfer hat eine Vollständigkeitserklärung einzuholen, in der das Unternehmen erklärt, alle für die Bewertung wesentlichen Informationen an den Bewerter übermittelt zu haben.

4.3 Erhebung und Aufbereitung von Informationen

4.3.1 Rechtliche und wirtschaftliche Grundlagen

Nachdem die Bewertungsaufgabe geklärt ist, sind die rechtlichen Grundlagen des Bewertungsobjektes näher zu bestimmen. Sofern noch nicht geschehen, werden der Name, die Adresse, der Sitz und die Rechtsform des Unternehmens erfasst; des Weiteren wird festgestellt, ob das Unternehmen zu einer Unternehmensgruppe gehört. Im einfachsten Fall handelt es sich um ein bereits bestehendes Unternehmen in der Rechtsform einer Kapitalgesellschaft, das nicht in einen größeren Unternehmensverbund eingebettet ist. Von einem so gearteten Bewertungsobjekt wird im Folgenden ausgegangen.

Weitergehende Überlegungen zur **Abgrenzung des Bewertungsobjekts** sind immer dann erforderlich, wenn eines der angeführten Merkmale nicht erfüllt ist. Soll das Unternehmen erst noch gegründet werden, ist festzulegen, welche Vermögenswerte auf das Unternehmen übertragen und wie diese Vermögenswerte finanziert werden sollen. Bei der Bewertung einer Personengesellschaft ist besonderes Augenmerk auf die Abgrenzung der Unternehmenssphäre von der Privatsphäre der Gesellschafter zu legen. Z.B. ist die unentgeltlich bereit gestellte Arbeitsleistung des geschäftsführenden Gesellschafters kein Erfolgsfaktor, der dem Unternehmen zuzuordnen ist – im Fall einer Veräußerung des Unternehmens stünde dessen Arbeitskraft ja nicht mehr ohne Weiteres zur Verfügung. Gehört das Unternehmen zu einem Unternehmensverbund, muss sich der Bewerter einen Überblick über die Lieferungs- und Leistungsbeziehungen innerhalb des Verbunds verschaffen, um ggf. die Auswirkungen einer Herauslösung des Unternehmens aus dem Verbund berücksichtigen zu können. Analog gilt dies auch, wenn es sich bei dem Bewertungsobjekt nicht um ein rechtlich selbständiges Unternehmen, sondern z. B. um einen wirtschaftlich eigenständigen Bereich in einem Unternehmen handelt.

In Abhängigkeit von dem Anlass und der Funktion, in der der Bewerter tätig ist, sowie von den Informationen, die ihm vorliegen oder die er sich verschaffen kann, gehört zur Klärung der rechtlichen Grundlagen des Unternehmens das Studium von Handelsregisterauszügen, der Satzung des Unternehmens und ggf. vorhandener Unternehmensverträge. Die Beschäftigung mit diesen Unterlagen dient dazu, die zunächst vom Auftraggeber oder aus anderen Informationsquellen stammenden Angaben zum Bewertungsobjekt zu überprüfen und ggf. zu ergänzen. Können die genannten Unterlagen nicht oder nur teilweise beschafft werden, so muss man sich auf die Informationen seines Auftraggebers oder andere Informationsquellen stützen. In der Dokumentation ist dann darauf hinzuweisen, dass eine Prüfung dieser Informationen in inhaltlicher Hinsicht und in Bezug auf ihre Vollständigkeit nicht möglich war.

Nach den rechtlichen Grundlagen werden die **wirtschaftlichen Grundlagen des Bewertungsobjektes** ermittelt. Hierzu zählen die Standorte, die Anlagen, die Belegschaft, die Organisationsstruktur, die Produkte sowie die Abnehmer und die Lieferanten des Unternehmens. Im Idealfall werden zu jedem Standort die dort angesiedelten Funktionen (Verwaltung, Fertigung, Vertrieb, …), das genutzte Grundvermögen (Grundstücke und Gebäude), die Eigentumsverhältnisse hieran (Kauf, Leasing, Miete) sowie die Anzahl der dort tätigen Mitarbeiter aufgenommen. Eine Liste der wichtigsten Anlagen enthält die Verteilung auf die Standorte, die Eigentumsverhältnisse, das Alter und die zu erwartende Restnutzungsdauer; des Weiteren sollte die verwendete Technik vermerkt sein. In Bezug auf die Belegschaft sind Informationen über das Qualifikationsprofil der Mitarbeiter (kaufmännische Angestellte, Arbeiter, besondere Kenntnisse oder Fertigkeiten) einzuholen; zudem ist festzustellen, wie viele Mitarbeiter in welchen betrieblichen Funktionen (Beschaffung, Fertigung, Vertrieb, Verwaltung) tätig sind. Die Organisationsstruktur des Unternehmens wird zweckmäßigerweise in einem Organigramm dargestellt, aus dem der Aufbau des Unternehmens sowie die Entscheidungskompetenzen und die Verantwortlichkeiten hervorgehen. Zu allen Produkten oder Produktgruppen sollten die jeweiligen Umsätze und die Vertriebswege bekannt sein. Schließlich ist eine Liste mit den wichtigsten Abnehmern und Lieferanten anzufertigen, die mengen- und wertmäßige Angaben über die gelieferten bzw. bezogenen Produkte, Vorprodukte oder Rohstoffe enthält.

Der **Detaillierungsgrad** der in dieser Phase der Bewertung erhobenen Informationen hängt in hohem Maße von den Gegebenheiten des jeweiligen Einzelfalls ab; insofern kann es sich bei den obenstehenden Angaben nur um Anhaltspunkte handeln. Wichtig ist, dass man sich mit jedem der aufgeführten Punkte auseinandersetzt und auf diese Weise eine genaue Vorstellung von dem Bewertungsobjekt bildet. Gleichzeitig wird mit der Erhebung entsprechender Informationen die Grundlage für die nachfolgende Analyse der Branche und der Wettbewerbssituation des Unternehmens gelegt. Schon deshalb sind auch hier nach Möglichkeit alle zu den Informationen gehörigen Unterlagen in die Dokumentation aufzunehmen. Zu denken ist vor allem an Grundbuchauszüge, an Leasing- oder Mietverträge in Bezug auf Gebäude oder Anlagen, an Tarifverträge und an langfristige Verträge mit Abnehmern oder Lieferanten.

Über die genannten Punkte hinaus gehört zur Klärung der rechtlichen und wirtschaftlichen Grundlagen eine Auseinandersetzung mit den Führungsgremien des Unternehmens und deren Besetzung. Dies ist schon deshalb selbstverständlich, weil die Mitglieder des Vorstands oder der Geschäftsführung des zu bewertenden Unternehmens häufig zu den Ansprechpartnern des Bewerters zählen. Wichtiger noch ist aber, dass die künftige Entwicklung des Unternehmens von der Qualität des Managements abhängt. Der Bewerter muss sich daher ein Bild von den Führungsqualitäten der Entscheidungsträger im Unternehmen machen.[1] Relativ unkritisch ist dies im Regelfall dann, wenn das Management schon längere Zeit im Unternehmen tätig war und dem Unternehmen auch weiterhin zur Verfügung steht. Anhaltspunkte für die Managementqualität ergeben sich dann aus der Unternehmenshistorie. Schwieriger ist die Situation, wenn wichtige Führungspositionen gerade neu besetzt worden sind oder in Kürze neu besetzt werden müssen. Man muss sich dann die Frage stellen, ob das vormalige Management Kenntnisse, Fähigkeiten oder Kontakte besaß, die nun nicht mehr zur Verfügung stehen, und welche Konsequenzen damit ggf. verbunden sind. Natürlich ist auch umgekehrt der Fall denkbar, dass das neue Management gegenüber dem alten Vorteile aufweist.

Informieren muss sich der Bewerter des Weiteren über die Eigentumsverhältnisse an dem Unternehmen sowie die Finanzierung des Unternehmens. Zumindest die wichtigsten Eigenkapitalgeber sind nach Möglichkeit namentlich zu erfassen und mit ihren Anteilen am Unternehmen aufzulisten. Darüber hinaus sollten die Einflussmöglichkeiten der Eigenkapitalgeber in Bezug auf die Unternehmensführung eruiert werden – hierzu sind u.a. die einschlägigen Vorgaben der Satzung oder des Gesellschaftsvertrags auszuwerten. Man sollte sich auch ein Bild von der jeweiligen Interessenlage machen. Letzteres ist vor allem dann bedeutsam, wenn Lieferungs- oder Leistungsbeziehungen zwischen dem Unternehmen und seinen Eigenkapitalgebern bestehen. Der ursprünglich intendierte Finanzierungsbeitrag der Eigenkapitalgeber geht aus der Satzung oder dem Gesellschaftvertrag hervor. Die aktuelle Situation lässt sich der Bilanz des Unternehmens entnehmen. Das gezeichnete Kapital (mit gesondertem Ausweis ausstehender Einlagen) sowie die Rücklagen werden in der Dokumentation zweckmäßigerweise nach den jeweiligen Rechtsvorschriften und den Vorgaben der Satzung oder des Gesellschaftsvertrags gegliedert aufgeführt.

Das Fremdkapital des Unternehmens setzt sich in der Regel aus verschiedenen Komponenten (Anleihen, kurz- und langfristige Bankkredite, Verbindlichkeiten aus Lieferungen und Leistungen, Pensionsrückstellungen etc.) zusammen. Die einzelnen Posten sind der aktuellen Bilanz des Unternehmens zu entnehmen und differenziert aufzulisten. Soweit es sich um eine bedeutsame Fremdkapitalkomponente handelt, was an deren Anteil an der Bilanzsumme und am gesamten Fremdkapital festgemacht werden kann, sind nach Möglichkeit die zugehörigen vertraglichen Vereinbarungen heranzuziehen. Diesen sind die vereinbarten Tilgungsmodalitäten, die Finanzierungskosten sowie die eingeräumten Sicherheiten zu entnehmen, um künftige Refinanzierungserfordernisse und finanzierungsseitig gebundene Vermögenswerte sichtbar zu machen. Besitzt das Unternehmen als Ganzes ein Rating oder liegt ein solches für einzelne Finanzierungsinstrumente vor, so sind auch die dazu gehörigen Informationen in die Dokumentation aufzunehmen.

---

1 Vgl. Institut der Wirtschaftsprüfer (Hrsg.) (2014), S. 31 f.

Im Zuge der Bestimmung der rechtlichen und wirtschaftlichen Grundlagen des Unternehmens ist des Weiteren zu untersuchen, ob im Unternehmen nicht betriebsnotwendiges Vermögen vorhanden ist.[1] Darunter fallen alle Vermögensteile, die weder der betrieblichen Leistungserstellung dienen noch die Finanzierung betriebsnotwendigen Vermögens besichern. Im Zweifel ist die Zugehörigkeit zum nicht betriebsnotwendigen Vermögen anhand der Frage zu entscheiden, ob die betreffenden Vermögensteile veräußert werden können, ohne dass davon die Unternehmensaufgabe berührt würde (funktionales Abgrenzungskriterium). Als Vermögensteile, die dem nicht betriebsnotwendigen Vermögen zuzurechnen sind, kommen vor allem in Betracht:

- Ungenutzte und fremdgenutzte Grundstücke und Gebäude
- Vermietete und verpachtete Anlagen
- Beteiligungen
- Wertpapiere des Anlage- und des Umlaufvermögens
- Überschüssige liquide Mittel

Das nicht betriebsnotwendige Vermögen wird üblicherweise einer gesonderten Bewertung zugeführt. Dabei werden auch Schulden berücksichtigt, die mit den betreffenden Vermögensteilen in Zusammenhang stehen.

Schließlich ist in dieser Phase der Bewertung festzulegen, wie vorgegangen werden soll, wenn das zu bewertende Unternehmen betriebsnotwendige Beteiligungen hält. Hierfür existieren grundsätzlich zwei Möglichkeiten: Zum einen können das Beteiligungsunternehmen und das zu bewertende Unternehmen gedanklich zu einer Bewertungseinheit zusammengefasst werden. Im Ergebnis erhält man den Wert des Unternehmens unter Einschluss des Wertes der Beteiligungen. Zum anderen besteht die Möglichkeit, Beteiligungen gesondert zu bewerten. Dann sind die bewertungsrelevanten Zahlungen des zu bewertenden Unternehmens und des Beteiligungsunternehmen separat zu betrachten. Der gesuchte Unternehmenswert ergibt sich, indem man den Wert der Beteiligungen zu dem Wert des Unternehmens ohne die Beteiligungen addiert. Welche der beiden Vorgehensweisen sich im Einzelfall anbietet, hängt vor allem von der Bedeutung der Beteiligung, den vorliegenden Unterlagen (Einzel- oder Konzernabschluss) und den steuerlichen Verhältnissen (Einzelveranlagung oder Organschaft) ab.

4.3.2 Steuerliche Grundlagen

4.3.2.1 Steuerliche Rahmenbedingungen in Deutschland

Die bei der Unternehmensbewertung zu berücksichtigenden Ertragsteuern gliedern sich in Unternehmensteuern und persönliche Steuern. Die Unternehmensteuern zahlt

---

1 Zum Folgenden vgl. Institut der Wirtschaftsprüfer (Hrsg.) (2008), Tz. 59–63; Institut der Wirtschaftsprüfer (Hrsg.) (2014), S. 41 ff.

das Unternehmen an den Staat, womit die abfließenden Mittel nicht mehr für Zahlungen an die Kapitalgeber zur Verfügung stehen. Zahlungen der Unternehmen an die Kapitalgeber unterliegen bei diesen der persönlichen Besteuerung. Da die persönlichen Steuern ebenso wie die Unternehmensteuern Einfluss auf die Konsummöglichkeiten der Kapitalgeber nehmen, sind grundsätzlich sowohl Unternehmensteuern als auch persönliche Steuern für die Bewertung relevant. Welche Steuern konkret berücksichtigt werden müssen, hängt davon ab, ob es sich bei dem zu bewertenden Unternehmen um eine Körperschaft (z.B. Kapitalgesellschaft oder Genossenschaft/Europäische Genossenschaft) oder eine Personengesellschaft (z.B. Offene Handelsgesellschaft (OHG) oder Kommanditgesellschaft (KG)) handelt.

Körperschaften gelten im deutschen Steuerrecht als eigenständige Steuersubjekte und unterliegen mit ihrem Einkommen der **Körperschaftsteuer**, weshalb diese auch als Einkommensteuer für juristische Personen bezeichnet wird. Die Besteuerung des Einkommens erfolgt auf der Ebene der Körperschaft unabhängig von der Gewinnverwendung. Als zweite Unternehmensteuer ist bei Körperschaften die **Gewerbesteuer** zu berücksichtigen. Da das Objekt des Gewerbebetriebs mit seinem Ertrag im Mittelpunkt der Gewerbebesteuerung steht, gehört diese zu den Objektsteuern. Die persönlichen Verhältnisse der hinter dem Objekt stehenden Personen spielen für die Besteuerung grundsätzlich keine Rolle. Sofern eine Körperschaft ihren Gewinn vollständig oder teilweise an die Anteilseigner als natürliche Personen ausschüttet, wird hierauf **Einkommensteuer** erhoben, wodurch es nach geltendem deutschem Steuerrecht zu einer Doppelbelastung gleicher Einkunftsteile kommt. Die Besteuerung einer Körperschaft und ihrer Anteilseigner erfolgt damit unabhängig voneinander (Trennungsprinzip). Infolgedessen können die Anteilseigner mit ihren Körperschaften Leistungsbeziehungen eingehen, die steuerlich grundsätzlich anerkannt werden. Neben der von den Anteilseignern zu entrichtenden Einkommensteuer kann die Einkommensteuer auf die Zinseinkünfte der Gläubiger des Unternehmens für die Bewertung eine Rolle spielen. Von Bedeutung ist des Weiteren der **Solidaritätszuschlag**, der als prozentualer Aufschlag auf die Einkommen- und Körperschaftsteuer bemessen wird. Schließlich wird auf der persönlichen Ebene mit der **Kirchensteuer** als prozentualem Aufschlag auf die Einkommensteuer eine zweite Zuschlagsteuer erhoben, wenn der Gesellschafter Mitglied in einer staatlich anerkannten Kirche ist.

Die Besteuerung von **Personengesellschaften** basiert auf dem Transparenzprinzip: Personengesellschaften sind selbst nicht einkommen- oder körperschaftsteuerpflichtig, sondern Einkünfteerzielungs- und Einkünfteermittlungsobjekt. Auf der Ebene der Personengesellschaft werden die Einkünfte demnach nur festgestellt und den Gesellschaftern zugerechnet. Die Besteuerung findet bei den Gesellschaftern statt, die – ebenso wie die Gläubiger des Unternehmens – ihre Einkünfte der **Einkommensteuer** unterwerfen müssen, wenn es sich um natürliche Personen handelt. Von der Einkommensteuer wiederum hängen der **Solidaritätszuschlag** und ggf. die **Kirchensteuer** ab. Aus dem Transparenzprinzip resultiert, dass die Besteuerung der Gewinne einer Personengesellschaft grundsätzlich unabhängig von der Gewinnverwendung ist. Zur Vermeidung der im Fall einer Gewinnthesaurierung resultierenden steuerlichen Benachteiligung gegenüber Körperschaften wird Personengesellschaften seit 2008 die Option der Thesaurierungsbegünstigung eingeräumt, wonach thesaurierte Gewinne zunächst mit einem niedrigeren Steuersatz besteuert werden und bei späterer Entnahme nachzuversteuern sind. Als Unternehmensteuer ist bei Personengesellschaften wie auch bei Körperschaften die **Gewerbesteuer** zu berücksichtigen. In der nachfolgenden Abbildung sind die Unternehmensteuern und die persönlichen Steuern bei Körperschaften und Personengesellschaften zusammengefasst.

Tab. 4.1: Unternehmensteuern und persönliche Steuern bei Körperschaften und Personengesellschaften

	Körperschaften	**Personengesellschaften**
Unternehmensteuern	Gewerbesteuer Körperschaftsteuer Solidaritätszuschlag	Gewerbesteuer
persönliche Steuern	Einkommensteuer Solidaritätszuschlag ggf. Kirchensteuer	Einkommensteuer Solidaritätszuschlag ggf. Kirchensteuer

In diesem Buch wird die Anwendung der Verfahren der Unternehmensbewertung für eine **unbeschränkt steuerpflichtige inländische Kapitalgesellschaft** dargestellt. Aus diesem Grund wird auf die für die Bewertung von Kapitalgesellschaften wichtigsten steuerrechtlichen Regelungen näher eingegangen. Die Kirchensteuer wird nicht weiter vertieft, da diese persönliche Steuer bei Unternehmensbewertungen in der Regel unberücksichtigt bleibt.

Die bei einer Kapitalgesellschaft auf Unternehmensebene anfallende **Körperschaftsteuer** fließt als Gemeinschaftsteuer zu jeweils 50 % dem Bund und den Bundesländern zu; es handelt sich um eine Definitivsteuer. Die Bemessungsgrundlage für die Körperschaftsteuer ist nach den Vorschriften des EStG und des KStG das zu versteuernde Einkommen, das ausgehend vom Gewinn laut Steuerbilanz unter Berücksichtigung von einkommen- und körperschaftsteuerlichen Modifikationen bestimmt wird. Von besonderer Bedeutung für die Unternehmensbewertung sind die steuerrechtlichen Regelungen zur Abzugsfähigkeit von Zinsaufwendungen, da sich hieraus eine Abhängigkeit der Steuerzahlungen von der Finanzierung ergibt. In diesem Zusammenhang ist zu berücksichtigen, dass der Betriebsausgabenabzug für Zinsaufwendungen der sogenannten **Zinsschrankenregelung** unterliegt. Demnach ist der Nettozinsaufwand als Differenz zwischen Zinsaufwendungen und Zinserträgen gemäß § 4h Abs. 1 EStG nur bis zu einer Höhe von 30 % des Gewinns vor Unternehmensteuern, Abschreibungen und Zinsen (im EStG als EBITDA bezeichnet) abzugsfähig. Ein nicht verrechenbarer Gewinn kann in die folgenden fünf Wirtschaftsjahre vorgetragen werden. Gemäß § 4h Abs. 2 EStG existieren drei Ausnahmen von der Zinsschrankenregelung. Die Zinsschranke kommt demnach nicht zur Anwendung, wenn

- der Nettozinsaufwand drei Millionen Euro nicht überschreitet (Freigrenze),
- das Unternehmen nicht Teil eines Konzerns ist (Konzernklausel) oder
- die bilanzielle Eigenkapitalquote des Unternehmens diejenige des Konzerns nicht wesentlich unterschreitet (Escape-Klausel).

Für Unternehmensbewertungen besonders bedeutsam sind ferner die Regelungen zum **intertemporalen Verlustausgleich**. Erleidet eine Kapitalgesellschaft in einem Veranlagungszeitraum einen Verlust, kann dieser Verlust mit Gewinnen aus anderen Veranlagungszeiträumen verrechnet werden. Sofern die Kapitalgesellschaft in dem unmittelbar vorangegangenen Veranlagungsjahr einen Gewinn erzielt hat, kann der Verlust in dieses Jahr gemäß § 8 Abs. 1 KStG i. V. m. § 10d Abs. 1 Satz 1 EStG bis zu einem Betrag von maximal 1.000.000 € zurückgetragen werden. Falls danach ein noch nicht genutzter Verlust verbleibt, wird dieser gemäß § 8 Abs. 1 KStG i. V. m. § 10d Abs. 2 Satz 1 EStG in die folgenden Jahre vorgetragen, wobei die Regelungen zur sogenannten **Mindestbesteuerung** zu beachten sind: Verluste können demnach bis zu einem Betrag von 1.000.000 € in voller Höhe mit Gewinnen in dem jeweils folgenden Veranlagungsjahr verrechnet werden. Ein darüber hinausgehender Verlust darf jedoch nur bis zu einer Höhe von 60 % des verbleibenden Gesamtbetrags der Einkünfte des jeweiligen Veranlagungszeitraums verrechnet werden. Nicht verrechnete Verluste werden ohne zeitliche Befristung in das jeweils nächste Veranlagungsjahr vorgetragen.

Der **Körperschaftsteuersatz** beträgt gemäß § 23 Abs. 1 KStG 15 %. Zusätzlich ist auf die Körperschaftsteuer gemäß § 1 Abs. 1 und § 4 SolZG ein **Solidaritätszuschlag** von 5,5 % zu entrichten.

Die Bemessungsgrundlage der **Gewerbesteuer** ist der Gewerbeertrag. Dieser ist der gemäß § 7 Abs. 1 Satz 1 GewStG nach den Vorschriften des Einkommen- und Körperschaftsteuergesetzes für den jeweiligen Erhebungszeitraum ermittelte Gewinn aus Gewerbebetrieb, modifiziert durch Hinzurechnungen (§ 8 GewStG) und Kürzungen (§ 9 GewStG) sowie ggf. einen Verlustabzug (§ 10a GewStG). Eine für die Unternehmensbewertung wesentliche Modifikation ist die **Hinzurechnung von 25 % der Entgelte für Schulden**, die im Zusammenhang mit dem wirtschaftlichen Geschäftsbetrieb stehen, im Gewerbeertrag in Abzug gebracht wurden und zusammen mit den anderen Hinzurechnungen des § 8 Nr. 1 GewStG den Freibetrag von 100.000 € übersteigen. Damit sind Zinsaufwendungen als Entgelte für Schulden bei Überschreiten des Freibetrages zu 75 % abzugsfähig, weshalb die Gewerbesteuer wie die Körperschaftsteuer von der Finanzierung abhängig ist. Über § 7 Abs. 1 Satz 1 GewStG findet die **Zinsschrankenregelung** auch bei der Gewerbesteuer Anwendung. Liegt keine der drei Ausnahmen von der Zinsschrankenregelung vor, ist die Abzugsfähigkeit von Zinsaufwendungen auf 75 % der bei der Körperschaftsteuer in Abzug gebrachten Zinsaufwendungen beschränkt.

Gemäß § 10a GewStG besteht die Möglichkeit eines **zeitlich unbefristeten Verlustvortrags**. Die Verlustverrechnung ist im ersten Jahr mit positivem Gewerbeertrag vorzunehmen; ein Rücktrag von Verlusten ist bei der Gewerbesteuer nicht möglich. Der vorgetragene Verlust kürzt den positiven Gewerbeertrag späterer Veranlagungszeiträume vollständig bis zur Höhe von 1.000.000 €. Ein darüber hinausgehender Gewerbeertrag kann wie bei den Regelungen zum körperschaftsteuerlichen Verlustvortrag nur zu maximal 60 % mit Verlusten verrechnet werden (**Mindestbesteuerung**).

Der **Gewerbesteuersatz** berechnet sich gemäß § 11 Abs. 1 Satz 2 GewStG aus dem Produkt aus **Steuermesszahl** und **Hebesatz**. Die ortsunabhängige Steuermesszahl beträgt einheitlich 3,5 %. Der ortsabhängige Hebesatz wird gemäß § 16 Abs. 1, 2 und 4 GewStG von den Gemeinden festgelegt und muss mindestens 200 % betragen. Im Jahr

2013 belief sich der auf der Grundlage von Informationen des Deutschen Industrie- und Handelskammertages (DIHK) berechnete durchschnittliche Hebesatz in Gemeinden über 20.000 Einwohner auf ca. 438 %; der höchste Hebesatz lag bei 520 %, der niedrigste bei 275 %. Differenzierte Gewerbesteuersätze kommen zur Anwendung, wenn ein Gewerbebetrieb gemäß §§ 4, 28 Abs. 1 GewStG Betriebsstätten in mehreren Gemeinden unterhält, die das Recht zur Erhebung von Gewerbesteuer haben. In diesem Fall ist der Gewerbeertrag des Unternehmens den Betriebsstätten gemäß §§ 29 Abs. 1 Nr. 1, 31 GewStG grundsätzlich im Verhältnis der gezahlten Arbeitslöhne zuzurechnen.

Sofern es sich bei dem Bewertungsobjekt um ein größeres Unternehmen handelt, wird dieses häufig **Beteiligungen an in- und ausländischen Unternehmen** halten. Im Folgenden wird daher ergänzend auf die wesentlichen steuerlichen Regelungen eingegangen, die bei der Bewertung von Kapitalgesellschaften mit in- und ausländischen Beteiligungen eine Rolle spielen.

Hält eine in Deutschland ansässige unbeschränkt steuerpflichtige Kapitalgesellschaft Beteiligungen an inländischen Kapitalgesellschaften, so werden die Unternehmensteuern im Fall der **Einzelveranlagung** für jede Beteiligungsgesellschaft einzeln bestimmt. Dividenden, die der Kapitalgesellschaft von anderen inländischen Kapitalgesellschaften zufließen, sind gemäß § 8b Abs. 1 KStG steuerfrei zu vereinnahmen, sofern die Beteiligung gemäß § 8b Abs. 4 KStG nicht kleiner als 10 % ist. Allerdings gelten gemäß § 8b Abs. 5 KStG 5 % der Dividenden als nichtabziehbare Betriebsausgaben. Im Ergebnis führt dies dazu, dass 95 % der Dividenden steuerfrei vereinnahmt werden können. Diese Regelung gilt gemäß § 7 Abs. 1 GewStG auch für die Gewerbesteuer, wenn die Beteiligung gemäß § 9 Nr. 2a GewStG nicht kleiner als 15 % ist. Die von der Beteiligungsgesellschaft gemäß § 43 EStG zu entrichtende Kapitalertragsteuer in Höhe von 25 % der Ausschüttung kann bei dem Anteilseigner in vollem Umfang auf die Körperschaftsteuer angerechnet werden (§ 31 KStG i. V. m. § 36 Abs. 2 Nr. 2 EStG). Kursgewinne infolge der Veräußerung von Anteilen an Körperschaften oder Personenvereinigungen unterliegen gemäß § 8b Abs. 2 KStG grundsätzlich weder der Körperschaftsteuer noch der Gewerbesteuer. Allerdings sind gemäß § 8b Abs. 3 KStG 5 % der Kursgewinne als nichtabziehbare Betriebsausgaben zu berücksichtigen.

Neben der Einzelveranlagung besteht für eine inländische Kapitalgesellschaft die Möglichkeit der Bildung einer **steuerliche Organschaft**. Die inländischen Beteiligungsgesellschaften müssen dazu als Organgesellschaften in den Gewerbebetrieb der als Organträger fungierenden Kapitalgesellschaft finanziell eingegliedert sein und sich verpflichtet haben, ihren Gewinn vollständig an den Organträger abzuführen (siehe §§ 14, 17, 18 KStG bzw. § 2 Abs. 2 Satz 2 GewStG). Der Gewerbeertrag und das zu versteuernde Einkommen werden dann zwar auf der Ebene der Organgesellschaften ermittelt, jedoch bei dem Organträger besteuert. Es wird gleichsam davon ausgegangen, dass es sich bei den Organgesellschaften um Betriebsstätten des Organträgers handelt. Eine Bereinigung der Ergebnisse nach Maßgabe der Lieferungs- und Leistungsbeziehungen zwischen dem Organträger und den Organgesellschaften sowie zwischen den Organgesellschaften erfolgt nicht. Steuermindernde Effekte im Vergleich zur Einzelveranlagung sind vor allem damit verbunden, dass konzernintern gezahlte Fremdkapitalzinsen nicht zur Steuerbemessungsgrundlage der Gewerbesteuer hinzugerechnet werden und Verluste und Gewinne der Organgesellschaften mit dem Gewinn bzw. Verlust des Organträgers verrechnet werden können. Darüber hinaus ist zu beachten, dass die Zinsschrankenregelung gemäß § 4h EStG bei Organgesellschaften nicht zur Anwendung kommt.

Die **Unternehmensteuern ausländischer Kapitalgesellschaften** ergeben sich aus den Steuergesetzen der jeweiligen Staaten. Im Jahr 2013 variierten die Unternehmensteuersätze von 0 % in den sogenannten »Steueroasen«, z. B. den Bahamas und den Cayman Islands, bis zu ca. 40 %, etwa in den USA. In der nachfolgenden Tabelle ist ein Überblick über die Unternehmensteuersätze in ausgewählten europäischen und außereuropäischen Staaten im Jahr 2013 aufgeführt. Bei einem Vergleich ist zu beachten, dass sich die jeweilige Steuerbelastung aus dem Produkt aus Steuersatz und Steuerbemessungsgrundlage ergibt. Insofern müssen ergänzend die jeweiligen gesetzlichen Regelungen zur Bestimmung der Steuerbemessungsgrundlagen berücksichtigt werden. So haben bspw. Unternehmen in den USA die Wahl zwischen einer gewinnabhängigen Besteuerung mit einem Steuersatz von teilweise über 40 % und einem »Alternative Minimum Tax (AMT) System«, das durch einen niedrigeren Steuersatz von 20 % bei breiterer Steuerbemessungsgrundlage gekennzeichnet ist. Weiterhin ist zu beachten, dass in anderen Staaten abweichende Regelungen zur Abzugsfähigkeit der Fremdkapitalzinsen von der Steuerbemessungsgrundlage der Unternehmensteuern existieren. Meist können diese vollständig in Abzug gebracht werden.

Tab. 4.2: Unternehmensteuersätze ausgewählter europäischer und außereuropäischer Staaten im Jahr 2013[1]

	Steuersatz 2013 in %
Europäische Staaten	
Belgien	33,99
Bulgarien	10,00
Dänemark	25,00
Deutschland	29,55
Frankreich	33,33
Griechenland	24,00
Irland	12,50
Island	20,00

---

1 Siehe KPMG (2013); dem Unternehmensteuersatz für Deutschland liegt ein Gewerbesteuerhebesatz von 392 % zugrunde.

Tab. 4.2: Unternehmensteuersätze ausgewählter europäischer und außereuropäischer
Staaten im Jahr 2013 – Fortsetzung

	Steuersatz 2013 in %
Europäische Staaten	
Italien	31,40
Luxemburg	29,22
Niederlande	25,00
Norwegen	28,00
Österreich	25,00
Polen	19,00
Portugal	25,00
Russland	20,00
Schweden	22,00
Schweiz	18,01
Slowakei	23,00
Spanien	30,00
Tschechien	23,00
Türkei	20,00
Ungarn	19,00
Vereinigtes Königreich	23,00
Durchschnitt EU	22,85
Durchschnitt Europa	20,60
Außereuropäische Staaten	
Ägypten	25,00
Australien	30,00
Bahamas	0,00
Brasilien	34,00
Cayman Islands	0,00
China	25,00
Indien	33,99
Japan	33,01

Tab. 4.2: Unternehmensteuersätze ausgewählter europäischer und außereuropäischer Staaten im Jahr 2013 – Fortsetzung

	Steuersatz 2013 in %
Außereuropäische Staaten	
Kanada	26,00
Korea, Republik von	24,20
USA	40,00
Durchschnitt OECD	25,32
Durchschnitt Global	24,08

Für die Besteuerung der von ausländischen Unternehmen erwirtschafteten und an inländische Kapitalgesellschaften abgeführten Gewinne gilt der Grundsatz, dass deutsche Kapitalgesellschaften gemäß dem Welteinkommensprinzip mit ihrem gesamten Einkommen unbeschränkt körperschaftsteuerpflichtig sind, sofern dies nicht durch nationale steuerrechtliche Regelungen oder durch Doppelbesteuerungsabkommen eingeschränkt oder ausgesetzt wird. Gemäß der Mutter-Tochter-Richtlinie der Europäischen Union müssen die Mitgliedstaaten bei Tochtergesellschaften jede Form der Quellenbesteuerung vermeiden, wenn die Muttergesellschaft zu mindestens 10 % an der Tochtergesellschaft beteiligt ist. Bei Muttergesellschaften ist sicher zu stellen, dass es nicht zu einer Doppelbesteuerung von Gewinnen kommt. Letzterem kommt Deutschland dadurch nach, dass die von ausländischen Gesellschaften zufließenden Dividenden gemäß § 8b Abs. 1 KStG i. V. m. § 8b Abs. 5 KStG denen inländischer Gesellschaften gleichgestellt sind, womit diese letztlich zu 95 % steuerfrei vereinnahmt werden können. Eine im Ausland erhobene Kapitalertragsteuer (Quellensteuer) kann aufgrund der Dividendenfreistellung nicht auf die Körperschaftsteuer der inländischen Muttergesellschaft angerechnet werden (§ 26 Abs. 1 i. V. m. Abs. 6 KStG). In Doppelbesteuerungsabkommen zwischen Deutschland und anderen Staaten wird insbesondere die Höhe der Kapitalertragsteuer geregelt, die in der Regel auf 5 bis 15 % der Dividende begrenzt ist. Ergänzt werden diese Regelungen durch die Vorschriften des Außensteuergesetzes (AStG).

Zusätzlich zu den Unternehmensteuern sind bei der Unternehmensbewertung persönliche Steuern zu berücksichtigen, wenn eine Nachsteuerrechnung durchgeführt werden soll. Prinzipiell kann die Besteuerung auf privater Ebene an Zinsen, Dividenden, Kursgewinnen, Eigenkapitalrückzahlungen und Fremdkapitalrückzahlungen anknüpfen. Eigenkapitalrückzahlungen und Fremdkapitaltilgungen bleiben als Kapitalrückzahlungen steuerfrei. Die Besteuerung von Zinsen, Dividenden und Kursgewinnen ist davon abhängig, ob die betreffenden Beteiligungs- oder Forderungstitel im Betriebs- oder Privatvermögen gehalten werden.

Wenn ein Beteiligungstitel dem Betriebsvermögen zugerechnet wird, unterliegen Dividenden gemäß § 3 Nr. 40 EStG dem Teileinkünfteverfahren, wonach 40 % der Dividende beim Anteilseigner steuerfrei sind und die verbleibenden 60 % mit dem individuellen Steuersatz besteuert werden. Dementsprechend können mit der Beteiligung in einem wirtschaftlichen Zusammenhang stehende Ausgaben gemäß § 3c Abs. 2 Satz 1 EStG ebenfalls zu 60 % steuermindernd berücksichtigt werden. Bei einer Beteiligungsquote von mindestens 15 % hat das gewerbesteuerliche Schachtelprivileg nach § 9 Nr. 2a, 7 GewStG zur Folge, dass die Dividenden auf Ebene des Gesellschafters vollständig aus dem Gewerbeertrag herausgerechnet werden. Demgegenüber werden die Dividenden bei einer Beteiligungsquote unter 15 % in vollem Umfang der Gewerbesteuer unterworfen, wobei diese gemäß § 35 Abs. 1 EStG auf die Einkommensteuer angerechnet werden kann. Dies gilt gleichfalls für Zinsen auf dem Betriebsvermögen zugerechnete Forderungen, die gemäß § 20 Abs. 8 EStG als Einkünfte aus Gewerbebetrieb dem persönlichen Einkommensteuersatz unterworfen und mit Gewerbesteuer belastet werden.

Für Beteiligungs- oder Forderungstitel im Privatvermögen gilt seit 2009 das Abgeltungsteuersystem, wonach Zinsen, Dividenden und realisierte Kursgewinne nach § 32d Abs. 1 EStG mit einem einheitlichen Steuersatz von 25 % zuzüglich des Solidaritätszuschlags in Höhe von 5,5 % besteuert werden. Bei der Abgeltungsteuer handelt es sich um eine Definitivsteuer, die unabhängig von der Höhe des zu versteuernden Einkommens anfällt. Gemäß § 32d Abs. 6 EStG wird dem Steuerpflichtigen aber eine Veranlagungsoption eingeräumt, wonach der persönliche Einkommensteuersatz zum Ansatz kommt, wenn dieser unter dem Abgeltungsteuersatz liegt. Bei Zinsen, die von Kapitalgesellschaften gezahlt werden, gilt das Abgeltungsteuersystem gemäß § 32d Abs. 2 Nr. 1 Buchst. b EStG nur dann, wenn der Steuerpflichtige mit weniger als 10 % an der Kapitalgesellschaft beteiligt ist. Bei Überschreiten dieser Grenze werden die Zinsen mit dem persönlichen Einkommensteuersatz besteuert, wobei ein Abzug von Werbungskosten möglich ist. Kursgewinne werden der Abgeltungsteuer unterworfen, wenn die Beteiligungsquote weniger als 1 % beträgt. Im Unterschied zu früheren Regelungen ist die Besteuerung von Kursgewinnen unabhängig von der Haltedauer, sofern die Anteile nach dem 31.12.2008 erworben wurden. Kursgewinne aus dem Verkauf von Anteilen, die bis zum 31.12.2008 erworben wurden, sind steuerfrei, wenn die Beteiligung mindestens zwölf Monate angedauert hat. Für die Bewertung bedeutsam ist, dass Zinsen für private Kredite, die im Zusammenhang mit den Einkünften aus Kapitalvermögen stehen, gemäß § 20 Abs. 9 Satz 1 EStG steuerlich nicht als Werbungskosten geltend gemacht werden können, während Zinsen für private Geldanlagen vollständig der Besteuerung unterliegen. Schließlich ist zu berücksichtigen, dass Kursgewinne gemäß § 17 EStG bei einer Beteiligungsquote von größer oder gleich 1 % dem Teileinkünfteverfahren unterliegen.

Im Weiteren wird davon ausgegangen, dass die Beteiligungs- und Forderungstitel des zu bewertenden Unternehmens von natürlichen Personen im Privatvermögen mit Beteiligungsquoten von weniger als 1 % gehalten werden und die Gläubiger keine Beteiligung halten, die größer oder gleich 10 % ist. Die wesentlichen steuerrechtlichen Regelungen für diesen Fall sind in der nachfolgenden Tabelle zusammengefasst.

Tab. 4.3: Unternehmensteuern und persönliche Steuern bei einer unbeschränkt steuerpflichtigen inländischen Kapitalgesellschaft

Unternehmensteuern	
Gewerbesteuer	– Bemessungsgrundlage: Gewerbeertrag – 75%-ige Abzugsfähigkeit von Zinsaufwendungen – Beachtung der Zinsschranke – Steuersatz = Hebesatz × Steuermesszahl – Steuermesszahl 3,5% – Hebesatz gemeindeabhängig
Körperschaftsteuer	– Bemessungsgrundlage: zu versteuerndes Einkommen – 100%-ige Abzugsfähigkeit von Zinsaufwendungen – Beachtung der Zinsschranke – Steuersatz 15%
Solidaritätszuschlag	– Bemessungsgrundlage: Körperschaftsteuer – Steuersatz 5,5%
Besteuerung von Beteiligungserträgen	– 95%-ige Steuerbefreiung bei der Körperschaftsteuer bei Beteiligungen von mindestens 10% – 95%-ige Steuerbefreiung bei der Gewerbesteuer bei Beteiligungen von mindestens 15% – Anrechenbarkeit der Kapitalertragsteuer bei inländischen Beteiligungen auf die Körperschaftsteuer – Keine Anrechnung von Quellensteuern bei Beteiligungen mit Sitz innerhalb der Europäischen Union – Beachtung von Doppelbesteuerungsabkommen bei Beteiligungen mit Sitz außerhalb der Europäischen Union
Besteuerung von Kursgewinnen	– 95%-ige Steuerbefreiung bei der Körperschaftsteuer – 95%-ige Steuerbefreiung bei der Gewerbesteuer
persönliche Steuern	
Abgeltungsteuer	– Bemessungsgrundlagen: Zinsen, Dividenden und realisierte Kursgewinne – Keine Abzugsfähigkeit von Zinsen für private Kredite als Werbungskosten, die im Zusammenhang mit Einkünften aus Kapitalvermögen stehen – Steuersatz 25%
Solidaritätszuschlag	– Bemessungsgrundlage: Abgeltungsteuer – Steuersatz 5,5%

4.3.2.2 Teilsteuerrechnung

Das deutsche Steuersystem ist insgesamt dadurch gekennzeichnet, dass sich die Unternehmensteuern und die persönlichen Steuern aus unterschiedlichen Steuerarten zusammensetzen, deren Bemessungsgrundlagen zum Teil übereinstimmen, zum Teil aber auch voneinander abweichen. Angesichts der Komplexität dieses Systems stellt sich die Frage, wie die Steuerlast insgesamt und insbesondere die fremdfinanzierungsbedingten Steuerersparnisse im Rahmen von Modellrechnungen bestimmt werden können. Eine Möglichkeit dazu bietet die von *Rose* entwickelte **Teilsteuerrechnung**[1], bei der alle unmittelbaren und mittelbaren Steuerwirkungen, die sich in Bezug auf ein Bemessungsgrundlagenteil ergeben, zu einem spezifischen Steuersatz (Teilsteuersatz) zusammengefasst werden. Die bei beliebig komplexen Steuersystemen anwendbare Teilsteuerrechnung wird nachfolgend in einer an die hier behandelte Problematik angepassten Form für eine in Deutschland ansässige Kapitalgesellschaft dargestellt, bei der die Einkünfte der Eigen- und Fremdkapitalgeber auf privater Ebene der Abgeltungsteuer unterliegen. Zunächst wird auf die Unternehmensteuern Bezug genommen. Anschließend wird auf die persönlichen Steuern eingegangen.

Als **Unternehmensteuern** sind die Gewerbesteuer, die Körperschaftsteuer und der Solidaritätszuschlag zu berücksichtigen. Ausgangspunkt der Teilsteuerrechnung ist die Vorstellung, dass diese Steuern primär am Ergebnis des Unternehmens vor Zinsen und Steuern (Earnings before Interest and Taxes, EBIT) anknüpfen. Abweichungen des EBIT von den tatsächlichen Steuerbemessungsgrundlagen werden als zusätzliche Bemessungsgrundlagenteile aufgefasst. Solche Abweichungen sind z.B. gewerbe- und körperschaftsteuerliche Modifikationen. Da den Zinsaufwendungen eine besondere Bedeutung zukommt, werden diese im Folgenden als zusätzlich zu berücksichtigender Bemessungsgrundlagenteil in die Analyse einbezogen. Dabei wird davon ausgegangen, dass die steuerlich relevanten Zinsaufwendungen den zahlungswirksamen Fremdkapitalzinsen I entsprechen und dass die Zinsschrankenregelung nicht greift. Damit die Darstellung möglichst einfach gehalten werden kann, wird von der Berücksichtigung weiterer Bemessungsgrundlagenteile abgesehen.

Unter den getroffenen Annahmen entsprechen das zu versteuernde Einkommen und der Gewerbeertrag dem Jahresüberschuss vor Steuern, also der Größe EBIT − I. Im Zuge der Ermittlung der **Gewerbesteuer** werden dem Jahresüberschuss vor Steuern 25 % der Fremdkapitalzinsen I hinzugerechnet. Dementsprechend ist der EBIT nicht um 100 %, sondern nur um 75 % der Fremdkapitalzinsen zu vermindern, um zu der für die Gewerbesteuer relevanten Steuerbemessungsgrundlage zu gelangen. Für die Gewerbesteuer eines verschuldeten Unternehmens T_{GSt}^{ℓ} gilt bei einem Gewerbesteuersatz τ_{GSt}:

---

1 Siehe Rose (1973).

$$T_{GSt}^{\ell} = \tau_{GSt} \cdot (EBIT - I + 0,25 \cdot I)$$

$$= \tau_{GSt} \cdot EBIT - 0,75 \cdot \tau_{GSt} \cdot I \tag{1}$$

$$= T_{GSt}^{u} - TS_{GSt}$$

Da der Gewerbeertrag dem EBIT entsprechen würde, wenn das Unternehmen unverschuldet wäre, unterscheidet sich die Gewerbesteuer des verschuldeten Unternehmens von derjenigen des unverschuldeten Unternehmens T_{GSt}^{u} um den gewerbesteuerlichen Tax Shield TS_{GSt}.

Bei der Körperschaftsteuer vermindern die Fremdkapitalzinsen in voller Höhe die Bemessungsgrundlage. Die Körperschaftsteuer eines verschuldeten Unternehmens ergibt sich somit in der hier angestellten Betrachtung aus dem Produkt des Körperschaftsteuersatzes τ_{KSt} und des EBIT abzüglich der Fremdkapitalzinsen. Alternativ kann man die Körperschaftsteuer des verschuldeten Unternehmens T_{KSt}^{ℓ} berechnen, indem man von der Körperschaftsteuer des unverschuldeten Unternehmens T_{KSt}^{u} den körperschaftsteuerlichen Tax Shield TS_{KSt} subtrahiert:

$$T_{KSt}^{\ell} = \tau_{KSt} \cdot EBIT - \tau_{KSt} \cdot I \tag{2}$$

$$= T_{KSt}^{u} - TS_{KSt}$$

Der Solidaritätszuschlag T_{SZ}^{ℓ} wird als prozentualer Aufschlag auf die Körperschaftsteuer des verschuldeten Unternehmens berechnet. Beim Steuersatz τ_{SZ} ist dieser unter Berücksichtigung von (2) wie folgt zu berechnen:

$$T_{SZ}^{\ell} = \tau_{SZ} \cdot T_{KSt}^{\ell}$$

$$= \tau_{SZ} \cdot \tau_{KSt} \cdot EBIT - \tau_{SZ} \cdot \tau_{KSt} \cdot I \tag{3}$$

$$= T_{SZ}^{u} - TS_{SZ}$$

Da sich der Solidaritätszuschlag direkt auf die Körperschaftsteuer bezieht, werden der Körperschaftsteuersatz und der Solidaritätszuschlag vielfach zu einem kombinierten Steuersatz $\tau_{KSt,SZ} = \tau_{KSt} \cdot (1 + \tau_{SZ})$ zusammengefasst.

Im nächsten Schritt sind die auf die einzelnen Bemessungsgrundlagenteile einwirkenden Steuersätze zu Teilsteuersätzen zusammenzufassen. Für die Unternehmensteuern des verschuldeten Unternehmens T^{ℓ} ergibt sich:

$$T^{\ell} = T_{GSt}^{\ell} + T_{KSt}^{\ell} + T_{SZ}^{\ell}$$

$$= (\tau_{GSt} + \tau_{KSt} + \tau_{SZ} \cdot \tau_{KSt}) \cdot EBIT - (0,75 \cdot \tau_{GSt} + \tau_{KSt} + \tau_{SZ} \cdot \tau_{KSt}) \cdot I \tag{4}$$

$$= T^{u} - TS$$

(4) ist zu entnehmen, dass die Unternehmensteuern des unverschuldeten Unternehmens T^u direkt durch Multiplikation des EBIT mit dem auf diesen bezogenen Teilsteuersatz τ_{EBIT} berechnet werden können:

$$T^u = (\tau_{GSt} + \tau_{KSt} + \tau_{SZ} \cdot \tau_{KSt}) \cdot EBIT \qquad (5)$$

$$= \tau_{EBIT} \cdot EBIT$$

Ebenso kann der insgesamt wirksam werdende Tax Shield TS direkt ermittelt werden, indem die Fremdkapitalzinsen mit dem auf diese bezogenen Teilsteuersatz τ multipliziert werden. Der Teilsteuersatz τ gibt demnach die gesamte Steuerersparnis wieder, die mit einer Geldeinheit Fremdkapitalzinsen verbunden ist.

$$TS = (0{,}75 \cdot \tau_{GSt} + \tau_{KSt} + \tau_{SZ} \cdot \tau_{KSt}) \cdot I \qquad (6)$$

$$= \tau \cdot I$$

TAX − TS

BEISPIEL:	Bestimmung der Unternehmensteuern mit Hilfe der Teilsteuerrechnung

Die Bestimmung der Unternehmensteuern mit Hilfe der Teilsteuerrechnung soll anhand eines Beispiels illustriert werden. Hierbei wird von einem EBIT in Höhe von 1.000 € ausgegangen. Bei Fremdkapitalzinsen von 400 € beträgt der Jahresüberschuss vor Steuern 600 €. Der gewerbesteuerliche Hebesatz ist 400 %, so dass sich ein Gewerbesteuersatz von 14 % ergibt. Der Körperschaftsteuersatz und der Solidaritätszuschlag betragen 15 % bzw. 5,5 %. Die Gewerbesteuer, die Körperschaftsteuer und der Solidaritätszuschlag des unverschuldeten Unternehmens sowie die steuerartenspezifischen Tax Shields sind in der nachfolgenden Tabelle angegeben.

	unverschuldetes Unternehmen	Tax Shield	verschuldetes Unternehmen
Gewerbesteuer	140,00 €	42,00 €	98,00 €
Körperschaftsteuer	150,00 €	60,00 €	90,00 €
Solidaritätszuschlag	8,25 €	3,30 €	4,95 €
Unternehmensteuern	298,25 €	105,30 €	192,95 €

Mit Hilfe der Teilsteuerrechnung können die Unternehmensteuern auch direkt ermittelt werden. Gemäß (5) und (6) beträgt der Teilsteuersatz des Bemessungsgrundlagenteils EBIT $\tau_{EBIT} = 29{,}825\,\%$ und der des Bemessungsgrundlagenteils Fremdkapitalzinsen $\tau = 26{,}325\,\%$. Mit Hilfe dieser Teilsteuersätze ergeben sich die

↳ *auf FK ! → bezogen*

Unternehmensteuern des unverschuldeten Unternehmens und der gesamte Tax Shield wie folgt:

$$T^u = 29,825\% \cdot 1.000 = 298,25$$

$$TS = 26,325\% \cdot 400 = 105,3$$

Bei internationalen Steuerbelastungsvergleichen wird in der Regel der Teilsteuersatz τ_{EBIT} als Unternehmensteuersatz für Deutschland angegeben. Der in der Tabelle 4.2 in Kapitel 4.3.2.1 für Deutschland angegebene Unternehmensteuersatz von 29,55 % ergibt sich bei dem angenommenen Hebesatz von 392 % aus:

$$\tau_{EBIT} = 3,5\% \cdot 392\% + 15\% + 15\% \cdot 5,5\% = 29,55\%$$

PRAXIS: Auswirkungen der Zinsschranke auf die Unternehmensteuern

Der Nettozinsaufwand NZ ergibt sich aus der Differenz zwischen den Zinsaufwendungen I und den Zinserträgen ZE:

$$NZ = I - ZE$$

Sofern der Nettozinsaufwand 3.000.000 € überschreitet, werden die abzugsfähigen Zinsaufwendungen I* so beschränkt, dass der Nettozinsaufwand maximal 30 % des positiven Gewinns vor Unternehmensteuern, Abschreibungen und Zinsen (**VG**) ausmacht:

$$I^* = ZE + \min(30\% \cdot VG; NZ)$$

Die Auswirkungen der Zinsschranke sollen anhand eines Beispiels mit folgenden Ausgangsdaten illustriert werden:

$$VG = 6.400.000\,€, I = 4.000.000\,€, AB = 1.000.000\,€, ZE = 100.000\,€$$

Der Nettozinsaufwand NZ beläuft sich auf 3.900.000 € und ist somit größer als die Freigrenze von 3.000.000 €. Infolgedessen werden die steuerlich abzugsfähigen Zinsaufwendungen auf 2.020.000 € beschränkt. Dieser Betrag wird bei der Körperschaftsteuer in voller Höhe und bei der Gewerbesteuer zu 75 % berücksichtigt. Für die Körperschaftsteuer und die Gewerbesteuer des unverschuldeten und verschuldeten Unternehmens sowie für die Tax Shields ergibt sich bei einem Körperschaftsteuersatz von 15 % und einem Gewerbesteuersatz von 14 %:

$$T^u_{KSt} = 15\% \cdot 5.500.000 = 825.000$$

$$\hookrightarrow VG - AB + ZE$$

$$T_{GSt}^{u} = 14\,\% \cdot 5.500.000 = 770.000$$

$$TS_{KSt} = 15\,\% \cdot (100.000 + 1.920.000) = 15\,\% \cdot 2.020.000 = 303.000$$

$$TS_{GSt} = 14\,\% \cdot 0,75 \cdot (100.000 + 1.920.000) = 14\,\% \cdot 0,75 \cdot 2.020.000 = 212.100$$

$$T_{KSt}^{\ell} = 825.000 - 303.000 = 522.000$$

$$T_{GSt}^{\ell} = 770.000 - 212.100 = 557.900$$

Der Solidaritätszuschlag resultiert aus der jeweiligen Körperschaftsteuer und dem Steuersatz von 5,5 %.

Im Weiteren sind die **persönlichen Steuern** der Eigen- und Fremdkapitalgeber in das System der Teilsteuerrechnung einzubeziehen. Unter den getroffenen Annahmen werden Dividenden Div und Fremdkapitalzinsen I mit dem Abgeltungsteuersatz von 25 % zuzüglich 5,5 % Solidaritätszuschlag besteuert; die beiden Steuersätze werden zum Steuersatz s_d von 26,375 % zusammengefasst. Dieser Steuersatz gilt auch für realisierte Kursgewinne G. Da bei Unternehmensbewertungen jedoch nicht von einer Besteuerung zum Realisationszeitpunkt, sondern von einer periodenbezogenen Besteuerung entstandener Kursgewinne ausgegangen wird, kommt gemäß IDW S1 und WP Handbuch ein im Vergleich zum Abgeltungsteuersatz niedrigerer Kursgewinnsteuersatz s_g zur Anwendung. Auf diese Weise soll der Steuerstundungseffekt berücksichtigt werden, der aus dem Auseinanderfallen des tatsächlichen Besteuerungszeitpunktes vom angenommenen Besteuerungszeitpunkt resultiert. Die persönlichen Steuern der Eigen- und Fremdkapitalgeber eines verschuldeten Unternehmens T_{ESt}^{ℓ} belaufen sich auf:

$$T_{ESt}^{\ell} = \underbrace{s_d \cdot Div^{\ell} + s_g \cdot G^{\ell}}_{\substack{\text{persönliche Steuern} \\ \text{der Eigenkapitalgeber}}} + \underbrace{s_d \cdot I}_{\substack{\text{persönliche Steuern} \\ \text{der Fremdkapitalgeber}}} \tag{7}$$

PRAXIS: Der »effektive« Kursgewinnsteuersatz[1]

Im WP Handbuch 2014 ist vorgesehen, den bei der Bestimmung des objektivierten Wertes zu berücksichtigenden Kursgewinnsteuersatz in Abhängigkeit von der Haltedauer und einer Kurswachstumsrate zu bestimmen. Der Vorgehensweise liegt folgende Überlegung zugrunde:

---

1 Siehe Institut der Wirtschaftsprüfer (Hrsg.) (2014). S. 34 f.; siehe auch Wiese (2007). Zu der im Text angeführten Kritik vgl. Diedrich/Stier (2013).

Im Zeitpunkt 0 wird ein Wertpapier zum Preis P_0 erworben. Das Wertpapier wird T Jahre gehalten. Der Kurs des Wertpapiers wächst jedes Jahr mit der Wachstumsrate w. Am Ende der Haltedauer wird der Kursgewinn mit dem (Abgeltung-) Steuersatz sd besteuert. Das Vermögen V_T im Zeitpunkt T beläuft sich auf:

$$V_T = P_0 + (P_T - P_0) \cdot (1 - s_d)$$

$$= P_0 + (P_0 \cdot (1+w)^T - P_0) \cdot (1 - s_d)$$

Unterstellt man hingegen, dass die Kursgewinne in jeder Periode unabhängig von ihrer Realisierung mit dem »effektiven« Steuersatz s_g besteuert werden, so beträgt das erwartete Vermögen am Ende der Haltedauer:

$$V_T^* = P_0 \cdot (1 + w \cdot (1 - s_g))^T$$

Gesucht ist nun der Steuersatz s_g, bei dem V_T und V_T^* übereinstimmen. Durch Gleichsetzen und anschließendes Auflösen nach sg erhält man:

$$s_g = 1 - \frac{\left((1-s_d) \cdot ((1+w)^T - 1) + 1\right)^{\frac{1}{T}} - 1}{w}$$

Der »effektive« Kursgewinnsteuersatz s_g ist demnach umso geringer, je länger die Haltedauer und je höher die Kurswachstumsrate ist. Bei einem Abgeltungsteuersatz von 25 %, einer Kurswachstumsrate von 5 % und einer Haltedauer von 20 Jahren beträgt der »effektive« Kursgewinnsteuersatz beispielsweise 17,7 %.

Aus theoretischer Sicht ist diese Vorgehensweise zu kritisieren, weil angenommen wird, dass eine periodenbezogene Kursgewinnbesteuerung mit dem niedrigeren »effektiven« Kursgewinnsteuersatz zu den gleichen Kapitalmarktergebnissen führt wie eine realisationsorientierte Kursgewinnbesteuerung zum Abgeltungssteuersatz. Vor dem Hintergrund der empirischen wie der modelltheoretischen Literatur erscheint diese Annahme jedoch kaum haltbar.

Die Dividende des verschuldeten Unternehmens ergibt sich aus der Differenz zwischen dem Jahresüberschuss des verschuldeten Unternehmens nach Steuern und der Veränderung der Gewinnrücklagen ΔRE^ℓ. Der Jahresüberschuss des verschuldeten Unternehmens nach Steuern wiederum berechnet sich unter den getroffenen Annahmen aus dem EBIT abzüglich der Fremdkapitalzinsen I und der Unternehmensteuern des verschuldeten Unternehmens gemäß (4). Für die Dividende folgt hieraus:

$$Div^\ell = (1 - \tau_{EBIT}) \cdot EBIT - (1 - \tau) \cdot I - \Delta RE^\ell \tag{8}$$

Die Veränderung der Gewinnrücklagen leitet sich aus dem Finanzbedarf für Nettoinvestitionen NI ab, der nicht über Kreditaufnahmen ΔD sowie Erhöhungen des gezeichneten Kapitals inklusive Kapitalrücklagen ΔCS^ℓ gedeckt wird:

$$\Delta RE^\ell = NI - \Delta D - \Delta CS^\ell \tag{9}$$

Durch Einsetzen von (8) und (9) in (7) erhält man für die persönlichen Steuern eines verschuldeten Unternehmens:

$$T^\ell_{ESt} = s_d \cdot (-NI + \Delta D + \Delta CS^\ell) + s_d \cdot (1 - \tau_{EBIT}) \cdot EBIT + s_d \cdot \tau \cdot I + s_g \cdot G^\ell \tag{10}$$

Die insgesamt beim verschuldeten Unternehmen zu berücksichtigenden Steuern T^ℓ ergeben sich aus der Summe der persönlichen Steuern gemäß (10) und der Unternehmensteuern gemäß (4):

$$T^\ell = s_d \cdot (-NI + \Delta D + \Delta CS^\ell) + (\tau_{EBIT} + s_d \cdot (1 - \tau_{EBIT})) \cdot EBIT$$
$$- \tau \cdot (1 - s_d) \cdot I + s_g \cdot G^\ell \tag{11}$$

Zur Bestimmung des Tax Shields ist diese Steuerlast von derjenigen zu subtrahieren, die sich ergäbe, wenn das Unternehmen unverschuldet wäre. Da alle den Leistungsbereich betreffenden Vorgänge unabhängig von der Finanzierung sind, sind der EBIT und die Nettoinvestitionen bei der Berechnung dieser Steuerlast in gleicher Höhe anzusetzen. Es folgt:

$$T^u = s_d \cdot (-NI + \Delta CS^u) + (\tau_{EBIT} + s_d \cdot (1 - s_{EBIT})) \cdot EBIT + s_g \cdot G^u \tag{12}$$

Als Differenz von (12) und (11) ergibt sich der Tax Shield TS:

$$TS = s_d \cdot (\Delta CS^u - \Delta D - \Delta CS^\ell) + \tau \cdot (1 - s_d) \cdot I + s_g \cdot (G^u - G^\ell) \tag{13}$$

Geht man weiterhin davon aus, dass das gezeichnete Kapital und die Kapitalrücklagen beim unverschuldeten und verschuldeten Unternehmen konstant sind, folgt:

$$TS = -s_d \cdot \Delta D + \tau \cdot (1 - s_d) \cdot I + s_g \cdot (G^u - G^\ell) \tag{14}$$

(14) ist zu entnehmen, dass der Tax Shield in einen unternehmensteuerbedingten und einen einkommensteuerbedingten Tax Shield zerlegt werden kann:

Unternehmensteuerbedingter Tax Shield
Die Abzugsfähigkeit der Fremdkapitalzinsen von den Steuerbemessungsgrundlagen der Unternehmensteuern führt dazu, dass beim verschuldeten Unternehmen im Vergleich

zum unverschuldeten Unternehmen der Betrag $\tau \cdot I$ zusätzlich an die Eigenkapitalgeber ausgeschüttet werden kann. Der Differenzbetrag unterliegt bei den Eigenkapitalgebern der privaten Besteuerung, so dass sich die insgesamt anfallende Steuerlast um $\tau \cdot (1 - s_d) \cdot I$ vermindert. Ursächlich für diesen Teil des Tax Shields sind die Unternehmensteuern, deren Höhe von der Finanzierung des Unternehmens beeinflusst wird.

Einkommensteuerbedingter Tax Shield

Veränderungen des Fremdkapitals können Rücklagenveränderungen beim rein eigenfinanzierten Unternehmen substituieren, die mit einkommensteuerlich relevanten Ausschüttungsvorgängen korrespondieren. Eine Fremdkapitalrückzahlung etwa unterliegt beim Fremdkapitalgeber keiner Besteuerung, die Zahlung einer Dividende in gleicher Höhe jedoch würde beim Eigenkapitalgeber besteuert werden. Die insgesamt anfallende Steuerlast ist dann beim ersten Unternehmen im Vergleich um $s_d \cdot \Delta D$ vermindert. Dieser Teil des Tax Shields ist demnach auf die unterschiedliche Einkommensbesteuerung von Fremdkapitalaufnahmen oder -rückzahlungen einerseits und Ausschüttungen an die Eigenkapitalgeber andererseits zurückzuführen.

Durch die Kursgewinnsteuer werden die aufgezeigten Effekte in komplexer Weise beeinflusst, wobei die grundsätzlichen Zusammenhänge bestehen bleiben. Da die Analyse der Auswirkungen der Kursgewinnsteuer bei der Bewertung auf dem Marktwert des Eigenkapitals aufsetzt, wird hierauf an anderer Stelle eingegangen.

4.3.2.3 Berücksichtigung der Regelungen des Steuerrechts bei der Unternehmensbewertung

Aus der Relevanz der Unternehmensteuern und der persönlichen Steuern für den Unternehmenswert leitet sich die Forderung ab, bei der Unternehmensbewertung alle wesentlichen steuerlichen Effekte auf praktikable und wirtschaftliche Weise zu berücksichtigen. Dabei ist grundsätzlich davon auszugehen, dass es sich bei dem Unternehmen um ein **selbstständiges Steuersubjekt** handelt. Eine Ausnahme hiervon kommt – in Abhängigkeit vom Bewertungszweck – nur dann in Frage, wenn das Unternehmen in eine steuerliche Organschaft eingebunden ist oder in eine steuerliche Organschaft eingebunden werden soll. Bezüglich der persönlichen Steuern ist im Allgemeinen anzunehmen, dass es sich bei den Anteilseignern und Gläubigern des Unternehmens um natürliche Personen handelt, für die das Abgeltungsteuersystem maßgeblich ist. Auch in dieser Hinsicht kommen in Abhängigkeit von den tatsächlichen Verhältnissen und vom Bewertungszweck Ausnahmen in Frage, bei denen es sich jedoch um Sonderfälle handelt, von denen im Weiteren abgesehen wird.

Eine adäquate Berücksichtigung der Unternehmensteuern und der persönlichen Steuern erfordert zunächst eine sorgfältige Erfassung der Grundlagen der Besteuerung und der steuerlichen Situation des Unternehmens am Bewertungsstichtag. Soweit möglich sind hierfür die Steuerbilanzen und Steuerbescheide der jüngeren Vergangenheit heranzuziehen. Zu den **Grundlagen der Besteuerung des Unternehmens** gehören z.B. die steuerliche Behandlung von Beteiligungen, die Betriebsstätten des Unternehmens sowie die gewerbesteuerlichen Hebesätze. Maßgeblich sind in erster Annäherung die Regelungen des Steuerrechts, die am Bewertungsstichtag Gültigkeit haben. Ob spätere Änderungen des Steuerrechts bei der Bewertung Berücksichtigung finden sollten, hängt vom Zweck der Bewertung ab. Im Allgemeinen ist dies entsprechend der in Kapitel 4.2 erläuterten Wurzeltheorie nur dann der Fall, wenn diese Änderungen am Bewertungsstichtag absehbar und hinreichend konkretisiert waren. Die **steuerliche Situation des Unternehmens am Bewertungsstichtag** ist in erster Linie durch die bereits geschuldeten oder noch nicht festgestellten Steuern für vergangene Perioden, etwaige Steuerguthaben und die am Bewertungsstichtag vorhandenen Verlustvor- und -rücktragsmöglichkeiten charakterisiert. Aus der steuerlichen Situation am Bewertungsstichtag ergeben sich Auswirkungen auf den gesuchten Unternehmenswert, die bei der Prognose des freien Cashflows oder auf andere Weise berücksichtigt werden müssen. Verfügt das Unternehmen z. B. über einen Verlustvortrag, so kann eine daraus ggf. resultierende Verminderung der künftigen Steuerzahlungen direkt beim freien Cashflow erfasst werden. Alternativ besteht die Möglichkeit, den Verlustvortrag der Idee des APV Verfahrens folgend separat zu bewerten.

Für die **Prognose der künftigen Unternehmensteuern** existieren drei Möglichkeiten:

- eine nach Steuerarten differenzierende Prognose,
- die Anwendung der Teilsteuerrechnung und
- die Heranziehung historischer effektiver Steuersätze.

Welche dieser Möglichkeiten zum Einsatz kommt, hängt von den Informationen ab, die dem Bewerter zur Verfügung stehen, und von der Bedeutung, die der Bewertung beigemessen wird.

Bei der ersten Möglichkeit, der **nach Steuerarten differenzierenden Prognose** der künftigen Unternehmensteuern, werden die Steuern des zu bewertenden Unternehmens und seiner Beteiligungen in der für die Bemessung der jeweiligen Steuerart rechtlich vorgeschriebenen Weise ermittelt. Dies erfordert nicht nur die Prognose aller maßgeblichen Steuerbemessungsgrundlagen, sondern auch die Berücksichtigung aller anderen für die Steuerbemessung relevanten Regelungen, wie z. B. von Freibeträgen, Ausnahmetatbeständen etc. Da die Methodik im Prinzip direkt aus den jeweiligen Steuergesetzen und -verordnungen hervorgeht, sind weitere Erläuterungen an dieser Stelle nicht erforderlich. Die Vorgehensweise erfasst die relevanten steuerlichen Effekte mit höchstmöglicher Genauigkeit, wird aber aufgrund der erforderlichen Informationen im Allgemeinen nur bei internen Bewertungen möglich sein. Sie ist zudem sehr aufwendig und folglich nur dann zweckmäßig, wenn die Bewertung erhebliche Bedeutung besitzt und die Steuern das Bewertungsergebnis in starkem Maße beeinflussen.

Die zweite Möglichkeit zur Prognose der Unternehmensteuern basiert auf der im letzten Kapitel erörterten **Teilsteuerrechnung**. Die zu erwartenden Unternehmensteuern ergeben sich, indem man den prognostizierten EBIT und weitere Bemessungsgrundlagenteile mit den auf diese bezogenen Teilsteuersätzen multipliziert. Auch für die Prognose der Tax Shields beim APV Verfahren und die Bestimmung der Kapitalkostensätze beim FCF Verfahren wird auf Teilsteuersätze zurückgegriffen. Die Teilsteuerrechnung sollte im Allgemeinen detaillierter ausgestaltet werden als im vorangegangenen

Kapitel, in dem mit dem EBIT und den Fremdkapitalzinsen lediglich zwei Bemessungsgrundlagenteile und mit der begrenzten Abzugsfähigkeit der Fremdkapitalzinsen vom EBIT nur eine gewerbesteuerliche Modifikation berücksichtigt wurden. Eine weitergehende Berücksichtigung der Regelungen des Steuerrechts kann durch folgende Maßnahmen erreicht werden:

- Aufspaltung von Bemessungsgrundlagenteilen (z.B. EBIT in EBIT In- und Ausland)
- Berücksichtigung weiterer Bemessungsgrundlagenteile (z.B. weitere gewerbe- oder körperschaftsteuerliche Modifikationen)
- Berücksichtigung weiterer Regelungen (z.B. Freibetragsregelungen, Zinsschranke)

Im Wege einer entsprechend detaillierten Ausgestaltung der Teilsteuerrechnung können die Regelungen des Steuerrechts mit nahezu beliebiger Genauigkeit berücksichtigt werden. Die Berechnungen werden dann aber auch entsprechend komplex, wodurch der wirtschaftliche Einsatz der Teilsteuerrechnung beeinträchtigt werden kann. In der praktischen Anwendung nimmt man daher Vereinfachungen bewusst in Kauf. So wird bspw. oftmals auf eine Aufspaltung des im Inland erzielten EBIT auf Betriebsstätten verzichtet, obwohl die Gewerbesteuersätze und damit die idealtypisch anzuwendenden Teilsteuersätze unterschiedlich sind. Stattdessen wird der auf den inländischen EBIT bezogene Teilsteuersatz entweder als (gewogene) Durchschnittsgröße bestimmt oder es wird – weiter vereinfachend – der Teilsteuersatz der Zentrale verwendet, wenn die Abweichungen von untergeordneter Bedeutung sind. Aufgrund der Möglichkeit, die Teilsteuerrechnung flexibel an die Erfordernisse des Einzelfalls anzupassen, ist die Nutzung dieses Instrument die von uns favorisierte Vorgehensweise bei der Prognose der Unternehmensteuern.

Die dritte Möglichkeit zur Prognose der Unternehmensteuern basiert auf historischen effektiven Steuersätzen. Es handelt sich um ein pauschales Vorgehen, das eher im Rahmen überschlägiger Rechnungen in Frage kommt. Ausgangspunkt können z.B. die effektiven Steuersätze im Referenzzeitraum sein, die gemäß IAS 12.81 als Quotient aus Steueraufwand und Jahresüberschuss vor Steuern auszuweisen sind. Diese Steuersätze sind in mehrerer Hinsicht anzupassen. Zunächst ist zu berücksichtigen, dass der im Jahres- oder Konzernabschluss ausgewiesene Steueraufwand Veränderungen bei den latenten Steuern umfasst. Da es letztlich auf zahlungswirksame Steuern ankommt, ist vor der Berechnung der effektiven Steuersätze eine entsprechende Bereinigung des Steueraufwands notwendig. Eine weitere Anpassung ist erforderlich, weil der ausgewiesene Steueraufwand um fremdfinanzierungsbedingte Steuerersparnisse vermindert ist. Da es darum geht, die Unternehmensteuern auf den EBIT zu bestimmen, muss der Steueraufwand vor der Berechnung des effektiven Steuersatzes entsprechend erhöht werden. Die fremdfinanzierungsbedingten Steuerersparnisse können z.B. bestimmt werden, indem man die Fremdkapitalzinsen mit dem darauf bezogenen, überschlägig ermittelten Teilsteuersatz multipliziert. Analoge Anpassungen sind grundsätzlich immer dann notwendig, wenn die Bestandteile des Jahresüberschusses vor Steuern nicht einheitlich besteuert werden. Bspw. können Kapitalgesellschaften Beteiligungserträge und Gewinne aus dem Verkauf von Unternehmensanteilen zu 95% steuerfrei vereinnahmen, weshalb der effektive Steuersatz sowohl im Zähler als auch im Nenner um die damit verbundenen Effekte bereinigt werden muss. Wichtige Anhaltspunkte für solche Korrekturmaßnahmen können den Steuerüberleitungsrechnungen gemäß IAS 12.81 entnommen werden.

Aus den effektiven Steuersätzen im Referenzzeitraum ist ein effektiver Steuersatz abzuleiten, der im Rahmen der Prognose des freien Cashflows auf den EBIT angewendet werden kann. Relativ unproblematisch erscheint dies, wenn sich die steuerlich relevanten Umstände nicht wesentlich geändert haben und die effektiven Steuersätze eine gewisse Stabilität aufweisen. Häufig wird man aber mit dem Problem konfrontiert, dass die effektiven Steuersätze im Referenzzeitraum mehr oder weniger stark schwanken. Ursächlich hierfür kann neben einer Änderung des Steuerrechts eine veränderte Ergebnisstruktur sein, wie z. B. eine Erhöhung des Anteils des im Ausland erwirtschafteten EBIT. Ob die im Referenzzeitraum verzeichneten effektiven Steuersätze in solchen Fällen eine tragfähige Grundlage für die Prognose der Unternehmensteuern bilden, muss im Einzelfall beurteilt werden. Kommt man zu dem Schluss, dass dies nicht der Fall ist, so muss ein anderes Vorgehen gewählt werden.

Alle aufgeführten Möglichkeiten zur Prognose der künftigen Unternehmensteuern richten sich zunächst auf den Steueraufwand der betreffenden Periode. Für die Prognose des freien Cashflows sind aber letztlich die gezahlten Unternehmensteuern relevant. Wenn üblicherweise dennoch die mittels der obigen Verfahren prognostizierten Unternehmensteuern in das Berechnungsschema für den freien Cashflow aufgenommen werden, so liegt dem die Überlegung zugrunde, dass im Laufe des jeweiligen Jahres Steuervorauszahlungen geleistet werden und ein Ausgleich zeitnah im jeweils folgenden Jahr erfolgt. Soweit diese Annahme im Einzelfall akzeptabel erscheint, gehen aus der Abweichung der tatsächlichen von den angenommenen Zahlungszeitpunkten keine wesentlichen Verfälschungen des Bewertungsergebnisses hervor.

4.3.3 Analyse der Wettbewerbssituation des Unternehmens

4.3.3.1 Analyse der allgemeinen Unternehmensumwelt

Die Zahlungen, die ein Unternehmen an seine Kapitalgeber leisten kann, sind davon abhängig, inwieweit es dem Unternehmen gelingt, seine Produkte zu Preisen abzusetzen, die die Produktionskosten überschreiten.[1] Das Umfeld, in dem das Unternehmen dabei agiert, ist außer durch allgemeine, auf alle Unternehmen einwirkende Faktoren im Wesentlichen durch die Branche geprägt, in der es tätig ist. Innerhalb der Branche konkurriert das Unternehmen mit anderen Wettbewerbern, die ebenfalls bestrebt sind, ihre Produkte abzusetzen. Ob es dabei erfolgreich ist, hängt davon ab, ob es ihm gelingt, Wettbewerbsvorteile gegenüber seinen Konkurrenten zu entwickeln und nutz-

---

1 Unter den Begriff »Produkt« werden im Folgenden auch Dienstleistungen gefasst; unter »Produktionskosten« sind in diesem Fall die Kosten für die Bereitstellung der Dienstleistungen zu verstehen.

bar zu machen, was auch von den verfügbaren Ressourcen und Kompetenzen abhängig ist. Eine fundierte Prognose des freien Cashflows erfordert daher eine intensive Auseinandersetzung mit der **Wettbewerbssituation** des Unternehmens. Diese betrifft die allgemeine Unternehmensumwelt, die Branche[1] des Unternehmens, die strategische Positionierung der Branchenunternehmen, seine Wettbewerbsvor- und -nachteile gegenüber anderen Branchenunternehmen sowie die wichtigsten Konkurrenzunternehmen. Ist das Unternehmen in mehreren Geschäftsfeldern tätig, so sind entsprechende Informationen in Bezug auf alle relevanten Geschäftsfelder zu sammeln und auszuwerten. In der nachfolgenden Abbildung sind die Elemente einer Analyse der Wettbewerbssituation eines Unternehmens aufgeführt, auf die im Folgenden eingegangen wird.

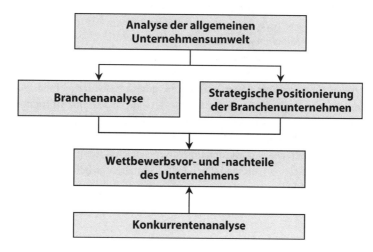

Abb. 4.3: Analyse der Wettbewerbssituation eines Unternehmens

Die bei der Analyse der Wettbewerbssituation einzuschlagende Vorgehensweise ist in hohem Maße von den Spezifika des Einzelfalls abhängig; allgemeingültige Empfehlungen lassen sich hierzu kaum geben. Orientierung findet man vor allem in der Literatur zur strategischen Planung und zur Unternehmensführung. Für eine systematische **Analyse der allgemeinen Unternehmensumwelt** bietet sich eine Differenzierung in die folgenden fünf Hauptsektoren an:

- makro-ökonomische Umwelt (z.B. Bruttosozialprodukt, Arbeitslosenquote, Konjunkturprognosen, Wechselkurse)

---

1 Der Begriff »Branche« wird hier für eine Gruppe von Unternehmen verwendet, deren Produkte sich aus der Sicht der Abnehmer gegenseitig bis zu einem gewissen Grad ersetzen können.

- technologische Umwelt (z. B. technologische Entwicklungen in Branchen, die auf den ersten Blick keinen engeren Technologiebezug zur betrachteten Branche haben)
- politisch-rechtliche Umwelt (z. B. gesetzliche Veränderungen, Import/Export-Zölle)
- sozio-kulturelle Umwelt (z. B. Wertemuster einer Gesellschaft)
- natürliche Umwelt (z. B. ökologische Entwicklungen, Erwartungen und Verpflichtungen)

Die Aufgabe des Bewerters besteht zunächst vor allem darin, die für das Unternehmen potenziell wichtigsten Aspekte der allgemeinen Unternehmensumwelt zu identifizieren. Für einen Konsumgüterhersteller spielt z. B. regelmäßig die konjunkturelle Situation eine wichtige Rolle, weil diese über die Einkommensentwicklung Einfluss auf die Nachfrage nach seinen Produkten nimmt. Bei der Bewertung eines Stromnetzbetreibers sind dagegen vor allem die regulatorischen Rahmenbedingungen bedeutsam. Es ist zweckmäßig, sich schon in dieser frühen Phase der Bewertung eingehender mit den betreffenden Umweltfaktoren zu beschäftigen, weil diese für das Verständnis der Wettbewerbssituation oftmals von grundlegender Bedeutung sind. Dabei kann man in der Regel auf öffentlich verfügbare Informationen, etwa Prognosen von Wirtschaftsforschungsinstituten, zurückgreifen, aus denen auch hervorgeht, mit welchen Entwicklungen in der Zukunft zu rechnen ist. Die diesbezüglich gesammelten Informationen bilden den Hintergrund für die folgenden Analyseschritte. Dabei kann sich freilich herausstellen, dass andere, zunächst nicht als sonderlich relevant erachtete allgemeine Umweltfaktoren von größerer Bedeutung sind als ursprünglich angenommen und deshalb einer genaueren Betrachtung bedürfen.

4.3.3.2 Branchenanalyse und strategische Positionierung der Branchenunternehmen

Ein in vielen Fällen für Bewertungszwecke geeignetes Schema für die **Branchenanalyse** stammt von *Porter*.[1] Die Wettbewerbssituation in einer Branche wird demnach durch fünf Wettbewerbskräfte bestimmt: die Verhandlungsstärke der Abnehmer und der Lieferanten, die Bedrohung durch neue Wettbewerber und Substitutionsprodukte sowie die Rivalität unter den Wettbewerbern.

Aus dem Verkauf der Produkte an die **Abnehmer der Branche** resultieren die Umsatzerlöse der Branchenunternehmen. Der Blick ist auf alle aktuellen und potenziellen Abnehmer der Branchenunternehmen, nicht nur auf die aktuellen Abnehmer zu richten. Wenn geklärt ist, wer die Abnehmer der Branchenunternehmen sind, ist zu fragen, wovon die von diesen entfaltete Nachfrage abhängt. Bei Konsumgütern etwa spielt die Einkommensentwicklung regelmäßig eine wesentliche Rolle, verbunden mit

---

1 Die folgende Darstellung orientiert sich relativ eng an Porter (2008).

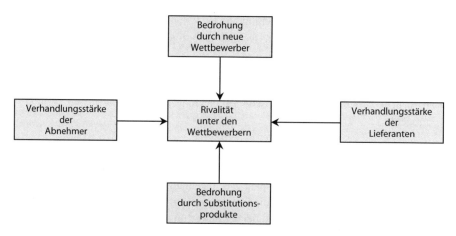

Abb. 4.4: Die Wettbewerbskräfte in einer Branche

Modeerscheinungen, Trends etc. Analog ist bei Investitionsgütern die wirtschaftliche Situation der Abnehmer von Bedeutung, dazu kommt z. B. der Einfluss technologischer Entwicklungen. Sind die maßgeblichen Determinanten der Nachfrage identifiziert, sollte deren voraussichtliche Entwicklung abgeschätzt werden. Hierfür sind öffentlich verfügbare Prognosen über die gesamtwirtschaftliche Entwicklung hilfreich, aber auch Informationsdienste und Auskünfte von Brancheninsidern sollten herangezogen werden.

Ob es den Branchenunternehmen gelingt, attraktive Preise für ihre Produkte zu erzielen, ist nach *Porter* vor allem von der Verhandlungsstärke der Abnehmer im Verhältnis zu den Branchenunternehmen abhängig. Eine günstige Verhandlungssituation ergibt sich für die Abnehmer z. B. in folgenden Fällen:

- Der Umsatz der Branchenunternehmen ist auf wenige Abnehmer konzentriert.
- Ein großer Teil der Kosten der Abnehmer entfällt auf die Produkte der Branchenunternehmen.
- Die Produkte der Branchenunternehmen sind standardisiert und wenig differenziert.
- Die Umstellungskosten der Abnehmer beim Wechsel des Lieferanten sind gering.
- Die Abnehmer können glaubwürdig mit Rückwärtsintegration drohen.
- Das Branchenprodukt ist für die Qualität oder Leistung der Produkte der Abnehmer wenig bedeutsam.
- Die Abnehmer sind über die Marktgegebenheiten und die Kosten der Branchenunternehmen gut informiert.

Die von den **Lieferanten der Branche** erzielten Preise bestimmen die Produktionskosten der Branchenunternehmen. Um Anhaltspunkte für die Entwicklung dieser Preise und die Verfügbarkeit der benötigten Inputgüter zu gewinnen, muss sich der Bewerter über die Wettbewerbssituation der Lieferanten und insbesondere über die bei den Lieferanten vorhandenen Kapazitäten informieren. Intensiver Wettbewerb unter den Lieferanten sorgt zwar für niedrige Beschaffungspreise, birgt aber auch die Gefahr, dass einzelne Zulieferer mit negativen Folgen für die Branchenunternehmen wegbrechen. Knappe Kapazitäten können zu Lieferengpässen führen und sind als Hinweis auf möglicherweise steigende Beschaffungspreise zu werten. Von Bedeutung sind auch technologische Entwicklungen in der Zulieferbranche, weil sie sich auf die Beschaffungspreise auswirken und möglicherweise technologische Anpassungen bei den Branchenunternehmen erforderlich machen können. Zu den Lieferanten der Branche zählen nicht zuletzt die Arbeitnehmer, die in den Branchenunternehmen tätig sind. Besonderes Augenmerk ist hier auf Kenntnisse, Fähigkeiten oder Fertigkeiten zu legen, die am Arbeitsmarkt nur begrenzt verfügbar sind.

Die Verhandlungsstärke der Lieferanten lässt sich grundsätzlich anhand von Kriterien abschätzen, die spiegelbildlich zu denen für die Einschätzung der Verhandlungsstärke der Abnehmer sind. Aus der Sicht der Lieferanten ergibt sich z. B. in folgenden Fällen eine günstige Verhandlungssituation:

- Die Lieferanten sind im Verhältnis zu den Branchenunternehmen stärker konzentriert.
- Die Branchenunternehmen haben kaum die Möglichkeit, auf Ersatzprodukte umzusteigen.
- Die Branchenunternehmen spielen als Abnehmer für die Lieferanten keine große Rolle.
- Die von den Lieferanten bezogenen Produkte sind für die Branchenunternehmen von großer Bedeutung.
- Die Produkte der Lieferanten sind wenig standardisiert und differenziert.
- Beim Wechsel der Lieferanten entstehen den Branchenunternehmen hohe Umstellungskosten.
- Die Lieferanten können glaubwürdig mit Vorwärtsintegration drohen.

Der Absatz der Branchenunternehmen ist durch **Substitutionsprodukte** bedroht. Man versteht darunter Produkte, die nicht von den Branchenunternehmen angeboten werden, die Produkte der Branchenunternehmen aus Sicht der Abnehmer aber ersetzen können. Das Auftreten von Substitutionsprodukten hat eine Verminderung des Umsatzes der Branchenunternehmen zur Folge, weil ein Teil der Nachfrage von deren Produkten abgezogen wird. Dies wiederum kann eine Verschärfung der Wettbewerbssituation mit der Folge sinkender Preise zur Folge haben. Zu einer Branchenanalyse gehört daher eine vorausschauende Betrachtung, inwiefern mit dem Auftreten von Substitutionsprodukten gerechnet werden muss. Um mögliche Substitutionsprodukte zu identifizieren, ist auf die Motive der Abnehmer für den Erwerb der Produkte der Branchenunternehmen oder auf die Funktion abzustellen, die diese Produkte aus Sicht der Abnehmer innehaben. Häufig ist das Auftreten von Substitutionsprodukten an technologische Entwicklungen gebunden, man denke etwa an den Ersatz des Ottomotors durch den Elektromotor oder den Ersatz der Bildröhre durch den LCD Bildschirm.

Von besonderer Bedeutung sind Substitutionsprodukte, die gegenüber den Produkten der Branchenunternehmen aus der Sicht der Abnehmer Vorteile aufweisen oder deren Produzenten hohe Gewinne erzielen. Im ersten Fall ist die Gefahr einer Verdrängung der Produkte der Branchenunternehmen offenbar besonders groß. Im zweiten Fall existieren für die Produzenten der Substitutionsprodukte Preissenkungsspielräume, bei deren Nutzung die Substitutionsprodukte für die Abnehmer besonders attraktiv werden.

Eine Bedrohung für die Branchenunternehmen ergibt sich des Weiteren aus der Möglichkeit des Auftretens **neuer Wettbewerber**. Treten Unternehmen, die bis dahin noch nicht zu der Branche gezählt wurden, in Konkurrenz zu den Branchenunternehmen, so verteilt sich das Marktvolumen ceteris paribus auf eine größere Anzahl an Wettbewerbern. Zudem kann die Erhöhung der Kapazität eine Senkung des Preisniveaus in der Branche zur Folge haben. Der Umsatz der Branchenunternehmen ist also sowohl mengen- als auch preisseitig gefährdet. Des Weiteren verschlechtert die von den neuen Wettbewerbern entfaltete Nachfrage an den Beschaffungsmärkten ggf. die Verhandlungssituation im Verhältnis zu den Lieferanten, so dass auch mit steigenden Beschaffungspreisen gerechnet werden muss.

Die Gefahr des Auftretens neuer Wettbewerber hängt zunächst von der Profitabilität[1] der Branche und von den erwarteten Reaktionen der Branchenunternehmen ab – kein Unternehmen wird in eine Branche eintreten wollen, wenn damit kein zusätzlicher Gewinn zu erzielen ist. Davon abgesehen spielen **Markteintrittsbarrieren** die entscheidende Rolle. Man versteht darunter Charakteristika der Branche, die branchenfremden Unternehmen den Markteintritt erschweren. Die wichtigsten Markteintrittsbarrieren ergeben sich aus:

- Betriebsgrößenersparnissen (neue Wettbewerber haben insbesondere aufgrund zunächst noch geringer Produktionsmengen Kostennachteile),
- Produktdifferenzierung (die Abnehmer der Branche sind den Marken oder Produkten der Branchenunternehmen in besonderer Weise verbunden),
- Kapitalbedarf (der Markteintritt erfordert erhebliche Investitionen, die die Branchenunternehmen in der Vergangenheit schon getätigt haben),
- Umstellungskosten (den Abnehmern entstehen bei Umstellung auf die Produkte des neuen Wettbewerbers zusätzliche Kosten) und
- unzugänglichen Vertriebskanälen (neue Wettbewerber haben keinen Zugang zu den Vertriebskanälen der Branchenunternehmen).

Als letzte Wettbewerbskraft ist die **Rivalität unter den Wettbewerbern** zu untersuchen. Eine hohe Rivalität äußert sich z. B. in einem ausgeprägten Preiswettbewerb oder in aufwendigen Werbekampagnen und geht aufgrund geringerer Umsatzerlöse und/oder hö-

---

1 Der Begriff »Profitabilität« wird hier in einem undifferenzierten Sinne für den wirtschaftlichen Erfolg von Unternehmen verwendet.

herer Kosten zu Lasten der Profitabilität der Branchenunternehmen. Das Ausmaß der Rivalität in einer Branche steht einerseits in Zusammenhang mit den vorstehend bereits behandelten Wettbewerbskräften und ist andererseits als selbstständig wirksame Wettbewerbskraft zu begreifen. Ersteres leuchtet unmittelbar ein: Eine wirtschaftliche prekäre Situation der Abnehmer wird ebenso zu einer Verschärfung des Wettbewerbs beitragen wie Kapazitätsengpässe auf Seiten der Lieferanten, das Auftreten von Substitutionsprodukten oder die Bedrohung durch neue Wettbewerber. Die Rivalität unter den Wettbewerbern kann jedoch auch dann höher als in einer anderen Branche sein, wenn die anderen Wettbewerbskräfte annähernd gleich ausgeprägt sind. Gründe hierfür sind z. B.:

- zahlreiche oder gleich ausgestattete Wettbewerber (erhöht die Wahrscheinlichkeit dafür, dass einzelne Wettbewerber aggressive Maßnahmen ergreifen),
- langsames Branchenwachstum (Umsatzwachstum ist nur auf Kosten anderer Branchenunternehmen möglich),
- hohe Fix- oder Lagerkosten (die Branchenunternehmen sind in besonderem Maße bestrebt, ihre Kapazitäten auszulasten),
- fehlende Differenzierung oder fehlende Umstellungskosten (machen es den Branchenunternehmen leichter, Kunden anderer Unternehmen abzuwerben),
- große Kapazitätserweiterungen (können zu temporären Überkapazitäten führen, die es aus Sicht der Branchenunternehmen auszulasten gilt).
- heterogene Wettbewerber (es gelingt nicht, ein einheitliches Verständnis über die »Spielregeln« in der Branche herzustellen),
- hohe strategische Einsätze (der Erfolg in der Branche spielt für die Gesamtstrategie einzelner Unternehmen eine entscheidende Rolle) und
- hohe Austrittsbarrieren (die Branchenunternehmen sind mehr oder weniger zum Verbleib in der Branche gezwungen).

Die fünf behandelten Wettbewerbskräfte determinieren nach *Porter* die Profitabilität der Branche insgesamt (Branchenattraktivität); die erreichbare Profitabilität wird von den jeweils stärksten Wettbewerbskräften begrenzt. Am geringsten ist die Profitabilität bei vollständiger Konkurrenz: Abnehmer und Lieferanten haben gewissermaßen die freie Auswahl unter den Branchenunternehmen, es herrscht freier Marktzugang, d. h., es gibt keine Eintrittsbarrieren, die Rivalität unter den Wettbewerbern ist hoch. Umgekehrt bietet eine Branche, deren Unternehmen eine starke Verhandlungsposition gegenüber Abnehmern und Lieferanten innehaben, die durch starke Markteintrittsbarrieren geschützt ist und in der die Rivalität unter den Branchenunternehmen wenig ausgeprägt ist, gute Aussichten auf hohe Gewinne. Die Wettbewerbskräfte setzen damit den Rahmen, innerhalb dessen sich das Geschehen in der Branche vollzieht. Unterschiede zwischen den Branchenunternehmen resultieren im Wesentlichen aus der jeweils verfolgten Wettbewerbsstrategie. Dementsprechend ist im nächsten Schritt die **strategische Positionierung der Branchenunternehmen** zu untersuchen.

Als grundlegende Wettbewerbsstrategien unterscheidet *Porter* die Kostenführerschaftsstrategie, die Differenzierungsstrategie und die Konzentration auf Schwerpunkte.[1] Ein Branchenunternehmen, das die Kostenführerschaftsstrategie verfolgt, nutzt jede Gelegenheit zur Kostensenkung, vor allem über den Ausbau oder Zukauf von Marktanteilen und die damit einhergehende Nutzung von Erfahrungskurveneffekten. Gelingt es ihm, seine Produktionskosten unter diejenigen aller anderen Branchenunternehmen zu senken, so gewinnt es einen Profitabilitätsvorsprung, der dauerhaften Charakter besitzen kann. Die Differenzierungsstrategie hat die positive Abgrenzung der eigenen Produkte von denjenigen der anderen Branchenunternehmen zum Gegenstand. Aufgrund der besonderen Wertschätzung, die die Abnehmer den Produkten des betreffenden Unternehmens entgegenbringen, gelingt es diesem, höhere Preise als die anderen Branchenunternehmen durchzusetzen und ggf. eine nachhaltige Verbundenheit der Abnehmer mit dem Unternehmen oder dessen Marken zu entwickeln. Als Konzentration auf Schwerpunkte schließlich wird die Strategie eines Unternehmens bezeichnet, das sich innerhalb der Branche auf bestimmte Produkte, Abnehmer oder geographisch abgegrenzte Märkte fokussiert, um einen Kosten- und/oder Differenzierungsvorteil gegenüber anderen, breiter aufgestellten Branchenunternehmen nutzbar zu machen.

Ergänzend zu dieser noch recht groben Einteilung möglicher Wettbewerbsstrategien lässt sich die Positionierung der Unternehmen in der Branche anhand folgender strategischer Dimensionen charakterisieren:

- Spezialisierung: das Unternehmen konzentriert sich auf bestimmte Produktlinien, Kundensegmente oder geographisch abgegrenzte Märkte.
- Markenidentifikation: das Unternehmen setzt im Wettbewerb darauf, dass sich die Abnehmer verstärkt mit seiner Marke identifizieren.
- Druck oder Sog: die Markenidentifikation wird über den Vertrieb bzw. direkt bei den Abnehmern entwickelt.
- Wahl des Vertriebswegs: das Unternehmen bedient sich eines eigenen Vertriebs, eines spezialisierten Vertriebswegs oder eines Massenvertriebskanals.
- Produktqualität: Qualität der Rohstoffe, der Verarbeitung, des Designs etc.
- Technologievorsprung: das Unternehmen konzentriert sich darauf, stets die neueste Technologie zu nutzen.
- Vertikale Integration: das Ausmaß, in dem das Unternehmen aufeinanderfolgende Wertschöpfungsstufen zusammenführt.
- Kostenposition: die Intensität, mit der Kostenvorteile in der Produktion und im Vertrieb realisiert oder angestrebt werden.
- Dienstleistungen: das Ausmaß, in dem Neben- und Zusatzleistungen, wie z.B. besondere Services oder Finanzierungen, angeboten werden.
- Preispolitik: die Gestaltung des Preissystems und die Bedeutung, die der Preiswettbewerb für das Unternehmen besitzt.
- Macht: finanzielle oder operative Möglichkeiten, auf andere Unternehmen Einfluss zu nehmen.

---

1 Hierzu und zum Folgenden siehe Porter (2010).

- Beziehung zum Gesamtunternehmen: Zugehörigkeit zu einem Unternehmensverbund und daraus resultierende Implikationen für die Unternehmensführung.
- Beziehungen zu einheimischen und zu ausländischen Regierungen: Regierungskontakte und daraus resultierende Unterstützung oder Behinderung des Unternehmens.

In der Regel sind nicht alle hier aufgeführten Punkte für das Verständnis des Wettbewerbs in der Branche von gleicher Bedeutung. Es ist zweckmäßig, die Wettbewerbsdimensionen genauer zu analysieren, bei denen die Branchenunternehmen Unterschiede aufweisen oder die einen Bezug zu den stärksten der oben behandelten Wettbewerbskräfte aufweisen. Branchenunternehmen, die im Hinblick auf diese Wettbewerbsdimensionen dieselbe oder eine ähnliche Strategie verfolgen, bilden eine **strategische Gruppe**. Idealtypisch zeigt sich, dass Unternehmen, die einer strategischen Gruppe angehören, aufgrund ihrer gleichen Positionierung gegenüber den Wettbewerbskräften eine ähnliche Profitabilität aufweisen, während die Profitabilität zwischen den strategischen Gruppen sehr unterschiedlich ausfallen kann.

Beschränkt man sich auf zwei Dimensionen, so lassen sich die strategischen Gruppen einer Branche in einem Koordinatensystem darstellen. Ein Beispiel bietet untenstehende Abbildung; die Größe der verwendeten Symbole soll den zusammengefassten Marktanteil der zugehörigen Branchenunternehmen widerspiegeln:

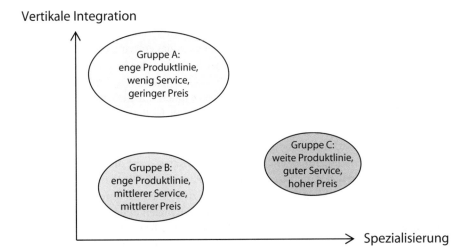

Abb. 4.5: Eine Karte strategischer Gruppen

Das Konzept strategischer Gruppen kann insofern ein wertvolles Hilfsmittel bei Bewertungen sein, als es erlaubt, Hypothesen darüber zu formulieren, wie sich die strategische Ausrichtung des Unternehmens auf seine Profitabilität auswirkt. Hierzu ist insbesondere zu untersuchen, ob ein systematischer Zusammenhang zwischen der Zugehörigkeit zu einer strategischen Gruppe und dem wirtschaftlichen Erfolg der jeweiligen

Branchenunternehmen festgestellt werden kann. Freilich wird man dabei bestenfalls zu dem Ergebnis kommen, dass sich die Profitabilität zweier Unternehmen, die zu einer strategischen Gruppe gehören, weniger unterscheidet als die Profitabilität zweier Unternehmen aus unterschiedlichen strategischen Gruppen. Um den Erfolg eines einzelnen Unternehmens im Wettbewerb erklären – und im Rahmen einer Unternehmensbewertung prognostizieren – zu können, muss der Blick als nächstes auf die Wettbewerbsvor- und -nachteile des Unternehmens gegenüber den anderen Branchenunternehmen gerichtet werden.

4.3.3.3 Wettbewerbsvor- und -nachteile des Unternehmens

Auf die Frage, was überhaupt als Wettbewerbsvorteil anzusehen ist, gibt es keine einfache Antwort: Gemäß dem **Market-based View** ist ein Wettbewerbsvorteil nichts anderes als eine günstige Position im Wettbewerbsumfeld. Z.B. genießt ein Unternehmen, das sich im Wege der vertikalen Integration gegenüber der Verhandlungsmacht von Lieferanten immunisiert hat, einen Wettbewerbsvorteil gegenüber den Konkurrenten, die dieser Verhandlungsmacht schutzlos ausgesetzt sind. Offenbar schließt diese Sichtweise nahtlos an die Überlegungen zur Abgrenzung strategischer Gruppen an. Um Wettbewerbsvorteile auf Unternehmensebene identifizieren zu können, ist jedoch weiter zu klären, welche Charakteristika eines Unternehmens auf seine Wettbewerbsposition Einfluss nehmen. *Porter* – dessen Beiträge den Market-based View wesentlich geprägt haben –, nimmt dabei die Aktivitäten des Unternehmens in den Blick und ergänzt die Überlegungen zur Branchenstruktur durch eine auf das einzelne Unternehmen bezogene Betrachtung, die die Prozesse im Unternehmen als Quelle möglicher Wettbewerbsvorteile ausmacht.[1]

Wettbewerbsvorteile können demnach aus ganz unterschiedlichen Aktivitäten resultieren. Z.B. besitzt eine schnelle und kundenfreundliche Reklamationsbearbeitung für ein Unternehmen, das Differenzierungsvorteile gegenüber seinen Konkurrenten anstrebt, eine größere Bedeutung als für ein Unternehmen, das kostenseitig Vorteile sucht. Als Hilfsmittel für die Identifikation relevanter Aktivitäten dient die auf der nächsten Seite abgebildete **Wertkette**. In dieser allgemeinen Form ist die Wertkette jedoch viel zu wenig differenziert, um direkt angewendet werden zu können. Es wäre für Zwecke der Unternehmensbewertung auch kaum sinnvoll, alle Aktivitäten in dem zu bewertenden Unternehmen aufzulisten. Der Nutzen des Konzeptes im Bewertungskontext besteht eher darin, Anhaltspunkte dafür zu geben, in welchen Bereichen des Unternehmens nach Aktivitäten als Ursache möglicher Wettbewerbsvor- oder -nachteile Ausschau gehalten werden kann. Bei der Suche nach solchen Aktivitäten sollte man sich von der Strategie des Unternehmens leiten lassen, wenn diese vorgegeben und bekannt ist. Konzentriert sich das Unternehmen z.B. auf eine bestimmte Abnehmergruppe, so sollten

---

1 Hierzu und zum Folgenden siehe Porter (2010).

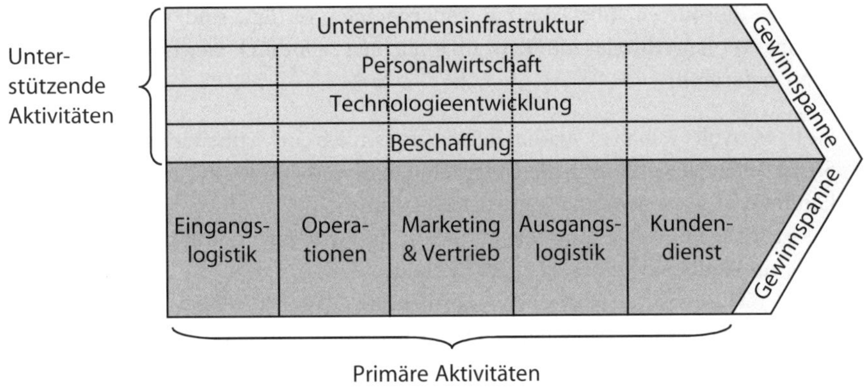

Abb. 4.6: Das Wertkettenkonzept von Porter

diejenigen Aktivitäten mit Vorrang betrachtet werden, die aus der Sicht dieser Abnehmergruppe eine besondere Werthaltigkeit der Produkte begründen.

Der Market-based View unterliegt insofern der Kritik, als er zu sehr auf die Gegebenheiten im Unternehmensumfeld abstellt, während der Blick auf das Unternehmen selbst zu kurz kommt. Daran ändert auch die Einbeziehung der Wertkette des Unternehmens prinzipiell nichts; denn ob eine bestimmte Aktivität mit einem Wettbewerbsvorteil einhergeht, hängt letztlich davon ab, welche Auswirkungen sie auf die Position des Unternehmens im Wettbewerbsumfeld hat. Die von den Kritikern des Market-based View aufgezeigte Lücke wird durch den **Resource-based View** geschlossen. Wettbewerbsvorteile sind danach **Ressourcen**, die dem Unternehmen zur Verfügung stehen.[1] Folglich muss sich die Strategie des Unternehmens an den vorhandenen Ressourcen und nicht – wie beim Market-based View angenommen – an den Gegebenheiten des Wettbewerbsumfelds ausrichten. Der Begriff Ressource ist dabei in einem weiten Sinne zu verstehen: Er umfasst alle materiellen und immateriellen Vermögenswerte, über die das Unternehmen mehr oder weniger permanent verfügen kann. Eine mögliche Systematisierung umfasst die folgenden fünf Arten von Ressourcen:

- finanzielle Ressourcen: z.B. Kreditwürdigkeit, Zugang zu Finanzierungsquellen
- physische Ressourcen: z.B. Gebäude, Anlagen
- Humanressourcen: z.B. Know-how von Mitarbeitern, insb. von Facharbeitern und Führungskräften
- organisatorische Ressourcen: z.B. Informationssysteme, Prozessstrukturen
- technologische Ressourcen: z.B. Marken, Qualität, Forschungs-Know-how

---

1 Siehe Wernerfeld (1984).

Nicht alle Ressourcen, über die ein Unternehmen verfügt, sind wettbewerbsrelevant. Eine wettbewerbsrelevante Ressource zeichnet sich durch vier Eigenschaften aus (VRIN-Kriterien)[1]:

- Sie ist wertvoll (Valuable). Aus der Ressource lässt sich ein Wettbewerbsvorteil ableiten.
- Sie ist selten (Rare). Wenn alle Unternehmen über die Ressource verfügen würden, könnte keines einen Wettbewerbsvorteil gewinnen.
- Sie ist nicht imitierbar (Inimitable). Wenn die Ressource imitiert werden könnte, hätte ein Wettbewerbsvorteil keinen Bestand.
- Sie ist nicht substitutierbar (Non-substitutable). Wenn die Ressource substituiert werden könnte, gäbe es ebenfalls keinen dauerhaften Wettbewerbsvorteil.

Ob aus einer Ressource Vorteile gezogen werden können, hängt entscheidend davon ab, ob das Unternehmen auch die Fähigkeiten (Capabilities) besitzt, diese Ressource zu nutzen. Eine besondere Rolle spielt dabei die Fähigkeit, den Vorteil aus der Ressource auch dann für das Unternehmen zu vereinnahmen, wenn diese dem Unternehmen nicht eindeutig zugeordnet werden kann – man denke z. B. an das Know-how der Mitarbeiter. Letztlich leiten sich Wettbewerbsvorteile erst aus dem Zusammenwirken mehrerer Ressourcen und Capabilities ab (Konzept der Kernkompetenzen[2]). Demzufolge sind die vorhandenen Ressourcen nicht isoliert, sondern unter Berücksichtigung von Interdependenzen in ihrer Gesamtheit zu analysieren, wobei den Capabilities die gleiche Aufmerksamkeit wie den Ressourcen selbst zu widmen ist.

Zwischen dem Market-based View und dem Resource-based View besteht kein Gegensatz. Beide Sichtweisen lassen sich in sinnvoller Weise verbinden. Es empfiehlt sich, sowohl die Position, die das Unternehmen aufgrund einer besonderen Ausprägung bestimmter Aktivitäten in der Branche innehat, als auch die Besonderheiten seiner Ressourcenausstattung zu untersuchen. Ist bei der Bewertung von einer gegebenen Unternehmensstrategie auszugehen, muss sich der Bewerter ein Urteil darüber bilden, ob die Bemühungen des Unternehmens, Wettbewerbsvorteile zu generieren und zu nutzen, ein stimmiges Ganzes ausmachen und durch die Strategie sinnvoll unterstützt werden. Geht es darum, die wertmäßigen Konsequenzen alternativer strategischer Maßnahmen aufzuzeigen, besteht seine Aufgabe letztlich in der Klärung der Frage, auf welche Weise Wettbewerbsvorteile gewonnen, bereits vorhandene Wettbewerbsvorteile bestmöglich genutzt und etwaige Wettbewerbsnachteile egalisiert werden können.

4.3.3.4 Konkurrentenanalyse

Da die Feststellung eines Wettbewerbsvor- oder -nachteils einen Vergleich mit anderen Unternehmen voraussetzt, ist der Blick in dieser Phase der Bewertung nicht nur

---

1 Siehe Barney (1991).
2 Siehe Pralahad/Hamel (1990).

auf das zu bewertende Unternehmen, sondern auch auf die Konkurrenten zu richten. Ausgangspunkt der Betrachtung war bisher allerdings immer noch das zu bewertende Unternehmen. Um die künftige Entwicklung der Wettbewerbssituation abschätzen zu können, die wesentlich auch von den Aktionen der Konkurrenz abhängt, müssen abschließend noch die Konkurrenten genauer analysiert werden. Das Ziel einer Konkurrentenanalyse besteht darin, Antworten auf folgende Fragen zu generieren:[1]

- Welche strategischen Maßnahmen werden die wichtigsten Konkurrenten voraussichtlich in der Zukunft unternehmen?
- Wie werden die Konkurrenten auf mögliche strategische Maßnahmen der anderen Wettbewerber voraussichtlich reagieren?
- Welche Maßnahmen werden die Konkurrenten aufgrund von Veränderungen der Branche und des weiter gefassten wirtschaftlichen Umfelds voraussichtlich ergreifen?

Antworten auf diese Fragen können bei Bewertungen von höchster Bedeutung sein. Ist z.B. abzusehen, dass ein Konkurrent mit einem neuen Produkt in ein Marktsegment vordringt, auf das sich das zu bewertende Unternehmen konzentriert hat, so kann dies gravierende Folgen für die zu prognostizierenden Umsatzerlöse haben. Dementsprechend viel Aufmerksamkeit ist der Konkurrentenanalyse zu widmen. Freilich wird man dabei im Regelfall auf öffentlich verfügbare Informationen angewiesen sein; wenn immer möglich, sind Informationen von Brancheninsidern einzuholen.

Um tragfähige Hypothesen über die künftigen Schritte der Konkurrenten ableiten zu können, sollte sich vor allem über die Determinanten strategischer Entscheidungen bei den Konkurrenten Klarheit verschaffen. Insbesondere geht es um Informationen über

- die Ziele der Konkurrenten: Ausgehend von diesen Zielen können zum einen strategische Maßnahmen abgeleitet werden, mittels derer der Konkurrent versuchen könnte, seine Ziele zu erreichen, und zum anderen die zu erwartenden Reaktionen bei strategischen Maßnahmen anderer Wettbewerber.
- die Annahmen der Konkurrenten: Die Annahmen der Konkurrenten in Bezug auf sich selbst und die Branche bestimmen das Bild, das der Konkurrent von seiner Rolle in der Branche hat. Sie geben Anhaltspunkte dafür, mit welchen Reaktionen bei strategischen Maßnahmen anderer Wettbewerber zu rechnen wäre.
- die Strategie der Konkurrenten: Die gegenwärtige Strategie ist der Ausgangspunkt für künftige strategische Maßnahmen des Konkurrenten und gibt ebenfalls Anhaltspunkte dafür, auf welche Maßnahmen anderer Wettbewerber der Konkurrent wie reagieren könnte.
- die Fähigkeiten der Konkurrenten: Von den Fähigkeiten der Konkurrenten hängen dessen Möglichkeiten ab, strategische Maßnahmen zu ergreifen oder auf strategische Maßnahmen anderer Wettbewerber zu reagieren.

---

1 Siehe hierzu Porter (2008).

Die Sammlung entsprechender Informationen hat den Zweck, den strategischen Entscheidungsprozess bei den Konkurrenten näherungsweise nachzuvollziehen. Die resultierenden Hypothesen über strategische Maßnahmen und Reaktionen der Konkurrenten sollen es ermöglichen, die potenziellen Auswirkungen solcher Aktionen bei der Prognose des bewertungsrelevanten Cashflow zu berücksichtigen.

4.3.4   Analyse der Vermögens-, Finanz- und Ertragsentwicklung

Das Rechnungswesen des zu bewertenden Unternehmens spielt schon in früheren Phasen der Bewertung eine Rolle, etwa wenn es darum geht, die Kostensituation des Unternehmens mit derjenigen seiner Wettbewerber zu vergleichen. Eine systematische und breit angelegte Beschäftigung insbesondere mit den Jahres- oder Konzernabschlüssen des Unternehmens ist aber erst für den nun zu behandelnden nächsten Schritt der Bewertung vorzusehen. Ziel ist es, die Entwicklung des Unternehmens in der jüngeren Vergangenheit und seine Situation am Bewertungsstichtag genauer kennenzulernen. Zu untersuchen ist bspw., wie sich die Umsatzerlöse in den letzten Geschäftsjahren entwickelt haben, welche Auswirkungen ein etwaiges Umsatzwachstum auf einzelne Aufwandsposten hatte und welche Investitionen in der jüngeren Vergangenheit getätigt wurden. Es geht darum, einen **Anknüpfungspunkt für die Prognose des freien Cashflows** zu schaffen. In den meisten Bewertungsfällen ist nicht davon auszugehen, dass es am Bewertungsstichtag zu einem Bruch in der Entwicklung des Unternehmens kommt. Vielmehr ist mit einer zunächst mehr oder weniger kontinuierlichen Entwicklung zu rechnen. Es ist daher sinnvoll, die Lage des Unternehmens in der Zeit vor und nach dem Bewertungsstichtag im Zusammenhang zu betrachten. Wenn dies nicht möglich ist – wie bei der Bewertung von Start up-Unternehmen – erweist sich die Prognose der künftigen Unternehmensentwicklung als besonders schwierig.

Der Zeitraum vor dem Bewertungsstichtag, der in die Betrachtung einbezogen wird, wird als **Referenzzeitraum** bezeichnet. In der Praxis umfasst der Referenzzeitraum meist drei bis fünf Geschäftsjahre, wobei dies aber nicht zwingend ist. Die Länge des Referenzzeitraums ist vielmehr im Einzelfall so festzulegen, dass die am Bewertungsstichtag andauernden und für die Zukunft bedeutsamen Entwicklungen zu Tage treten. Anhaltspunkte geben z.B. die Länge des Produktlebenszyklus oder die Nutzungsdauer von Anlagen; auch die konjunkturelle Situation am Bewertungsstichtag spielt eine Rolle. Bei einem Konsumgüterhersteller, der alle drei Jahre ein neues oder wesentlich überarbeitetes Produkt am Markt platziert, kann ein relativ kurzer Referenzzeitraum ausreichend sein. Im Fall eines Stromnetzbetreibers, dessen Leitungen eine Nutzungsdauer von vierzig Jahren haben, ist ein längerer Referenzzeitraum zweckmäßig. Generell gilt, dass den Geschäftsjahren kurz vor dem Bewertungsstichtag größere Aufmerksamkeit als den weiter zurückliegenden Geschäftsjahren gewidmet werden sollte.

Die Analyse der Vermögens-, Finanz- und Ertragsentwicklung basiert im Wesentlichen auf den Jahres- oder Konzernabschlüssen und den Geschäftsberichten des Unternehmens. Bei externen Bewertungen prüfungspflichtiger Unternehmen ist darauf zu achten, dass die ausgewerteten Abschlüsse mit einem Bestätigungsvermerk versehen sind, der auf eine hinreichende Aussagekraft schließen lässt. Soweit möglich sind ergänzende Informationen aus Prüfungsberichten und aus dem internen und externen Rechnungswesen des Unternehmens heranzuziehen. Im Zentrum der Analyse stehen die **Ergebnisrechnungen des Unternehmens**. Das Ziel besteht darin, die Gründe für die Entwicklung der Aufwendungen und Erträge im Referenzzeitraum zu verstehen, um deren künftige Entwicklung abschätzen zu können. Neben den Ergebnisrechnungen spielen die Bilanzen und ggf. auch Kapitalflussrechnungen eine Rolle, da sie Aufschluss über die in der jüngeren Vergangenheit getätigten Investitionen, die vorhandenen Vermögensgegenstände im Allgemeinen und das Alter der Anlagen im Besonderen sowie über die Finanzierung des Unternehmens geben. Aufgrund der Beziehungen zwischen den Komponenten der Jahres- bzw. Konzernabschlüsse sind diese im Zusammenhang zu betrachten.

In manchen Fällen ist die Vermögens-, Finanz- und Ertragsentwicklung im Referenzzeitraum nicht oder nicht sinnvoll aus Jahres- oder Konzernabschlüssen abzuleiten. Geht es z. B. um die **Bewertung eines rechtlich unselbständigen Geschäftsbereichs**, für den keine Abschlüsse erstellt werden, ist man auf entsprechende Informationen aus dem Rechnungswesen des Unternehmens angewiesen. Im Idealfall werden auf der Grundlage dieser Informationen nachträglich die Jahresabschlüsse erstellt, die sich ergeben hätten, wenn der Geschäftsbereich bilanzierungspflichtig gewesen wäre. Eine bereits vorhandene Segmentberichterstattung kann dabei ein guter Ausgangspunkt sein. Letzten Endes sind die für die Rekonstruktion von Jahresabschlüssen notwendigen Informationen bei externen Bewertungen freilich kaum zu bestimmen.

Relativ häufig trifft man den Fall an, dass das zu bewertende Unternehmen Mehrheitsbeteiligungen an kleineren Unternehmen hält, die eng an das zu bewertende Unternehmen gebunden sind. Wie in Kapitel 4.3.1 ausgeführt, kann es in einer solchen Situation zweckmäßig sein, auf eine gesonderte Bewertung der Beteiligungen zu verzichten. Der zweckmäßige Anknüpfungspunkt für die Ableitung der Ergebnisrechnungen des Referenzzeitraums ist dann nicht der Einzelabschluss des zu bewertenden Unternehmens, sondern der **Konzernabschluss**. Denn das Beteiligungsergebnis im Einzelabschluss des zu bewertenden Unternehmens weist nur die von den Beteiligungsgesellschaften abgeführten Gewinne aus; thesaurierte Gewinne sind nicht erfasst und laufen somit Gefahr, bei der Bewertung vernachlässigt zu werden. Zudem besitzt die Orientierung am Konzernabschluss den Vorteil, dass das Ergebnis der Beteiligungsunternehmen in aussagekräftigere Posten aufgeschlüsselt ist und Zwischenergebnisse eliminiert sind.

Stehen die Beteiligungen nicht zu 100 % im Anteilsbesitz des Unternehmens, so hat die Zugrundelegung des Konzernabschlusses die Einbeziehung der **Anteile von Minderheitsgesellschaftern** in das Bewertungsergebnis zur Folge. Dies kann zweckmäßig sein, weil das maßgebliche Bewertungsobjekt ohnehin der Konzern als Ganzes ist – etwa wenn es um Bewertungen zur Beurteilung unternehmerischer Initiativen geht. Es kann aber auch zu einer Verfälschung des Bewertungsergebnisses führen, weil der Wert des Eigenkapitals der Muttergesellschaft gefragt ist – etwa im Rahmen einer gerichtlichen Auseinandersetzung über die Abfindung von Gesellschaftern, die aus der Muttergesellschaft ausgeschlossen werden. In solchen Fällen bietet es sich an, zunächst den

Wert des Konzerns als Ganzes zu bestimmen und anschließend Korrekturen vorzunehmen, die die Anteile der Minderheitsgesellschafter betreffen. Sofern diese Anteile kein großes Gewicht haben, kann man sich dabei an den in der Konzernbilanz ausgewiesenen Minderheitenanteilen orientieren. Ansonsten ist eine gesonderte Bewertung der betreffenden Beteiligungsgesellschaft unumgänglich. Die dabei ermittelte Wertgröße ist nach Maßgabe des Anteils der Minderheitsgesellschafter quotal vom Wert des Konzerns abzusetzen.

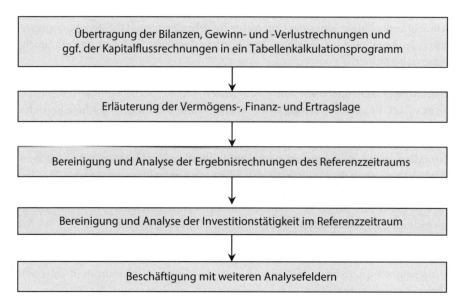

Abb. 4.7: Vorgehensweise bei der Analyse der Vermögens-, Finanz- und Ertragsentwicklung

Die Vorgehensweise bei der Analyse der Vermögens-, Finanz- und Ertragsentwicklung ist in Abbildung 4.7 dargestellt. Im ersten Schritt sind die Bilanzen, die Gewinn- und Verlustrechnungen und ggf. die Kapitalflussrechnungen in ein Tabellenkalkulationsprogramm zu übertragen, wobei zweckmäßigerweise separate Arbeitsblätter angelegt werden. Im weiteren Verlauf der Bewertung wird die Arbeitsmappe um zusätzliche Arbeitsblätter erweitert, die letztlich alle für die Bewertung relevanten Berechnungen aufnehmen. Aufgrund der vielfältigen Bezüge, die sich dabei ergeben, ist bereits von Anfang an auf einen übersichtlichen und fehlerfreien Aufbau des Modells zu achten.[1]

Die **Struktur der erfassten Rechenwerke** orientiert sich grundsätzlich an der Struktur, die in den Abschlüssen vorgefunden wird. Ist den Geschäftsberichten oder den

---

1 Siehe dazu von Lutz/Kalina (2010).

Prüfungsberichten eine weitergehende Aufschlüsselung von Posten zu entnehmen, so können auch die in das Tabellenkalkulationsprogramm aufgenommenen Posten weiter untergliedert werden. Gleiches gilt, wenn weitergehende Informationen aus dem betrieblichen Rechnungswesen verfügbar sind. Zweckmäßig ist eine Aufschlüsselung von Posten immer dann, wenn auf die resultierenden Positionen unterschiedliche Faktoren einwirken, an denen die Analyse der vergangenen und die Prognose der künftigen Entwicklung anknüpfen können. Umgekehrt sollten weniger bedeutsame Posten oder Posten, für die die gleichen Einflussfaktoren maßgeblich sind, zusammengefasst werden, um die Darstellung möglichst übersichtlich zu gestalten.

Im Anschluss an die Erfassung der Abschlüsse werden die Posten im Einzelnen betrachtet. Zunächst sind die absoluten und relativen Veränderungen im Zeitablauf zu ermitteln, um mögliche Trends und auffällige Entwicklungen zu identifizieren. Im Weiteren wird der Zusammenhang mit anderen Posten untersucht. Z.B. ist zu hinterfragen, ob ein Anstieg der Forderungen aus Lieferungen und Leistungen durch einen Anstieg der Umsatzerlöse erklärt werden kann oder ob dafür andere Ursachen gesucht werden müssen. Schließlich sind weitergehende Informationsquellen, insbesondere Geschäfts- und Prüfungsberichte, auszuwerten. Ziel ist es, die Entwicklung des Unternehmens im Referenzzeitraum und die Ursachen dieser Entwicklung genauer kennenzulernen, soweit sie aus den ausgewerteten Abschlüssen zu erschließen sind. Die Ergebnisse der Analyse werden als Erläuterung der Vermögens-, Finanz- und Ertragsentwicklung in die Dokumentation aufgenommen.

Die Vorgehensweise wird am Beispiel eines Unternehmens in der Rechtsform einer Aktiengesellschaft verdeutlicht. Der Bewertungsstichtag ist der 31. Dezember 2011, als Referenzzeitraum dienen die Jahre 2009 bis 2011. Ausgangspunkt der Betrachtung sind die Konzernabschlüsse des Unternehmens nach IFRS. Das Unternehmen hält am Bewertungsstichtag eine Reihe vollkonsolidierter Beteiligungen. Die Konzernbilanzen aus dem Referenzzeitraum wurden wie folgt erfasst:

Tab. 4.4: Beispiel: Konzernbilanzen im Referenzzeitraum

	A	B	C	D	E
1			**2009**	**2010**	**2011**
2		**Aktiva**			
3	**Langfristige Aktiva**				
4		Goodwill	153.248	163.754	208.422
5		Immaterielle Vermögenswerte	26.930	29.610	36.514
6		Sachanlagen	21.826	23.112	30.258
7		Finanzanlagen	2.164	1.788	1.450
8		Sonstige Vermögenswerte	376	192	350
9		Latente Steuern	3.290	748	948
10	**Kurzfristige Aktiva**				
11		Vorräte	26.470	34.370	50.158

Tab. 4.4: Beispiel: Konzernbilanzen im Referenzzeitraum – Fortsetzung

	A	B	C	D	E
			2009	**2010**	**2011**
12		Forderungen aus Lieferungen und Leistungen	99.922	109.446	176.136
13		Sonstige Vermögenswerte	8.980	9.624	10.338
14		Wertpapiere	2.290	2.666	2.318
15		Zahlungsmittel und -äquivalente	18.556	13.144	8.598
16	**Bilanzsumme**		364.052	388.454	525.490
17	**Passiva**				
18	**Eigenkapital**				
19		Gezeichnetes Kapital	23.828	26.210	34.074
20		Eigene Anteile	–5.882	0	0
21		Kapitalrücklage	123.562	136.974	177.542
22		Unterschiedsbetrag aus der Marktbewertung von Wertpapieren	–716	–726	–572
23		Konzernrücklagen und Ergebnisvorträge	1.360	15.210	28.382
24		Minderheitenanteile	678	856	966
25	**Langfristige Passiva**				
26		Rückstellungen	3.036	1.590	2.418
27		Verbindlichkeiten gegenüber Kreditinstituten	16.316	8.808	49.348
28		Finanzverbindlichkeiten	20.000	21.534	21.578
29		Übrige Verbindlichkeiten	7.040	5.810	2.918
30		Latente Steuern	11.194	13.236	15.872
31	**Kurzfristige Passiva**				
32		Rückstellungen	644	132	2.444
33		Verbindlichkeiten aus Lieferungen und Leistungen	41.038	44.738	63.234
34		Verbindlichkeiten gegenüber Kreditinstituten	99.628	90.586	59.524
35		Steuerverbindlichkeiten	8.806	5.420	13.408
36		Personalverpflichtungen	2.210	7.710	20.074
37		Sonstige Verbindlichkeiten	11.310	10.366	34.280
38	**Bilanzsumme**		364.052	388.454	525.490
39					
40	(in Tsd. €)				

Die Gliederung der Konzerngewinn- und -verlustrechnungen orientiert sich am Gesamtkostenverfahren:

Tab. 4.5: Beispiel: Konzerngewinn- und -verlustrechnungen im Referenzzeitraum

	A	B	C	D	E
1			**2009**	**2010**	**2011**
2		Umsatzerlöse	359.210	407.286	610.612
3	+	Bestandsveränderungen	−13.764	2.422	−14.886
4	+	Aktivierte Eigenleistungen	3.404	3.042	3.896
5	+	Sonstige betriebliche Erträge	4.202	8.952	5.448
6	−	Materialaufwand	171.950	214.634	319.238
7	−	Personalaufwand	96.206	108.494	153.752
8	−	Abschreibungen	7.052	9.202	13.126
9	−	Sonstige betriebliche Aufwendungen	45.108	49.122	70.522
10	=	**Betriebsergebnis**	32.736	40.250	48.432
11	+	Zinserträge	206	206	154
12	−	Zinsaufwendungen	6.112	6.018	12.882
13	=	**Ergebnis vor Ertragsteuern**	26.830	34.438	35.704
14	−	Steuern vom Einkommen und Ertrag	6.278	10.176	9.906
15	=	**Konzernjahresüberschuss vor Anteilen anderer Gesellschafter**	20.552	24.262	25.798
16	−	Anteile anderer Gesellschafter	998	1.338	1.340
17	=	**Konzernjahresüberschuss**	19.554	22.924	24.458
18					
19	(in Tsd. €)				

Folgende Tabelle gibt die Kapitalflussrechnungen wieder:

Tab. 4.6: Beispiel: Konzernkapitalflussrechnungen im Referenzzeitraum

	A	B	C	D	E
1			**2009**	**2010**	**2011**
2		Ergebnis vor Ertragsteuern	26.830	34.438	35.704
3	+	Zinsergebnis	5.906	5.812	12.728
4	+	Abschreibungen auf Gegenstände des Anlagevermögens	7.052	9.202	11.958
5	+	Veränderung der Rückstellungen	−2.684	−2.032	2.222
6	+	Wertberichtigungen auf Forderungen aus Lieferungen und Leistungen	618	2.250	−548
7	−	Ergebnis aus Anlageabgängen	568	−222	40
8	−	Veränderung der Vorräte	−10	4.322	−11.912

Tab. 4.6: Beispiel: Konzernkapitalflussrechnungen im Referenzzeitraum – Fortsetzung

	A	B	C	D	E
			2009	**2010**	**2011**
9	–	Veränderung der Forderungen aus Lieferungen und Leistungen	–3.878	150	63.376
10	+	Veränderung der Verbindlichkeiten aus Lieferung und Leistungen	1.720	–9.628	5.306
11	–	Veränderungen bei sonstigen Aktiva	–1.776	–1.954	–2.918
12	+	Veränderungen bei sonstigen Passiva	–2.280	–10.886	–3.480
13	–	Gezahlte Ertragsteuern	7.870	10.116	10.044
14	+	Erhaltene Ertragsteuern	152	290	666
15	–	Gezahlte Zinsen	5.342	5.630	7.130
16	+	Erhaltene Zinsen	552	254	150
17	=	**Mittelzufluss aus laufender Geschäftstätigkeit**	29.750	11.658	–1.054
18	+	Einzahlungen aus Abgängen beim Anlagevermögen	1.280	76	482
19	–	Investitionen in das immaterielle Anlagevermögen	5.954	4.130	7.452
20	–	Investitionen in das Sachanlagevermögen	7.114	5.016	9.040
21	–	Investitionen in das Finanzanlagevermögen	1.868	376	0
22	–	Auszahlungen aus dem Erwerb von konsolidierten Unternehmen	6.088	2.514	24.784
23	=	**Mittelzufluss aus Investitionstätigkeit**	–19.744	–11.960	–40.794
24	–	Gezahlte Dividenden	9.006	9.006	11.278
25	+	Einlagen	0	15.070	48.432
26	+	Einzahlungen aus der Aufnahme von Finanzkrediten	0	11.970	66.000
27	–	Auszahlungen aus der Tilgung von Finanzkrediten	1.672	28.522	64.616
28	+	Veränderung der Anteile anderer Gesellschafter	–1.104	–1.228	–1.236
29	–	Eigene Anteile	0	–6.606	0
30	=	**Mittelzufluss aus Finanzierungstätigkeit**	–11.782	–5.110	37.302
31		**Veränderung des Finanzmittelbestands**	–1.776	–5.412	–4.546
32	+	**Finanzmittelbestand am Jahresanfang**	20.332	18.556	13.144
33	=	**Finanzmittelbestand am Jahresende**	18.556	13.144	8.598
34					
35	(in Tsd. €)				

Im Kern müsste es bei der Erläuterung der Vermögens-, Finanz- und Ertragsentwicklung im Referenzzeitraum darum gehen, dass das Unternehmen ein kräftiges Wachstum bei der Bilanzsumme, bei den Umsatzerlösen und beim Jahresüberschuss aufweist. Dieses Wachstum ist primär auf Akquisitionen zurückzuführen. Die Eigenkapitalquote wurde im Wege der Einbehaltung von Jahresüberschüssen und der Zuführung von Eigenkapital von 39,2 % auf 45,8 % erhöht. Gleichzeitig wurde das Verhältnis des langfristigen zum kurzfristigen Fremdkapital von 35,2 % auf 47,8 % verbessert. Die Umsatzerlöse erhöhten sich von 2008 auf 2009 um 9,1 % (bei Umsatzerlösen in Höhe von 329.256 Tsd. € in 2008) und in den folgenden Jahren um 13,4 % bzw. 49,9 %. Damit einhergehend stieg das Betriebsergebnis um nahezu 48 % an. Die Eigenkapitalrentabilität als Verhältnis des Konzernjahresüberschusses zum Konzerneigenkapital zu Beginn des jeweiligen Kalenderjahrs hat sich jedoch von 14,8 % (bei einem Eigenkapitalbestand von 132.008 Tsd. € zu Beginn des Jahres 2009) über 16,1 % auf zuletzt 13,7 % verschlechtert. Auffallend ist der schwache Mittelzufluss aus laufender Geschäftstätigkeit im Jahr 2011 bei gleichzeitig starkem Anstieg der Forderungen aus Lieferungen und Leistungen. Die 2011 besonders hohen Auszahlungen für Akquisitionen wurden im Wesentlichen durch die von Eigenkapitalgebern zugeführte Liquidität gedeckt. Am Ende des Referenzzeitraums präsentiert sich das Unternehmen mit einer soliden Finanzierung, zufriedenstellenden Ergebnissen und ausreichenden Liquiditätsreserven. Seine Lage ist vor allem durch das starke externe Wachstum im Referenzeitraum geprägt. Aus den daraus resultierenden Konsolidierungserfordernissen bei einem gesamtwirtschaftlichen schwierigen Umfeld ergibt sich eine relativ hohe Unsicherheit bezüglich der künftigen Entwicklung.

Im Anschluss an die Erläuterung der Vermögens-, Finanz- und Ertragsentwicklung werden einzelne Aspekte, die für die Entwicklung des Unternehmens von besonderer Bedeutung waren, genauer untersucht. Dabei steht die Auseinandersetzung mit dem Betriebsergebnis an erster Stelle. Zunächst wird eine Bereinigung der Ergebnisrechnungen des Referenzzeitraums durchgeführt, um deren Transparenz in Bezug auf prognoserelevante Entwicklungen zu erhöhen. Im Einzelnen ist an folgende Bereinigungsschritte zu denken:

1. Bereinigung im Hinblick auf Erfolgsfaktoren, die nicht dem Bewertungsobjekt zuzurechnen sind (▸ **Kap. 4.3.1**, Abgrenzung des Bewertungsobjekts),
2. Eliminierung der Aufwendungen und Erträge, die das nicht betriebsnotwendige Vermögen betreffen (▸ **Kap. 4.3.1**, nicht betriebsnotwendiges Vermögen),
3. Eliminierung von Aufwendungen und Erträgen, die gesondert bewertete Beteiligungen betreffen (▸ **Kap. 4.3.1**, Beteiligungen),
4. Bereinigung von Posten, die auf ungewöhnliche Geschäftsvorfälle zurückzuführen sind, mit denen in der Zukunft nicht mehr zu rechnen ist. In Frage kommen etwa Gewinne oder Verluste aus dem Verkauf von Gegenständen des Anlagevermögens, Zuschreibungen oder Abschreibungen auf Wertpapiere, Restrukturierungsaufwendungen oder Beratungskosten.
5. Anpassung der Ausübung von Bilanzierungs- und Bewertungswahlrechten oder Ermessensspielräumen an die Handhabung am Bewertungsstichtag und

6. Bereinigung im Hinblick auf eine veränderte Situation nach dem Bewertungsstichtag (▶ **Kap. 4.3.1**, Abgrenzung des Bewertungsobjekts).

Anhaltspunkte für zweckmäßige Bereinigungen zu den Punkten 4) und 5) ergeben sich aus den Geschäfts- und ggf. den Prüfungsberichten; bei internen Bewertungen ist auf weitergehende Informationen aus dem Rechnungswesen zurückzugreifen. Generell sollte sich die Bereinigung nur auf wesentliche Sachverhalte beziehen. Eine »Glättung« oder mehr oder weniger schematische »Normalisierung« der Ergebnisentwicklung ist nicht Sinn der Sache, weil damit die Gefahr verbunden ist, prognoserelevante Entwicklungen im Referenzzeitraum zu verdecken.

Im Beispiel sei davon ausgegangen, dass keine Erfolgsfaktoren identifiziert werden konnten, die dem Bewertungsobjekt nicht zuzurechnen sind (Punkt 1). Des Weiteren wurde das gesamte vorhandene Vermögen als betriebsnotwendig eingestuft (Punkt 2). Da alle Beteiligungen in das Geschäftsmodell des Konzerns integriert sind, erscheint eine gesonderte Bewertung nicht zweckmäßig; die Aussonderung entsprechender Ergebniskomponenten unterbleibt (Punkt 3). Aus dem Geschäftsbericht für 2010 geht hervor, dass in den sonstigen betrieblichen Erträgen Zuschüsse von Lieferanten in Höhe von 3.000 Tsd. € enthalten sind, die aufgrund ihres ungewöhnlichen Charakters bereinigt werden (Punkt 4). Die im Referenzzeitraum zu verzeichnenden Änderungen bei den Rechnungslegungsstandards haben keine wesentliche Veränderungen der Ergebnisrechnungen zur Folge gehabt; Bereinigungen aufgrund geänderter Bilanzierungs- oder Bewertungsmethoden sind nicht erforderlich (Punkt 5). Bereits zum Bewertungsstichtag absehbare Veränderungen betreffen die im Referenzzeitraum eingetretenen Veränderungen des Konsolidierungskreises. Da es sich um eine Folge der Wachstumsstrategie des Unternehmens handelt, ist eine nachträgliche Anpassung der Betriebsergebnisse früherer Perioden an den Konsolidierungskreis am Bewertungsstichtag nicht sinnvoll (Punkt 6).

Im Beispiel besteht somit kaum Bereinigungsbedarf. Die Entwicklung des bereinigten Betriebsergebnisses im Referenzzeitraum ist wie folgt:

Tab. 4.7: Beispiel: Entwicklung der bereinigten Betriebsergebnisse

	A	B	C	D	E
1			**2009**	**2010**	**2011**
2		Umsatzerlöse	359.210	407.286	610.612
3	+	Bestandsveränderungen	−13.764	2.422	−14.886
4	+	Aktivierte Eigenleistungen	3.404	3.042	3.896
5	+	Sonstige betriebliche Erträge	4.202	5.952	5.448
6	−	Materialaufwand	171.950	214.634	319.238
7	−	Personalaufwand	96.206	108.494	153.752
8	−	Abschreibungen	7.052	9.202	13.126
9	−	Sonstige betriebliche Aufwendungen	45.108	49.122	70.522
10	=	**Betriebsergebnis**	32.736	37.250	48.432
11					
12	(in Tsd. €)				

An die Bereinigung schließt sich eine **Analyse der Ergebnisrechnungen** an, bei der nun neben den Informationen aus dem Rechnungswesen des Unternehmens auch Informationen zur gesamtwirtschaftlichen Entwicklung im Referenzzeitraum sowie zur Entwicklung der Branche und der Konkurrenten des Unternehmens herangezogen werden. Denn ein Umsatzwachstum, das mit einem Anstieg des Marktanteils einhergeht, lässt andere Schlussfolgerungen zu als ein Umsatzwachstum, das sich gleichmäßig auf alle Unternehmen der Branche verteilt. Ebenso macht es einen Unterschied, ob steigende Einstandspreise bei allen Branchenunternehmen zu einem relativen Anstieg des Materialaufwands geführt haben, oder ob es anderen Unternehmen gelungen ist, günstigere Beschaffungsquellen zu erschließen. Bei der Untersuchung dieser und anderer Fragestellungen ist insbesondere auf Informationen zurückzugreifen, die bei der Analyse der Wettbewerbssituation gesammelt und ausgewertet wurden.

Der erste Schritt der Analyse besteht in der Regel darin, die Struktur des **Betriebsergebnisses** und die zeitliche Entwicklung der betreffenden Posten durch die Bildung geeigneter Zwischensummen und Kennzahlen zu verdeutlichen, soweit das noch nicht im Rahmen der Erläuterung der Ergebnisentwicklung geschehen ist. Bei Ergebnisrechnungen nach dem **Gesamtkostenverfahren** liegt es nahe, die Gesamtleistung und das Rohergebnis zu errechnen sowie insbesondere Material- und Personalaufwandsintensitäten (Verhältnis der betreffenden Aufwendungen zur Gesamtleistung) zu bestimmen, um die Aufwandsstruktur und deren Veränderungen im Zeitablauf kenntlich zu machen. Im Beispiel könnten die entsprechend ergänzten Ergebnisrechnungen wie folgt aussehen:

Tab. 4.8: Beispiel: Struktur der Betriebsergebnisse

A	B	C	D	E	F	G	H
1		2009		2010		2011	
2	Umsatzerlöse	359.210		407.286		610.612	
3	+ Bestandsveränderungen	−13.764		2.422		−14.886	
4	+ Aktivierte Eigenleistungen	3.404		3.042		3.896	
5	= **Gesamtleistung**	348.850	100,00%	412.750	100,00%	599.622	100,00%
6	+ Sonstige betriebliche Erträge	4.202	1,20%	5.952	1,44%	5.448	0,91%
7	− Materialaufwand	171.950	49,29%	214.634	52,00%	319.238	53,24%
8	= **Rohergebnis**	181.102	51,91%	204.068	49,44%	285.832	47,67%
9	− Personalaufwand	96.206	27,58%	108.494	26,29%	153.752	25,64%
10	− Abschreibungen	7.052	2,02%	9.202	2,23%	13.126	2,19%
11	− Sonstige betriebliche Aufwendungen	45.108	12,93%	49.122	11,90%	70.522	11,76%
12	= **Betriebsergebnis**	32.736	9,38%	37.250	9,02%	48.432	8,08%
13							
14	(in Tsd. €)						

Offenbar ist das Unternehmen recht materialintensiv, so dass dem Materialaufwand bei der Prognose besondere Aufmerksamkeit zugewendet werden muss. Dies gilt umso mehr, als die Materialaufwandsintensität im Referenzzeitraum deutlich zugenommen hat. Machte das Rohergebnis 2009 noch knapp 52 % der Gesamtleistung aus, so waren es 2011 nur noch 47,7 %. Gleichzeitig war ein steter Rückgang der Personalaufwands-intensität zu verzeichnen. Angesichts des starken Wachstums im Referenzzeitraum sind die Verschiebungen der Aufwandsstruktur nicht ungewöhnlich, gleichwohl sollte ver-sucht werden, ihre Ursachen zu ergründen.

Aufgrund ihrer zentralen Bedeutung für den Erfolg werden im Weiteren die Um-satzerlöse genauer betrachtet. Dazu sind die Umsatzerlöse nach Unternehmensberei-chen, Produkt- und/oder Kundengruppen sowie ggf. nach Beteiligungen aufzuschlüs-seln. Um den Ursachen für die Umsatzentwicklung auf den Grund zu gehen, ist eine Zerlegung der disaggregierten Größen in Preis- und Mengenkomponenten zweck-mäßig, ggf. sind auch Wechselkursänderungen zu berücksichtigen. Weitergehende Schlussfolgerungen erlaubt eine Gegenüberstellung mit der gesamtwirtschaftlichen Entwicklung, der Branchenentwicklung im Allgemeinen und der Situation der Ab-nehmer im Besonderen sowie mit der Umsatzentwicklung bei den Konkurrenten. Die Frage ist, welche Ursachen für die Entwicklung des Branchenumsatzes und des Markt-anteils des Unternehmens maßgeblich waren. Um dies zu ergründen, müssen die Vor- und Nachteile der Produkte des Unternehmens aus der Sicht der Abnehmer eruiert werden.

Ähnlich geartete Überlegungen sind zu den übrigen Posten der Ergebnisrechnungen anzustellen. Dabei ist z. B. an folgende Punkte zu denken:

Tab. 4.9: Analyse der Posten des Betriebsergebnisses

Posten	Beispielhafte Fragestellungen
Bestandsveränderungen	Anteil fertiger und unfertiger Erzeugnisse Angemessenheit der Lagerbestände Abgleich mit Produktions- und Absatzmengen Bewertung der Lagerbestände Marktgängigkeit bzw. Verwendbarkeit der Lagerbestände
Aktivierte Eigenleistungen	Zusammensetzung des Postens Nutzbarkeit der Eigenleistungen
Sonstige betriebliche Erträge	Zusammensetzung des Postens Regelmäßigkeit des Anfalls entsprechender Beträge
Materialaufwand	Zusammensetzung des Postens Mengenmäßiger Materialverbrauch Abgleich mit Produktionsmenge Einstandspreise, ggf. Wechselkurse Gegenüberstellung mit der Situation der Konkurrenten Lieferantensituation im Referenzzeitraum Verfügbarkeit der Materialien

Tab. 4.9: Analyse der Posten des Betriebsergebnisses – Fortsetzung

Personalaufwand	Zusammensetzung des Postens Entwicklung des Personalbestands, Personalfluktuation Betriebliche Vereinbarungen und Tarifabschlüsse Personalaufwand pro Mitarbeiter Aufwendungen für Altersversorgung Qualifikationsprofil der Mitarbeiter
Abschreibungen	Zusammensetzung des Postens Verwendete Abschreibungsverfahren Entwicklung in Relation zum Anlagevermögen Altersstruktur und Restbuchwerte des Anlagevermögens
Sonstige betriebliche Aufwendungen	Zusammensetzung des Postens Regelmäßigkeit des Anfalls entsprechender Beträge

Eine analoge Vorgehensweise bietet sich an, wenn die Betriebsergebnisse nicht nach dem Gesamtkostenverfahren, sondern nach dem Umsatzkostenverfahren bestimmt werden. Aufgrund der Aufschlüsselung der Umsatzerlöse und der Umsatzkosten nach Produktgruppen werden die Erfolgsquellen des Unternehmens in diesem Fall besser ersichtlich, so dass die Analyse der Ergebnisentwicklung entsprechend ausgerichtet werden kann. Nachteilig im Vergleich zum Gesamtkostenverfahren ist, dass bezüglich der Abgrenzung der Posten ein größerer Spielraum besteht. Dies betrifft vor allem die Umsatzkosten und die sonstigen betrieblichen Aufwendungen, aber auch die Vertriebskosten und die Verwaltungskosten. Die Frage, wie diese Posten abgegrenzt sind, muss deshalb an den Anfang gestellt werden; Informationen hierzu finden sich im Anhang. Nachteilig ist auch, dass sich die Entwicklung funktional abgegrenzter Aufwendungen kaum auf Preis- und Mengenentwicklungen zurückführen lässt. Angaben zum Material- und Personalaufwand im Anhang sind deshalb als wichtige Zusatzinformation anzusehen. Diese Informationen können ggf. genutzt werden, um die Herstellungs-, Verwaltungs- und Vertriebskosten nach den darin enthaltenen Material- und Personalaufwendungen sowie Abschreibungen aufzuschlüsseln (modifiziertes Umsatzkostenverfahren).

Ein zweiter Aspekt der Vermögens-, Finanz- und Ertragsentwicklung im Referenzzeitraum, der regelmäßig einer genaueren Betrachtung bedarf, ist die Investitionstätigkeit des Unternehmens. Denn die in der Vergangenheit getätigten Investitionen bilden die Grundlage für den künftigen Erfolg. Stellt sich heraus, dass im Referenzzeitraum Erhaltungsinvestitionen unterlassen wurden, so müssen diese nach dem Bewertungsstichtag nachgeholt werden, wenn die Leistungsfähigkeit des Unternehmens erhalten bleiben soll. Umgekehrt bilden Erweiterungsinvestitionen bei Unternehmen des produzierenden Gewerbes zwar keine hinreichende, aber doch jedenfalls eine notwendige Bedingung für ein dauerhaftes Umsatzwachstum. Im Einzelnen zu betrachten sind die Investitionen in immaterielle Vermögensgegenstände, in Sachanlagevermögen und ggf. in Finanzanlagevermögen, aber auch die Investitionen in das Nettoumlaufvermögen unter Einschluss der Veränderungen des Finanzmittelbestandes. Als Ausgangspunkt für entsprechende Betrachtungen sind – wenn vorhanden – die Kapitalflussrechnungen aus dem Referenzzeitraum heranzuziehen. Dabei ist allerdings zu beachten, dass Zugänge beim Anlage- und Umlaufvermögen in der Kapitalflussrechnung eines Konzernabschlusses nicht als Investitionsvorgänge abgebildet werden, wenn sie auf Änderungen des Konsolidierungskreises beruhen. Die im Referenzzeitraum getätigten Investitionen sind dann aus den Bilanzen und den Erläuterungen im Anhang, primär aus dem Anlagespiegel, abzuleiten. Gleiches gilt, wenn keine Kapitalflussrechnungen vorliegen.

Das Unternehmen im Beispiel hat im Referenzzeitraum eine Reihe von Akquisitionen getätigt. Die dabei gezahlten Kaufpreise sind in den Kapitalflussrechnungen als Auszahlungen aus dem Erwerb von konsolidierten Unternehmen aufgeführt. Ersetzt man diese Auszahlungen durch Auszahlungen für die dem Konzern zugeführten Investitionsgüter, so ergibt sich folgendes Bild:

Tab. 4.10: Beispiel: Investitionen im Referenzzeitraum

	A	B	C	D	E
1			**2009**	**2010**	**2011**
2		Zunahme der Vorräte	−2.236	7.900	15.788
3	+	Zunahme der Forderungen aus Lieferungen und Leistungen	10.288	11.774	66.142
4	+	Zunahme des Finanzmittelfonds	−1.776	−5.412	−4.546
5	+	Zunahme bei sonstigen Aktiva des Nettoumlaufvermögens	−504	−1.706	724
6	−	Zunahme der Verbindlichkeiten aus Lieferungen und Leistungen	13.798	3.700	18.496
7	−	Zunahme bei sonstigen Passiva des Nettoumlaufvermögens	748	−5.706	48.658
8	=	**Investitionen in das Nettoumlaufvermögen**	−8.774	14.562	10.954
9	−	Einzahlungen aus Abgängen beim Anlagevermögen	1.280	76	482
10	+	Investition in Goodwill	9.488	0	44.668
11	+	Investitionen in das immaterielle Anlagevermögen	7.314	7.296	14.272
12	+	Investitionen in das Sachanlagevermögen	7.740	9.670	12.180
13	+	Investitionen in das Finanzanlagevermögen	1.868	376	0
14	=	**Investitionen in das Anlagevermögen**	25.130	17.266	70.638
15					
16	(in Tsd. €)				

Dem Nettoumlaufvermögen wurden im Beispiel alle Aktivposten der Bilanz mit Ausnahme des Goodwills, des immateriellen Anlagevermögens, des Sachanlage- sowie des Finanzanlagevermögens zugeordnet. Ferner wurden alle Passivposten bis auf das Eigenkapital, die Finanzverbindlichkeiten sowie kurz- und langfristige Verbindlichkeiten gegenüber Kreditinstituten berücksichtigt. Auffallend sind vor allem der starke Zuwachs der Forderungen aus Lieferungen und Leistungen im Jahr 2011 und der sprunghafte Anstieg der sonstigen Passiva, wobei letzterer – wie aus der Bilanz für 2011 zu entnehmen ist – vornehmlich auf höheren Personalverpflichtungen, Steuerverbindlichkeiten und sonstigen Verbindlichkeiten beruht. Bei den Investitionen in das Anlagevermögen wird deutlich, dass ein großer Teil der im Zuge der Akquisitionstätigkeit gezahlten Kaufpreise auf Goodwill entfällt.

Analog zur Vorgehensweise beim Betriebsergebnis bietet es sich im nächsten Schritt an, die Investitionen bzw. die betreffenden Bilanzpositionen zueinander und mit anderen Posten in Beziehung zu setzen. Von besonderem Interesse ist dabei in Bezug auf die Posten des Nettoumlaufvermögens der Zusammenhang mit der Entwicklung der Umsatzerlöse. Auskunft hierüber geben insbesondere **Reichweitenkennzahlen**, bei denen die mittleren Bestände des Geschäftsjahres in Relation zu den betreffenden Umsatzerlösen gesetzt und mit der Anzahl der Tage des Geschäftsjahres multipliziert werden (Days Sales Outstanding DSO, Days Inventory Held DIH, Days Payables Outstanding DPO). Da es sich bei diesen Kennzahlen um zentrale Zielgrößen des Working Capital Managements handelt, ist ihre Entwicklung im Referenzzeitraum auch im Hinblick auf die Qualität des Working Capital Managements auszuwerten. Bei den Posten des Anlagevermögens liegt vor allem eine Gegenüberstellung der Investitionen mit dem bereits vorhandenen Vermögen und den Abschreibungen nahe, um den Investitionszyklus des Unternehmens besser kennenzulernen und etwaige Investitionsrückstände aufzudecken. Hierzu bietet es sich an, **Investitionsquoten** als Quotient der jeweiligen Investitionen und des zu Beginn des Geschäftsjahres vorhandenen Vermögens und **Abschreibungsquoten** als Quotient aus den Abschreibungen und dem zu Beginn des Geschäftsjahres vorhandenen Vermögen zu bestimmen. Im Beispiel ergibt sich:

Tab. 4.11: Beispiel: Kennzahlen zu den Investitionen im Referenzzeitraum

	A	B	C	D	E
1			**2009**	**2010**	**2011**
2	**Reichweiten**				
3		Days Inventory Held	28	27	25
4		Days Sales Outstanding	97	94	85
5		Days Payables Outstanding	35	38	32
6	**Investitionsquoten**				
7		Immaterielles Anlagevermögen	35,0%	27,1%	48,2%
8		Sachanlagevermögen	43,2%	44,3%	52,7%
9	**Abschreibungsquoten**				
10		Immaterielles Anlagevermögen	18,7%	18,1%	24,8%
11		Sachanlagevermögen	17,6%	19,8%	25,0%
12					
13	(in Tsd. €)				

Wie an der Entwicklung der Days Sales Outstanding erkennbar, relativiert sich der auffällige absolute Zuwachs der Forderungen aus Lieferungen und Leistungen im Jahr 2011, wenn man den Anstieg der Umsatzerlöse berücksichtigt. Die Verschlechterung der Days Payables Outstanding gibt Anlass, das Verbindlichkeitsmanagement genauer zu betrachten. Die Entwicklung der Investitions- und Abschreibungsquoten und das Verhältnis dieser Kennzahlen zueinander verdeutlichen das ausgeprägte Wachstum des Unternehmens im Referenzzeitraum.

Im Weiteren sind die unter den Investitionen aufgeführten Posten unter Heranziehung ergänzender Informationen genauer zu untersuchen. Dabei können insbesondere folgende Punkte eine Rolle spielen:

Tab. 4.12: Analyse der Investitionstätigkeit

Posten	Beispielhafte Fragestellungen
Veränderung der Vorräte	Zusammensetzung des Postens Separierung von Preis- und Mengeneffekten Angemessenheit der Lagerbestände Marktgängigkeit bzw. Verwendbarkeit der Lagerbestände
Veränderung der Forderungen aus Lieferungen und Leistungen	Zusammenhang mit Entwicklung der Umsatzerlöse Konzentration der Forderungen auf Kunden/Kundengruppen Entwicklung der Fristigkeitsstruktur der Forderungen Entwicklung der Zahlungsmoral der Kunden
Veränderung des Finanzmittelfonds	Bedeutung der Finanzmittelbestände Absolute und relative Angemessenheit der Finanzmittel Entwicklung von Liquiditätskennzahlen
Veränderung der Verbindlichkeiten aus Lieferungen und Leistungen	Zusammenhang mit Entwicklung des Materialaufwands Fristigkeitsstruktur der Verbindlichkeiten Bedeutung unter Finanzierungsaspekten
Investitionen in das immaterielle Anlagevermögen und das Sachanlagevermögen	Entwicklung des Anlagevermögens Aufschlüsselung der Investitionen Zusammenhang mit den Abschreibungen Entwicklung der Preise für Investitionsgüter Entwicklung der Investitionen im Zeitablauf Abgleich mit Investitionsplanung Nutzungsdauer und Altersstruktur der Anlagen Kapazitätsentwicklung Technologische Entwicklungen

Das übergeordnete Ziel der Analyse der Investitionstätigkeit im Referenzzeitraum besteht darin, Anhaltspunkte für die Prognose der künftig erforderlichen und zweckmäßigen Investitionen zu generieren. Zum Ersten gilt es, eine Vorstellung davon zu gewinnen, wie groß das für das operative Geschäft benötigte Nettoumlaufvermögen ist und wie es zusammengesetzt sein sollte. Zum Zweiten sind das am Bewertungsstichtag vorhandene Anlagevermögen in qualitativer und quantitativer Hinsicht zu bewerten sowie der Investitionszyklus des Unternehmens und der Branche zu ergründen. Schließlich ist zum Dritten einzuschätzen, ob die Investitionstätigkeit einer sorgfältigen und geordneten Investitionsplanung folgt und ob Investitionsprozesse in geeigneter Weise kontrolliert werden.

Mit der Entwicklung des Betriebsergebnisses und der Investitionstätigkeit wurden nur die wichtigsten, in jedem Bewertungsfall bedeutsamen Analysefelder angesprochen. Die Beschäftigung mit weiteren Analysefeldern ist immer dann zweckmäßig, wenn davon ausgegangen werden muss, dass sich wesentliche Schlussfolgerungen für die Prognose des freien Cashflows ergeben. Sie setzt voraus, dass der Bewerter über ausreichende Informationen verfügt. Ist dies nicht der Fall, müssen entsprechende Annahmen formuliert und in der Dokumentation aufgeführt werden. Weitere Analysefelder können z. B. sein:

Tab. 4.13: Weitere mögliche Untersuchungsfelder bei der Analyse der Vermögens-, Finanz- und Ertragslage

Analysefeld	Beispielhafte Fragestellungen
Unternehmensteuern	Maßgebliche Steuerbemessungsgrundlagen und -sätze Steuerrückstellungen und -verbindlichkeiten Latente Steuern Verlustvorträge
Rückstellungen	Zusammensetzung der Rückstellungen Wahrscheinlichkeit der Inanspruchnahme Pensionsrückstellungen im Besonderen Finanzierungscharakter der Rückstellungen
Leasing	Zusammenstellung geleaster Vermögensgegenstände Vertragliche Vereinbarungen Finanzierungscharakter des Leasing
Eigenkapital	Zusammensetzung des Eigenkapitals Angemessenheit der Eigenkapitalausstattung Ausschüttungsfähigkeit von Rücklagen

Eine alle Analysen begleitende Frage ist diejenige nach den Führungsentscheidungen, die im Referenzzeitraum getroffen wurden. Wie in Kapitel 4.4.1 erläutert, lassen sich aus diesen Führungsentscheidungen die für die Prognose der künftigen Unternehmensentwicklung benötigten Rückschlüsse auf die Qualität des Managements ziehen, wenn das Management weiterhin im Unternehmen tätig bleibt.

Literatur zu den Kapiteln 4.1 bis 4.3

Arbeitskreis Unternehmensbewertung (AKU) des Instituts der Wirtschaftsprüfer (IDW): Erhebungsbogen zur Unternehmensbewertung – Erhebung von Grundlagen und qualifizierten Daten für eine Unternehmensbewertung, 2. Aufl., Düsseldorf 2003.

Arnold, Sven; Lahmann, Alexander; Schwetzler, Bernhard: Der Einfluss der »Zinsschranke« auf den Unternehmenswert – Eine Anmerkung, in: Corporate Finance biz, 2. Jg., 2011, S. 293–299.

Baetge, Jörg; Niemeyer, Kai; Kümmel, Jens; Schulz, Roland: Darstellung der Discounted Cashflow-Verfahren (DCF-Verfahren) mit Beispiel, in: Peemöller, Volker H. (Hrsg.): Praxishandbuch der Unternehmensbewertung – Grundlagen und Methoden, Bewertungsverfahren, Besonderheiten bei der Bewertung, 5. Aufl., Herne 2012, S. 349–498.

Ballwieser, Wolfgang: Unternehmensbewertung und Komplexitätsreduktion, 3. Aufl., Wiesbaden 1990.

Ballwieser, Wolfgang; Hachmeister, Dirk: Unternehmensbewertung – Prozess, Methoden und Probleme, 4. Aufl., Stuttgart 2013.

Barney, Jay B.: Firm Resources and Sustained Competitive Advantage, in: Journal of Management, Vol. 17, 1991, S. 99–120.

Bea, Franz X.; Haas, Jürgen: Strategisches Management, 6. Aufl., Konstanz München 2013.

Born, Karl: Unternehmensanalyse und Unternehmensbewertung, 2. Aufl., Stuttgart 2003.

Brähler, Gernot: Internationales Steuerrecht – Grundlagen für Studium und Steuerberaterprüfung, 7. Aufl., Wiesbaden 2012.

Breithecker, Volker; Klapdor, Ralf: Einführung in die Internationale Betriebswirtschaftliche Steuerlehre – Mit Fallbeispielen, Übungsaufgaben und Lösungen, 3. Aufl., Berlin 2011.

Bundesgerichtshof, Urteil vom 17.01.1973 – IV ZR 142/70, in: Der Betrieb, 26. Jg., 1973, S. 563–565.

Bundesverfassungsgericht, Beschluß vom 27.04.1999 – 1 BvR 1613/94, in: Der Betrieb, 52. Jg., 1999, S. 1693.

Daves, Phillip R.; Ehrhardt, Michael C.; Shrieves, Ronald E.: Corporate Valuation – A Guide for Managers and Investors, Mason 2004.

Diedrich, Ralf; Stier, Carolin: Zur Berücksichtigung einer realisationsorientierten Kursgewinnbesteuerung bei der Unternehmensbewertung – Anmerkungen zum Haltedauerproblem, in: Die Wirtschaftsprüfung, 66. Jg., 2013, S. 29–36.

Dinstuhl, Volkmar: Konzernbezogene Unternehmensbewertung – DCF-orientierte Konzern- und Segmentbewertung unter Berücksichtigung der Besteuerung, Wiesbaden 2003.

Fischer-Winkelmann, Wolf F.: Gutachterliche Unternehmensbewertung, in: Walger, Gerd (Hrsg.): Formen der Unternehmensberatung – Unternehmensberatung – Systemische Unternehmensberatung, Organisationsabwicklung, Expertenberatung und gutachterliche Beratungstätigkeit in Theorie und Praxis, Köln 1995, S. 19–40.

Grant, Robert M.: The Resource-based Theory of Competitive Advantage – Implications for Strategy Formulation, in: California Management Review, Vol. 33, 1991, S. 114–135.

Grant, Robert M.: Contemporary Strategy Analysis – Text and Cases, 8. Aufl., Chichester 2013.

Haberstock, Lothar; Breithecker, Volker: Einführung in die Betriebswirtschaftliche Steuerlehre – Mit Fallbeispielen, Übungsaufgaben und Lösungen, 16. Aufl., Berlin 2013.

Herkenroth, Klaus E.: Konzernsteuerrecht, Wiesbaden 2008.

Hungenberg, Harald: Strategisches Management in Unternehmen – Ziele – Prozesse – Verfahren, 7. Aufl., Wiesbaden 2012.

Institut der Wirtschaftsprüfer (Hrsg.): IDW Standard – Grundsätze zur Durchführung von Unternehmensbewertungen (IDW S 1 i. d. F. 2008), in: Die Wirtschaftsprüfung, 58. Jg., 2008, Supplement, S. 68–89.

Institut der Wirtschaftsprüfer (Hrsg.): WP Handbuch 2014 – Wirtschaftsprüfung, Rechnungslegung, Beratung, Band II, 14. Aufl., Düsseldorf 2014.

Jacobs, Otto H.: Internationale Unternehmensbesteuerung – Deutsche Investitionen im Ausland – Ausländische Investitionen im Inland, 7. Aufl., München 2011.

Kessler, Wolfgang; Kröner, Michael; Köhler, Stefan (Hrsg.): Konzernsteuerrecht, 2. Aufl., München 2008.

Koller, Tim; Goedhart, Marc; Wessels, David: Valuation – Measuring and Managing the Value of Companies, 5. Aufl., Hoboken 2010.

KPMG: Corporate Tax Rates Table, unter: http://www.kpmg.com/global/en/services/tax/tax-tools-¬
and-resources/pages/corporate-tax-rates-table.aspx am 17.12.2013.

Kuhner, Christoph; Maltry, Helmut: Unternehmensbewertung, Berlin Heidelberg 2006.

Kußmaul, Heinz: Betriebswirtschaftliche Steuerlehre, 7. Aufl., München 2014.

Mandl, Gerwald; Rabel, Klaus: Unternehmensbewertung – Eine praxisorientierte Einführung, Wien 1997.

Matschke, Manfred J.; Brösel, Gerrit: Unternehmensbewertung – Funktionen, Methoden, Grundsätze, 4. Aufl., Wiesbaden 2013.

Meitner, Matthias; Streitferdt, Felix: Unternehmensbewertung unter Berücksichtigung der Zinsschranke, in: Corporate Finance biz, 2. Jg., 2011, S. 258–269.

Müller, Heiko; Langkau, Dirk: Die Wirkung des steuerlichen Lock-in Effekts auf Share- und Asset-Grenzpreise, in: Corporate Finance biz, 4. Jg., 2013, S. 333–345.

Neumann, Kay-Uwe; Ogorek, Markus: Alles eine Frage der Zeit – BGH ändert Rechtsprechung zur Berechnung von Abfindungen auf der Basis des Börsenkurses, in: Der Betrieb, 63. Jg., 2010, S. 1869 – 1871.

Nissim, Doron; Penman, Stephen H.: Ratio Analysis and Equity Valuation – From Research to Practice, in: Review of Accounting Studies, Vol. 6, 2001, S. 109–154.

Oberlandesgericht Düsseldorf, Beschluß vom 17.02.1984, in: Der Betrieb, 37. Jg., 1984, S. 817 – 818.

Palepu, Krishna G.; Healy, Paul M.: Business Analysis & Valuation – Using financial statements, 5. Aufl., Stamford 2012.

Penman, Stephen H.: Financial Statement Analysis and Security Valuation, 5. Aufl., New York 2013.

Popp, Matthias: Vergangenheits- und Lageanalyse, in: Peemöller, Volker H. (Hrsg.): Praxishandbuch der Unternehmensbewertung – Grundlagen und Methoden, Bewertungsverfahren, Besonderheiten bei der Bewertung, 5. Aufl., Herne 2012, S. 173–217.

Porter, Michael E.: Wettbewerbsstrategie – Methoden zur Analyse von Branchen und Konkurrenten, 12. Aufl., Frankfurt am Main 2013.

Porter, Michael E.: Wettbewerbsvorteile – Spitzenleistungen erreichen und behaupten, 7. Aufl., Frankfurt am Main 2010.

Prahalad, Coimbatore K.; Hamel, Gary: The Core Competence of the Corporation, in: Harvard Business Review, Vol. 68, 1990, S. 79–91.

Rappaport, Alfred: Linking Competitive Strategy and Shareholder Value Analysis, in: Journal of Business Strategy, Vol. 7, 1987, S. 58–73.

Rose, Gerd: Die Steuerbelastung der Unternehmung – Grundzüge der Teilsteuerrechnung, Wiesbaden 1973.

Ruthardt, Frederik; Hachmeister, Dirk: Das Stichtagsprinzip in der Unternehmensbewertung – Grundlegende Anmerkungen und Würdigung der jüngeren Rechtsprechung in Spruchverfahren, in: Die Wirtschaftsprüfung, 65. Jg., 2012, S. 451–460.

Schaumburg, Harald: Internationales Steuerrecht – Außensteuerrecht, Doppelbesteuerungsrecht, 3. Aufl., Köln 2011.

Scheffler, Wolfram: Internationale betriebswirtschaftliche Steuerlehre, 3. Aufl., München 2009.

Scheffler, Wolfram: Besteuerung von Unternehmen I – Ertrag-, Substanz- und Verkehrsteuern, 12. Aufl., Heidelberg u. a. 2012.

Schmidbauer, Rainer: Die Bewertung von Konzernen als Problem in der Theorie der Unternehmensbewertung, in: Deutsches Steuerrecht, 40. Jg., 2002, S. 1542–1548.

Schreiber, Ulrich: Besteuerung der Unternehmen – Eine Einführung in Steuerrecht und Steuerwirkung, 3. Aufl., Wiesbaden 2012.

Soffer, Leonard C.; Soffer, Robin J.: Financial Statement Analysis – A Valuation Approach, Upper Saddle River 2003.

Spremann, Klaus: Finanzanalyse und Unternehmensbewertung, München u. a. 2002.

Steinmann, Horst; Schreyögg, Georg; Koch, Jochen: Management – Grundlagen der Unternehmensführung – Konzepte – Funktionen – Fallstudien, 7. Aufl., Wiesbaden 2013.

von Lutz, Christoph; Kalina, René: Best-Practice-Standards zur Erstellung von Finanzmodellen, in: Corporate Finance biz, 1. Jg., 2010, S. 75–83.

Wehrheim, Michael: Grundzüge der Unternehmensbesteuerung, 2. Aufl., München 2008.

Wernerfelt, Birger: A Resource-based View of the Firm, in: Strategic Management Journal, Vol. 5, 1984, S. 171 – 180.

4.4 Prognose des freien Cashflows

4.4.1 Komponenten des freien Cashflows

Die Prognose des freien Cashflows bildet neben der Bestimmung der maßgeblichen Kapitalkostensätze den Schwerpunkt der Bewertung. Was unter dem freien Cashflow grundsätzlich zu verstehen ist, wurde bereits im Zusammenhang mit den theoretischen Grundlagen der Bewertung behandelt. Im Folgenden geht es zunächst um die Frage, aus welchen Komponenten sich der freie Cashflow zusammensetzt. Ziel ist es, ein Gliederungsschema zu entwickeln, das für die Prognose dieser Größe genutzt werden kann. Anschließend wird noch einmal die Frage der Abgrenzung des freien Cashflows aufgegriffen. Es zeigt sich, dass die Zuordnung von Zahlungen zum Finanz- oder zum Leistungsbereich keineswegs immer so unproblematisch ist, wie dies bislang unterstellt wurde.

Ausgangspunkt der Betrachtung ist folgende, bereits aus Kapitel 2.1 bekannte Abbildung:

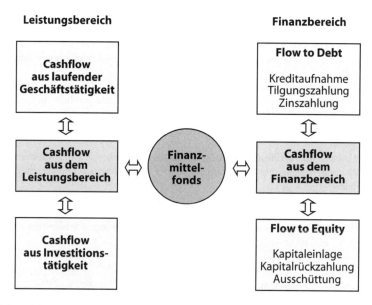

Abb. 4.8: Zahlungsströme des Leistungs- und Finanzbereichs

Im Leistungsbereich des Unternehmens fallen Ein- und Auszahlungen an, die zum einen mit der laufenden Geschäftstätigkeit und zum anderen mit den Investitionen des Unternehmens in Zusammenhang stehen. Ein Einzahlungsüberschuss erhöht den Bestand an liquiden Mitteln (Finanzmittelfonds) und steht für Zahlungen an die Eigen- und Fremdkapitalgeber zur Verfügung. Überwiegen umgekehrt die Auszahlungen und reichen die vorhandenen liquiden Mittel nicht aus, um diese zu decken, so entsteht eine Finanzierungslücke, die durch die Aufnahme von Eigen- oder Fremdkapital gedeckt werden muss. Der freie Cashflow entspricht in der Darstellung dem Einzahlungsüberschuss aus dem Leistungsbereich, sofern der Finanzmittelfonds unverändert bleiben soll und die fremdfinanzierungsbedingte Steuerersparnis außer Acht bleibt.

Für eine differenziertere Aufgliederung der Zahlungsströme bietet es sich an, auf Standards zur externen Rechnungslegung zurückzugreifen, die sich auf Kapitalflussrechnungen (Cashflow Statements) beziehen. Dabei spielt es im Prinzip keine Rolle, ob man sich am Deutschen Rechnungslegungsstandard 2 (DRS 2), am International Accounting Standard 7 (IAS 7) oder am Statement of Financial Accounting Standard 95 (US-GAAP SFAS 95) orientiert. Erstellt das zu bewertende Unternehmen Kapitalflussrechnungen, liegt es nahe, den dabei zugrunde gelegten Standard heranzuziehen. Gemäß DRS 2 stellt sich die Kapitalflussrechnung bei indirekter Bestimmung des Cashflow aus laufender Geschäftstätigkeit wie folgt dar:

Tab. 4.14: Aufbau der Kapitalflussrechnung nach DRS 2

	Periodenergebnis vor außerordentlichen Posten
+/–	Abschreibungen/Zuschreibungen auf Gegenstände des Anlagevermögens
+/–	Zunahme/Abnahme der Rückstellungen
+/–	Sonstige zahlungsunwirksamen Aufwendungen/Erträge
–/+	Gewinn/Verlust aus dem Abgang von Gegenständen des Anlagevermögens
–/+	Zunahme/Abnahme der Vorräte, der Forderungen aus Lieferungen und Leistungen sowie anderer Aktiva, die nicht der Investitions- oder Finanzierungstätigkeit zuzuordnen sind
+/–	Zunahme/Abnahme der Verbindlichkeiten aus Lieferung und Leistung sowie anderer Passiva, die nicht der Investitions- oder Finanzierungstätigkeit zuzuordnen sind
+/–	Ein-/Auszahlungen aus außerordentlichen Posten
=	**Cashflow aus laufender Geschäftstätigkeit (indirekte Methode) (1)**
	Einzahlungen aus Abgängen von Gegenständen des Sachanlagevermögen
–	Auszahlungen für Investitionen in das Sachanlagevermögen
+	Einzahlungen aus Abgängen von Gegenständen des immateriellen Anlagevermögens
–	Auszahlungen für Investitionen in das immaterielle Anlagevermögen

Tab. 4.14: Aufbau der Kapitalflussrechnung nach DRS 2 – Fortsetzung

+	Einzahlungen aus Abgängen von Gegenständen des Finanzanlagevermögens
–	Auszahlungen für Investitionen in das Finanzanlagevermögen
+	Einzahlungen aus dem Verkauf von konsolidierten Unternehmen und sonstigen Geschäftseinheiten
–	Auszahlungen aus dem Erwerb von konsolidierten Unternehmen und sonstigen Geschäftseinheiten
+	Einzahlungen aufgrund von Finanzmittelanlagen im Rahmen der kurzfristigen Finanzdisposition
–	Auszahlungen aufgrund von Finanzmittelanlagen im Rahmen der kurzfristigen Finanzdisposition
=	**Cashflow aus der Investitionstätigkeit (2)**
	Einzahlungen aus Eigenkapitalzuführungen
–	Auszahlungen an Unternehmenseigner und Minderheitsgesellschafter
+	Einzahlung aus der Begebung von Anleihen und der Aufnahme von(Finanz-)Krediten
–	Auszahlungen aus der Tilgung von Anleihen und (Finanz-)Krediten
=	**Cashflow aus der Finanzierungstätigkeit (3)**
=	**Zahlungswirksame Veränderungen des Finanzmittelfonds (1 + 2 + 3)**
+/–	Wechselkurs-, konsolidierungskreis- und bewertungsbedingte Änderungen des Finanzmittelfonds
+	Finanzmittelfonds am Anfang der Periode
=	**Finanzmittelfonds am Ende der Periode**

Die Kapitalflussrechnung hat als Element von Jahres- oder Konzernabschlüssen die Aufgabe, ein Bild von der **Finanzlage des Unternehmens** zu vermitteln. Zu diesem Zweck werden die Ein- und Auszahlungen des Unternehmens in eine Reihe von Posten untergliedert und der laufenden Geschäftstätigkeit, der Investitionstätigkeit oder der Finanzierungstätigkeit zugeordnet. Es geht darum, die Ursachen der Veränderung der liquiden Mittel (Finanzmittelfonds), die neben dem Kassenbestand auch täglich fällige Sichtguthaben und jederzeit fällige Verbindlichkeiten (Dispositionskredite) bei Kreditinstituten umfassen, aufzuzeigen. Im Zusammenhang mit Unternehmensbewertungen dagegen ist der Rechnungszweck ein anderer: es geht um die **Ableitung des freien Cash flows** auf der Grundlage der Ein- und Auszahlungen des Unternehmens. Dies bedeutet zum einen, dass die Veränderung des Finanzmittelfonds, die in der Kapitalflussrechnung als Saldogröße aus Ein- und Auszahlungen bestimmt und mit der Veränderung der betreffenden Bestände abgeglichen wird, als Investition bzw. Desinvestition in das Nettoumlaufvermögen berücksichtigt werden muss. Es bedeutet zum anderen, dass die

Posten, die in der Kapitalflussrechnung dem Cashflow aus Finanzierungstätigkeit zugeordnet sind, in dem zu ermittelnden freien Cashflow aufgehen, also nicht mehr explizit in der Rechnung erscheinen. Unter Berücksichtigung dieser und weiterer, im Folgenden noch erörterter Modifikationen ergibt sich aus einer Umstellung und Anpassung der Kapitalflussrechnung nach DRS 2 das folgende Gliederungsschema:

Tab. 4.15: Gliederungsschema für den freien Cashflow

	Periodenergebnis
+	Zinsaufwendungen
+/−	Steuern vom Einkommen und vom Ertrag
=	**Earnings before Interest and Taxes (EBIT)**
−	Zahlungswirksame Steuern auf EBIT
=	**Net Operating Profit Less Adjusted Taxes (NOPLAT)**
+/−	Abschreibungen/Zuschreibungen auf Gegenstände des Anlagevermögens
+/−	Zuführung/Auflösung von Rückstellungen
+/−	Sonstige zahlungsunwirksame Aufwendungen/Erträge
−/+	Gewinn/Verlust aus dem Abgang von Gegenständen des Anlagevermögens
=	**Brutto Cashflow (1)**
+/−	Zunahme/Abnahme der Vorräte, der Forderungen aus Lieferungen und Leistungen sowie anderer Aktiva, die dem Nettoumlaufvermögen zugeordnet werden
+/−	Zunahme/Abnahme des Finanzmittelfonds
−/+	Zunahme/Abnahme der Verbindlichkeiten aus Lieferung und Leistung sowie anderer Passiva, die dem Nettoumlaufvermögen zugeordnet werden
=	**Investitionen in das Nettoumlaufvermögen (2)**
−	Einzahlungen aus Abgängen von Vermögensgegenständen im Anlagevermögen
+	Investitionen in Goodwill
+	Investitionen in das immaterielle Anlagevermögen
+	Investitionen in das Sachanlagevermögen
+	Investitionen in das Finanzanlagevermögen
=	**Investitionen in das Anlagevermögen (3)**
	Freier Cashflow (1 - 2 - 3)

Ausgangspunkt der Berechnung des freien Cashflows ist demnach das **Periodenergebnis** unter Einschluss der außerordentlichen Posten, die für die Bewertung des Unternehmens relevant erscheinen. In einem ersten Schritt wird das Periodenergebnis um die Zinsaufwendungen und um die Steuern vom Einkommen und Ertrag bereinigt. Dies ist notwendig, weil der freie Cashflow Zinszahlungen an die Fremdkapitalgeber umfasst bzw. weil die in der Gewinn- und Verlustrechnung berücksichtigten Steuern von der Finanzierung des Unternehmens abhängen. Als Resultat erhält man die Earnings before Interest and Taxes (EBIT). Wird diese Größe gesondert ausgewiesen, kann sie auch direkt als Ausgangspunkt für die Bestimmung des freien Cashflows herangezogen werden. Neben dem EBIT finden sich häufig die Earnings before Interest, Taxes and Amortization (EBITA) oder die Earnings before Interest, Taxes, Depreciation and Amortization (EBITDA). Beide Größen dienen dazu, den EBIT an den Einzahlungsüberschuss des Unternehmens anzunähern.[1]

Im nächsten Schritt werden die auf den EBIT entfallenden zahlungswirksamen Unternehmensteuern abgesetzt. Dabei bleiben fremdfinanzierungsbedingte Steuervorteile außer Acht: Es werden nur die Unternehmensteuern berücksichtigt, die das Unternehmen zahlen müsste, wenn es unverschuldet wäre. Zudem wird der buchhalterische Steueraufwand durch die für den freien Cashflow maßgeblichen Unternehmensteuerzahlungen ersetzt. Der resultierende Net Operating Profit Less Adjusted Taxes (NOPLAT)[2] ist immer noch eine Ertragsüberschussgröße. Folglich müssen im Weiteren zahlungsunwirksame Erträge subtrahiert und zahlungsunwirksame Aufwendungen addiert werden. Die in diesem Zusammenhang wichtigsten und deshalb explizit aufgeführten Posten sind die Ab- und Zuschreibungen auf Gegenstände des Anlagevermögens unter Einschluss des Goodwills sowie ergebniswirksame Veränderungen bei den Rückstellungen. Weitere zahlungsunwirksame Aufwendungen und Erträge sind als Sammelposten erfasst. Zu denken ist etwa an Wertberichtigungen bei Gegenständen des Vorratsvermögens oder bei Forderungen aus Lieferungen und Leistungen. Zahlungsunwirksame Steueraufwendungen und -erträge finden in diesem Zusammenhang keine Berücksichtigung, da das Periodenergebnis bereits um die Steuern vom Einkommen und vom Ertrag bereinigt worden war. Im nächsten Schritt wird der NOPLAT um die Gewinne oder Verluste aus dem Abgang von Gegenständen des Anlagevermögens korrigiert, da es sich dabei um Desinvestitionsvorgänge handelt, die bei den Investitionen in das Anlagevermögen berücksichtigt werden.

Der resultierende Brutto Cashflow entspricht idealtypisch dem Einzahlungsüberschuss aus dem operativen Geschäft, der für Investitionen in das Nettoumlaufvermögen, Investitionen in das Anlagevermögen und für Zahlungen an die Kapitalgeber zur Verfügung steht. Folglich sind im Weiteren die Investitionen in das Nettoumlaufvermögen und die Investitionen in das Anlagevermögen vom Brutto Cashflow abzusetzen, um zum freien Cashflow zu gelangen. Die wichtigsten Investitionen in das

---

1 Der Terminus »Amortization«, der sich auf den Goodwill bezieht, hat dabei infolge der Änderung der Bilanzierungsvorschriften für den Goodwill an Bedeutung verloren.
2 Als Synonym für die Bezeichnung NOPLAT – teilweise aber auch mit anderem Begriffsinhalt – findet sich bisweilen die Bezeichnung Net Operating Profit after Taxes (NOPAT).

Nettoumlaufvermögen betreffen die Vorräte, die Forderungen aus Lieferungen und Leistungen, die liquiden Mittel (Finanzmittelfonds) sowie die Verbindlichkeiten aus Lieferungen und Leistungen. Unter die anderen Aktiva fallen z. B. sonstige Forderungen und aktive Rechnungsabgrenzungsposten. Zu den anderen Passiva zählen insbesondere Rückstellungen, erhaltene Anzahlungen, sonstige Verbindlichkeiten und passive Rechnungsabgrenzungsposten. Latente Steuern gehören nicht zu den anderen Aktiva oder Passiva, weil sämtliche für die Berechnung des freien Cashflows relevanten steuerlichen Aspekte an anderen Stellen berücksichtigt werden. Zunahmen oder Abnahmen bei den Posten des Nettoumlaufvermögens sind nur insoweit zu erfassen, als sie nicht mit bereits bei der Bestimmung des Brutto Cashflow berücksichtigten zahlungsunwirksamen Erträge oder Aufwendungen einhergehen. Die Wertberichtigung eines Gegenstands des Vorratsvermögens ist dementsprechend nicht als Abnahme der Vorräte zu erfassen, wenn sie bereits bei den sonstigen zahlungsunwirksamen Aufwendungen berücksichtigt worden war. Eine Zunahme der Forderungen aus Lieferungen und Leistungen infolge eines Umsatzerlöses dagegen ist zu berücksichtigen, soweit unbare Umsätze bei den sonstigen zahlungsunwirksamen Erträgen wie üblich nicht erfasst worden sind. Gleiches gilt für eine Zunahme der Vorräte an unfertigen und fertigen Erzeugnissen, die bei der Berechnung des Periodenergebnisses nach dem Gesamtkostenverfahren als Bestandsveränderung ergebniswirksam wird, bei den sonstigen zahlungsunwirksamen Erträgen aber nicht erfasst worden ist. Die zuletzt genannten Punkte machen deutlich, dass das Gliederungsschema gewisse Spielräume in Bezug auf die Berücksichtigung zahlungsunwirksamer Aufwendungen und Erträge bietet, von deren Nutzung die Interpretation des Brutto Cashflow und der Investitionen in das Nettoumlaufvermögen abhängt.

Bei den Investitionen in das Anlagevermögen sind zunächst die Einzahlungen aus Abgängen beim Anlagevermögen angeführt. Damit werden Desinvestitionen erfasst, deren ergebnismäßige Auswirkungen bei der Überleitung zum Brutto Cashflow ausgesondert worden waren. Im Weiteren werden Investitionen in den Goodwill, das immaterielle Anlagevermögen, das Sachanlagevermögen sowie das Finanzanlagevermögen im Einzelnen aufgeführt. Anzusetzen sind nach Möglichkeit die jeweils getätigten Auszahlungen. Dies gilt auch dann, wenn die betreffenden Vermögenswerte im Zuge des Erwerbs eines nicht separat zu bewertenden Unternehmens zugegangen sind. Das Gliederungsschema weicht insofern von demjenigen der Kapitalflussrechnung nach DRS 2 ab, in dem Ein- und Auszahlungen infolge der Veräußerung oder des Erwerbs konsolidierter Unternehmen gesondert ausgewiesen werden. Für Zwecke der Konzernrechnungslegung ist Letzteres zweckmäßig, da die Aufnahme eines Vermögensgegenstandes in die Konzernbilanz infolge einer Erweiterung des Konsolidierungskreises für den Konzern keinen Investitions- bzw. Desinvestitionsvorgang darstellt. Für Zwecke der Unternehmensbewertung erscheint es dagegen besser, die mit dem Erwerb oder der Veräußerung von Unternehmen einhergehenden Vermögensänderungen als Investitions- bzw. Desinvestitionsvorgänge abzubilden. Im Fall des Erwerbs eines Unternehmens ist der gezahlte Kaufpreise dazu nach den für die Bilanzierung geltenden Regeln auf die Vermögensgegenstände und Schulden des erworbenen Unternehmens sowie auf den Goodwill zu verteilen.

Das erläuterte, aus der Kapitalflussrechnung abgeleitete Gliederungsschema basiert auf einer bestimmten Auffassung darüber, welche Zahlungen dem Finanzbereich und welche Zahlungen dem Leistungsbereich des Unternehmens zugehören. Diese Auffassung muss aber nicht immer mit den bei der Bewertung zu berücksichtigenden Gegebenheiten übereinstimmen. Unterschiede können sich vor allem im Hinblick auf geleaste Vermögensgegenstände, langfristige Rückstellungen, insbesondere Pensionsrückstellungen, Verbindlichkeiten aus Lieferungen und Leistungen sowie erhaltene Anzahlungen ergeben.

Die bilanzielle Behandlung von **geleasten Vermögensgegenständen** richtet sich nach den vertraglichen Bedingungen, die zwischen Leasinggeber und Leasingnehmer vereinbart werden. Sofern der Leasinggegenstand beim Leasinggeber bilanziert wird – typischerweise beim sogenannten operativen Leasing –, mindern die Leasingraten beim Leasingnehmer in voller Höhe den freien Cashflow. Dies ist jedoch dann nicht sachgerecht, wenn das zu bewertende Unternehmen Leasing als Ersatz für einen fremdfinanzierten Erwerb der betreffenden Vermögensgegenstände nutzt und der Leasinggeber wirtschaftlich die Funktion eines Fremdkapitalgebers einnimmt. In solchen Fällen empfiehlt es sich, das Leasing eines Vermögensgegenstandes im Bewertungskalkül durch einen fremdfinanzierten Erwerb mit entsprechenden Auswirkungen auf den freien Cashflow zu ersetzen, um die Auswirkungen des Leasing auf die Finanzierung des Unternehmens sichtbar zu machen. Hierzu ist zu bestimmen, mit welchem Wert der Leasinggegenstand in der Bilanz des Unternehmens anzusetzen wäre. Dem Buchwert des Leasinggegenstands ist ein fiktiver Fremdkapitalbestand in gleicher Höhe gegenüberzustellen. Im Weiteren sind die Leasingraten in einen Kostenanteil, einen Zinsanteil und einen Tilgungsanteil aufzuspalten, der gleichzeitig die Abschreibung des Leasinggegenstands wiedergibt. Der Kostenanteil, der für die vom Leasinggeber zu erbringenden Wartungs-, Reparatur- und Instandhaltungsleistungen steht, vermindert unter Berücksichtigung der steuerlichen Effekte den freien Cashflow. Die Abschreibungen gehen zwar wie der Kostenanteil in den EBIT und damit in die Bemessungsgrundlage der Unternehmensteuer ein, jedoch stehen diesen negative Nettoinvestitionen in gleicher Höhe gegenüber, so dass letztlich nur die abschreibungsbedingten Steuereinsparungen in den freien Cashflow eingehen. Die über die Vertragslaufzeit kumulierten Tilgungs- bzw. Abschreibungsanteile entsprechen den fiktiven Anschaffungskosten für den Leasinggegenstand abzüglich des Restwertes am Laufzeitende. Der Tilgungsanteil bezeichnet den Teil des leasingbedingten Fremdkapitals, der in der betrachteten Periode zurückgezahlt wird, ist also wie eine Zahlung an einen Fremdkapitalgeber zu behandeln. Der Zinsanteil spiegelt die Kosten der angenommenen fiktiven Fremdfinanzierung und damit ebenfalls eine Zahlung an einen Fremdkapitalgeber wider. Bei den fiktiven Abschreibungen, Zinsen und sonstigen Kosten ist darauf zu achten, dass diese steuerlich wie die Leasingraten des Leasinggegenstandes behandelt werden. In der Praxis werden bei der Bestimmung der Buchwerte von Leasinggegenständen bzw. der leasingbedingten Fremdkapitalbestände oftmals vereinfachende Ansätze angewendet, bei denen diese Größen aus den künftigen Leasingraten abgeleitet werden.

PRAXIS: Die Substitution geleaster durch fremdfinanzierte Vermögensgegenstände

Zur Verdeutlichung der Vorgehensweise wird von einem ansonsten eigenfinanzierten Unternehmen ausgegangen und zunächst angenommen, dass das Unternehmen nur über einen geleasten Vermögensgegenstand verfügt. Der Leasingvertrag beginnt zu Beginn der ersten Periode und hat eine Laufzeit von T Perioden. Die Leasingraten L_t seien in voller Höhe von der Bemessungsgrundlage der Unternehmensteuer abzugsfähig. Bezeichnen $EBIT_t'$ den EBIT vor Leasingraten, τ_{EBIT} den auf den EBIT bezogenen Steuersatz und NI_t die Nettoinvestitionen, so ergibt sich der freie Cashflow x_t^{FCF} wie folgt:

$$E[\tilde{x}_t^{FCF}] = (E[\widetilde{EBIT}_t'] - L_t) \cdot (1 - \tau_{EBIT}) - E[\widetilde{NI}_t]$$

Zunächst sind nun die fiktiven Anschaffungskosten des Vermögensgegenstandes zu Beginn der Vertragslaufzeit zu bestimmen. Sodann sind die Abschreibungen während der Vertragslaufzeit so zu ermitteln, dass der Restbuchwert am Ende der Vertragslaufzeit mit dem erwarteten Restwert übereinstimmt. Bezeichnen BW_t die Buchwerte während der Vertragslaufzeit, A_t die Abschreibungen und RW_T den Restwert am Ende der Vertragslaufzeit, so folgt:

$$BW_t = BW_0 - \sum_{\kappa=1}^{t} A_\kappa$$

$$BW_T = E[\widetilde{RW}_T]$$

Den Buchwerten des Vermögensgegenstands ist fiktives Fremdkapital D_t in gleicher Höhe gegenüberzustellen. Es gilt:

$$D_t = BW_t$$

Die Leasingraten können dann mit Hilfe des Fremdkapitalkostensatzes kd in Zinsen, Abschreibungen und sonstige Kosten zerlegt werden:

$$L_t = \underbrace{kd \cdot D_{t-1}}_{\text{Zinsen}} + \underbrace{A_t}_{\substack{\text{Abschreibung} \\ \text{bzw. Tilgung}}} + \underbrace{(L_t - kd \cdot D_{t-1} - A_t)}_{\text{sonstige Kosten}}$$

Das leasingbedingte Fremdkapital vermindert sich im Zeitablauf um die mit den Abschreibungen übereinstimmenden Tilgungszahlungen. Am Ende der Vertragslaufzeit wird der Leasinggegenstand annahmegemäß zum Restbuchwert veräußert und der Veräußerungserlös wird für die Tilgung des verbliebenen Fremdkapitals verwendet. Wenn der Fremdkapitalkostensatz wie vielfach üblich in Höhe der Effektivverzinsung (Yield to Maturity) angesetzt wird, sind die Abschreibungen in Höhe der Differenz zwischen Leasingrate und Zinsen anzusetzen; ein Ansatz von sonstigen Kosten ist dann nicht notwendig.

Da die Zinsen auf das leasingbedingte Fremdkapital dem Finanzbereich zuzurechnen sind, dürfen sie bei der Bestimmung des freien Cashflows nicht berücksichtigt werden. In den EBIT gehen daher nur die Abschreibungen und die sonstigen Kosten ein. Die Abschreibungen sind des Weiteren bei den Nettoinvestitionen zu berücksichtigen. Es folgt:

$$E[\tilde{x}_t^{FCF^*}] = (E[\widetilde{EBIT}_t'] - A_t - (L_t - kd \cdot D_{t-1} - A_t)) \cdot (1 - \tau_{EBIT}) - E[\widetilde{NI}_t] + A_t$$

$$= (E[\widetilde{EBIT}_t'] - L_t + kd \cdot D_{t-1}) \cdot (1 - \tau_{EBIT}) - E[\widetilde{NI}_t] + A_t$$

Der Vorteil der erläuterten Vorgehensweise besteht darin, dass die gesamte Verschuldung des Unternehmens aufgedeckt wird. Dies ist die Voraussetzung dafür, das Finanzierungsrisiko zutreffend zu berücksichtigen. Andere Effekte sind nicht beabsichtigt. Was dies bedeutet, kann an dem Flow to Equity x_t^{FtE} verdeutlicht werden. Leitet man den Flow to Equity aus dem modifizierten freien Cashflow $x_t^{FCF^*}$ unter Berücksichtigung des leasingbedingten Fremdkapitals FK_t mit $\Delta D_t = D_t - D_{t-1}$ ab, so ergibt sich:

$$E[\tilde{x}_t^{FtE}] = E[\tilde{x}_t^{FCF^*}] - kd \cdot D_{t-1} + \tau \cdot kd \cdot D_{t-1} + \Delta D_t$$

Wegen $\Delta D_t = -A_t$ entspricht der Flow to Equity dem ursprünglichen freien Cashflow unter Einschluss der Leasingraten nur für den Fall $\tau = \tau_{EBIT}$. Demnach ist der auf den EBIT bezogene Teilsteuersatz für die Bemessung des Tax Shields der leasingbedingten Fremdkapitalzinsen maßgeblich. Ursächlich hierfür ist die Annahme, dass die Leasingraten und damit auch der darin enthaltene Zinsanteil in voller Höhe die Steuerbemessungsgrundlage mindern. Den leasingbedingten Tax Shield auf der Grundlage des Teilsteuersatzes für das sonstige Fremdkapital zu bemessen hieße, einen steuerlichen Vorteil des Leasings nicht zu berücksichtigen, was im Bewertungskontext nicht akzeptabel wäre. Die Vorgehensweise unterscheidet sich von derjenigen bei einer Entscheidungsrechnung, bei der die Vorteilhaftigkeit des Leasings gegenüber einem fremdfinanzierten Erwerb untersucht wird[1].

Zur Bestimmung des Marktwertes des verschuldeten Unternehmens ist der modifizierte freie Cashflow mit dem durchschnittlichen Kapitalkostensatz gemäß dem FCF Verfahren zu diskontieren. Bei dessen Berechnung sind die veränderten Finan-

---

1 Siehe hierzu z. B. Drukarzcyk/Schüler (2009), S. 289 ff.

zierungsrelationen zu berücksichtigen. Insbesondere geht in die Durchschnittsbildung ein leasingspezifischer Fremdkapitalkostensatz ein, der den Tax Shield der Fremdfinanzierung erfasst. In dem hier behandelten Fall beläuft sich dieser Fremdkapitalkostensatz auf $kd \cdot (1 - \tau_{EBIT})$. Für die Berücksichtigung des Tax Shields ist also auch hier der auf den EBIT bezogene Teilsteuersatz maßgeblich. Für die Gewichtung des leasingspezifischen Fremdkapitalkostensatzes wird der Marktwert des leasingbedingten Fremdkapitals herangezogen. Bei einer dem Fremdkapitalkostensatz entsprechenden Verzinsung stimmt dieser mit dem nominalen Fremdkapital D_t überein. Der Marktwert des leasingbedingten Fremdkapitals ist bei der Bestimmung des Marktwertes des Eigenkapitals vom Marktwert des verschuldeten Unternehmens abzusetzen.

In Deutschland können die Leasingraten nicht wie bislang angenommen vollständig steuerlich geltend gemacht werden. Beim operativen Leasing sind die pauschaliert zu ermittelnden Finanzierungsanteile der Leasingraten bei der Bemessungsgrundlage der Gewerbesteuer wie andere Entgelte für Schulden zu 25 % hinzuzurechnen. Darüber hinaus ist der Finanzierungsanteil davon abhängig, ob es sich um eine Mobilie oder um eine Immobilie handelt. Zur Berücksichtigung der daraus resultierenden steuerlichen Effekte bietet sich eine Teilsteuerrechnung an, bei der die Leasingraten als eigenständige Bemessungsgrundlagenteile angesetzt werden. Geht man von den Teilsteuersätzen der Leasingraten für Mobilien und Immobilien τ_{LM} bzw. τ_{LI} aus, so folgt für den freien Cashflow mit Berücksichtigung der Leasingraten für Mobilien L_t^M und der für Immobilien L_t^I:

$$E[\tilde{x}_t^{FCF}] = E[\widetilde{EBIT}_t'] \cdot (1 - s_{EBIT}) - L_t^M \cdot (1 - \tau_{LM}) - L_t^I \cdot (1 - \tau_{LI}) - E[\widetilde{NI}_t]$$

Bei der Berechnung des modifizierten freien Cashflow ist darauf zu achten, dass bei den fiktiven Abschreibungen auf die Mobilien und Immobilien und den sonstigen Kosten die jeweiligen leasingspezifischen Teilsteuersätze angesetzt werden. Es ergibt sich:

$$E[\tilde{x}_t^{FCF*}] = E[\widetilde{EBIT}_t'] \cdot (1 - \tau_{EBIT}) - (L_t^M - kd^M \cdot D_{t-1}^M) \cdot (1 - \tau_{LM})$$

$$- (L_t^I - kd^I \cdot D_{t-1}^I) \cdot (1 - \tau_{LI}) - E[\widetilde{NI}_t] + A_t^M + A_t^I$$

Bei der Bestimmung des durchschnittlichen Kapitalkostensatzes gemäß dem FCF Verfahren sind die Teilsteuersätze für Mobilien und Immobilien für die Berücksichtigung des Tax Shields der leasingbedingten Fremdfinanzierung maßgeblich.

Wenn ein Unternehmen mehrere Vermögensgegenstände geleast hat, können die fiktiven Buchwerte und das dazu gehörige leasingbedingte Fremdkapital wie dargestellt einzeln ermittelt werden. Das gesamte leasingbedingte Fremdkapital ergibt sich dann als Summe der einzelnen Posten. Eine solche differenzierte Vorgehensweise für alle im Bewertungszeitpunkt bestehenden und geplanten Leasingverträge wird in der Bewertungspraxis jedoch meist als zu aufwendig eingestuft. Man versucht stattdessen, den fiktiven Buchwert der Leasinggegenstände bzw. das leasingbedingte Fremdkapital aggregiert aus den künftigen Leasingraten abzuleiten, wobei zum Teil sehr vereinfachende Regeln angewendet werden.[1] So wird das leasingbedingte Fremdkapital bspw. bei einem dieser Ansätze ausgehend von der Vorstellung geschätzt, die Summe der Leasingraten der jeweils nachfolgenden Periode entspreche den Fremdkapitalkosten auf das leasingbedingte Fremdkapital:

$$E[\tilde{L}_{t+1}] = kd \cdot E[\tilde{D}_t] \quad \Leftrightarrow \quad E[\tilde{D}_t] = \frac{E[\tilde{L}_{t+1}]}{kd}$$

Bei einem anderen Ansatz wird eine durchschnittliche Nutzungsdauer T der Vermögensgegenstände geschätzt und auf dieser Grundlage eine realistischere Abschätzung des leasingbedingten Fremdkapitals angestrebt:

$$E[\tilde{L}_{t+1}] = kd \cdot E[\tilde{D}_t] + \frac{E[\tilde{D}_t]}{T} \quad \Leftrightarrow \quad E[\tilde{D}_t] = \frac{E[\tilde{L}_{t+1}]}{kd + \frac{1}{T}}$$

Noch weiter vereinfachend wird das leasingbedingte Fremdkapital aus den Leasingraten einer Periode mit Hilfe pauschaler Multiplikatoren abzuleiten versucht:

$$E[\tilde{D}_t] = \alpha \cdot E[\tilde{L}_{t+1}]$$

Den leasingbedingten Fremdkapitalbeständen ist anschließend wiederum in jeder Periode ein Buchwert der geleasten Vermögensgegenstände in gleicher Höhe gegenüberzustellen. Bei der Bestimmung des modifizierten freien Cashflow sind die Veränderungen der Buchwerte der geleasten Vermögensgegenstände bzw. der leasingbedingten Fremdkapitalbestände als zusätzliche Nettoinvestitionen anzusetzen. Im Fall einer vollständigen Abzugsfähigkeit der Leasingaufwendungen von der Bemessungsgrundlage der Unternehmensteuer gilt somit:

$$E[\tilde{x}_t^{FCF^*}] = (E[\widetilde{EBIT}_t'] - E[\tilde{L}_t] + kd \cdot E[\tilde{D}_{t-1}]) \cdot (1 - \tau_{EBIT}) - E[\tilde{NI}_t] - (E[\widetilde{BW}_t] - E[\widetilde{BW}_{t-1}])$$

Letztlich sollte man sich bei der Anwendung der vereinfachenden Ansätze darüber im Klaren sein, dass diese nur zu einer näherungsweisen Ermittlung des leasingbe-

---

1 Siehe z. B. Koller/Goedhart/Wessels (2010), S. 560 ff.

dingten Fremdkapitals führen. Insbesondere bei den wertmäßig bedeutsamen Leasinggegenständen ist eine differenzierte Vorgehensweise vorzuziehen.

Abschließend sei darauf hingewiesen, dass in der Literatur weitere Überlegungen zur Berücksichtigung des Leasings bei der Unternehmensbewertung zu finden sind. Z. B. wird der Grundidee des APV Verfahrens folgend vorgeschlagen, zunächst den Marktwert des unverschuldeten Unternehmens zu bestimmen und dabei von einem eigenfinanzierten Erwerb der geleasten Vermögensgegenstände auszugehen. Der Wertbeitrag des Leasings bestimmt sich anschließend ausgehend von der Differenz zwischen dem freien Cashflow bei eigenfinanziertem Erwerb und dem Cashflow bei Leasing der Vermögensgegenstände.[1]

Langfristige Rückstellungen leisten bei manchen Unternehmen einen erheblichen Beitrag zur Finanzierung, wie an der Passivseite der Bilanzen dieser Unternehmen zu ersehen ist. Ordnet man diese Rückstellungen wie im obigen Gliederungsschema dem Nettoumlaufvermögen zu, so wird dieser Finanzierungsaspekt nicht adäquat erfasst. Insbesondere ist zu befürchten, dass das tatsächliche Ausmaß der Fremdfinanzierung nicht hinreichend transparent und bei der Bestimmung der Kapitalkostensätze nicht korrekt berücksichtigt wird. In solchen Fällen bietet es sich an, die betreffenden Rückstellungen als eigenständige Fremdkapitalkategorie zu führen. Die Bildung oder Erhöhung einer Rückstellung geht dann gedanklich mit einer Fremdkapitalaufnahme einher; die Veränderungen der betreffenden Rückstellungen werden demzufolge nicht bei den Investitionen in das Nettoumlaufvermögen erfasst. Ferner ist ein etwaiger Zinsanteil von Rückstellungszuführungen als Finanzierungsaufwand zu qualifizieren, das Periodenergebnis ist folglich entsprechend zu bereinigen. Schließlich ist bei der Bestimmung der Unternehmensteuern, die das Unternehmen leisten müsste, wenn es unverschuldet wäre, die Steuerersparnis zu berücksichtigen, die aus der steuerlichen Abzugsfähigkeit von Rückstellungszuführungen resultiert.

Auch **Verbindlichkeiten aus Lieferungen und Leistungen** und/oder **erhaltene Anzahlungen** können einen wesentlichen Beitrag zur Finanzierung des Unternehmens leisten. Diese Posten sind dann ebenfalls als Fremdkapital zu qualifizieren. Veränderungen der Verbindlichkeiten aus Lieferungen und Leistungen sowie der erhaltenen Anzahlungen sind in diesem Fall nicht als Investitionen in das Nettoumlaufvermögen anzusehen. Es ist davon auszugehen, dass diese Posten einen Zinsanteil enthalten, aus dem die mit dieser Form der Fremdfinanzierung verbundenen Kapitalkosten resultieren. Für die Ableitung des freien Cashflows folgt, dass der im Materialaufwand bzw. bei den Umsatzerlösen erfolgswirksam erfasste Zinsanteil Finanzierungsaufwand darstellt und als solcher im Zuge der Berechnung des Brutto Cashflow aus laufender Geschäftstätigkeit bereinigt werden muss. Gleiches gilt für die Steuerersparnis, die durch diesen Zinsanteil bewirkt wird.

---

1   Siehe hierzu z. B. Drukarczyk/Schüler (2009), S. 311 ff.

Solange man bei der Bewertung davon ausgehen kann, dass die genannten Posten für die Finanzierung des Unternehmens keine besondere Rolle spielen, ist die Abgrenzung des Finanz- und des Leistungsbereichs, die dem oben erläuterten Gliederungsschema für den freien Cashflow zugrunde liegt, für die Bewertung maßgeblich: Unter das Fremdkapital fallen kurz- und langfristige Bankverbindlichkeiten, Darlehen von anderen Fremdkapitalgebern und Anleihen am Kapitalmarkt. Für den Fall dagegen, dass einer der genannten Posten wesentliche Bedeutung für die Finanzierung des Unternehmens besitzt, besteht das theoretisch favorisierte Vorgehen darin, die jeweilige Form der Fremdfinanzierung bei der Bewertung explizit als solche zu berücksichtigen. Da damit im Detail – etwa bei der Bestimmung der jeweiligen Kapitalkostensätze – spezifische Probleme verbunden sind, wird diese Möglichkeit im Folgenden ausgeblendet.

4.4.2 Prognose des freien Cashflows in der Detailprognosephase

Für die Prognose des freien Cashflows werden nach Möglichkeit die Planungsrechnungen des zu bewertenden Unternehmens herangezogen, da diese Auskunft über die in der näheren Zukunft beabsichtigten Maßnahmen und deren erwartete Konsequenzen geben. Inwieweit diese Planungsrechnungen einer Überprüfung unterzogen werden müssen, richtet sich nach der Stellung des Bewerters zu dem Unternehmen, das bewertet werden soll, und nach der Funktion, in der er tätig ist. Ein externer Bewerter sollte sich immer die Frage stellen, ob das Management oder die Eigner des zu bewertenden Unternehmens mit der Weitergabe von Informationen eigenen Interessen verfolgen. Vor allem, wenn er als Schiedsgutachter bestellt ist, muss er sich von der Tragfähigkeit der Unternehmensplanung ein eigenes Bild machen. Besondere Aufmerksamkeit ist geboten, wenn die in den nächsten Jahren erwarteten Ergebnisse einen starken Anstieg gegenüber den Ergebnissen früherer Jahre aufweisen (Hockey-Stick). Bei internen Bewertungen hingegen stellt die Unternehmensplanung einen Bewertungsinput dar, dessen Verlässlichkeit in der Regel vorausgesetzt werden kann. Stehen die Planungsrechnungen des Unternehmens nicht zur Verfügung, so ist der Bewerter gezwungen, alle Aspekte der künftigen Entwicklung des freien Cashflows auf der Grundlage öffentlich zugänglicher Informationen und eigener Überlegungen zu prognostizieren. Die zusätzlichen Informationen, die er hierfür heranzieht, und die Annahmen, von denen er sich leiten lässt, sind ebenso wie etwa vorhandene Planungsrechnungen in die Dokumentation zur Bewertung aufzunehmen.

In den allermeisten Bewertungsfällen liegen keine konkreten Anhaltspunkte dafür vor, dass das Unternehmen nur noch eine begrenzte Zeit existieren wird. Es ware daher nicht sachgerecht, bei der Bewertung mehr oder weniger willkürlich einen Zeitraum festzulegen, nach dessen Ablauf keine Zahlungen an die Kapitalgeber mehr zu erwarten sind. Stattdessen ist von einem prinzipiell unbeschränkten zeitlichen Fortbestand des Unternehmens auszugehen; der freie Cashflow muss also für alle künftigen Perioden prognostiziert werden. Dies ist mit umso größeren Schwierigkeiten behaftet, je weiter die betrachtete Periode in der Zukunft liegt. Denn für die Zeit nach dem Bewertungsstichtag mögen noch hinreichend konkrete Vorstellungen von der Entwicklung des Unternehmens vorhanden sein. Je weiter man aber in die Zukunft blickt, desto diffuser wird das Bild dieser Entwicklung, bis es gleichsam im Nebel der Ungewissheit verschwindet. In der Literatur wird in diesem Zusammenhang häufig darauf hingewiesen, dass mit den zunehmenden Schwierigkeiten, die weiter in der Zukunft liegende Unternehmensentwicklung zu prognostizieren, eine infolge der Abzinsung abnehmende Bedeutung des freien Cashflows künftiger Perioden korrespondiert. Der freie Cashflow einer sehr weit in der Zukunft liegenden Periode spielt zwar theoretisch noch eine Rolle, praktisch ist die Bedeutung dieser Größe für das Bewertungsergebnis jedoch gleich null.

Die sich abschwächende Sichtbarkeit der künftigen Entwicklung wird bei der Prognose berücksichtigt, indem man den Prognosezeitraum in mehrere Phasen zerlegt. Die **Detailprognosephase** schließt unmittelbar an den Bewertungsstichtag an. Man geht davon aus, dass die in dem betreffenden Zeitraum zu erwartende Entwicklung noch relativ gut vorauszusehen ist. Der in den einzelnen Perioden der Detailprognosephase zu erwartende freie Cashflow wird dementsprechend auf der Grundlage detaillierter Planungsrechnungen bestimmt. Mit dem Ende der Detailprognosephase beginnt die **Rentenphase**. Detaillierte Planungsrechnungen für die Rentenphase sind aufgrund der großen Ungewissheit, mit denen die Entwicklungen in der ferneren Zukunft behaftet sind, nicht mehr sinnvoll. Die Prognose des freien Cashflows in der Rentenphase beruht deshalb auf einer annahmenbasierten Fortschreibung der Entwicklung des freien Cashflows in der Detailprognosephase. Die Einteilung des Prognosezeitraums in zwei Phasen – Detailprognosephase und Rentenphase – ist in der Praxis üblich, aber nicht zwingend. In Abhängigkeit vom Einzelfall kann es z.B. zweckmäßig sein, an die Stelle einer Detailprognosephase zwei Phasen zu setzen, für die der freie Cashflow auf der Grundlage von Planungsrechnungen mit abnehmendem Detaillierungsgrad prognostiziert wird.

In der Praxis umfasst die Detailprognosephase in der Regel einen Zeitraum von drei bis fünf Jahren. Die **Länge der Detailprognosephase** sollte jedoch nicht schematisch festgelegt werden, sondern sich nach den Möglichkeiten richten, den freien Cashflow für die Zeit nach dem Bewertungsstichtag verlässlich zu prognostizieren. Ein mehr oder weniger stabiles Umfeld spricht für eine längere Detailprognosephase, während ein volatiles Umfeld auf eine tendenziell kürzere Detailprognosephase schließen lässt. Natürlich spielt auch die Fristigkeit einer etwa vorhandenen Unternehmensplanung bei der Festlegung der Detailprognosephase eine Rolle. Generell sollte der Zeitraum so bemessen sein, dass die Konsequenzen der wichtigsten am Bewertungsstichtag bereits eingeleiteten Entwicklungen in die Detailprognosephase fallen. Konkret bedeutet dies, dass die Länge des Produktlebenszyklus und die Länge des Investitionszyklus des Unternehmens wichtige Hinweise für die Dimensionierung der Detailprognosephase geben können. Bei konjunkturabhängigen Unternehmen gilt dies analog für den Konjunkturzyklus. Von Bedeutung ist schließlich, dass die Prognose des freien Cashflows in der Rentenphase auf einer Fortschreibung der Entwicklung in der Detailprognosephase basiert. Eine Detailprognosephase, die nur die Wachstumsphase eines Produktlebenzy klus, einen Zeitraum mit geringer Investitionstätigkeit oder eine konjunkturelle Erholung umfasst, ist vor diesem Hintergrund kritisch zu beurteilen.

Da die Prognose des freien Cashflows in der Detailprognosephase an der Entwicklung des Unternehmens im Referenzzeitraum anknüpfen soll, ist zunächst der freie Cashflow zu betrachten, der sich im Referenzzeitraum unter Berücksichtigung der an den Ergebnisrechnungen vorgenommenen Modifikationen ergeben hätte. Für das Beispiel im vorherigen Kapitel sieht dies wie folgt aus:

Tab. 4.16: Beispiel: Freier Cashflow im Referenzzeitraum

	A	B	C	D	E
1			**2009**	**2010**	**2011**
2		Umsatzerlöse	359.210	407.286	610.612
3	+	Bestandsveränderungen	−13.764	2.422	−14.886
4	+	Aktivierte Eigenleistungen	3.404	3.042	3.896
5	=	**Gesamtleistung**	348.850	412.750	599.622
6	+	Sonstige betriebliche Erträge	4.202	5.952	5.448
7	−	Materialaufwand	171.950	214.634	319.238
8	=	**Rohergebnis**	181.102	204.068	285.832
9	−	Personalaufwand	96.206	108.494	153.752
10	−	Abschreibungen	7.052	9.202	13.126
11	−	Sonstige betriebliche Aufwendungen	45.108	49.122	70.522
12	=	**Betriebsergebnis**	32.736	37.250	48.432
13	+	Zinserträge	206	206	154
14	=	**Earnings before Interest and Taxes (EBIT)**	32.942	37.456	48.586
15	−	Zahlungswirksame Steuer auf EBIT	9.335	10.518	12.786
16	=	**Net Operating Profit less adjusted Taxes (NOPLAT)**	23.607	26.938	35.800
17	+	Abschreibungen auf Gegenstände des Anlagevermögens	7.052	9.202	11.958
18	−	Gewinn aus dem Abgang von Anlagevermögen	568	−222	40
19	+	Wertberichtigungen auf Forderungen aus Lieferungen und Leistungen	618	2.250	−548
20	+	Zuführung/Auflösung von Rückstellungen	808	216	846

Tab. 4.16: Beispiel: Freier Cashflow im Referenzzeitraum – Fortsetzung

	A	B	C	D	E
1			**2009**	**2010**	**2011**
21	+	Sonstige zahlungsunwirksame Aufwendungen/ Erträge	346	48	−4
22	=	**Brutto Cashflow (1)**	31.863	38.876	48.012
23	+	Zunahme der Vorräte	−2.236	7.900	15.788
24	+	Zunahme der Forderungen aus Lieferungen und Leistungen	10.288	11.774	66.142
25	+	Zunahme des Finanzmittelfonds	−1.776	−5.412	−4.546
26	+	Zunahme bei sonstigen Aktiva des Nettoumlauf- vermögens	−504	−1.706	724
27	−	Zunahme der Verbindlichkeiten aus Lieferungen und Leistungen	13.798	3.700	18.496
28	−	Zunahme bei sonstigen Passiva des Nettoumlauf- vermögens	748	−5.706	48.658
29	=	**Investitionen in das Nettoumlaufvermögen (2)**	−8.774	14.562	10.954
30	−	Einzahlungen aus Abgängen beim Anlagevermögen	1.280	76	482
31	+	Investitionen in Goodwill	9.488	0	44.668
32	+	Investitionen in das immaterielle Anlagevermögen	7.314	7.296	14.272
33	+	Investitionen in das Sachanlagevermögen	7.740	9.670	12.180
34	−	Investitionen in das Finanzanlagevermögen	1.868	376	0
35	=	**Investitionen in das Anlagevermögen (3)**	25.130	17.266	70.638
36		**Freier Cashflow (1 − 2 − 3)**	15.507	7.048	−33.580
37	EBIT		32.942	37.456	48.586
38	Umsatzerlöse		359.210	407.286	610.612
39	**EBIT Marge**		9,2 %	9,2 %	8,0 %
40	NOPLAT			26.938	35.800
41	Invested Capital		278.774	299.452	370.842
42	**Return on Invested Capital (ROIC)**			9,7 %	12,0 %
43					
44	**(in Tsd. €)**				

Die zahlungswirksamen Steuern auf den EBIT wurden ausgehend von der Differenz der in der Kapitalflussrechnung ausgewiesenen gezahlten und erhaltenen Ertragsteuern berechnet. Diese Differenz wurde um die steuerlichen Auswirkungen der Ergebnisbereinigung korrigiert, die aus dem auf den EBIT bezogenen Teilsteuersatz des Unternehmens resultieren. Ferner wurden die fremdfinanzierungsbedingten Steuerersparnisse eliminiert, die sich aus dem auf die Fremdkapitalzinsen bezogenen Teilsteuersatz ergeben. Die Berechnungen im Einzelnen finden sich in Tabelle 4.17:

Tab. 4.17: Beispiel: Berechnung der zahlungswirksamen Steuern auf den EBIT

	A	B	C	D	E
1			**2009**	**2010**	**2011**
2		Gezahlte Steuern	7.718	9.826	9.378
3	+	Steuer auf Ergebnismodifikationen	0	−900	0
4	+	Steuer auf Zinsaufwendungen (Tax Shield)	1.617	1.592	3.408
5	=	**Zahlungswirksame Steuer auf EBIT**	9.335	10.518	12.786
6					
7	(in Tsd. €)				
8					
9		Körperschaftsteuer (15 %) zuzüglich Solidaritätszuschlag (5,5 %)	15,825 %		
10		Gewerbesteuer (Messzahl 3,5%, Hebesatz 405%)	14,175 %		
11		**Teilsteuersatz EBIT**	30,000 %		
12					
13		Körperschaftsteuer (15 %) zuzüglich Solidaritätszuschlag (5,5 %)	15,825 %		
14		0,75 × Gewerbesteuer (Messzahl 3,5 %, Hebesatz 405 %)	10,631 %		
15		**Teilsteuersatz Fremdkapitalzinsen**	26,456 %		

Der für die Perioden des Referenzzeitraums in Tabelle 4.16 ausgewiesene freie Cashflow entspricht dem Mittelzufluss aus der Finanzierungstätigkeit in der Kapitalflussrechnung zuzüglich der an die Fremdkapitalgeber gezahlten Zinsen, vermindert um den Tax Shield und korrigiert um die im Zuge der Bereinigung des Betriebsergebnisses identifizierten ungewöhnlichen Ergebniseinflüsse sowie die darauf entfallende Steuer. Dieser Zusammenhang mit den Kapitalflussrechnungen im Referenzzeitraum sollte durch die Anfertigung einer **Überleitungsrechnung** überprüft werden.

Der Ausweis des freien Cashflows in den Perioden des Referenzzeitraumes wurde um die Angabe der **EBIT Marge** (Umsatzrentabilität, EBIT/Umsatzerlöse) und des **Return** on Invested Capital (ROIC) ergänzt, um Plausibilitätsbetrachtungen im Zusammenhang mit der Prognose vorzubereiten. Der ROIC errechnet sich als Quotient des NOPLAT und des investierten Kapitals (Invested Capital). Letzteres entspricht dem bilanziellen Anlage- und Nettoumlaufvermögen am Ende der Vorperiode.

Im Ergebnis besteht die bei der Prognose zu lösende Aufgabe darin, Tabelle 4.16 je nach Länge der Detailprognosephase um zusätzliche Spalten zu ergänzen und die zu erwartende Entwicklung der einzelnen Posten zeilenweise einzutragen. Mit den Möglichkeiten, die Tabellenkalkulationsprogramme bieten, stellt dies technisch kein Problem dar. Die Versuchung, einen Umsatztrend fortzuschreiben und ansonsten konstante Relationen zu unterstellen, sei es auch nur, um »einen ersten Eindruck« zu gewinnen, ist groß. Die psychologische Literatur zu Heuristiken der Urteilsbildung zeigt jedoch, dass dies nicht ratsam ist. Denn es besteht die Gefahr, dass sich ein vorschnell gewonnener Eindruck verfestigt und später nicht mehr hinreichend korrigiert wird (**Anchoring and Adjustment Heuristik**). Besser ist es, die Komponenten des freien Cashflows im Einzelnen detailliert zu betrachten und erst anschließend zum freien Cashflow zusammenzufassen.

Aus theoretischer Sicht lassen sich die vielfältigen Interdependenzen zwischen den zu prognostizierenden Größen nur im Wege einer simultanen Prognose korrekt berücksichtigen. Praktisch ist eine simultane Prognose aller Größen aufgrund der Vielzahl prognoserelevanter Sachverhalte jedoch undurchführbar. An ihre Stelle muss ein heuristisches Vorgehen treten, bei dem die zu prognostizierenden Größen nacheinander betrachtet werden. Die Abfolge ist dabei so zu festzulegen, dass möglichst wenige Interdependenzen zwischen diesen Größen vernachlässigt werden. Als Richtschnur hierfür kann das **Ausgleichsgesetz der Planung** dienen, nach dem man sich zunächst an dem Engpass orientieren sollte, der der Erzielung höherer Erfolge entgegensteht. Meistens handelt es sich um die Nachfrage nach den Produkten des Unternehmens. Es ist aber ebenso möglich, dass anlagen- oder personalbedingte Kapazitätsrestriktionen oder beschaffungsseitige Restriktionen den maßgeblichen Engpass bilden. Möglicherweise stehen einer Ausweitung der Produktionskapazitäten auch finanzielle Restriktionen im Wege. Um den Prognoseprozess sinnvoll zu strukturieren, sind also zunächst die wichtigsten, den Erfolg des Unternehmens begrenzenden Faktoren zu bestimmen. Liegt eine Unternehmensplanung vor, ist zu prüfen, ob die Restriktionen, denen das Unternehmen unterliegt, darin adäquat berücksichtigt sind.

In der Regel wirken sich die identifizierten Engpässe direkt oder indirekt auf die in der Detailprognosephase möglichen Absatzmengen aus, die damit zum Startpunkt der Prognose werden. Aus den Absatzmengen werden unter Berücksichtigung der grundsätzlich gesondert zu prognostizierenden Preis- und ggf. Wechselkursentwicklung die zu erwartenden **Umsatzerlöse** abgeleitet. Hier wie im Folgenden gilt, dass die Prognose aus den in den vorgelagerten Bewertungsschritten gesammelten und ausgewerteten Informationen abgeleitet und in der Dokumentation zur Bewertung plausibel begründet werden muss. Welchen Umfang die hierbei anzustellenden Überlegungen annehmen, hängt von den Umständen des Einzelfalls ab. Das Spektrum reicht von einer mit den gesammelten Informationen plausibilisierten Fortschreibung der Umsatzerlöse bis zu einer detaillierten, nach Produktgruppen, Kundengruppen und Regionen differenzierten Preis- und Mengenplanung, die auf einer umfänglichen Analyse des gesamtwirtschaftlichen Umfelds, der Branche und der Konkurrenten des Unternehmens aufbaut.

Aufgrund der Bedeutung der im Vorfeld bestimmten erfolgsbegrenzenden Faktoren ist es zweckmäßig, im nächsten Schritt diejenigen Komponenten des freien Cashflows anzugehen, die mit den identifizierten Engpässen in Zusammenhang stehen. Im Fall anlagenbedingter Kapazitätsrestriktionen betrifft dies die Investitionen in das Anlagevermögen und die Abschreibungen sowie – bei Zugrundelegung einer Ergebnisrechnung nach dem Gesamtkostenverfahren – die Bestandsveränderungen und die aktivierten Eigenleistungen. Bei personalbedingten Kapazitätsrestriktionen richtet sich das Augenmerk vor allem auf den Personalaufwand. Liegen beschaffungsseitige Beschränkungen vor, sollte im nächsten Schritt die Entwicklung des Materialaufwands und des Vorratsvermögens untersucht werden. Um zu einer fundierten Vorstellung von der weiteren Entwicklung der jeweiligen Posten zu gelangen, sind die im Zuge der Analyse der Vermögens-, Finanz- und Ertragsentwicklung gewonnenen Informationen mit denjenigen zu verbinden, die in Bezug auf die Wettbewerbssituation des Unternehmens gesammelt wurden. Allgemeingültige Aussagen dazu, welche Informationen dabei welchen Stellenwert besitzen und welche Schlussfolgerungen aus welchen Konstellationen gezogen werden sollten, sind nicht möglich.

Bei der Bearbeitung der einzelnen Posten ergeben sich automatisch Fragestellungen, die auch andere Komponenten des freien Cashflows betreffen. Die Prognose »entwickelt« sich. Wird etwa von steigenden Umsatzerlösen ausgegangen und sind zwecks Erhöhung der Produktionsmengen Erweiterungsinvestitionen erforderlich, so stellt sich unmittelbar die Frage, ob die in der Investitionsplanung angenommene Ausweitung der Produktion mit der vorhandenen Belegschaft möglich oder die Einstellung zusätzlichen Personals erforderlich ist. Die Überlegungen hierzu führen auf den Personalaufwand als die nächste zu prognostizierende Größe. Dabei geht es dann nicht nur um eine Hochrechnung des bisherigen Personalaufwands, sondern auch um das erforderliche Qualifikationsprofil, das mit den geplanten Investitionen abgestimmt sein muss, und ggf. erforderliche Aufwendungen für die Personalakquisition. Die Einstellung neuer Mitarbeiter mag auch z.B. Schulungsmaßnahmen erforderlich machen, die den sonstigen betrieblichen Aufwand, also einen weiteren zu prognostizierenden Posten betreffen, der so in das Blickfeld gerät. Auf diese Weise werden sukzessive alle zu prognostizierenden Komponenten des freien Cashflows in die Prognose einbezogen. Freilich kann sich dabei jederzeit herausstellen, dass bei einer bereits prognostizierten Größe eine Annahme getroffen wurde, die nicht zu halten ist. In einem solchen Fall muss der Prognoseprozess bei der entsprechenden Größe neu aufgesetzt werden.

Die bisherige Erläuterung betraf die allgemeine Vorgehensweise bei der Prognose des freien Cashflows in der Detailprognosephase, nicht jedoch die spezifischen Probleme bei der Prognose einzelner Komponenten des freien Cashflows. Diese Probleme sind zu zahlreich, um sie im Rahmen dieses Buches erörtern zu können. Die folgende Übersicht über wichtige Fragestellungen, die sich im Zusammenhang mit der Prognose einzelner Komponenten des freien Cashflows ergeben können, besitzt dementsprechend exemplarischen Charakter:

Tab. 4.18: Typische Fragestellungen bei der Prognose der Komponenten des freien Cashflows

Komponenten des freien Cashflows	Beispielhafte Fragestellungen
Umsatzerlöse	Welche Rolle spielen konjunkturelle Einflüsse? Wie wird sich die Situation der Abnehmer entwickeln? Können neue Abnehmer gewonnen werden? Wie wird sich die Situation der Konkurrenten entwickeln? Wird es technologische Neuerungen geben? Bleibt es bei den vorhandenen Vertriebswegen? Welche Preise können erzielt werden?
Materialaufwand	Wie wird sich die Situation der Lieferanten entwickeln? Werden die Materialien in genügender Menge verfügbar sein? Wird es technologische Neuerungen geben? Ist mit Produktivitätsfortschritten zu rechnen? Wie werden sich die Beschaffungspreise entwickeln?
Personalaufwand	Was folgt aus der Umsatzplanung? Passen die Altersstruktur und das Qualifikationsprofil? Wird zusätzliches Personal benötigt? Wie werden sich die Arbeitsentgelte entwickeln? Wie hoch sind die Zuführungen zu Pensionsrückstellungen?
Investitionen in das Nettoumlaufvermögen	Bleiben die Relationen zu den Umsatzerlösen stabil? Was folgt aus der zu erwartenden Situation der Abnehmer? Was folgt aus der zu erwartenden Situation der Lieferanten? Was lässt das Working Capital Management erwarten? Müssen die liquiden Mittel aufgestockt werden?
Investitionen in das Sachanlagevermögen	Gibt es einen Investitionsrückstand? Welche Reinvestitionen sind zu tätigen? Sind Nettoinvestitionen einzuplanen? Bleibt es bei den eingesetzten Technologien? Wie ist die Kapazität künftig zu dimensionieren? Müssen die Mitarbeiter geschult werden?

Ein wesentliches Qualitätsmerkmal der Prognose des freien Cashflows ist die **Konsistenz der Prognoseansätze**. Wird z. B. mit Absatzmengen gerechnet, die nicht mit den aus der Investitionsplanung resultierenden Produktionskapazitäten realisierbar sind, so ist das Bewertungsergebnis unbrauchbar. Ein planmäßiges Vorgehen bei der Prognose trägt zwar dazu bei, solche Inkonsistenzen zu vermeiden, bietet jedoch – wie ausgeführt – keine Gewähr dafür. Es ist deshalb ratsam, die Prognose des freien Cashflows durch Plausibilitätsbetrachtungen zu unterlegen, die den Blick auf den Gesamtzusammenhang öffnen. Solche Plausibilitätsbetrachtungen werden später noch ausführlicher behandelt, wobei z. B. auch die Frage der Ausschüttungsfähigkeit des freien Cashflows unter handels- und gesellschaftsrechtlichen Aspekten aufgegriffen wird. Im hier erläuterten Zusammenhang bietet es sich – wie in Tabelle 4.16 schon geschehen – an, für jede Periode der Detailprognosephase die EBIT Marge und den ROIC zu bestimmen, um zu untersuchen, ob die Prognose der einzelnen Komponenten des freien Cashflows auch auf einer höheren Aggregationsebene zu plausiblen Resultaten führt. Das bei der Berechnung des ROIC zu berücksichtigende Kapital ist dabei zu bestimmen, indem man das am Ende des Referenzzeitraums vorhandene Kapital um die jeweiligen Investitionen in das Anlagevermögen und das Nettoumlaufvermögen erhöht. Des Weiteren sind die in der Überleitung vom NOPLAT zum Brutto Cashflow erfassten Posten zu berücksichtigen. Hauptsächlich sind dies die Abschreibungen auf das Sachanlagevermögen, Wertberichtigungen auf Gegenstände des Umlaufvermögens sowie erfolgswirksame Rückstellungsveränderungen. Aus methodischer Perspektive ist darauf hinzuweisen, dass die berechneten Kennzahlen auf Erwartungswerten basieren, weshalb ihre Interpretation als EBIT Marge bzw. als ROIC und der Vergleich mit den betreffenden Größen aus dem Referenzzeitraum hinterfragt werden können. Für Plausibilitätsbetrachtungen dürften daraus abzuleitende Bedenken jedoch im Regelfall unbeachtlich sein.

Im Beispiel wird davon ausgegangen, dass die Detailprognosephase drei Jahre umfasst. Die Prognose des freien Cashflows führt zu folgenden Ergebnissen:

Tab. 4.19: Beispiel: Prognose des freien Cashflows in der Detailprognosephase

	A	B	C	D	E
1			**2012**	**2013**	**2014**
2		Umsatzerlöse	659.461	699.029	713.010
3	+	Bestandsveränderungen	2.442	1.978	699
4	+	Aktivierte Eigenleistungen	3.957	4.194	4.278
5	=	**Gesamtleistung**	665.860	705.201	717.987
6	+	Sonstige betriebliche Erträge	6.659	7.052	7.180
7	–	Materialaufwand	352.906	373.051	379.097
8	=	**Rohergebnis**	319.613	339.202	346.070
9	–	Personalaufwand	183.112	190.404	192.421
10	–	Abschreibungen	16.693	18.770	20.352
11	–	Sonstige betriebliche Aufwendungen	86.562	91.676	93.339
12	=	**Betriebsergebnis**	33.246	38.352	39.958
13	+	Zinserträge	186	197	201
14	=	**Earnings before Interest and Taxes (EBIT)**	33.432	38.549	40.159
15	–	Zahlungswirksame Steuer auf EBIT	9.695	11.179	11.646
16	=	**Net Operating Profit less adjusted Taxes (NOPLAT)**	23.737	27.370	28.513
17	+	Abschreibungen auf Gegenstände des Anlagevermögens	16.693	18.770	20.352

Tab. 4.19: Beispiel: Prognose des freien Cashflows in der Detailprognosephase –
Fortsetzung

	A	B	C	D	E
1			**2012**	**2013**	**2014**
18	–	Gewinn aus dem Abgang von Anlagevermögen	528	559	570
19	+	Wertberichtigungen auf Forderungen aus Lieferungen und Leistungen	659	699	713
20	+	Zuführung/Auflösung von Rückstellungen	488	396	140
21	=	**Brutto Cashflow (1)**	41.049	46.676	49.148
22	+	Zunahme der Vorräte	7.442	6.727	2.656
23	+	Zunahme der Forderungen aus Lieferungen und Leistungen	7.212	7.122	4.195
24	+	Zunahme des Finanzmittelfonds	0	594	280
25	+	Zunahme bei sonstigen Aktiva des Nettoumlaufvermögens	5.885	4.748	1.678
26	–	Zunahme der Verbindlichkeiten aus Lieferungen und Leistungen	5.839	5.540	2.237
27	–	Zunahme bei sonstigen Passiva des Nettoumlaufvermögens	4.931	3.957	1.678
28	=	**Investitionen in das Nettoumlaufvermögen (2)**	9.769	9.694	4.894
29	–	Einzahlungen aus Abgängen beim Anlagevermögen	668	751	814
30	+	Investitionen in Goodwill	0	0	0
31	+	Investitionen in das immaterielle Anlagevermögen	14.990	14.946	13.220
32	+	Investitionen in das Sachanlagevermögen	10.007	10.155	9.375
33	+	Investitionen in das Finanzanlagevermögen	0	0	0
34	=	**Investitionen in das Anlagevermögen (3)**	24.329	24.350	21.781
35		**Freier Cashflow (1 – 2 – 3)**	6.951	12.632	22.473
36		EBIT	33.432	38.549	40.159
37		Umsatzerlöse	659.461	699.029	713.010
38		**EBIT Marge**	5,1 %	5,5 %	5,6 %
39		NOPLAT	23.737	27.370	28.513
40		Invested Capital	387.628	402.366	408.406
41		**Return on Invested Capital (ROIC)**	6,4 %	7,1 %	7,1 %
42		(in Tsd. €)			

Der für die Berechnung der zahlungswirksamen Unternehmenssteuern auf den EBIT angesetzte Steuersatz wurde als effektiver Steuersatz mit 29 % bemessen und auf den EBIT der jeweiligen Periode bezogen. Der Kapitalbestand in Höhe von 387.628 Tsd. € am Ende des Jahres 2012 ergibt sich aus einem Kapitalbestand am Jahresanfang in Höhe von 370.842 Tsd. €, den für das Jahr 2012 aufgeführten Investitionen in das Anlagevermögen und das Nettoumlaufvermögen sowie den Abschreibungen auf Gegenstände des Anlagevermögens, dem Gewinn aus dem Abgang von Anlagevermögen, den Wertberichtigungen auf Forderungen aus Lieferungen und Leistungen und den Rückstellungsveränderungen.

Tabelle 4.19 zeigt im Wesentlichen, dass das Unternehmen in der Detailprognosephase voraussichtlich weiterhin wachsen wird, aber mit nachlassender Tendenz. Anders als im Referenzzeitraum wird dieses Wachstum nicht durch Akquisitionen, sondern durch Umsatzausweitungen getrieben. Die deutlich schwächer ausfallende EBIT Marge ist auf am Bewertungsstichtag zu erwartende Kostensteigerungen im Zusammenhang mit der Integration der im Referenzzeitraum akquirierten Beteiligungen zurückzuführen. Damit korrespondierend bleibt auch der ROIC zu Beginn der Detailprognosephase hinter demjenigen zurück, der im Referenzzeitraum erzielt werden konnte. Gegen Ende der Detailprognosephase wird das Unternehmen annahmegemäß mit den eingeleiteten Kostensenkungsmaßnahmen Erfolg haben, wodurch sich die EBIT Marge schrittweise erhöht und beim ROIC wieder ein besseres Niveau erreicht wird.

Zwar handelt es sich beim freien Cashflow um eine finanzierungsunabhängige Größe, im Zusammenhang mit der Prognose des freien Cashflows sollte aber auch Klarheit über die Frage gewonnen werden, von welcher Finanzierungspolitik in der Detailprognosephase auszugehen ist. Denn von der Antwort auf diese Frage hängt es ab, welches Bewertungsverfahren sich für die Berechnung des Wertbeitrags der Detailprognosephase anbietet. Wie in Kapitel 3 erläutert, empfiehlt sich die Anwendung des APV Verfahrens, wenn von einer autonomen Finanzierung ausgegangen werden kann, wenn also der Fremdkapitalbestand künftiger Perioden bereits zum Bewertungsstichtag als bekannt gilt. Bei einer wertorientierten Finanzierung orientiert sich das künftig vorhandene Fremdkapital an dem jeweiligen Marktwert des Unternehmens; das Verfahren der Wahl ist das FCF Verfahren. Hat der Bewerter Zugriff auf die Unternehmensplanung, so lässt sich die bezüglich der Finanzierung zu treffende Annahme relativ leicht bestimmen: Von einer autonomen Finanzierung ist auszugehen, wenn aus der Investitions- und Finanzplanung des Unternehmens mit an Sicherheit grenzender Wahrscheinlichkeit zu entnehmen ist, zu welchem Zeitpunkt Fremdkapital in welcher Höhe vorhanden sein wird. Andernfalls ist eine wertabhängige Finanzierung anzunehmen. Schwieriger ist die Entscheidung zu treffen, wenn der Bewerter keinen Zugang zu der Unternehmensplanung besitzt. In diesem Fall sollte nur dann von einer autonomen Finanzierung ausgegangen werden, wenn aus den verfügbaren Informationen mit ähnlicher Sicherheit auf die künftigen Fremdkapitalbestände geschlossen werden kann.

Im Zusammenhang mit der Festlegung der Finanzierungspolitik sind schließlich konkrete Vorstellungen zu dem bei wertorientierter Finanzierung anzunehmenden Verschuldungsgrad bzw. zu dem bei autonomer Finanzierung anzunehmenden Fremdkapital zu entwickeln. Dabei sind insbesondere zu betrachten:

- der aus den prognostizierten Investitionen resultierende Finanzbedarf in der Detailprognosephase,
- geplante oder zweckmäßig erscheinende Um- und Refinanzierungsmaßnahmen in der Detailprognosephase,
- die vom Unternehmen angestrebte oder die für zweckmäßig gehaltene Kapitalstruktur und
- die vom Unternehmen angestrebte oder die für zweckmäßig gehaltene Ausschüttungspolitik.

Während die beiden ersten Punkte im Wesentlichen auf unternehmensindividuelle Aspekte der Finanzierung abstellen, spielt bei den beiden letzten Punkten auch die Situation bei anderen Branchenunternehmen eine Rolle. Grundsätzlich gilt, dass die Schlussfolgerungen, zu denen man in dieser Phase der Bewertung in Bezug auf die Kapitalstruktur bzw. das Fremdkapital in der Detailprognosephase gelangt, vorläufigen Charakter haben. In den meisten Fällen ist es notwendig, sie später noch einmal zu überarbeiten.

4.4.3 Prognose der Entwicklung des freien Cashflows in der Rentenphase

Im Anschluss an die Prognose des freien Cashflows in der Detailprognosephase ist zu bestimmen, wie sich der freie Cashflow in der Rentenphase voraussichtlich weiterentwickeln wird. An die Stelle einer detaillierten Prognose der Komponenten, aus denen sich der freie Cashflow zusammensetzt, tritt dabei eine Fortschreibung des freien Cashflows am Ende der Detailprognosephase auf der Basis vereinfachender Annahmen. Im Ergebnis wird meist davon ausgegangen, dass der freie Cashflow in der Rentenphase von Periode zu Periode mit einer konstanten Wachstumsrate w ansteigt. Dieses Wachstum kann grundsätzlich zweierlei Ursachen haben. Die erste mögliche Ursache sind Preissteigerungen. Da der freie Cashflow als nominale Größe (Nominalrechnung) prognostiziert wird, Unternehmen aber in Realgüterströme eingebunden sind, ist mit einem **inflationsbedingten Wachstum** des freien Cashflows zu rechnen. Neben das inflationsbedingte kann ein **reales Wachstum**[1] treten, wenn davon auszugehen ist, dass in der Rentenphase mit einer Steigerung der Produktions- und Absatzmengen zu rechnen ist.

Die bloße Annahme einer konstanten Wachstumsrate reicht zwar rechentechnisch aus, um den freien Cashflow zeitlich unbeschränkt fortzuschreiben, ist aber im Rahmen einer auf die Plausibilität der Bewertungsannahmen bedachten Bewertung unbefriedigend. Es stellt sich die Frage, auf welche Annahmen bezüglich der Entwicklung des

---

1 In der Literatur ist statt von einem realen Wachstum häufig von einem thesaurierungsbedingten Wachstum die Rede. Diesen Terminus verwenden wir in diesem Zusammenhang nicht, weil auch ein inflationsbedingtes Wachstum Thesaurierungen erforderlich macht, wenn die betreffenden Investitionen innenfinanziert werden sollen.

Unternehmens ein konstantes Wachstum des freien Cashflows zurückgeführt werden kann. Dies wird im Folgenden anhand eines einfachen Werttreibermodells gezeigt, das gleichzeitig Anhaltspunkte für die Höhe der anzusetzenden Wachstumsrate gibt. Ausgangspunkt ist die Überlegung, dass der erwartete freie Cashflow auf einer aggregierten Ebene als Differenz des NOPLAT und der Nettoinvestitionen NI dargestellt werden kann:

$$E[\tilde{x}_t^{FCF}] = E[\widetilde{NOPLAT}_t] - E[\widetilde{NI}_t] \qquad \text{für } t = T+1, T+2, \ldots \qquad (1)$$

T bezeichnet die letzte Periode der Detailprognosephase. Die Nettoinvestitionen NI umfassen die Investitionen in das Anlagevermögen abzüglich der darauf entfallenden Abschreibungen sowie die Investitionen in das Nettoumlaufvermögen. Darüber hinaus sind die übrigen bei der Überleitung vom NOPLAT zum Brutto Cashflow erfassten Größen zu berücksichtigen.

Der NOPLAT entspricht der Verzinsung des im Anlage- und Nettoumlaufvermögen gebundenen Kapitals bzw. des Invested Capital IC mit dem ROIC der betreffenden Periode:

$$E[\widetilde{NOPLAT}_t] = ROIC_t \cdot E[\widetilde{IC}_{t-1}] \qquad \text{für } t = T+1, T+2, \ldots \qquad (2)$$

Wie bei den Plausibilitätsbetrachtungen zur Detailprognosephase ist anzumerken, dass die hier als ROIC bezeichnete Größe als Quotient von Erwartungswerten definiert ist, es sich also nicht um den Erwartungswert der Rentabilität handelt.

Das eingesetzte Kapital wird mittels der Nettoinvestitionen fortgeschrieben:

$$E[\widetilde{IC}_t] = E[\widetilde{IC}_{t-1}] + E[\widetilde{NI}_t] \qquad \text{für } t = T+1, T+2, \ldots \qquad (3)$$

Die erwarteten Nettoinvestitionen wiederum lassen sich mit dem für die jeweilige Periode erwarteten NOPLAT über die Nettoinvestitionsrate n in Beziehung setzen. Die Nettoinvestitionsrate gibt an, welcher Anteil des NOPLAT für Investitionen genutzt wird.

$$E[\widetilde{NI}_t] = n_t \cdot E[\widetilde{NOPLAT}_t] \qquad \text{für } t = T+1, T+2, \ldots \qquad (4)$$

Man beachte, dass die Nettoinvestitionen nur den über die Abschreibungen hinausgehenden Teil der Ersatzinvestitionen abdecken. Gibt es keine Preissteigerungen und werden nur Ersatzinvestitionen getätigt, so ist der Fall denkbar, dass in keiner Periode Nettoinvestitionen anfallen. Im Fall von Preissteigerungen sind Nettoinvestitionen auf Dauer schon dann erforderlich, wenn nur kapazitätserhaltende Investitionen getätigt werden. Bei dem durch die Nettoinvestitionen ausgelösten, aus (3) ersichtlichen Wachstum handelt es sich dann um ein rein inflationsbedingtes Wachstum. Unabhängig davon, ob mit einem inflationsbedingten Wachstum zu rechnen ist, kann in den Nettoinvestitionen bzw. in der Nettoinvestitionsrate auch ein reales Wachstum zum Ausdruck kommen, wenn nämlich die Kapazität des Unternehmens mittels der getätigten Investitionen erhöht wird oder neue Geschäftsfelder erschlossen werden.

Bis hierhin handelt es sich bei den aufgeführten Beziehungen lediglich um definitorische Zusammenhänge. Annahmen, aufgrund derer sich die aufgeführten Größen sinnvoll fortschreiben ließen, wurden noch nicht getroffen. Solche Annahmen werden im nächsten Schritt eingeführt. Es wird davon ausgegangen, dass der ROIC sowie die Nettoinvestitionsrate n im Zeitablauf konstant bleiben. Dies ermöglicht es, die betrachteten Größen als Funktion der Zeit und der verwendeten Werttreiber auszudrücken. Bei einem am Ende der ersten Prognosephase erwarteten Kapitalbestand $E[\widetilde{IC}_T]$ beläuft sich der NOPLAT der ersten Periode in der zweiten Prognosephase auf:

$$E[\widetilde{NOPLAT}_{T+1}] = E[\widetilde{IC}_T] \cdot ROIC \tag{5}$$

Für das eingesetzte Kapital folgt:

$$E[\widetilde{IC}_t] = E[\widetilde{IC}_T] \cdot (1 + n \cdot ROIC)^{t-T} \qquad \text{für } t = T+1, T+2, \ldots \tag{6}$$

Die Erwartungen bezüglich des NOPLAT in der Rentenphase resultieren aus:

$$E[\widetilde{NOPLAT}_t] = E[\widetilde{NOPLAT}_{T+1}] \cdot (1 + n \cdot ROIC)^{t-1-T} \qquad \text{für } t = T+1, T+2, \ldots \tag{7}$$

Für den freien Cashflow schließlich folgt:

$$E[\tilde{x}_t^{FCF}] = E[\widetilde{NOPLAT}_{T+1}] \cdot (1-n) \cdot (1 + n \cdot ROIC)^{t-1-T} \qquad \text{für } t = T+1, T+2, \ldots \tag{8}$$

Der erwartete freie Cashflow, der erwartete Kapitalbestand und der erwartete NOPLAT steigen demnach bei Konstanz des ROIC und der Nettoinvestitionsrate in der Rentenphase mit der gleichen nominalen Wachstumsrate w an. Es gilt:

$$w = n \cdot ROIC \tag{9}$$

Die Fortschreibung des erwarteten freien Cashflow in der Rentenphase basiert unter den getroffenen Annahmen also auf zwei Werttreibern: dem ROIC, der in der Rentenphase erreichbar erscheint, sowie der Nettoinvestitionsrate n. (9) macht noch einmal deutlich, dass das Wachstum des erwarteten freien Cashflow und die Nettoinvestitionsrate bei gegebenem ROIC nicht unabhängig voneinander festgelegt werden können: Auch ein ausschließlich inflationsbedingtes Wachstum erfordert die Thesaurierung von Gewinnen, wenn die betreffenden Investitionen innenfinanziert werden sollen.

Noch nicht beantwortet wurde die Frage, unter welchen Umständen überhaupt eine konstante Nettoinvestitionsrate und ein konstanter ROIC denkbar sind. In dem beschriebenen Werttreibermodell sind diese Umstände insbesondere dadurch gekennzeichnet, dass sowohl das im Anlage- und Nettoumlaufvermögen eingesetzte Kapital als auch die Nettoinvestitionen mit der gleichen, im Zeitablauf konstanten Rate wachsen. Eine hinreichende, aber nicht notwendige Bedingung hierfür ist, dass sich das Unternehmen am Ende der Detailprognosephase in einem sogenannten **eingeschwungenen Zustand (Steady State)** befindet. Dieser Zustand ist dadurch gekennzeichnet, dass in jeder Periode ein konstanter Bruchteil des Anlagevermögens abgeschrieben und kapazitätserhaltend oder gleichmäßig kapazitätserweiternd ersetzt wird. Ferner wird angenommen, dass alle Komponenten des freien Cashflows inflationsbedingt mit einer konstanten Rate ansteigen und darüber hinaus ein reales Wachstum aufweisen, das als Konsequenz der getroffenen Annahmen ebenfalls konstant ist. Bezeichnet man die inflationsbedingte Wachstumsrate mit π und die reale Wachstumsrate mit v, so ergibt sich für das Wachstum des freien Cashflows:

$$w = (1+\pi) \cdot (1+v) - 1 \tag{10}$$

Wie in dem nächsten Einschub verdeutlicht, ergibt sich ein in diesem Sinne eingeschwungener Zustand idealtypisch bei einer unendlichen Investitionskette.

BEISPIEL: ROIC und Nettoinvestitionsrate bei einer unendlichen Investitionskette mit Inflation und realem Wachstum

Es wird davon ausgegangen, dass in jeder Periode eine Maschine mit einer Laufzeit von vier Perioden angeschafft wird. Im Zeitpunkt 0 ist diese Investition mit einer Auszahlung von 1.200 € verbunden, die Einzahlungsüberschüsse in den folgenden vier Perioden belaufen sich real auf jeweils 400 €. Bei einer inflationsbedingten Wachstumsrate von 2 % ergeben sich hieraus in den Perioden 1, 2, 3 und 4 Einzahlungsüberschüsse von 408,00 €, 416,16 €, 424,48 € bzw. 432,97 €. Geht man zusätzlich von einem 3 %-igen realen Wachstum aus, so werden am Ende der ersten Periode 1,03 Maschinen beschafft, wofür unter Berücksichtigung der inflationsbedingten Wachstumsrate von 2 % eine Auszahlung von 1.260,72 € notwendig ist. Die mit der zweiten Maschine in den Perioden 2, 3, 4 und 5 einhergehenden Einzahlungsüberschüsse belaufen sich demnach auf 428,64 €, 437,22 €, 445,96 € bzw. 454,88 €. Die Maschinen werden jeweils über ihre Nutzungsdauer von 4 Jahren linear abgeschrieben, der Unternehmensteuersatz beträgt annahmegemäß 40 %. Unter diesen Annahmen befindet sich das Unternehmen nach der vierten Periode in einem eingeschwungenen Zustand, der dadurch gekennzeichnet ist, dass der Einzahlungsüberschuss, die Abschreibungen, der EBIT, das eingesetzte Kapital sowie der freie Cashflow mit der Wachstumsrate w = 5,06 % ansteigen, die sich aus der inflationsbedingten Wachstumsrate und der realen Wachstumsrate errechnet. In der nachfolgenden Tabelle sind die betreffenden Größen für die ersten 7 Perioden angegeben.

t	0	1	2	3	4	5	6	7
EBITDA		400,00	844,80	1.312,04	1.311,40	1.903,06	1.999,35	2.100,52
– Abschreibungen		300,00	615,18	946,31	1.294,19	1.359,68	1.428,48	1.500,76
= EBIT		108,00	229,62	365,73	517,21	543,38	570,57	599,76
– Steuern		43,20	91,85	146,29	206,88	217,35	228,35	239,90
= NOPLAT		64,80	137,77	219,44	310,32	326,03	342,52	359,85
– Nettoinvestitionen	1.200,00	960,72	709,33	445,22	167,75	176,24	185,16	194,53
= freier Cashflow	–1.200,00	–895,92	–571,56	–225,79	142,87	149,78	157,36	165,33
Wachstumsrate		–25,34%	–36,20%	–60,50%	–163,14%	5,06%	5,06%	5,06%
Nettoinvestitionsrate		1.482,59%	514,85%	202,89%	54,06%	54,06%	54,06%	54,06%
Invested Capital	1.200,00	2.160,72	2.870,05	3.315,28	3.483,03	3.659,27	3.844,43	4.038,96
ROIC		5,40%	6,38%	7,65%	9,36%	9,36%	9,36%	9,36%

Zusätzlich sind in der Tabelle der ROIC und die Nettoinvestitionsraten angegeben, die nach der vierten Periode und damit in dem eingeschwungenen Zustand konstant bleiben. Aus dem Produkt aus dem ROIC von 9,36 % und der Nettoinvestitionsrate von 54,06 % resultiert gemäß (9) die nominale Wachstumsrate w von 5,06 %. Zugleich ergibt sich diese gemäß (10) aus der inflationsbedingten Wachstumsrate und der realen Wachstumsrate wie folgt:

$$w = (1 + 2\%) \cdot (1 + 3\%) - 1 = 5,06\%$$

Vereinfachend wurde in dem Beispiel angenommen, dass die realen Einzahlungsüberschüsse des Investitionsprojektes konstant sind und die Vermögensgegenstände linear abgeschrieben werden. Es kann jedoch auch von schwächeren Annahmen ausgegangen werden. Ein eingeschwungener Zustand stellt sich ebenfalls ein, wenn von einer konstanten zeitlichen Struktur der mit den Investitionsprojekten verbundenen realen Einzahlungsüberschüsse ausgegangen wird. Zudem kann das Abschreibungsverfahren beliebig gewählt werden, solange die Summe der auf eine Anlage bezogenen Abschreibungen den für diese Anlage getätigten Auszahlungen entspricht.

(9) und (10) liefern eine theoretische Grundlage für eine aufeinander abgestimmte Festlegung des ROIC und der Nettoinvestitionsrate auf der einen Seite bzw. der inflationsbedingten Wachstumsrate und der realen Wachstumsrate auf der anderen Seite, wenn sich das zu bewertende Unternehmen am Ende der Detailprognosephase in einem eingeschwungenen Zustand befindet. In diesem Fall ergibt sich die zu erwartende Entwicklung des freien Cashflows in der Rentenphase aus den dargestellten Zusammenhängen. Praktisch werden die entsprechenden Bedingungen jedoch bestenfalls näherungsweise erfüllt sein. Der Steady State, auf den die Literatur bei der

Bemessung des freien Cashflows in der Rentenphase häufig Bezug nimmt, beschreibt einen idealtypischen Zustand, den die allermeisten Unternehmen nicht nur aufgrund permanenter Anpassungen an veränderte Wettbewerbsverhältnisse nie erreichen werden, sondern auch aufgrund der Spezifika der eingesetzten Investitionsgüter niemals erreichen können.

Die dargestellten Zusammenhänge sind vor diesem Hintergrund als Prognoseheuristik zu begreifen, deren Anwendung umso plausibler ist, je stärker sich das zu bewertende Unternehmen am Ende der Detailprognosephase an einen eingeschwungenen Zustand angenähert hat. Erkennbar ist eine solche Annäherung daran, dass das Verhältnis der Komponenten des freien Cashflows zueinander eine gewisse Stabilität aufweist. Bei den Aufwandsgrößen sollte ein möglichst festes, auch mittel- und langfristig repräsentativ erscheinendes Verhältnis zu den Umsatzerlösen vorhanden sein. Die Investitionen in das Anlagevermögen und in das Nettoumlaufvermögen sollten im Verhältnis zum Wachstum der Umsatzerlöse keine allzu starken Schwankungen mehr aufweisen. Ist am Ende der Detailprognosephase keine Annäherung an einen Steady State in diesem Sinne zu erkennen, so sollte die Detailprognosephase ausgeweitet werden, bis sich die Relationen stabilisiert haben. Alternativ hierzu ist die Einführung einer dritten Prognosephase denkbar, die zwischen die Detailprognosephase und die Rentenphase tritt und eine vereinfachte Prognose der Komponenten des freien Cashflows vorsieht.

Liegt eine als hinreichend erachtete Annäherung an einen Steady State vor, so sind zwecks Bestimmung der Wachstumsrate des freien Cashflows gemäß (9) der nachhaltig erzielbare ROIC und die Nettoinvestitionsrate zu bestimmen. Anhaltspunkte hierfür sind der Entwicklung dieser Größen im Referenzzeitraum und in der Detailprognosephase zu entnehmen. Aufgrund der Annäherung an den Steady State sollte sich bei der Nettoinvestitionsrate eine Konvergenz zu dem für die Rentenphase anzunehmenden Wert abzeichnen. Hinweise in Bezug auf die anzunehmende Nettoinvestitionsrate ergeben sich des Weiteren aus Überlegungen zu der Frage, welcher Teil der zu erwartenden Nettoinvestitionen auf Preissteigerungen zurückzuführen ist und welcher Teil der Nettoinvestitionsrate auf Erweiterungsinvestitionen entfällt. In Bezug auf den ROIC liefert die Entwicklung vor Beginn der Rentenphase in der Regel kein klares Kriterium, auf dessen Grundlage eine erste Einschätzung erfolgen könnte. Z. B. kann der ROIC in der Wachstumsphase eines Unternehmens relativ gering ausfallen und nach einer Konsolidierungsphase ein hohes Niveau erreichen. Möglich ist aber auch eine umgekehrte Entwicklung. Generell gilt, dass die Nettoinvestitionsrate und der ROIC im Zusammenhang betrachtet werden müssen. Je mehr das Unternehmen investiert, desto geringer ist die Rendite, die erzielt werden kann.

Für die Festlegung des ROIC spielt der Kapitalkostensatz des Unternehmens eine maßgebliche Rolle, und zwar in zweierlei Hinsicht. Erstens ist überhaupt nur dann davon auszugehen, dass das Unternehmen investiert, wenn mit den Investitionen eine Rendite erzielt werden kann, die den Kapitalkostensatz überschreitet. Etwas anderes anzunehmen hieße, der Bewertung Investitionen zugrunde zu legen, die den Unternehmenswert mindern. Folglich muss der ROIC in der Rentenphase mindestens in Höhe des Kapitalkostensatzes des Unternehmens angesetzt werden. Zweitens ist zu berücksichtigen, dass Renditen, die die betreffenden Kapitalkostensätze überschreiten (Überrenditen), auf Wettbewerbsmärkten im Allgemeinen nur vorübergehend erzielt werden können. Einige Autoren ziehen daraus den Schluss, dass für die Rentenphase kein ROIC angesetzt werden sollte, der den Kapitalkostensatz des Unternehmens überschreitet. Unseres Erachtens geht diese Schlussfolgerung zu weit. Zwar kann kein Unternehmen zeitlich unbeschränkt eine Überrendite erzielen, jedoch gibt es Unternehmen, denen dies über sehr lange Zeiträume gelingt, z.B., weil sie über eine attraktive Marke verfügen, die ihnen eine monopolähnliche Stellung verleiht. Bei solchen Unternehmen bereits nach einer vergleichsweise kurzen Detailprognosephase von einem Renditerückgang auszugehen, dürfte aufgrund der abnehmenden Bedeutung des künftigen freien Cashflow zu einer größeren Verzerrung des Bewertungsergebnisses als die Annahme eines auf Dauer höheren ROIC führen. Zudem relativiert sich die Bedeutung eines über den Kapitalkostensatz hinausgehenden ROIC, wenn man annimmt, dass das Unternehmen in der Zukunft weitere, nicht explizit berücksichtigte Investitionen tätigt, deren Rendite dem Kapitalkostensatz entspricht und die deshalb keinen zusätzlichen Wertbeitrag erbringen. Der durchschnittlich erzielte ROIC nähert sich dann im Zeitablauf unter bestimmten Umständen dem Kapitalkostensatz an (Konvergenzmodelle).

THEORIE: **Ein Konvergenzmodell zur Entwicklung des freien Cashflows in der Rentenphase**

Das Kerngeschäft eines Unternehmens sei wie im Text erläutert dadurch charakterisiert, dass der NOPLAT, die Nettoinvestitionen NI und das eingesetzte Kapital IC mit der Wachstumsrate $w = ROIC \cdot n$ anwachsen. Die dem Kerngeschäft zuzurechnenden Größen werden mit dem Index »k« gekennzeichnet. Neben den auf das Kerngeschäft bezogenen Investitionen werden weitere Investitionen berücksichtigt, für die der Index »z« steht. Die zusätzlichen Nettoinvestitionen sind

$$E[\widetilde{NI}_t^z] = n^z \cdot (E[\widetilde{NOPLAT}_t^k] - E[\widetilde{NI}_t^k]) + n^z \cdot E[\widetilde{NOPLAT}_t^z].$$

Weiter gilt $E[\widetilde{NOPLAT}_t^z] = ROIC^z \cdot E[\widetilde{IC}_{t-1}^z]$ mit $ROIC^z \neq ROIC^k$ Ausgehend von den erwarteten Kapitalbeständen $E[\widetilde{IC}_T^k]$ und $E[\widetilde{IC}_T^z]$ am Ende der ersten Prognosephase entwickelt sich das investierte Kapital in $t = T+1, \ldots$ wie folgt:

$$E[\widetilde{IC}_t^k] = E[\widetilde{IC}_{t-1}^k] + E[\widetilde{NI}_t^k]$$

$$= E[\widetilde{IC}_T^k] \cdot (1+w^k)^{t-T}$$

$$E[\widetilde{IC}_t^z] = E[\widetilde{IC}_{t-1}^z] + E[\widetilde{NI}_t^z]$$

$$= \frac{E[\widetilde{IC}_T^z] \cdot (w^k - w^z) \cdot (1+w^z)^{t-T}}{w^k - w^z}$$

$$+ \frac{E[\widetilde{IC}_T^k] \cdot ROIC^k \cdot n^z \cdot (1-n^k) \cdot ((1+w^k)^{t-T} - (1+w^z)^{t-T})}{w^k - w^z}$$

Dabei ist $w^k = n^k \cdot ROIC^k$ und $w^z = n^z \cdot ROIC^z$. Der im Durchschnitt erzielte ROIC der Periode t resultiert aus:

$$ROIC_t^{ges} = \frac{ROIC^k \cdot E[\widetilde{IC}_{t-1}^k] + ROIC^z \cdot E[\widetilde{IC}_{t-1}^z]}{E[\widetilde{IC}_{t-1}^k] + E[\widetilde{IC}_{t-1}^z]}$$

Für $w^z \geq w^k$ wächst das Zusatzgeschäft schneller als das Kerngeschäft, so dass der durchschnittliche ROIC gegen den ROIC des Zusatzgeschäfts konvergiert:

$$\lim_{t \to +\infty} ROIC_t^{ges} = ROIC^z$$

Erwirtschaften die zusätzlichen Investitionen eine Rendite in Höhe des Kapitalkostensatzes, konvergiert der durchschnittliche ROIC gegen den Kapitalkostensatz. Insofern wird trotz werterhöhender Investitionen im Kerngeschäft letztlich lediglich ein durchschnittlicher ROIC in Höhe des Kapitalkostensatzes erzielt.

Andere Konvergenzmodelle unterscheiden sich insbesondere bezüglich der Festlegung der Wachstums- und Nettoinvestitionsraten im Kern- und Zusatzbereich.[1]

Die für die Anwendung von (10) zu bestimmende **inflationsbedingte Wachstumsrate** π gibt wieder, inwieweit es dem Unternehmen gelingt, Preissteigerungen an den Beschaffungsmärkten an seine Abnehmer weiter zu geben. Bei einer vollständigen Überwälzung von Preissteigerungen steigen sowohl die Preise der Inputgüter als auch die der Outputgüter des Unternehmens mit der Wachstumsrate π an, so dass letzten Endes

---

1 Siehe hierzu z.B. Koller/Goedhart/Wessels (2010), S. 217 f., und Daves/Ehrhardt/Shrieves (2004), S. 272 f.

auch der freie Cashflow ein inflationsbedingtes Wachstum in dieser Höhe aufweist. Gibt es keine konkreten Anhaltspunkte dafür, dass die zu erwartenden Preissteigerungen von der allgemeinen Inflationserwartung abweichen, so kann π auf der Grundlage eines allgemeinen Preisindex abgeschätzt werden. Erscheint eine Überwälzung beschaffungsseitiger Preissteigerungen nur teilweise möglich, z.B. weil die Lieferanten aufgrund ihrer starken Marktposition hohe Preissteigerungen durchsetzen können, während die Konkurrenzsituation eine Überwälzung dieser Preissteigerungen nicht zulässt, ist π entsprechend geringer anzusetzen. $\quad w = n \cdot ROIC$

Das durch die **Wachstumsrate v** erfasste reale Wachstum des freien Cashflows resultiert aus einer Erhöhung der Produktions- und Absatzmengen oder aus der Erschließung neuer Geschäftsfelder. Anhaltspunkte für das in der Rentenphase zu erwartende reale Wachstum ergeben sich aus den langfristigen Erwartungen bezüglich des realen Wachstums der Volkswirtschaft, der erwarteten Entwicklung des Anteils der Branche des Unternehmens an der gesamten Wertschöpfung sowie aus langfristigen Annahmen bezüglich des Marktanteils des Unternehmens. Reales Wachstum ist auf Dauer nicht ohne Erweiterungsinvestitionen möglich. Für den Fall, dass in der Wachstumsrate w ein reales Wachstum enthalten ist, muss die Nettoinvestitionsrate n demnach auch Erweiterungsinvestitionen abdecken. Die von der gemäß (9) ermittelten Wachstumsrate w und der inflationsbedingten Wachstumsrate π implizierte reale Wachstumsrate v ist zu errechnen und mit den Annahmen bezüglich n und ROIC abzugleichen. Sollten dabei Inkonsistenzen festgestellt werden, sind diese Größen zu adjustieren.

Nachdem die Wachstumsrate w für die Fortschreibung des erwarteten freien Cashflow bestimmt wurde, ist schließlich noch der **NOPLAT der ersten Periode der Rentenphase** zu ermitteln, an dem diese Fortschreibung gemäß (8) ansetzt. Dabei ist zu bedenken, dass sich das zu bewertende Unternehmen am Ende der Detailprognosephase bestenfalls an einen Steady State angenähert hat. Infolgedessen ist es auch nicht zweckmäßig, den NOPLAT der ersten Periode der Rentenphase schematisch aus den für das Ende der Detailprognosephase erwarteten Größen abzuleiten. Er ist vielmehr als eigenständige Größe zu prognostizieren, wobei es letztlich weniger darum geht, die tatsächlich zu erwartende Ausprägung des NOPLAT in der betreffenden Periode festzustellen, als darum, eine für die Rentenphase repräsentativ erscheinende Größe zu bestimmen. Eine Möglichkeit dazu besteht darin, die in der letzten Periode der Detailprognosephase erzielten Umsatzerlöse für eine Periode fortzuschreiben und die Aufwandsposten sowie die übrigen Ertragsposten in ein repräsentatives Verhältnis zu den Umsatzerlösen bzw. zum Umsatzzuwachs zu setzen.

Im Beispiel wird davon ausgegangen, dass der erwartete freie Cashflow in der Rentenphase mit knapp 1,5% p. a. ansteigt. Diese Wachstumsrate resultiert aus einer Nettoinvestitionsrate von 21,0% und einem langfristig erreichbar erscheinenden ROIC von 7,1%. Eine Wachstumsrate von 1,5% ergibt sich auch ausgehend von einer unternehmensspezifischen Preissteigerungsrate von 0,8%, die aufgrund eines sich verschärfenden Drucks auf die EBIT Marge annahmegemäß hinter der allgemeinen Inflationserwartung zurückbleibt. Das langfristig erwartete reale Wachstum von ca. 0,7% basiert auf der Annahme eines langfristigen gesamtwirtschaftlichen Wachstums in gleicher Höhe bei einem konstanten Marktanteil des Unternehmens und einem im Wesentlichen gleichbleibenden Anteil der Branche an der gesamtwirtschaftlichen Wertschöpfung. Der NOPLAT der ersten Periode der Rentenphase wird mit 28.980 Tsd. € angesetzt, also um ca. 1,64 % höher als der NOPLAT der letzten Periode der Detailprognosephase. Bei der angenommenen Nettoinvestitionsrate von 21 % resultiert ein freier Cashflow von 22.894 Tsd. €. Die Angaben zum prognostizierten freien Cashflow im Beispiel sind zusammenfassend in Tabelle 4.20 dargestellt:

Tab. 4.20: Beispiel: Prognostizierter freier Cashflow

	A	B	C	D	E	F
1		2012	2013	2014	2015	w
2	Freier Cashflow	6.951	12.632	22.473	22.894	1,5 %
3						
4	(in Tsd. €)					

In der Regel wird davon auszugehen sein, dass sich das zu bewertende Unternehmen in der Rentenphase wertorientiert finanziert, d.h. sein Fremdkapital in jeder Periode so anpasst, dass ein bereits am Bewertungsstichtag festgelegter **Verschuldungsgrad** eingenommen wird. Bezüglich der Höhe dieses Verschuldungsgrad sind prinzipiell zwei Möglichkeiten denkbar: Erstens kann der Verschuldungsgrad am Ende der Detailprognosephase fortgeschrieben werden. Geht man davon aus, dass das Unternehmen zu Beginn der Rentenphase einen Steady State in dem oben erläuterten Sinn erreicht hat, und bleiben die maßgeblichen Kapitalkostensätze konstant, so steigen auch die erwarteten Marktwerte des Eigen- und des Fremdkapitals mit der Wachstumsrate w. Zweitens kann der für die Rentenphase vorgegebene Verschuldungsgrad als **Zielkapitalstruktur** ausgelegt sein. Dies macht im Zeitpunkt des Übergangs von der Detailprognose- zur Rentenphase ggf. eine Umfinanzierung erforderlich. Die weiteren Konsequenzen entsprechen denjenigen bei Fortschreibung des Verschuldungsgrads am Ende der Detailprognosephase.

Die Annahme, dass sich das zu bewertende Unternehmen in der Rentenphase autonom finanziert, wird nur in seltenen Fällen plausibel erscheinen. Denn dies würde idealtypisch voraussetzen, dass auch für beliebig weit in der Zukunft liegende Perioden bereits am Bewertungsstichtag angegeben werden kann, ein wie hohes Fremdkapital vorhanden sein wird und bedient werden muss. Sollte diese Annahme trotzdem gewählt werden, so erscheint es zweckmäßig, entweder das am Ende der Detailprognosephase vorhandene zu verzinsende Fremdkapital oder das Fremdkapital, das sich nach einer Umfinanzierung zu Beginn der Rentenphase ergibt, mit der Wachstumsrate w fortzuschreiben. Bei entsprechend ansteigenden Fremdkapitalzinsen und konstantem Fremdkapitalkostensatz steigt dann auch der erwartete Marktwert des Fremdkapitals mit der Wachstumsrate w.

Literatur zu Kapitel 4.4

Adam, Dietrich: Planung und Entscheidung – Modelle, Ziele, Methoden – Mit Fallstudien und Lösungen, 4. Aufl., Wiesbaden 1996.

Aders, Christian; Schröder, Jakob: Konsistente Ermittlung des Fortführungswertes bei nominellem Wachstum, in: Richter, Frank; Timmreck, Christian (Hrsg.): Unternehmensbewertung – Moderne Instrumente und Lösungsansätze, Stuttgart 2004, S. 99–116.

Albrecht, Thomas: Überlegungen zu Endwertermittlung und Wachstumsabschlag, in: Finanz-Betrieb, 6. Jg., 2004, S. 732–740.

Baetge, Jörg; Niemeyer, Kai; Kümmel, Jens; Schulz, Roland: Darstellung der Discounted Cashflow-Verfahren (DCF-Verfahren) mit Beispiel, in: Peemöller, Volker H. (Hrsg.): Praxishandbuch der Unternehmensbewertung – Grundlagen und Methoden, Bewertungsverfahren, Besonderheiten bei der Bewertung, 5. Aufl., Herne 2012, S. 349–498.

Ballwieser, Wolfgang: Unternehmensbewertung und Komplexitätsreduktion, 3. Aufl., Wiesbaden 1990.

Ballwieser, Wolfgang; Hachmeister, Dirk: Unternehmensbewertung – Prozess, Methoden und Probleme, 4. Aufl., Stuttgart 2013.

Bradley, Michael H.; Jarrell, Gregg A.: Expected Inflation and the Constant-growth Valuation Model, in: Journal of Applied Corporate Finance, Vol. 20, 2008, S. 66–78.

Bradley, Michael H.; Jarrell, Gregg A.: Comment on »Terminal Value, Accounting Numbers, and Inflation« by Gunther Friedl and Bernhard Schwetzler, in: Journal of Applied Corporate Finance, Vol. 23, 2011, S. 113–115.

Brealey, Richard A.; Myers, Stewart C.; Allen, Franklin: Principles of Corporate Finance, 11. Aufl., New York 2014.

Bretzke, Wolf-Rüdiger: Das Prognoseproblem bei der Unternehmensbewertung – Ansätze zu einer risikoorientierten Bewertung ganzer Unternehmungen auf der Grundlage modellgestützter Erfolgsprognosen, Düsseldorf 1975.

Casey, Christopher: Unternehmensbewertung und Marktpreisfindung – Zur Mikrostruktur des Kapitalmarktes, Wiesbaden 2000.

Daves, Phillip R.; Ehrhardt, Michael C.; Shrieves, Ronald E.: Corporate Valuation – A Guide for Managers and Investors, Mason 2004.

Diedrich, Ralf: Methoden der Künstlichen Intelligenz zur Lösung des Prognoseproblems bei der Unternehmensbewertung – Ein Prognoseverfahren auf der Grundlage der Prädikatenlogik 1. Ordnung, Berlin 1993.

Dierkes, Stefan; Schäfer, Ulrich: Terminal Value for Firms with Heterogenous Return on Investment, Diskussionspapier, Göttingen 2014.

Drukarczyk, Jochen; Schüler, Andreas: Unternehmensbewertung, 6. Aufl., München 2009.

Friedl, Gunther; Schwetzler, Bernhard: Inflation, Wachstum und Unternehmensbewertung, in: Die Wirtschaftsprüfung, 62. Jg., 2009, S. 152–158.

Friedl, Gunther; Schwetzler, Bernhard: Unternehmensbewertung bei Inflation und Wachstum, in: Zeitschrift für Betriebswirtschaft, 80. Jg., 2010, S. 417–440.

Friedl, Gunther; Schwetzler, Bernhard: Terminal Value, Accounting Numbers, and Inflation, in: Journal of Applied Corporate Finance, Vol. 23, 2011, S. 104–112.

Friedl, Gunther; Schwetzler, Bernhard: Unternehmensbewertung bei Wachstum und Inflation – Erwiderung zum Beitrag »Grundsätze ordnungsmäßiger Unternehmensbewertungs-Lehre« von Pawelzik, CF biz 2012 S. 35 (39), in: Corporate Finance biz, 3. Jg., 2012, S. 40–42.

Gordon, Myron J.; Shapiro, Eli: Capital Equipment Analysis – The Required Rate of Profit, in: Management Science, Vol. 3, 1956, S. 102–110.

Hering, Thomas; Schneider, Johannes; Toll, Christian: Simulative Unternehmensbewertung, in: Betriebswirtschaftliche Forschung und Praxis, 65. Jg., 2013, S. 256–280.

Institut der Wirtschaftsprüfer (Hrsg.): IDW Standard – Grundsätze zur Durchführung von Unternehmensbewertungen (IDW S 1 i.d.F. 2008), in: Die Wirtschaftsprüfung, 58. Jg., 2008, Supplement, S. 68–89.

Institut der Wirtschaftsprüfer (Hrsg.): WP Handbuch 2014 – Wirtschaftsprüfung, Rechnungslegung, Beratung, Band II, 14. Aufl., Düsseldorf 2014.

Kaplan, Steven N.; Ruback, Richard S.: The Valuation of Cash Flow Forecasts – An Empirical Analysis, in: Journal of Finance, Vol. 50, 1995, S. 1059–1093.

Kiechle, Daniel; Lampenius, Niklas: The Terminal Value and Inflation Controversy, in: Journal of Applied Corporate Finance, Vol. 24, 2012, S. 101–107.

Kiechle, Daniel; Lampenius, Niklas: Inflation and the Constant Growth Model: Reconciling the Literature, in: A Journal of Accounting, Finance and Business Studies, Vol. 48., 2012, S. 518–538.

Kleber, Peter: Prognoseprobleme in der Unternehmensbewertung, Wiesbaden 1989.

Knoll, Leonhard: Wachstum und Ausschüttungsverhalten in der ewigen Rente – Probleme des IDW ES 1 n.F.? – Anmerkungen zu Schwetzler, WPg 2005, S. 601ff., und Wiese, WPg 2005, S. 617ff., in: Die Wirtschaftsprüfung, 58. Jg., 2005, S. 1120–1125.

Koller, Tim; Goedhart, Marc; Wessels, David: Valuation – Measuring and Managing the Value of Companies, 5. Aufl., Hoboken 2010.

Kuhner, Christoph: Prognosen in der Betriebswirtschaftslehre, in: Die Aktiengesellschaft, 51. Jg., 2006, S. 713–719.

Kuhner, Christoph; Maltry, Helmut: Unternehmensbewertung, Berlin Heidelberg 2006.

Lobe, Sebastian: Unternehmensbewertung und Terminal Value – Operative Planung, Steuern und Kapitalstruktur, Frankfurt am Main u.a. 2006.

Mandl, Gerwald; Rabel, Klaus: Unternehmensbewertung – Eine praxisorientierte Einführung, Wien 1997.

Matschke, Manfred J.; Brösel, Gerrit: Unternehmensbewertung – Funktionen, Methoden, Grundsätze, 4. Aufl., Wiesbaden 2013.

Meitner, Matthias: Die Berücksichtigung von Inflation in der Unternehmensbewertung – Terminal-Value-Überlegungen (nicht nur) zu IDW ES 1 i.d.F. 2007, in: Die Wirtschaftsprüfung, 61. Jg., 2008, S. 248–255.

Meitner, Matthias: Multi-period Asset Lifetimes and Accounting-based Equity Valuation: Take Care with Constant-growth Terminal Value Models!, in: A Journal of Accounting, Finance and Business Studies, Vol. 49., 2013, S. 340–366.

Meitner, Matthias; Streitferdt, Felix: Unternehmensbewertung unter Berücksichtigung der Zinsschranke, in: Corporate Finance biz, 2. Jg., 2011, S. 258–269.

Meitner, Matthias; Streitferdt, Felix: Unternehmensbewertung – Verändertes Bewertungsumfeld, Krisenunternehmen, unsichere zukünftige Inflationsentwicklung, Wertbeitragsrechnung, innovative Lösungsansätze, Stuttgart 2011.

Pawelzik, Kai U.: Die Entwicklung der Konzepte zur Unternehmensbewertung bei inflations- und thesaurierungsbedingtem Wachstum, in: Die Wirtschaftsprüfung, 63. Jg., 2010, S. 964–977.

Penman, Stephen H.: Financial Statement Analysis and Security Valuation, 5. Aufl., New York 2013.

Rappaport, Alfred: Linking Competitive Strategy and Shareholder Value Analysis, in: Journal of Business Strategy, Vol. 7, 1987, S. 58–73.

Rappaport, Alfred: Creating Shareholder Value – A Guide for Managers and Investors, 2. Aufl., New York u.a. 1998.

Rudolf, Markus; Witt, Peter: Bewertung von Wachstumsunternehmen – Traditionelle und innovative Methoden im Vergleich, Wiesbaden 2002.

Schüler, Andreas; Lampenius, Niklas: Wachstumsannahmen in der Bewertungspraxis – Eine empirische Untersuchung ihrer Implikationen, in: Betriebswirtschaftliche Forschung und Praxis, 59. Jg., 2007, S. 232–248.

Schultze, Wolfgang: Methoden der Unternehmensbewertung, 2. Aufl., Düsseldorf 2003.

Schwetzler, Bernhard: Was impliziert die Wachstumsformel des IDW S1? – Zugleich Anmerkungen zum Beitrag von Günther, FB 2003 S. 348ff., in: Finanz-Betrieb, 6. Jg., 2004, S. 198–203.

Schwetzler, Bernhard: Ausschüttungsäquivalenz, inflationsbedingtes Wachstum und Nominalrechnung in IDW ES 1 n. F. – Replik zum Beitrag von Knoll, WPg 2005, S. 1120ff., in: Die Wirtschaftsprüfung, 58. Jg., 2005, S. 1125–1129.

Streitferdt, Felix: Finanzierungspolitik bei ewigem Wachstum und ihre Auswirkung auf den Unternehmenswert, in: Finanz-Betrieb, 5. Jg., 2003, S. 273–279.

Tschöpel, Andreas; Wiese, Jörg; Willershausen, Timo: Unternehmensbewertung und Wachstum bei Inflation, persönlicher Besteuerung und Verschuldung (Teil 1) und (Teil 2), in: Die Wirtschaftsprüfung, 63. Jg., 2010, S. 349–357 und 405–412.

4.5 Ermittlung der Kapitalkostensätze

4.5.1 Grundlegende Zusammenhänge

Im Anschluss an die Prognose des freien Cashflows sind die Kapitalkostensätze zu ermitteln, mittels derer der erwartete freie Cashflow auf den Bewertungsstichtag abgezinst wird. Bei einer kapitalmarktorientierten Unternehmensbewertung werden diese Kapitalkostensätze aus dem Preissystem am Kapitalmarkt abgeleitet, wobei das Preissystem am Bewertungsstichtag maßgeblich ist. Da dieses Preissystem zum Bewertungszeitpunkt bekannt ist, geht es aus theoretischer Perspektive nicht um die Prognose, sondern um die **Feststellung von Kapitalkostensätzen**. Die häufig geäußerte Vorstellung, Kapitalkostensätze seien zu prognostizieren, weil sie mit den in Kapital 2.2.3 erläuterten Vorbehalten als Renditeerwartungen interpretiert werden können und insofern einen Zukunftsbezug aufweisen, geht in die Irre. Wenn Kapitalkostensätze gedanklich auf Renditeerwartungen zurückgeführt werden, dann sind es eben die Renditeerwartungen am Bewertungsstichtag, die es zu bestimmen gilt, und nicht die künftigen Renditen. Da das Preissystem am Kapitalmarkt in der Realität allerdings nicht so umfassend ist wie in der Theorie angenommen, besitzt die Feststellung der Kapitalkostensätze praktisch den Charakter einer Schätzung, die auch prognostische Elemente enthalten kann.

In der Realität existiert nicht ein einheitlicher Kapitalmarkt, sondern eine Vielzahl von Kapitalmärkten, die in unterschiedlicher Weise voneinander abgegrenzt werden können. Da die Preissysteme an diesen Kapitalmärkten u. a. aufgrund einer nur unvollkommenen Vernetzung der Handelsaktivitäten Unterschiede aufweisen, stellt sich die Frage nach der **Abgrenzung des Kapitalmarktes**, aus dessen Preissystem die Kapitalkostensätze abgeleitet werden müssen. Die für die Unternehmensbewertung wichtigste Unterscheidung ist dabei diejenige in nationale und internationale Kapitalmärkte, unter die letzteren fallen insbesondere der europäische und der globale Kapitalmarkt. Für die Frage, welcher Kapitalmarkt der Bewertung zugrunde gelegt werden sollte, ist entscheidend, welchen Kapitalmarkt die aktuellen und die potenziellen Kapitalgeber des Unternehmens nutzen. Im Fall einer Kapitalgesellschaft, die ausschließlich den deutschen Kapitalmarkt beansprucht und deren Anteilseigner ebenfalls nur den deutschen Kapitalmarkt nutzen, ist der deutsche Kapitalmarkt maßgeblich. Bei einem Unternehmen, dessen Finanzierungstitel an mehreren europäischen Börsenplätzen notiert sind und das Kapitalanleger aus ganz Europa anspricht, ist der europäische Kapitalmarkt entscheidend. Für ein Unternehmen, das weltweit an den nationalen Kapitalmärkten präsent ist und sich an Kapitalanleger auf der ganzen Welt wendet, ist der globale Kapitalmarkt relevant. Im Folgenden wird davon ausgegangen, dass der Kapitalmarkt in Deutschland für die Bewertung maßgeblich ist.

THEORIE: Bewertung auf der Grundlage internationaler Kapitalmärkte[1]

Ist ein internationaler Kapitalmarkt für die Bewertung relevant, so ändert sich an der prinzipiellen Vorgehensweise bei der Bestimmung der Kapitalkostensätze wenig, wenn man davon ausgeht, dass es keine Handelshemmnisse gibt. An die Stelle von Größen, die sich auf einen nationalen Kapitalmarkt beziehen, treten Größen, die auf den internationalen Kapitalmarkt bezogen sind. Z.B. wird der risikolose Zinssatz verwendet, den ein Investor bei einer quasi-sicheren Anlage auf dem internationalen Kapitalmarkt erzielen kann. Das Marktportefeuille wird nicht durch einen nationalen, sondern durch einen internationalen Aktienindex approximiert, etwa den Stoxx Europe 600 oder den MSCI World Index. Allen Überlegungen vorgelagert ist die Festlegung der Währung, die der Bewertung zugrunde gelegt werden soll.

Handelshemmnisse auf internationalen Kapitalmärkten haben zur Folge, dass nicht für alle Investoren die gleichen Diversifikationsmöglichkeiten bestehen. Die Bewertung kann dann im Grunde nicht mehr auf der Logik des CAPM aufbauen, da die Anleger zwangsläufig Risiken tragen, die auf einem vollkommenen Kapitalmarkt diversifizierbar wären. Um dieser Situation gerecht zu werden, werden von Teilen der Bewertungspraxis Modelle diskutiert und angewendet, bei denen neben den aus dem CAPM bekannten Risikozuschlag zusätzliche Risikozuschläge treten. Auf diese Weise sollen vor allem länderspezifische Risiken berücksichtigt werden, von denen angenommen wird, dass sie nicht oder nur eingeschränkt diversifizierbar sind. Teilweise wird empfohlen, auf von *Damodoran* ermittelte länderspezifische Risikoprämien zurückzugreifen, die auf desen Internetseite zu finden sind. Aus theoretischer Sicht ist ein solches Vorgehen zu bemängeln, so lange unklar bleibt, wie derartige Risikozuschläge theoretisch begründet werden können.

Die Bestimmung der Kapitalkostensätze orientiert sich im Wesentlichen an den kapitalmarkttheoretischen Grundlagen, die in Kapitel 2 erarbeitet worden sind. In einer Hinsicht kommt es jedoch zu einer größeren Abweichung: Es wird nicht mehr davon ausgegangen, dass das Unternehmen die den Fremdkapitalgebern vertraglich zugesicherten Zins- und Tilgungszahlungen mit Sicherheit leistet. Die Abschwächung der Annahme risikolosen Fremdkapitals hat zur Konsequenz, dass die Vergabe von Fremdkapital aus

---

1 Vgl. zum Folgenden insbesondere Ernst et al. (2012) und Kruschwitz/Löffler/Mandl (2011).

der Sicht der Fremdkapitalgeber mit einem bisher noch nicht berücksichtigten Risiko einhergeht. Für dieses Risiko fordern die Fremdkapitalgeber einen Ausgleich, so dass der Fremdkapitalkostensatz den risikolosen Zinssatz überschreitet. Die Konsequenzen risikobehafteten Fremdkapitals gehen aber weiter. Sie betreffen z. B. auch den Zusammenhang zwischen dem Eigenkapitalkostensatz und dem Verschuldungsgrad, die Berücksichtigung von Insolvenzkosten und vieles andere mehr. Im Folgenden wird – wie in anderen Darstellungen und üblicherweise auch in der Praxis – davon ausgegangen, dass diesen Konsequenzen nicht in jeder Hinsicht nachgegangen werden muss. Unter praktischen Gesichtspunkten reicht es grundsätzlich aus – so die Annahme –, den risikolosen Zinssatz in den für den Fall risikolosen Fremdkapitals entwickelten Kalkülen durch den Fremdkapitalkostensatz zu ersetzen.

Die zu bestimmenden Kapitalkostensätze hängen davon ab, ob die Bewertung auf einer Vor- oder einer Nachsteuerrechnung beruht. **Vorsteuerrechnungen** werden in der praktischen Anwendung regelmäßig mit der Annahme begründet, dass sämtliche Auswirkungen der Besteuerung auf privater Ebene bereits in den Kapitalkostensätzen erfasst sind. Das WP Handbuch spricht von einer mittelbaren Typisierung der steuerlichen Verhältnisse der Anteilseigner.[1] Die Vorstellung ist, dass die anzuwendenden Kapitalkostensätze bereits als Wertmaßstab für Zahlungsströme aufgefasst werden können, die in gleicher Weise wie die aus dem zu bewertenden Unternehmen besteuert werden. Hieraus ergibt sich insbesondere das Erfordernis, dass die bei der Ableitung der Eigenkapitalkostensätze herangezogenen Referenzunternehmen eine Ausschüttungspolitik betreiben, die derjenigen des zu bewertenden Unternehmens entspricht. Ob solche Referenzunternehmen überhaupt existieren, wird meist nicht problematisiert. Bei **Nachsteuerrechnungen** wird die unterschiedliche persönliche Besteuerung von Zinsen und Dividenden einerseits und Kursgewinnen andererseits explizit berücksichtigt. In der Terminologie des Berufsstands der Wirtschaftsprüfer ist von einer unmittelbaren Typisierung der steuerlichen Verhältnisse der Anteilseigner die Rede.[2] Nachsteuerrechnungen haben den Vorteil, dass die benötigten Kapitalkostensätze auch aus Anlagealternativen abgeleitet werden können, deren Zahlungen in anderer Weise besteuert werden als die Zahlungen aus dem zu bewertenden Unternehmen.

Beim **FCF-Verfahren** wird im ersten Schritt der Bewertung der Marktwert des verschuldeten Unternehmens bestimmt. Der dafür benötigte durchschnittliche Kapitalkostensatz k_t^τ ergibt sich im Rahmen einer Vorsteuerrechnung aus:

$$k_t^\tau = ke_t^\ell \cdot (1 - \Theta_{t-1}) + kd_t^\tau \cdot \Theta_{t-1} \qquad \text{für } t = 1, 2, \dots \qquad (1)$$

Seine Berechnung erfordert die Kenntnis des Eigenkapitalkostensatzes des verschuldeten Unternehmens ke_t^ℓ und des Fremdkapitalkostensatzes kd_t^τ nach Unternehmen-

---

1 Siehe Institut der Wirtschaftsprüfer (Hrsg.) (2008), Tz. 30; Institut der Wirtschaftsprüfer (2014), S. 113 f.
2 Siehe Institut der Wirtschaftsprüfer (Hrsg.) (2008), Tz. 31; Institut der Wirtschaftsprüfer (Hrsg.) (2014), S. 114 ff.

steuern. Soweit mehrere Fremdkapitalkategorien unterschieden werden, ist eine größere Anzahl an Fremdkapitalkostensätzen zu berücksichtigen. Außer dem Eigen- und dem Fremdkapitalkostensatz muss die in Marktwerten gemessene Fremdkapitalquote Θ_t bestimmt werden.

Im Rahmen einer Nachsteuerrechnung ergibt sich der anzuwendende modifizierte durchschnittliche Kapitalkostensatz nach persönlichen Steuern k_t^{τ,s^*} aus:

$$k_t^{\tau,s^*} = \frac{k_t^{\tau,s}}{1-s_g} = ke_t^{\ell,s^*} \cdot \frac{1-\Theta_{t-1}}{1-s_{d^*}\cdot\Theta_t} + kd_t^{\tau,s^*} \cdot \frac{\Theta_{t-1}}{1-s_{d^*}\cdot\Theta_t} + s_{d^*} \cdot \frac{\Theta_t - \Theta_{t-1}}{1-s_{d^*}\cdot\Theta_t}$$

$$\text{für } t = 1, 2, \ldots \tag{2}$$

Für die Ableitung dieses Kapitalkostensatzes ist die Kenntnis des modifizierten Eigenkapitalkostensatzes nach persönlichen Steuern ke_t^{ℓ,s^*}, des modifizierten Fremdkapitalkostensatzes nach Unternehmensteuern und persönlichen Steuern kd_t^{τ,s^*} sowie der in Marktwerten gemessenen Fremdkapitalquote Θ_{t-1} erforderlich. Darüber hinaus müssen der auf Zinsen und Dividenden bezogene Steuersatz s_d sowie der auf Kursgewinne bezogene Steuersatz s_g bekannt sein; aus diesen errechnet sich der modifizierte Steuersatz $s_{d^*} = (s_d - s_g)/(1-s_g)$. Unabhängig davon, ob eine Vor- oder eine Nachsteuerrechnung genutzt wird, ist im zweiten Schritt der Bewertung ggf. auf den Fremdkapitalkostensatz des Unternehmens zurückzugreifen, um den Marktwert des Fremdkapitals zu bestimmen.

Beim **APV Verfahren** wird im ersten Schritt der Bewertung der Marktwert des unverschuldeten Unternehmens bestimmt. Je nachdem, ob eine Vor- oder eine Nachsteuerrechnung durchgeführt wird, wird hierfür der Eigenkapitalkostensatz des unverschuldeten Unternehmens ke_t^u bzw. der modifizierte Eigenkapitalkostensatz nach persönlichen Steuern ke_t^{u,s^*} benötigt. Im zweiten Schritt der Bewertung wird der Marktwert der fremdfinanzierungsbedingten Tax Shields des Unternehmens ermittelt. Hierfür ist grundsätzlich der Fremdkapitalkostensatz kd_t bzw. der modifizierte Fremdkapitalkostensatz nach persönlichen Steuern $kd_t^{s^*}$ erforderlich. Der Fremdkapitalkostensatz spielt ggf. auch im dritten Schritt der Bewertung eine Rolle, in dem der Marktwert des Fremdkapitals ermittelt wird.

Die Vorgehensweise bei der Ermittlung der aufgeführten Kapitalkostensätze wird im Folgenden ausführlich behandelt. Zunächst wird die Bestimmung des Eigenkapitalkostensatzes, danach wird die Bestimmung der Fremdkapitalkostensätze erörtert.

4.5.2 Ermittlung des Eigenkapitalkostensatzes

4.5.2.1 Das Capital Asset Pricing Model als Grundlage

Die Eigenkapitalgeber eines Unternehmens haben Mitwirkungs- und Kontrollrechte im Hinblick auf die Unternehmensführung und einen Anspruch auf den vom Unternehmen erwirtschafteten Überschuss. Gleichzeitig haften sie mit ihrer Einlage (bzw. mit ihrem privaten Vermögen bei Personengesellschaften) für die Schulden des Unternehmens. Zu den Eigenkapitalgebern zählen bei den Kapitalgesellschaften deutschen Rechts die Stammaktionäre einer AG bzw. die Gesellschafter einer GmbH. Bei anderen Kapitalgebern ist die Frage, ob es sich um Eigen- oder Fremdkapitalgeber handelt, nicht so einfach zu beantworten, da die betreffenden Finanzierungstitel sowohl eigen- als auch fremdkapitaltypische Ausstattungsmerkmale tragen (**Hybridkapital**). Dies gilt z. B. für Vorzugsaktien, Genussrechte, stille Beteiligungen oder Hybridanleihen. Die Zuordnung zum Eigen- oder Fremdkapital hängt in solchen Fällen davon ab, auf wessen Zahlungsansprüche sich der gesuchte Unternehmenswert bezieht. Genussrechtskapital etwa, das abgesehen vom Stimmrecht wie Eigenkapital ausgestattet ist, könnte bei der Bemessung des Abfindungsanspruchs ausscheidender Minderheitsaktionäre zunächst wie Eigenkapital behandelt werden, da die Minderheitsaktionäre wie die Inhaber der Genussrechte nur geringe bzw. keine Mitwirkungs- und Kontrollrechte geltend machen können. Erst im Anschluss an die Bewertung wäre zu bestimmen, welcher Teil des Unternehmenswertes auf die Minderheitsaktionäre entfällt. Anders stellt sich die Situation jedoch dar, wenn die Bewertung dazu dient, eine unternehmerische Alternative zu beurteilen. In diesem Fall geht es darum, die Entscheidungskonsequenzen für diejenigen Gesellschafter aufzuzeigen, denen die betreffende Entscheidung obliegt. Zu diesen Gesellschaftern gehören die Inhaber von Genussrechten nicht, dementsprechend sollte das Genussrechtskapital dem Fremdkapital zugerechnet werden.

Die Bestimmung des Eigenkapitalkostensatzes basiert im Rahmen einer kapitalmarktorientierten Unternehmensbewertung heute ganz überwiegend auf dem CAPM in einer an die jeweilige Problemstellung angepassten Variante. Der für **Vorsteuerrechnungen** benötigte Eigenkapitalkostensatz vor persönlichen Steuern wird regelmäßig auf der Basis des Standard-CAPM bestimmt, wobei die Voraussetzungen für eine mehrperiodige Anwendung der Wertpapiermarktlinie als erfüllt gelten. Mit der Zugrundelegung des Standard-CAPM wird gleichsam davon ausgegangen, dass Zinsen, Dividenden und Kursgewinne in gleicher Weise besteuert werden oder dass etwaige Unterschiede der Besteuerung auf privater Ebene für die Preisbildung am Kapitalmarkt keine Rolle spielen. Unter dieser Voraussetzung ist die in Kapitel 2.3.2 abgeleitete Beziehung (19) maßgeblich:

$$ke_t = r_t + MRP \cdot \beta_t \qquad \text{für } t = 1, 2, \dots \qquad (1)$$

Für die Bemessung des Eigenkapitalkostensatzes ke_t ist demnach die Kenntnis des risikolosen Zinssatzes r_t, der Marktrisikoprämie MRP und des Betafaktors β_t – alle Größen vor persönlichen Steuern – erforderlich.

Gegen die Zugrundelegung des Standard-CAPM bei der Ableitung des Eigenkapitalkostensatzes kann eingewendet werden, dass das System der persönlichen Besteuerung in Deutschland keine Gleichbehandlung von Zinsen und Dividenden einerseits und Kursgewinnen andererseits vorsieht. Zwar findet im System der Abgeltungsbesteuerung der gleiche Steuersatz Anwendung. Kursgewinne werden jedoch erst im Zeitpunkt der Gewinnrealisation besteuert. Daraus resultiert ein Steuerstundungseffekt, der zu einer Verminderung der Steuerlast im Vergleich zu Zinsen und Dividenden führt. Einfach anzunehmen, die Besteuerungsunterschiede hätten keine Auswirkungen auf das Preissystem am Kapitalmarkt, ist wenig überzeugend, wenn man an die Bedeutung denkt, die steuerlichen Aspekten bei Anlageentscheidungen in der Realität zukommt. Die im letzten Kapitel angeführte Argumentation, die wertrelevanten Effekte der Besteuerung würden implizit in den verwendeten Kapitalkostensätzen berücksichtigt, hilft an dieser Stelle auch nicht weiter. Denn die Anwendung der Wertpapiermarktlinie des Standard-CAPM impliziert ja gerade, dass es keine wertrelevanten Effekte gibt, die durch Auswahl entsprechender Referenzunternehmen berücksichtigt werden könnten. Aus theoretischer Perspektive ist daher zu konstatieren, dass die Anwendung des Standard-CAPM allenfalls zu einer Näherungslösung in Bezug auf den Eigenkapitalkostensatz vor persönlichen Steuern führt.

THEORIE: Die Bestimmung des Eigenkapitalkostensatzes vor persönlichen Steuern auf der Basis des Tax-CAPM

Der Eigenkapitalkostensatz vor persönlichen Steuern lässt sich auch auf der Grundlage der Wertpapiermarktlinie des Tax-CAPM bestimmen. Dafür sind folgende Zusammenhänge zu nutzen:

$$ke_t^s = d_t \cdot (1 - s_d) + g_t \cdot (1 - s_g)$$

$$ke_t = d_t + g_t$$

Es folgt:

$$ke_t = ke_t^{s^*} + s_{d^*} \cdot d_t$$

Die verwendeten Symbole sind im Text erklärt. Da die erwartete Dividendenrendite d_t auf der Grundlage des erwarteten Marktwertes des Eigenkapitals zu Beginn der betreffenden Periode bestimmt wird, führt die Bestimmung des Eigenkapitalkostensatzes auf ein Zirkularitätsproblem. Eine Lösung dieses Problems ist mittels Iteration möglich, die Vorsteuerrechnung bietet aber dann keine Vorteile mehr gegenüber einer Nachsteuerrechnung. Alternativ bietet es sich an, vereinfachende Annahmen zu treffen. Hierfür gibt es zwei Möglichkeiten:

1) Die Annahme einer renditeorientierten Ausschüttungspolitik, bei der die Dividendenrendite deterministisch festgelegt wird. d_t ist dann im Bewertungszeitpunkt bekannt, so dass der Eigenkapitalkostensatz vor Steuern mittels obiger Beziehung ermittelt werden kann. Um die Konsistenz der Bewertung sicherzustellen, ist bei der Prognose des freien Cashflows von einer entsprechenden Ausschüttungspolitik auszugehen.

2) Die Annahme einer wertorientierten Ausschüttungspolitik, bei der in jeder Periode ein fester Teil des Kursgewinns ausgeschüttet wird, so dass die Dividendenrenditen und die Kursgewinnrenditen aller Perioden in einem deterministischen Verhältnis zueinander stehen, also $d_t = a_t \cdot g_t$ gilt. Es folgt:

$$ke_t = ke_t^{s^*} + s_{d^*} \cdot d_t = ke_t^{s^*} + s_{d^*} \cdot \frac{a_t}{1+a_t} \cdot ke_t = \frac{(1+a_t)}{1+a_t \cdot (1-s_{d^*})} \cdot ke_t^{s^*}$$

Auch hier ist bei der Prognose des freien Cashflows von einer entsprechenden Ausschüttungspolitik auszugehen.

Bei Nachsteuerrechnungen wird die persönliche Besteuerung der Kapitalmarktteilnehmer berücksichtigt, um der Bewertung eine möglichst realitätsnahe Modellierung
der Preisbildung am Kapitalmarkt zugrunde zu legen. Grundlage der Bestimmung des
Eigenkapitalkostensatzes nach Steuern ist das Tax-CAPM, wobei auch hier davon ausgegangen wird, dass die Bedingungen für eine mehrperiodige Anwendung der Wertpapiermarktlinie erfüllt sind. Aus der Relevanz des deutschen Kapitalmarktes und den
in Kapitel 4.3.2.3 getroffenen Annahmen folgt, dass die Anleger dem Abgeltungssteuer-
system nach deutschem Steuerrecht unterliegen. Zinsen und Dividenden werden demnach mit dem Steuersatz s_d besteuert, Kursgewinne mit dem Steuersatz s_g In dem
Kursgewinnsteuersatz s_g wird der Steuerstundungseffekt berücksichtigt, der aus der
Besteuerung von Kursgewinnen zum Zeitpunkt der Gewinnrealisation resultiert. Aus
(22) in Kapitel 2.3.2 folgt:

$$ke_t^{s^*} = \frac{ke_t^s}{1-s_g} = \frac{r_t^s + MRP^s \cdot \beta_t^s}{1-s_g} \qquad \text{für } t = 1, 2, \ldots \qquad (2)$$

Für die Bemessung des modifizierten Eigenkapitalkostensatz nach persönlichen Steuern $ke_t^{s^*}$ sind der risikolose Zinssatz nach Steuern r_t^s, die Marktrisikoprämie nach Steuern MRP^s und der Betafaktor nach Steuern β_t^s zu bestimmen. Darüber hinaus ist die
Kenntnis der Steuersätze s_d und s_g erforderlich.

4.5.2.2 Bestimmung des risikolosen Zinssatzes

Der risikolose Zinssatz gibt an, welche Verzinsung ein Anleger erzielt, wenn die aus seiner Anlage resultierenden Zahlungen mit Sicherheit termingerecht und in voller Höhe
geleistet werden. Er wird meist zunächst als Spot Rate spezifiziert, d. h. als effektive Verzinsung einer Anleihe, bei der alle Zahlungen in einer Summe am Ende des Anlagezeitraums anfallen (Zerobond). Der Zusammenhang zwischen der Spot Rate und der
(Rest-)Laufzeit der zugrundeliegenden Anlage spiegelt die Fristigkeitsstruktur des betreffenden Zinssatzes wider und wird als Zinsstrukturkurve bezeichnet. Bei einer nor-
malen Zinsstrukturkurve steigt die Spot Rate mit der Anlagedauer an, von einer flachen
Zinsstrukturkurve ist bei einer laufzeitunabhängigen Spot Rate die Rede, eine inverse
Zinsstrukturkurve ist durch fallende Spot Rates bei längeren Laufzeiten gekennzeichnet.
Die Begriffe Spot Rate und Zinsstrukturkurve werden meist mit Bezug auf den risikolosen Zinssatz verwendet, können sich aber auch auf risikobehaftete Zinssätze beziehen.

Für die Schätzung des risikolosen Zinssatzes sind zunächst möglichst sichere Anlagemöglichkeiten zu identifizieren. Bei Bewertungen, die auf dem deutschen Kapitalmarkt

basieren, wird davon ausgegangen, dass festverzinsliche Wertpapiere der öffentlichen Hand, insbesondere Bundesanleihen, diesem Ideal am nächsten kommen. In der Regel handelt es sich bei diesen Wertpapieren um Kuponanleihen, d. h., der Anleger erhält einmal oder zweimal jährlich eine Zinszahlung und am Ende der Laufzeit den vereinbarten Rückzahlungsbetrag. Aufgrund der über die Laufzeit verteilten Zinszahlungen ist die effektive Verzinsung dieser Wertpapiere keine Spot Rate. Die gesuchten Spot Rates lassen sich jedoch aus den Kursnotierungen für Kuponanleihen ableiten, sofern genügend Kuponanleihen mit unterschiedlichen Restlaufzeiten zur Verfügung stehen. Eine Möglichkeit hierfür besteht darin, die Spot Rate zunächst für die kürzeste Restlaufzeit und dann sukzessive für längere Restlaufzeiten zu bestimmen (**Bootstrapping-Verfahren**). Dieses Vorgehen scheitert jedoch praktisch daran, dass die vorhandenen Kuponanleihen nicht das ganze Spektrum möglicher Restlaufzeiten abdecken. Eine andere Möglichkeit ist, einen parametrisierten funktionalen Zusammenhang zwischen Spot Rates und Laufzeiten vorzugeben und die Parameter so zu schätzen, dass die resultierende Zinsstrukturkurve die am Kapitalmarkt beobachteten Kursnotierungen bestmöglich erklärt (**parametrisches Verfahren**). Auch nichtparametrische Verfahren, bei denen man ohne die Vorgabe eines funktionalen Zusammenhangs zwischen Spot Rates und Laufzeiten auskommt, werden für die Schätzung der Zinsstrukturkurve eingesetzt.

Bei Bewertungen, für die der deutsche Kapitalmarkt relevant ist, ist zweckmäßigerweise auf die von der Deutschen Bundesbank geschätzte Zinsstrukturkurve zurückzugreifen. Die Deutsche Bundesbank nutzt für ihre Schätzung ein parametrisches Verfahren, das als **Svensson Methode**[1] bekannt ist. Es geht von folgendem Zusammenhang zwischen Spot Rates und Laufzeiten aus:

$$r_{0,T}(\beta_0, \beta_1, \beta_2, \tau_1, \tau_2)$$

$$= \beta_0 + \beta_1 \cdot \left(\frac{1 - e^{-T/\tau_1}}{T/\tau_1} \right) + \beta_2 \cdot \left(\frac{1 - e^{-T/\tau_1}}{T/\tau_1} - e^{-T/\tau_1} \right) + \beta_3 \cdot \left(\frac{1 - e^{-T/\tau_2}}{T/\tau_2} - e^{-T/\tau_2} \right) \tag{1}$$

$r_{0,T}(\beta_0, \beta_1, \beta_2, \tau_1, \tau_2)$ bezeichnet die Spot Rate zur Laufzeit T, $\beta_0, \beta_1, \beta_2$ und τ_1, τ_2 sind die Parameter, anhand derer die laufzeitspezifische Spot Rate bestimmt werden kann. Das Verfahren von *Svensson* wurde ursprünglich für die Schätzung stetiger Zinssätze konzipiert, die Parameter werden jedoch von der Deutschen Bundesbank so spezifiziert, dass die geschätzte Zinsstrukturkurve unmittelbar auf diskrete, auf ein Jahr bezogene Spot Rates führt. $\beta_0, \beta_1, \beta_2$ und τ_1, τ_2 werden börsentäglich von der Deutschen Bundesbank bestimmt und im Internet zugänglich gemacht.[2]

---

1 Das Verfahren geht auf Nelson/Siegel (1987) zurück und wurde von Svensson (1994) erweitert.
2 In analoger Weise stellen die Europäische Zentralbank und die US-Notenbank Schätzgrößen in Bezug auf die Parameter der Zinsstrukturkurve am europäischen bzw. am US-amerikanischen Kapitalmarkt im Internet bereit.

Um den risikolosen Zinssatz zu bestimmen, werden die Parameter der Zinsstrukturkurve aus der Zeitreihendatenbank der Deutschen Bundesbank übernommen und in (1) eingesetzt. Auf diese Weise lassen sich relativ unproblematisch die Spot Rates für Laufzeiten bis zu 30 Jahren schätzen, weil Bundesanleihen eine maximale Laufzeit in eben dieser Länge aufweisen. Von Seiten des IDW wird empfohlen, nicht die auf den Bewertungsstichtag bezogenen Spot Rates zugrunde zu legen, sondern das arithmetische Mittel der Spot Rates der letzten drei Monate vor dem Bewertungsstichtag, um zufällige Schwankungen der Spot Rates am Bewertungsstichtag auszuschalten. Darüber hinaus sollen die Spot Rates auf 0,25 %-Punkte gerundet werden.[1] Es erscheint zweifelhaft, ob eine derart grobe Rundung zweckmäßig ist, zumal es dafür eigentlich keine Veranlassung gibt.

Da Bundesanleihen eine maximale Laufzeit von 30 Jahren haben, gibt es für längere Laufzeiten keine Kursnotierungen, die bei der Parameterschätzung berücksichtigt werden könnten. Zieht man dennoch die Zinsstrukturkurve (1) für die Bestimmung der Spot Rates längerer Laufzeiten heran, so ergibt sich eine Konvergenz der Spot Rate gegen den Parameter β_0 der dann gewissermaßen die Rolle der Spot Rate mit unendlicher Laufzeit einnimmt. Der Zusammenhang (1) ist jedoch auf eine solche Interpretation nicht ausgelegt. Zweckmäßiger scheint es, die Spot Rate für eine Laufzeit von ca. 30 Jahren als **Schätzgröße für die Spot Rate längerer Laufzeiten** fortzuschreiben.[2]

Da die Ableitung des Eigenkapitalkostensatzes auf der Wertpapiermarktlinie des CAPM basiert und letztere auf einen Anlagezeitraum von einer Periode ausgelegt ist, muss grundsätzlich auch der risikolose Zinssatz auf eine Laufzeit von einer Periode bezogen werden.[3] Ausgehend von der Zinsstrukturkurve am Bewertungsstichtag ist demnach zu prognostizieren, wie sich die Spot Rate für eine Laufzeit von einem Jahr im Zeitablauf entwickeln wird. Dabei ist zu berücksichtigen, dass die mehrperiodige Anwendung der Wertpapiermarktlinie des CAPM mit der Annahme einhergeht, dass der risikolose Zinssatz aller Perioden zu Beginn des Betrachtungszeitraums mit Sicherheit bekannt ist. Unter dieser Bedingung müssen alle künftigen Spot Rates für eine Laufzeit von einem Jahr den aus der Zinsstrukturkurve am Bewertungsstichtag abgeleiteten **impliziten Forward Rates** der betreffenden Jahre entsprechen; wäre dies nicht der Fall, gäbe es Arbitragemöglichkeiten. Die impliziten Forward Rates geben diejenige Verzinsung wieder, die unabhängig von der Gesamtlaufzeit der getätigten Anlage in dem jeweiligen Jahr erzielt wird. Laufzeitspezifische Spot Rates und implizite Forward Rates haben den gleichen Informationsgehalt; sind die einen bekannt, können die anderen abgeleitet werden. Ausgehend von den laufzeitspezifischen Spot Rates $r_{0,t}$ und $r_{0,t-1}$ resultieren die impliziten Forward Rates r_t aus:

$$r_t = \frac{(1+r_{0,t})^t}{(1+r_{0,t-1})^{t-1}} - 1 \qquad \text{für} \quad t = 1, 2, \dots \qquad (2)$$

---

1 Vgl. Institut der Wirtschaftsprüfer (Hrsg.) (2014), S. 122.
2 Vgl. Dörschell/Franken/Schulte (2009), S. 61–69, Reese (2007), S. 29.
3 Vgl. Rausch (2008), S. 101 – 102.

Wird die Spot Rate ab einer Laufzeit T fortgeschrieben, bleibt die implizite Forward Rate ab T+1 konstant und entspricht der Spot Rate für die Laufzeit T.

Mit den impliziten Forward Rates ist der für Vorsteuerrechnungen maßgebliche **risikolose Zinssatz** gefunden. Für Nachsteuerrechnungen muss aus diesem Zinssatz noch der **risikolose Zinssatz nach persönlichen Steuern** abgeleitet werden. Aufgrund der hier angenommenen Relevanz des deutschen Kapitalmarktes ist dabei grundsätzlich das in Kapitel 4.3.2 erläuterte deutsche Steuersystem maßgeblich. Zinsen werden demnach mit dem Abgeltungsteuersatz von 25 % versteuert. Zusätzlich fällt der Solidaritätszuschlag von 5,5 % auf die Abgeltungsteuer an. Der Steuersatz auf Zinsen für risikolose Anlagen beläuft sich damit auf:

$$s_d = \underbrace{25\%}_{\substack{\text{Abgeltung-}\\\text{steuersatz}}} \cdot \underbrace{(1+5,5\%)}_{\substack{\text{Solidaritäts-}\\\text{zuschlag}}} = 26,375\%$$

Der risikolose Zinssatz nach persönlichen Steuern ergibt sich aus:

$$r_t^s = r_t \cdot (1 - s_d) \qquad\qquad \text{für } t = 1, 2, \ldots \qquad\qquad (3)$$

In Fortführung des Bewertungsbeispiels aus Kapitel 4.4 wird im Folgenden die Bestimmung des risikolosen Zinssatzes für den Bewertungsstichtag 31.12.2011 erläutert. Aus der Zeitreihendatenbank der Deutschen Bundesbank wurden für die letzten drei Monate vor dem Bewertungsstichtag folgende Parameter für die Schätzung der Spot Rates entnommen:

Tab. 4.21: Beispiel: Parameter der Zeitreihendatenbank der Deutschen Bundesbank

	A	B	C	D	E	F	G
1		\multicolumn{6}{c}{**Parameter der Zeitreihendatenbank**}					
2	**Datum**	β_0	β_1	β_2	β_3	τ_1	τ_2
3	03/10/11	0,5885	−0,4040	30,0000	−23,4065	8,0252	6,6145
4	04/10/11	0,5026	−0,2863	30,0000	−23,6870	7,8169	6,3776
5	05/10/11	0,5192	−0,2878	30,0000	−23,7040	7,7292	6,2827
6	06/10/11	0,6655	−0,4772	30,0000	−23,3255	7,8478	6,4384
7	07/10/11	0,7148	−0,4065	30,0000	−23,4212	7,9292	6,5081
8	10/10/11	0,7955	−0,4998	−23,3690	30,0000	6,3691	7,7685
9	...	...	...	...	...	...	...
10	...	...	...	...	...	...	...
11	16/12/11	0,4374	−0,4400	−23,8906	30,0000	4,8702	6,2528
12	19/12/11	0,4038	−0,4090	−23,8990	30,0000	4,9239	6,3033
13	20/12/11	0,4352	−0,4402	−23,9291	30,0000	4,8615	6,2405

Tab. 4.21: Beispiel: Parameter der Zeitreihendatenbank der Deutschen Bundesbank
– Fortsetzung

	A	B	C	D	E	F	G
14	21/12/11	0,5441	-0,5834	-23,7638	30,0000	4,9129	6,2982
15	22/12/11	0,4773	−0,5330	−23,6758	30,0000	4,9782	6,3309
16	23/12/11	0,4476	−0,5201	−23,6933	30,0000	5,0086	6,3577
17	27/12/11	0,4497	−0,5498	−23,7017	30,0000	4,8997	6,2355
18	28/12/11	0,4348	−0,5137	−23,8558	30,0000	4,8154	6,1729
19	29/12/11	0,4032	−0,4881	−23,8707	30,0000	4,8425	6,2039
20	30/12/11	0,3711	−0,4497	−23,9282	30,0000	4,9170	6,2889

Aus den Parametern werden mittels (1) folgende Spot Rates abgeleitet:

Tab. 4.22: Beispiel: Spot Rates zum Bewertungsstichtag 31.12.2011

	A	B	C	D	E	F	G	H	I
1		Spot Rates für Laufzeiten in Jahren in %							
2	Datum	1	2	3	4	5	6	7	8
3	03/10/11	0,3288	0,5023	0,6932	0,8923	1,0926	1,2889	1,4772	1,6550
4	04/10/11	0,3228	0,4701	0,6435	0,8313	1,0248	1,2173	1,4041	1,5816
5	05/10/11	0,3327	0,4780	0,6515	0,8408	1,0367	1,2320	1,4216	1,6018
6	06/10/11	0,3396	0,5224	0,7236	0,9333	1,1438	1,3496	1,5465	1,7318
7	07/10/11	0,4476	0,6192	0,8104	1,0110	1,2137	1,4128	1,6040	1,7846
8	...	...	...	...	...	...	...	...	...
9	...	...	...	...	...	...	...	...	...
10	23/12/11	0,0292	0,2141	0,4480	0,7060	0,9704	1,2287	1,4727	1,6973
11	27/12/11	0,0021	0,1921	0,4334	0,6995	0,9715	1,2365	1,4860	1,7145
12	28/12/11	−0,0056	0,1676	0,4004	0,6632	0,9354	1,2025	1,4550	1,6869
13	29/12/11	−0,0150	0,1542	0,3828	0,6417	0,9104	1,1745	1,4246	1,6548
14	30/12/11	−0,0162	0,1436	0,3624	0,6121	0,8727	1,1302	1,3751	1,6014
15	**Mittelwert**	**0,2360**	**0,4196**	**0,6403**	**0,8796**	**1,1237**	**1,3630**	**1,5908**	**1,8027**

Aus den arithmetischen Mittelwerten der Spot Rates über die letzten drei Monate vor
dem Bewertungsstichtag ergibt sich mittels (2) folgender, als implizite Forward Rate bestimmter risikoloser Zinssatz vor Steuern:

Tab. 4.23: Beispiel: Risikoloser Zinssatz vor persönlichen Steuern zum Bewertungsstichtag 31.12.2011

t	r_t	t	r_t	t	r_t
1	0,2360%	11	3,8700%	21	3,0997%
2	0,6035%	12	3,9367%	22	2,9472%
3	1,0833%	13	3,9532%	23	2,7958%
4	1,6008%	14	3,9273%	24	2,6473%
5	2,1061%	15	3,8662%	25	2,5031%
6	2,5680%	16	3,7768%	26	2,3643%
7	2,9683%	17	3,6654%	27	2,2318%
8	3,2987%	18	3,5375%	28	2,1060%
9	3,5570%	19	3,3980%	29	1,9873%
10	3,7547%	20	3,2509%	30	1,8757%

Die Fortschreibung der Spot Rate für eine Laufzeit von 30 Jahren führt auf einen risikolosen Zinssatz von 2,7787% für t > 30. Aus (3) resultiert der risikolose Zinssatz nach Steuern:

Tab. 4.24: Beispiel: Risikoloser Zinssatz nach persönlichen Steuern zum Bewertungsstichtag 31.12.2011

t	r_t^s	t	r_t^s	t	r_t^s
1	0,1738%	11	2,8493%	21	2,2822%
2	0,4443%	12	2,8984%	22	2,1699%
3	0,7976%	13	2,9106%	23	2,0584%
4	1,1786%	14	2,8615%	24	1,9491%
5	1,5506%	15	2,8465%	25	1,8429%
6	1,8907%	16	2,7807%	26	1,7407%
7	2,1854%	17	2,6987%	27	1,6432%
8	2,4287%	18	2,6045%	28	1,5505%
9	2,6188%	19	2,5018%	29	1,4631%
10	2,7578%	20	2,3935%	30	1,3810%

Für t > 30 beläuft sich der risikolose Zinssatz nach persönlichen Steuern auf 2,0458%.

4.5.2.3 Bestimmung der Marktrisikoprämie

Als Marktrisikoprämie wird derjenige Teil der erwarteten Rendite des Marktportefeuilles bezeichnet, der über den risikolosen Zinssatz hinausgeht. Im Prinzip müsste die Bestimmung der Marktrisikoprämie also an den Erwartungen der Marktteilnehmer bezüglich der am Kapitalmarkt künftig erzielbaren Renditen ansetzen. Da die direkte Messung von Erwartungen jedoch auf methodisch kaum lösbare Probleme stößt, wird in der Regel eine andere Vorgehensweise gewählt, bei der die Marktrisikoprämie auf der Grundlage **historischer Renditezeitreihen** geschätzt wird. Mit dieser Vorgehensweise ist die Annahme verbunden, dass die Marktteilnehmer für die Zukunft die gleiche Rendite erwarten, wie sie in der Vergangenheit im Mittel erzielt worden ist. Aus theoretischer Perspektive ist diese Annahme kritisch zu sehen, da sie eine Stabilität der Marktbedingungen voraussetzt, die man in Frage stellen kann.

THEORIE: **Implizite Schätzung der Marktrisikoprämie**[1]

Eine alternative Möglichkeit zur Schätzung der Marktrisikoprämie besteht darin, die diesbezüglich in Kursnotierungen enthaltenen Informationen nutzbar zu machen. Dazu wird die Annahme getroffen, dass ein bestimmtes Bewertungsverfahren, z.B. ein Dividendendiskontierungsmodell, die Preisbildung der im zugrunde gelegten Aktienindex enthaltenen Aktien zutreffend beschreibt. Ausgehend von Analystenschätzungen bezüglich der zu erwartenden Dividenden werden dann diejenigen Kapitalkostensätze gesucht, bei denen das Bewertungsverfahren auf die tatsächlich zu beobachtenden Aktienkurse führt. Die erwartete Rendite des Aktienindex resultiert aus der Aggregation der Kapitalkostensätze unter Berücksichtigung des Gewichts, mit dem die jeweiligen Aktien in den Index eingehen; die Marktrisikoprämie ergibt sich dann aus der Differenz zwischen der erwarteten Rendite des Aktienindex und dem risikolosen Zinssatz. Es gibt zahlreiche Varianten dieser Vorgehensweise.

Die bislang vorliegenden Studien zur impliziten Schätzung der Marktrisikoprämie am deutschen Kapitalmarkt kommen zu unterschiedlichen Ergebnissen. Stellvertretend seien die Ergebnisse einiger jüngerer Studien zur impliziten Marktrisikoprämie vor Steuern aufgeführt: *Reese* ermittelt für den Zeitraum von 1989 bis 2004 mittels verschiedener Verfahren durchschnittliche Marktrisikoprämien zwischen 1,72 und 4,24 %-Punkten. *Dausend* und *Schmitt* bestimmen für die Jahre 2002 und 2004 bis 2006 eine Marktrisikoprämie zwischen 1,77 und 2,75 %-Punkten, für 2003 ergibt sich eine Marktrisikoprämie von 7,02 %-Punkten. *Bassemir*, *Gebhardt* und *Ruffing* ermitteln für Januar 2006 bis Januar 2008 eine Marktrisikoprämie zwischen ca. 4 und 5 %-Punkten, für April 2008 bis Januar 2011 eine Marktrisikoprämie zwischen ca. 6 und 8,5 %-Punkten. *Jäckel*, *Kaserer* und *Mühlhäuser* finden für den Zeitraum 1994 bis 2011 für Deutschland eine Marktrisikoprämie von 3,94 %-Punkten; für den Zeitraum 1994 bis 2000 lag die Marktrisikoprämie bei 1,22 %-Punkten, für 2001 bis 2011 bei 5,68 %-Punkten.

---

1 Zu den im Text angegebenen Untersuchungen siehe Reese (2007); Dausend/Schmitt (2011); Bassemir/Gebhardt/Ruffing (2012); Jäckel/Kaserer/Mühlhäuser (2013).

Üblicherweise wird davon ausgegangen, dass sich die Marktrisikoprämie auch in Zukunft nicht verändert. Für die Bewertung ergeben sich daraus zwei Konsequenzen: Erstens ist die Marktrisikoprämie – anders als etwa der risikolose Zinssatz – als periodenunabhängige Größe zu bestimmen. Und zweitens ist es im Allgemeinen nicht erforderlich, eigenständige Untersuchungen zur Marktrisikoprämie anzustellen. Stattdessen kann auf vorhandene Kapitalmarktstudien zurückgegriffen werden. Dabei ist freilich darauf zu achten, dass diese Studien in Bezug auf den risikolosen Zinssatz und das Marktportefeuille nicht von einer Konstellation ausgehen, die mit den anderen im Zuge der Bewertung getroffenen Festlegungen inkompatibel ist. Dies wäre etwa dann der Fall, wenn sich die ermittelte Marktrisikoprämie auf den europäischen Kapitalmarkt bezieht, der im letzten Kapitel erläuterte risikolose Zinssatz aber auf der Grundlage der Zeitreihendatenbank der Deutschen Bundesbank bestimmt wird, oder wenn sich die Marktrisikoprämie auf den deutschen Kapitalmarkt bezieht, der im nächsten Kapitel behandelten Schätzung des Betafaktors aber der europäische Kapitalmarkt zugrunde gelegt wird.

Die grundsätzliche Vorgehensweise von Studien zur Marktrisikoprämie beinhaltet folgende Schritte:

1. Festlegung eines **Aktienindex**
   Bei dem Marktportefeuille handelt es sich idealtypisch um die Gesamtheit aller riskanten Anlagemöglichkeiten am bewertungsrelevanten Kapitalmarkt. Da das Marktportefeuille als Ganzes empirischen Untersuchungen nicht zugänglich ist, muss an seine Stelle eine Auswahl von Anlagemöglichkeiten treten, die das Marktportefeuille hinreichend gut repräsentiert und über deren Renditeentwicklung genügend Informationen zur Verfügung stehen. Am besten werden diese Anforderungen durch das Portefeuille erfüllt, das einem möglichst breit gestreuten Aktienindex zugrunde liegt, der dann als **Marktproxy** fungiert. Da sämtliche Erträge aus dem Marktportefeuille bei der Berechnung der Marktrisikoprämie berücksichtigt werden müssen, ist ein Performanceindex heranzuziehen. Die Auswahl des Index orientiert sich in erster Linie an der Abgrenzung des Kapitalmarktes, für den die Marktrisikoprämie abgeleitet werden soll, und an der Repräsentativität des Index für das Marktportefeuille.

2. Bestimmung eines **Maßstabs für die risikolose Verzinsung**
   Eine Möglichkeit hierfür besteht darin, den risikolosen Zinssatz wie im letzten Kapitel erläutert als Spot Rate für eine entsprechende Laufzeit zu ermitteln. Alternativ kann die risikolose Verzinsung aus der Wertentwicklung eines Portefeuilles abgeleitet werden, das durch einen Rentenindex repräsentiert wird. Dieser Index muss die Wertentwicklung quasi-sicherer Anlagemöglichkeiten – vorzugsweise festverzinslicher Wertpapiere der öffentlichen Hand – abbilden. Dabei sind sowohl Zinszahlungen als auch Kursveränderungen zu erfassen, es ist also ein Performance Index zugrunde zu legen. In jedem Fall muss sich die risikolose Verzinsung auf den gleichen Kapitalmarkt wie der als Marktproxy herangezogene Aktienindex beziehen.

3. Festlegung des **Anlagezeitraums**
   Da die Anwendung der Wertpapiermarktlinie des CAPM Anlagezeiträume von einem Jahr umfasst, sind grundsätzlich Studien heranzuziehen, denen ein Anlagezeitraum

von einem Jahr zugrunde liegt. Die Rendite des Marktportefeuilles ist folglich durch die prozentuale Veränderung des als Marktproxy herangezogenen Aktienindex über einen Zeitraum von einem Jahr anzunähern (Aktienrendite). Der risikolose Zinssatz ergibt sich als Spot Rate für eine Laufzeit von einem Jahr. Wird die risikolose Verzinsung aus einem Rentenindex abgeleitet, resultiert diese Spot Rate aus der prozentualen Veränderung des Index im Zeitablauf.

4. Bestimmung des **Untersuchungszeitraums**
Den vorliegenden Studien liegt meistens ein mehrere Jahrzehnte umfassender Zeitraum zugrunde. Folgt man der Auffassung, dass es sich bei der Marktrisikoprämie um eine langfristig stabile Größe handelt, so ist ein möglichst langer Untersuchungszeitraum wünschenswert. Rechnet man mit der Möglichkeit, dass sich die Kapitalmarktverhältnisse und damit auch die Marktrisikoprämie langfristig verändern, ist ein entsprechend kürzerer Untersuchungszeitraum zugrunde zu legen. Perioden mit besonderer Marktsituation sind aus der Untersuchung auszuklammern. Z. B. werden die Jahre unmittelbar nach dem zweiten Weltkrieg in der Regel nicht in die Betrachtung einbezogen.

Nachdem die Aktienrenditen und die risikolosen Zinssätze aller Perioden des Untersuchungszeitraums bestimmt worden sind, werden hieraus Durchschnitte gebildet. Als Schätzgröße für die Marktrisikoprämie wird die Differenz dieser Durchschnitte herangezogen. Eine vieldiskutierte Frage ist, ob **arithmetische Mittelwerte** oder **geometrische Mittelwerte** verwendet werden sollten. Der Unterschied ist bedeutsam, weil das geometrische Mittel stets hinter dem arithmetischen Mittel zurückbleibt und die Differenz umso größer ist, je größer die Streuung im Untersuchungszeitraum war. Bei Aktienrenditen, die naturgemäß stärkeren Schwankungen unterliegen, ist die Differenz zwischen dem arithmetischen und dem geometrischen Mittelwert relativ groß. Beim risikolosen Zinssatz, der in wesentlich geringerem Maße Schwankungen unterliegt, ist sie vergleichsweise klein. Infolgedessen fallen auf der Basis arithmetischer Mittelwerte geschätzte Marktrisikoprämien regelmäßig höher aus als solche auf der Basis geometrischer Mittelwerte. Auch wenn der Unterschied »nur« wenige Prozentpunkte ausmacht, ergeben sich hieraus gravierende Konsequenzen für das Bewertungsergebnis. Dies erklärt die Aufmerksamkeit, die dieser Frage in Theorie und Praxis gewidmet wird.

Für die Zugrundelegung arithmetischer Mittelwerte spricht, dass der arithmetische Mittelwert ein **erwartungstreuer Schätzer** ist, wenn die betrachteten Renditen als Realisationen stochastisch unabhängiger Zufallsvariablen mit gleicher Verteilung gedeutet werden können. Beim geometrischen Mittelwert dagegen handelt es sich nicht um einen statistischen Schätzer für eine kurzfristige Verzinsung, sondern um die **Durchschnittsverzinsung**, die bei einer Anlage über den gesamten Untersuchungszeitraum hinweg hätte erzielt werden können. Da sich die Marktrisikoprämie auf einen Anlagezeitraum von einem Jahr bezieht, erscheint es vor diesem Hintergrund zweckmäßiger, arithmetische Mittelwerte zu verwenden. Allerdings gibt es eine Vielzahl weiterer Aspekte zu berücksichtigen:

- Empirische Untersuchungen geben Hinweise darauf, dass zwischen den Renditen verschiedener Perioden ein stochastischer Zusammenhang besteht.[1] Geht man von stochastisch abhängigen Renditen aus, so kann man den arithmetischen Mittelwert dieser Renditen nicht mehr als erwartungstreuen Schätzer interpretieren. Das zentrale Argument für die Verwendung arithmetischer Mittelwerte entfällt. Darüber hinaus tritt ein weiteres Problem auf: Stochastisch abhängige Renditen lassen sich auf theoretischer Ebene nicht mit den in Kapitel 2.3.2 behandelten Bedingungen für die mehrperiodige Anwendung der Wertpapiermarktlinie des CAPM bzw. des Tax-CAPM vereinbaren.
- Die Schätzung der Marktrisikoprämie ist letztlich nur ein Zwischenschritt bei der Bestimmung von Kapitalkostensätzen und Diskontierungsfaktoren. Selbst wenn man annimmt, dass es keine stochastischen Abhängigkeiten zwischen den Renditen verschiedener Perioden gibt, führen sowohl der arithmetische als auch der geometrische Mittelwert der historischen Renditen zu einer Überschätzung der daraus abgeleiteten Diskontierungsfaktoren.[2]
- Bei den für die Schätzung der Marktrisikoprämie betrachteten langen Untersuchungszeiträumen ist damit zu rechnen, dass wenig profitable Unternehmen aus dem verwendeten Aktienindex ausscheiden. Infolgedessen führt sowohl die Verwendung des arithmetischen Mittelwertes als auch die Verwendung des geometrischen Mittelwertes der Aktienrenditen zu einer Überschätzung der Marktrisikoprämie (**Survivorship Bias**).[3]
- Schließlich gibt es Hinweise auf eine Verringerung der Marktrisikoprämie im Zeitablauf, deren Ursachen eine sich fortsetzende Verminderung der systematischen Risiken von Unternehmen und eine Verringerung der Kursschwankungen bei Aktien sein könnten.[4] Demzufolge führt der arithmetische Mittelwert historischer Renditen selbst dann zu einer Überschätzung der aktuellen Marktrisikoprämie, wenn die Renditen stochastisch unabhängig voneinander sind.

Unter Berücksichtigung der aufgeführten Punkte liegt es nahe, bei der Schätzung der Marktrisikoprämie vom arithmetischen Mittelwert der historischen Renditen auszugehen, diesen aber um einen Abschlag zu vermindern und so an den geometrischen Mittelwert anzunähern.

Zur **Marktrisikoprämie in Deutschland** liegt eine große Anzahl von Studien vor, die sich in Bezug auf die zugrunde gelegten Untersuchungszeiträume, die verwendeten Aktienindizes und die Approximation des risikolosen Zinssatzes unterscheiden. Einige ausgewählte Studien zur Marktrisikoprämie vor Steuern enthält untenstehende Übersicht:[5]

---

1 Siehe z. B. Poterba/Summers (1988).
2 Siehe Cooper (1996). Blume (1974) behandelt die Schätzung von Aufzinsungsfaktoren.
3 Siehe Brown/Goetzmann/Ross (1995).
4 Vgl. Stehle (2004), S. 921.
5 Die Renditedifferenzen wurden entsprechend den Empfehlungen zur Marktrisikoprämie auf eine Nachkommastelle gerundet. Die Aktienrenditen und der risikolose Zinssatz wurden entsprechend angepasst.

Tab. 4.25: Übersicht über Kapitalmarktstudien zur Marktrisikoprämie

Studie	Zeit-raum	Mittel-wert	Aktien-rendite	Risiko-loser Zinssatz	Differenz	Datengrundlage
Stehle/Hart-mond (1991)	54–88	geom.	12,1%	5,3%	6,8%-Punkte	Eigener Index, Monatsgeld
Baetge/ Krause (1994)	67–91	geom.	10,4%	7,8%	2,6%-Punkte	FAZ Index, Umlaufrendite öffent-licher Anleihen
Coenen/Väth (1993)	49–92	geom.	12,9%	6,1%	6,8%-Punkte	Stat. Bundesamt, FAZ & MSCI, Schatzanw. & REX
Stehle (2004)	55–03	geom.	9,6%	6,8%	2,8%-Punkte	DAX, REX
Stehle (2004)	55–03	geom.	9,5%	6,8%	2,7%-Punkte	CDAX, REX
Reese (2007)	55–06	geom.	10,1%	6,7%	3,4%-Punkte	DAX, REX
Reese (2007)	55–06	geom.	10,1%	6,7%	3,4%-Punkte	CDAX, REX
Bimberg (1991)	54–88	arith.	15,0%	6,8%	8,2%-Punkte	Stat. Bundesamt, Bundesanleihen
Steiner/Uhlir (2001)	53–88	arith.	14,4%	4,6%	9,8%-Punkte	Stat. Bundesamt & FAZ, Geldmarkt-papiere
Conen/Väth (1993)	49–92	arith.	16,6%	6,2%	10,4%-Punkte	Stat. Bundesamt & FAZ, Schatzanw. & REX
Morawietz (1994)	50–92	arith.	14,6%	11,8%	2,8%-Punkte	Stat. Bundesamt, Umlaufrendite festverzinsl. WP
Stehle (2004)	55–03	arith.	12,9%	6,9%	6,0%-Punkte	DAX, REX
Stehle (2004)	55–03	arith.	12,4%	6,9%	5,5%-Punkte	CDAX, REX
Reese (2007)	55–06	arith.	13,3%	6,8%	6,5%-Punkte	DAX, REX
Reese (2007)	55–06	arith.	12,9%	6,8%	6,1%-Punkte	CDAX, REX

Bei praktischen Bewertungen wird regelmäßig auf die Studie von Stehle aus dem Jahr 2004 Bezug genommen.[1] Der Untersuchungszeitraum dieser Studie umfasst die Jahre 1955 bis 2003. Als Marktproxy dienen der DAX bzw. der CDAX Performance Index; der risikolose Zinssatz wird auf der Basis des REX Performance Index bestimmt. Der arithmetische Mittelwert der auf ein Jahr bezogenen Aktienrenditen vor persönlichen Steuern beläuft sich auf 12,4 % beim CDAX und auf 12,9 % beim DAX. Der arithmetische Mittelwert der auf ein Jahr bezogenen risikolosen Verzinsung vor persönlichen Steuern beträgt 6,9 %. Es resultiert eine Renditedifferenz von 5,4 %-Punkten, wenn der CDAX als Marktproxy herangezogen wird, und von 6,0 %-Punkten, wenn der DAX zugrunde gelegt wird. Vor dem Hintergrund dieser Ergebnisse und unter Berücksichtigung der oben aufgeführten Argumente hat der Fachausschuss für Unternehmensbewertung und Betriebswirtschaft des IDW empfohlen, die Marktrisikoprämie vor Steuern mit 4,5 %- bis 5,5 %-Punkten und die Marktrisikoprämie nach Steuern mit 4,0 %- bis 5,0 %-Punkten anzusetzen.[2] Aufgrund der in jüngerer Zeit auftretenden Hinweise auf eine Erhöhung der Marktrisikoprämie infolge der Finanzmarktkrise[3] wurde diese Empfehlung angepasst. Demnach soll die Marktrisikoprämie vor Steuern mit 5,5 %- bis 7,0 %-Punkten und die Marktrisikoprämie nach Steuern mit 5,0 %- bis 6,0 %-Punkten angesetzt werden.[4]

Tab. 4.26: Empfehlungen des IDW zur Marktrisikoprämie

	Vor persönlichen Steuern	Nach persönlichen Steuern
Marktrisikoprämie	5,5 – 7,0 %-Punkte	5,0 – 6,0 %-Punkte

4.5.2.4 Bestimmung von Betafaktoren

Der Betafaktor beschreibt den stochastischen Zusammenhang der Rendite der Eigenkapitalgeber des zu bewertenden Unternehmens mit der Rendite des Marktportefeuilles; er spiegelt das systematische Risiko wider, das die Eigenkapitalgeber tragen. Die Wertpapiermarktlinie des CAPM bringt zum Ausdruck, dass sich die Eigenkapitalgeber dieses Risiko vergüten lassen, indem sie eine entsprechend höhere Rendite von dem Unternehmen fordern. Der Anwendung dieses Zusammenhangs im Bewertungskontext liegt die Vorstellung zugrunde, dass es sich bei dem Betafaktor auch künftiger Perioden um eine deterministische Größe handelt, die am Bewertungsstichtag bekannt ist oder aus Informationen über die Preisbildung am Kapitalmarkt abgeleitet werden kann. In aller Regel wird davon ausgegangen, dass sich das Investitionsrisiko des Unternehmens in

---

1 Zum Folgenden siehe Stehle (2004).
2 Siehe Institut der Wirtschaftsprüfer (Hrsg.) (2009).
3 Siehe z.B. Zeidler/Tschöpel/Bertram (2012). Zu anderen Ergebnissen gelangen Kemper/Ragu/Rüthers (2012).
4 Siehe Institut der Wirtschaftsprüfer (Hrsg.) (2012).

Zukunft nicht verändert, so dass der auf das operative Risiko bezogene Betafaktor im Zeitablauf konstant bleibt und Veränderungen des Betafaktors allein aus Veränderungen des finanziellen Risikos der Eigenkapitalgeber des zu bewertenden Unternehmens resultieren.

Aus den in Kapitel 2.3 genauer nachzulesenden Zusammenhängen ergibt sich, dass der Betafaktor die Einschätzungen der Marktteilnehmer in Bezug auf künftige Entwicklungen wiedergibt. Im Grunde müsste die Bestimmung von Betafaktoren also an den Erwartungen der Marktteilnehmer am Bewertungsstichtag ansetzen. Wie schon bei der Marktrisikoprämie scheitert ein solches Vorgehen jedoch an den methodischen Schwierigkeiten, solche Erwartungen zu bestimmen. Stattdessen wird wieder von historischen Renditezeitreihen ausgegangen; es wird angenommen, dass die in der Vergangenheit realisierten Renditen im Mittel den zuvor erwarteten Renditen entsprechen, so dass aus den historischen Renditezeitreihen Aussagen über historische Betafaktoren abgeleitet werden können. Aus diesen Betafaktoren wird auf die bewertungsrelevanten Betafaktoren geschlossen. Auch in diesem Zusammenhang wird also vorausgesetzt, dass die Kapitalmarktverhältnisse in dem betrachteten Zeitraum stabil waren und als repräsentativ für die Zukunft angesehen werden können.

THEORIE: Implizite Betafaktoren[1]

Eine theoretische Möglichkeit, Betafaktoren ohne Rückgriff auf historische Größen abzuleiten, besteht in der Auswertung der Preise für bestimmte Optionen am Bewertungsstichtag. Als Ausgangspunkt kann folgender Zusammenhang zwischen dem gesuchten Betafaktor β_{iM} sowie der Korrelation ρ_{iM} und den Volatilitäten σ_i und σ_M dienen:

$$\beta_{iM} = \frac{\sigma_i}{\sigma_M} \cdot \rho_{iM}$$

σ_i steht für die Standardabweichung der Rendite des Referenzunternehmens, σ_M bezeichnet die Standardabweichung der Rendite des als Marktproxy fungierenden Aktienindex. ρ_{iM} gibt die Korrelation der Renditeverteilungen wider.

Die Volatilitäten σ_i und σ_M können bestimmt werden, indem man sich z.B. die Formel für die Bewertung europäischer Kaufoptionen von *Black/Scholes* zunutze macht. Gemäß dieser aus Arbitragefreiheitsbedingungen abgeleiteten Formel ist der Wert einer europäischen Kaufoption von der Volatilität der Rendite des zugrundeliegenden Wertpapiers abhängig. Im Wege der Gleichsetzung der theoretischen Werte mit tatsächlich notierten Preisen lassen sich die Volatilitäten σ_i und σ_M als implizite Größe bestimmen (implizite Volatilitäten).

---

1 Siehe z.B. Rausch (2008).

Eine analoge Bestimmung der Korrelation ρ_{iM} ist auf der Grundlage von Austauschoptionen, Minimum- oder Maximumoptionen denkbar; das Vorgehen wird am Beispiel von Austauschoptionen skizziert. Für die Bestimmung der Korrelation ρ_{iM} wäre der Preis einer Austauschoption erforderlich, die das Recht einräumt, Aktien des Referenzunternehmens gegen Wertpapiere zu tauschen, deren Kursentwicklung derjenigen des als Marktproxy fungierenden Aktienindex folgt. Für den Wert einer solchen Austauschoption lässt sich aus Arbitragefreiheitsbedingungen eine Bewertungsformel ableiten, die von der Korrelation der Renditeverteilungen der beiden Wertpapiere abhängt. Diese Formel lässt sich nutzen, um bei gegebenem Preis für die Austauschoption die Korrelation der Renditeverteilungen zu ermitteln (implizite Korrelation).

Sind sowohl die impliziten Volatilitäten als auch die implizite Korrelation bekannt, so lässt sich der implizite Betafaktor gemäß dem obenstehenden Zusammenhang errechnen. Praktisch scheitert dies jedoch daran, dass an real existierenden Kapitalmärkten keine Optionen gehandelt werden, aus denen auf die implizite Korrelation der betreffenden Renditen geschlossen werden könnte.

Der Betafaktor ist im Zuge der Bewertung eigenständig zu ermitteln, auch wenn Betafaktoren auf diversen Internetportalen entgeltlich oder unentgeltlich bereitgestellt werden. Auf diese Weise wird mit letztlich relativ geringem Aufwand sichergestellt, dass alle Berechnungen fehlerfrei und alle Berechnungsgrundlagen sowie alle für die Beurteilung der Schätzgrößen wichtigen Kennzahlen bekannt sind. Die für die Schätzung notwendigen Kurs- und Indexzeitreihen finden sich unentgeltlich auf verschiedenen Internetportalen (deutsche-boerse.com, comdirect.de, yahoo.de, etc.). Alternativ können sie gegen Entgelt über Kapitalmarktinformationssysteme (Bloomberg, ThomsonReuter, etc.) bezogen werden. Bei frei verfügbaren Zeitreihen ist die Datenqualität bisweilen problematisch, z.B. weil Kursnotierungen nicht erfasst oder fehlerhaft fortgeschrieben wurden. Die daraus resultierenden Verzerrungen der Renditezeitreihen (Nullrenditen) führen typischerweise zu einer Unterschätzung der historischen Betafaktoren. Die **Qualität der Daten** ist deshalb in jedem Fall zu prüfen. Dazu sollten die verwendeten Kurs- und Indexzeitreihen auf eventuelle Auffälligkeiten hin untersucht werden.

Die im Weiteren beschriebene Methodik basiert auf der Idee, Unternehmen zu identifizieren, die an dem für die Bewertung relevanten Kapitalmarkt gehandelt werden und deren operatives Risiko in der Vergangenheit demjenigen des zu bewertenden Unternehmens in der Zukunft entspricht (**Analogieansatz**). Die zentrale Aufgabe bei der Bestimmung des Betafaktors besteht daher darin, geeignete Referenzunternehmen zu bestimmen. Zu diesen Referenzunternehmen kann auch das zu bewertende Unternehmen selbst gehören, wenn es sich um eine börsennotierte Aktiengesellschaft handelt, die die genannten Voraussetzungen erfüllt. Im Allgemeinen wird nicht nur ein Referenzunternehmen betrachtet (**Pure Play Beta**), vielmehr werden mehrere Referenzunternehmen herangezogen, die alle für das operative Risiko relevanten Aspekte abdecken und dieses Risiko aus unterschiedlicher Perspektive beleuchten (**Peer Group Beta**). Die Größe der Peer Group ist vom Einzelfall abhängig; als Richtschnur kann die Vorstellung dienen, dass die Peer Group nach Möglichkeit vier bis sechs Referenzunternehmen umfassen sollte. Für jedes dieser Referenzunternehmen wird der historische Betafaktor geschätzt. Daneben sollte auch der historische Betafaktor der Branche insgesamt ermittelt werden (**Industry Beta**), wofür ein geeigneter Branchenindex die Grundlage bildet.

PRAXIS: Branchenindizes der Deutschen Börse AG[1]

Eine gute Grundlage für die Bestimmung von Branchenbetas bieten die Branchenindizes der Deutschen Börse. Diese sind nach den untenstehenden 18 Sektoren und 63 Subsektoren (Branchen) differenziert. Die Zuordnung eines Unternehmens richtet sich nach dem Umsatzschwerpunkt. Für alle Branchen werden Preis- und Performanceindizes ausgewiesen.

Sektor	Subsektoren	Sektor	Subsektoren
Automobil	Autoteile & -zubehör	Versicherungen	Versicherungen
	Automobilhersteller		Rückversicherungen
Banken	Kreditbanken	Medien	Rundfunk & Fernsehen
	Hypothekenbanken		Werbung
Grundstoffe	Forst- & Papierprodukte		Film & Unterhaltung
	Bergbau		Verlags- & Druckereiwesen
	Öl & Erdgas	Pharma	Pharmazeutika
	Stahl & Metalle		Gesundheitswesen
Chemie	Chemieprodukte & Zwischenerzeugnisse		Biotechnologie
	Spezial-Chemieprodukte		Medizintechnik
	Industriegase	Einzelhandel	Versandhandel
Bauindustrie	Baumaterialien		Lebensmittel-, Drogeriemärkte & Apotheken
	Bau- & Ingenieurswesen		Internethandel

---

1 Siehe Deutsche Börse (2013), Anhang 4.1.

Sektor	Subsektoren	Sektor	Subsektoren
Kon-sumgüter	Kleidung & Schuhe	Software	Kaufhäuser
	Unterhaltungselektronik		Spezialisierter Einzelhandel
	Eigenheimbau & Möbel		Internet
	Haushaltsgeräte & -waren		IT-Dienstleistungen
	Freizeitgüter & -dienstleistungen		Software
	Kosmetika	Technology	Kommunikationstechnik
Finanz-dienstleister	Allgemeine Finanzdienstleister		Elektronische Komponenten & Hardware
	Immobilien		Halbleiterprodukte
	Wertpapierhandel	Telekommuni-kation	Festnetz-Telekommunikation
	Eigenkapital & Venture Cap.		Mobilfunk-Kommunikation
Nahrungs-mittel & Getränke	Getränke		Telekommunikation
	Nahrungsmittel & Tabak	Transport & Logistik	Fluggesellschaften
Industrie-güter	Hightech-Industriean-lagen		Transport-Dienstleistungen
	Container & Verpackungen		Logistik
	Großmaschinenbau	Versorger	Elektrizitätsversorgung
	Industriemaschinen		Wasserversorgung
	Allg. Industrieunterneh-men		Öl- & Gasversorgung
	Erneuerbare Energien		Allg. Energieversorgung
	Industrie & Dienstleistungen		

Bei der **Bildung der Peer Group** orientiert man sich primär an der Branche des zu bewertenden Unternehmens. Ist das zu bewertende Unternehmen in mehreren Branchen tätig, sind in gleicher Weise diversifizierte Referenzunternehmen heranzuziehen. Alternativ kann das Portfolio des zu bewertenden Unternehmens durch eine geeignete Auswahl von Referenzunternehmen nachgebildet werden. Nach Möglichkeit sollten die Referenzunternehmen auch im Hinblick auf ihre Größe, ihr Wachstum und die Liquidität der Aktien mit dem zu bewertenden Unternehmen vergleichbar sein, da diverse empirische Untersuchungen zu dem Schluss geführt haben, dass diese Faktoren auf den Betafaktor Einfluss nehmen könnten.[1] Eine vergleichbare Finanzierung kann Erleichterungen in Bezug auf die im nächsten Kapitel behandelte Anpassung des Betafaktors an das finanzielle Risiko bringen. Um etwaige Auswirkungen der Besteuerung auf den Betafaktor zu berücksichtigen, ist – insbesondere im Rahmen von Vorsteuerrechnungen[2] – eine vergleichbare Ausschüttungspolitik wünschenswert. Schließlich kann eine Vergleichbarkeit im Hinblick auf weitere Kennzahlen angestrebt werden, wenn genügend potenzielle Referenzunternehmen verfügbar sind.

Mit der Auswahl der Referenzunternehmen korrespondierend ist wie bei der Ermittlung der Marktrisikoprämie ein breit gestreuter Aktienindex als **Marktproxy** zu bestimmen, der den für die Bewertung relevanten Kapitalmarkt repräsentiert und die Referenzunternehmen umfasst. Bei einer Bewertung auf der Grundlage des inländischen Kapitalmarktes in Deutschland bietet sich im Regelfall die Zugrundelegung des CDAX der Deutsche Börse AG an. Da die betrachteten Renditen sowohl Kursgewinne als auch Dividenden abdecken müssen, ist der Performanceindex zu verwenden.

Nachdem die Referenzunternehmen ausgewählt und ein Marktproxy bestimmt wurden, sind das Renditeintervall und der Untersuchungszeitraum festzulegen. Das **Renditeintervall** bezeichnet den Zeitraum, auf den sich die im Weiteren verarbeiteten Renditen beziehen, und bestimmt den zeitlichen Abstand der benötigten Kursnotierungen und Indexstände. In Frage kommen insbesondere Tagesrenditen, Wochenrenditen und Monatsrenditen. Bei Zugrundelegung von Wochen- oder Monatsrenditen sollte darauf geachtet werden, dass die Renditeintervalle nicht an Tagen mit besonderen Handelsaktivitäten (Montag oder Freitag, Monatsende oder Monatsanfang) enden. Üblicherweise werden die Renditen auf der Basis von Schlusskursen berechnet.

Der Untersuchungszeitraum muss so lang sein, dass bei vorgegebenem Renditeintervall eine unter statistischen Gesichtspunkten genügende Anzahl von Renditen zustande kommt; er bestimmt die Länge der benötigten Kurs- und Indexzeitreihen. Häufig werden Tagesrenditen mit einem Untersuchungszeitraum von einem Jahr (ca. 260 Renditeausprägungen), Wochenrenditen mit einem Untersuchungszeitraum von 2 Jahren (ca. 104 Renditeausprägungen) oder Monatsrenditen mit einem Untersuchungszeitraum von 5 Jahren (ca. 60 Renditeausprägungen) verbunden. Je länger der Untersuchungszeitraum ist, desto zuverlässiger ist die Schätzung, desto größer aber auch die Gefahr von Strukturbrüchen mit der Folge verzerrter Schätzgrößen. Ein Strukturbruch liegt auch dann vor, wenn sich das operative oder das finanzielle Risiko des Referenzunternehmens im Untersuchungszeitraum wesentlich verändert hat.

---

1 Siehe Zimmermann (1997).

2 Auf diese Weise wird die sogenannte mittelbare Typisierung der steuerlichen Verhältnisse der Anteilseigner umgesetzt; siehe Kapitel 4.5.1.

PRAXIS: Adjustierung von Kurszeitreihen[1]

Die bei der Bestimmung von Betafaktoren herangezogenen Renditezeitreihen müssen sämtliche Renditebestandteile erfassen, also auch solche, die auf Dividendenzahlungen, Bezugsrechte, Gratisaktien etc. zurückzuführen sind. Gleichzeitig müssen Vorgänge wie Aktiensplits oder die Zusammenlegung von Aktien berücksichtigt werden. Zu diesem Zweck sind die Kurszeitreihen zu adjustieren. Die adjustierte Kurszeitreihe gibt die Wertentwicklung des zu Beginn des Untersuchungszeitraums investierten Betrags unter der Annahme wieder, dass sämtliche dem Aktionär zufließenden Beträge wieder in Aktien investiert werden. Die Vorgehensweise wird an einem Beispiel verdeutlicht.

Der Untersuchungszeitraum umfasst 5 Perioden. Der Kurs der betrachteten Aktie zu Beginn des Untersuchungszeitraums beläuft sich auf 30,00 €. Im Zeitpunkt 2 wird eine Dividende in Höhe von 2,00 € gezahlt. Im Zeitpunkt 4 wird eine Kapitalerhöhung durchgeführt. Der rechnerische Wert des Bezugsrechts beläuft sich auf 1,00 €. In der folgenden Tabelle sind die ursprüngliche Kurszeitreihe (ex Dividende und ex Bezugsrecht) und die adjustierte Kurszeitreihe angeführt.

t	K_t	Anpassungsfaktoren	K_t^*
0	30,00 €	$q^0 = 1$	30,00 €
1	32,20 €	$q^1 = q^0$	32,20 €
2	31,80 € exD	$q^2 = \dfrac{32,20}{32,20 - 2,00} \cdot q^1 \approx 1,0662$	33,91 €
3	33,20 €	$q^3 = q^2$	35,40 €
4	34,00 € exB	$q^4 = \dfrac{33,20}{33,20 - 1,00} \cdot q^3 \approx 1,0993$	37,38 €
5	33,20 €	$q^5 = q^4$	36,50 €

Die Kursadjustierung resultiert aus der Anwendung der Anpassungsfaktoren, die in der dritten Spalte ermittelt werden. Der adjustierte Kurs ergibt sich aus $K_t^* = K_t \cdot q^t$. Die Berechnung der Anpassungsfaktoren hängt von den jeweils zugrunde liegenden Vorgängen ab.

---

1 Die angewendete Methodik entspricht derjenigen bei der Ermittlung der Performance Indizes der Deutschen Börse. Siehe Deutsche Börse (2013), Kapitel 3.6.

Eine Adjustierung ist nur bei Kurszeitreihen erforderlich. Performance Indizes sind bereits entsprechend aufbereitet. Gegenüber der Verwendung fremdadjustierter Kurszeitreihen ist eine gewisse Vorsicht geboten, weil die Adjustierung teilweise nicht nachvollziehbar ist.

Nachdem die benötigten Kurs- und Indexzeitreihen beschafft worden sind, ist eine Bereinigung der Kurszeitreihen um Dividendenzahlungen, Aktiensplits u. ä. erforderlich. Auf diese Weise wird sichergestellt, dass wie bei den verwendeten Performance Indizes sämtliche Renditebestandteile berücksichtigt werden. Die aus den adjustierten Kursen und den Indexzeitreihen abgeleiteten Renditen können als diskrete oder als stetige Größen bestimmt werden; meistens werden **diskrete Renditen** verwendet.

$$R_t = \frac{K_t - K_{t-1}}{K_{t-1}} \tag{1}$$

Die Schätzung basiert üblicherweise auf **Vorsteuerrenditen**. Infolgedessen beziehen sich die resultierenden Schätzgrößen auf das Standard-CAPM, das der Bestimmung des Eigenkapitalkostensatzes bei Vorsteuerrechnungen zugrunde gelegt wird. Ein auf das Tax-CAPM bezogener Betafaktor, wie er für Nachsteuerrechnungen benötigt wird, müsste eigentlich auf der Grundlage von Nachsteuerrenditen geschätzt werden. Die Bestimmung von Nachsteuerrenditen ist jedoch nicht möglich, ohne zweifelhafte Annahmen insbesondere in Bezug auf die Kursgewinnbesteuerung zu treffen. Die Schätzgröße für den Betafaktor wird deshalb auch im Rahmen von Nachsteuerrechnungen üblicherweise aus Vorsteuerrenditen abgeleitet. Im einfachsten Fall liegt dem die Annahme zugrunde, dass die Auswirkungen der Besteuerung auf den Betafaktor angesichts der ohnehin vorhandenen Schätzungenauigkeiten vernachlässigbar sind.

THEORIE: Bestimmung von Betafaktoren auf der Basis von Vorsteuerrenditen

Im Rahmen von Nachsteuerrechnungen kann die Zugrundelegung von Vorsteuerrenditen bei der Schätzung von Betafaktoren alternativ damit begründet werden, dass die betreffenden Unternehmen im Untersuchungszeitraum eine renditeorientierte oder eine wertorientierte Ausschüttungspolitik verfolgt haben:

Bei einer renditeorientierten Ausschüttungspolitik wird die Dividendenrendite deterministisch festgelegt. Es folgt:

$$\beta_t^s = \frac{C[d_t \cdot (1-s_d) + \tilde{R}_t^g \cdot (1-s_g), d_{t,M} \cdot (1-s_d) + \tilde{R}_{M,t}^g \cdot (1-s_g)]}{V[d_{t,M} \cdot (1-s_d) + \tilde{R}_{M,t}^g \cdot (1-s_g)]}$$

$$= \frac{C[\tilde{R}_t^g, \tilde{R}_{M,t}^g] \cdot (1-s_g)^2}{V[\tilde{R}_{M,t}^g] \cdot (1-s_g)^2} = \frac{C[\tilde{R}_t^g, \tilde{R}_{M,t}^g]}{V[\tilde{R}_{M,t}^g]} = \frac{C[d_t + \tilde{R}_t^g, d_{t,M} + \tilde{R}_{M,t}^g]}{V[d_{t,M} + \tilde{R}_{M,t}^g]} = \beta_t$$

Bei einer wertorientierten Ausschüttungspolitik wird in jeder Periode ein fester Teil des Kursgewinns ausgeschüttet, so dass die Dividendenrenditen und die Kursgewinnrenditen aller Perioden in einem deterministischen Verhältnis zueinander stehen, also $d_t = a_t \cdot g_t$ gilt. Es folgt:

$$\beta_t^s = \frac{C[a_t \cdot \tilde{R}_t^g \cdot (1-s_d) + \tilde{R}_t^g \cdot (1-s_g), a_t \cdot \tilde{R}_{M,t}^g \cdot (1-s_d) + \tilde{R}_{M,t}^g \cdot (1-s_g)]}{V[a_t \cdot \tilde{R}_{M,t}^g \cdot (1-s_d) + \tilde{R}_{M,t}^g \cdot (1-s_g)]}$$

$$= \frac{C[\tilde{R}_t^g, \tilde{R}_{M,t}^g] \cdot (a_t \cdot (1-s_d) + (1-s_g))}{V[\tilde{R}_{M,t}^g] \cdot (a_t \cdot (1-s_d) + (1-s_g))} = \frac{C[\tilde{R}_t^g, \tilde{R}_{M,t}^g]}{V[\tilde{R}_{M,t}^g]} = \frac{C[a_t \cdot \tilde{R}_t^g + \tilde{R}_t^g, a_t \cdot \tilde{R}_{M,t}^g + \tilde{R}_{M,t}^g]}{V[a_t \cdot \tilde{R}_{M,t}^g + \tilde{R}_{M,t}^g]} = \beta_t$$

Die aufgeführten Zusammenhänge können nur dann als Begründung für die Ableitung von Betafaktoren auf der Basis von Vorsteuerrenditen verwendet werden, wenn die Zahlungen an die Eigenkapitalgeber mit der jeweiligen Ausschüttungsannahme in Einklang stehen.

Als Grundlage für die Schätzung der historischen Betafaktoren dient der folgende lineare Zusammenhang zwischen den historischen Renditen $\tilde{R}_t$ des Referenzunternehmens oder des Branchenindex und den Renditen des als Marktproxy fungierenden Aktienindex $\tilde{R}_{M,t}$ (**Marktmodell in Standardform**):

$$\tilde{R}_t = \alpha + \beta \cdot \tilde{R}_{M,t} + \tilde{\varepsilon}_t \tag{2}$$

Folgende Annahmen werden getroffen:

- Die Parameter α und β sind im Zeitablauf konstant. Dies impliziert insbesondere, dass von einem konstanten risikolosen Zinssatz im Untersuchungszeitraum ausgegangen wird. Erscheint Letzteres nicht plausibel, muss (2) entsprechend angepasst werden (Übergang zum Marktmodell auf der Basis von Überschussrenditen).
- Die auf die Wertpapierrenditen einwirkenden Störgrößen $\tilde{\varepsilon}_t$ und die Renditen des Marktportefeuilles $\tilde{R}_{M,t}$ folgen in jedem Zeitpunkt einer Normalverteilung[1] mit Erwartungswert null und <u>konstanter Varianz</u> (**Homoskedastizität**). Die auf die Wertpapierrenditen einwirkenden Störgrößen und die Renditen des Marktportefeuilles sind zu jedem Zeitpunkt unkorreliert. Darüber hinaus sind sie im Zeitablauf unkorreliert (**keine Autokorrelation**).

---

1 Die Annahme einer Normalverteilung ist nicht grundsätzlich erforderlich, wird aber in der Regel eingeführt, um den üblichen t-Test auf Signifikanz durchführen zu können.

Eine Gegenüberstellung der Wertpapiermarktlinie des Standard-CAPM mit (1) zeigt, dass der Parameter β im Marktmodell dem Betafaktor gemäß Standard-CAPM entspricht, wenn man von den genannten Annahmen ausgeht.

Für die Schätzung wird in aller Regel die Ordinary Least Square-Methode (OLS-Methode) verwendet. Die Schätzung für den Betafaktor resultiert demnach aus:

$$\hat{\beta} = \frac{\text{cov}[R, R_M]}{\text{var}[R_M]} = \frac{\sum\limits_{t=1}^{T}(R_t - \bar{R})\cdot(R_{M,t} - \bar{R}_M)}{\sum\limits_{t=1}^{T}(R_{M,t} - \bar{R}_M)^2} \tag{3}$$

Zur Beurteilung der Güte der Schätzung werden in der Praxis vor allem das Bestimmtheitsmaß und der t-Test herangezogen; ergänzend werden bisweilen Konfidenzintervalle betrachtet. Das Bestimmtheitsmaß richtet sich auf die Regressionsfunktion im Ganzen und gibt Auskunft darüber, welcher Teil der Varianz der Rendite des betrachteten Wertpapiers durch die Regressionsfunktion erklärt wird.

$$R^2 = \frac{\text{cov}[R, R_M]^2}{\text{var}[R]\cdot\text{var}[R_M]} = \hat{\beta}^2 \cdot \frac{\text{var}[R_M]}{\text{var}[R]} \tag{4}$$

Als grobe Richtschnur gilt: Ein Bestimmtheitsmaß von mehr als 50 % ist befriedigend oder besser, ein Bestimmtheitsmaß von weniger als 30 % erscheint bedenklich, ein Bestimmtheitsmaß von weniger als 20 % deutet auf eine möglicherweise unbrauchbare Schätzgröße hin.

Mit Hilfe des t-Tests soll die Frage beantwortet werden, ob der Betafaktor signifikant, d. h. mit einer vorgegebenen Wahrscheinlichkeit $1 - \phi$, von null verschieden ist. Dies ist der Fall für:

$$\left| t_\beta \right| > t_{T-2,\phi/2} \qquad \text{mit } t_\beta = \frac{\check{\beta}}{s_{\hat{\beta}}} \text{ und } s_{\hat{\beta}} = \hat{\beta} \bigg/ \sqrt{(T-2)\cdot\frac{R^2}{1-R^2}} \tag{5}$$

Die Prüfgröße t_β folgt einer Studentverteilung mit $T - 2$ Freiheitsgraden, $s_{\hat{\beta}}$ bezeichnet den Standardfehler der Schätzung[1]. Da ein Betafaktor kleiner null theoretisch nicht ausgeschlossen ist, wird ein zweiseitiger Test vorgeschlagen. $t_{T-2,\phi/2}$ ist das $\phi/2$-Quantil der Studentverteilung mit $T - 2$ Freiheitsgraden. Im Ergebnis sollte die Schätzgröße bei einem Signifikanzniveau von 1 % von null verschieden sein.

---

[1] Für den Standardfehler wurde eine auf die Schätzgröße und das Bestimmtheitsmaß rekurrierende Formel angegeben, um mit möglichst wenigen Symbolen auszukommen und den Zusammenhang zwischen dem t-Test und dem Bestimmtheitsmaß zu verdeutlichen; vgl. mit etwas anderer Darstellung Knoll (2010). Der an den statistischen Hintergründen interessierte Leser sei auf die Lehrbuchliteratur zur Statistik verwiesen.

Alternativ oder ergänzend zum t-Test kann die Verteilungsinformation in Bezug auf die Schätzgröße für eine Intervallschätzung des Betafaktors genutzt werden. Das resultierende Konfidenzintervall gibt an, in welchem Bereich der Betafaktor mit der vorgegebenen Wahrscheinlichkeit $1-\phi$ liegt. Unter Bezugnahme auf die oben eingeführten Größen folgt das Konfidenzintervall aus:

$$\left[\hat{\beta}-t_{T-2,\phi/2}\cdot s_{\hat{\beta}}, \hat{\beta}+t_{T-2,\phi/2}\cdot s_{\hat{\beta}}\right] \tag{6}$$

Sowohl das Bestimmtheitsmaß als auch der t-Test stehen als Verfahren zur Beurteilung der Güte der geschätzten Betafaktoren in der Kritik. Beim Bestimmtheitsmaß wird bemängelt, dass selbst ein Bestimmtheitsmaß von null mit dem zugrundeliegenden Kapitalmarktmodell vereinbar ist. Da nämlich die Regression nicht auf erwarteten, sondern auf realisierten Renditen beruht, kann die nicht erklärte Varianz der Renditen auch Ausdruck des unsystematischen Risikos sein. Ein niedriges Bestimmtheitsmaß ist daher für sich genommen noch kein verlässlicher Hinweis auf einen Betafaktor mangelnder Güte. Beim t-Test entzündet sich die Kritik daran, dass ein Betafaktor von null nicht in Widerspruch zu dem zugrundeliegenden Kapitalmarktmodell steht. Selbst wenn der t-Test zu dem Schluss kommt, dass der Betafaktor nicht signifikant von null verschieden ist, bedeutet dies folglich nicht, dass der Betafaktor per se unbrauchbar wäre. Zudem lässt sich an dem formalen Zusammenhang zwischen dem Bestimmtheitsmaß und der für den t-Test maßgeblichen Prüfgröße ersehen, dass die Vorgabe eines Signifikanzniveaus durch eine Vorgabe bezüglich des Bestimmtheitsmaßes ersetzt werden kann und umgekehrt.[1] Die Kritik an der Verwendung des Bestimmtheitsmaßes als Kriterium zur Beurteilung des geschätzten Betafaktors trifft damit auch den t-Test und umgekehrt.

Die empirischen Untersuchungen, die in Bezug auf Betafaktoren angestellt wurden, zeigen einen komplexen Zusammenhang zwischen der Ausprägung der Schätzgrößen, dem Untersuchungszeitraum und dem Renditeintervall sowie der Liquidität der betreffenden Aktien.[2] Grundsätzlich variieren die ermittelten Schätzgrößen relativ stark mit dem Renditeintervall (**Intervalling Effekt**). Sehr liquide Aktien weisen tendenziell einen negativen Intervalling Effekt auf, d. h., der Betafaktor sinkt bei einer Verlängerung des Renditeintervalls. Wenig liquide Aktien dagegen zeigen einen positiven Intervalling Effekt, der Betafaktor steigt bei einer Verlängerung des Renditeintervalls. Eine zeitliche Verlagerung des Untersuchungszeitraums hat vor allem bei kurzen Untersuchungszeiträumen häufig eine Veränderung des Betafaktors zur Folge (**mangelnde Stabilität**). Dabei erscheinen Betafaktoren liquider Aktien im Zeitablauf stabiler als die wenig liquider Aktien. Bei kürzeren Renditeintervallen wurde eine größere Stabilität beobachtet, die aber bei wenig liquiden Aktien auch auf die dann nivellierende Wirkung des Interval-

---

1 Vgl. Knoll (2010).
2 Zum Folgenden siehe Zimmermann (1997).

ling Effektes zurückzuführen sein kann. Aus den angeführten Befunden ist vor allem zu schließen, dass die **Liquidität der betrachteten Aktien** bei der Beurteilung der Schätzgrößen berücksichtigt werden muss. Auffallend niedrige Betafaktoren bei geringem Bestimmtheitsmaß sollten zum Anlass genommen werden, die Handelshäufigkeit und das Handelsvolumen im Untersuchungszeitraum genauer zu betrachten. Stellt sich dabei heraus, dass Handel nur in geringem Umfang oder sporadisch stattfindet, so sollte auf andere Referenzunternehmen ausgewichen werden.

Bei den mittels des Marktmodells geschätzten Betafaktoren handelt es sich um historische Größen. Die einfachste und zugleich gebräuchlichste Möglichkeit, um von den historischen Betafaktoren auf die für die Bewertung relevanten Betafaktoren zu schließen, besteht in der Fortschreibung der historischen Betafaktoren, also in der Annahme, dass diese im Zeitablauf konstant bleiben (**naive Prognose**). Gegen diese Annahme können allerdings empirische Befunde angeführt werden, nach denen die mittels des Marktmodells geschätzten Betafaktoren aufeinanderfolgender, nicht überlappender Untersuchungszeiträume eine **autoregressive** Tendenz aufweisen, d.h. in systematischer Weise von dem Betafaktor des vorherigen Untersuchungszeitraums abhängen.[1] Dieser Effekt führt dazu, dass sich die Betafaktoren im Zeitablauf verändern und gegen eins tendieren, also gegen den Betafaktor des als Marktproxy fungierenden Aktienindex. Manche Autoren führen dies auf eine Verminderung des Risikos bereits länger existierender im Vergleich zu neu gegründeten Unternehmen zurück. Andere sehen darin die Folge von Schätzfehlern, aufgrund derer ein extrem hohes oder niedriges Beta tendenziell von einem eher gemäßigten Betafaktor in der nächsten Periode gefolgt wird.

Um die autoregressiven Tendenzen von Betafaktoren zu berücksichtigen, wird in Teilen der Bewertungspraxis eine Adjustierung der historischen Betafaktoren vorgenommen. Für diese Adjustierung stehen mehrere Verfahren zur Verfügung, von denen die bekanntesten die **Blume Adjustierung** und das **Vasicek Verfahren** sind.[2] Gebräuchlicher ist die Blume Adjustierung, die von folgendem Regressionsmodell ausgeht:

$$\hat{\beta}_{t+1} = a \cdot \hat{\beta}_t + b + \tilde{\eta}_t \tag{7}$$

Die Ausprägung der Regressionskoeffizienten war Gegenstand einer Vielzahl empirischer Untersuchungen, bei denen z.B. Tages- oder Wochenbetas aufeinander folgender Untersuchungszeiträume von jeweils einem Jahr betrachtet wurden. Die ermittelten Schätzgrößen belaufen sich typischerweise auf ungefähr $a = 1/3$ und $b = 2/3$. Dementsprechend werden die Parameter in der Regel in dieser Höhe angesetzt. Die historischen Betafaktoren der Referenzunternehmen werden dann im Allgemeinen einmalig fortgeschrieben. Die resultierende Größe wird als repräsentativ für die Zukunft angesehen.

---

1 Siehe Blume (1971, 1979).
2 Siehe Zimmermann (1997).

Das geschilderte Vorgehen ist aus unserer Sicht problematisch. Denn der Untersuchungszeitraum, der der Schätzung der Betafaktoren im Bewertungskontext zugrunde gelegt wird, ist dem Bewertungsstichtag in der Regel unmittelbar vorgelagert. Zumindest bei kürzeren Untersuchungszeiträumen dürfte davon auszugehen sein, dass die Schätzgrößen auch am Ende des Untersuchungszeitraums, also am Bewertungsstichtag, noch Gültigkeit besitzen. Insoweit besteht kein Adjustierungsbedarf. Wenn die autoregressive Tendenz von Betafaktoren bei der Bewertung berücksichtigt werden soll, so muss es dabei um die für die Zeit nach dem Bewertungsstichtag anzunehmenden Betafaktoren gehen. Es erschiene dann konsequent, die autoregressive Tendenz periodenspezifisch zu berücksichtigen. Zudem sollte die Adjustierung nicht an den Betafaktoren der Referenzunternehmen, sondern an der Schätzgröße für den Betafaktor des zu bewertenden Unternehmens am Bewertungsstichtag ansetzen.

THEORIE: Fundamentale Betafaktoren[1]

Eine weitere Alternative zur Ermittlung von Betafaktoren besteht darin, die auf Betafaktoren im Allgemeinen einwirkenden Faktoren zu ergründen und von der Ausprägung dieser Faktoren auf die Ausprägung des Betafaktors im Einzelfall zu schließen (Analyseansatz). Als Faktoren kommen insbesondere Daten des betrieblichen Rechnungswesens in Frage, aber auch branchenbezogene und gesamtwirtschaftliche Größen.

Für die Umsetzung dieser Idee ist zunächst ein Datensatz zu erstellen, der die Ausprägung der betrachteten Faktoren zusammen mit aus Kapitalmarktinformationen abgeleiteten Betafaktoren erfasst. Letztere werden anhand der im Text erläuterten Methodik ermittelt. Die Bestimmung des Zusammenhangs zwischen den Einflussfaktoren und den Betafaktoren basiert auf einer multiplen Regressionsanalyse. Auf der Grundlage der Schätzgrößen für die Parameter wird der im Einzelfall gesuchte Betafaktor berechnet.

Relativ weite Verbreitung haben die fundamentalen Betafaktoren, die von der amerikanischen Consulting Firma BARRA bestimmt werden.[2] Das hauptsächliche Anwendungsfeld fundamentaler Betafaktoren ist das Portfoliomanagement. In der Unternehmensbewertungspraxis spielen fundamentale Betafaktoren eine eher untergeordnete Rolle.

Bei dem in den vorherigen Kapiteln entwickelten Beispiel ging es um eine in Deutschland ansässige Kapitalgesellschaft. Für dieses Unternehmen ist im Weiteren der Eigenkapitalkostensatz zu bestimmen. Dazu wurden in einem ersten Schritt potenzielle Referenzunternehmen betrachtet und im Hinblick auf die oben angeführten Kriterien

---

1 Siehe zum Folgenden z. B. Zimmermann (1997).
2 Siehe z. B. Rosenberg/Guy (1976).

bewertet. Auf diese Weise wurde eine fünf Unternehmen umfassende Peer Group gebildet, die das börsennotierte Beispielunternehmen selbst, ein dem gleichen Subsektor entstammendes Referenzunternehmen A sowie drei weitere Referenzunternehmen B, C und D umfasst, die dem gleichen Sektor wie das Beispielunternehmen, aber nicht dem gleichen Subsektor angehören. Für diese Unternehmen und für den Subsektor wurden historische Betafaktoren für verschiedene Untersuchungszeiträume und Renditeintervalle bestimmt. Als Marktproxy diente in allen Fällen der CDAX Performance Index. Die zugrunde liegenden Kurs- und Indexzeitreihen entstammen dem Internetportal der Deutschen Börse AG. Die Kurszeitreihen des Beispielunternehmens und der Referenzunternehmen wurden entsprechend den im Untersuchungszeitraum angefallenen Dividendenzahlungen und Kapitalerhöhungen adjustiert. Die folgende Tabelle gibt die Ergebnisse der angestellten Untersuchungen wieder.

Tab. 4.27: Beispiel: Historische Betafaktoren

	A	B	C	D	E	F	G	H
1		Rendite-intervall	Untersuchungs-zeitraum	Beta	R^2	t-Test (1%)	Konfidenz-intervall (1%)	
2		Tag	IV. Quartal 2011	0,29	0,10	***	0,00	0,58
3		Tag	2. Halbjahr 2011	0,54	0,27	***	0,34	0,75
4	Beispiel-unternehmen	Tag	2011	0,57	0,23	***	0,40	0,74
5		Woche	2010 - 2011	0,74	0,32	***	0,45	1,02
6		Monat	2007 - 2011	0,85	0,38	***	0,47	1,23
7		Tag	IV. Quartal 2011	1,08	0,56	***	0,75	1,41
8		Tag	2. Halbjahr 2011	1,11	0,56	***	0,88	1,34
9	Referenz-unternehmen A	Tag	2011	1,17	0,38	***	0,92	1,41
10		Woche	2010 - 2011	1,11	0,36	***	0,72	1,49
11		Monat	2007 - 2011	1,50	0,34	***	0,77	2,23
12	Subsektor	Tag	2011	0,89	0,50	***	0,75	1,04
13	Referenz-unternehmen B	Tag	2011	1,02	0,67	***	0,90	1,14
14	Referenz-unternehmen C	Tag	2011	0,92	0,45	***	0,75	1,09
15	Referenz-unternehmen D	Tag	2011	1,16	0,53	***	0,98	1,34

Es zeigt sich, dass die für das Beispielunternehmen ermittelten Betafaktoren ein relativ geringes Bestimmtheitsmaß aufweisen. Allenfalls das über einen Untersuchungszeitraum von fünf Jahren bestimmte Monatsbeta von 0,85 und das für den Zeitraum von 2010 bis 2011 ermittelte Wochenbeta von 0,74 erreichen mit 0,38 bzw. 0,32 akzeptable Werte. Für kürzere Untersuchungszeiträume hingegen wurden geringere Betafaktoren mit geringeren Bestimmtheitsmaßen ermittelt, was auf den Intervalling Effekt zurückzuführen sein könnte. Problematisch erscheint auch die mangelnde Stabilität des Betafaktors in 2011, die in der Entwicklung der quartalsweise bestimmten Tagesbetas zum Ausdruck kommt:

Tab. 4.28: Beispiel: Stabilität des Betafaktors des Beispielunternehmens in 2011

	A	B	C	D	E	F	G	H	I
1		Q1		Q2		Q3		Q4	
2	**Beta**	0,70		0,69		0,63		0,29	
3	**R²**	0,13		0,18		0,38		0,10	
4	**Signifikanz (1%)**	***		***		***		***	
5	**Konfidenzintervall (1%)**	0,09	1,31	0,19	1,19	0,40	0,86	0,00	0,58

Weniger problematisch stellen sich die übrigen, durchgängig höheren Betafaktoren dar. Die relativ kleine Spannweite, in der sich diese Betafaktoren bewegen, deutet darauf hin, dass die in der Peer Group zusammengeschlossenen Referenzunternehmen aus der Sicht des Kapitalmarktes ein ähnliches systematisches Risiko aufweisen. Alle ermittelten Betafaktoren sind hochgradig signifikant.

4.5.2.5 Anpassungen im Hinblick auf die Finanzierung

Bei der Auswahl der Referenzunternehmen wird primär darauf geachtet, dass das operative Risiko dieser Unternehmen in der Vergangenheit mit demjenigen des zu bewertenden Unternehmens in der Zukunft übereinstimmt. Die für die Referenzunternehmen abgeleiteten historischen Betafaktoren spiegeln jedoch nicht nur operatives Risiko, sondern auch finanzielles Risiko wider. Das finanzielle Risiko resultiert aus der Kapitalstruktur und der Finanzierungspolitik der Referenzunternehmen im Untersuchungszeitraum. Es wird sich im Regelfall von dem finanziellen Risiko unterscheiden, das die Eigenkapitalgeber des zu bewertenden Unternehmens am Bewertungsstichtag und zu späteren Zeitpunkten tragen. Dies gilt auch dann, wenn das zu bewertende Unternehmen selbst als Referenzunternehmen herangezogen wurde, für die Zukunft aber von einer geänderten Kapitalstruktur oder Finanzierungspolitik ausgegangen wird. Folglich müssen die für die Referenzunternehmen abgeleiteten Betafaktoren – in diesem Zusammenhang **Raw Betas** genannt – vor ihrer Weiterverarbeitung im Hinblick auf das finanzielle Risiko aufbereitet werden.

Im ersten Schritt werden die Betafaktoren der Referenzunternehmen dazu in die Betafaktoren überführt, die die Referenzunternehmen aufgewiesen hätten, wenn sie unverschuldet gewesen wären (**Unlevering**). Die resultierenden Betafaktoren spiegeln nur das operative, aus dem Investitionsprogramm resultierende Risiko der Referenzunternehmen wider und werden deshalb als **Asset Betas** bezeichnet. Ausgehend von den historischen Asset Betas der Referenzunternehmen wird im zweiten Schritt das zukunftsbezogene Asset Beta des zu bewertenden Unternehmens bestimmt. Kommt das APV-Verfahren zur Anwendung, so bildet dieses Asset Beta den Ausgangspunkt der Bestimmung des Eigenkapitalkostensatzes. Bei Anwendung des FCF-Verfahrens muss das Asset Beta in einem dritten Schritt erst noch an den Verschuldungsgrad des zu bewertenden Unternehmens angepasst werden (<u>Relevering</u>). Der resultierende Betafaktor spiegelt das operative und das finanzielle Risiko des zu bewertenden Unternehmens wider.

Die für das Unlevering und das Relevering verwendeten Anpassungsformeln resultieren aus den in Kapitel 2.4.3.2 abgeleiteten, auf den Bewertungsstichtag bezogenen Zusammenhängen zwischen den Eigenkapitalkostensätzen verschuldeter und unverschuldeter Unternehmen. Dabei tritt – wie in Kapitel 4.5.1 erörtert – der Fremdkapitalkostensatz an die Stelle des risikolosen Zinssatzes; zudem wird das nominale Fremdkapital durch den Marktwert des Fremdkapitals ersetzt. Die Anpassungsformeln werden ermittelt, indem man die Eigenkapitalkostensätze gemäß der Wertpapiermarktlinie des Standard-CAPM oder des Tax-CAPM substituiert und nach den gesuchten Betafaktoren auflöst.

THEORIE:	Herleitung der Anpassungsformeln für das Unlevering und Relevering von Betafaktoren

Die für die Ableitung der im Text dargestellten Anpassungsformeln herangezogenen Beziehungen sind in folgender Tabelle zusammengestellt:

(1)	folgt aus	(18) in Kapitel 2.4.3.2.1	und	(1) in Kapitel 4.5.2.1
(2)	folgt aus	(28) in Kapitel 2.4.3.2.2	und	(1) in Kapitel 4.5.2.1
(3)	folgt aus	(20) in Kapitel 2.4.3.3.2	und	(2) in Kapitel 4.5.2.1
(4)	folgt aus	(20) in Kapitel 2.4.3.3.3	und	(2) in Kapitel 4.5.2.1
(5)	folgt aus	(22) in Kapitel 2.4.3.2.2	und	(1) in Kapitel 4.5.2.1
(6)	folgt aus	(17) in Kapitel 2.4.3.3.3	und	(2) in Kapitel 4.5.2.1

Dem Unlevering wird meistens die Annahme zugrunde gelegt, dass das Referenzunternehmen im Untersuchungszeitraum einer **autonomen Finanzierung** gefolgt ist. Ferner wird regelmäßig der für den Rentenfall abgeleitete Zusammenhang zwischen dem Eigenkapitalkostensatz und dem Verschuldungsgrad zugrunde gelegt. Das Asset Beta ergibt sich dann aus:

$$\beta_{RU}^{u} = \frac{\beta_{RU}^{\ell} + \beta_{RU}^{D} \cdot (1 - \tau_{RU}) \cdot \dfrac{D_{RU}}{E_{RU}^{\ell}}}{1 + (1 - \tau_{RU}) \cdot \dfrac{D_{RU}}{E_{RR}^{\ell}}} \qquad \text{mit } \beta_{RU}^{D} = \frac{kd_{RU} - r}{MRP} \tag{1}$$

Der Index »RU« deutet darauf hin, dass sich die betreffenden Größen auf das Referenzunternehmen beziehen. β_{RU}^{ℓ} steht für das Raw Beta, β_{RU}^{u} für das Asset Beta. r bezeichnet den auf eine Laufzeit von einem Jahr bezogenen, im Untersuchungszeitraum erzielbaren risikolosen Zinssatz, MRP die Marktrisikoprämie. kd_{RU} gibt den überschlägig ermittelten durchschnittlichen Fremdkapitalkostensatz des Referenzunternehmens wieder; die Bestimmung von Fremdkapitalkostensätzen wird im nächsten Kapitel behandelt. In Teilen der Bewertungsliteratur wird Anpassungsformel (1) nur für den Fall $\beta_{RU}^{D} = 0$ angegeben. Offenbar kann dies auf die Annahme zurückgeführt werden, dass der Fremdkapitalkostensatz dem risikolosen Zinssatz entspricht. τ_{RU} bezeichnet den auf die Fremdkapitalzinsen bezogenen Teilsteuersatz des Referenzunternehmens. Auch diese Größe ist als Durchschnittsgröße zu verstehen, sofern das Referenzunternehmen mehrere Fremdfinanzierungsquellen nutzt und die betreffenden Teilsteuersätze differieren. Sowohl kd_{RU} als auch τ_{RU} beziehen sich auf den Untersuchungszeitraum, der der Bestimmung des Raw Beta zugrunde gelegt wurde.

Der Verschuldungsgrad D_{RU}/E_{RU}^{ℓ} basiert auf den durchschnittlichen Marktwerten des Eigen- und des Fremdkapitals des Referenzunternehmens im Untersuchungszeitraum. Der durchschnittliche Marktwert des Eigenkapitals wird als Mittelwert der Marktkapitalisierung am Anfang und am Ende des Untersuchungszeitraums oder mehrerer Zeitpunkte im Untersuchungszeitraum bestimmt. Um den durchschnittlichen Marktwert des Fremdkapitals zu ermitteln, werden zunächst die Bilanzposten abgegrenzt, die dem Fremdkapital zugehörig sind. Aus der Summe der durchschnittlichen Marktwerte dieser Posten resultiert der durchschnittliche Marktwert des Fremdkapitals. Der durchschnittliche Marktwert börsennotierter Fremdfinanzierungstitel kann aus den Kursnotierungen im Untersuchungszeitraum abgeleitet werden. Die durchschnittlichen Marktwerte anderer Posten werden in der Regel auf der Grundlage bilanzieller Ansätze approximiert.

Ergeben sich aus der Historie des Referenzunternehmens Anhaltspunkte dafür, dass das Referenzunternehmen einer **wertabhängigen Finanzierung** gefolgt ist, so ist für das Unlevering im Rahmen einer **Vorsteuerrechnung** grundsätzlich folgende Anpassungsformel maßgeblich:

$$\beta_{RU}^{u} = \frac{\beta_{RU}^{\ell} + \beta_{RU}^{D} \cdot \dfrac{\left[1 + kd_{RU} \cdot (1 - \tau_{RU})\right]}{(1 + kd_{RU})} \cdot L_{RU}}{1 + \dfrac{\left(1 + kd_{RU} \cdot (1 - \tau_{RU})\right)}{(1 + kd_{RU})} \cdot L_{RU}} \qquad \text{mit } \beta_{RU}^{D} = \frac{kd_{RU} - r}{MRP} \tag{2}$$

L_{RU} bezeichnet den durchschnittlichen Verschuldungsgrad des Referenzunternehmens im Untersuchungszeitraum. Die Bestimmung dieser Größe setzt an den Marktwerten des Eigenkapitals und des Fremdkapitals des Referenzunternehmens im Untersuchungszeitraum an, deren Ermittlung oben bereits erläutert wurde. Aus diesen Marktwerten wird der Verschuldungsgrad des Unternehmens zu verschiedenen Zeitpunkten im Untersuchungszeitraum abgeleitet; aus den Verschuldungsgraden wiederum wird der durchschnittliche Verschuldungsgrad errechnet. Für die Bestimmung aller anderen Größen in (2) gelten die obenstehenden Ausführungen analog. In den Teilen der Bewertungsliteratur, die von $\beta_{RU}^D = 0$ und damit $kd_{RU} = r$ ausgehen, findet man anstelle von (2) eine entsprechend vereinfachte Anpassungsformel.

Im Rahmen einer **Nachsteuerrechnung** wird von abweichenden, die persönliche Besteuerung der Kapitalgeber berücksichtigenden Zusammenhängen zwischen dem Eigenkapitalkostensatz eines Unternehmens und dem Verschuldungsgrad ausgegangen. Zudem ist nicht die Wertpapiermarktlinie des Standard-CAPM, sondern diejenige des Tax-CAPM zugrunde zu legen. Im Fall einer **autonomen Finanzierung** ergibt sich ausgehend vom Rentenfall:

$$\beta_{RU}^u = \frac{\beta_{RU}^\ell + \beta_{RU}^D \cdot (1 - \tau_{RU}) \cdot \dfrac{D_{RU}}{E_{RU}^\ell}}{1 + (1 - \tau_{RU}) \cdot \dfrac{D_{RU}}{E_{RU}^\ell}} \qquad \text{mit } \beta_{RU}^D = \frac{kd_{RU}^s - r^s}{MRP^s} \tag{3}$$

Der einzige Unterschied gegenüber Anpassungsformel (1) besteht darin, dass β_{RU}^D hier auf der Basis von Nachsteuergrößen bestimmt wird. Nimmt man an, dass die Besteuerung auf privater Ebene keine Auswirkungen auf β_{RU}^D hat oder dass der Fremdkapitalkostensatz nach Steuern dem risikolosen Zinssatz nach Steuern entspricht, so verschwindet auch dieser Unterschied, (3) geht in (1) über.

Bei einer **wertabhängigen Finanzierung** folgt:

$$\beta_{RU}^u = \frac{\beta_{RU}^\ell + \beta_{RU}^D \cdot \dfrac{1 + kd_{RU} \cdot (1 - \tau_{RU})}{1 + kd_{RU} \cdot (1 - s_{d*})} \cdot (1 - s_{d*}) \cdot L_{RU}}{1 + \dfrac{1 + kd_{RU} \cdot (1 - \tau_{RU})}{1 + kd_{RU} \cdot (1 - s_{d*})} \cdot (1 - s_{d*}) \cdot L_{RU}}$$

$$\text{mit } \beta_{RU}^D = \frac{kd_{RU}^s - r^s}{MRP^s}, \quad s_{d*} = \frac{s_d - s_g}{1 - s_g} \tag{4}$$

s_d entspricht bei Zugrundelegung des deutschen Steuersystems dem Abgeltungssteuersatz zuzüglich des Solidaritätszuschlags; es gilt

$$s_d = \underbrace{25\%}_{\substack{\text{Abgeltung-}\\\text{steuersatz}}} \cdot \underbrace{(1 + 5{,}5\%)}_{\substack{\text{Solidaritäts-}\\\text{zuschlag}}} = 26{,}375\%$$

Der Steuersatz s_g ist wie in Kapitel 4.3.2.2 erörtert als effektiver Kursgewinnsteuersatz unter Berücksichtigung der Möglichkeit längerer Haltedauern zu ermitteln. Bezüglich aller anderen Größen gilt das Obenstehende. Man beachte, dass (4) für $s_g = s_d$ in (2) übergeht, im Fall $s_g \neq s_d$ aber selbst für $\beta_{RU}^D = 0$ von (2) abweicht.

Aus modelltheoretischer Perspektive lässt sich gegen die Anwendung der Anpassungsformeln (1) und (3) einwenden, dass die Übertragung des CAPM auf den mehrperiodigen Kontext nur möglich ist, wenn die Kapitalkostensätze aller Perioden deterministisch sind. Bei autonomer Finanzierung ist jedoch der Verschuldungsgrad und sind damit auch die Eigenkapitalkostensätze späterer Perioden grundsätzlich stochastisch. Also lassen sich die Zusammenhänge zwischen den Eigenkapitalkostensätzen verschuldeter und unverschuldeter Unternehmen, die den Anpassungsformeln (1) und (3) zugrunde liegen, mit dem zugrundeliegenden Kapitalmarktmodell nicht konsistent verknüpfen. Diese Kritik trifft die Anpassungsformel (2) und (4) nicht. Denn der Verschuldungsgrad ist bei einer wertabhängigen Finanzierung eine deterministische Größe, so dass auch die Eigenkapitalkostensätze aller Perioden deterministisch sind.

Nachdem für alle Referenzunternehmen das historische Asset Beta bestimmt worden ist, wird das **Asset Beta des zu bewertenden Unternehmens** festgelegt. In der Bewertungspraxis wird dabei teilweise auf das arithmetische Mittel oder den Median Bezug genommen; bisweilen werden vorher Ausreißer aus der Peer Group ausgesondert. Dies erweckt zwar den Anschein von Objektivität, ein schematisches Vorgehen wertet aber die bis dahin gesammelten Informationen nicht vollständig aus. Es sollte daher dem Ermessen des Bewerters vorbehalten bleiben, die bis zu diesem Punkt gesammelten Informationen zu einer Schätzgröße zu verdichten. Dabei spielen vor allem folgende Aspekte eine Rolle:

- Übereinstimmung des operativen Risikos der Referenzunternehmen mit dem operativen Risiko des zu bewertenden Unternehmens
- Liquidität der Aktien der Referenzunternehmen
- Bestimmtheitsmaß, Signifikanz und Stabilität der Raw Betas
- Verhältnis der Raw Betas zum Branchenbeta
- Kapitalmarktverhältnisse im Untersuchungszeitraum

Ein **Relevering** des Asset Betas des zu bewertenden Unternehmens ist nur beim FCF Verfahren erforderlich. Da bei Anwendung dieses Verfahrens im Rahmen dieses Buches von einer wertabhängigen Finanzierungspolitik ausgegangen wird, müssen die für das Relevering benötigten Anpassungsformeln auf diese Finanzierungsannahme bezogen werden. Im Rahmen einer **Vorsteuerrechnung** resultiert der für die Ableitung des Eigenkapitalkostensatzes maßgebliche Betafaktor aus:

$$\beta_t^\ell = \beta^u + (\beta^u - \beta_t^D) \cdot \frac{1 + kd_t^\tau}{1 + kd_t} \cdot L_{t-1} \qquad \text{mit } \beta_t^D = \frac{kd_t - r_t}{MRP} \qquad \text{für } t = 1, 2, \ldots \quad (5)$$

Die Anpassungsformel für eine **Nachsteuerrechnung** ist wie folgt:

$$\beta_t^\ell = \beta^u + (\beta^u - \beta_t^D) \cdot \frac{1+kd_t^\tau}{1+kd_t \cdot (1-s_{d*})} \cdot (1-s_{d*}) \cdot L_{t-1}$$

$$\text{mit } \beta_t^D = \frac{kd_t^s - r_t^s}{MRP^s} \quad \text{und } s_{d*} = \frac{s_d - s_g}{1-s_g} \qquad \text{für } t=1,2,\dots \qquad (6)$$

β_t^u bezeichnet jeweils das zukunftsbezogene Asset Beta des zu bewertenden Unternehmens, β_t^ℓ den daraus abgeleiteten Betafaktor unter Berücksichtigung des finanziellen Risikos. Der Index t weist darauf hin, dass es sich grundsätzlich um eine periodenspezifische Größe handelt. Der Verschuldungsgrad L_{t-1} resultiert aus den Annahmen zur Finanzierungspolitik. kd_t ist der durchschnittliche Fremdkapitalkostensatz des zu bewertenden Unternehmens. Er wird als arithmetisches Mittel der überschlägig mit Marktwerten gewichteten Fremdkapitalkostensätze des zu bewertenden Unternehmens bestimmt. In analoger Weise ist der durchschnittliche Fremdkapitalkostensatz nach Unternehmensteuern kd_t^τ abzuleiten; der durchschnittliche Fremdkapitalkostensatz nach persönlichen Steuern kd_t^s resultiert aus $kd_t \cdot (1-s_d)$. Alle anderen in (5) und (6) berücksichtigten Eingangsgrößen wurden bereits erörtert. Auch für das Relevering finden sich in der Bewertungsliteratur Anpassungsformeln, die von den hier angegebenen abweichen. Meistens ist dies auf die Annahme zurückzuführen, dass der Fremdkapitalkostensatz des zu bewertenden Unternehmens dem risikolosen Zinssatz entspricht, so dass $\beta_t^D = 0$ gilt.

THEORIE: Relevering bei mehreren Fremdkapitalkategorien

Mit der praktisch üblichen Verwendung eines durchschnittlichen Fremdkapitalkostensatzes bzw. eines durchschnittlichen Teilsteuersatzes geht insbesondere beim Relevering eine Unschärfe einher, die durch eine differenzierte Berücksichtigung der Fremdkapitalkostensätze und Teilsteuersätze behoben werden kann. Dazu müssen zunächst die Formeln (22) in Kapitel 2.4.3.2.2 bzw. (17) in Kapitel 2.4.3.3.3 an den Fall mehrerer Fremdkapitalkategorien angepasst und auf den Bewertungsstichtag bezogen werden. Des Weiteren sind der risikolose Zinssatz durch die jeweiligen Fremdkapitalkostensätze und das jeweilige nominale Fremdkapital durch den dazu gehörigen Marktwert des Fremdkapitals zu substituieren. Für den Vorsteuerfall erhält man:

$$ke_t^\ell = ke_t^u + \sum_{f=1}^{F} \left[(ke_t^u - kd_t^f) \cdot \frac{1+kd_t^f \cdot (1-\tau^f)}{1+kd_t^f} \cdot L_{t-1}^f \right] \qquad \text{mit } L_{t-1}^f = \frac{\Theta_{t-1}^f}{1-\sum_{f=1}^{F}\Theta_{t-1}^f}$$

Für den Nachsteuerfall ergibt sich:

$$ke_t^{\ell,s} = ke_t^{u,s} + \sum_{f=1}^{F}\left[(ke_t^{u,s} - kd_t^{f,s})\cdot(1-s_{d*})\cdot\frac{1+kd_t^f\cdot(1-\tau^f)}{1+kd_t^f\cdot(1-s_{d*})}\cdot L_{t-1}^f\right]$$

$$\text{mit } L_{t-1}^f = \frac{\Theta_{t-1}^f}{1-\sum_{f=1}^{F}\Theta_{t-1}^f}$$

kd_t^f und τ^f bezeichnen den auf die Fremdkapitalkategorie f bezogenen Fremdkapitalkostensatz bzw. Teilsteuersatz, Θ_t^f bezeichnet den Anteil des erwarteten Marktwertes der Fremdkapitalkategorie f am erwarteten Marktwert des verschuldeten Unternehmens. Analog zu (5) im Text erhält man für eine Vorsteuerrechnung:

$$\beta_t^{\ell} = \beta^u + \sum_{f=1}^{F}\left[(\beta^u - \beta_t^{D,f})\cdot\frac{1+kd_t^f\cdot(1-\tau^f)}{1+kd_t^f}\cdot L_{t-1}^f\right] \qquad \text{mit } \beta_t^{D,f} = \frac{kd_t^f - r_t}{MRP}$$

Für die Nachsteuerrechnung ergibt sich analog zu (6) im Text:

$$\beta_t^{\ell} = \beta^u + \sum_{f=1}^{F}\left[(\beta^u - \beta_t^{D,f})\cdot(1-s_{d*})\cdot\frac{1+kd_t^f\cdot(1-\tau^f)}{1+kd_t^f\cdot(1-s_{d*})}\cdot L_{t-1}^f\right] \qquad \text{mit } \beta_t^{D,f} = \frac{kd_t^{s,f} - r_t^s}{MRP^s}$$

In Fortführung des Bewertungsbeispiels wurden die erläuterten Anpassungsformeln für das Unlevering der im letzten Kapitel bestimmten Raw Betas genutzt. Als Raw Beta für das Beispielunternehmen diente dabei das auf den Untersuchungszeitraum 2010 bis 2011 bezogene Wochenbeta von 0,74. Zwar weist das auf den Zeitraum 2007 bis 2011 bezogene Monatsbeta ein etwas höheres Bestimmtheitsmaß auf, es spiegelt aber das am Bewertungsstichtag vorhandene operative Risiko nicht in gleichem Maße wieder, da das Unternehmen in den Jahren vor dem Bewertungsstichtag stark gewachsen ist und dabei den Schwerpunkt seiner Tätigkeit leicht verschoben hat. Die durchschnittliche risikolose Spot Rate für Anlagen mit einer Laufzeit von einem Jahr belief sich im Untersuchungszeitraum ausweislich der Zinsdatenbank der Deutschen Bundesbank auf 0,70 %. Gemäß den in Kapitel 4.5.2.3 erläuterten, am Bewertungsstichtag gültigen Empfehlungen des IDW wurden die Marktrisikoprämie vor Steuern mit 5,5 %-Punkten und die Marktrisikoprämie nach Steuern mit 4,5 %-Punkten angesetzt.

Die durchschnittliche Marktkapitalisierung der Eigenfinanzierungstitel des Beispielunternehmens betrug 193 Mio. €; sie wurde aus den Börsenkursen Ende 2009, Ende 2010 und Ende 2011 abgeleitet. Als durchschnittlicher Marktwert des Fremdkapitals ergab sich ausgehend von den bilanziellen Ansätze der betreffenden Posten ein Betrag von 130 Mio. €. Der durchschnittliche Verschuldungsgrad im Zeitraum von Anfang

2010 bis Ende 2011 war 68 %. Der durchschnittliche Fremdkapitalkostensatz des Beispielunternehmens wurde mit 4,0 % angesetzt; er ist wie der risikolose Zinssatz auf den Zeitraum von 2010 bis 2011 und auf eine Laufzeit von einem Jahr bezogen. Ausgehend von einem Hebesatz von 405 % stellt sich der auf die Fremdkapitalzinsen bezogene Teilsteuersatz auf 26,45625 %. Der Abgeltungssteuersatz für Zinsen und Dividenden beläuft sich unter Einschluss des Solidaritätszuschlags auf 26,375 %; der Kursgewinnsteuersatz wurde unter Berücksichtigung des in Kapitel 4.3.2.2 erläuterten Steuerstundungseffektes mit 15 % berücksichtigt.

Als Raw Beta für das dem gleichen Subsektor entstammende Referenzunternehmen A wurde das auf das vierte Quartal 2011 bezogene Tagesbeta von 1,08 herangezogen, da dieses Beta die für die Bewertung relevanten Kapitalmarktverhältnisse am Bewertungsstichtag am besten wiedergibt und gleichzeitig – gemessen am Bestimmtheitsmaß – die größte Aussagekraft besitzt. Als risikoloser Zinssatz wurde die im vierten Quartal 2011 durchschnittlich verzeichnete risikolose Spot Rate für Anlagen mit einer Laufzeit von einem Jahr herangezogen; sie beläuft sich auf 0,24 %. Das Referenzunternehmen weist eine dem Beispielunternehmen ähnliche Finanzierungsstruktur und Bonität auf, der für das Beispielunternehmen angesetzte durchschnittliche Fremdkapitalkostensatz wurde deshalb an das geänderte Zinsniveau angepasst und mit 3,5 % angesetzt. Die Marktkapitalisierung der Eigenfinanzierungstitel des Referenzunternehmen belief sich Ende 2011 auf 1.147 Mio. €. Dieser Wert wird als repräsentativ für das gesamte vierte Quartal 2011 angesehen. Gleiches gilt für den auf der Basis bilanzieller Größen approximierten Marktwert des Fremdkapitals Ende 2011, der mit 746 Mio. € berücksichtigt wurde. Der durchschnittliche Verschuldungsgrad im vierten Quartal belief sich auf 65 %. Alle anderen Eingangsgrößen wurden in gleicher Höhe wie beim Beispielunternehmen angesetzt.

In analoger Weise wurde das Unlevering der Raw Betas der Referenzunternehmen B, C und D vollzogen. Die folgende Tabelle gibt die Ergebnisse wieder:

Tab. 4.29: Beispiel: Historisches Asset Beta in der Peer Group

β_{RU}^{u}	Vorsteuerrechnung		Nachsteuerrechnung	
	Autonome Finanzierung	Wertabhängige Finanzierung	Autonome Finanzierung	Wertabhängige Finanzierung
Beispiel-unternehmen	0,69	0,68	0,66	0,65
Referenz-unternehmen A	0,92	0,89	0,89	0,86
Referenz-unternehmen B	0,69	0,64	0,65	0,62

Tab. 4.29: Beispiel: Historisches Asset Beta in der Peer Group – Fortsetzung

β_{RU}^u	Vorsteuerrechnung		Nachsteuerrechnung	
	Autonome Finanzierung	Wertabhängige Finanzierung	Autonome Finanzierung	Wertabhängige Finanzierung
Referenz-unternehmen C	0,84	0,82	0,83	0,82
Referenz-unternehmen D	0,91	0,87	0,86	0,84

Das Beispiel zeigt, dass die Finanzierungspolitik der Referenzunternehmen und die Berücksichtigung der persönlichen Besteuerung für die Ergebnisse des Unlevering zwar eine Rolle spielen, im Vergleich zu der Qualität des Raw Beta aber von untergeordneter Bedeutung sind. Dies erklärt, warum in der Praxis nahezu ausschließlich die auf den Fall einer autonomen Finanzierung zugeschnittene Anpassungsformel (1) verwendet wird und warum die Frage, welcher Finanzierungspolitik das Referenzunternehmen im Untersuchungszeitraum tatsächlich gefolgt ist, kaum Beachtung findet. Alternativrechnungen zeigen ferner, dass manche Eingangsgrößen, z. B. die herangezogenen Steuersätze, nur geringe Auswirkungen auf das resultierende Asset Beta haben. Dies rechtfertigt eine relativ grobe Rundung dieser Größen. Von relativ großer Bedeutung für das Ergebnis des Unlevering dagegen sind die Kapitalstruktur des Referenzunternehmens und dessen Fremdkapitalkostensatz. Diesen Größen ist daher die meiste Aufmerksamkeit zu widmen.

Für das Beispiel wird im Weiteren ein Asset Beta von 0,8 zugrunde gelegt. Dem liegt die Einschätzung zugrunde, dass das operative Risiko des Beispielunternehmens in der Zukunft demjenigen entspricht, das in den historischen Asset Betas der Referenzunternehmen im Mittel zum Ausdruck kommt. Der Ansatz eines im Vergleich zu dem historischen Asset Beta des Beispielunternehmens höheren Betafaktors wird mit dem Wirksamwerden eines Intervalling Effektes und der mangelnden Stabilität des Betafaktors in 2011 begründet.

PRAXIS: Anpassungsformeln für Betafaktoren nach Harris/Pringle[1]

Eine Vereinfachung der Anpassungsformeln für den Fall einer wertabhängigen Finanzierung ergibt sich, wenn man sich die in den Theorieeinschüben in den Kapiteln 2.4.3.2.2 und 2.4.3.3.3 behandelte Argumentation von Harris/Pringle zu eigen

---

1 Siehe Harris/Pringle (1985).

macht. Die Zusammenhänge zwischen dem Eigenkapitalkostensatz und dem Verschuldungsgrad stellen sich dann aus der Sicht des Bewertungsstichtags wie folgt dar:

Vorsteuerrechnung: $\quad ke_{t+1}^{\ell} = ke_{t+1}^{u} + (ke_{t+1}^{u} - r_{t+1}) \cdot L_t$

Nachsteuerrechnung: $\quad ke_{t+1}^{\ell,s} = ke_{t+1}^{u,s} + (ke_{t+1}^{u,s} - r_{t+1}^{s}) \cdot L_t$

Es resultieren folgende Anpassungsformeln:

- Unlevering im Rahmen einer Vorsteuerrechnung:

$$\beta_{RU}^{u} = \frac{\beta_{RU}^{\ell} + \beta_{RU}^{D} \cdot L_{RU}}{1 + L_{RU}} \qquad \text{mit } \beta_{RU}^{D} = \frac{kd_{RU} - r}{MRP}$$

- Unlevering im Rahmen einer Nachsteuerrechnung:

$$\beta_{RU}^{u} = \frac{\beta_{RU}^{\ell} + \beta_{RU}^{D} \cdot L_{RU}}{1 + L_{RU}} \qquad \text{mit } \beta_{RU}^{D} = \frac{kd_{RU}^{s} - r^{s}}{MRP^{s}}$$

- Relevering im Rahmen einer Vorsteuerrechnung:

$$\beta_{t}^{\ell} = \beta^{u} + (\beta^{u} - \beta_{t}^{D}) \cdot L_{t-1} \qquad \text{mit } \beta_{t}^{D} = \frac{kd_{t} - r_{t}}{MRP}$$

- Relevering im Rahmen einer Nachsteuerrechnung:

$$\beta_{t}^{\ell} = \beta^{u} + (\beta^{u} - \beta_{t}^{D}) \cdot L_{t-1} \qquad \text{mit } \beta_{t}^{D} = \frac{kd_{t}^{s} - r_{t}^{s}}{MRP^{s}}$$

Die aufgeführten Anpassungsformeln haben in der Anwendung mehrere Vorteile und werden deshalb von Praktikern gerne – teilweise in noch weiter vereinfachter Form – herangezogen.[1]

---

1 Siehe z.B. Institut der Wirtschaftsprüfer (Hrsg.) (2014), S. 128 ff.

4.5.3 Ermittlung der Fremdkapitalkostensätze

4.5.3.1 Fremdkapitalkostensatz versus Fremdkapitalzinssatz

Das Fremdkapital von Unternehmen resultiert in der Regel aus der Nutzung verschiedener Finanzierungsinstrumente, die Unterschiede bezüglich der Dauer der Kapitalüberlassung, der Zins- und Tilgungsmodalitäten, der Handelbarkeit der Ansprüche der Fremdkapitalgeber und sonstiger Ausstattungsmerkmale aufweisen. Bei den meisten dieser Finanzierungsinstrumente ist die Zuordnung zum Fremdkapital von vornherein klar. Dies gilt z. B. für Anleihen oder für Darlehen von Kreditinstituten. Bei anderen Finanzierungsinstrumenten resultiert die Zuordnung zum Fremdkapital aus der Abgrenzung des Eigenkapitals, so ggf. bei Vorzugsaktien, Genussrechten, stillen Beteiligungen oder Hybridanleihen. Abgrenzungsprobleme verbleiben dann noch im Hinblick auf Dispositionskredite, Verbindlichkeiten aus Lieferungen und Leistungen, erhaltene Anzahlungen oder Rückstellungen, die dem Nettoumlaufvermögen zugeordnet oder als Fremdkapital berücksichtigt werden können. Ferner stellt sich die Frage, ob ein leasingbedingtes Fremdkapital angesetzt wird. Wie in Kapitel 4.4.1 erörtert, hängt die jeweils einzuschlagende Vorgehensweise davon ab, welche Bedeutung die betreffenden Posten für die Finanzierung des Unternehmens spielen. Vor allem dann, wenn sie andere Formen der Fremdfinanzierung in größerem Umfang substituieren, ist eine Berücksichtigung beim Fremdkapital empfehlenswert. Dies mag dann auch dazu beitragen, die Notwendigkeit oder Zweckmäßigkeit einer Umfinanzierung im Bewertungsprozess erkennbar werden zu lassen.

Nachdem das bei der Bewertung zu berücksichtigende Fremdkapital abgegrenzt worden ist, sind ähnliche Finanzierungsinstrumente – z. B. kurzfristige Kredite verschiedener Kreditinstitute oder verschiedene Anleihenemissionen – zu Fremdkapitalkategorien zusammenzufassen. Als ähnlich gelten dabei nur Finanzierungsinstrumente, die im Hinblick auf das Risiko vergleichbar sind – wobei insbesondere auf eine etwaige Besicherung zu achten ist – und im Hinblick auf die Dauer der Kapitalüberlassung sowie die steuerlichen Konsequenzen der Zahlungen an die Fremdkapitalgeber keine oder nur geringe Unterschiede aufweisen. Im Weiteren werden die Fremdkapitalkategorien getrennt betrachtet. Für jede Fremdkapitalkategorie wird ein Fremdkapitalkostensatz ermittelt. Beim FCF Verfahren werden alle Fremdkapitalkostensätze im Zuge der Berechnung des durchschnittlichen Kapitalkostensatzes berücksichtigt. Beim APV Verfahren wird für jede Fremdkapitalkategorie einzeln der Marktwertbeitrag der resultierenden Steuerersparnisse bestimmt. Schließlich werden die Marktwerte der Fremdkapitalkategorien einzeln ermittelt und vom Marktwert des verschuldeten Unternehmens abgesetzt.

In erster Annäherung liegt der Gedanke nahe, die gesuchten Fremdkapitalkostensätze wie den Eigenkapitalkostensatz auf der Basis des CAPM zu bestimmen. Da es sich nämlich bei der Bereitstellung von Fremdkapital in der Realität um eine riskante Anlagemöglichkeit handelt, umfasst das Marktportefeuille als die Gesamtheit aller riskanten Anlagemöglichkeiten nicht nur Eigenfinanzierungstitel, sondern auch Fremdfinanzierungstitel. Dies ist jedoch nicht der Weg, der in der Bewertungspraxis üblicherweise eingeschlagen wird. Statt an erwarteten Zahlungen knüpft die Bestimmung der Fremdkapitalkostensätze an den mit den Fremdkapitalgebern vertraglich vereinbarten Zahlungen an. Um die aus diesen Zahlungen resultierende Verzinsung von derjenigen abzugrenzen, die sich aus den erwarteten Zahlungen an die Fremdkapitalgeber ergibt, wird im Folgenden der Begriff Fremdkapitalzinssatz verwendet. Inwieweit Fremdkapitalzinssätze bei der Bewertung an die Stelle von Fremdkapitalkostensätzen treten können, wird später behandelt.

Der Fremdkapitalzinssatz leitet sich aus dem überlassenen Fremdkapital einerseits und den vertraglich vereinbarten Zahlungen an die Fremdkapitalgeber andererseits ab. Das überlassene Fremdkapital wird mit dem Marktwert des Fremdkapitals gleichgesetzt. Dahinter steht die Annahme, dass dem Unternehmen im Zeitpunkt der Fremdkapitalaufnahme ein Betrag in Höhe des Marktwertes der vereinbarten Zins- und Tilgungszahlungen zufließt und dass die Fremdfinanzierungstitel des Unternehmens in späteren Zeitpunkten zu einem Preis gehandelt werden, der dem Marktwert entspricht. Der Fremdkapitalzinssatz wird damit letztlich ganz analog zum Fremdkapitalkostensatz definiert; der einzige Unterschied besteht darin, dass an die Stelle der erwarteten Zahlungen an die Fremdkapitalgeber die vertraglich vereinbarten Zahlungen treten. Da der Erwartungswert der Zahlungen an die Fremdkapitalgeber höchstens den vertraglich vereinbarten Zahlungen entspricht, ist der Fremdkapitalzinssatz stets größer oder gleich dem Fremdkapitalkostensatz.

Für die Bewertung maßgeblich sind die Fremdkapitalzinssätze, wie sie sich am Bewertungsstichtag darstellen. Ausgehend von dem Fremdkapitalzinssatz kd_{t+1}^v der Periode $t+1$ ergibt sich der am Bewertungsstichtag für den Zeitpunkt t erwartete Marktwert des Fremdkapitals aus:

$$E[\tilde{D}_t] = \frac{x_{t+1}^{FtD,v} + E[\tilde{D}_{t+1}]}{1 + kd_{t+1}^v} \qquad \text{für } t = 0, \ldots, T-1 \qquad (1)$$

$x_{t+1}^{FtD,v}$ bezeichnet die für den Zeitpunkt $t+1$ vertraglich vereinbarte Zahlungen an die Fremdkapitalgeber. Aus (1) ist ersichtlich, dass der Fremdkapitalzinssatz wie der Fremdkapitalkostensatz als Forward Rate spezifiziert wird. Für den Marktwert des Fremdkapitals am Bewertungsstichtag folgt:

$$D = \sum_{t=1}^{T} \frac{x_t^{FtD,v}}{\prod_{\kappa=1}^{t}(1 + kd_\kappa^v)} \qquad (2)$$

BEISPIEL: Fremdkapitalzinssatz versus Fremdkapitalkostensatz

Der Unterschied zwischen Fremdkapitalzinssatz und Fremdkapitalkostensatz wird an einem einfachen Beispiel illustriert. Im Zeitpunkt 0 begibt ein Unternehmen eine Anleihe von 10.000 € mit einer Verzinsung von 5 % und einer Laufzeit von 2 Perioden. Der Ausgabekurs beläuft sich auf 98 %, die Rückzahlung erfolgt zu 100 %, von Transaktionskosten wird abstrahiert. Der Marktwert des Fremdkapitals im Zeitpunkt 0 beträgt 9.800 €. Der aus der Sicht des Zeitpunktes 0 für den Zeitpunkt 1 erwartete Kurs der Anleihe beläuft sich auf 99 %. Die Fremdkapitalzinssätze der beiden Perioden resultieren dann aus:

$$9.900 = \frac{500 + 10.000}{1 + kd_2^v} \quad \Rightarrow \quad kd_2^v = 6,06\%$$

$$9.800 = \frac{500 + 9.900}{1 + kd_1^v} \quad \Rightarrow \quad kd_1^v = 6,12\%$$

Man beachte, dass der Fremdkapitalzinssatz der Periode 2 aus der Sicht des Zeitpunktes 0 spezifiziert ist.

Im Zeitpunkt 0 wird davon ausgegangen, dass das Unternehmen seine Zahlungsverpflichtungen in den Zeitpunkten 1 und 2 mit einer Wahrscheinlichkeit von 99 % erfüllen wird. Damit resultieren folgende Fremdkapitalkostensätze:

$$9.900 = \frac{(500 + 10.000) \cdot 0,99}{1 + kd_2} \quad \Rightarrow \quad kd_2 = 5,00\%$$

$$9.800 = \frac{500 \cdot 0,99 + 9.900}{1 + kd_1} \quad \Rightarrow \quad kd_1 = 6,07\%$$

Es wird ersichtlich, dass der Fremdkapitalzinssatz den Fremdkapitalkostensatz übersteigt. Die Differenz ist aber gering, wenn der Erwartungswert der Zahlungen an die Fremdkapitalgeber nur unwesentlich hinter den vertraglich vereinbarten Zahlungen zurückbleibt.

Wie der Fremdkapitalkostensatz kann auch der Fremdkapitalzinssatz auf den risikolosen Zinssatz einerseits und einen Risikozuschlag andererseits zurückgeführt werden. Dieser Risikozuschlag wird – mit in der Literatur nicht ganz einheitlicher Begriffsverwendung – als **Credit Spread** bezeichnet und in Basispunkten gemessen (ein Basispunkt entspricht dem hundertsten Teil eines Prozentpunktes). Die Höhe des Credit Spread richtet sich nach den Risiken, die der Fremdkapitalgeber übernimmt. Von größter Bedeutung ist dabei das Risiko, das der Schuldner die vertraglich vereinbarten Zahlungen an die Fremdkapitalgeber ganz oder teilweise nicht leistet (**Ausfallrisiko**). Bei der Beurteilung des Ausfallrisikos wird üblicherweise auf das **Rating** der betreffenden Finanzierungsinstrumente oder des Unternehmens Bezug genommen. Dieses Rating beinhaltet eine Einschätzung der Fähigkeit des Unternehmens, seinen Zahlungsverpflichtungen nachzukommen. Der Standardisierung dient die Beschreibung der jeweiligen Risikoklasse durch einen Ratingcode. Die wichtigsten Ratingagenturen sind die US-amerikanischen Unternehmen Standard and Poor's (S&P), Moody's und Fitch; sie decken insgesamt ca. 95 % des Weltmarktes ab. Die Ratingcodes, die von diesen Unternehmen genutzt werden, sind folgender Übersicht zu entnehmen.

Tab. 4.30: Die Ratingcodes der größten Ratingagenturen[1]

	A	B	C	D	E	F	G
1	S&P		Moody's		Fitch		Beschreibung
2	Lang-fristig	Kurz-fristig	Lang-fristig	Kurz-fristig	Lang-fristig	Kurz-fristig	
3	AAA	A–1+	Aaa	P-1	AAA	F1+	Extremsichere Anlage. Das Ausfallrisiko ist auch längerfristig so gut wie vernachlässigbar (Triple A)
4	AA+		Aa1		AA+		Sehr sichere Anlage. Das Ausfallrisiko ist kurz- und mittelfristig so gut wie vernachlässigbar (High grade).
5	AA		Aa2		AA		
6	AA–		Aa3		AA–		
7	A+	A-1	A1		A+	F1	Sichere Anlage. Das Ausfallrisiko ist sehr gering (Upper Medium Grade).
8	A		A2		A		
9	A–	A-2	A3	P-2	A–	F2	
10	BBB+		Baa1		BBB+		Sichere Anlage. Das Ausfallrisiko ist gering (Lower Medium grade).
11	BBB	A-3	Baa2	P-3	BBB	F3	
12	BBB–		Baa3		BBB–		
13	BB+	B	Ba1	Not Prime	BB+	B	Spekulative Anlage. Ausfälle sind möglich (Speculative).
14	BB		Ba2		BB		
15	BB–		Ba3		BB–		
16	B+		B1		B+		Hochspekulative Anlage. Ausfälle sind wahrscheinlich (Highly speculative).
17	B		B2		B		
18	B–		B3		B–		
19	CCC+	C	Caa1		CCC	C	Extrem spekulative Anlage. Mit Ausfällen ist zu rechnen (Extremely speculative).
20	CCC		Caa2		CC		
21	CCC–		Caa3				
22	CC		Ca		C		
23	C						
24	D	D	C		RD/D	RD/D	Ausfall ist ganz oder teilweise eingetreten (Default).
25							
26							

---

1 Die Zusammenstellung basiert auf den Angaben der Ratingagenturen auf ihren Internetseiten im August 2013.

Der Zusammenhang zwischen dem Rating und der Fähigkeit des Unternehmens, seine Zahlungsverpflichtungen zu erfüllen, wird durch empirische Untersuchungen zu sogenannten **Ausfallraten** (Default Rates) bestätigt. Ausfallraten geben an, wie hoch der Prozentsatz der Schuldner einer bestimmten Ratingklasse innerhalb eines Jahres (einfache Ausfallrate) oder innerhalb eines längeren Zeitraums (kumulierte Ausfallrate) war, bei denen ein Zahlungsausfall aufgetreten ist. Folgender Tabelle sind die globalen durchschnittlichen kumulierten Ausfallraten im Zeitraum von 1981 bis 2006 – also noch vor der Finanzkrise – in Abhängigkeit vom Standard & Poor's Rating zu entnehmen:

Tab. 4.31: Kumulierte Ausfallraten im Zeitraum 1981 – 2006[1]

	A	B	C	D	E	F	G	H
1	**Jahre**	**AAA**	**AA**	**A**	**BBB**	**BB**	**B**	**CCC/C**
2	**1**	0,0 %	0,0 %	0,1 %	0,2 %	1,1 %	5,0 %	26,3 %
3	**2**	0,0 %	0,1 %	0,2 %	0,7 %	3,1 %	10,9 %	34,7 %
4	**3**	0,1 %	0,1 %	0,3 %	1,2 %	5,6 %	15,9 %	40,0 %
5	**4**	0,2 %	0,2 %	0,5 %	1,9 %	8,0 %	19,8 %	43,2 %
6	**5**	0,3 %	0,3 %	0,7 %	2,6 %	10,1 %	22,6 %	46,2 %
7	**10**	0,7 %	0,9 %	1,9 %	5,4 %	17,5 %	30,4 %	51,8 %
8	**15**	0,8 %	1,3 %	2,8 %	7,9 %	20,8 %	35,0 %	54,6 %

Geht man davon aus, dass der historische Zusammenhang zwischen Ausfallraten und Rating auch in Zukunft Bestand hat, so kann das Rating als Indikator für das Ausfallrisiko dienen, das mit der Bereitstellung von Fremdkapital verbunden ist. Diesem Gedankengang folgend orientieren sich die Fremdkapitalgeber bei ihrer Verzinsungsforderung typischerweise an dem Rating des betreffenden Finanzierungsinstruments oder Unternehmens. Der Credit Spread und der Fremdkapitalzinssatz fallen umso geringer aus, je besser das Rating ist.

PRAXIS: Rating und Credit Spread

Der Zusammenhang zwischen Rating, Restlaufzeit und Credit Spread ist exemplarisch folgender Tabelle zu entnehmen.

Basispunkte	1	2	3	4	5	6	7	8
AAA	25	22	27	27	30	35	48	41
AA	28	32	41	50	51	61	75	61

---

1 Siehe Standard & Poor's (2008), S. 14.

Basispunkte	1	2	3	4	5	6	7	8
A	56	36	61	63	75	79	85	80
BBB	86	94	101	119	159	136	145	153
BB	214	206	281	298	394	294	353	293
B	296	466	858	684	651	632	549	499

Die Tabelle wurde im August 2013 auf der Basis von Daten berechnet, die die Börse Stuttgart auf ihrer Internetseite bereitstellt. Als risikoloser Zinssatz diente die Rendite von Bundesanleihen. In die Berechnung wurden insgesamt 1.848 Anleihen mit einem Standard & Poor's Rating von AAA bis B- einbezogen. Wie ersichtlich haben Anleihen mit einem besseren Rating einen geringeren Credit Spread. Ferner zeigt sich, dass der Credit Spread von Anleihen mit gleichem Rating tendenziell mit der Restlaufzeit zunimmt.

Obwohl sich der Fremdkapitalzinssatz konzeptionell vom Fremdkapitalkostensatz unterscheidet, kann er in einigen Zusammenhängen direkt an die Stelle des Fremdkapitalkostensatzes treten, ohne dass sich hieraus eine Verfälschung des Bewertungsergebnisses ergäbe. Voraussetzung hierfür ist, dass der Bewertungskalkül entsprechend modifiziert wird:

- Da die Abzinsung der vereinbarten Zahlungen mit dem Fremdkapitalzinssatz zu dem gleichen Ergebnis wie die Abzinsung erwarteter Zahlungen mit dem Fremdkapitalkostensatz führt, kann der Marktwert des Fremdkapitals auch im Wege der Abzinsung der vertraglich vereinbarten Zahlungen mit dem Fremdkapitalzinssatz bestimmt werden.
- Soweit bei Anwendung des APV Verfahrens davon ausgegangen wird, dass die fremdfinanzierungsbedingten Steuerersparnisse dem gleichen Risiko wie die Zahlungen an die Fremdkapitalgeber unterliegen, kann man den Marktwertbeitrag des Tax Shields ermitteln, indem die Steuervorteile, die aus den vertraglichen Vereinbarungen mit den Fremdkapitalgebern resultieren, mit dem Fremdkapitalzinssatz abgezinst werden.

Darüber hinaus kann der Fremdkapitalzinssatz als Annäherung an den Fremdkapitalkostensatz verwendet werden, wenn das Ausfallrisiko gering ist (Investment Grade, BBB- oder besser gemäß S&P Rating). Der Unterschied der beiden Größen bleibt dann im Rahmen der Schätzungenauigkeit anderer wertrelevanter Größen. Von dieser Möglichkeit wird bei der Bestimmung des durchschnittlichen Kapitalkostensatzes und beim Unlevering und Relevering von Betafaktoren Gebrauch gemacht.

Bei einem höheren Ausfallrisiko (Speculative Grade, BB+ oder schlechter gemäß S&P Rating) ist nicht mehr davon auszugehen, dass der Fremdkapitalzinssatz den Fremdkapitalkostensatz hinreichend gut annähert. Eine Anpassung an das höhere Ausfallrisiko ist notwendig. Im Rahmen einer vereinfachten Betrachtung ist hierfür zunächst die **Ausfallwahrscheinlichkeit** zu schätzen (**PD** – Probability of Default). Anhaltspunkte dafür geben die Ausfallraten bei Schuldnern mit einem entsprechenden Rating. Da der Fremdkapitalgeber bei einem Zahlungsausfall zwar mit einem teilweisen, aber in der Regel nicht mit einem vollständigen Verlust seiner Vermögensposition rechnen muss, ist darüber hinaus die sogenannte **Erlösquote** (**RR** – Recovery Rate) als der bedingte Erwartungswert des Anteils seiner Ansprüche zu bestimmen, der bei einem Zahlungsausfall doch noch erlöst werden kann. Das Gegenstück zu der Erlösquote ist der erwartete **Verlust bei Zahlungsausfall** (**LGD** – Loss given Default); es gilt LGD = 1 – RR. Der Erwartungswert der Zahlung an die Fremdkapitalgeber resultiert dann aus:

$$E[\tilde{x}^{FtD}] = x^{FtD,v} \cdot (1 - PD) + x^{FtD,v} \cdot RR \cdot PD = x^{FtD,v} \cdot (1 - PD \cdot LGD) \tag{3}$$

Der Fremdkapitalkostensatz kd ergibt sich in der einperiodischen Betrachtung aus folgender Beziehung:

$$\frac{x^{FtD,v}}{1 + kd^v} = \frac{x^{FtD,v} \cdot (1 - PD \cdot LGD)}{1 + kd} \tag{4}$$

Es folgt:

$$kd = kd^v \cdot (1 - PD \cdot LGD) - PD \cdot LGD \tag{5}$$

Da bei der Ableitung von (5) auf nur eine Periode Bezug genommen wurde, stellt die Anwendung dieses Zusammenhangs im mehrperiodigen Kontext eine Heuristik dar, die je nach der Bedeutung für den Einzelfall durch weitergehende Überlegungen ersetzt werden sollte.

BEISPIEL: **Der Unterschied zwischen Fremdkapitalkostensatz und Fremdkapitalzinssatz in Abhängigkeit von der Ausfallwahrscheinlichkeit**

Bei einem Fremdkapitalzinssatz von 6 %, einer Ausfallwahrscheinlichkeit von 5 % und einem erwarteten Verlust von 50 % der Zahlungsansprüche bei Zahlungsausfall beläuft sich der Fremdkapitalkostensatz gemäß (5) näherungsweise auf 3,35 %. Der Unterschied zwischen dem Fremdkapitalkostensatz und dem Fremdkapitalzinssatz beträgt damit 265 Basispunkte. Geht man bei einer Ausfallwahrscheinlichkeit von 0,2 % von einem Fremdkapitalzinssatz von 4 % aus, so beträgt die Differenz zwischen Fremdkapitalzinssatz und Fremdkapitalkostensatz nur ca. 10 Basispunkte.

Im Rahmen von Nachsteuerrechnungen kommen Fremdkapitalkostensätze **nach persönlichen Steuern** zum Ansatz. Wegen der Zugrundelegung des deutschen Kapitalmarktes ist für die Bemessung der zu berücksichtigenden persönlichen Steuern das deutsche Steuersystem maßgeblich, das in Kapitel 4.3.2 dargestellt wurde. Wie in diesem Zusammenhang erläutert, wird davon ausgegangen, dass es sich bei den Fremdkapital-gebern des Unternehmens um natürliche Personen handelt, die dem Abgeltungsteuer-system unterliegen. Die Rückzahlung von Fremdkapital bleibt demnach steuerfrei. Zinsen und realisierte Kursgewinne sind mit dem Abgeltungsteuersatz von 25 % zu ver-steuern. Zusätzlich ist der Solidaritätszuschlag von 5,5 % auf die Abgeltungsteuer zu entrichten. Der Steuersatz auf Zinsen beläuft sich damit auf:

$$s_d = \underbrace{25\%}_{\substack{\text{Abgeltung-}\\\text{steuersatz}}} \cdot \underbrace{(1+5,5\%)}_{\substack{\text{Solidaritäts-}\\\text{zuschlag}}} = 26,375\%$$

Vereinfachend wird des Weiteren davon ausgegangen, dass beim Fremdkapitalgeber keine Kursgewinne anfallen oder dass etwaige Kursgewinne in der Periode ihres Entste-hens realisiert und damit in gleicher Weise wie Zinsen besteuert werden. Der Fremdka-pitalkostensatz nach persönlichen Steuern bestimmt sich dann wie folgt:

$$kd_t^s = kd_t \cdot (1-s_d) \qquad \text{für } t=1, 2, \ldots \qquad (6)$$

Als modifizierter Fremdkapitalkostensatz nach persönlichen Steuern ergibt sich:

$$kd_t^{s*} = \frac{kd_t^s}{1-s_g} \qquad \text{für } t=1, 2, \ldots \qquad (7)$$

4.5.3.2 Der Fremdkapitalzinssatz bei langfristigem Fremdkapital

Langfristiges Fremdkapital wird dem Unternehmen für einen Zeitraum von mehr als einem Jahr überlassen und dient in der Regel dazu, das Anlagevermögen des Unterneh-mens zu finanzieren. Unter das langfristige Fremdkapital fallen insbesondere fest und variabel verzinste Anleihen und Darlehen von Kreditinstituten und anderen Fremdka-pitalgebern. In Abhängigkeit von der Abgrenzung des Nettoumlaufvermögens können darüber hinaus langfristige Rückstellungen, insbesondere Pensionsrückstellungen, dem langfristigen Fremdkapital zugehören. Des Weiteren ist ein für Bewertungszwecke an-genommenes leasingbedingtes Fremdkapital dem langfristigen Fremdkapital zuzuord-nen. Im Folgenden wird lediglich Fremdkapital in Form von Anleihen und langfristigen Darlehen behandelt. Die bei Wandel-, Options- oder Umtauschanleihen zu beachten-den Besonderheiten bleiben außer Acht.

Analog zur Vorgehensweise bei der Bestimmung des Eigenkapitalkostensatzes baut die Bestimmung des Fremdkapitalzinssatzes auf dem risikolosen Zinssatz auf. Der ri-sikolose Zinssatz ist um den Credit Spread zu erhöhen, der hierfür als laufzeitunab-hängige oder als laufzeitabhängige Größe bestimmt wird. Im Fall einer **Finanzierung** durch festverzinsliche Anleihen resultiert der Credit Spread als laufzeitunabhängige Größe aus den Kursnotierungen einer oder mehrerer börsennotierter Anleihen mit gleichem Rating, gleicher Laufzeit und möglichst gleicher Zahlungscharakteristik oder aus den Kursnotierungen der betrachteten Anleihe selbst. Bezeichnet K den Marktpreis der betrachteten Anleihe am Bewertungsstichtag, $x_t^{FtD,v}$ die für den Zeitpunkt t vertraglich vereinbarten Zins- und Tilgungszahlungen, T die Restlaufzeit der Anleihe und r_t den risikolosen Zinssatz der Periode t gemäß Kapitel 4.5.5.2, so kann der Credit Spread c durch Lösung folgender Gleichung bestimmt werden:[1]

$$K = \sum_{t=1}^{T} \frac{x_t^{FtD,v}}{\prod_{\kappa=1}^{t}(1+r_\kappa+c)} \tag{1}$$

Der angegebenen Formel liegt die Annahme zugrunde, dass die Zins- und Tilgungszahlungen jeweils am Ende eines Jahres fällig werden und dass der Bewertungsstichtag auf den Anfang eines Jahres fällt. Für die praktische Anwendung ist sie an die tatsächlichen Verhältnisse anzupassen. In jedem Fall ist zu prüfen, ob am Bewertungsstichtag ein hinreichend liquider Handel stattfand, so dass von einer aussagekräftigen Kursnotierung ausgegangen werden kann. Sollte es Hinweise dafür geben, dass die Kursnotierung am Bewertungsstichtag durch außergewöhnliche Umstände beeinflusst war, bietet es sich an, den Credit Spread analog zur Bestimmung des risikolosen Zinssatzes als Durchschnittsgröße über die letzten drei Monate vor dem Bewertungsstichtag zu bestimmen.

Finden sich genügend Anleihen mit gleichem Rating, deren Endfälligkeiten über die Restlaufzeit der Anleihe des Unternehmens in geeigneter Weise verteilt sind, lässt sich der Credit Spread auch als von der Restlaufzeit abhängige Größe ermitteln. Hierzu sind zunächst mittels der in Kapitel 4.5.2.2 genannten Verfahren Rating-spezifische Spot Rates für alle Restlaufzeiten zu bestimmen. Ausgehend von diesen Spot Rates werden dann die impliziten Forward Rates bestimmt. Der laufzeitabhängige Credit Spread entspricht der Differenz zwischen der Rating-spezifischen Forward Rate und dem ebenfalls als implizite Forward Rate bestimmten risikolosen Zinssatz. Da das Ausfallrisiko der Fremdkapitalgeber mit der Dauer der Kapitalüberlassung größer wird, ist davon auszugehen, dass der Credit Spread mit der Restlaufzeit steigt. Die Berücksichtigung des Zusammenhangs von Credit Spread und Restlaufzeit verspricht daher eine höhere Genauigkeit bei der Bestimmung des Fremdkapitalzinssatzes. Allerdings ist damit auch ein höherer Aufwand verbunden, wenn nicht von vorneherein auf Rating-spezifische Zinsstrukturkur-

---

1 Abweichend von (1) wird der Credit Spread häufig als Differenz des internen Zinsfußes (Yield to Maturity) der betrachteten Anleihe und einer risikolosen Anleihe mit gleicher Restlaufzeit oder Duration bestimmt. Die (1) zugrunde liegende Definition ermöglicht es, die Fristigkeitsstruktur des risikolosen Zinssatzes bei der Ableitung der Fremdkapitalzinssätze zu berücksichtigen und weist damit im Bewertungskontext Vorteile auf.

ven von Börseninformationsdiensten zurückgegriffen werden soll. Zudem wird man bei der Vergleichbarkeit der einbezogenen Anleihen Abstriche machen müssen, um die für die Abdeckung des Laufzeitspektrums erforderliche Zahl von Wertpapieren ausfindig machen zu können.

Im Fall einer Finanzierung durch **langfristige festverzinsliche Darlehen** kommen grundsätzlich analoge Verfahren zur Bestimmung des Credit Spread in Frage. Ihre Anwendung stößt aber auf das Problem, dass Informationen über Darlehen von Unternehmen mit gleichem Rating nicht in gleichem Umfang verfügbar sind. Es liegt daher nahe, bei der Bestimmung des Fremdkapitalzinssatzes an den Konditionen des Darlehens des Unternehmens selbst anzuknüpfen, wenn diese Konditionen bekannt sind, hinreichend verlässlich aus dem Jahresabschluss erschlossen oder anderen Informationsquellen entnommen werden können. Für die Ableitung des Credit Spread wird die unter (1) angegebene Beziehung genutzt, wobei das im Zeitpunkt der Kreditaufnahme überlassene Fremdkapital an die Stelle des Marktpreises der Anleihe am Bewertungsstichtag tritt. Mit dieser Vorgehensweise ist insbesondere die Annahme verbunden, dass sich das Ausfallrisiko des Unternehmens seit dem Zeitpunkt der Kreditaufnahme nicht geändert hat und dass auch der Zusammenhang zwischen Ausfallrisiko und Credit Spread gleich geblieben ist. Erscheinen diese Annahmen nicht hinreichend plausibel, ist das Ausfallrisiko der Fremdkapitalgeber am Bewertungsstichtag unter Bezugnahme auf einen gebräuchlichen Ratingcode zu schätzen. Der damit korrespondierende Credit Spread ist aus den Kapitalmarktverhältnissen am Bewertungsstichtag abzuleiten. Analog ist vorzugehen, wenn die Konditionen des Darlehens nicht bekannt sind.

Das in den letzten Kapiteln betrachtete Beispielunternehmen hat Ende 2011, also kurz vor dem Bewertungsstichtag, ein Schuldscheindarlehen in Höhe von 49.000 Tsd. € aufgenommen, das abzüglich einer 0,5 %-igen Kreditbereitstellungsgebühr ausgezahlt wurde und mit 48.755 Tsd. € bilanziert ist. In folgender Tabelle sind die vereinbarten Zins- und Tilgungszahlungen aufgeführt:

Tab. 4.32: Beispiel: Schuldscheindarlehen

	A	B	C	D	E	F	G	H	I
1	**Schuldscheindar-lehen**	**2011**	**2012**	**2013**	**2014**	**2015**	**2016**	**2017**	**2018**
2	Auszahlung/ Tilgung in Tsd. €	−48.755					39.000		10.000
3	Zinsen in Tsd. €		1.655	1.655	1.655	1.655	1.655	562	562
4	Risikoloser Zins (Forward Rate)		0,24 %	0,60 %	1,08 %	1,60 %	2,11 %	2,57 %	2,97 %
5	Credit Spread		2,43 %	2,43 %	2,43 %	2,43 %	2,43 %	2,43 %	2,43 %
6	Fremdkapitalzinssatz		2,66 %	3,03 %	3,51 %	4,03 %	4,53 %	4,99 %	5,39 %

Die Tabelle berücksichtigt den mittels (1) bestimmten Credit Spread in Höhe von ca. 2,4 %-Punkten. Vor dem Hintergrund der in Kapitel 4.5.5.2 ermittelten risikolosen Zinssätze resultieren für die Laufzeit des Schuldscheindarlehens die angegebenen Fremdkapitalzinssätze. In Bezug auf das sonstige langfristige Fremdkapital des Beispielunternehmens – bilanziell 22.171 Tsd. € – wird ein etwas höherer Credit Spread von 3,0 %-Punkten angesetzt.

Bei Anleihen oder Darlehen mit **variabler Verzinsung** wird der auf den Nominalwert der Anleihe bzw. den Darlehensbetrag anzuwendende Zinssatz in regelmäßigen Abständen nach einer vertraglich vereinbarten Regel an einen Referenzzins – etwa LIBOR (London Interbank Offered Rate) oder EURIBOR (European Interbank Offered Rate) – angepasst. Ausgangspunkt der Bestimmung des Fremdkapitalzinssatzes sind dann vom Prinzip her nicht die aus der Zinsstrukturkurve am Bewertungsstichtag abgeleiteten impliziten Forward Rates, sondern erwartete Spot Rates. Zunächst sind die auf die Zeitpunkte der Zinsanpassungen bezogenen Spot Rates für risikolose Anlagen mit einer dem Zinsanpassungsintervall entsprechenden Laufzeit zu prognostizieren. Hiervon ausgehend wird die zu erwartende Entwicklung des Referenzzinssatzes bestimmt. Meistens ist anzunehmen, dass der Referenzzinssatz annähernd dem risikolosen Zinssatz entspricht oder in einer festen Relation zum risikolosen Zinssatz steht. Der Credit Spread resultiert dann unmittelbar aus den vertraglichen Vereinbarungen.

Anhaltspunkte für die Prognose künftiger Spot Rates ergeben sich aus den Theorien zur Fristigkeitsstruktur von Zinssätzen. Insbesondere zwei Theorien sind bedeutsam: Nach der **Expectations Theory**[1] spiegelt die Zinsstrukturkurve die Erwartungen bezüglich künftiger Spot Rates wider; die erwartete Spot Rate entspricht der impliziten Forward Rate. Als Argument für eine entsprechende Prognose der künftigen Spot Rates ist anzuführen, dass analog auch bei der Bestimmung der Eigenkapitalkostensätze vorgegangen wird. Die wichtigste Alternative zur Expectations Theory ist die **Liquidity Preference Theory**[2]. Demnach fordern die Anleger am Kapitalmarkt bei einer längerfristigen Überlassung von Fremdkapital einen Ausgleich für das im Vergleich zu kurzfristigen Anlagen übernommene Zinsänderungsrisiko. Infolgedessen ist die implizite Forward Rate größer als die erwartete Spot Rate. Bei einer normal ansteigenden Zinsstrukturkurve erscheint es vor diesem Hintergrund denkbar, die erwartete Spot Rate in Höhe der Spot Rate am Bewertungsstichtag anzusetzen. Für diese Vorgehensweise sprechen empirische Befunde, die mit den Vorhersagen der Liquidity Preference Theory besser vereinbar erscheinen. Dagegen könnte eingewendet werden, dass eine Inkonsistenz vorliegt, da bei der Bewertung ansonsten von der Zinsstrukturkurve am Bewertungsstichtag ausgegangen wird.

Die abgeleiteten Fremdkapitalzinssätze beziehen sich auf die am Bewertungsstichtag genutzten Finanzierungsinstrumente. In der Regel ist davon auszugehen, dass nach

---

1 Als Basis siehe hierzu Fischer (1930).
2 Siehe grundlegend Hicks (1946).

Ablauf der Restlaufzeit dieser Finanzierungsinstrumente eine Refinanzierung erforderlich wird. Soweit nichts anderes geplant ist und eine Umfinanzierung aus der Sicht des Bewerters nicht unbedingt geboten erscheint, wird angenommen, dass eine **Refinanzierung mittels gleicher oder ähnlicher Finanzierungsinstrumente** erfolgt. Der Fremdkapitalzinssatz der neuen Finanzierungsinstrumente bestimmt sich in gleicher Weise wie derjenige der am Bewertungsstichtag vorhandenen Finanzierungsinstrumente. Ob der risikolose Zinssatz weiterhin in Höhe der impliziten Forward Rate angesetzt wird, die aus der Zinsstrukturkurve am Bewertungsstichtag resultiert, hängt davon ab, von welchen Erwartungen bezüglich der künftigen Spot Rates ausgegangen wird. Diesbezüglich sind die gleichen Überlegungen wie bei Finanzierungsinstrumenten mit variabler Verzinsung anzustellen.

Bei Finanzierungsinstrumenten mit unterschiedlicher Restlaufzeit können sich nach dem beschriebenen Vorgehen unterschiedliche Fremdkapitalzinssätze ergeben, z.B. weil ein von der Restlaufzeit abhängiger Credit Spread berücksichtigt wird. Es existieren dann zwei Möglichkeiten: Die eine Möglichkeit besteht darin, mit mehreren, nach Restlaufzeiten differenzierten Fremdkapitalkategorien zu arbeiten. Die andere Möglichkeit ist, für die Fremdkapitalkategorie einen **mittleren Fremdkapitalzinssatz** anzusetzen. Dieser mittlere Fremdkapitalzinssatz entspricht grundsätzlich dem mit Marktwerten gewichteten Durchschnitt der Fremdkapitalzinssätze der berücksichtigten Finanzierungsinstrumente. Für praktische Belange dürfte es im Regelfall ausreichen, den mittleren Fremdkapitalzinssatz zu schätzen, z.B. durch Anwendung des Credit Spread für eine mittlere Restlaufzeit auf den risikolosen Zinssatz der betreffenden Periode.

Veränderungen des bei der Bestimmung des Fremdkapitalzinssatzes berücksichtigten Credit Spread sind immer dann erforderlich, wenn sich das Ausfallrisiko der Fremdkapitalgeber ändert. Dies ist vor allem bei Änderungen des Verschuldungsgrades des Unternehmens anzunehmen. Denn da bei einer **Erhöhung des Verschuldungsgrads** unter ansonsten gleichen Bedingungen die vertraglich vereinbarten Zins- und Tilgungszahlungen ansteigen, erhöht sich die Wahrscheinlichkeit, dass der für Zahlungen an die Kapitalgeber insgesamt verfügbare Betrag nicht ausreicht, um diese Zahlungen zu leisten. Bedeutsam wird dies vor allem dann, wenn bei der Bewertung von einer autonomen Finanzierung größerer Investitionsprojekte ausgegangen wird, die in der Detailprognosephase zu einer Veränderung der Kapitalstruktur führt. In einem solchen Fall ist zu prüfen, ob der Credit Spread an das veränderte Ausfallrisiko der Fremdkapitalgeber angepasst werden muss. Die gleiche Frage stellt sich, wenn im Rahmen einer wertabhängigen Finanzierung über die Detailprognosephase hinweg eine sukzessive Anpassung an eine Zielkapitalstruktur geplant wird.

4.5.3.3 Der Fremdkapitalzinssatz bei kurzfristigem Fremdkapital

Kurzfristiges Fremdkapital wird dem Unternehmen für einen Zeitraum von maximal einem Jahr überlassen. Es dient zur Finanzierung kurzfristiger Projekte, zur Zwischenfinanzierung bei längerfristigen Projekten und zum Ausgleich von Liquiditätsschwankungen im Verlauf des Geschäftsjahres. Unter das kurzfristige Fremdkapital fallen alle Finanzierungsquellen, die nicht dem Eigenkapital oder dem langfristigen Fremdkapital zugehörig sind und nicht beim Nettoumlaufvermögen berücksichtigt werden. Insbesondere können dies kurzfristige Bankkredite, Verbindlichkeiten aus Lieferungen und Leistungen, kurzfristige Rückstellungen oder erhaltene Anzahlungen sein. Da im Rahmen dieser Darstellung davon ausgegangen wird, dass die zuletzt genannten Finanzierungsquellen dem Nettoumlaufvermögen zugeordnet werden, werden im Folgenden nur kurzfristige Bankkredite als die wichtigste Form der kurzfristigen Fremdfinanzierung behandelt.

Die Konditionen der am Bewertungsstichtag in Anspruch genommenen kurzfristigen Bankkredite sind dem internen Bewerter bekannt. In der Regel entspricht der Rückzahlungsbetrag dem Auszahlungsbetrag, so dass der vereinbarte, auf das Jahr bezogene Sollzinssatz direkt als Fremdkapitalzinssatz angesetzt werden kann. Der externe Bewerter sollte sich bei der Bestimmung des Fremdkapitalzinssatzes nach Möglichkeit an den Konditionen kurzfristiger Kreditfinanzierungen anderer Unternehmen mit gleicher Bonität orientieren. Alternativ wird bisweilen versucht, den in der Vergangenheit geltenden Fremdkapitalzinssatz aus Jahresabschlussinformationen abzuleiten und – bei unveränderter Bonität des Unternehmens – an die bis zum Bewertungsstichtag eingetretenen Zinsniveauänderungen anzupassen. Im einfachsten Fall wird der Fremdkapitalzinssatz des Geschäftsjahres vor dem Bewertungsstichtag als Quotient aus dem Zinsaufwand und dem mittleren Buchwert der betreffenden Verbindlichkeiten bestimmt. Diese Vorgehensweise ist schon deshalb problematisch, weil die Inanspruchnahme insbesondere von Kontokorrentlinien häufig starken Schwankungen unterliegt.

Wie beim langfristigen Fremdkapital wird grundsätzlich davon ausgegangen, dass kurzfristige Bankkredite nach Ablauf ihrer Laufzeit durch neue Kredite mit gleicher Laufzeit ersetzt werden. Bei unverändertem Ausfallrisiko entspricht der Fremdkapitalzinssatz dieser Kredite demjenigen am Bewertungsstichtag, korrigiert um zu erwartende Änderungen des Zinsniveaus. Für die Prognose des künftigen Zinsniveaus sind die im letzten Kapitel erläuterten Überlegungen maßgeblich. In Bezug auf Veränderungen des Ausfallrisikos sowie mögliche Umfinanzierungen gelten die Ausführungen zu den Fremdkapitalzinssätzen von langfristigem Fremdkapital analog.

Das in den letzten Kapiteln betrachtete Beispielunternehmen hat kurzfristige Verbindlichkeiten gegenüber Kreditinstituten, die am 31.12.2011 mit dem Rückzahlungsbetrag in Höhe von 59.524 Tsd. € bilanziert sind. Für diese Fremdkapitalkategorie wurde ein Fremdkapitalzinssatz von 3,8 % ermittelt; der Credit Spread wurde mit 3,5 %-Punkten angesetzt.

4.5.3.4 Der Fremdkapitalkostensatz als Instrument zur Berücksichtigung fremdfinanzierungsbedingter Steuervorteile

Der Fremdkapitalkostensatz spiegelt die Verzinsungserwartungen der Fremdkapitalgeber wider und dient insoweit als Bewertungsmaßstab für die von den Kapitalgebern erwarteten Zahlungen. Um diesen Aspekt ging es in den vorstehenden Kapiteln. Dem Fremdkapitalkostensatz kommt aber auch eine wichtige Rolle bei der Berücksichtigung fremdfinanzierungsbedingter Steuervorteile zu, und zwar in zweierlei Hinsicht: Erstens wird der Fremdkapitalkostensatz häufig verwendet, um die Höhe der zu erwartenden Steuervorteile zu bestimmen. Teilweise geschieht dies explizit, wenn etwa im Rahmen modelltheoretischer Betrachtungen der Tax Shield einer Periode als Produkt aus dem Fremdkapitalkostensatz, dem Marktwert des Fremdkapitals und dem anzulegenden Unternehmensteuersatz ermittelt wird. Teilweise ist eine entsprechende Vorgehensweise auch verfahrensimmanent, wenn nämlich das angewendete Verfahren implizit von einer entsprechenden Prognose des Tax Shield ausgeht. Zweitens wird der Fremdkapitalkostensatz in vielen Fällen verwendet, um die fremdfinanzierungsbedingten Steuervorteile zu bewerten. Dahinter steht dann die Überlegung, dass diese Steuervorteile die gleiche Unsicherheit wie die Zahlungen an die Fremdkapitalgeber aufweisen. Im Folgenden werden die Vorgehensweise und die dahinter stehenden Annahmen beim FCF Verfahren und beim APV Verfahren erörtert.

Bei der Bestimmung des durchschnittlichen Kapitalkostensatzes im Rahmen des FCF Verfahrens wird nicht der Fremdkapitalkostensatz, wie er in den letzten Kapiteln ermittelt worden war, sondern ein um Unternehmensteuern verminderter Fremdkapitalkostensatz verwendet. Auf diese Weise wird die steuerliche Abzugsfähigkeit der Fremdkapitalzinsen von der Bemessungsgrundlage der Unternehmensteuern berücksichtigt. Die Vorstellung ist, dass die fremdfinanzierungsbedingte Steuerersparnis letztlich die Kosten der Fremdfinanzierung mindert, was direkt beim Fremdkapitalkostensatz erfasst werden kann. Ausgehend von dem in den letzten Kapiteln bestimmten Fremdkapitalkostensatz ergibt sich der Fremdkapitalkostensatz nach Unternehmensteuern wie folgt:

$$kd_t^\tau = kd_t \cdot (1-\tau) \qquad \text{für } t = 1, 2, \dots \qquad (1)$$

Analog bestimmt sich der Fremdkapitalkostensatz nach Unternehmensteuern und persönlichen Steuern:

$$kd_t^{\tau,s} = kd_t^s \cdot (1-\tau) \qquad \text{für } t = 1, 2, \dots \qquad (2)$$

Der modifizierte nach Unternehmensteuern und persönlichen Steuern ist:

$$kd_t^{\tau,s^*} = kd_t^{s^*} \cdot (1-\tau) \qquad \text{für } t = 1, 2, \dots \qquad (3)$$

τ steht jeweils für den Teilsteuersatz der Fremdkapitalzinsen der betreffenden Fremdkapitalkategorie. Legt man das deutsche Steuersystem, eine 75 %-ige Berücksichtigung der Fremdkapitalzinsen bei der Berechnung des Gewerbeertrags sowie einen gewerbesteuerlichen Hebesatz von 405 % zugrunde, so folgt:

$$\tau = \underbrace{15\%}_{\substack{\text{Steuersatz} \\ \text{KSt}}} \cdot \underbrace{(1+5,5\%)}_{\substack{\text{Solidaritäts-} \\ \text{zuschlag}}} + \underbrace{75\%}_{\substack{\text{Abzugsfähigkeit} \\ \text{von Zinsen}}} \cdot \underbrace{3,5\%}_{\substack{\text{Messzahl} \\ \text{GewSt}}} \cdot \underbrace{405\%}_{\substack{\text{Hebesatz} \\ \text{GewSt}}} = 26,45625\%$$

Ein so bemessener Teilsteuersatz ist in der Regel bei kurzfristigen Bankkrediten, Darlehen oder Anleihen zu berücksichtigen, also bei den Fremdkapitalkategorien, die in den letzten Kapiteln behandelt worden sind. Bei leasingbedingtem Fremdkapital oder nicht dem Nettoumlaufvermögen zugeordneten Rückstellungen, Verbindlichkeiten aus Lieferungen und Leistungen und erhaltenen Anzahlungen sind zusätzliche Überlegungen erforderlich.[1]

Mit der Verwendung des Fremdkapitalkostensatzes nach Unternehmensteuern ist beim FCF Verfahren die Bestimmung des Steuervorteils der Fremdfinanzierung als Produkt aus dem Fremdkapitalkostensatz, dem Marktwert des Fremdkapitals und dem betreffenden Teilsteuersatz verbunden. Die damit in die Bewertung eingehende Annahme ist zwar modelltheoretisch plausibel, steht aber mit der Realität nur in Ausnahmefällen in Einklang, weil die steuerlich abzugsfähigen Fremdkapitalzinsen in der Regel nicht dem Produkt aus dem Fremdkapitalkostensatz und dem Marktwert des Fremdkapitals entsprechen.

THEORIE: Bestimmung des Tax Shields beim FCF Verfahren

Aus

$$E[\tilde{V}_t^\ell] = \frac{E[\tilde{x}_{t+1}^{FCF}] + E[\widetilde{TS}_{t+1}] + E[\tilde{V}_{t+1}^\ell]}{1 + \left[ke_{t+1}^\ell \cdot \frac{E[\tilde{E}_t^\ell]}{E[\tilde{V}_t^\ell]} + kd_{t+1} \cdot \frac{E[\tilde{D}_t]}{E[\tilde{V}_t^\ell]} \right]}$$

folgt:

$$E[\tilde{x}_{t+1}^{FCF}] + E[\widetilde{TS}_{t+1}] + E[\tilde{V}_{t+1}^\ell] = E[\tilde{V}_t^\ell] + ke_{t+1}^\ell \cdot E[\tilde{E}_t^\ell] + kd_{t+1} \cdot E[\tilde{D}_t]$$

Hieraus ergibt sich:

$$E[\tilde{V}_t^\ell] = \frac{E[\tilde{x}_{t+1}^{FCF}] + E[\tilde{V}_{t+1}^\ell]}{1 + ke_{t+1}^\ell \cdot \frac{E[\tilde{E}_t^\ell]}{E[\tilde{V}_t^\ell]} + kd_{t+1} \cdot \frac{E[\tilde{D}_t]}{E[\tilde{V}_t^\ell]} - \frac{E[\widetilde{TS}_{t+1}]}{E[\tilde{V}_t^\ell]}}$$

Beim FCF Verfahren resultiert der Marktwert aus:

---

1 Siehe hierzu Kapitel 4.4.1.

$$E[\tilde{V}_t^\ell] = \frac{E[\tilde{x}_{t+1}^{FCF}] + E[\tilde{V}_{t+1}^\ell]}{1 + ke_{t+1}^\ell \cdot \dfrac{E[\tilde{E}_t^\ell]}{E[\tilde{V}_t^\ell]} + kd_{t+1} \cdot (1 - \tau) \cdot \dfrac{E[\tilde{D}_t]}{E[\tilde{V}_t^\ell]}}$$

Eine Übereinstimmung existiert nur für:

$$E[\widetilde{TS}_{t+1}] = \tau \cdot kd_{t+1} \cdot E[\tilde{D}_t]$$

Indirekt spielt der Fremdkapitalkostensatz beim FCF Verfahren auch bei der Bewertung der fremdfinanzierungsbedingten Steuervorteile eine Rolle. Da diese Steuervorteile den Eigenkapitalgebern zu Gute kommen, basiert ihre Bewertung auf dem Eigenkapitalkostensatz, der in den durchschnittlichen Kapitalkostensatz eingeht. Der Eigenkapitalkostensatz wiederum hängt von dem Verschuldungsgrad des Unternehmens ab. In den jeweiligen Zusammenhang sind die von der Finanzierungspolitik abhängigen Annahmen bezüglich des Kapitalkostensatzes eingebunden, mittels dessen die fremdfinanzierungsbedingten Steuerersparnisse bewertet werden. Erkennbar wird die Rolle des Fremdkapitalkostensatzes praktisch daran, dass der Fremdkapitalkostensatz in die Formeln für das Unlevering und Relevering von Betafaktoren eingeht.

Beim **APV Verfahren** wird der Marktwertbeitrag des Tax Shields separat bestimmt. Zwar werden die zu erwartenden Steuerersparnisse – vor allen Dingen in modelltheoretischen Betrachtungen – auch bei diesem Verfahren bisweilen als Produkt aus dem Fremdkapitalkostensatz, dem Marktwert des Fremdkapitals und dem betreffenden Teilsteuersatz ermittelt. Anders als beim FCF Verfahren besteht jedoch die Möglichkeit, die fremdfinanzierungsbedingten Steuerersparnisse stattdessen detailliert auf der Basis der mit den Fremdkapitalgebern getroffenen Vereinbarungen sowie der Regelung des Steuerrechts zu prognostizieren. Die Auswirkungen des Tax Shields der Fremdfinanzierung auf den Unternehmenswert können damit sehr viel genauer erfasst werden.

Soweit das APV Verfahren mit der Annahme einer autonomen Finanzierung verbunden wird, ist der Tax Shield des Fremdkapitals grundsätzlich mit dem betreffenden Fremdkapitalkostensatz zu diskontieren. Ausnahmen gelten insbesondere dann, wenn Anhaltspunkte für eine am Bewertungsstichtag zu erwartende Änderung des Steuerrechts vorliegen oder wenn die Gefahr einer Insolvenz besteht. Denn dann ist nicht länger davon auszugehen, dass die fremdfinanzierungsbedingten Steuerersparnisse dem gleichen Risiko unterliegen wie die Zahlungen an die Fremdkapitalgeber. Die Möglichkeit, die Bewertungsannahmen an diesen Fall anzupassen, ist eine weitere Stärke des APV Verfahrens.

THEORIE: **Bewertung des Tax Shields unter Berücksichtigung einer möglichen Insolvenz**

In einem Beitrag von *Kruschwitz, Lodowicks* und *Löffler*[1] wird ein Modell entwickelt, in dem der Marktwert der fremdfinanzierungsbedingten Steuereinsparungen bei einer möglichen Insolvenz betrachtet wird. Es wird davon ausgegangen, dass es bei einer Insolvenz zu einem Schuldenerlass kommt, der als Ertrag mit dem Unternehmensteuersatz versteuert wird. Im Ergebnis führt das Modell zu dem Schluss, dass der Marktwert der fremdfinanzierungsbedingten Steuerersparnisse im Wege der Abzinsung des Tax Shields mit dem risikolosen Zinssatz bestimmt werden muss. Auf eine formale Herleitung wird zugunsten einer verbalen Erläuterung verzichtet:

Ausgangspunkt ist der zeitpunkt- und zustandsbezogene freie Cashflow x_{t,s_t}^{FCF}. Es existiert ein Preissystem für Arrow/Debreu Wertpapiere p_{t,s_t}, so dass der Marktwert des unverschuldeten Unternehmens zu jedem Zeitpunkt in jedem Zustand bestimmt werden kann. Der Total Cashflow x_{t,s_t}^{TCF} ergibt sich aus dem freien Cashflow x_{t,s_t}^{FCF} zuzüglich der fremdfinanzierungsbedingten Steuereinsparungen und abzüglich der schuldenerlassbedingten Steuererhöhungen:

$$x_{t,s_t}^{TCF} = x_{t,s_t}^{FCF} + \tau \cdot Z_{t,s_t} - \tau \cdot \underbrace{(D_{t-1,s_{t-1}} - D_{t,s_t} - R_{t,s_t})}_{\text{Schuldenerlass}}$$

τ bezeichnet den Unternehmensteuersatz, Z_{t,s_t} die Fremdkapitalzinsen und D_{t,s_t} den Marktwert des Fremdkapitals. R_{t,s_t} gibt den tatsächlichen Rückzahlungsbetrag an. Im Insolvenzfall ist dieser Betrag kleiner als $(D_{t-1,s_{t-1}} - D_{t,s_t})$, so dass dem Unternehmen Schulden in Höhe von $(D_{t-1,s_{t-1}} - D_{t,s_t} - R_{t,s_t})$ erlassen werden. Wenn der Insolvenzfall nicht eintritt, stimmt der Rückzahlungsbetrag mit der Differenz der Marktwerte des Fremdkapitals überein und es werden keine Schulden erlassen.

Die rational agierenden Fremdkapitalgeber werden den Schuldenerlass bei der Bestimmung des vertraglich vereinbarten Fremdkapitalzinssatzes berücksichtigen, weshalb auf einem arbitragefreien Kapitalmarkt für den Marktwert des Fremdkapitals gelten muss:

$$D_{t,s_t} = \sum_{s_{t+1} \in N(s_t)} (Z_{t+1,s_{t+1}} + D_{t+1,s_{t+1}} + R_{t+1,s_{t+1}}) \cdot p_{t+1,s_{t+1}}$$

Dabei wird angenommen, dass die Fremdkapitalgeber in jedem Zustand die Möglichkeit haben, die vertraglich vereinbarten Fremdkapitalzinsen an das Ausfallrisiko anzupassen.

---

1 Siehe Kruschwitz/Lodowicks/Löffler (2005).

Unter den getroffenen Annahmen ist die Möglichkeit der Insolvenz für den Marktwertbeitrag der fremdfinanzierungsbedingten Steuersparnisse irrelevant, da sich die Steuerersparnis infolge der Erhöhung der Fremdkapitalzinsen und die Steuererhöhung infolge des insolvenzbedingten Schuldenerlasses ausgleichen. Demzufolge ist der Tax Shield bei der Bemessung des Marktwertes der fremdfinanzierungsbedingten Steuerersparnisse mit dem risikolosen Zinssatz abzuzinsen.

Auf die Praxis der Unternehmensbewertung kann diese Argumentation schon deshalb nicht übertragen werden, weil davon ausgegangen wird, dass die vertraglich vereinbarten Fremdkapitalzinsen in jedem Zustand für die jeweils nächste Periode festgelegt werden.

Literatur zu Kapitel 4.5

Aders, Christian; Wagner, Marc: Kapitalkosten in der Bewertungspraxis – Zu hoch für die »New Economy« und zu niedrig für die »Old Economy«?, in: Finanz-Betrieb, 6. Jg., 2004, S. 30–42.

Baetge, Jörg; Krause, Clemens: Die Berücksichtigung des Risikos bei der Unternehmensbewertung – Eine empirisch gestützte Betrachtung des Kalkulationszinses, in: Betriebswirtschaftliche Forschung und Praxis, 46. Jg., 1994, S. 433–456.

Ballwieser, Wolfgang: Die Ermittlung impliziter Eigenkapitalkosten aus Gewinnschätzungen und Aktienkursen – Ansatz und Probleme, in: Schneider, Dieter; Rückle, Dieter; Küpper, Hans-Ulrich; Wagner, Franz W. (Hrsg.): Kritisches zu Rechnungslegung und Unternehmensbesteuerung – Festschrift zur Vollendung des 65. Lebensjahres von Theodor Siegel, Berlin 2005, S. 321–337.

Bassemir, Moritz; Gebhardt, Günther; Ruffing, Patricia: Zur Diskussion um die (Nicht-)Berücksichtigung der Finanz- und Schuldenkrisen bei der Ermittlung der Kapitalkosten, in: Die Wirtschaftsprüfung, 65. Jg., 2012, S. 882–892.

Bimberg, Lothar H.: Langfristige Renditeberechnung zur Ermittlung von Risikoprämien – Empirische Untersuchung der Renditen von Aktien, festverzinslichen Wertpapieren und Tagesgeld in der Bundesrepublik Deutschland für den Zeitraum von 1954 bis 1988, 2. Aufl., Frankfurt am Main u. a. 1993.

Blume, Marshall E.: On the Assessment of Risk, in: Journal of Finance, Vol. 26, 1971, S. 1–10.

Blume, Marshall E.: Unbiased Estimators of Long-run Expected Rates of Return, in: Journal of the American Statistical Association, Vol. 69, 1974, S. 634–638.

Blume, Marshall E.: Betas and Their Regression Tendencies – Some Further Evidence, in: Journal of Finance, Vol. 34, 1979, S. 265–267.

Brealey, Richard A.; Myers, Stewart C.; Allen, Franklin: Principles of Corporate Finance, 11. Aufl., New York 2014.

Brown, Stephen J.; Goetzmann, William N.; Ross, Stephen A.: Survival, in: Journal of Finance, Vol. 50, 1995, S. 853–873.

Chamberlain, Gary: A Characterization of the Distributions That Imply Mean-Variance Utility Functions, in: Journal of Economic Theory, Vol. 29, 1983, S. 185–201.

Conen, Ralf; Väth, Hubertus: Risikoprämien am deutschen Kapitalmarkt, in: Die Bank, 1993, S. 642–647.

Cooper, Ian A.: Arithmetic Versus Geometric Mean Estimators – Setting Discount Rates for Capital Budgeting, in: European Financial Management, Vol. 2, 1996, S. 157–167.

Damodaran, Aswath: Country Risk and Company Exposure – Theory and Practice, in: Journal of Applied Finance, Vol. 13, 2003, S. 63–76.

Damodaran, Aswath: Damodaran on Valuation – Security Analysis for Investment and Corporate Finance, 2. Aufl., Hoboken 2006.

Daske, Holger; Gebhardt, Günther: Zukunftsorientierte Bestimmung von Risikoprämien und Eigenkapitalkosten für die Unternehmensbewertung, in: Zeitschrift für betriebswirtschaftliche Forschung, 58. Jg., 2006, S. 530–551.

Dausend, Florian; Schmitt, Dirk: Implizite Schätzung der Marktrisikoprämie nach Steuern für den deutschen Kapitalmarkt, in: Corporate Finance biz, 2. Jg., 2011, S. 459–469.

De Vargas, Santiago R.: Bestimmung der historischen Marktrisikoprämie im Rahmen von Unternehmensbewertungen – Arithmetisches oder geometrisches Mittel?, in: Der Betrieb, 65. Jg., 2012, S. 813–819.

Deutsche Börse: Leitfaden zu den Aktienindizes der Deutschen Börse, Version 6.25, Dezember 2013, unter: http://www.dax-indices.com/DE/index.aspx?pageID=31 am 24.02.2014.

Dierkes, Stefan; Gröger, Hans-Christian: Hybride Finanzierungspolitiken in der Unternehmensbewertung, in: Corporate Finance biz, 1. Jg., 2010, S. 59–64.

Dierkes, Stefan; Schäfer, Ulrich: Corporate taxes, capital structure, and valuation: Combining Modigliani/Miller and Miles/Ezzell, Diskussionspapier, Göttingen 2013.

Dörschell, Andreas; Franken, Lars; Schulte, Jörn: Der Kapitalisierungszinssatz in der Unternehmensbewertung – Praxisgerechte Ableitung unter Verwendung von Kapitalmarktdaten, Düsseldorf 2009.

Dörschell, Andreas; Franken; Lars; Schulte, Jörn; Brütting, Christian: Ableitung CAPM-basierter Risikozuschläge bei der Unternehmensbewertung – Eine kritische Analyse ausgewählter Problemkreise im Rahmen von IDW S 1 i. d. F. 2008, in: Die Wirtschaftsprüfung, 61. Jg., 2008, S. 1152–1162.

Elton, Edwin J.; Gruber, Martin J.; Brown, Stephen J.; Goetzmann, William N.: Modern Portfolio Theory and Investment Analysis, 8. Aufl., New York 2010.

Ernst, Dietmar; Amann, Thorsten; Großmann, Michael; Lump, Dietlinde F.: Internationale Unternehmensbewertung – Ein Praxisleitfaden, München u. a. 2012.

Fama, Eugene F.: Discounting Under Uncertainty, in: Journal of Business, Vol. 69, 1996, S. 415–428.

Fisher, Irving: The Theory of Interest – As Determined by Impatience to Spend Income and Opportunity to Invest It, New York 1930.

Franken, Lars; Schulte, Jörn: Beurteilung der Eignung von Betafaktoren mittels R2 und t-Test – Ein Irrweg? – Auch eine Replik zu Knoll, in: Die Wirtschaftsprüfung, 63. Jg., 2010, S. 1106–1109.

Gebhardt, Günther; Daske, Holger: Kapitalmarktorientierte Bestimmungvon risikofreien Zinssätzen für die Unternehmensbewertung, in: Die Wirtschaftsprüfung, 58. Jg., 2005, S. 649–655.

Hagemeister, Meike; Kempf, Alexander: CAPM und erwartete Renditen – Eine Untersuchung auf Basis der Erwartung von Marktteilnehmern, in: Die Betriebswirtschaft, 70. Jg., 2010, S. 145–164.

Harris, Robert S.; Pringle, John J.: Risk-adjusted Discount Rates – Extensions from the Average-risk Case, in: Journal of Financial Research, Vol. 8, 1985, S. 237–244.

Hicks, John R.: Value and Capital – An Inquiry into Some Fundamental Principles of Economic Theory, 2. Aufl., Oxford 1946.

Holthausen, Robert W.; Zmijewski, Mark E.: Pitfalls in Levering and Unlevering Beta and Cost of Capital Estimates in DCF Valuations, in: Journal of Applied Corporate Finance, Vol. 24, 2012, S. 60–74.

Institut der Wirtschaftsprüfer (Hrsg.): Arbeitskreis Unternehmensbewertung – Eckdaten zur Bestimmung des Kapitalisierungszinssatzes bei der Unternehmensbewertung – Basiszinssatz, in: IDW Fachnachrichten, 2005, S. 555–556.

Institut der Wirtschaftsprüfer (Hrsg.): IDW Standard – Grundsätze zur Durchführung von Unternehmensbewertungen (IDW S 1 i. d. F. 2008), in: Die Wirtschaftsprüfung, 58. Jg., 2008, Supplement, S. 68–89.

Institut der Wirtschaftsprüfer (Hrsg.): Auswirkungen der Finanzmarkt- und Konjunkturkrise auf Unternehmensbewertungen, in: IDW Fachnachrichten, 2009, S. 696–698.

Institut der Wirtschaftsprüfer (Hrsg.): FAUB – Hinweise zur Berücksichtigung der Finanzmarktkrise bei der Ermittlung des Kapitalisierungszinssatzes, in: IDW Fachnachrichten, 2012, S. 568–569.

Institut der Wirtschaftsprüfer (Hrsg.): WP Handbuch 2014 – Wirtschaftsprüfung, Rechnungslegung, Beratung, Band II, 14. Aufl., Düsseldorf 2014.

Jäckel, Christoph; Kaserer, Christoph; Mühlhäuser, Katja: Analystenschätzungen und zeitvariable Marktrisikoprämien – Eine Betrachtung der europäischen Kapitalmärkte, in: Die Wirtschaftsprüfung, 66. Jg., 2013, S. 365–383.

Kemper, Thomas; Ragu, Bastian; Rüthers, Torben: Eigenkapitalkosten in der Finanzkrise, in: Der Betrieb, 65. Jg., 2012, S. 645–650.

Kern, Christian; Mölls, Sascha H.: Ableitung CAPM-basierter Betafaktoren aus einer Peergroup-Analyse – Eine kritische Betrachtung alternativer Verfahrensweisen, in: Corporate Finance biz, 1. Jg., 2010, S. 440–448.

Knoll, Leonhard: Äquivalenz zwischen signifikanten Werten des Beta-Faktors und des Bestimmtheitsmaßes – Anmerkungen zu Dörschell/Franken/Schulte/ Brütting, WPg 2008, S. 1152–1162, in: Die Wirtschaftsprüfung, 63. Jg., 2010, S. 1106–1109.

Knoll, Leonhard; Vorndran, Philipp; Zimmermann, Stefan: Risikoprämien bei Eigen- und Fremdkapital – Vergleichbare Größen?, in: Finanz-Betrieb, 8. Jg., 2006, S. 380–384.

Kruschwitz, Lutz; Lodowicks, Arnd; Löffler, Andreas: Zur Bewertung insolvenzbedrohter Unternehmen, in: Die Betriebswirtschaft, 65. Jg., 2005, S. 221–236.

Kruschwitz, Lutz; Löffler, Andreas; Lorenz, Daniela: Unlevering und Relevering – Modigliani/Miller versus Miles/Ezzell, in: Die Wirtschaftsprüfung, 64. Jg., 2011, S. 672–678.

Kruschwitz, Lutz; Löffler, Andreas; Lorenz, Daniela: Zum Unlevering und Relevering von Betafaktoren – Stellungnahme zu Meitner/Streitferdt, WPg 2012, S. 1037–1047 – Zugleich Grundsatzüberlegungen zu Kapitalkostendefinitionen, in: Die Wirtschaftsprüfung, 65. Jg., 2012, S. 1048–1052.

Kruschwitz, Lutz; Löffler, Andreas; Mandl, Gerwald: Damodaran‹s Country Risk Premium – Und was davon zu halten ist, in: Die Wirtschaftsprüfung, 64. Jg., 2011, S. 167–176.

Meitner, Matthias; Streitferdt, Felix: Unternehmensbewertung – Verändertes Bewertungsumfeld, Krisenunternehmen, unsichere zukünftige Inflationsentwicklung, Wertbeitragsrechnung, innovative Lösungsansätze, Stuttgart 2011.

Meitner, Matthias; Streitferdt, Felix: Die Bestimmung des Betafaktors, in: Peemöller, Volker H. (Hrsg.): Praxishandbuch der Unternehmensbewertung – Grundlagen und Methoden, Bewertungsverfahren, Besonderheiten bei der Bewertung, 5. Auflage, Herne 2012, S. 511–576.

Meitner, Matthias; Streitferdt, Felix: Zum Unlevering und Relevering von Betafaktoren – Stellungnahme zu Kruschwitz/Löffler/Lorenz, WPg 2011, S. 672, in: Die Wirtschaftsprüfung, 65. Jg., 2012, S. 1037–1048.

Metz, Volker: Der Kapitalisierungszinssatz bei der Unternehmensbewertung, Wiesbaden 2007.

Morawietz, Markus: Rentabilität und Risiko deutscher Aktien- und Rentenanlagen seit 1870, Wiesbaden 1994.

Munkert, Michael J.: Der Kapitalisierungszinssatz in der Unternehmensbewertung – Theorie, Gutachtenpraxis und Rechtsprechung in Spruchverfahren, Wiesbaden 2005.

Nelson, Charles R.; Siegel, Andrew F.: Parsimonious Modeling of Yield Curves, in: Journal of Business, Vol. 60, 1987, S. 473–489.

Obermaier, Robert: Die kapitalmarktorientierte Bestimmung des Basiszinssatzes für die Unternehmensbewertung: the Good, the Bad and the Ugly, in: Finanz-Betrieb, 10. Jg., 2008, S. 493–507.

Pape, Ulrich; Schlecker, Matthias: Berechnung des Credit Spread, in: Finanz-Betrieb, 10. Jg., 2008, S. 658–665.

Poterba, James M.; Summers, Lawrence H.: Mean Reversion in Stock Prices – Evidence and Implications, in: Journal of Financial Economics, Vol. 22, 1988, S. 27–59.

Rapp, David: »Eigenkapitalkosten« in der (Sinn-) Krise – Ein grundsätzlicher Beitrag zur gegenwärtigen Diskussion, in: Der Betrieb, 66. Jg., 2013, S. 359–362.

Rausch, Benjamin: Unternehmensbewertung mit zukunftsorientierten Eigenkapitalkostensätzen – Möglichkeiten und Grenzen der Schätzung von Eigenkapitalkostensätzen ohne Verwendung historischer Renditen, Wiesbaden 2008.

Rebien, Axel: Kapitalkosten in der Unternehmensbewertung – Auswahl und Einsatz von Ermittlungsmethoden zur sachgerechten Ableitung von Risikokosten unter Berücksichtigung fundamentaler Faktoren, Aachen 2007.

Reese, Raimo: Schätzung von Eigenkapitalkosten für die Unternehmensbewertung, Frankfurt am Main u. a. 2007.

Reese, Raimo; Wiese, Jörg: Die kapitalmarktorientierte Ermittlung des Basiszinses für die Unternehmensbewertung – Operationalisierung, Schätzverfahren und Anwendungsprobleme, in: Zeitschrift für Bankrecht und Bankwirtschaft, 19. Jg., 2007, S. 38–52.

Rosenberg, Barr; Guy, James: Prediction of Beta from Investment Fundamentals, in: Financial Analysts Journal, Vol. 32, 1976, S. 62–70.

Ross, Stephen A.; Westerfield, Randolph W.; Jaffe, Jeffrey F.: Corporate Finance, 10. Aufl., New York 2013.

Standard & Poor's (Hrsg.): Corporate Ratings Criteria 2008, New York 2008, unter: http://www.nafoa.org/pdf/CorprateCriteriaBook-2008.pdf am 24.02.2014.

Stehle, Richard; Hartmond, Anette: Durchschnittsrenditen deutscher Aktien 1954–1988, in: Kredit und Kapital, 24. Jg., 1991, S. 371–411.

Stehle, Richard: Die Festlegung der Risikoprämie von Aktien im Rahmen der Schätzung des Wertes von börsennotierten Kapitalgesellschaften, in: Die Wirtschaftsprüfung, 57. Jg., 2004, S. 906–927.

Steiner, Peter; Uhlir, Helmut: Wertpapieranalyse, 4. Aufl., Heidelberg 2001.

Svensson, Lars E. O.: Estimating and Interpreting Forward Interest Rates – Sweden 1992–1994, Working Paper, 1994.

Wagner, Wolfgang; Jonas, Martin; Ballwieser, Wolfgang; Tschöpel, Andreas: Unternehmensbewertung in der Praxis – Empfehlungen und Hinweise zur Anwendung von IDW S 1, in: Die Wirtschaftsprüfung, 59. Jg., 2006, S. 1005–1028.

Wiese, Jörg: Komponenten des Zinsfußes in Unternehmensbewertungskalkülen – Theoretische Grundlagen und Konsistenz, Frankfurt am Main 2006.

Zeidler, Gernot W.; Tschöpel, Andreas; Bertram, Ingo: Kapitalkosten in Zeiten der Finanz- und Schuldenkrise – Überlegungen zu empirischen Kapitalmarktparametern in Unternehmensbewertungskalkülen, in: Corporate Finance biz, 3. Jg., 2012, S. 70–80.

Zimmermann, Jochen; Meser, Michael: Kapitalkosten in der Krise – Krise der Kapitalkosten? – CAPM und Barwertmodelle im Langzeitvergleich, in: Coporate Finance biz, 4. Jg., 2013, S. 3–9.

Zimmermann, Peter: Schätzung und Prognose von Betawerten – Eine Untersuchung am deutschen Aktienmarkt, Bad Soden/ Taunus 1997.

4.6 Bestimmung des Unternehmenswertes

4.6.1 Vorgehensweise

Im Anschluss an die Prognose des freien Cashflows und die Ermittlung der Kapitalkostensätze werden die bis dahin gesammelten Informationen zusammengeführt, um den Marktwert des Eigenkapitals zu bestimmen. Die Vorgehensweise ist dabei wie folgt: Zunächst werden die Marktwerte des betriebsnotwendigen und des nicht betriebsnotwendigen Vermögens ermittelt. Ihre Summe entspricht dem Marktwert des Unternehmens. Von dem Marktwert des Unternehmens wird der Marktwert des Fremdkapitals abgezogen, um zum Marktwert des Eigenkapitals zu gelangen. Die Vorgehensweise verdeutlicht folgende Abbildung:

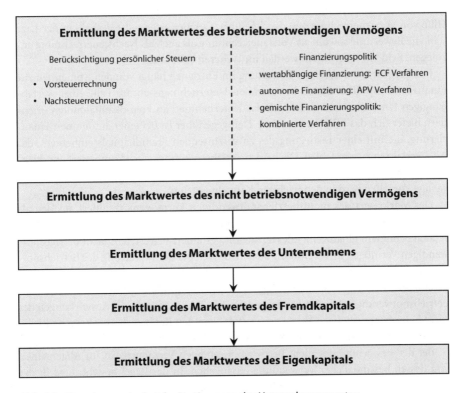

Abb. 4.9: Vorgehensweise bei der Bestimmung des Unternehmenswertes

Bei der Bestimmung des Marktwertes des betriebsnotwendigen Vermögens wird in der Regel von der Fortführung des Unternehmens ausgegangen. Nur dann, wenn die Liquidation des Unternehmens rechtlich und tatsächlich möglich ist und zu einem Mittelzufluss bei den Eigenkapitalgebern führt, der den Fortführungswert überschreitet, kann in Abhängigkeit vom Bewertungszweck ein Liquidationswert an dessen Stelle treten. Dieser

Liquidationswert entspricht der Summe der auf den Bewertungsstichtag bezogenen Nettoerlöse, die für die Vermögensteile unter Berücksichtigung steuerlicher Effekte erzielt werden können, abzüglich der Schulden und liquidationsbedingter Auszahlungen. Die mit der Bestimmung von Liquidationswerten einhergehenden Sonderprobleme bleiben im Weiteren ausgeklammert. Es wird von der Unternehmensfortführung ausgegangen.

In Abhängigkeit davon, wie die Besteuerung der Kapitalgeber bei der Ermittlung des Marktwertes des betriebsnotwendigen Vermögens berücksichtigt wird, beinhaltet die Bewertung eine Vorsteuerrechnung oder eine Nachsteuerrechnung. Während persönliche Steuern bei einer Nachsteuerrechnung sowohl beim freien Cashflow als auch bei den Kapitalkostensätzen erfasst werden, finden sie bei einer Vorsteuerrechnung keine oder zumindest keine explizite Berücksichtigung. In Theorie und Praxis besteht Einigkeit darüber, dass die Besteuerung auf privater Ebene für den Wert von Unternehmen grundsätzlich relevant ist, was für eine Nachsteuerrechnung spricht. Trotzdem werden Unternehmensbewertungen häufig, vor allem in einem internationalen Umfeld, mit Hilfe von Vorsteuerrechnungen durchgeführt. Der Bewerter sollte deshalb in der Lage sein, die Bewertung sowohl als Vorsteuerrechnung als auch als Nachsteuerrechnung anzulegen. Beide Möglichkeiten werden im Weiteren behandelt.

Die Vorgehensweise bei der Bewertung im Einzelnen hängt von den Annahmen zur Finanzierungspolitik des zu bewertenden Unternehmens ab. Im Falle einer wertabhängigen Finanzierung, bei der sich das Unternehmen an Fremdkapitalquoten orientiert, bietet sich das FCF Verfahren an. Demgegenüber ist bei einer autonomen Finanzierung, die mit einer Festlegung des zu verzinsenden Fremdkapitals einhergeht, das APV Verfahren zu empfehlen. Die beiden Verfahren können auch kombiniert angewendet werden, wenn von einer gemischten Finanzierungspolitik ausgegangen wird. Das jeweilige Vorgehen wird in den nächsten Kapiteln erörtert.

Der Marktwert des nicht betriebsnotwendigen Vermögens resultiert aus den als nicht betriebsnotwendig eingestuften Vermögensteilen und den damit korrespondierenden Schulden. Finanzielle Effekte, die mit gesondert bewertetem nicht betriebsnotwendigen Vermögen in Verbindung stehen, dürfen bei der Bewertung des betriebsnotwendigen Vermögens nicht berücksichtigt werden. Dementsprechend wird der freie Cashflow aus dem betriebsnotwendigen Vermögen ohne die Ergebnisbeiträge des nicht betriebsnotwendigen Vermögens prognostiziert. Ebenso müssen die Auswirkungen des nicht betriebsnotwendigen Vermögens auf das von den Kapitalgebern getragene Risiko bei der Ermittlung der Kapitalkostensätze außer Acht bleiben.

Bei der Bewertung des nicht betriebsnotwendigen Vermögens ist im Allgemeinen von dessen bestmöglicher Verwendung auszugehen. In der Regel besteht diese in der Veräußerung. Der Wertansatz ergibt sich dann aus dem potenziellen Veräußerungserlös abzüglich der Kosten, die mit dem Verkauf verbunden sind, und der Schulden, die in Zusammenhang mit den betreffenden Vermögensteilen stehen. Auch Ertragsteuern auf einen etwaigen Veräußerungsgewinn sind wertmindernd zu berücksichtigen. In vielen Fällen kann der Marktwert des nicht betriebsnotwendigen Vermögens auf diese Weise ohne größere Probleme ermittelt werden. Dies gilt z. B. dann, wenn es sich um überschüssige Liquidität oder um börsennotierte Beteiligungen handelt. Bei anderen Vermögensteilen, z. B. Beteiligungen an nicht börsennotierten Unternehmen oder vermieteten Gebäuden, erfordert die Bewertung ergänzende Analysen – etwa zum Verkehrswert von Gebäuden –, um den potenziellen Veräußerungserlös zu bestimmen. Müssen oder sollen die nicht betriebsnotwendigen Vermögensteile bei dem zu bewertenden Unternehmen verbleiben, aber dennoch gesondert bewertet werden, so können für die Bewertung prinzipiell die gleichen Verfahren herangezogen werden, wie sie auch bei der Bewertung des betriebsnotwendigen Vermögens zum Einsatz kommen. Aus Wirtschaftlichkeitsgründen kann die Anwendung einfacherer Verfahren, z. B. von Multiplikatorverfahren, in Erwägung gezogen werden. Die Bewertung des nicht betriebsnotwendigen Vermögens wird im Folgenden nicht weiter problematisiert.

Wenn die Marktwerte des betriebsnotwendigen und des nicht betriebsnotwendigen Vermögens ermittelt sind, ergibt sich der **Marktwert des Unternehmens** als Summe dieser Marktwerte. Von dem Marktwert des Unternehmens ist der Marktwert des Fremdkapitals abzuziehen, um zu dem gesuchten Marktwert des Eigenkapitals zu gelangen. In den folgenden Kapiteln geht es zunächst um den Marktwert des betriebsnotwendigen Vermögens. Damit dabei auf die Einführung neuer Symbole verzichtet werden kann, wird davon ausgegangen, dass das zu bewertende Unternehmen nur betriebsnotwendiges Vermögen hält. In diesem Fall stimmen der Marktwert des betriebsnotwendigen Vermögens und der Marktwert des Unternehmens überein. Wie schon in den vorherigen Kapiteln wird von einer in Deutschland ansässigen, unbeschränkt steuerpflichtigen Kapitalgesellschaft ausgegangen.

4.6.2 Vorsteuerrechnung

4.6.2.1 Das Free Cashflow Verfahren bei wertabhängiger Finanzierung

Beim FCF Verfahren wird der erwartete freie Cashflow mit dem durchschnittlichen Kapitalkostensatz auf den Bewertungsstichtag abgezinst. Der durchschnittliche Kapitalkostensatz entspricht dem mit Marktwertanteilen gewogenen Durchschnitt des Eigenkapitalkostensatzes und des Fremdkapitalkostensatzes nach Unternehmensteuern. Einen Überblick über die Eingangsgrößen des Kalküls gibt Abbildung 4.10.

Die Vorgehensweise bei der Prognose des freien Cashflows wurde in Kapitel 4.4 erörtert. Im Ergebnis liegt der erwartete freie Cashflow $E[\tilde{x}_t^{FCF}]$ für alle Perioden der Detailprognosephase vor. Darüber hinaus sind der erwartete freie Cashflow $E[\tilde{x}_{T+1}^{FCF}]$ der ersten Periode der Rentenphase und die Wachstumsrate w bekannt, mit der der freie Cashflow in der Rentenphase ansteigt. In Bezug auf die Finanzierung wurden für alle vom Unternehmen genutzten Fremdkapitalkategorien $f = 1, ..., F$ Fremdkapitalquoten Θ_t^f festgelegt. Für die Detailprognosephase kann diese Festlegung periodenspezifisch erfolgen, für die Rentenphase werden einheitliche Fremdkapitalquoten bestimmt. Die Fremdkapitalquote des Unternehmens insgesamt ergibt sich aus der Summe der Fremdkapitalquoten aller Fremdkapitalkategorien:

$$\Theta_t = \sum_{f=1}^{F} \Theta_t^f \quad \frac{D}{V} \qquad \text{für } t = 0, 1, ... \qquad (1)$$

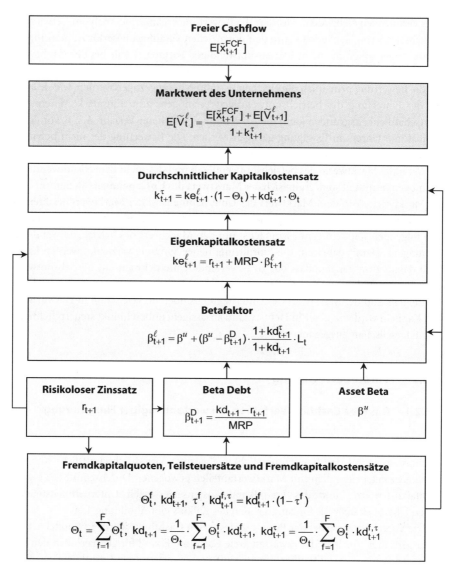

Abb. 4.10: Aufbau des FCF Verfahrens bei wertabhängiger Finanzierung (Vorsteuerrechnung)

Der Verschuldungsgrad des Unternehmens resultiert aus:

$$L_t = \frac{\Theta_t}{1-\Theta_t} \qquad \text{für } t = 0, 1, \ldots \qquad (2)$$

Die Determinanten des durchschnittlichen Kapitalkostensatzes wurden in Kapitel 4.5 behandelt. Dazu gehört zunächst der risikolose Zinssatz r_t der aus der Zinsstrukturkurve am Bewertungsstichtag abgeleitet wird. Unter Berücksichtigung der Credit Spreads ergeben sich die Fremdkapitalkostensätze kd_t^f des Unternehmens. Auch die mit den Fremdkapitalkategorien korrespondierenden Teilsteuersätze τ^f sind bekannt, so dass die Fremdkapitalkostensätze nach Unternehmensteuern $kd_t^{f,\tau} = kd_t^f \cdot (1 - \tau^f)$ berechnet werden können. Die durchschnittlichen Fremdkapitalkostensätze des Unternehmens insgesamt folgen als mit den Fremdkapitalquoten gewogenes Mittel der Fremdkapitalkostensätze aller Fremdkapitalkategorien:

$$kd_t = \frac{1}{\Theta_{t-1}} \cdot \sum_{f=1}^{F} \Theta_{t-1}^f \cdot kd_t^f \qquad \text{für } t = 1, 2, \dots \qquad (3)$$

$$kd_t^\tau = \frac{1}{\Theta_{t-1}} \cdot \sum_{f=1}^{F} \Theta_{t-1}^f \cdot kd_t^f \cdot (1 - \tau^f) \qquad \text{für } t = 1, 2, \dots \qquad (4)$$

Aus dem durchschnittlichen Fremdkapitalkostensatz vor Unternehmensteuern ergibt sich unter Berücksichtigung des risikolosen Zinssatzes und der Marktrisikoprämie MRP das Beta Debt β_t^D:

$$\beta_t^D = \frac{kd_t - r_t}{MRP} \qquad \text{für } t = 1, 2, \dots \qquad (5)$$

Ausgangspunkt der Ermittlung des Eigenkapitalkostensatzes ke_t^ℓ ist das Asset Beta β^u des zu bewertenden Unternehmens. Mit Hilfe der in Kapitel 4.5.2.5 behandelten Anpassungsformel für das Relevering bei wertabhängiger Finanzierung wird das Asset Beta an den Verschuldungsgrad des zu bewertenden Unternehmens angepasst:[1]

$$\beta_t^\ell = \beta^u + (\beta^u - \beta_t^D) \cdot \frac{1 + kd_t^\tau}{1 + kd_t} \cdot L_{t-1} \qquad \text{für } t = 1, 2, \dots \qquad (6)$$

Ausgehend von β_t^ℓ wird der Eigenkapitalkostensatz ke_t^ℓ des Unternehmens ermittelt:

$$ke_t^\ell = r_t + MRP \cdot \beta_t^\ell \qquad \text{für } t = 1, 2, \dots \qquad (7)$$

Schließlich folgt der durchschnittliche Kapitalkostensatz k_t^τ aus:

$$k_t^\tau = ke_t^\ell \cdot (1 - \Theta_{t-1}) + kd_t^\tau \cdot \Theta_{t-1} \qquad \text{für } t = 1, 2, \dots \qquad (8)$$

---

1 Der Ansatz durchschnittlicher Fremdkapitalkostensätze in (6) führt zu einer Ungenauigkeit bei der Anpassung des Betafaktors, die durch eine differenzierte Berücksichtigung der Fremdkapitalkategorien vermieden werden könnte. Siehe hierzu den Einschub »Relevering bei mehreren Fremdkapitalkategorien« in Kapitel 4.5.2.5.

Die Abzinsung des freien Cashflows mit dem durchschnittlichen Kapitalkostensatz führt zu dem **Marktwert des Unternehmens**. Der Aufteilung des Planungszeitraums in zwei Prognosephasen entsprechend kann dieser in zwei Komponenten zerlegt werden, den Marktwertbeitrag der Detailprognosephase und den Marktwertbeitrag der Rentenphase. Letzterer wird als Restwert (Residualwert, Residual Value, Terminal Value, Horizon Value) bezeichnet. Der Marktwertbeitrag der Detailprognosephase wird bestimmt, indem man den freien Cashflow der betreffenden Perioden auf den Bewertungsstichtag abzinst. Zur Ermittlung des Restwertes ist der erwartete Marktwert am Ende der Detailprognosephase $E[\tilde{V}_T^\ell]$ auf den Bewertungsstichtag abzuzinsen. Für den Marktwert des Unternehmens V^ℓ gilt somit:

$$V^\ell = \underbrace{\sum_{t=1}^{T} \frac{E[\tilde{x}_t^{FCF}]}{\prod_{\kappa=1}^{t}(1+k_\kappa^\tau)}}_{\substack{\text{Marktwertbeitrag der} \\ \text{Detailprognosephase}}} + \underbrace{\frac{E[\tilde{V}_T^\ell]}{\prod_{\kappa=1}^{T}(1+k_\kappa^\tau)}}_{\substack{\text{Marktwertbeitrag} \\ \text{der Rentenphase} \\ \text{bzw. Restwert}}} \tag{9}$$

> **THEORIE: Der Restwert bei Anwendung des FCF Verfahrens**
>
> Gemäß der in Kapitel 2.4.3.2.2 erläuterten Argumentation von *Miles* und *Ezzell* wird der erwartete Marktwert des verschuldeten Unternehmens bei einer wertabhängigen Finanzierung mit dem Kapitalkostensatz des unverschuldeten Unternehmens abgezinst. (9) sieht dagegen eine Abzinsung des für das Ende der Detailprognosephase erwarteten Marktwertes mit dem durchschnittlichen Kapitalkostensatz vor, was auf eine Interdependenz zwischen den Prognosephasen zurückzuführen ist. Der erwartete Marktwert des Unternehmens am Ende der Detailprognosephase beeinflusst nämlich die Höhe der erwarteten Marktwerte des Unternehmens in den Perioden der Detailprognosephase und damit über die Fremdkapitalquoten die erwarteten Fremdkapitalbestände und Tax Shields in diesen Perioden. Dieser Zusammenhang ist bei der Interpretation der betrachteten Größen zu berücksichtigen.

In gleicher Weise kann auch der für spätere Zeitpunkte erwartete Marktwert des Unternehmens $E[\tilde{V}_t^\ell]$ berechnet werden:

$$E[\tilde{V}_t^\ell] = \sum_{v=t+1}^{T} \frac{E[\tilde{x}_v^{FCF}]}{\prod_{\kappa=t+1}^{v}(1+k_\kappa^\tau)} + \frac{E[\tilde{V}_T^\ell]}{\prod_{\kappa=t+1}^{T}(1+k_\kappa^\tau)} \qquad \text{für } t=1,\ldots,T-1 \tag{10}$$

Die für die Zukunft erwarteten Marktwerte des Unternehmens werden im Rahmen der Plausibilitätsprüfung benötigt, um den künftigen Marktwert des Fremdkapitals als Produkt aus dem Marktwert des Unternehmens und der vorgegebenen Fremdkapitalquote mit der Finanzplanung des Unternehmens abzustimmen. Die damit einhergehende Problematik wird in Kapitel 4.7 erörtert.

THEORIE: **Das FCF Verfahren mit laufzeitspezifischen Spotrates**

Der durchschnittliche Kapitalkostensatz kann entweder als einperiodige Forward-rate oder als laufzeitspezifische Spotrate spezifiziert werden. Geht man von Spotrates $k_{0,t}^{\tau}$ aus, so wird der Marktwert eines Unternehmens wie folgt bestimmt:

$$V^{\ell} = \sum_{t=1}^{T} \frac{E[\tilde{x}_t^{FCF}]}{(1+k_{0,t}^{\tau})^t} + \frac{E[\tilde{V}_T^{\ell}]}{(1+k_{0,T}^{\tau})^T}$$

In diesem Buch werden alle Kapitalkostensätze als Forwardrates konzipiert. Bei wertabhängiger Finanzierung ist dies unter anderem mit dem Vorteil verbunden, dass als Nebenprodukt der Bewertung die für künftige Perioden erwarteten Markt-werte des Unternehmens anfallen, die für Plausibilitätsprüfungen benötigt werden. Arbeitet man mit Spotrates, müssen die für die Zukunft erwarteten Marktwerte in Nebenrechnungen bestimmt werden.

In der Bewertungspraxis wird bei Anwendung des FCF Verfahrens teilweise von einem für alle Perioden konstanten durchschnittlichen Kapitalkostensatz ausgegangen. Dies vereinfacht zwar die Rechnung, lässt sich aber letztlich nicht mit der Ermittlung der Kapitalkostensätze auf der Basis der Zinsstrukturkurve am Bewertungsstichtag in Einklang bringen. Analog kann auch bei der Ermittlung des Restwertes nicht von einem konstanten durchschnittlichen Kapitalkostensatz ausgegangen werden, wenn der risikolose Zinssatz oder andere Komponenten des durchschnittlichen Kapitalkostensatzes über die Detailprognosephase hinaus periodenspezifisch bestimmt wurden. Geht man bis zur Periode Z mit Z > T von einem periodenspezifischen durchschnittlichen Kapitalkostensatz aus, so resultiert der erwartete Marktwert am Ende der Detailprognosephase aus:

$$E[\tilde{V}_T^{\ell}] = \sum_{v=T+1}^{Z} \frac{E[\tilde{x}_{T+1}^{FCF}] \cdot (1+w)^{v-(T+1)}}{\prod_{\kappa=T+1}^{v} (1+k_{\kappa}^{\tau})} + \sum_{v=Z+1}^{\infty} \frac{E[\tilde{x}_{T+1}^{FCF}] \cdot (1+w)^{v-(T+1)}}{(1+k_{Z+1}^{\tau})^{v-Z} \cdot \prod_{\kappa=T+1}^{Z} (1+k_{\kappa}^{\tau})}$$

$$= \sum_{v=T+1}^{Z} \frac{E[\tilde{x}_{T+1}^{FCF}] \cdot (1+w)^{v-(T+1)}}{\prod_{\kappa=T+1}^{v} (1+k_{\kappa}^{\tau})} + \frac{E[\tilde{x}_{T+1}^{FCF}] \cdot (1+w)^{Z-T}}{(k_{Z+1}^{\tau} - w) \cdot \prod_{\kappa=T+1}^{Z} (1+k_{\kappa}^{\tau})} \qquad (11)$$

In der zweiten Zeile von (11) wurde die sogenannten **Gordon/Shapiro Formel**[1] für den Wert eines Unternehmens im Rentenfall mit Wachstum berücksichtigt.

---

1   Siehe Gordon/Shapiro (1956), S. 105.

THEORIE: **Herleitung der Bewertungsfunktion für den Rentenfall mit Wachstum**

Für den Wert V einer Rente, die durch eine zeitlich unbegrenzt anfallende und gleichbleibende erwartete Zahlung $E[\tilde{x}]$ charakterisiert ist, gilt bei einem konstanten Kapitalkostensatz k:

$$V = \sum_{t=1}^{\infty} \frac{E[\tilde{x}]}{(1+k)^t} = \frac{E[\tilde{x}]}{k}$$

Wächst der Erwartungswert der Zahlungen mit der Wachstumsrate w, so berechnet sich der Wert der Rente wie folgt:

$$V = \sum_{t=1}^{\infty} \frac{E[\tilde{x}_1] \cdot (1+w)^{t-1}}{(1+k)^t} = \sum_{t=1}^{\infty} \frac{E[\tilde{x}_1] \cdot (1+w)^{-1}}{\left(\dfrac{1+k}{1+w}\right)^t}$$

Substituiert man $\dfrac{1+k}{1+w}$ durch $(1+i)$, so ergibt sich für w < k:

$$V = \sum_{t=1}^{\infty} \frac{E[\tilde{x}_1] \cdot (1+w)^{-1}}{(1+i)^t} = \frac{E[\tilde{x}_1] \cdot (1+w)^{-1}}{i}$$

Ersetzt man nun wieder i durch $\dfrac{1+k}{1+w} - 1$, so erhält man folgende Bewertungsfunktion:

$$V = \frac{E[\tilde{x}_1] \cdot (1+w)^{-1}}{\dfrac{1+k}{1+w} - 1} = \frac{E[\tilde{x}_1]}{k-w}$$

Will man bereits ab der Periode T mit einem einheitlichen durchschnittlichen Kapitalkostensatz k_R^τ arbeiten, muss dieser so bestimmt werden, dass (11) zum gleichen Ergebnis wie (12) führt:

$$E[\tilde{V}_T^\ell] = \frac{E[\tilde{x}_{T+1}^{FCF}]}{k_R^\tau - w} \tag{12}$$

Durch Gleichsetzen von (11) und (12) und Auflösen erhält man für k_R^τ folgenden, vom freien Cashflow unabhängigen Ausdruck:

$$k_R^\tau = w + \frac{1}{\displaystyle\sum_{v=T+1}^{Z} \frac{(1+w)^{v-(T+1)}}{\displaystyle\prod_{\kappa=T+1}^{v}(1+k_\kappa^\tau)} + \frac{(1+w)^{Z-T}}{(k_{Z+1}^\tau - w) \cdot \displaystyle\prod_{\kappa=T+1}^{Z}(1+k_\kappa^\tau)}} \tag{13}$$

Die Anwendung von (12) ist mit dem Vorteil verbunden, dass der Restwert mit Hilfe der Bewertungsfunktion für den Rentenfall mit Wachstum ermittelt werden kann. Voraussetzung dafür ist, dass der verwendete durchschnittliche Kapitalkostensatz mittels (13) bestimmt wird. In der Literatur findet sich hierzu teilweise eine vereinfachte Vorgehensweise, bei der nicht der durchschnittliche Kapitalkostensatz, sondern der risikolose Zinssatz der Rentenphase oder aller Perioden zu einer einheitlichen Größe zusammengefasst wird.[1] Dieses Vorgehen führt letztlich zu anderen Kapitalkostensätzen, die mit Bewertungsungenauigkeiten verbunden sind.

Die Anwendung des FCF Verfahrens bei wertabhängiger Finanzierung wird anhand des in den letzten Kapiteln eingeführten Beispielunternehmens illustriert.[2] Ausgangspunkt ist der in Kapitel 4.4 prognostizierte freie Cashflow der drei Jahre umfassenden Detailprognosephase und des ersten Jahres der Rentenphase. Die Größen sind in folgender Tabelle aufgeführt:

Tab. 4.33: Beispiel: Erwarteter freier Cashflow

t	1	2	3	4
Freier Cashflow (Tsd. €)	6.951	12.632	22.473	22.894

In der Rentenphase steigt der freie Cashflow annahmegemäß in jeder Periode mit einer Wachstumsrate von 1,5%.

Das Fremdkapital des Beispielunternehmens umfasst mit Schuldscheindarlehen und sonstigem langfristigen Fremdkapital zwei langfristige Fremdkapitalkategorien (f = 1,2) und mit kurzfristigen Bankkrediten eine kurzfristige Fremdkapitalkategorie (f = 3). Die Finanzplanung sieht vor, dass sich die in Marktwerten gemessenen Kapitalanteile in der Detailprognosephase schrittweise an eine Zielkapitalstruktur annähern, die in der Rentenphase beibehalten wird:

Tab. 4.34: Beispiel: Fremdkapitalquoten

f	Fremdkapitalkategorie	Fremdkapitalquoten Θ_t^f			
		0	1	2	3
1	Schuldscheindarlehen	11%	11%	11%	11%
2	Sonstiges langfristiges Fremdkapital	5%	8%	10%	10%
3	Kurzfristige Bankkredite	14%	12%	10%	9%
	Summe	30%	31%	31%	30%

---

1 Siehe z.B. Baetge et al. (2012), Jonas et al. (2005); Institut der Wirtschaftsprüfer (Hrsg.) (2014), S. 122.

2 Im Text werden gerundete Werte angegeben, die Berechnungen basieren auf ungerundeten Werten.

Aus Tabelle 4.34 ist ersichtlich, dass der Anteil des sonstigen langfristigen Fremdkapitals in der Detailprognosephase erhöht und derjenigen der kurzfristigen Bankkredite bei insgesamt gleichbleibender Fremdkapitalquote vermindert werden soll.

Der risikolose Zinssatz wurde in Kapitel 4.5.2.2 für einen Zeitraum von 30 Jahren wie folgt ermittelt:

Tab. 4.35: Beispiel: Risikoloser Zinssatz

t	r_t	t	r_t	t	r_t
1	0,2360 %	11	3,8700 %	21	3,0997 %
2	0,6035 %	12	3,9367 %	22	2,9472 %
3	1,0833 %	13	3,9532 %	23	2,7958 %
4	1,6008 %	14	3,9273 %	24	2,6473 %
5	2,1061 %	15	3,8662 %	25	2,5031 %
6	2,5680 %	16	3,7768 %	26	2,3643 %
7	2,9683 %	17	3,6654 %	27	2,2318 %
8	3,2987 %	18	3,5375 %	28	2,1060 %
9	3,5570 %	19	3,3980 %	29	1,9873 %
10	3,7547 %	20	3,2509 %	30	1,8757 %

Für alle nachfolgenden Jahre wird die Spot Rate für eine Laufzeit von 30 Jahren in Höhe von 2,7787 % fortgeschrieben. Infolgedessen ist der als implizite Forward Rate bestimmte risikolose Zinssatz ab $t = 31$ konstant und stimmt mit der Spot Rate von 2,7787 % überein.

Die in Kapitel 4.5.3 bestimmten Credit Spreads sind wie folgt:

Tab. 4.36: Beispiel: Credit Spreads

f	Fremdkapitalkategorie	Credit Spread
1	Schuldscheindarlehen	2,4 %-Punkte
2	Sonstiges langfristiges Fremdkapital	3,0 %-Punkte
3	Kurzfristige Bankkredite	3,5 %-Punkte

Es wird davon ausgegangen, dass die Credit Spreads von der Veränderung der Kapitalstruktur in der Detailprognosephase nicht beeinflusst werden. Da die Fremdkapitalgeber des Unternehmens nur ein relativ geringes Ausfallrisiko tragen, werden die Fremdkapitalkostensätze in Höhe der betreffenden Fremdkapitalzinssätze als Summe aus dem risikolosen Zinssatz und dem jeweiligen Credit Spread angesetzt; für das erste Jahr folgt:

$kd_1^1 = 2,6360\%, \ kd_1^2 = 3,2360\% \text{ und } kd_1^3 = 3,7360\%$

Für den Teilsteuersatz der Fremdkapitalzinsen ist die Berechnung in Kapitel 4.5.3.4 maßgeblich; demnach beläuft sich der Teilsteuersatz bei allen Fremdkapitalkategorien auf 26,45625 %. Für das erste Jahr ergeben sich nachstehende Fremdkapitalkostensätze nach Unternehmensteuern:

$kd_1^{1,\tau} = 1,9386\%, \ kd_1^{2,\tau} = 2,3799\% \text{ und } kd_1^{3,\tau} = 2,7476\%$

Als durchschnittlicher Fremdkapitalkostensatz des ersten Jahres resultiert gemäß (3):

$$kd_1 = \frac{11\%}{30\%} \cdot 2,6360\% + \frac{5\%}{30\%} \cdot 3,236\% + \frac{14\%}{30\%} \cdot 3,7360\% = 3,2493\%$$

Für den durchschnittlichen Fremdkapitalkostensatz nach Unternehmensteuern ergibt sich aus (4):

$$kd_1^\tau = \frac{11\%}{30\%} \cdot 1,9386\% + \frac{5\%}{30\%} \cdot 2,3799\% + \frac{14\%}{30\%} \cdot 2,7476\% = 2,3897\%$$

Die Marktrisikoprämie wird mit 5,5 %-Punkten angesetzt. Für das Beta Debt des ersten Jahres folgt gemäß (5):

$$\beta_1^D = \frac{3,2493\% - 0,2360\%}{5,5\%} = 0,5479$$

Das Asset Beta des Beispielunternehmens wurde in Kapitel 4.5.2.5 bestimmt und beträgt 0,8. Die Anpassung an den Verschuldungsgrad gemäß (6) führt bei $L_0 = 42,86\%$ für das erste Jahr auf:

$$\beta_1^\ell = 0,8 + (0,8 - 0,5479) \cdot \frac{1 + 2,3897\%}{1 + 3,2493\%} \cdot 42,86\% = 0,9072$$

Der Eigenkapitalkostensatz des Unternehmens ist damit nach (7):

$$ke_1^\ell = 0,2360\% + 5,5\% \cdot 0,9072 = 5,2253\%$$

Der durchschnittliche Kapitalkostensatz k_1^τ beträgt gemäß (8):

$$k_1^\tau = 5,2253\% \cdot 70\% + 2,3897\% \cdot 30\% = 4,3746\%$$

Der durchschnittliche Kapitalkostensatz für die ersten dreißig Jahre nach dem Bewertungsstichtag ist folgender Tabelle zu entnehmen. Ab $t = 30$ bleibt der durchschnittliche Kapitalkostensatz konstant und beläuft sich auf 6,7193 %.

Tab. 4.37: Beispiel: Durchschnittlicher Kapitalkostensatz

t	k_t^τ	t	k_t^τ	t	k_t^τ
1	4,3746%	11	7,7229%	21	7,0145%
2	4,7055%	12	7,7842%	22	6,8743%
3	5,1480%	13	7,7994%	23	6,7350%
4	5,6361%	14	7,7756%	24	6,5985%
5	6,1008%	15	7,7194%	25	6,4659%
6	6,5256%	16	7,6372%	26	6,3382%
7	6,8937%	17	7,5347%	27	6,2164%
8	7,1975%	18	7,4171%	28	6,1007%
9	7,4350%	19	7,2888%	29	5,9916%
10	7,6086%	20	7,1535%	30	5,8889%
				31 ff.	6,7193%

Als Nächstes wird der für das Ende der Detailprognosephase erwartete Marktwert bestimmt. Wendet man dazu (11) an, so ergibt sich:

$$E[\tilde{V}_3^\ell] = \frac{22.894}{1,056361} + \ldots + \frac{22.894 \cdot 1,015^{26}}{1,056361 \cdot \ldots \cdot 1,058889}$$

$$+ \frac{22.894 \cdot 1,015^{27}}{(6,7193\% - 1,5\%) \cdot 1,056361 \cdot \ldots \cdot 1,058889}$$

$$= 422.427,92 \text{ Tsd. } €$$

Alternativ kann zunächst der einheitliche durchschnittliche Kapitalkostensatz k_R^τ gemäß (13) bestimmt werden; er beläuft sich auf ungefähr 6,9196%. Der für das Ende der Detailprognosephase erwartete Marktwert ergibt sich dann aus (12) wie folgt:

$$E[\tilde{V}_3^\ell] = \frac{22.894}{6,9196\% - 1,5\%} = 422.427,92 \text{ Tsd. } €$$

Für den Marktwert des Unternehmens folgt gemäß (9):

$$V^\ell = \frac{6.951}{1,043746} + \frac{12.632}{1,043746 \cdot 1,047055} + \frac{22.473}{1,043746 \cdot 1,047055 \cdot 1,051480}$$

$$+ \frac{422.427,92}{1,043746 \cdot 1,047055 \cdot 1,051480}$$

$$= 37.775,01 + 367.609,65$$

$$= 405.384,66 \text{ Tsd. } €$$

Analog lassen sich mittels (10) die für jeden späteren Zeitpunkt in der Detailprognosephase erwarteten Marktwerte des Unternehmens berechnen. Der erwartete Marktwert zu Beginn des zweiten Jahres beläuft sich bspw. auf etwa 416.168 Tsd. €.

4.6.2.2 Das Adjusted Present Value Verfahren bei autonomer Finanzierung

Beim APV Verfahren wird der Marktwert des Unternehmens als Summe des Marktwertes des unverschuldeten Unternehmens und des Marktwertes des Tax Shields bestimmt. Der Marktwert des unverschuldeten Unternehmens resultiert aus dem erwarteten freien Cashflow, der mit dem Kapitalkostensatz des unverschuldeten Unternehmens auf den Bewertungsstichtag abgezinst wird. Der Marktwert der fremdfinanzierungsbedingten Steuerersparnisse folgt aus der Abzinsung der Tax Shields aller Fremdkapitalkategorien. Abbildung 4.11 gibt einen Überblick über die Eingangsgrößen des Kalküls.

Für die Detailprognosephase wird der **erwartete freie Cashflow** $E[\tilde{x}_t^{FCF}]$ einzeln prognostiziert. Von dem für die erste Periode der Rentenphase erwarteten freien Cashflow $E[\tilde{x}_{T+1}^{FCF}]$ wird angenommen, dass er sich mit der Wachstumsrate w fortentwickelt. Entsprechend der Unterscheidung einer Detailprognosephase und einer Rentenphase wird der Marktwert des unverschuldeten Unternehmens in einen Marktwertbeitrag der Detailprognosephase und einen Restwert als Marktwertbeitrag der Rentenphase aufgespalten. Für die Abzinsung wird der **Eigenkapitalkostensatz des unverschuldeten Unternehmens** ke_t^u verwendet. Der **Marktwert des unverschuldeten Unternehmens** V^u am Bewertungsstichtag ist demnach wie folgt zu berechnen:

$$V^u = \underbrace{\sum_{t=1}^{T} \frac{E[\tilde{x}_t^{FCF}]}{\prod_{\kappa=1}^{t}(1+ke_\kappa^u)}}_{\substack{\text{Marktwertbeitrag der} \\ \text{Detailprognosephase}}} + \underbrace{\frac{E[\tilde{V}_T^u]}{\prod_{\kappa=1}^{T}(1+ke_\kappa^u)}}_{\substack{\text{Marktwertbeitrag} \\ \text{der Rentenphase} \\ \text{bzw. Restwert}}} \tag{1}$$

Der Eigenkapitalkostensatz des unverschuldeten Unternehmens resultiert aus dem risikolosen Zinssatz r_t, der Marktrisikoprämie MRP und dem Asset Beta β^u:

$$ke_t^u = r_t + MRP \cdot \beta^u \qquad\qquad \text{für } t = 1, 2, \ldots \tag{2}$$

Geht man davon aus, dass der risikolose Zinssatz und damit auch der Eigenkapitalkostensatz des unverschuldeten Unternehmens für $Z > T$ Perioden periodenspezifisch festgelegt und anschließend fortgeschrieben wird, so folgt der für das Ende der Detailprognosephase erwartete Marktwert des unverschuldeten Unternehmens aus:

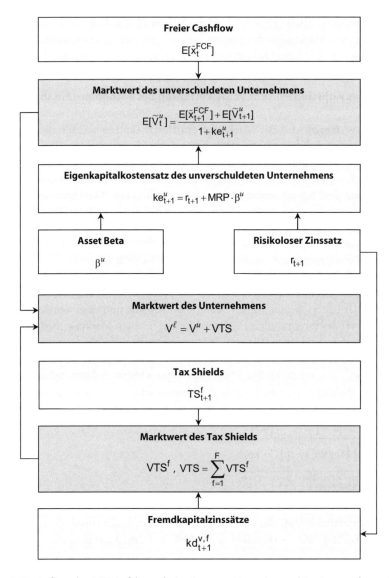

Abb. 4.11: Aufbau des APV Verfahrens bei autonomer Finanzierung (Vorsteuerrechnung)

Ermittlung des Marktwertes des unverschuldeten Unternehmens mit laufzeitspezifischen Spotrates

Der Eigenkapitalkostensatz des unverschuldeten Unternehmens kann als einperiodige Forwardrate oder als laufzeitspezifische Spotrate konzipiert werden. Kommen laufzeitspezifische Spotrates $ke^u_{0,t}$ zur Anwendung, ist der Marktwert des unverschuldeten Unternehmens am Bewertungsstichtag wie folgt zu ermitteln:

$$V^u = \sum_{t=1}^{T} \frac{E[\tilde{x}^{FCF}_t]}{(1+ke^u_{0,t})^t} + \frac{E[\tilde{V}^u_T]}{(1+ke^u_{0,T})^T}$$

Bei konstanten Eigenkapitalkostensätzen stimmen einperiodige Forwardrates und laufzeitspezifische Spotrates überein.

$$E[\tilde{V}^u_T] = \sum_{v=T+1}^{Z} \frac{E[\tilde{x}^{FCF}_{T+1}] \cdot (1+w)^{v-(T+1)}}{\prod_{\kappa=T+1}^{v} (1+ke^u_\kappa)} + \sum_{v=Z+1}^{\infty} \frac{E[\tilde{x}^{FCF}_{T+1}] \cdot (1+w)^{v-(T+1)}}{(1+ke^u_{Z+1})^{v-Z} \cdot \prod_{\kappa=T+1}^{Z} (1+ke^u_\kappa)}$$

$$\tag{3}$$

$$= \sum_{v=T+1}^{Z} \frac{E[\tilde{x}^{FCF}_{T+1}] \cdot (1+w)^{v-(T+1)}}{\prod_{\kappa=T+1}^{v} (1+ke^u_\kappa)} + \frac{E[\tilde{x}^{FCF}_{T+1}] \cdot (1+w)^{Z-T}}{(ke^u_{Z+1}-w) \cdot \prod_{\kappa=T+1}^{Z} (1+ke^u_\kappa)}$$

Soll bei der Berechnung dieses Marktwertes ein konstanter Eigenkapitalkostensatz ke^u_R genutzt werden, so ist dieser so festzulegen, dass (4) zum gleichen Ergebnis wie (3) führt:

$$E[\tilde{V}^u_T] = \frac{E[\tilde{x}^{FCF}_{T+1}]}{ke^u_R - w}$$

$$\tag{4}$$

Setzt man (3) und (4) gleich und löst nach ke^u_R auf, so ergibt sich folgender, nur von dem Eigenkapitalkostensatz ke^u_t und der Wachstumsrate w abhängiger Ausdruck:

$$ke^u_R = w + \frac{1}{\sum_{v=T+1}^{Z} \frac{(1+w)^{v-(T+1)}}{\prod_{\kappa=T+1}^{v} (1+ke^u_\kappa)} + \frac{(1+w)^{Z-T}}{(ke^u_{Z+1}-w) \cdot \prod_{\kappa=T+1}^{Z} (1+ke^u_\kappa)}}$$

$$\tag{5}$$

(4) nutzt alle Informationen über den Verlauf der Zinsstrukturkurve in der Rentenphase, sofern ke^u_R gemäß (5) bestimmt wird, und führt dementsprechend nur unter dieser Voraussetzung zu einem korrekten Bewertungsergebnis.

Im Anschluss an die Ermittlung des Marktwertes des unverschuldeten Unternehmens gilt es, den Marktwert der Tax Shields zu bestimmen. Dabei ist entsprechend der Annahme einer autonomen Finanzierung von deterministisch geplantem Fremd-kapital auszugehen, dessen Höhe auf die Erwartungen bezüglich des Brutto Cashflow aus der laufenden Geschäftstätigkeit, die geplanten Investitionen in das Nettoumlauf-vermögen und das Anlagevermögen sowie die intendierte Ausschüttungspolitik abge-stimmt ist. Die resultierenden **Tax Shields** TS_t^f werden aus den angenommenen Fremd-finanzierungskonditionen und den maßgeblichen Regelungen des Steuerrechts für alle Fremdkapitalkategorien abgeleitet. Der Vorteil des APV Verfahrens gegenüber dem FCF Verfahren besteht dabei darin, dass detailliert auf die Regelungen des Steuerrechts ein-gegangen werden kann. In Abhängigkeit von dem jeweiligen Bewertungsfall sind aber auch Vereinfachungen möglich, wie sie in Kapitel 4.3.2.3 beschrieben wurden.

Nachdem die Tax Shields der Detailprognosephase bestimmt worden sind, ist eine Annahme darüber zu treffen, wie sich die Tax Shields in der Rentenphase weiterentwi-ckeln. Hat sich das zu bewertende Unternehmen am Ende der Detailprognosephase wie angenommen an einen eingeschwungenen Zustand angenähert, so steigt das Fremdka-pital mit der Wachstumsrate w an, mit der auch der erwartete freie Cashflow anwächst. Hieraus folgt ein entsprechender Anstieg der steuerlich zu berücksichtigenden Fremd-kapitalzinsen jedoch nur dann, wenn die Finanzierungskonditionen konstant bleiben. Hiervon mag im Einzelfall auszugehen sein. Im Allgemeinen erscheint es zweckmäßiger, die Fremdkapitalzinsen in der Rentenphase durch das Produkt aus dem mit der Wachs-tumsrate w steigenden, in der betreffenden Periode zu verzinsenden Fremdkapital und dem jeweiligen Fremdkapitalzinssatz anzunähern. Der Tax Shield der betreffenden Pe-riode ergibt sich dann durch Multiplikation dieser Fremdkapitalzinsen mit dem betref-fenden Teilsteuersatz.

Um den **Marktwert des Tax Shields** VTS^f einer Fremdkapitalkategorie zu bestim-men, ist der Tax Shield auf den Bewertungsstichtag abzuzinsen. Wie in Kapitel 4.5.3.1 erläutert, gibt es hierzu zwei Möglichkeiten: Die erste Möglichkeit besteht darin, den erwarteten Tax Shield mit dem Fremdkapitalkostensatz abzuzinsen. Die zweite Mög-lichkeit sieht vor, den aus den vertraglichen Vereinbarungen mit den Fremdkapitalge-bern resultierenden Tax Shield mit dem **Fremdkapitalzinssatz** $kd_t^{v,f}$ zu diskontieren. Im Weiteren wird von der zweiten Möglichkeit Gebrauch gemacht. Sofern der Fremd-kapitalzinssatz für $Z > T$ Perioden periodenspezifisch festgelegt wird, folgt der Markt-wert des Tax Shields aus:

$$VTS^f = \sum_{t=1}^{T} \frac{TS_t^f}{\prod_{\kappa=1}^{t}(1+kd_\kappa^{v,f})}$$

$$+ \sum_{t=T+1}^{Z} \frac{\tau^f \cdot kd_t^{v,f} \cdot D_T^f \cdot (1+w)^{t-(T+1)}}{\prod_{\kappa=1}^{t}(1+kd_\kappa^{v,f})} + \frac{\tau^f \cdot kd_{Z+1}^{v,f} \cdot D_T^f \cdot (1+w)^{Z-T}}{(kd_{Z+1}^{v,f}-w) \cdot \prod_{\kappa=1}^{Z}(1+kd_\kappa^{v,f})} \tag{6}$$

Analog zur Bestimmung des Eigenkapitalkostensatzes ke_R^u kann für jede Fremdkapital-kategorie ein einheitlicher Fremdkapitalzinssatz $kd_R^{v,f}$ bestimmt werden, mittels dessen man die Berechnung vereinfachen kann:

$$VTS^f = \sum_{t=1}^{T} \frac{TS_t^f}{\prod_{\kappa=1}^{t}(1+kd_\kappa^{v,f})} + \frac{\tau^f \cdot kd_R^{v,f} \cdot D_T^f}{(kd_R^{v,f} - w) \cdot \prod_{\kappa=1}^{T}(1+kd_\kappa^{v,f})} \tag{7}$$

Dabei ist:

$$kd_R^{v,f} = \frac{w}{1 - \dfrac{1}{\displaystyle\sum_{v=T+1}^{Z} \frac{kd_v^{v,f} \cdot (1+w)^{v-(T+1)}}{\prod_{\kappa=T+1}^{v}(1+kd_\kappa^{v,f})} + \frac{kd_{Z+1}^{v,f} \cdot (1+w)^{Z-T}}{(kd_{Z+1}^{v,f} - w) \cdot \prod_{\kappa=T+1}^{Z}(1+kd_\kappa^{v,f})}}} \tag{8}$$

Aus der Summe der Marktwerte der Tax Shields aller Fremdkapitalkategorien ergibt sich der Marktwert des Tax Shields des Unternehmens VTS:

$$VTS = \sum_{f=1}^{F} VTS^f \tag{9}$$

Schließlich erhält man den **Marktwert des Unternehmens** als Summe des Marktwertes des unverschuldeten Unternehmens und des Marktwertes des Tax Shields:

$$V^\ell = V^u + VTS \tag{10}$$

Zur Illustration der Anwendung des APV Verfahrens bei autonomer Finanzierung wird wieder auf das in den vorangehenden Kapiteln behandelte Beispielunternehmen Bezug genommen.[1] Der prognostizierte freie Cashflow und der risikolose Zinssatz sind den Tabellen 4.33 und 4.35 zu entnehmen. Die Wachstumsrate des erwarteten freien Cash-flow in der Rentenphase beträgt 1,5 %. Auf der Grundlage der Marktrisikoprämie von 5,5 %-Punkten sowie des Asset Betas von 0,8 ergibt sich gemäß (2) der in Tabelle 4.38 angegebene Eigenkapitalkostensatz des unverschuldeten Unternehmens:

Tab. 4.38: Beispiel: Eigenkapitalkostensatz des unverschuldeten Unternehmens

t	ke_t^u	t	ke_t^u	t	ke_t^u
1	4,6360 %	11	8,2700 %	21	7,4997 %
2	5,0035 %	12	8,3367 %	22	7,3472 %
3	5,4833 %	13	8,3532 %	23	7,1958 %

---

1 Im Text werden gerundete Werte angegeben, die Berechnungen basieren auf ungerundeten Werten.

Tab. 4.38: Beispiel: Eigenkapitalkostensatz des unverschuldeten Unternehmens
– Fortsetzung

t	ke_t^u	t	ke_t^u	t	ke_t^u
4	6,0008%	14	8,3273%	24	7,0473%
5	6,5061%	15	8,2662%	25	6,9031%
6	6,9680%	16	8,1768%	26	6,7643%
7	7,3683%	17	8,0654%	27	6,6318%
8	7,6987%	18	7,9375%	28	6,5060%
9	7,9570%	19	7,7980%	29	6,3873%
10	8,1457%	20	7,6509%	30	6,2757%
				31 ff.	7,1787%

Der Marktwert des unverschuldeten Unternehmens ist gemäß (1) zu errechnen. Dazu wird zunächst der für das Ende der Detailprognosephase erwartete Marktwert des unverschuldeten Unternehmens bestimmt. (3) führt auf:

$$
E[\tilde{V}_3^u] = \frac{22.894}{1,06008} + \ldots + \frac{22.894 \cdot 1,015^{26}}{1,06008 \cdot \ldots \cdot 1,062757}
$$

$$
+ \frac{22.894 \cdot 1,015^{27}}{(7,1787\% - 1,5\%) \cdot 1,06008 \cdot \ldots \cdot 1,062757}
$$

$$
= 387.750,12 \text{ Tsd. } €
$$

Alternativ kann zunächst gemäß (5) der einheitliche Eigenkapitalkostensatz für die Abzinsung des für die Rentenphase erwarteten freien Cashflow berechnet werden; er beläuft sich auf ca. 7,4043%. Aus (4) ergibt sich der für das Ende der Detailprognosephase erwartete Marktwert des unverschuldeten Unternehmens in gleicher Höhe:

$$
E[\tilde{V}_3^u] = \frac{22.894}{7,4043\% - 1,5\%} = 387.750,12 \text{ Tsd. } €
$$

Der Marktwert des unverschuldeten Unternehmens folgt schließlich aus (1). Er setzt sich aus den Marktwertbeiträgen der Detailprognosephase und der Rentenphase von ca. 37.531 bzw. 334.567 Tsd. € zusammen und beträgt etwa 372.098 Tsd. €:

$$
V^u = \frac{6.951}{1,046360} + \frac{12.632}{1,046360 \cdot 1,050035} + \frac{22.473}{1,046360 \cdot 1,050035 \cdot 1,054833}
$$

$$
+ \frac{387.750,12}{1,046360 \cdot 1,050035 \cdot 1,054833}
$$

$$= 37.530,75 + 334.567,18$$

$$= 372.097,93 \text{ Tsd.} €$$

Ausgangspunkt für die Bewertung der Tax Shields ist das aus den Annahmen zur autonomen Finanzierung resultierende Fremdkapital. Bei dem Beispielunternehmen umfasst das Fremdkapital mit Schuldscheindarlehen, sonstigem langfristigen Fremdkapital sowie kurzfristigen Bankkrediten drei Fremdkapitalkategorien. In Tabelle 4.39 sind die aus den Finanzierungskonditionen und den steuerrechtlichen Regelungen abgeleiteten Tax Shields in der Detailprognosephase aufgeführt.

Tab. 4.39: Beispiel: Tax Shields in der Detailprognosephase

f	Fremdkapitalkategorie	Periode		
		1	2	3
1	Schuldscheindarlehen	447,11	447,11	447,11
2	Sonstiges langfristiges Fremdkapital	293,28	469,24	586,56
3	Kurzfristige Bankkredite	588,34	594,51	610,90

Das Fremdkapital am Ende der Detailprognosephase ist Tabelle 4.40 zu entnehmen:

Tab. 4.40: Beispiel: Fremdkapital am Ende der Detailprognosephase

f	Fremdkapitalkategorie	t = 3
1	Schuldscheindarlehen	49.000
2	Sonstiges langfristiges Fremdkapital	48.436
3	Kurzfristige Bankkredite	44.187

In der Rentenphase steigt das Fremdkapital gleichmäßig mit einer Wachstumsrate von 1,5 % an. Die steuerlich berücksichtigungsfähigen Fremdkapitalzinsen ergeben sich näherungsweise als Produkt aus dem jeweiligen Fremdkapital und dem dazu gehörigen Fremdkapitalzinssatz, der bereits im letzten Kapitel bestimmt worden war. Die Tax Shields werden vereinfacht als Produkt aus den Fremdkapitalzinsen und dem maßgeblichen Teilsteuersatz – im Beispiel einheitlich 26,45625 % – bestimmt.

Zur Ermittlung des Marktwertes des Tax Shields sind die Tax Shields der Fremdkapitalkategorien mit den betreffenden Fremdkapitalzinssätzen abzuzinsen. Der Marktwert des Tax Shields aus dem Schuldscheindarlehen beträgt gemäß (6) ca. 17.724 Tsd. €:

$$VTS^1 = \frac{447,11}{1,026360} + \frac{447,11}{1,026360 \cdot 1,030035} + \frac{447,11}{1,026360 \cdot 1,030035 \cdot 1,034833}$$

$$+ \frac{49.000 \cdot 4,0008\% \cdot 26,45625\%}{1,026360 \cdot \ldots \cdot 1,040008} + \ldots$$

$$+ \frac{49.000 \cdot 1,015^{26} \cdot 4,2757\% \cdot 26,45625\%}{1,026360 \cdot \ldots \cdot 1,042757}$$

$$+ \frac{49.000 \cdot 1,015^{27} \cdot 5,1787\% \cdot 26,45625\%}{(5,1787\% - 1,5\%) \cdot 1,026360 \cdot \ldots \cdot 1,042757}$$

$$= 17.724,16 \text{ Tsd. } €$$

In gleicher Weise sind die Marktwerte der Tax Shields der anderen beiden Fremdkapitalkategorien zu ermitteln. Sie belaufen sich auf ca. 16.619 Tsd. € bzw. ca. 15.122 Tsd. €. Wendet man statt (6) die alternative Berechnungsformel (7) für die Bewertung der Tax Shields an, so muss mit den gemäß (8) bestimmten einheitlichen Fremdkapitalzinssätzen $kd_R^{v,f}$ gearbeitet werden. Der einheitliche Fremdkapitalzinssatz für das Schuldscheindarlehen beläuft sich auf ungefähr 5,3578 %. Der Marktwert des Tax Shields aus dem Schuldscheindarlehen ergibt sich gemäß (7) aus:

$$VTS^1 = \frac{447,11}{1,026360} + \frac{447,11}{1,026360 \cdot 1,030035} + \frac{447,11}{1,026360 \cdot 1,030035 \cdot 1,034833}$$

$$+ \frac{26,45625\% \cdot 5,3578\% \cdot 49.000}{(5,3578\% - 1,5\%) \cdot 1,026360 \cdot 1,030035 \cdot 1,034833}$$

$$= 17.724,16 \text{ Tsd. } €$$

Der Marktwert des Unternehmens in Höhe von etwa 421.563 Tsd. € resultiert schließlich gemäß (10) als Summe des Marktwertes des unverschuldeten Unternehmens und des Marktwertes des Tax Shields des Unternehmens:

$$V^\ell = 372.097,93 + (17.724,16 + 16.618,92 + 15.122,26)$$

$$= 372.097,93 + 49.465,34$$

$$= 421.563,27 \text{ Tsd. } €$$

4.6.2.3 Die Kombination von Discounted Cashflow Verfahren bei gemischter Finanzierungspolitik

Den vorangegangenen Kapiteln lag die Annahme zugrunde, dass das zu bewertende Unternehmen in allen Perioden eine wertabhängige oder eine autonome Finanzierung verfolgt. Bereits in Kapitel 2.4.3.2.3 wurde die Realitätsnähe dieser Finanzierungsannahmen hinterfragt und festgestellt, dass es sich um idealtypische Vorstellungen handelt, die mit der betrieblichen Realität nur auf abstrakter Ebene in Einklang zu bringen sind. Die Annahme einer wertabhängigen Finanzierung erscheint unter anderem deshalb problematisch, weil bestimmte Fremdkapitalkategorien, wie z. B. langfristig begebene Anleihen oder langfristige Verbindlichkeiten gegenüber Kreditinstituten, in der Detailprognosephase faktisch nur eingeschränkt angepasst werden können. Bei der autonomen Finanzierung dagegen erscheint wenig realistisch, dass das Fremdkapital in der Rentenphase unabhängig von der bis dahin eingetretenen Unternehmensentwicklung bereits am Bewertungsstichtag festgelegt wird, so dass sich untragbare oder unzweckmäßige Kapitalstrukturen ergeben können. Da diese Kritikpunkte unterschiedliche Prognosephasen betreffen, liegt der Gedanke nahe, die autonome und die wertabhängige Finanzierung zu einer **gemischten Finanzierungspolitik**[1] zu kombinieren.

Die im Weiteren betrachtete gemischte Finanzierungspolitik ist dadurch gekennzeichnet, dass das Fremdkapital in der T Perioden umfassenden Detailprognosephase am Bewertungsstichtag deterministisch festgelegt wird und dass für die sich anschließende Rentenphase von konstanten, bereits am Bewertungsstichtag bekannten Fremdkapitalquoten Θ_T^f ausgegangen wird. Aus den Finanzierungsannahmen für die Detailprognosephase und den Regelungen des Steuerrechts leiten sich die nach Fremdkapitalkategorien differenzierten Tax Shields TS_t^f ab. Bei einem für das Ende der Detailprognosephase erwarteten Marktwert des Unternehmens $E[\tilde{V}_T]$ ist der **Marktwert des Unternehmens** V^ℓ wie folgt zu berechnen:

$$V^\ell = \sum_{t=1}^{T} \underbrace{\frac{E[\tilde{x}_t^{FCF}]}{\prod_{\kappa=1}^{t}(1+ke_\kappa^u)} + \sum_{f=1}^{F} \sum_{t=1}^{T} \frac{TS_t^f}{\prod_{\kappa=1}^{t}(1+kd_\kappa^f)}}_{\text{Marktwertbeitrag der Detailprognosephase}} + \underbrace{\frac{E[\tilde{V}_T^\ell]}{\prod_{t=1}^{T}(1+ke_t^u)}}_{\substack{\text{Marktwertbeitrag der} \\ \text{Rentenphase bzw.} \\ \text{Restwert}}} \tag{1}$$

Die Bestimmung des Marktwertbeitrags der Detailprognosephase folgt dem APV Verfahren, während der für das Ende der Detailprognosephase erwartete Marktwert des Unternehmens mit dem FCF Verfahren bestimmt wird. Nach den Überlegungen von *Miles* und *Ezzell* ist Letzterer mit dem Kapitalkostensatz des unverschuldeten Unternehmens auf den Bewertungsstichtag abzuzinsen.[2] Abgesehen davon unterscheidet sich das Vorgehen nicht von demjenigen bei einer rein autonomen oder wertabhängigen Finanzierung. Aus diesem Grund sei hierzu auf die Ausführungen in den vorangegangenen Kapiteln verwiesen.

---

1   Kruschwitz et al. (2007) verwenden den Begriff »hybride Finanzierungspolitik«. Da das Attribut »hybride« jedoch üblicherweise für Finanzierungsinstrumente verwendet wird, die sowohl eigenkapital- als auch fremdkapitaltypische Charakteristika aufweisen, und um diesbezügliche Verwechslungen zu vermeiden, haben wir uns für den Begriff gemischte Finanzierungspolitik entschieden.
2   Siehe Kapitel 2.4.3.2.2.

Die Anwendung des APV Verfahrens bei einer rein autonomen Finanzierung und die Anwendung des FCF Verfahrens bei einer durchgängig wertabhängigen Finanzierung wurden für das Beispielunternehmen in den beiden vorangegangenen Kapiteln erläutert. Nimmt man stattdessen die beschriebene gemischte Finanzierungspolitik an, so ergibt sich am Bewertungsstichtag gemäß (1) ein Marktwert des Unternehmens von ca. 406.195 Tsd. €.[1] Der Marktwert setzt sich aus dem Marktwertbeitrag der Detailprognosephase von ca. 41.706 Tsd. € und einem Restwert von ca. 364.489 Tsd. € zusammen:

$$V^\ell = \frac{6.951}{1,046360} + \frac{12.632}{1,046360 \cdot 1,050035} + \frac{22.473}{1,046360 \cdot 1,050035 \cdot 1,054833}$$

$$+ \frac{447,11}{1,026360} + \frac{447,11}{1,026360 \cdot 1,030035} + \frac{447,11}{1,026360 \cdot 1,030035 \cdot 1,034833}$$

$$+ \frac{293,28}{1,032360} + \frac{469,24}{1,032360 \cdot 1,036035} + \frac{586,56}{1,032360 \cdot 1,036035 \cdot 1,040833}$$

$$+ \frac{588,34}{1,037360} + \frac{594,51}{1,037360 \cdot 1,041035} + \frac{610,90}{1,037360 \cdot 1,041035 \cdot 1,045833}$$

$$+ \frac{422.427,92}{1,046360 \cdot 1,050035 \cdot 1,054833}$$

$$= 41.706,25 + 364.488,64$$

$$= 406.194,90 \text{ Tsd. €}$$

Ergänzend sei angemerkt, dass der Übergang von der autonomen zur wertabhängigen Finanzierung nicht mit dem Ende der Detailprognosephase zusammenfallen muss. Z.B. könnte auch davon ausgegangen werden, dass nur in der ersten Periode eine autonome Finanzierung und in allen nachfolgenden Perioden eine wertabhängige Finanzierung verfolgt wird. Ebenso denkbar sind andere Kombinationen aus autonomer und wertabhängiger Finanzierung. Für die Unternehmensbewertung hat die Idee einer gemischten Finanzierungspolitik letztlich eine hohe Relevanz, weil sie dazu beitragen kann, die Plausibilität der Finanzierungsannahmen zu erhöhen. Vor diesem Hintergrund sollte die Annahme einer rein wertabhängigen oder autonomen Finanzierung als Vereinfachung begriffen werden und die Zugrundelegung einer gemischten Finanzierungspolitik den Regelfall darstellen.

---

[1] Im Text werden gerundete Werte angegeben, die Berechnungen basieren auf ungerundeten Werten.

THEORIE: **L-gemischte versus F-gemischte Finanzierungspolitik**[1]

Die in diesem Kapitel vorgestellte gemischte Finanzierungspolitik wird als F-gemischte Finanzierungspolitik bezeichnet. In der praktischen Anwendung ist sie mit dem Problem verbunden, dass das für die letzte Periode der Detailprognosephase noch autonom geplante Fremdkapital im Zuge des Übergangs zur wertabhängigen Finanzierung an die vorgegebene Fremdkapitalquote angepasst werden muss. Die in der Literatur alternativ vorgeschlagene L-gemischte Finanzierungspolitik vermeidet dieses Problem, indem die aus der Sicht des Bewertungsstichtags unsichere Kapitalstruktur am Ende der Detailprognosephase fortgeschrieben wird. Der Vorteil dieser Annahme ist, dass am Ende der Detailprognosephase keine Umfinanzierung erforderlich wird. Als Nachteil ergibt sich, dass die Fremdkapitalquote in der Rentenphase aus Sicht des Bewertungsstichtags unsicher ist und erheblich streuen kann.

Das aus der Annahme einer F-gemischten Finanzierungspolitik resultierende Bewertungskalkül zur Ermittlung des Marktwertes des Unternehmens wird im Folgenden erörtert. Vereinfachend wird dabei von einem konstanten Eigenkapitalkostensatz des unverschuldeten Unternehmens ke^u und einem konstanten risikolosen Zinssatz r ausgegangen. Zudem wird angenommen, dass das Fremdkapital nicht ausfallbedroht ist. Am Ende der letzten Periode der ersten Prognosephase berechnet sich der Marktwert auf Basis der im Zeitpunkt T im Zustand s_T verfügbaren Informationen wie folgt:

$$V^\ell_{T,s_T} = \frac{E_{T,s_T}[\tilde{x}^{FCF}_{T+1}]}{k^\tau_{T+1,s_T} - w}$$

Bei nicht ausfallbedrohtem Fremdkapital gilt für den durchschnittlichen Kapitalkostensatz gemäß dem FCF Verfahren:

$$k^\tau_{T+1,s_T} = (1+ke^u) \cdot \left(1 - \frac{\tau \cdot r \cdot \Theta_{T,s_T}}{1+r}\right) - 1$$

Die Fremdkapitalquote für die Rentenphase bestimmt sich aus dem Quotienten des Fremdkapitals D_T und des zustandsabhängigen Marktwertes des Unternehmens V^ℓ_{T,s_T}. Für die Fremdkapitalquote im Zeitpunkt T im Zustand s_T gilt:

$$\Theta_{T,s_T} = \frac{D_T}{V^\ell_{T,s_T}}$$

---

1 Vgl. Dierkes/Gröger (2010).

Durch Einsetzen von k_{T+1,s_T}^{τ} und Θ_{T,s_T} in die erste Gleichung und Auflösen nach V_{T,s_T}^{ℓ} erhält man:

$$V_{T,s_T}^{\ell} = \frac{E_{T,s_T}[\overset{\sim FCF}{x_{T+1}}]}{ke^u - w} + \frac{1+ke^u}{1+r} \cdot \frac{\tau \cdot r \cdot D_T}{ke^u - w}$$

Hieraus ergibt sich für den aus Sicht des Bewertungsstichtags erwarteten Marktwert am Ende der Detailprognosephase:

$$E[\tilde{V}_T^{\ell}] = \frac{E[\overset{\sim FCF}{x_{T+1}}]}{ke^u - w} + \frac{1+ke^u}{1+r} \cdot \frac{\tau \cdot r \cdot D_T}{ke^u - w}$$

Zur Bestimmung des Marktwertes am Bewertungsstichtag ist der erste Summand mit dem Eigenkapitalkostensatz des unverschuldeten Unternehmens abzuzinsen. Der zweite Summand ist hingegen mit dem risikolosen Zinssatz des Kapitalmarktes zu diskontieren. Unter Berücksichtigung des freien Cashflows und der autonom festgelegten Fremdkapitalbestände in der Detailprognosephase ergibt sich der Marktwert des Unternehmens wie folgt:

$$V^{\ell} = \sum_{t=1}^{T} \frac{E[\overset{\sim FCF}{x_t}]}{(1+ke^u)^t} + \frac{E[\overset{\sim FCF}{x_{T+1}}]}{(1+ke^u)^T \cdot (ke^u - w)} + \sum_{t=1}^{T} \frac{\tau \cdot r \cdot D_{t-1}}{(1+r)^t} + \frac{1+ke^u}{(1+r)^{T+1}} \cdot \frac{\tau \cdot r \cdot D_T}{ke^u - w}$$

Bei periodenspezifischen Kapitalkostensätzen und ausfallbedrohtem Fremdkapital ist der Bewertungsansatz entsprechend anzupassen.

4.6.3 Nachsteuerrechnung

4.6.3.1 Das Free Cashflow Verfahren bei wertabhängiger Finanzierung

Nachsteuerrechnungen unterscheiden sich von Vorsteuerrechnungen darin, dass die Besteuerung der Kapitalgeber auf der privaten Ebene explizit im Bewertungskalkül berücksichtigt wird. Die Veränderungen gegenüber Vorsteuerrechnungen betreffen sowohl den erwarteten freien Cashflow als auch die maßgeblichen Kapitalkostensätze. Abbildung 4.12 gibt einen Überblick über die Eingangsgrößen des FCF Verfahrens bei wertabhängiger Finanzierung, wenn die Bewertung auf einer Nachsteuerrechnung basiert.

Ausgangspunkt der Bewertung ist auch hier der erwartete freie Cashflow $E[\overset{\sim FCF}{x_t}]$, der für die Detailprognosephase prognostiziert und von dem angenommen wird, dass er ausgehend von $E[\overset{\sim FCF}{x_{T+1}}]$ in der Rentenphase mit der Wachstumsrate w ansteigt.

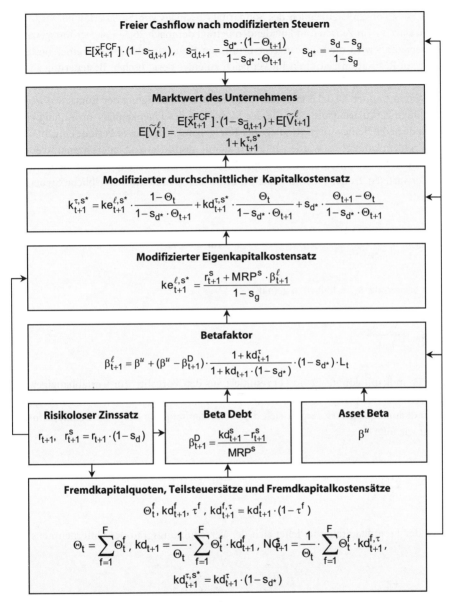

Freier Cashflow nach modifizierten Steuern

$$E[\tilde{x}_{t+1}^{FCF}] \cdot (1 - s_{\bar{d},t+1}), \quad s_{\bar{d},t+1} = \frac{s_{d^*} \cdot (1 - \Theta_{t+1})}{1 - s_{d^*} \cdot \Theta_{t+1}}, \quad s_{d^*} = \frac{s_d - s_g}{1 - s_g}$$

Marktwert des Unternehmens

$$E[\tilde{V}_t^\ell] = \frac{E[\tilde{x}_{t+1}^{FCF}] \cdot (1 - s_{\bar{d},t+1}) + E[\tilde{V}_{t+1}^\ell]}{1 + k_{t+1}^{\tau,s^*}}$$

Modifizierter durchschnittlicher Kapitalkostensatz

$$k_{t+1}^{\tau,s^*} = ke_{t+1}^{\ell,s^*} \cdot \frac{1 - \Theta_t}{1 - s_{d^*} \cdot \Theta_{t+1}} + kd_{t+1}^{\tau,s^*} \cdot \frac{\Theta_t}{1 - s_{d^*} \cdot \Theta_{t+1}} + s_{d^*} \cdot \frac{\Theta_{t+1} - \Theta_t}{1 - s_{d^*} \cdot \Theta_{t+1}}$$

Modifizierter Eigenkapitalkostensatz

$$ke_{t+1}^{\ell,s^*} = \frac{r_{t+1}^s + MRP^s \cdot \beta_{t+1}^\ell}{1 - s_g}$$

Betafaktor

$$\beta_{t+1}^\ell = \beta^u + (\beta^u - \beta_{t+1}^D) \cdot \frac{1 + kd_{t+1}^\tau}{1 + kd_{t+1} \cdot (1 - s_{d^*})} \cdot (1 - s_{d^*}) \cdot L_t$$

Risikoloser Zinssatz

$$r_{t+1}, \quad r_{t+1}^s = r_{t+1} \cdot (1 - s_d)$$

Beta Debt

$$\beta_{t+1}^D = \frac{kd_{t+1}^s - r_{t+1}^s}{MRP^s}$$

Asset Beta

$$\beta^u$$

Fremdkapitalquoten, Teilsteuersätze und Fremdkapitalkostensätze

$$\Theta_t^f, kd_{t+1}^f, \tau^f, kd_{t+1}^{f,\tau} = kd_{t+1}^f \cdot (1 - \tau^f)$$

$$\Theta_t = \sum_{f=1}^F \Theta_t^f, \quad kd_{t+1} = \frac{1}{\Theta_t} \cdot \sum_{f=1}^F \Theta_t^f \cdot kd_{t+1}^f, \quad N\tilde{G}_{t+1} = \frac{1}{\Theta_t} \cdot \sum_{f=1}^F \Theta_t^f \cdot kd_{t+1}^{f,\tau},$$

$$kd_{t+1}^{\tau,s^*} = kd_{t+1}^\tau \cdot (1 - s_{d^*})$$

Abb. 4.12: Aufbau des FCF Verfahrens bei wertabhängiger Finanzierung (Nachsteuerrechnung)

Diese Größe ist nach Maßgabe der Besteuerung der Eigen- und Fremdkapitalgeber zu modifizieren. Die dabei zu beachtenden steuerlichen Gegebenheiten werden ausführlich in Kapitel 4.3.2 erörtert. Vereinfachend wird davon ausgegangen, dass auf Zins- und Dividendeneinkünfte wie auf realisierte Kursgewinne der Abgeltungssteuersatz von 25 % zuzüglich des Solidaritätszuschlags von 5,5 % erhoben wird. Der Steuersatz s_d für Zinsen und Dividenden beträgt demnach 26,375 %. Der Kursgewinnsteuersatz s_g wird niedriger angesetzt, um den Steuerstundungseffekt einer Besteuerung im Realisationszeitpunkt im Vergleich zu einer periodischen Besteuerung zu berücksichtigen.

Wie in Kapitel 2.4.3.3.3 erläutert führt die Berücksichtigung der Kursgewinnsteuer zu einem Zirkularitätsproblem, da der Marktwert des Eigenkapitals am Anfang einer Periode in die Bemessungsgrundlage der Kursgewinnsteuer dieser Periode eingeht. Dieses Problem kann gelöst werden, indem man mit modifizierten Steuersätzen und einem modifizierten durchschnittlichen Kapitalkostensatz arbeitet. Der für die Berechnung des erwarteten **freien Cashflow nach modifizierten Steuern** maßgebliche Steuersatz $s_{\overline{d},t}$ ist:

$$s_{\overline{d},t} = \frac{s_{d^*} \cdot (1 - \Theta_t)}{1 - s_{d^*} \cdot \Theta_t} \qquad\qquad \text{für } t = 1, 2, \dots \qquad\qquad (1)$$

Den Steuersatz s_{d^*} erhält man gemäß:

$$s_{d^*} = \frac{s_d - s_g}{1 - s_g} \qquad\qquad\qquad\qquad (2)$$

Die Fremdkapitalquote Θ_t in (1) resultiert aus den Vorgaben zur wertabhängigen Finanzierung. Ausgehend von den auf die Fremdkapitalkategorien $f = 1, \dots, F$ bezogenen Fremdkapitalquoten Θ_t^f ergibt sich die Fremdkapitalquote des Unternehmens insgesamt wie folgt:

$$\Theta_t = \sum_{f=1}^{F} \Theta_t^f \qquad\qquad\qquad \text{für } t = 0, 1, \dots \qquad\qquad (3)$$

Aus der Fremdkapitalquote leitet sich der Verschuldungsgrad des Unternehmens L_t ab:

$$L_t = \frac{\Theta_t}{1 - \Theta_t} \qquad\qquad\qquad \text{für } t = 0, 1, \dots \qquad\qquad (4)$$

Zur Bestimmung der Fremdkapitalkostensätze des Unternehmens werden zunächst die Fremdkapitalkostensätze kd_t^f aller Fremdkapitalkategorien wie in Kapitel 4.5.3 erläutert aus dem risikolosen Zinssatz r_t und dem jeweiligen Credit Spread abgeleitet. Unter Berücksichtigung der Teilsteuersätze τ^f ergeben sich die Fremdkapitalkostensätze nach Unternehmensteuern $kd_t^{f,\tau} = kd_t^f \cdot (1 - \tau^f)$. Für die durchschnittlichen Fremdkapitalkostensätze des Unternehmens gilt:

$$kd_t = \frac{1}{\Theta_{t-1}} \cdot \sum_{f-1}^{F} \Theta_{t-1}^f \cdot kd_t^f \qquad\qquad \text{für } t = 1, 2, \dots \qquad (5)$$

$$kd_t^\tau = \frac{1}{\Theta_{t-1}} \cdot \sum_{f-1}^{F} \Theta_{t-1}^f \cdot kd_t^{f,\tau} \qquad\qquad \text{für } t = 1, 2, \dots \qquad (6)$$

$$kd_t^{\tau,s*} = \frac{kd_t^\tau \cdot (1-s_d)}{1-s_g} = kd_t^\tau \cdot (1-s_{d*}) \qquad\qquad \text{für } t = 1, 2, \dots \qquad (7)$$

Das Beta Debt β_t^D errechnet sich aus dem durchschnittlichen Fremdkapitalkostensatz nach persönlichen Steuern $kd_t^s = kd \cdot (1-s_d)$, dem risikolosen Zinssatz nach persönlichen Steuern $r_t^s = r_t \cdot (1-s_d)$ und der Marktrisikoprämie nach persönlichen Steuern MRP^s:

$$\beta_t^D = \frac{kd_t^s - r_t^s}{MRP^s} \qquad\qquad \text{für } t = 1, 2, \dots \qquad (8)$$

Zur Bestimmung des modifizierten Eigenkapitalkostensatzes nach Steuern $ke_t^{\ell,s*}$ muss zunächst das Asset Beta β^u des Unternehmens an das Finanzierungsrisiko angepasst werden. Hierzu ist auf die in Kapital 4.5.2.5 erläuterte Anpassungsformel für das Relevering bei wertabhängiger Finanzierung im Rahmen einer Nachsteuerrechnung zurückzugreifen:[1]

$$\beta_t^\ell = \beta^u + (\beta^u - \beta_t^D) \cdot \frac{1 + kd_t^\tau}{1 + kd_t \cdot (1-s_{d*})} \cdot (1-s_{d*}) \cdot L_{t-1} \qquad \text{für } t = 1, 2, \dots \qquad (9)$$

Im nächsten Schritt ist der modifizierte Eigenkapitalkostensatz $ke_t^{\ell,s*}$ aus dem Eigenkapitalkostensatz nach persönlichen Steuern $ke_t^{\ell,s}$ abzuleiten:

$$ke_t^{\ell,s*} = \frac{ke_t^{\ell,s}}{1-s_g} = \frac{r_t^s + MRP^s \cdot \beta_t^\ell}{1-s_g} \qquad\qquad \text{für } t = 1, 2, \dots \qquad (10)$$

Der **modifizierte durchschnittliche Kapitalkostensatz** $k_t^{\tau,s*}$ folgt aus:

$$k_t^{\tau,s*} = ke_t^{\ell,s*} \cdot \frac{1-\Theta_{t-1}}{1-s_{d*} \cdot \Theta_t} + kd_t^{\tau,s*} \cdot \frac{\Theta_{t-1}}{1-s_{d*} \cdot \Theta_t} + s_{d*} \cdot \frac{\Theta_t - \Theta_{t-1}}{1-s_{d*} \cdot \Theta_t} \qquad \text{für } t = 1, 2, \dots \qquad (11)$$

---

1 Wie auch bei Vorsteuerrechnungen geht die Verwendung der durchschnittlichen Fremdkapitalkostensätze in (9) mit einer Ungenauigkeit bei der Anpassung des Betafaktors einher. Siehe hierzu den Einschub »Relevering bei mehreren Fremdkapitalkategorien« in Kapitel 4.5.2.5.

Der **Marktwert des Unternehmens** V^ℓ ergibt sich schließlich aus der Abzinsung des für die Detailprognosephase erwarteten freien Cashflow nach modifizierten Steuern und des für das Ende der Detailprognosephase erwarteten Marktwertes $E[\tilde{V}_T^\ell]$ auf den Bewertungsstichtag:

$$V^\ell = \underbrace{\sum_{t=1}^{T} \frac{E[\tilde{x}_t^{FCF}] \cdot (1 - s_{\bar{d},t})}{\prod\limits_{\kappa=1}^{t}(1+k_\kappa^{\tau,s^*})}}_{\substack{\text{Marktwertbeitrag der} \\ \text{Detailprognosephase}}} + \underbrace{\frac{E[\tilde{V}_T^\ell]}{\prod\limits_{\kappa=1}^{T}(1+k_\kappa^{\tau,s^*})}}_{\substack{\text{Marktwertbeitrag der} \\ \text{Rentenphase} \\ \text{bzw. Restwert}}} \tag{12}$$

Neben dem Marktwert des Unternehmens am Bewertungsstichtag sind die für die Zukunft erwarteten Marktwerte des Unternehmens zu ermitteln, um die Finanzplanung wie in Kapitel 4.7 dargestellt mit den Bewertungsergebnissen abzustimmen. Für den erwarteten Marktwert des Unternehmens in der Detailprognosephase gilt:

$$E[\tilde{V}_t^\ell] = \sum_{v=t+1}^{T} \frac{E[\tilde{x}_t^{FCF}] \cdot (1 - s_{\bar{d},t})}{\prod\limits_{\kappa=t+1}^{v}(1+k_\kappa^{\tau,s^*})} + \frac{E[\tilde{V}_T^\ell]}{\prod\limits_{\kappa=t+1}^{T}(1+k_\kappa^{\tau,s^*})} \quad \text{für } t = 1,2,\ldots T-1 \tag{13}$$

Werden der risikolose Zinssatz und mithin auch der modifizierte durchschnittliche Kapitalkostensatz für Z Perioden mit $Z > T$ periodenspezifisch festgelegt und erst anschließend fortgeschrieben, ergibt sich der in (12) oder (13) anzusetzende, für das Ende der Detailprognosephase erwartete Marktwert $E[\tilde{V}_T^\ell]$ wie folgt:

$$E[\tilde{V}_T^\ell]$$

$$= \sum_{v=T+1}^{Z} \frac{E[\tilde{x}_{T+1}^{FCF}] \cdot (1 - s_{\bar{d},T+1}) \cdot (1+w)^{v-(T+1)}}{\prod\limits_{\kappa=T+1}^{v}(1+k_\kappa^{\tau,s^*})} + \sum_{v=Z+1}^{\infty} \frac{E[\tilde{x}_{T+1}^{FCF}] \cdot (1 - s_{\bar{d},T+1}) \cdot (1+w)^{v-(T+1)}}{(1+k_{Z+1}^{\tau,s^*})^{v-Z} \cdot \prod\limits_{\kappa=T+1}^{Z}(1+k_\kappa^{\tau,s^*})} \tag{14}$$

$$= \sum_{v=T+1}^{Z} \frac{E[\tilde{x}_{T+1}^{FCF}] \cdot (1 - s_{\bar{d},T+1}) \cdot (1+w)^{v-(T+1)}}{\prod\limits_{\kappa=T+1}^{v}(1+k_\kappa^{\tau,s^*})} + \frac{E[\tilde{x}_{T+1}^{FCF}] \cdot (1 - s_{\bar{d},T+1}) \cdot (1+w)^{Z-T}}{(k_{Z+1}^{\tau,s^*} - w) \cdot \prod\limits_{\kappa=T+1}^{Z}(1+k_\kappa^{\tau,s^*})}$$

Wie bei Vorsteuerrechnungen kann der erwartete Marktwert $E[\tilde{V}_T^\ell]$ alternativ mit einem einheitlichen Kapitalkostensatz k_R^{τ,s^*} berechnet werden:

$$E[\tilde{V}_T^\ell] = \frac{E[\tilde{x}_{T+1}^{FCF}] \cdot (1 - s_{\bar{d},T+1})}{k_R^{\tau,s^*} - w} \tag{15}$$

Der Kapitalkostensatz k_R^{τ,s^*} ist dazu so festzulegen, dass (14) und (15) zum gleichen Ergebnis führen. Dies ist der Fall für:

$$k_R^{\tau,s^*} = w + \cfrac{1}{\displaystyle\sum_{v=T+1}^{Z} \frac{(1+w)^{v-(T+1)}}{\displaystyle\prod_{\kappa=T+1}^{v}(1+k_\kappa^{\tau,s^*})} + \frac{(1+w)^{Z-T}}{(k_{Z+1}^{\tau,s^*}-w)\cdot\displaystyle\prod_{\kappa=T+1}^{v}(1+k_\kappa^{\tau,s^*})}} \tag{16}$$

Das Vorgehen wird im Folgenden an dem Beispielunternehmen aus den letzten Kapiteln verdeutlicht.[1] Für die Steuersätze s_d und s_g wird ein Wert in Höhe von 26,375 % bzw. 15,825 % angesetzt. Für den Steuersatz s_{d^*} ergibt sich ein Wert von 12,5334 %. Aus den in Tabelle 4.41 aufgeführten Annahmen zur wertabhängigen Finanzierung folgt der modifizierte Steuersatz $s_{\bar{d},t}$:

Tab. 4.41: Beispiel: Modifizierter Steuersatz

t	1	2	3	4
Modifizierter Steuersatz $s_{\bar{d},t}$	8,9976 %	8,9976 %	9,1162 %	9,1162 %

Der erwartete freie Cashflow der Detailprognosephase und des ersten Jahres der Rentenphase sind Tabelle 4.33 zu entnehmen. Der für die Rentenphase erwartete freie Cashflow steigt mit der Wachstumsrate von 1,5 %.

Tabelle 4.42 gibt den risikolosen Zinssatz wieder. Die Fremdkapitalkostensätze des Unternehmens resultieren wie bei der Vorsteuerrechnung aus dem risikolosen Zinssatz und den Credit Spreads gemäß Tabelle 4.36. Aus (5) bzw. (6) ergeben sich der durchschnittliche Fremdkapitalkostensatz kd_t und der durchschnittliche Fremdkapitalkostensatz nach Unternehmenssteuern kd_t^τ. Der risikolose Zinssatz nach persönlichen Steuern r_t^s ist in Tabelle 4.42 angegeben. Aus der Fortschreibung der Spot Rate für eine Laufzeit von 30 Jahren resultiert der für die weitere Zukunft angesetzte risikolose Zinssatz nach persönlichen Steuern von 2,0458 %.

Für das Beta Debt des ersten Jahres ergibt sich gemäß (8):

$$\beta_1^D = \frac{3,2493\% \cdot (1-26,375\%) - 0,1738\%}{4,5\%} = 0,4930$$

---

1 Im Text werden gerundete Werte angegeben, die Berechnungen basieren auf ungerundeten Werten.

Tab. 4.42: Beispiel: Risikoloser Zinssatz nach persönlichen Steuern

t	r_t^s	t	r_t^s	t	r_t^s
1	0,1738 %	11	2,8493 %	21	2,2822 %
2	0,4443 %	12	2,8984 %	22	2,1699 %
3	0,7976 %	13	2,9106 %	23	2,0584 %
4	1,1786 %	14	2,8615 %	24	1,9491 %
5	1,5506 %	15	2,8465 %	25	1,8429 %
6	1,8907 %	16	2,7807 %	26	1,7407 %
7	2,1854 %	17	2,6987 %	27	1,6432 %
8	2,4287 %	18	2,6045 %	28	1,5505 %
9	2,6188 %	19	2,5018 %	29	1,4631 %
10	2,7578 %	20	2,3935 %	30	1,3810 %
				31 ff.	2,0458 %

Aus dem Asset Beta von 0,8 resultiert der Betafaktor des Unternehmens gemäß (9). Für das erste Jahr beläuft sich dieser Betafaktor auf:

$$\beta_1^\ell = 0,8 + (0,8 - 0,4930) \cdot \frac{1 + 2,3897\%}{1 + 3,2493\% \cdot (1 - 12,5334\%)} \cdot (1 - 12,5334\%) \cdot 42,86\%$$

$$= 0,9146$$

Der modifizierte Eigenkapitalkostensatz des ersten Jahres beträgt somit gemäß (10):

$$ke_1^{\ell,s*} = \frac{0,1738\% + 4,5\% \cdot 0,9146}{1 - 15,825\%} = 5,0957\%$$

(7) führt auf den modifizierten durchschnittlichen Fremdkapitalkostensatz nach Unternehmensteuern und nach persönlichen Steuern $kd_t^{\tau,s*}$. Aus (11) ergibt sich der modifizierte durchschnittliche Kapitalkostensatz $kd_t^{\tau,s*}$. Der modifizierte durchschnittliche Kapitalkostensatz des ersten Jahres z. B. berechnet sich wie folgt:

$$k_1^{\tau,s*} = 5,0957\% \cdot \frac{70\%}{1 - 12,5334\% \cdot 31\%} + 2,0902\% \cdot \frac{30\%}{1 - 12,5334\% \cdot 31\%}$$

$$+ 12,5334\% \cdot \frac{31\% - 30\%}{1 - 12,5334\% \cdot 31\%}$$

$$= 4,4940\%$$

In Tabelle 4.43 ist der modifizierte durchschnittliche Kapitalkostensatz $kd_t^{\tau,s*}$ für die ersten dreißig Jahre nach dem Bewertungsstichtag aufgeführt. Der modifizierte durchschnittliche Kapitalkostensatz der folgenden Jahre ist konstant und beträgt 6,4870 %.

Tab. 4.43: Beispiel: Modifizierter durchschnittlicher Kapitalkostensatz

t	$kd_t^{\tau,s*}$	t	$kd_t^{\tau,s*}$	t	$kd_t^{\tau,s*}$
1	4,4940 %	11	7,3995 %	21	6,7554 %
2	4,6616 %	12	7,4552 %	22	6,6279 %
3	4,9266 %	13	7,4690 %	23	6,5013 %
4	5,5021 %	14	7,4474 %	24	6,3771 %
5	5,9246 %	15	7,3963 %	25	6,2566 %
6	6,3108 %	16	7,3215 %	26	6,1405 %
7	6,6455 %	17	7,2284 %	27	6,0297 %
8	6,9218 %	18	7,1214 %	28	5,9245 %
9	7,1377 %	19	7,0048 %	29	5,8534 %
10	7,2955 %	20	6,8818 %	30	5,7320 %
				31 ff.	6,4870 %

Der für das Ende der Detailprognosephase erwartete Marktwert des Unternehmens gemäß (14) ist:

$$E[\tilde{V}_3^\ell] = \frac{22.894 \cdot (1-9,1162\%)}{1,055021} + \cdots + \frac{22.894 \cdot (1-9,1162\%) \cdot 1,015^{26}}{1,055021 \cdot \ldots \cdot 1,057320}$$

$$+ \frac{22.894 \cdot (1-9,1162\%) \cdot 1,015^{27}}{(6,4870\% - 1,5\%) \cdot 1,055021 \cdot \ldots \cdot 1,057320}$$

$$= 402.816,32 \text{ Tsd. } €$$

Diskontiert man den für die Rentenphase erwarteten freien Cashflow nach modifizierten Steuern mit dem einheitlichen modifizierten durchschnittlichen Kapitalkostensatz $k_R^{\tau,s*}$ gemäß (16) in Höhe von ca. 6,1945 %, so kommt man mittels (15) zu dem gleichen Resultat:

$$E[\tilde{V}_3^\ell] = \frac{22.894 \cdot (1-9,1162\%)}{6,1945\% - 1,5\%} = 402.816,32 \text{ Tsd. } €$$

Gemäß (12) beträgt der Marktwert des Unternehmens am Bewertungsstichtag etwa 385.392 Tsd. €. Der Marktwertbeitrag in der Detailprognosephase beläuft sich auf ca. 34.363 Tsd. €, der Restwert beträgt ungefähr 351.029 Tsd. €:

$$V^{\ell} = \frac{6.951 \cdot (1 - 8,9976\%)}{1,044940} + \frac{12.632 \cdot (1 - 8,9976\%)}{1,044940 \cdot 1,046616} + \frac{22.473 \cdot (1 - 9,1162\%)}{1,044940 \cdot 1,046616 \cdot 1,049266}$$

$$+ \frac{402.816,62}{1,044940 \cdot 1,046616 \cdot 1,049266}$$

$$= 34.363,08 + 351.028,93$$

$$= 385.392,01 \, \text{Tsd.} \, €$$

Mittels (13) können die für die Detailprognosephase erwarteten Marktwerte des Unternehmens berechnet werden. Für den erwarteten Marktwert zu Beginn des zweiten Jahres erhält man einen Wert von ca. 396.386 Tsd. €.

4.6.3.2 Das Adjusted Present Value Verfahren bei autonomer Finanzierung

Beim APV Verfahren ergibt sich der Marktwert des zu bewertenden Unternehmens als Summe des Marktwertes des unverschuldeten Unternehmens und des Marktwertes des Tax Shields. Im Rahmen einer Nachsteuerrechnung setzt sich der Marktwert des Tax Shields aus zwei Komponenten zusammen, dem Marktwert des unternehmensteuerbedingten Tax Shields und dem Marktwert des einkommensteuerbedingten Tax Shields. Die Vorgehensweise ist in der folgenden Abbildung 4.13 zusammenfassend dargestellt.

Der Marktwert des unverschuldeten Unternehmens resultiert aus dem erwarteten freien Cashflow $E[\tilde{x}_t^{FCF}]$ nach Abzug der persönlichen Steuern, die die Kapitalgeber entrichten müssen. Die Berücksichtigung der Kursgewinnsteuer hat dabei wie in Kapitel 2.4.3.3.2 erörtert ein Zirkularitätsproblem zur Folge, dessen Auflösung auf eine Bewertungsformel führt, die eine Abzinsung des erwarteten **freien Cashflow nach modifizierten Steuern** mittels eines **modifizierten Eigenkapitalkostensatzes** ke_t^{u,s^*} vorsieht. Der **Marktwert des unverschuldeten Unternehmens** V^u ergibt sich aus:

$$V^u = \underbrace{\sum_{t=1}^{T} \frac{E[\tilde{x}_t^{FCF}] \cdot (1 - s_{d^*})}{\prod_{\kappa=1}^{T}(1 + ke_\kappa^{u,s^*})}}_{\substack{\text{Marktwertbeitrag der} \\ \text{Detailprognosephase}}} + \underbrace{\frac{E[\tilde{V}_T^u]}{\prod_{\kappa=1}^{T}(1 + ke_\kappa^{u,s^*})}}_{\substack{\text{Marktwertbeitrag} \\ \text{der Rentenphase} \\ \text{bzw. Restwert}}} \tag{1}$$

Die Berechnung der modifizierten Steuern basiert auf dem Steuersatz s_{d^*}, in den der Steuersatz für Zinseinkünfte und Dividenden s_d sowie der Steuersatz für Kursgewinne s_g eingehen:

$$s_{d^*} = \frac{s_d - s_g}{1 - s_g} \tag{2}$$

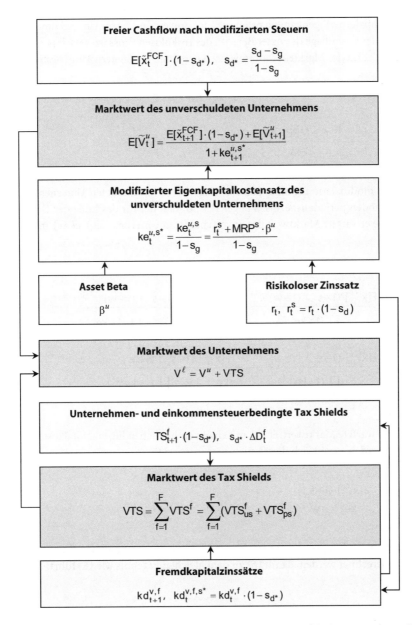

Abb. 4.13: Aufbau des APV Verfahrens bei autonomer Finanzierung (Nachsteuerrechnung)

Der modifizierte Eigenkapitalkostensatz des unverschuldeten Unternehmens $ke_t^{u,s*}$ wird auf der Grundlage des Asset Beta β^u, des risikolosen Zinssatzes nach persönlichen Steuern r_t^s und der Marktrisikoprämie nach persönlichen Steuern MRP^s bestimmt:

$$r_t^s = r_t \cdot (1 - s_d) \qquad\qquad \text{für } t = 1, 2, \dots \qquad (3)$$

$$ke_t^{u,s*} = \frac{ke_t^{u,s}}{1 - s_g} = \frac{r_t^s + MRP^s \cdot \beta^u}{1 - s_g} \qquad\qquad \text{für } t = 1, 2, \dots \qquad (4)$$

Wird der modifizierte Eigenkapitalkostensatz des unverschuldeten Unternehmens für $Z > T$ Perioden periodenspezifisch abgeleitet, so folgt der für das Ende der Detailprognosephase erwartete Marktwert des unverschuldeten Unternehmens $E[\tilde{V}_T^u]$ in (1) aus:

$$
\begin{aligned}
&E[\tilde{V}_T^u] \\[2mm]
&= \sum_{v=T+1}^{Z} \frac{E[\tilde{x}_{T+1}^{FCF}] \cdot (1 - s_{d*}) \cdot (1+w)^{v-(T+1)}}{\prod\limits_{\kappa=T+1}^{v} (1 + ke_\kappa^{u,s*})} + \sum_{v=Z+1}^{\infty} \frac{E[\tilde{x}_{T+1}^{FCF}] \cdot (1 - s_{d*}) \cdot (1+w)^{v-(T+1)}}{(1 + ke_{Z+1}^{u,s*})^{v-Z} \cdot \prod\limits_{\kappa=T+1}^{Z} (1 + ke_\kappa^{u,s*})} \qquad (5) \\[4mm]
&= \sum_{v=T+1}^{Z} \frac{E[\tilde{x}_{T+1}^{FCF}] \cdot (1 - s_{d*}) \cdot (1+w)^{v-(T+1)}}{\prod\limits_{\kappa=T+1}^{v} (1 + ke_\kappa^{u,s*})} + \frac{E[\tilde{x}_{T+1}^{FCF}] \cdot (1 - s_{d*}) \cdot (1+w)^{Z-T}}{(ke_{Z+1}^{u,s*} - w) \cdot \prod\limits_{\kappa=T+1}^{Z} (1 + ke_\kappa^{u,s*})}
\end{aligned}
$$

Soll der erwartete Marktwert $E[\tilde{V}_T^u]$ mit einem einheitlichen Eigenkapitalkostensatz berechnet werden, ergibt sich dieser aus:

$$E[\tilde{V}_T^u] = \frac{E[\tilde{x}_{T+1}^{FCF}] \cdot (1 - s_{d*})}{ke_R^{u,s*} - w} \qquad (6)$$

Vor der Anwendung von (6) muss der modifizierte Eigenkapitalkostensatz $ke_R^{u,s*}$ mittels (7) berechnet werden, damit (6) zu dem gleichen Ergebnis wie (5) führt:

$$ke_R^{u,s*} = w + \frac{1}{\displaystyle\sum_{v=T+1}^{Z} \frac{(1+w)^{v-(T+1)}}{\prod\limits_{\kappa=T+1}^{v} (1 + ke_\kappa^{u,s*})} + \frac{(1+w)^{Z-T}}{(ke_{Z+1}^{u,s*} - w) \cdot \prod\limits_{\kappa=T+1}^{Z} (1 + ke_\kappa^{u,s*})}} \qquad (7)$$

Im Anschluss an die Ermittlung des Marktwertes des unverschuldeten Unternehmens ist der Marktwert des Tax Shields zu bestimmen. Dabei ist von dem Fremdkapital auszugehen, das aus den Annahmen zur autonomen Finanzierung resultiert.

Für die Berechnung des **Marktwertes des unternehmensteuerbedingten Tax Shields** müssen zunächst die in der Detailprognosephase anfallenden, aus der steuerlichen Abzugsfähigkeit von Zinsen resultierenden Tax Shields TS_t^f aller Fremdkapitalkategorien ermittelt werden. Die Tax Shields in der Rentenphase lassen sich wie in Kapitel 4.6.2.2 ausgeführt durch das Produkt aus dem jeweiligen Fremdkapitalzinssatz, dem mit der Wachstumsrate w ansteigenden, in der betreffenden Periode zu verzinsenden Fremdkapital und dem maßgeblichen Teilsteuersatz annähern. Im Rahmen einer Nachsteuerrechnung müssen die Tax Shields um die auf sie entfallenden persönlichen Steuern vermindert werden, wobei aus den gleichen Gründen wie oben der modifizierte Steuersatz s_{d*} zur Anwendung kommt. Für die Abzinsung werden modifizierte Fremdkapitalzinssätze nach Steuern $kd_t^{v,f,s*}$ herangezogen, die aus den Fremdkapitalzinssätzen vor Steuern $kd_t^{v,f}$ und dem Steuersatz s_{d*} resultieren:

$$kd_t^{v,f,S*} = \frac{kd_t^{v,f} \cdot (1-s_d)}{1-s_d} = kd_t^{v,f} \cdot (1-s_{d*}) \qquad \text{für } t = 1,2,\ldots \tag{8}$$

Geht man davon aus, dass die Fremdkapitalzinssätze bis zur Periode Z mit Z > T periodenspezifisch festgelegt und anschließend fortgeschrieben werden, so errechnet sich der Marktwert des unternehmensteuerbedingten Tax Shields VTS_{us}^f aus:

$$VTS_{us}^f = \sum_{t=1}^{T} \frac{TS_t^f \cdot (1-s_{d*})}{\prod_{\kappa=1}^{t}(1+kd_\kappa^{v,f,s*})} + \sum_{t=T+1}^{Z} \frac{\tau^f \cdot kd_t^{v,f} \cdot D_T^f \cdot (1-s_{d*}) \cdot (1+w)^{t-(T+1)}}{\prod_{\kappa=1}^{t}(1+kd_\kappa^{v,f,s*})} \tag{9}$$

$$+ \frac{\tau^f \cdot kd_{Z+1}^{v,f} \cdot D_T^f \cdot (1-s_{d*}) \cdot (1+w)^{Z-T}}{(kd_{Z+1}^{v,f,s*}-w) \cdot \prod_{\kappa=1}^{Z}(1+kd_k^{v,f,s*})}$$

Bei Anwendung eines einheitlichen Fremdkapitalzinssatzes $kd_{R,us}^{v,f,s*}$ für die Rentenphase folgt:

$$VTS_{us}^f = \sum_{t=1}^{T} \frac{TS_t^f \cdot (1-s_{d*})}{\prod_{\kappa=1}^{t}(1+kd_\kappa^{v,f,s*})} + \frac{\tau^f \cdot kd_{R,us}^{v,f,s*} \cdot D_T^f}{(kd_{R,us}^{v,f,s*}-w) \cdot \prod_{\kappa=1}^{T}(1+kd_\kappa^{v,f,s*})} \tag{10}$$

Der einheitliche Fremdkapitalzinssatz ergibt sich aus:

$$kd_{R,us}^{v,f,s*} = \frac{w}{1 - \dfrac{1}{\displaystyle\sum_{v=T+1}^{Z} \frac{kd_v^{v,f,s*} \cdot (1+w)^{v-(T+1)}}{\prod_{\kappa=T+1}^{v}(1+kd_\kappa^{v,f,s*})} + \frac{kd_{Z+1}^{v,f,s*} \cdot (1+w)^{Z-T}}{(kd_{Z+1}^{v,f,s*}-w) \cdot \prod_{\kappa=T+1}^{Z}(1+kd_\kappa^{v,f,s*})}}} \tag{11}$$

Um den **Marktwert des einkommensteuerbedingten Tax Shields** zu bestimmen, müssen zunächst die Veränderungen des Fremdkapitals ΔD_t^f ermittelt werden, die aus Zahlungen zwischen den Fremdkapitalgebern und dem Unternehmen resultieren. Bewertungsbedingte Veränderungen des bilanziellen Fremdkapitals, wie sie z. B. bei Anwendung der Effektivzinsmethode auftreten, spielen dabei keine Rolle. Relevant sind nur Zahlungen, die bei den Fremdkapitalgebern weder der Zinsbesteuerung unterliegen noch steuermindernd geltend gemacht werden können, also vor allem die Auszahlung von Krediten oder deren Rückzahlung. Die aus solchen Zahlungen resultierenden Steuerersparnisse im Vergleich zu den Ausschüttungen eines unverschuldeten Unternehmens ergeben sich grundsätzlich durch Multiplikation mit dem Steuersatz s_d. Um die Zirkularität des Bewertungsansatzes aufzulösen, wird der Berechnung der einkommensteuerbedingten Tax Shields aber nicht der Steuersatz s_d, sondern der Steuersatz s_{d^*} zugrunde gelegt. Für die Detailprognosephase resultieren die einkommensteuerbedingten Tax Shields direkt aus den Annahmen zur autonomen Finanzierung. Für die Rentenphase kann analog zur Fortschreibung der unternehmensteuerbedingten Tax Shields angenommen werden, dass sich die Veränderungen des Fremdkapitals durch das Produkt aus dem Fremdkapital der Vorperiode und der Wachstumsrate w annähern lässt. Um die einkommensteuerbedingten Tax Shields auf den Bewertungsstichtag abzuzinsen, werden die gleichen modifizierten Fremdkapitalzinssätze wie für die Abzinsung der unternehmensteuerbedingten Tax Shields herangezogen. Bei einer periodenspezifischen Festlegung der Fremdkapitalzinssätze für $Z > T$ Perioden errechnet sich der Marktwert des einkommensteuerbedingten Tax Shields VTS_{ps}^f demnach wie folgt:

$$VTS_{ps}^f = -\sum_{t=1}^{T} \frac{s_{d^*} \cdot \Delta D_t^f}{\prod_{\kappa=1}^{t}(1+kd_\kappa^{v,f,s^*})} - \sum_{t=T+1}^{Z} \frac{s_{d^*} \cdot w \cdot D_T^f \cdot (1+w)^{t-(T+1)}}{\prod_{\kappa=1}^{t}(1+kd_\kappa^{v,f,s^*})} \qquad (12)$$

$$- \frac{s_{d^*} \cdot w \cdot D_T^f \cdot (1+w)^{Z-T}}{(kd_{Z+1}^{v,f,s^*} - w) \cdot \prod_{\kappa=1}^{Z}(1+kd_\kappa^{v,f,s^*})}$$

Kommt ein einheitlicher Fremdkapitalzinssatz $kd_{R,ps}^{v,f,s^*}$ für die Rentenphase zur Anwendung, so ergibt sich:

$$VTS_{ps}^f = -\sum_{t=1}^{T} \frac{s_{d^*} \cdot \Delta D_t^f}{\prod_{\kappa=1}^{T}(1+kd_\kappa^{v,f,s^*})} - \frac{s_{d^*} \cdot w \cdot D_T^f}{(kd_{R,ps}^{v,f,s^*} - w) \cdot \prod_{\kappa=1}^{T}(1+kd_\kappa^{v,f,s^*})} \qquad (13)$$

Der einheitliche Fremdkapitalzinssatz resultiert aus:

$$kd_{R,ps}^{v,f,s^*} = w + \frac{1}{\sum_{v=T+1}^{Z} \frac{(1+w)^{v-(T+1)}}{\prod_{\kappa=T+1}^{v}(1+kd_\kappa^{v,f,s^*})} + \frac{(1+w)^{Z-T}}{(kd_{Z+1}^{v,f,s^*} - w) \cdot \prod_{\kappa=T+1}^{Z}(1+kd_\kappa^{v,f,s^*})}} \qquad (14)$$

Der **Marktwert des Tax Shields** des Unternehmens VTS resultiert als Summe der Marktwerte der Tax Shields aller Fremdkapitalkategorien:

$$VTS = \sum_{f=1}^{F} VTS^f = \sum_{f=1}^{F} (VTS_{us}^f + VTS_{ps}^f) \qquad (15)$$

Der **Marktwert des Unternehmens** V^ℓ entspricht der Summe der Marktwerte des unverschuldeten Unternehmens und der Tax Shields:

$$V^\ell = V^u + VTS \qquad (16)$$

Die Anwendung des APV Verfahrens im Rahmen einer Nachsteuerrechnung wird im Folgenden anhand des Beispielunternehmens illustriert.[1] In Tabelle 4.33 ist der für die Detailprognosephase und das erste Jahr der Rentenphase erwartete freie Cashflow angegeben. Für die folgenden Jahre wird von einem jährlichen Anstieg des freien Cashflows von 1,5 % ausgegangen. Bei Steuersätzen s_d und s_g in Höhe von 26,375 % bzw. 15,825 % ergibt sich für den modifizierten Steuersatz s_{d^*} ein Wert von ca. 12,5334 %. Der risikolose Zinssatz nach persönlichen Steuern kann Tabelle 4.42 entnommen werden. Bei einer Marktrisikoprämie nach persönlichen Steuern von 4,5 %-Punkten und einem Asset Beta von 0,8 erhält man gemäß (3) bzw. (4) für den modifizierten Eigenkapitalkostensatz des unverschuldeten Unternehmens im ersten Jahr:

$$ke_1^{u,s^*} = \frac{0,1738\% + 4,5\% \cdot 0,8}{1 - 15,825\%} = 4,4832\%$$

Der für das Ende der Detailprognosephase erwartete Marktwert des unverschuldeten Unternehmens beläuft sich gemäß (5) auf ca. 370.988 Tsd. €:

$$E[\tilde{V}_3^u] = \frac{22.894 \cdot (1 - 12,5334\%)}{1,056770} + \ldots + \frac{22.894 \cdot (1 - 12,5334\%) \cdot 1,015^{26}}{1,056770 \cdot \ldots \cdot 1,059174}$$

$$+ \frac{22.894 \cdot (1 - 12,5334\%) \cdot 1,015^{27}}{(6,7072\% - 1,5\%) \cdot 1,056770 \cdot \ldots \cdot 1,059174}$$

$$= 370.988,09 \text{ Tsd. €}$$

Zu dem gleichen Wert gelangt man mittels (6), wenn man gemäß (7) einen einheitlichen modifizierten Eigenkapitalkostensatz nach Steuern ke_R^{u,s^*} in Höhe von ca. 6,8976 % zugrunde legt:

---

1 Im Text werden gerundete Werte angegeben, die Berechnungen basieren auf ungerundeten Werten.

$$E[\tilde{V}_3^u] = \frac{22.894 \cdot (1-12,5334\%)}{6,8976\% - 1,5\%}$$

$$= 370.988,09 \text{ Tsd. } €$$

Der Marktwert des unverschuldeten Unternehmens gemäß (1) beträgt ca. 354.939 Tsd. €. Davon entfallen ca. 32.968 Tsd. € auf den Marktwertbeitrag der Detailprognosephase und ca. 321.971 Tsd. € auf den Restwert:

$$V^u = \frac{6.951 \cdot (1-12,5334\%)}{1,044832} + \frac{12.632 \cdot (1-12,5334\%)}{1,044832 \cdot 1,048047} + \frac{22.473 \cdot (1-12,5334\%)}{1,044832 \cdot 1,04807 \cdot 1,052243}$$

$$+ \frac{370.988,09}{1,044832 \cdot 1,048047 \cdot 1,052243}$$

$$= 32.968,08 + 321.970,90$$

$$= 354.938,98 \text{ Tsd. } €$$

Die Tax Shields TS_t^f in der Detailprognosephase und das Fremdkapital am Ende der Detailprognosephase sind den Tabellen 4.39 und 4.40 zu entnehmen. Der Teilsteuersatz der Fremdkapitalzinsen beträgt bei allen Fremdkapitalkategorien einheitlich 26,45625 %. Die Fremdkapitalzinssätze $kd_t^{v,f}$ wurden in Kapitel 4.6.2.1 ermittelt. Aus diesen Fremdkapitalzinssätzen sind die modifizierten Fremdkapitalkostensätze kd_t^{v,f,s^*} abzuleiten. In Bezug auf das Schuldscheindarlehen resultiert gemäß (8) für das erste Jahr:

$$kd_1^{v,1,s^*} = 2,6360\% \cdot (1-12,5334\%) = 2,3056\%$$

Gemäß (9) ergibt sich der Marktwert des unternehmensteuerbedingten Tax Shields aus dem Schuldscheindarlehen wie folgt:

$$VTS_{us}^1$$

$$= \frac{447,11 \cdot (1-12,5334\%)}{1,023056} + \frac{447,11 \cdot (1-12,5334\%)}{1,023056 \cdot 1,026271} + \frac{447,11 \cdot (1-12,5334\%)}{1,023056 \cdot 1,026271 \cdot 1,030467}$$

$$+ \frac{49.000 \cdot 4,0080\% \cdot 26,4563\% \cdot (1-12,5334\%)}{1,023092 \cdot \ldots \cdot 1,034994} + \ldots$$

$$+ \frac{49.000 \cdot 1,015^{27} \cdot 5,1187\% \cdot 26,4563\% \cdot (1-12,5334\%)}{(4,5296\% - 1,5\%) \cdot 1,023056 \cdot \ldots \cdot 1,037398}$$

$$= 18.773,68 \text{ Tsd. } €$$

Alternativ kommt man auf diesen Wert durch Anwendung von (10), wenn man für die Rentenphase einen einheitlichen modifizierten Fremdkapitalzinssatz gemäß (11) in Höhe von ca. 4,6668 % ansetzt.

Die für die Ermittlung der einkommensteuerbedingten Tax Shields benötigten Veränderungen des Fremdkapitals in der Detailprognosephase sind in Tabelle 4.44 angegeben. In der Rentenphase ergibt sich die Veränderung des Fremdkapitals wie angenommen aus dessen Anstieg um 1,5 % p. a.

Tab. 4.44: Beispiel: Veränderungen des Fremdkapitals

f	Fremdkapitalkategorie	Periode t		
		1	2	3
1	Schuldscheindarlehen	0	0	0
2	Sonstiges langfristiges Fremdkapital	14.602	8.807	727
3	Kurzfristige Bankkredite	−4.762	−4.381	−6.194

Für den Marktwert des einkommensteuerbedingten Tax Shields aus dem Schuldscheindarlehen gemäß (12) folgt:

$$VTS_{ps}^1$$

$$= -\frac{0}{1,023056} - \frac{0}{1,023056 \cdot 1,026271} - \frac{0}{1,023056 \cdot 1,026271 \cdot 1,030467}$$

$$\frac{12,5334\% \cdot 1,5\% \cdot 49.000}{1,023056 \cdot \ldots \cdot 1,034994} - \ldots - \frac{12,5334\% \cdot 1,5\% \cdot 49.000 \cdot 1,015^{27}}{(4,5296\% - 1,5\%) \cdot 1,023056 \cdot \ldots \cdot 1,037398}$$

$$= -2.688,72 \text{ Tsd. } €$$

Auf den gleichen Wert kommt man mittels (13), wenn man einen einheitlichen modifizierten Fremdkapitalzinssatz von ca. 4,6668 % gemäß (14) ansetzt. Insgesamt beläuft sich der Marktwert des Tax Shields aus dem Schuldscheindarlehen auf:

$$VTS^1 = 18.773,68 - 2.688,72 = 16.084, 96 \text{ Tsd. } €$$

Für den Marktwert des Unternehmens folgt aus (16):

$$V^\ell = 354.938,98 + (16.084,96 + 12.374,77 + 15.755,84) = 399.127,55 \text{ Tsd. } €$$

4.6.3.3 Die Kombination von Discounted Cashflow Verfahren bei gemischter Finanzierungspolitik

Wie in Kapitel 4.6.2.3 erläutert gibt es gute Gründe dafür, bei der Bewertung von einer autonomen Finanzierung in der Detailprognosephase und von einer wertabhängigen

Finanzierung in der Rentenphase auszugehen. Die mit einer solchen gemischten Finanzierungspolitik korrespondierende Kombination des APV Verfahrens und des FCF Verfahrens lässt sich auch als Nachsteuerrechnung ausführen. Ausgangspunkt ist dabei wieder die Annahme, dass das in der Detailprognosephase vorhandene Fremdkapital festgelegt und für die Rentenphase eine Kapitalstruktur vorgegeben wird. Aus der Kombination der in den Kapiteln 4.6.3.1 und 4.6.3.2 erläuterten Verfahren resultiert die nachstehende Bewertungsformel:

$$
\begin{aligned}
V^{\ell} = & \sum_{t=1}^{T} \frac{E[\tilde{x}_t^{FCF}] \cdot (1 - s_{d*})}{\prod_{\kappa=1}^{t} (1 + ke_{\kappa}^{u,s^*})} \\
& + \sum_{f=1}^{F} \sum_{t=1}^{T} \frac{TS_t^f \cdot (1 - s_{d*})}{\prod_{\kappa=1}^{t} (1 + kd_{\kappa}^{v,f,s^*})} \\
& - \sum_{f=1}^{F} \sum_{t=1}^{T-1} \frac{s_{d*} \cdot \Delta D_t^f}{\prod_{\kappa=1}^{t} (1 + kd_{\kappa}^{v,f,s^*})} - \sum_{f=1}^{F} \frac{s_{d*} \cdot \Theta_T^f \cdot E[\tilde{V}_T^{\ell}]}{\prod_{\kappa=1}^{T} (1 + ke_{\kappa}^{u,s^*})} + \sum_{f=1}^{F} \frac{s_{d*} \cdot D_{T-1}^f}{\prod_{\kappa=1}^{T} (1 + kd_{\kappa}^{v,f,s^*})} \\
& + \frac{E[\tilde{V}_T^{\ell}]}{\prod_{t=1}^{T} (1 + ke_t^{u,s^*})}
\end{aligned}
\tag{1}
$$

Die verwendeten Symbole sind bereits hinreichend bekannt und brauchen deshalb hier nicht noch einmal erläutert zu werden. Der für das Ende der Detailprognosephase erwartete Marktwert des Unternehmens $E[\tilde{V}_T^{\ell}]$ in der vierten Zeile wird wie in Kapitel 4.6.3.1 ermittelt. Für die Abzinsung dieses Wertes auf den Bewertungsstichtag wird entsprechend den auf den Nachsteuerfall übertragenen, in Kapitel 2.4.3.3.3 erläuterten Überlegungen von *Miles* und *Ezzell* der modifizierte Eigenkapitalkostensatz des unverschuldeten Unternehmens ke_{t+1}^{u,s^*} verwendet.

Die ersten drei Zeilen geben den Marktwertbeitrag des unverschuldeten Unternehmens, den Marktwert des unternehmensteuerbedingten Tax Shields sowie den Marktwert des einkommensteuerbedingten Tax Shields in der Detailprognosephase wieder. Die Ermittlung dieser Größen folgt der Darstellung in Kapitel 4.6.3.2. Eine Besonderheit ergibt sich bei den einkommensteuerbedingten Tax Shields der letzten Periode der Detailprognosephase. Die Veränderungen des Fremdkapitals resultieren in dieser Periode aus der Differenz des bereits am Bewertungsstichtag festgelegten Fremdkapitals D_{T-1}^f und des unsicheren Fremdkapitals $\tilde{D}_T^f$ zu Beginn der Rentenphase. Demnach belaufen sich die auf der Basis des modifizierten Steuersatzes zu berechnenden einkommensteuerbedingten Tax Shields auf $-s_{d*} \cdot (E[\tilde{D}_T^f] - D_{T-1}^f)$. Eine Möglichkeit, das nach der Anpassung der Kapitalstruktur an den vorgegebenen Verschuldungsgrad zu erwartende Fremdkapital $E[\tilde{D}_T^f]$ zu bestimmen, besteht darin, es durch das Produkt aus der Fremdkapitalquote Θ_T^f und dem erwarteten Marktwert $E[\tilde{V}_T^\ell]$ anzunähern. $s_{d^*} \cdot \Theta_T^f \cdot E[\tilde{V}_T^\ell]$ ist dann nach den Überlegungen von *Miles* und *Ezzell* wie $E[\tilde{V}_T^\ell]$ mit dem modifizierten Eigenkapitalkostensatz des unverschuldeten Unternehmens ke_t^{u,s^*} zu diskontieren. Zur Abzinsung von $-s_{d^*} \cdot D_{T-1}^f$ ist wie bei der Bewertung der sonstigen einkommensteuerbedingten Tax Shields der modifizierte Fremdkapitalzinssatz kd_t^{v,f,s^*} anzuwenden.

Die Zugrundelegung einer gemischten Finanzierungspolitik wird anhand des Beispielunternehmens aus den letzten Kapiteln verdeutlicht.[1] Alle dafür nötigen Angaben sind den vorherigen Kapiteln zu entnehmen. Wie in Kapitel 4.6.3.1 erläutert wird zunächst mittels des FCF Verfahrens der für das Ende der Detailprognosephase erwartete Marktwert des Unternehmens in Höhe von ca. 402.816 Tsd. € ermittelt. Den Restwert als Marktwertbeitrag der Rentenphase erhält man im Wege der Abzinsung dieser Größe mit dem modifizierten Eigenkapitalkostensatz des unverschuldeten Unternehmens; er beläuft sich auf ca. 349.594 Tsd. €. Der Marktwertbeitrag des unverschuldeten Unternehmens in der Detailprognosephase beträgt 32.968,08 Tsd. €; er ergibt sich nach dem APV Verfahren aus der Abzinsung des für die Detailprognosephase erwarteten freien Cashflow nach modifizierten Steuern mit dem modifizierten Eigenkapitalkostensatz des unverschuldeten Unternehmens. Der Marktwert der unternehmensteuerbedingten Tax Shields in der Detailprognosephase in Höhe von 3.684,26 Tsd. € resultiert aus der Abzinsung der Tax Shields nach modifizierten Steuern mit den modifizierten Fremdkapitalzinssätzen nach Steuern. Aus den in Tabelle 4.44 angegebenen Veränderungen des Fremdkapitals leitet sich unter Berücksichtigung des Fremdkapitals am Bewertungsstichtag das in Tabelle 4.45 angegebene Fremdkapital zu Beginn des letzten Jahres der Detailprognosephase ab:

Tab. 4.45: Beispiel: Fremdkapital zu Beginn der letzten Periode der Detailprognosephase

f	Fremdkapitalkategorie	t = 2
1	Schuldscheindarlehen	49.000
2	Sonstiges langfristiges Fremdkapital	47.709
3	Kurzfristige Bankkredite	50.381

Für den einkommensteuerbedingten Tax Shield ergibt sich ein Wert von ca. 1.920,58 Tsd. €. Der Marktwertbeitrag der Detailprognosephase beläuft sich damit insgesamt auf ca. 38.573 Tsd. €, was zu dem Marktwert des Unternehmens von etwa 388.167 Tsd. € führt.

---

1 Im Text werden gerundete Werte angegeben, die Berechnungen basieren auf ungerundeten Werten.

4.6.3.4 Zur Diskussion über »präferenzabhängige« Unternehmenswerte

In der deutschsprachigen Literatur zur kapitalmarktorientierten Unternehmensbewertung werden im Zusammenhang mit Nachsteuerrechnungen sogenannte präferenzabhängige Unternehmenswerte diskutiert.[1] Hintergrund ist, dass Soll- und Habenzinsen auf privater Ebene in Deutschland asymmetrisch besteuert werden: Für Habenzinsen ist grundsätzlich eine Besteuerung mit dem Abgeltungsteuersatz zuzüglich des Solidaritätszuschlags vorgesehen, während Sollzinsen für Kredite, die zum Zweck des Kaufs von Wertpapieren aufgenommen werden, im Prinzip nicht als Werbungskosten geltend gemacht werden können; zu den Einzelheiten der Besteuerung siehe Kapitel 4.3. Die asymmetrische Besteuerung von Soll- und Habenzinsen hat zur Folge, dass sich selbst dann, wenn man von einem einheitlichen risikolosen Zinssatz vor persönlichen Steuern ausgeht, divergierende Soll- und Habenzinssätze nach persönlichen Steuern herausbilden. Dies wiederum wirkt sich – so die Argumentation – auf den Marktwert der Tax Shields der Fremdfinanzierung aus: je nachdem, ob diese Tax Shields am Kapitalmarkt über die Anlage oder die Aufnahme finanzieller Mittel dupliziert werden, resultieren unterschiedliche Wertgrößen. In der angegebenen Literatur werden diese Wertgrößen als »präferenzabhängige« Werte bezeichnet. Der Begriff »präferenzabhängig« erscheint dabei missverständlich, weil es nicht um eine umfassende Berücksichtigung der Präferenzen des Bewertungssubjektes im Sinne einer subjektiven Unternehmensbewertung[2], sondern um die Bestimmung von Marktwerten geht.

Die skizzierte Argumentation ist aus unserer Sicht wenig überzeugend, weil an einem arbitragefreien Kapitalmarkt keine unterschiedlichen Preise für identische Zahlungsströme existieren können.[3] Sofern die asymmetrische Besteuerung von Soll- und Habenzinsen im Rahmen einer kapitalmarktorientierten Unternehmensbewertung berücksichtigt werden soll, erfordert dies eine entsprechende Modellierung des Kapitalmarktgleichgewichtes. Eine mögliche theoretische Grundlage hierfür hat *Brennan* mit der Entwicklung eines CAPM für den Fall divergierender Soll- und Habenzinssätze in einer Welt ohne persönliche Steuern gelegt.[4] Dieser Ansatz kann zu einem Tax-CAPM mit einer asymmetrischen Besteuerung von Soll- und Habenzinsen auf privater Ebene ausgebaut werden. Im Ergebnis führt dies zu einer Bestimmungsgleichung für Kapitalkostensätze, in die ein weiterer, das aggregierte Verschuldungsverhalten der Marktteilnehmer erfassender Parameter eingeht, der über empirische Analysen bestimmt werden müsste.[5] Bislang findet ein derartiger Ansatz in der Praxis der kapitalmarktorientierten Unternehmensbewertung unseres Wissens jedoch keine Berücksichtigung, weswegen von weiteren Ausführungen hierzu abgesehen wird.

---

1 Siehe z. B. Drukarczyk/Lobe (2001, 2002); Kuhner/Maltry (2006); Drukarczyk/Lobe (2007); Baetge et al. (2009); Ballwieser/Hachmeister (2013).
2 Siehe hierzu etwa Matschke/Brösel (2007).
3 Vgl. Schosser (2012).
4 Siehe Brennan (1971).
5 Vgl. Diedrich/Dierkes/Gröger (2011).

THEORIE: **Das CAPM mit unterschiedlichen Soll- und Habenzinssätzen**

Das CAPM mit einheitlichem Soll- und Habenzinssatz ist dadurch gekennzeichnet, dass alle Marktteilnehmer im Kapitalmarktgleichgewicht eine sichere Verschuldung oder Anlage mit dem Marktportefeuille kombinieren (▶ **Kap. 4.4.3**). Bei divergierenden Soll- und Habenzinssätzen gilt dieses nicht mehr[1], was man sich anhand der Effizienzkurve mit μ als erwarteter Rendite und σ als Standardabweichung der Rendite verdeutlichen kann[2]. Der Sollzinssatz r^s ist größer als der Habenzinssatz r^h weil ansonsten Arbitragemöglichkeiten existieren würden.

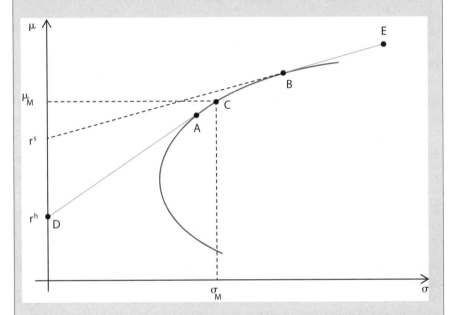

Alle Marktteilnehmer, die aufgrund ihrer ausgeprägteren Risikoaversion die sichere Anlagemöglichkeit nutzen, kombinieren diese mit dem Portefeuille A; die Positionen dieser Marktteilnehmer liegen auf der Geraden DA. Das Portefeuille B wird von Marktteilnehmern gehalten, die sich aufgrund ihrer geringeren Risikoaversion verschulden, um einen höheren Betrag in unsichere Wertpapiere zu investieren. Hierdurch erreichen diese Marktteilnehmer eine Position auf der Geraden BE. Ein Portefeuille zwischen den Punkten A und B auf der Effizienzkurve wird schließlich von den Marktteilnehmern gehalten, die weder einen Kredit aufnehmen noch in sichere

---

1 Vgl. Brennan (1971).
2 Siehe hierzu Elton et al. (2007).

Anlagen investieren. Das Marktportefeuille ergibt sich aus der Zusammenfassung aller individuell optimalen Portefeuilles unsicherer Wertpapiere und liegt auf der Effizienzkurve in dem Bereich zwischen A und B. In der Abbildung ist das Marktportefeuille mit C gekennzeichnet.

Für die Wertpapiermarktlinie des CAPM folgt hieraus, dass in diese ein gewogenes Mittel der Soll- und Habenzinssätze eingeht, wobei ein Verschuldungsparameter α als Gewichtungsfaktor dient, in den das aggregierte Verschuldungsverhalten aller Marktteilnehmer eingeht:

$$\mu_i = r^h + \alpha \cdot (r^s - r^h) + (\mu_M - r^h - \alpha \cdot (r^s - r^h)) \cdot \beta_i$$

Der Verschuldungsparameter würde den Wert 1 annehmen, wenn sich alle Marktteilnehmer verschulden würden. Würden alle Marktteilnehmer in die sichere Anlage investieren, hätte der Parameter den Wert 0. Da von einer Räumung des Marktes für sichere Anlagen nur auszugehen ist, wenn ein Teil der Marktteilnehmer die sichere Anlage und ein anderer Teil die sichere Verschuldung nutzt, liegt der Verschuldungsparameter im Kapitalmarktgleichgewicht in dem Bereich $0 < \alpha < 1$.

Überträgt man diese Überlegungen zum CAPM mit unterschiedlichen Soll- und Habenzinssätzen auf das Tax-CAPM mit einer unterschiedlichen Besteuerung von Soll- und Habenzinssätzen, so ergibt sich für die Wertpapiermarktlinie:[1]

$$\mu_i^s = r^h \cdot (1 - s^h) + \alpha \cdot (r^s \cdot (1 - s^s) - r^h \cdot (1 - s^h))$$

$$+ (\mu_M^s - r^h \cdot (1 - s^h) - \alpha \cdot (r^s \cdot (1 - s^s) - r^h \cdot (1 - s^h))) \cdot \beta_i^s$$

Auf der Grundlage dieser Wertpapiermarktlinien können bei unterschiedlichen Soll- und Habenzinssätzen einheitliche Preise für Zahlungsströme ermittelt werden. Hierzu muss jedoch der Verschuldungsparameter α bekannt sein, der mithilfe empirischer Analysen zu bestimmen ist.

4.6.4 Der Marktwert des Fremdkapitals und der Marktwert des Eigenkapitals

Der Marktwert des Unternehmens ergibt sich als Summe des Marktwertes des betriebsnotwendigen Vermögens, dessen Ermittlung in den vorangegangenen Kapiteln erläutert wurde, und des Marktwertes des nicht betriebsnotwendigen Vermögens. Subtrahiert

---

[1] Siehe hierzu bei einem einheitlichen Zinssatz vor persönlichen Steuern Diedrich/Dierkes/Gröger (2011).

man vom Marktwert des Unternehmens den Marktwert des Fremdkapitals, so erhält man wie in Abbildung 4.14 dargestellt den Marktwert des Eigenkapitals.

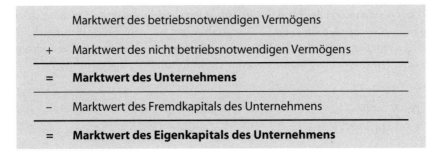

Abb. 4.14: Ermittlung des Marktwertes des Eigenkapitals

Der **Marktwert des Fremdkapitals** bezieht sich nur auf die Finanzierungsinstrumente, die in früheren Phasen der Bewertung dem Fremdkapital zugeordnet wurden.[1] Hybridkapital, das bei der Bewertung wie Eigenkapital behandelt wird, ist nicht zu berücksichtigen. Gleiches gilt für Posten, die in das Nettoumlaufvermögen einbezogen wurden, aber Finanzierungsbeiträge leisten, wie z. B. Verbindlichkeiten aus Lieferungen und Leistungen, erhaltene Anzahlungen oder Rückstellungen. Hat das Unternehmen Vermögensgegenstände geleast und soll bei der Bewertung von einem fremdfinanzierten Erwerb dieser Vermögensgegenstände ausgegangen werden, so ist das hieraus resultierende Fremdkapital in die Betrachtung einzubeziehen. In der Regel hat man es mit mehreren Fremdkapitalkategorien zu tun. Die Marktwerte aller Fremdkapitalkategorien sind dann einzeln zu bestimmen und anschließend aufzusummieren. Umfasst eine Fremdkapitalkategorie mehrere Finanzierungsinstrumente, besteht z. B. die Kategorie »Bankkredite« aus mehreren Krediten bei verschiedenen Kreditinstituten, sollte die Bewertung an den einzelnen Finanzierungsinstrumenten ansetzen.

Wie in Kapitel 4.5.3.1 erörtert wurde, existieren für die Bestimmung des Marktwertes des Fremdkapitals grundsätzlich zwei Möglichkeiten. Die erste Möglichkeit besteht darin, die erwarteten Zahlungen an die Fremdkapitalgeber mit dem Fremdkapitalkostensatz zu diskontieren. Die erwarteten Zahlungen an die Fremdkapitalgeber müssen dabei ausgehend von den vertraglich vereinbarten Zins- und Tilgungszahlungen, den angenommenen Ausfallwahrscheinlichkeiten und den erwarteten Verlusten bei Zahlungsausfall prognostiziert werden. Gebräuchlicher ist die im Folgenden erörterte zweite Möglichkeit, die nicht auf den erwarteten, sondern auf den vertraglich vereinbarten Zahlungen an die Fremdkapitalgeber $x_t^{FtD,v}$ basiert. Diese Zahlungen werden mit dem Fremdkapitalzinssatz kd_t^v abgezinst. Bei beiden Möglichkeiten wird grundsätzlich da-

---

1 Siehe die Ausführungen in den Kapiteln 4.4.1 und 4.5.3.1.

von ausgegangen, dass der an das Unternehmen fließende Geldbetrag zum Zeitpunkt der Kapitalüberlassung mit dem Marktwert des Fremdkapitals übereinstimmt. Die Bewertung des Fremdkapitals ist deshalb in der Regel unproblematisch, wenn das Fremdkapital am Bewertungsstichtag aufgenommen wird.

Liegt der Zeitpunkt der Fremdkapitalaufnahme vor dem Bewertungsstichtag, so sind die noch ausstehenden Zins- und Tilgungszahlungen mit dem am Bewertungsstichtag gültigen remdkapitalzinssatz zu diskontieren. Bei einer Restlaufzeit von T Perioden gilt für den Marktwert eines Finanzierungsinstrumentes am Bewertungsstichtag:

$$D = \sum_{t=1}^{T} \frac{x_t^{FtD,v}}{\prod_{\kappa=1}^{t}(1+kd_\kappa^v)} \tag{1}$$

Wenn das zu bewertende Unternehmen eine wertabhängige Finanzierung verfolgt, ist nicht nur der Marktwert des Fremdkapitals am Bewertungsstichtag, es sind auch die für spätere Zeitpunkte erwarteten Marktwerte zu bestimmen. Auf diese Weise wird die Grundlage für eine Plausibilitätsprüfung geschaffen, bei der es um die Übereinstimmung des erwarteten Marktwertes des Fremdkapitals mit dem Produkt aus dem erwarteten Marktwert des Unternehmens und der für die betreffende Periode vorgegebenen Fremdkapitalquote geht. Der am Bewertungsstichtag für den Zeitpunkt t erwartete Marktwert des Fremdkapitals ergibt sich bei einer Restlaufzeit von T Perioden aus:

$$E[\widetilde{D}_t] = \sum_{v=t+1}^{T} \frac{x_v^{FtD,v}}{\prod_{\kappa=t+1}^{v}(1+kd_\kappa^v)} \tag{2}$$

(1) und (2) liegt die Annahme zugrunde, dass die Zins- und Tilgungszahlungen jeweils am Ende einer Periode anfallen und der Bewertungsstichtag auf den Anfang einer Periode fällt. Sofern dies im Anwendungsfall nicht zutrifft, sind die Bewertungsfunktionen an die jeweiligen Verhältnisse anzupassen. Der in (1) und (2) anzusetzende Fremdkapitalzinssatz kd_t^v wurde in Kapitel 4.5.3 behandelt. Er ergibt sich aus dem risikolosen Zinssatz zuzüglich eines Credit Spread, der die Fähigkeit des Unternehmens reflektiert, seinen Zahlungsverpflichtungen gegenüber den Fremdkapitalgebern nachzukommen. Je größer das von den Fremdkapitalgebern zu tragende Ausfallrisiko ist, desto größer ist der Credit Spread.

Im Weiteren wird auf die Bewertung von langfristigen Anleihen und Darlehen sowie von kurzfristigen Bankkrediten eingegangen. Besonderheiten der Bewertung komplexerer Fremdfinanzierungstitel, wie z.B. Wandel-, Options- oder Umtauschanleihen, werden nicht behandelt.

Eine Bestimmung des Marktwertes von börsennotierten Anleihen mittels (1) ist entbehrlich, wenn der Börsenkurs am Bewertungsstichtag den Marktwert widerspiegelt. Dies setzt voraus, dass am Bewertungsstichtag ein ausreichender Handel stattgefunden hat und dass der Handel nicht durch außergewöhnliche Umstände beeinflusst war. Bestehen diesbezüglich Zweifel, so ist der Marktwert von Anleihen wie auch der von Darlehen mit dem Bewertungsansatz (1) zu ermitteln. Im Fall einer festen Verzinsung resultieren die dabei zu berücksichtigenden Zins- und Tilgungszahlungen aus den bei Vertragsabschluss vereinbarten Konditionen. Für die Ermittlung des Fremdkapitalzinssatzes hingegen sind die Kapitalmarktverhältnisse am Bewertungsstichtag maßgeblich. Demnach ist der risikolose Zinssatz aus der Zinsstrukturkurve am Bewertungsstichtag abzuleiten und um den Credit Spread aus der Sicht des Bewertungsstichtags zu erhöhen. Die Bestimmung des Credit Spread richtet sich nach den Gegebenheiten des Einzelfalls; sie wurde in Kapitel 4.5.3.2 erläutert.

Im Fall einer variablen Verzinsung werden die Konditionen der Fremdfinanzierung in regelmäßigen Abständen angepasst. Dabei wird auf einen Referenzzinssatz Bezug genommen, der in einem mehr oder weniger festen Zusammenhang zum risikolosen Zinssatz steht. Kann man davon ausgehen, dass die Anpassung der Konditionen im Ergebnis zu einer Verzinsung des Rückzahlungsbetrags mit dem Fremdkapitalzinssatz führt, so stimmt der Marktwert der Anleihe oder des Darlehens mit dem Rückzahlungsbetrag überein. Ist dies nicht der Fall, etwa weil sich die Bonität des Unternehmens verändert hat, so muss die Entwicklung des Referenzzinssatzes und der daraus abgeleiteten Zinszahlungen wie in Kapitel 4.5.3.2 erläutert prognostiziert werden. Die vereinbarten Tilgungszahlungen und die prognostizierten Zinszahlungen sind sodann mit dem Fremdkapitalzinssatz abzuzinsen, um den Marktwert des Fremdkapitals gemäß (1) zu bestimmen.

Bei kurzfristigen Bankkrediten entspricht der mit dem vereinbarten Zinssatz zu verzinsende Betrag im Allgemeinen dem Rückzahlungsbetrag. Typischerweise wird der vereinbarte Zinssatz mehr oder weniger permanent an den Fremdkapitalzinssatz angepasst. Der Marktwert eines kurzfristigen Bankkredites ist dann gleich dem Rückzahlungsbetrag und kann ggf. der Bilanz entnommen werden.

Im Anschluss an die Ermittlung der Marktwerte aller Fremdfinanzierungsinstrumente sind diese zum Marktwert des Fremdkapitals zusammenzufassen. Die Ermittlung des Marktwertes des Eigenkapitals ist dann nur noch eine einfache Rechenoperation: Wird der Marktwert des Fremdkapitals vom Marktwert des Unternehmens subtrahiert, erhält man den gesuchten **Marktwert des Eigenkapitals.**

Bei dem Beispielunternehmen umfasst das langfristige Fremdkapital mit einem Schuldscheindarlehen und sonstigem langfristigen Fremdkapital zwei Fremdkapitalkategorien. Die Zins- und Tilgungszahlungen des Schuldscheindarlehens sind in Tabelle 4.32 in Kapitel 4.5.3.2 angegeben; da das Schuldscheindarlehen kurz vor dem Bewertungsstichtag aufgenommen wurde, ist davon auszugehen, dass sein Marktwert am Bewertungsstichtag mit dem zugeflossenen Geldbetrag in Höhe von 48.755 Tsd. € übereinstimmt. Auf der Grundlage des in Kapitel 4.5.3.2 bestimmten Fremdkapitalzinssatzes kann der für das Ende des ersten Jahres nach dem Bewertungsstichtag erwartete Marktwert des Schuldscheindarlehens im Wege der Abzinsung der dann noch ausstehenden Zins- und Tilgungszahlungen bestimmt werden:

$$E[\tilde{D}_1] = \frac{1.655}{1{,}0303} + \ldots + \frac{10.562}{1{,}0303 \cdot \ldots \cdot 1{,}0539} = 48.398{,}17 \text{ Tsd. €}$$

Neben dem Schuldscheindarlehen verfügt das Beispielunternehmen über sonstiges langfristiges Fremdkapital mit einem Buchwert von 22.171 Tsd. €, dessen Marktwert am Bewertungsstichtag 23.356 Tsd. € beträgt. Der Marktwert der kurzfristigen Bankkredite schließlich stimmt mit dem in der Bilanz ausgewiesenen Rückzahlungsbetrag in Höhe von 59.524 Tsd. € überein. Damit resultiert am Bewertungsstichtag ein Marktwert des Fremdkapitals von 131.635 Tsd. €. Unter Berücksichtigung der in den letzten Kapiteln berechneten Marktwerte des Unternehmens resultieren die in Tabelle 4.46 angegebenen Marktwerte des Eigenkapitals.

Tab. 4.46: Beispiel: Marktwert des Eigenkapitals

Tsd. €	Marktwerte		
	Unternehmen	**Fremdkapital**	**Eigenkapital**
Vorsteuerrechnung			
wertabhängige Finanzierung	405.385		273.750
autonome Finanzierung	421.563		291.113
gemischte Finanzierung	406.195		274.560
Nachsteuerrechnung		131.635	
wertabhängige Finanzierung	385.392		253.757
autonome Finanzierung	399.128		267.493
gemischte Finanzierung	388.167		256.532

Tabelle 4.46 verdeutlicht zunächst, dass der Marktwert des Eigenkapitals von den Annahmen zur Finanzierung abhängt, wofür es zwei Gründe gibt: Erstens führen unterschiedliche Finanzierungspolitiken in aller Regel zu voneinander abweichenden Entwicklungen des Fremdkapitals. Hieraus ergeben sich Auswirkungen auf die Kapitalstruktur nach dem Bewertungsstichtag, die den Marktwert des Unternehmens beeinflussen. Und zweitens sind die Tax Shields bei einer wertabhängigen Finanzierung mit einer größeren Unsicherheit als bei einer autonomen Finanzierung behaftet, woraus ein geringerer Marktwert der betreffenden Zahlungen an die Kapitalgeber resultiert. Der Zusammenhang wurde auf theoretischer Ebene in Kapitel 2.4 ausführlich beleuchtet. Die Wertunterschiede im Beispiel sind vor diesem Hintergrund plausibel; sie zeigen, dass die Annahmen zur Finanzierung relativ große Auswirkungen auf das Bewertungsergebnis haben.

Des Weiteren zeigt Tabelle 4.46, dass die Nachsteuerrechnung im Beispiel zu niedrigeren Marktwerten als die Vorsteuerrechnung führt. Betrachtet man die Bewertungskalküle genauer, so stellt man fest, dass die Wertunterschiede auf das Verhältnis der Steuersätze s_d für Dividenden und Zinsen und s_g für Kursgewinne einerseits sowie auf das Verhältnis der Marktrisikoprämie MRP und der Marktrisikoprämie nach Steuern MRP^s andererseits zurückzuführen sind. Stimmen die Steuersätze überein, so müsste offenbar auch $MRP^s = MRP \cdot (1 - s_d)$ gelten, da alle Komponenten der Marktrisikoprämie mit dem gleichen Steuersatz belegt werden. Dies vorausgesetzt führen Vor- und Nachsteuerrechnungen zwingend zu den gleichen Resultaten, was zu den in Kapitel 2.4 erörterten theoretischen Überlegungen passt. Für die in Tabelle 4.46 zu Tage tretenden Wertunterschiede sind also allein die Abweichung der berücksichtigten Steuersätze und das Verhältnis der Marktrisikoprämie vor und nach persönlichen Steuern maßgeblich.

Die Identifikation der für die Wertunterschiede relevanten Werttreiber gibt aber noch keine Antwort auf die Frage, welches Bewertungsergebnis besser begründet erscheint. Aus theoretischer Sicht ist die Antwort auf diese Frage klar: Fallen die Steuersätze für Dividenden und Zinsen sowie für Kursgewinne auseinander, so besteht bei Vorsteuerrechnungen die Gefahr, die Auswirkungen der Besteuerung auf den Marktwert von Unternehmen zu vernachlässigen. Bei Nachsteuerrechnungen besteht diese Gefahr nicht, also sind Nachsteuerrechnungen grundsätzlich zu bevorzugen. Diese auf den ersten Blick einleuchtende Überlegung greift unter praktischen Erwägungen aber möglicherweise zu kurz. Denn es wurde noch nicht berücksichtigt, dass Nachsteuerrechnungen auf problematischen Annahmen bezüglich der für die Wertunterschiede maßgeblichen Werttreiber basieren.

In Bezug auf den **Kursgewinnsteuersatz** ist zu vermerken, dass das Tax CAPM im mehrperiodigen Kontext nicht von einer Besteuerung realisierter Kursgewinne, sondern von einer Besteuerung der in einer Periode eingetretenen Marktwertzuwächse ausgeht. Die Auswirkungen des bei längerer Haltedauer auftretenden Steuerstundungseffektes auf die Preisbildung am Kapitalmarkt werden damit ausgeblendet. Um diesen Fehler auf der modelltheoretischen Ebene zu kompensieren, wird der Kursgewinnsteuersatz abgesenkt: Der niedrigere Steuersatz soll nicht nur die Steuerlast, sondern auch den aus der Steuerstundung resultierenden Zinsvorteil erfassen. Allerdings ist die hinter diesem Vorgehen stehende Annahme, dass die Besteuerung des Marktwertzuwachses einer Periode mit einem abgesenkten Kursgewinnsteuersatz zu den gleichen Ergebnissen wie eine realisationsorientierte Kursgewinnbesteuerung führt, aus theoretischer Sicht fragwürdig.[1] Zudem ist nicht zufriedenstellend geklärt, in welcher Höhe der abgesenkte Kursgewinnsteuersatz angesetzt werden soll. Der diesbezügliche Vorschlag des Berufsstands der Wirtschaftsprüfer, wonach dieser Steuersatz in Abhängigkeit von einer durchschnittlichen Haltedauer und einer anzunehmenden Kurswachstumsrate bestimmt werden soll,[2] erscheint unzureichend fundiert und eröffnet Interpretationsspielräume, die die Güte des Bewertungsergebnisses in Frage stellen können. Dies gilt umso mehr, als die Auswirkungen auf das Bewertungsergebnis relativ groß sind: Im Beispiel steigt der Marktwert des Unternehmens bei wertabhängiger Finanzierung c. p. um etwa 2 % auf ca. 393.348 Tsd. €, wenn man von einem Kursgewinnsteuersatz von

---

1 Vgl. Diedrich/Stier (2013).
2 Vgl. Institut der Wirtschaftsprüfer (Hrsg.) (2014), S. 34 f.

10,55 % ausgeht; erhöht man den Steuersatz auf 21,1 %, sinkt er um etwa 2 % auf ca. 377.465 Tsd. €.

In Bezug auf den zweiten für die Wertunterschiede maßgeblichen Werttreiber, die **Marktrisikoprämie nach Steuern**, kommt man ebenfalls zu kritischen Überlegungen. Offenbar ist es bei einem Auseinanderfallen der Steuersätze für Dividenden und Zinsen sowie für Kursgewinne nicht ohne Weiteres möglich, einen Zusammenhang zwischen den Marktrisikoprämien vor und nach Steuern herzustellen. Vielmehr werden dafür Informationen darüber benötigt, welcher Teil der Marktrisikoprämie auf Kursgewinne und welcher Teil auf Dividenden entfällt. Die Zusammensetzung der Marktrisikoprämie ist jedoch Ergebnis der Preisbildung am Kapitalmarkt, die von dem System der persönlichen Besteuerung abhängt. Da dieses System in der Vergangenheit häufiger geändert wurde, ist die Zusammensetzung der Marktrisikoprämie in der Vergangenheit möglicherweise wenig repräsentativ für die Zukunft. Die Zugrundelegung historischer Daten erscheint damit noch problematischer als bei der Bestimmung der Marktrisikoprämie vor Steuern. Gleichzeitig besitzt die Höhe der Marktrisikoprämie nach Steuern erheblichen Einfluss auf das Bewertungsergebnis: Im Beispiel ergibt sich bei wertabhängiger Finanzierung c. p. ein um etwa 4 % höherer Marktwert des Unternehmens von ca. 401.162 Tsd. €, wenn man die Marktrisikoprämie nach Steuern mit 4,3 %-Punkten ansetzt, und ein um etwa 6 % niedrigerer Marktwert von ca. 363.863 Tsd. € bei einer Marktrisikoprämie nach Steuern von 4,8 %-Punkten.

Es fällt schwer, vor diesem Hintergrund eine Empfehlung für Vor- oder Nachsteuerrechnungen abzugeben. Denn über Eins muss man sich im Klaren sein: Die Probleme bei der Spezifizierung des Kursgewinnsteuersatzes oder der Marktrisikoprämie nach Steuern mögen dazu führen, dass das Ergebnis einer Nachsteuerrechnung angreifbar erscheint. Es gibt jedoch keine Gewähr dafür, dass das Ergebnis einer Vorsteuerrechnung besser ist. Denn auch bei einer Vorsteuerrechnung werden die Auswirkungen der Besteuerung erfasst, aber eben implizit, über die aus dem Preissystem am Kapitalmarkt abgeleiteten Kapitalkostensätze. Vordergründig erscheint das weniger angreifbar, gewonnen wird jedoch auf diese Weise nichts. Aus unserer Sicht ist daher aus den angestellten Überlegungen vor allem der Schluss zu ziehen, dass den Auswirkungen einer realisationsorientierten Kursgewinnbesteuerung sowie den Möglichkeiten zur Schätzung der Marktrisikoprämie nach Steuern in Theorie und Praxis mehr Beachtung geschenkt werden sollte.

4.7 Plausibilitätsprüfung

Die ermittelte Wertgröße basiert auf einer Vielzahl von Annahmen, Feststellungen und Prognosen, die sich auf den zu erwartenden freien Cashflow und die Kapitalkostensätze des Unternehmens beziehen. Aufgrund der mannigfaltigen Interdependenzen zwischen den betrachteten Größen ist es erforderlich, die Validität und Konsistenz der jeweiligen Festlegungen über den gesamten Prozess der Unternehmensbewertung hinweg zu hinterfragen. Von besonderer Bedeutung ist dabei eine Plausibilitätsprüfung des für die Detailprognosephase prognostizierten freien Cashflow, die auf Planabschlüssen aufbaut und sich primär auf die angenommene Finanzierungs- und Ausschüttungspolitik richtet. Im Folgenden wird dargestellt, wie eine solche Plausibilitätsprüfung aussehen sollte. Dabei wird von vereinfachten Bilanzen und Gewinn- und Verlustrechnungen ausgegangen. Abschließend wird die Plausibilisierung des Unternehmenswertes auf der Grundlage von Markt- oder Vergleichsdaten angesprochen.

Gedanklicher Ausgangspunkt der Erstellung von **Planabschlüssen** ist der freie Cashflow, der sich aus dem NOPLAT abzüglich der Nettoinvestitionen in das betriebsnotwendige Vermögen ergibt. Die Nettoinvestitionen in das betriebsnotwendige Vermögen umfassen Investitionen in das Anlagevermögen und das Nettoumlaufvermögen; zudem werden die Posten berücksichtigt, die in dem Gliederungsschema für den freien Cashflow – siehe Kapitel 4.4.1 – bei der Überleitung des NOPLAT zum Brutto Cashflow angeführt sind. Betrachtet man die erwarteten Nettoinvestitionen in das Anlagevermögen $E[\widetilde{NI}_t^{LTA}]$ und in das Nettoumlaufvermögen $E[\widetilde{NI}_t^{NWC}]$ getrennt, so ergibt sich der erwartete freie Cashflow $E[\tilde{x}_t^{FCF}]$ aus:

$$E[\tilde{x}_t^{FCF}] = E[\widetilde{NOPLAT}_t] - E[\widetilde{NI}_t^{LTA}] - E[\widetilde{NI}_t^{NWC}] \qquad \text{für } t = 1, 2, \ldots \qquad (1)$$

Aus den in (1) berücksichtigten Nettoinvestitionen resultieren die Veränderung des Anlagevermögens sowie des Nettoumlaufvermögens:

$$\begin{aligned} E[\widetilde{LTA}_t] &= E[\widetilde{LTA}_{t-1}] + E[\widetilde{NI}_t^{LTA}] \\ E[\widetilde{NWC}_t] &= E[\widetilde{NWC}_{t-1}] + E[\widetilde{NI}_t^{NWC}] \end{aligned} \qquad \text{für } t = 1, 2, \ldots \qquad (2)$$

Dem betriebsnotwendigen Vermögen steht das investierte Kapital $E[\widetilde{IC}_t]$ gegenüber:

$$E[\widetilde{LTA}_t] + E[\widetilde{NWC}_t] = E[\widetilde{IC}_t] \qquad \text{für } t = 1, 2, \ldots \qquad (3)$$

Infolge der Identität (3) kann das investierte Kapital ebenfalls über die Nettoinvestitionen in das Anlage- und das Nettoumlaufvermögen fortgeschrieben werden:

$$E[\widetilde{IC}_t] = E[\widetilde{IC}_{t-1}] + E[\widetilde{NI}_t^{LTA}] + E[\widetilde{NI}_t^{NWC}] \qquad \text{für } t = 1, 2, \ldots \qquad (4)$$

Aus einer Untergliederung der Posten in (3) resultiert eine vereinfachte **Bilanz**. Die Aktivseite umfasst das betriebsnotwendige Anlage- und Nettoumlaufvermögen. Das auf der Passivseite ausgewiesene investierte Kapital beinhaltet die Buchwerte des Eigenkapitals $E[\widetilde{BE}_t]$ und des Fremdkapitals $E[\widetilde{BD}_t]$:

$$E[\widetilde{IC}_t] = E[\widetilde{BE}_t] + E[\widetilde{BD}_t] \qquad \text{für } t = 1, 2, \ldots \qquad (5)$$

Wird von einer autonomen Finanzierung ausgegangen, so resultiert die Ausstattung des Unternehmens mit Fremdkapital aus den diesbezüglichen Planvorgaben. Hieraus ist auch das in den Planbilanzen anzusetzende Fremdkapital abzuleiten. Verfolgt das Unternehmen annahmegemäß eine wertabhängige Finanzierung, wird angenommen, dass es seine Finanzierung ständig an eine Kapitalstrukturvorgabe anpasst. Um dies in den Planbilanzen abzubilden, wird zunächst die erwartete Entwicklung des Marktwertes des Fremdkapitals bestimmt. Dabei ist auf die entsprechenden Ausführungen in den Kapiteln 4.6.2.1 und 4.6.3.1 zurückzugreifen. Hiervon ausgehend sind die Finanzierungsmaßnahmen zu planen, die für die Anpassung der Kapitalstruktur voraussichtlich erforderlich werden. Aus diesen Maßnahmen wiederum resultiert das anzusetzende bilanzielle Fremdkapital. In der Praxis wird teilweise vereinfachend davon ausgegangen, dass die Buchwerte und die Marktwerte des Fremdkapitals in allen Perioden übereinstimmen. Bei wertabhängiger Finanzierung ergeben sich die in den Planbilanzen anzusetzenden Buchwerte des Fremdkapitals dann direkt aus den Vorgaben zur Kapitalstruktur und den erwarteten Marktwerten des Unternehmens.

Bleiben das gezeichnete Kapital und die Kapitalrücklagen unverändert, so erfordert der Bilanzausgleich die Bildung oder Auflösung von Gewinnrücklagen $E[\widetilde{RE}_t]$, wenn die Nettoinvestitionen die Veränderungen des bilanziellen Fremdkapitals $E[\widetilde{\Delta BD}_t]$ übersteigen bzw. unterschreiten. Es gilt:

$$E[\widetilde{RE}_t] = E[\widetilde{NI}_t^{LTA}] + E[\widetilde{NI}_t^{NWC}] - E[\widetilde{\Delta BD}_t] \qquad \text{für } t = 1,2,\dots \qquad (6)$$

Die vereinfachte **Gewinn- und Verlustrechnung** wird ebenfalls ausgehend von dem erwarteten NOPLAT entwickelt. Man erhält das aus dem betriebsnotwendigen Vermögen resultierende erwartete Periodenergebnis $E[\widetilde{OP}_t]$, indem man die Zinsaufwendungen $E[\widetilde{I}_t]$ von dem erwarteten NOPLAT absetzt und den Tax Shield der Fremdfinanzierung $E[\widetilde{TS}_t]$ addiert:

$$E[\widetilde{OP}_t] = E[\widetilde{NOPLAT}_t] - E[\widetilde{I}_t] + E[\widetilde{TS}_t] \qquad \text{für } t = 1,2,\dots \qquad (7)$$

In (7) wird vereinfachend davon ausgegangen, dass der erwartete Steueraufwand in voller Höhe zahlungswirksam wird. Zwecks Erhöhung der Transparenz sind die Posten wie bei der Ableitung der Planbilanzen weiter zu untergliedern. An die Berechnung des Periodenergebnisses schließt sich eine **Gewinnverwendungsrechnung** an:

$$E[\widetilde{Div}_t] = E[\widetilde{OP}_t] - E[\widetilde{RE}_t] \qquad \text{für } t = 1,2,\dots \qquad (8)$$

$E[\widetilde{Div}_t]$ bezeichnet die Gewinnausschüttung des Unternehmens. Der einbehaltene Teil des Periodenergebnisses entspricht der Veränderung der Gewinnrücklagen in der Bilanz. Es wird somit von der Erfüllung der **Clean Surplus Bedingung**[1] ausgegangen, wo-

---

1 Zum Clean Surplus Bedingung siehe etwa Feltham/Ohlson (1995).

nach sich alle nicht durch Kapitaleinlagen und -rückzahlungen hervorgerufenen Änderungen des bilanziellen Eigenkapitals aus der Ergebnisrechnung ableiten. Ausgehend von der Gewinnausschüttung und dem Periodenergebnis erhält man die Ausschüttungsquote q_t des Unternehmens:

$$q_t = \frac{E[\widetilde{Div}_t]}{E[\widetilde{OP}_t]} \qquad \text{für } t = 1,2,\dots \qquad (9)$$

Bei der Interpretation von (9) ist zu beachten, dass es sich nicht um die erwartete Ausschüttungsquote, sondern um einen Quotient von Erwartungswerten handelt. Für die Plausibilisierung der Ausschüttungspolitik ist dieser Unterschied jedoch nicht von Bedeutung.

Der Aufbau der Planabschlüsse ist zusammenfassend in Abbildung 4.15 dargestellt.

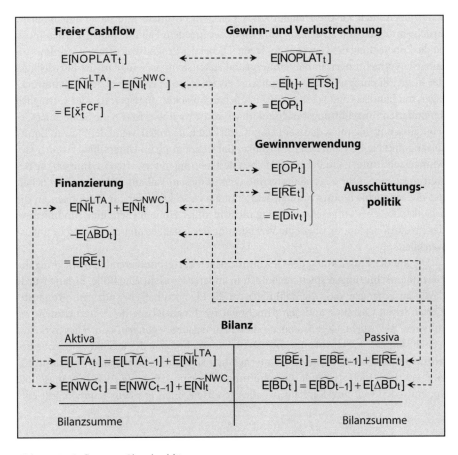

Abb. 4.15: Aufbau von Planabschlüssen

Die hier nur grob skizzierten Planungsrechnungen können prinzipiell beliebig weit aufgeschlüsselt und an die jeweils maßgeblichen Rechnungslegungsvorschriften angepasst werden. Zu denken wäre etwa an die explizite Berücksichtigung von Kapitaleinlagen oder -rückzahlungen, wenn für die Detailprognosephase Kapitalmaßnahmen vorgesehen sind. Für den Fall, dass nicht betriebsnotwendiges Vermögen im Unternehmen verbleiben soll, können auch die nicht betriebsnotwendigen Vermögensteile, das der Finanzierung dieses Vermögens dienende Kapital sowie das Ergebnis aus nicht betriebsnotwendigem Vermögen in die Betrachtung einbezogen werden. Insgesamt sollte der Aufwand, der mit der Aufstellung der Planungsrechnungen verbunden ist, in einem angemessenen Verhältnis zu dem Nutzen stehen, der aus der Erhöhung der Plausibilität der Prognose des freien Cashflows resultiert.

Zweckmäßige Ansatzpunkte für **Plausibilitätsprüfungen** ergeben sich in Abhängigkeit von den Besonderheiten des Einzelfalls. Beispielsweise können bestimmte bilanzielle Relationen daraufhin überprüft werden, ob das Verhältnis des Anlagevermögens zum Umlaufvermögen die angenommene Entwicklung des Unternehmens zutreffend widerspiegelt. Generell bietet es sich an, die für den Referenzzeitraum berechneten Kennzahlen auch für die Detailprognosephase zu ermitteln und dabei auf mögliche Brüche im Zeitablauf zu achten. Ein Punkt, der in jedem Fall untersucht werden muss, ist die Entwicklung der **Gewinnrücklagen**. Da bei der Prognose des freien Cashflows bilanzielle Betrachtungen in den Hintergrund treten, kann es sein, dass die Entwicklung der in den Planungsrechnungen zunächst als Saldogröße erscheinenden Gewinnrücklagen mit handels- und gesellschaftsrechtlichen Ausschüttungssperren oder vertraglich vereinbarten Ausschüttungsbeschränkungen nicht vereinbar ist. An die Stelle einer Gewinnausschüttung muss dann eine Kapitalrückzahlung treten, wenn der Flow to Equity unverändert bleiben soll. Da eine Eigenkapitalrückzahlung im Unterschied zu einer Gewinnausschüttung nicht der persönlichen Besteuerung unterworfen ist, müssen die Bewertungsformeln für Nachsteuerrechnungen in diesem Fall angepasst werden.[1] Scheidet die Möglichkeit einer Kapitalrückzahlung aus, so kann der für Zahlungen an die Eigenkapitalgeber vorgesehene Betrag nicht in voller Höhe fließen. Eine Modifikation der Investitionsplanung oder eine Veränderung der Finanzierungsannahmen ist unausweichlich.

Die mit der Entwicklung der Gewinnrücklagen korrespondierende Entwicklung der Gewinnausschüttungen spielt auch noch in anderer Hinsicht eine Rolle. Bislang wurde davon ausgegangen, dass die Zahlungen an die Eigenkapitalgeber aus dem prognostizierten freien Cashflow und den Annahmen zur Finanzierung des Unternehmens resultieren, also nicht Gegenstand eigener Planungsüberlegungen sind. Dies verkennt jedoch, dass der **Ausschüttungspolitik** von Unternehmen in der Realität eine große Bedeutung zukommt: Die meisten Unternehmen streben eine konstante Ausschüttung, eine kontinuierlich steigende Ausschüttung oder eine konstante Ausschüttungsquote an, entweder, weil ihre Kapitalgeber dies erwarten, oder, um dem Kapitalmarkt eine

---

1 Siehe auch Kapitel 2.4.3.3.1.

kontinuierliche Geschäftsentwicklung zu signalisieren. Da die Ausschüttungspolitik für das Bild, das sich Investoren von einem Unternehmen machen, eine wichtige Rolle spielt, ist davon auszugehen, dass sie auch den Marktwert eines Unternehmens beeinflusst. Ein vergleichsweise direkter Einfluss der Ausschüttungspolitik auf den Marktwert von Unternehmen ergibt sich, wenn ausgeschüttete und thesaurierte Gewinne in unterschiedlicher Weise besteuert werden.

Aus der Relevanz der Ausschüttungspolitik für den Unternehmenswert folgt, dass die aus den Planabschlüssen resultierende Entwicklung der Gewinnausschüttungen hinterfragt werden muss. Passt diese Entwicklung nicht zu der Ausschüttungspolitik im Referenzzeitraum oder unterscheidet sie sich gravierend von derjenigen bei anderen Branchenunternehmen, so sollten die Investitionsplanung und die Finanzierungsannahmen überdacht und ggf. angepasst werden. Der Berufsstand der Wirtschaftsprüfer geht sogar so weit, für die Rentenphase eine Objektivierung der Ausschüttungspolitik, d. h. eine Angleichung der Ausschüttungsquote an diejenige vergleichbarer Unternehmen, zu fordern.[1] Folgt man der in Kapitel 4.4.3 erörterten Prognosesystematik, so ist hierfür die auf den NOPLAT bezogene Nettoinvestitionsrate der geeignete Ansatzpunkt. Eine Erhöhung der Nettoinvestitionsrate hat eine Verminderung des für die Rentenphase erwarteten freien Cashflow und damit eine Verminderung der Ausschüttungsquote zur Folge. Die Auswirkungen, die sich hieraus auf den Unternehmenswert ergeben, hängen davon ab, wie sich die zusätzlich thesaurierten Gewinne im Unternehmen verzinsen. Die diesbezüglich anzustellenden Überlegungen beziehen sich auf den in Kapitel 4.4.3 behandelten ROIC.

THEORIE: **Restwertermittlung bei Objektivierung der Ausschüttungsquote**

Im Folgenden wird eine alternative Möglichkeit zur Angleichung der Ausschüttungsquote an diejenige eines Referenzunternehmens erläutert.[2] Die Darstellung wird wie in der Literatur in diesem Zusammenhang üblich auf das Flow to Equity Verfahren bezogen. Ausgangspunkt ist der für die erste Periode der Rentenphase vorläufig bestimmte Flow to Equity $E[\tilde{x}_{T+1}^{FtE'}]$. Annahmegemäß steigt der erwartete Flow to Equity in der Rentenphase von Periode zu Periode mit der Wachstumsrate w. Das Unternehmen verfolgt eine wertabhängige Finanzierung; der Eigenkapitalkostensatz des verschuldeten Unternehmens nach persönlichen Steuern $ke^{\ell,s}$ wird als konstant angenommen. Bei einem Dividendensteuersatz s_d und einem Kursgewinnsteuersatz s_g kann der für den Beginn der Rentenphase erwartete Marktwert des Eigenkapitals $E[\tilde{E}_T^\ell]$ mit dem Flow to Equity Verfahren gemäß (10) in Kapitel 2.4.3.3.3 bestimmt werden:

---

1 Vgl. Institut der Wirtschaftsprüfer (Hrsg.) (2014), S. 31.
2 Vgl. Diedrich (2013).

$$E[\tilde{E}_T^\ell] = \frac{E[\tilde{x}_{T+1}^{FtE'}] \cdot (1-s_{d*})}{ke^{\ell,s*}-w} = \frac{E[\tilde{x}_{T+1}^{FtE'}] \cdot (1-s_{d*})}{ke^{\ell,s*}-w \cdot (1-s_{d*})}$$

mit $ke^{\ell,s*} = \dfrac{ke^{\ell,s}}{1-s_g}$ und $s_{d*} = \dfrac{s_d - s_g}{1-s_d}$

Da die bei der Berechnung des Flow to Equity zu berücksichtigenden Fremdkapitalzinsen und Tax Shields bei wertabhängiger Finanzierung von dem Marktwert des Eigenkapitals zu Beginn der betreffenden Periode abhängen, ist bei der Anwendung dieser Bewertungsfunktion ein iteratives Vorgehen erforderlich.

Annahmegemäß befindet sich das Unternehmen am Ende der Detailprognosephase in einem eingeschwungenen Zustand, so dass das erwartete Periodenergebnis ebenso wie der vorläufig bestimmte Flow to Equity mit der Wachstumsrate w ansteigt (▸ **Kap. 4.4.3**). Infolgedessen macht der Flow to Equity in allen Perioden einen konstanten Anteil q des erwarteten Periodenergebnisses $E[\widetilde{OP}_t]$ aus. Es gilt:

$$E[\tilde{x}_t^{FtE'}] = q \cdot E[\widetilde{OP}_t]$$

Nimmt man nun an, dass im Zuge der Objektivierung der Ausschüttungsquote eine Ausschüttungsquote q^R mit $0 < q^R < q$ vorgegeben wird, so führt dies dazu, dass nur noch ein konstanter Anteil $q^{FtE'} < 1$ des vorläufigen Flow to Equity an die Eigenkapitalgeber ausgeschüttet wird. Zwischen der anzunehmenden Dividende $E[\widetilde{Div}_t]$, dem vorläufigen Flow to Equity $E[\tilde{x}_t^{FtE'}]$ und dem Periodenergebnis $E[\widetilde{OP}_t]$ besteht folgender Zusammenhang:

$$E[\widetilde{Div}_t] = q^{FtE'} \cdot E[\tilde{x}_t^{FtE'}] = q^R \cdot E[\widetilde{OP}_t] \text{ mit } q^R = q^{FtE'} \cdot q$$

Die Einbehaltung von Periodenergebnissen führt annahmegemäß zu einer Erhöhung des Marktwertes des Eigenkapitals in Höhe des thesaurierten Betrags. Es folgt:

$$E[\tilde{E}_t^\ell] = \frac{\overbrace{q^{FtE'} \cdot E[\tilde{x}_{t+1}^{FtE'}] \cdot (1-s_d)}^{\text{Dividende}} + \overbrace{(1-q^{FtE'}) \cdot E[\tilde{x}_{t+1}^{FtE'}] + E[\tilde{E}_{t+1}^\ell]}^{\text{Thesaurierung}}}{1+ke_{t+1}^{\ell,s}}$$

$$-\frac{s_g \cdot (E[\tilde{E}_{t+1}^\ell] + \overbrace{(1-q^{FtE'}) \cdot E[\tilde{x}_{t+1}^{FtE'}]}^{\text{Thesaurierung}} - E[\tilde{E}_t^\ell])}{1+ke_{t+1}^{\ell,s}}$$

Für den Rentenfall mit Wachstum resultiert:

$$E[\tilde{E}_T^\ell] = \frac{E[\tilde{x}_{T+1}^{FtE'}] \cdot (1 - q^{FtE'} \cdot s_{d*})}{ke^{\ell, s^*} - w}$$

Die Ausschüttungspolitik besitzt demnach Auswirkungen auf den Marktwert des Eigenkapitals. Eine Verminderung der ursprünglich geplanten Ausschüttungsquote q führt bei $s_d > s_g$ zu einem Anstieg des Marktwertes, weil die infolge der Thesaurierung erwartete Wertsteigerung einer geringeren Besteuerung als die Ausschüttung unterworfen ist. Stimmen der Dividendensteuersatz und der Kursgewinnsteuersatz überein, folgt $s_{d*} = 0$. Der Marktwert ist unabhängig von der Ausschüttungspolitik.

Alternativ kommt in der Praxis folgende Bewertungsformel zum Einsatz, die aus einer Umformung der obigen Bewertungsfunktion resultiert:

$$E[\tilde{E}_T^\ell] = \frac{E[\tilde{x}_{T+1}^{FtE'}] \cdot (1 - q^{FtE'} \cdot s_d - (1 - q^{FtE'}) \cdot s_g)}{ke^{\ell, s} - w \cdot (1 - s_g)}$$

Diese Bewertungsformel wird auch als »Praktikermethode« bezeichnet.[1]

Die Angleichung der Ausschüttungspolitik an diejenige vergleichbarer Unternehmen spielt schließlich in einer weiteren Hinsicht eine Rolle, wenn die Bewertung auf einer Vorsteuerrechnung basiert. Denn die steuerlich bedingten Auswirkungen der Ausschüttungspolitik auf den Unternehmenswert werden bei einer Vorsteuerrechnung vernachlässigt, sofern die verwendeten Kapitalkostensätze nicht auf die Ausschüttungspolitik des zu bewertenden Unternehmens zugeschnitten sind. Für die Begründung einer Vorsteuerrechnung ist es folglich wichtig, dass die bei der Ableitung des Eigenkapitalkostensatzes betrachteten Referenzunternehmen eine ähnliche Ausschüttungspolitik wie das Bewertungsobjekt aufweisen. Dies kann entweder durch eine entsprechende Auswahl der Referenzunternehmen oder dadurch erreicht werden, dass die Ausschüttungspolitik des zu bewertenden Unternehmens wie beschrieben an diejenige der Referenzunternehmen angeglichen wird.

Den zweiten Schwerpunkt von Plausibilitätsprüfungen bildet die Finanzierungspolitik des Unternehmens. Bei wertabhängiger Finanzierung ist zunächst ein Abgleich der für die erste Periode vorgesehenen Kapitalstruktur mit dem Ergebnis der Bewertung des Fremdkapitals vorzunehmen. Dabei werden die mit Bezug auf Finanzierungsinstrumente, Finanzierungskategorien oder das Unternehmen insgesamt festgelegten Fremdkapitalquoten mit dem Marktwert des Unternehmens am Bewertungsstichtag multipliziert. Das Ergebnis sollte dem Marktwert des Fremdkapitals am Bewertungsstichtag

---

1 Vgl. Pawelzik (2010), S. 970.

entsprechen. Ist dies nicht der Fall, kommt eine Umfinanzierung in Frage, deren Realisierbarkeit geprüft werden muss. Erscheint dieser Weg unzweckmäßig, muss die Konsistenz der Bewertungsergebnisse auf anderem Wege hergestellt werden. Die einfachste Möglichkeit hierzu besteht darin, die vorgegebene Kapitalstruktur an die Ergebnisse der Bewertung des Fremdkapitals anzupassen. Dabei ist allerdings zu berücksichtigen, dass eine Veränderung der Kapitalstruktur mit einer Veränderung des Marktwertes des Unternehmens verbunden ist. Die hieraus resultierende Zirkularität lässt sich mittels eines iterativen Lösungsverfahrens, wie es beispielsweise der Excel Solver bietet, problemlos bewältigen.

Im Weiteren bezieht sich die Plausibilitätsprüfung auf das **buchhalterische Eigen-und Fremdkapital**, das in den Planbilanzen ausgewiesen ist. Im Fall einer autonomen Finanzierung etwa ist zu prüfen, ob die Entwicklung der Kapitalstruktur unter Einschluss der in das Nettoumlaufvermögen einbezogenen Passivposten im Einklang mit den Annahmen zur Bonität des Unternehmens steht. Bei einer wertabhängigen Finanzierung ist z. B. zu untersuchen, ob die voraussichtlich erforderlichen Maßnahmen zur Anpassung der Kapitalstruktur umsetzbar sind. Gegenstand der Prüfung sollten auch bilanzielle Kennzahlen zur Fristigkeit der Kapitalbindung und zur Dauer der Kapitalüberlassung sein. Führt die Plausibilitätsprüfung zu dem Schluss, dass die Entwicklung des bilanziellen Eigen- oder Fremdkapitals unrealistisch ist oder in Widerspruch zu anderen Bewertungsannahmen steht, so sind bei einer autonomen Finanzierung die Annahmen zur Fremdkapitalausstattung, bei einer wertabhängigen Finanzierung die Annahmen zur Kapitalstruktur anzupassen. Kommt man auf diesem Wege nicht zu einem plausiblen Resultat, muss die Investitionsplanung in den Anpassungsprozess einbezogen werden.

Wenn sichergestellt ist, dass der ermittelte Unternehmenswert auf eine plausible Planung zurückgeführt werden kann, ist abschließend zu prüfen, ob er auch von der Höhe her plausibel ist. Hierzu erscheint es zweckmäßig, den Unternehmenswert mit Markt-oder Vergleichspreisen für die Finanzierungstitel des Unternehmens in Beziehung zu setzen, sofern diese verfügbar sind. Zudem können Vergleichsgrößen mit Hilfe von Multiplikatorverfahren ermittelt werden.[1] Sollten sich größere Diskrepanzen zwischen dem Bewertungsergebnis und den zum Vergleich herangezogenen Größen ergeben, ist dies Anlass, die Bewertungsannahmen mit den größten Auswirkungen auf den Unternehmenswert noch einmal zu hinterfragen.

Zur Illustration der Erstellung von Planabschlüssen und der Plausibilitätsprüfung wird das bislang betrachtete Beispielunternehmen herangezogen. Zunächst wird der Abgleich der angenommenen Kapitalstruktur mit den Ergebnissen der Bewertung des Fremdkapitals im Fall einer wertabhängigen Finanzierung erläutert. Der in Kapitel 4.6.2.1 mit Hilfe des FCF Verfahrens berechnete Marktwert des Unternehmens am Bewertungsstichtag beträgt ca. 405.385 Tsd. €. Unter Berücksichtigung der vorgegebenen Fremdkapitalquoten (11 %, 5 % bzw. 14 %) errechnen sich hieraus Marktwerte in Höhe

---

1   Zu den Multiplikatorverfahren siehe Kapitel 1.3.

von 44.592, 20.269 bzw. 56.753 Tsd. € für das Schuldscheindarlehen, sonstiges langfristiges Fremdkapital und kurzfristige Bankkredite. Die Bewertung des Fremdkapitals
führte hingegen zu dem Ergebnis, dass sich die Marktwerte am Bewertungsstichtag auf
48.755, 23.356 bzw. 59.524 Tsd. € belaufen. Zur Herstellung der Konsistenz der Bewertungsergebnisse mit den Finanzierungsannahmen werden die Fremdkapitalquoten für
die erste Periode nach dem Bewertungsstichtag angepasst. Wie in Abbildung 4.16 ersichtlich kann hierfür der Excel Solver genutzt werden. In der dargestellten Eingabe-
maske werden die a us den Annahmen zur wertabhängigen Finanzierung resultierenden Fremdkapitalquoten für die erste Periode als veränderbare Zellen festgelegt. In den
Nebenbedingungen wird bestimmt, dass die Ergebnisse der Bewertung des Fremdkapitals mit dem Produkt der Fremdkapitalquoten und des Marktwertes des Unternehmens
übereinstimmen müssen.

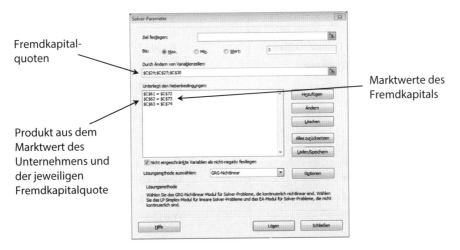

Abb. 4.16: Abgleich der Fremdkapitalquoten mit den Bewertungsergebnissen

Als Ergebnis der Iteration erhält man Fremdkapitalquoten in Höhe von 12,02 %, 5,76 %
und 14,68 % für das Schuldscheindarlehen, sonstiges langfristiges Fremdkapital bzw.
kurzfristige Bankkredite. Gleichzeitig erhöht sich der Marktwert des Unternehmens am
Bewertungsstichtag geringfügig auf ca. 405.465 Tsd. €.

Die Erstellung von Planabschlüssen und die daran anknüpfende Plausibilitätsprüfung werden für den Fall einer autonomen Finanzierung behandelt. In der folgenden
Tabelle sind die Planabschlüsse aufgeführt, die sich aus der vorgegebenen Ausstattung
mit Fremdkapital, den Fremdkapitalzinsen und den Tax Shields im Beispiel ergeben.
Die Informationen zur Prognose des freien Cashflows finden sich in Kapitel 4.4. Der
Anfangsbestand des investierten Kapitals ist in Kapitel 4.3.4 angegeben. Da das Beispielunternehmen nur über betriebsnotwendiges Vermögen verfügt, stimmt die Bilanzsumme mit dem investierten Kapital überein.

Tab. 4.47: Beispiel: Planabschlüsse bei autonomer Finanzierung

Jahr	2011	2012	2013	2014
Freier Cashflow				
NOPLAT		23.737,00	27.370,00	28.513,00
− Nettoinvestitionen betriebsnotwendiges Anlagevermögen		8.164,00	6.139,00	1.999,00
− Nettoinvestitionen betriebsnotwendiges Nettoumlaufvermögen		8.622,00	8.599,00	4.041,00
= freier Cashflow		6.951,00	12.632,00	22.473,00
Finanzplanung				
Nettoinvestitionen betriebsnotwendiges Vermögen		16.786,00	14.738,00	6.040,00
− Veränderung des Buchwertes des Fremdkapitals		8.655,68	4.607,88	− 5.404,76
= Veränderung der Gewinnrücklagen		8.130,32	10.130,12	11.444,76
Gewinn- und Verlustrechnung				
NOPLAT		23.737,00	27.370,00	28.513,00
− Zinsaufwendungen		5.103,05	5.795,69	6.305,45
+ Tax Shield		1.328,74	1.510,87	1.644,58
= Periodenergebnis		19.962,69	23.085,17	23.852,13
Gewinnverwendung				
Periodenergebnis		19.962,69	23.085,17	23.852,13
− Veränderung der Gewinnrücklagen		8.130,32	10.130,12	11.444,76
= Ausschüttung		11.832,37	12.955,06	12.407,36
Ausschüttungsquote		59,27%	56,12%	52,02%
Bilanz				
Aktiva				
Betriebsnotwendiges Anlagevermögen	276.644,00	284.808,00	290.947,00	292.946,00
Betriebsnotwendiges Nettoumlaufvermögen	94.198,00	102.820,00	111.419,00	115.460,00
Bilanzsumme	370.842,00	387.626,00	402.366,00	408.406,00
Passiva				
Eigenkapital	240.392,00	248.522,32	258.652,43	270.097,19
Schuldscheindarlehen	48.755,00	48.870,68	49.990,57	49.114,81
Sonstiges langfristiges Fremdkapital	22.171,00	35.473,00	44.342,00	45.007,00
Kurzfristige Bankkredite	59.524,00	54.762,00	50.381,00	44.187,00
Fremdkapital	130.450,00	139.105,68	143.713,57	138.308,81
Bilanzsumme	370.842,00	387.626,00	402.366,00	408.406,00

Die Planbilanzen machen die aus den geplanten Investitionen resultierenden Auswirkungen auf das Vermögen des Unternehmens ersichtlich. Im Ergebnis steigt das Nettoumlaufvermögen in der Detailprognosephase etwas stärker an als das Anlagevermögen. In den Ergebnisrec hnungen zeigt sich eine Zunahme der Zinsaufwendungen, die aber mit der angenommenen Entwicklung des Fremdkapitals, bereits getroffenen Vereinbarungen und der Umschichtung von kurzfristigen zu langfristigen Verbindlichkeiten plausibel erklärt werden kann. Die Ausschüttungsquote in der Detailprognosephase ist leicht rückläufig, aber für sich genommen hinreichend stabil. In Bezug auf die Ausstattung des Unternehmens mit Fremdkapital fällt der aus den Finanzierungsannahmen resultierende, kräftige Rückgang der kurzfristigen Bankkredite in 2014 aus dem Rahmen. Dieser Rückgang ist vor dem Hintergrund der rückläufigen Investitionen und der Umschichtung des Fremdkapitals schlüssig. Wegen der gleichzeitig rückläufigen Ausschüttungsquote kann die Plausibilität der Finanzierungsannahmen für 2014 aber dennoch in Frage gestellt werden. Alternativ könnte für 2014 mit höheren Gewinnausschüttungen gerechnet werden, zumal die Gewinnrücklagen in den Vorperioden annahmegemäß kräftig erhöht werden und sich das am Bewertungsstichtag schon gute Verhältnis von Eigenkapital zu Fremdkapital in der Detailprognosephase noch kontinuierlich verbessert. Ansatzpunkt für eine entsprechende Planrevision wären die Annahmen zur Fremdkapitalausstattung des Unternehmens in 2014. Zwingend erscheint eine Planrevision jedoch nicht. Die Rückführung der kurzfristigen Bankkredite und der Rückgang der Ausschüttungsquote in 2014 lassen sich vielmehr auch plausibel mit der geplanten Veränderung der Finanzierungsrelationen erklären. Insgesamt kann daher davon ausgegangen werden, dass die Planungsrechnungen ein stimmiges Bild von der künftigen Entwicklung des Unternehmens zeichnen.

Literatur zu den Kapiteln 4.6 und 4.7

Albrecht, Thomas: Überlegungen zu Endwertermittlung und Wachstumsabschlag, in: Finanz-Betrieb, 6. Jg., 2004, S. 732–740.

Ashton, David J.; Wang, Pengguo: Terminal Valuations, Growth Rates and the Implied Cost of Capital, in: Review of Accounting Studies, Vol. 18, 2013, S. 261–290.

Baetge, Jörg; Niemeyer, Kai; Kümmel, Jens; Schulz, Roland: Darstellung der Discounted Cashflow-Verfahren (DCF-Verfahren) mit Beispiel, in: Peemöller, Volker H. (Hrsg.): Praxishandbuch der Unternehmensbewertung – Grundlagen und Methoden, Bewertungsverfahren, Besonderheiten bei der Bewertung, 5. Aufl., Herne 2012, S. 349–498.

Ballwieser, Wolfgang; Hachmeister, Dirk: Unternehmensbewertung – Prozess, Methoden und Probleme, 4. Aufl., Stuttgart 2013.

Berk, Jonathan; DeMarzo, Peter: Corporate Finance, 3. Aufl., Boston u. a. 2014.

Beyer, Sven: Unternehmensbewertung, Wachstum und Abgeltungsteuer, in: Finanz-Betrieb, 10. Jg., 2008, S. 256–267.

Bradley, Michael H.; Jarrell, Gregg A.: Expected Inflation and the Constant-growth Valuation Model, in: Journal of Applied Corporate Finance, Vol. 20, 2008, S. 66–78.

Bradley, Michael H.; Jarrell, Gregg A.: Comment on »Terminal Value, Accounting Numbers, and Inflation« by Gunther Friedl and Bernhard Schwetzler, in: Journal of Applied Corporate Finance, Vol. 23, 2011, S. 113–115.

Braun, Inga: Discounted Cashflow-Verfahren und der Einfluss von Steuern – Der Unternehmenswert unter Beachtung von Bewertungsnormen, Wiesbaden 2005.

Brealey, Richard A.; Myers, Stewart C.; Allen, Franklin: Principles of Corporate Finance, 11. Aufl., New York 2014.

Cooper, Ian A.; Nyborg, Kjell G.: Valuing the Debt Tax Shield, in: Journal of Applied Corporate Finance, Vol. 19, 2007, S. 50–59.

Copeland, Thomas E.; Weston, John F.; Shastri, Kuldeep: Financial Theory and Corporate Policy, 4. Aufl., Boston u. a. 2005.

Daves, Phillip R.; Ehrhardt, Michael C.; Shrieves, Ronald E.: Corporate Valuation – A Guide for Managers and Investors, Mason 2004.

Diedrich, Ralf: Vor- und Nachsteuerrechnungen bei der Unternehmensbewertung im Lichte der Ausschüttungspolitik, in: Betriebswirtschaftliche Forschung und Praxis, 65. Jg., 2013, S. 55–71.

Diedrich, Ralf; Stier, Carolin: Zur Berücksichtigung einer realisationsorientierten Kursgewinnbesteuerung bei der Unternehmensbewertung – Anmerkungen zum Haltedauerproblem, in: Die Wirtschaftsprüfung, 66. Jg., 2013, S. 29–36.

Dierkes, Stefan; Diedrich, Ralf; Gröger, Hans-Christian: Unternehmensbewertung bei wertabhängiger und autonomer Finanzierungspolitik unter Berücksichtigung einer Kursgewinnbesteuerung, in: Zeitschrift für Betriebswirtschaft, 79. Jg., 2009, S. 275–301.

Dierkes, Stefan; Gröger, Hans-Christian: Hybride Finanzierungspolitiken in der Unternehmensbewertung, in: Corporate Finance biz, 1. Jg., 2010, S. 59–64.

Dierkes, Stefan; Schäfer, Ulrich: Corporate taxes, capital structure, and valuation: Combining Modigliani/Miller and Miles/Ezzell, Diskussionspapier, Göttingen 2013.

Dierkes, Stefan; Schäfer, Ulrich: Terminal Value for Firms with Heterogeneous Return on Investment, Diskussionspapier, Göttingen 2014.

Drukarczyk, Jochen; Schüler, Andreas: Unternehmensbewertung, 6. Aufl., München 2009.

Eberl, Stephan: Weitere Erkenntnisse zum Steuervorteil von Fremdkapital nach der Unternehmensteuerreform 2008, in: Zeitschrift für betriebswirtschaftliche Forschung, 61. Jg., 2009, S. 251–282.

Feltham, Gerald A.; Ohlson, James A.: Valuation and Clean Surplus Accounting for Operating and Financial Activities, in: Contemporary Accounting Research, Vol. 11, 1995, S. 689–731.

Friedl, Gunther; Schwetzler, Bernhard: Inflation, Wachstum und Unternehmensbewertung, in: Die Wirtschaftsprüfung, 62. Jg., 2009, S. 152–158.

Friedl, Gunther; Schwetzler, Bernhard: Unternehmensbewertung bei Inflation und Wachstum, in: Zeitschrift für Betriebswirtschaft, 80. Jg., 2010, S. 417–440.

Friedl, Gunther; Schwetzler, Bernhard: Terminal Value, Accounting Numbers, and Inflation, in: Journal of Applied Corporate Finance, Vol. 23, 2011, S. 104–112.

Friedl, Gunther; Schwetzler, Bernhard: Unternehmensbewertung bei Wachstum und Inflation – Erwiderung zum Beitrag »Grundsätze ordnungsmäßiger Unternehmensbewertungs-Lehre« von Pawelzik, CF biz 2012 S. 35 (39), in: Corporate Finance biz, 3. Jg., 2012, S. 40–42.

Gordon, Myron J.; Shapiro, Eli: Capital Equipment Analysis – The Required Rate of Profit, in: Management Science, Vol. 3, 1956, S. 102–110.

Gorny, Christian; Rosenbaum, Dirk: Die methodische Berücksichtigung von Ertragsteuern in der Unternehmensbewertung – Aktuelle Probleme und Lösungsvorschläge, in: Die Wirtschaftsprüfung, 57. Jg., 2004, S. 861–868.

Gröger, Hans-Christian: Kapitalmarktorientierte Unternehmensbewertung – Untersuchung unter Berücksichtigung der persönlichen Besteuerung der Kapitalgeber, Wiesbaden 2009.

Gröger, Hans-Christian: Zusammenhänge zwischen Ausschüttungsquote und Unternehmensrendite, in: Finanz-Betrieb, 10. Jg., 2008, S. 672–679.

Hachmeister, Dirk: Der Discounted Cash Flow als Maß der Unternehmenswertsteigerung, 4. Aufl., Frankfurt am Main 2000.

Husmann, Sven; Kruschwitz, Lutz; Löffler, Andreas: Tilgungseffekt und Kapitalherabsetzung – Abschließende Replik zur Stellungnahme von J. Laitenberger zum Aufsatz:»Unternehmensbewertung unter deutschen Steuern« von S. Husmann, L. Kruschwitz und A. Löffler, in: Die Betriebswirtschaft, 62. Jg., 2002, S. 559–561.

Husmann, Sven; Kruschwitz, Lutz; Löffler, Andreas: Unternehmensbewertung unter deutschen Steuern, in: Die Betriebswirtschaft, 62. Jg., 2002, S. 24–42.

Institut der Wirtschaftsprüfer (Hrsg.): IDW Standard – Grundsätze zur Durchführung von Unternehmensbewertungen (IDW S 1 i. d. F. 2008), in: Die Wirtschaftsprüfung, 58. Jg., 2008, Supplement, S. 68–89.

Institut der Wirtschaftsprüfer (Hrsg.): WP Handbuch 2014 – Wirtschaftsprüfung, Rechnungslegung, Beratung, Band II, 14. Aufl., Düsseldorf 2014.

Jonas, Martin: Relevanz persönlicher Steuern? – Mittelbare und unmittelbare Typisierung der Einkommensteuer in der Unternehmensbewertung, in: Die Wirtschaftsprüfung, 61. Jg., 2008, S. 826–833.

Kiechle, Daniel; Lampenius, Niklas: Inflation and the Constant Growth Model: Reconciling the Literature, in: A Journal of Accounting, Finance and Business Studies, Vol. 48., 2012, S. 518–538.

Knoll, Leonhard: Wachstum und Ausschüttungsverhalten in der ewigen Rente – Probleme des IDW ES 1 n.F.? – Anmerkungen zu Schwetzler, WPg 2005, S. 601ff., und Wiese, WPg 2005, S. 617ff., in: Die Wirtschaftsprüfung, 58. Jg., 2005, S. 1120–1125.

Koller, Tim; Goedhart, Marc; Wessels, David: Valuation – Measuring and Managing the Value of Companies, 5. Aufl., Hoboken 2010.

Kruschwitz, Lutz; Löffler, Andreas: DCF-Verfahren, Finanzierungspolitik und Steuern, in: Seicht, Gerhard (Hrsg.): Jahrbuch für Controlling und Rechnungswesen, Wien 2001, S. 101–116.

Kruschwitz, Lutz; Löffler, Andreas: Discounted Cash Flow – A Theory of the Valuation of Firms, Chichester 2006.

Kruschwitz, Lutz; Löffler, Andreas; Canefield, Dominica: Hybride Finanzierungspolitik und Unternehmensbewertung, in: Finanz-Betrieb, 9. Jg., 2007, S. 427–431.

Kuhner, Christoph; Maltry, Helmut: Unternehmensbewertung, Berlin Heidelberg 2006.

Laitenberger, Jörg: Tilgungseffekt und Kapitalherabsetzung – Anmerkung zum Beitrag von Sven Husmann, Lutz Kruschwitz und Andreas Löffler: »Unternehmensbewertung unter deutschen Steuern«, in: Die Betriebswirtschaft, 62. Jg., 2002, S. 555–559.

Laitenberger, Jörg: Kapitalkosten, Finanzierungsprämissen und Einkommensteuer, in: Zeitschrift für Betriebswirtschaft, 73. Jg., 2003, S. 1221–1239.

Langenkämper, Christof: Unternehmensbewertung – DCF-Methoden und simulativer VOFI-Ansatz, Wiesbaden 2000.

Lobe, Sebastian: Marktbewertung des Steuervorteils der Fremdfinanzierung und Unternehmensbewertung, in: Finanz-Betrieb, 3. Jg., 2001, S. 645–652.

Lobe, Sebastian: Unternehmensbewertung und Terminal Value – Operative Planung, Steuern und Kapitalstruktur, Frankfurt am Main u. a. 2006.

Lobe, Sebastian: Terminal Value bei der Unternehmensbewertung, in: Das Wirtschaftsstudium, 40. Jg., 2011, S. 1096–1102.

Mandl, Gerwald; Rabel, Klaus: Unternehmensbewertung – Eine praxisorientierte Einführung, Wien 1997.

Meitner, Matthias: Multi-period Asset Lifetimes and Accounting-based Equity Valuation: Take Care with Constant-growth Terminal Value Models!, in: A Journal of Accounting, Finance and Business Studies, Vol. 49., S. 340–366.

Meitner, Matthias; Streitferdt, Felix: Unternehmensbewertung – Verändertes Bewertungsumfeld, Krisenunternehmen, unsichere zukünftige Inflationsentwicklung, Wertbeitragsrechnung, innovative Lösungsansätze, Stuttgart 2011.

Modigliani, Franco; Miller, Merton H.: Dividend Policy, Growth, and the Valuation of Shares, in: Journal of Business, Vol. 34, 1961, S. 411–433.

Pape, Ulrich; Kreyer, Felix: Differenzierte Ermittlung von Restwerten in der Unternehmensbewertung, in: Wirtschaftswissenschaftliches Studium, 38. Jg., 2009, S. 282–288.

Pawelzik, Kai U.: Die Entwicklung der Konzepte zur Unternehmensbewertung bei inflations- und thesaurierungsbedingtem Wachstum, in: Die Wirtschaftsprüfung, 63. Jg., 2010, S. 964–977.

Penman, Stephen H.: Financial Statement Analysis and Security Valuation, 5. Aufl., New York 2013.

Richter, Frank: Kapitalmarktorientierte Unternehmensbewertung – Konzeption, finanzwirtschaftliche Bewertungsprämissen und Anwendungsbeispiel, Frankfurt am Main 2002.

Richter, Frank: Valuation With or Without Personal Income Taxes?, in: Schmalenbach Business Review, Vol. 56, 2004, S. 20–45.

Richter, Frank; Drukarczyk, Jochen: Wachstum, Kapitalkosten und Finanzierungseffekte, in: Die Betriebswirtschaft, 61. Jg., 2001, S. 627–639.

Ross, Stephen A.; Westerfield, Randolph W.; Jaffe, Jeffrey F.: Corporate Finance, 10. Aufl., New York 2013.

Scholze, Andreas: Zur Relevanz des Fremdkapitalbuchwerts in der Unternehmensbewertung, in: Die Betriebswirtschaft, 69. Jg., 2009, S. 427–437.

Schultze, Wolfgang: Methoden der Unternehmensbewertung, 2. Aufl., Düsseldorf 2003.

Schultze, Wolfgang; Dinh Thi, Tam P.: Kapitalwertneutrale Wiederanlage in der Unternehmensbewertung – Die Ermittlung der Mindestrenditen von Kapitalgesellschaften bei Thesaurierung, in: Zeitschrift für Betriebswirtschaft, 77. Jg., 2007, S. 1179–1216.

Schultze, Wolfgang; Fischer, Hans: Ausschüttungsquoten, kapitalwertneutrale Wiederanlage und Vollausschüttungsannahme – Eine kritische Analyse der Wertrelevanz des Ausschüttungsverhaltens im Rahmen der objektivierten Unternehmensbewertung, in: Die Wirtschaftsprüfung, 66. Jg., 2013, S. 421–436.

Schwetzler, Bernhard: Was impliziert die Wachstumsformel des IDW S1? – Zugleich Anmerkungen zum Beitrag von Günther, FB 2003 S. 348 ff., in: Finanz-Betrieb, 6. Jg., 2004, S. 198–203.

Schwetzler, Bernhard: Ausschüttungsäquivalenz, inflationsbedingtes Wachstum und Nominalrechnung in IDW ES 1 n. F. – Replik zum Beitrag von Knoll, WPg 2005, S. 1120 ff., in: Die Wirtschaftsprüfung, 58. Jg., 2005, S. 1125–1129.

Sick, Gordon A.: Tax-adjusted Discount Rates, in: Management Science, Vol. 36, 1990, S. 1432–1450.

Spremann, Klaus: Valuation – Grundlagen moderner Unternehmensbewertung, München u.a. 2004.

Tschöpel, Andreas; Wiese, Jörg; Willershausen, Timo: Unternehmensbewertung und Wachstum bei Inflation, persönlicher Besteuerung und Verschuldung (Teil 1) und (Teil 2), in: Die Wirtschaftsprüfung, 63. Jg., 2010, S. 349–357 und 405–412.

Wagner, Wolfgang; Jonas, Martin; Ballwieser, Wolfgang; Tschöpel, Andreas: Weiterentwicklung der Grundsätze zur Durchführung von Unternehmensbewertungen (IDW S 1), in: Die Wirtschaftsprüfung, 57. Jg., 2004, S. 889–898.

Wagner, Wolfgang; Jonas, Martin; Ballwieser, Wolfgang; Tschöpel, Andreas: Unternehmensbewertung in der Praxis – Empfehlungen und Hinweise zur Anwendung von IDW S 1, in: Die Wirtschaftsprüfung, 59. Jg., 2006, S. 1005–1028.

Wallmeier, Martin: Implizite Kapitalkostensätze und der Fortführungswert im Residualgewinnmodell, in: Betriebswirtschaftliche Forschung und Praxis, 59. Jg., 2007, S. 558–579.

Wiese, Jörg: Unternehmensbewertung und Abgeltungssteuer, in: Die Wirtschaftsprüfung, 60. Jg., 2007, S. 368–375.

Wiese, Jörg: Wachstum und Ausschüttungsannahmen im Halbeinkünfteverfahren, in: Die Wirtschaftsprüfung, 58. Jg., 2005, S. 617–623.

5   Fazit

Gegenstand dieses Buches ist ein theoretisch konsistentes und praktisch anwendbares Kalkül für die Bewertung von Unternehmen. Ausgangspunkt dieses Kalküls ist die Vorstellung, dass der Wert eines Unternehmens aus den Erwartungen bezüglich der Zahlungen resultiert, die künftig aus dem Unternehmen an die Kapitalgeber fließen. Als Bewertungsmaßstab dienen Kapitalkostensätze, die aus dem Preissystem am Kapitalmarkt abgeleitet werden. In der theoretischen Hinführung zu den behandelten Verfahren wurde angenommen, dass der Kapitalmarkt keine Arbitragemöglichkeiten bietet und dass der Zahlungsstrom aus dem Unternehmen mittels der am Kapitalmarkt gehandelten Wertpapiere dupliziert werden kann. Unter dieser Voraussetzung kann im Wege der Bildung eines Duplikationsportefeuilles eine Wertgröße bestimmt werden, die quasi universelle Geltung besitzt: Sie stellt für alle Parteien den maßgeblichen Entscheidungswert dar und ist gleichzeitig der einzig mögliche Schiedswert. Auch unter Argumentationsgesichtspunkten ist kein Raum für andere Wertgrößen. Nur dann, wenn das Bewertungssubjekt nichtmonetäre Ziele verfolgen würde, könnten andere Wertgrößen eine Rolle spielen.

Gleich zu Beginn der Betrachtung stellen sich damit zwei Fragen: Ist der Kapitalmarkt arbitragefrei? Und: Ist das Preissystem am Kapitalmarkt entsprechend umfassend? Beide Fragen sind zu verneinen: Niemand wird behaupten wollen, dass es keine Arbitragemöglichkeiten am Kapitalmarkt gibt. Allerdings weiß auch jeder, dass starke Kräfte auf die Beseitigung solcher Möglichkeiten hinwirken. Tatsächliche oder vermeintliche Arbitragemöglichkeiten können für den einzelnen Bewertungsfall durchaus bedeutsam werden, etwa wenn Kursentwicklungen bei Unternehmensübernahmen eine Rolle spielen. Der Einfluss von Arbitragemöglichkeiten auf das Preissystem am Kapitalmarkt im Allgemeinen dürfte jedoch begrenzt sein. Die Annahme der Arbitragefreiheit mag also im Großen und Ganzen akzeptabel erscheinen. Aber dass der Kapitalmarkt genügend unterschiedliche Anlagemöglichkeiten bietet, um jedweden bewertungsrelevanten Zahlungsstrom zu duplizieren, und dass eine solche Duplikation praktisch möglich wäre, ist doch eine sehr realitätsferne Vorstellung.

In dem theoretischen Fundament der behandelten Verfahren kommen an dieser Stelle weitere Annahmen ins Spiel, die der Ableitung von Kapitalkostensätzen aus dem Preissystem am Kapitalmarkt dienen, mit denen aber gleichzeitig auch Lücken geschlossen werden, die aus der Unvollständigkeit des Preissystems resultieren. Diese Annahmen betreffen insbesondere die Präferenzen der Kapitalmarktakteure. Sie führen dazu, dass der Bestimmung der Kapitalkostensätze die Wertpapiermarktlinie des CAPM zugrunde gelegt wird. Gleichzeitig haben sie zur Folge, dass eine Bewertung selbst dann möglich ist, wenn der Zahlungsstrom aus dem Unternehmen nicht dupliziert werden kann. Ergebnis der Bewertung ist dann derjenige Preis, der an einem idealisierten, d. h. den Annahmen des CAPM entsprechenden Kapitalmarkt für ein Wertpapier entrichtet werden müsste, das den Zahlungsstrom aus dem Unternehmen generiert. Dieser Preis wird als Marktwert des Unternehmens bezeichnet.

Ob die Annahmen, die dem CAPM zugrunde liegen, das Kapitalmarktgeschehen zutreffend oder annähernd zutreffend beschreiben, ist eine schwer zu beantwortende Frage. Die Schwierigkeit liegt vor allem darin, dass in die Wertpapiermarktlinie des CAPM nicht realisierte, sondern erwartete Größen eingehen und dass diese Erwartungen teilweise durch die Modellergebnisse selbst bestimmt sind – man denke an die erwartete Rendite eines Wertpapiers, die von dessen Preis im Kapitalmarktgleichgewicht abhängt. Infolgedessen wird schon die Frage, ob das CAPM überhaupt einer empirischen Prüfung zugänglich ist, in der Literatur kontrovers diskutiert. Doch selbst wenn man das CAPM als geeignete Bewertungsgrundlage anerkennt, kann die resultierende Wertgröße keine universelle Geltung beanspruchen. Ob es sich bei den ermittelten Wertgrößen um zweckmäßige Entscheidungs-, Schieds- oder Argumentationswert handelt, muss der Überprüfung im Einzelfall vorbehalten bleiben.

Wie die Erläuterungen in den vorstehenden Kapiteln zeigen, ist von der Wertpapiermarktlinie des CAPM bis zu den Kapitalkostensätzen, die der Bewertung zugrunde gelegt werden, ein weiter, mit zusätzlichen Annahmen gepflasterter Weg. Problematisch erscheint auf diesem Weg vor allem, dass die Wertpapiermarktlinie des CAPM auf erwarteten Größen basiert, während bei der praktischen Bestimmung der Kapitalkostensätze nach dem heutigen Stand der Bewertungslehre überwiegend realisierte Größen herangezogen werden. Dies gilt etwa für die Ableitung der Marktrisikoprämie oder von Betafaktoren. Der Zukunftsbezug, den die Bewertung aufweisen sollte, wird zwar beim freien Cashflow deutlich, erscheint aber bei der Bestimmung der Kapitalkostensätze nur ansatzweise gewahrt. An vielen Stellen basiert die Vorgehensweise auf der Annahme einer gewissen Stabilität der Bewertungsdeterminanten im Zeitablauf. Die Aussagekraft der ermittelten Wertgrößen ist dementsprechend in Frage zu stellen. Neuere Entwicklungen, etwa zur impliziten Bestimmung der Marktrisikoprämie, lassen in dieser Hinsicht Besserung erwarten.

Im Ergebnis stellen sich die erläuterten Bewertungskalküle daher als theoretisch fundierte Verfahren dar, die aber auf einer Vielzahl von teilweise wenig realitätsnahen Annahmen basieren. Das Anliegen dieses Buches kann es deshalb nicht sein, ein Procedere zu beschreiben, dem man nur zu folgen braucht, um zu zweckmäßigen und aussagekräftigen Wertgrößen zu gelangen. Die behandelten Verfahren sollen vielmehr als Werkzeuge aufgefasst werden, die mit Bedacht und in Kenntnis der aufgezeigten Probleme eingesetzt werden müssen. Dabei wird sich im Bewertungsprozess auch die Frage stellen, welcher Aufwand bei der Bestimmung der benötigten Größen den aufgezeigten Problemen angemessen ist. Zum Beispiel könnte sich der Bewerter fragen:

- Welcher Aufwand soll bei der Prognose des freien Cashflows betrieben werden, wenn schon geringfügige Änderungen bei den Kapitalkostensätzen gravierende Auswirkungen haben?

- Wie differenziert sollte die Steuerplanung vor dem Hintergrund ständiger Veränderungen im Steuerrecht sein?
- Muss der Eigenkapitalkostensatz angesichts der Schätzungenauigkeit beim Betafaktor periodenspezifisch bestimmt werden?
- Ist die Anpassung des Betafaktors an den Verschuldungsgrad notwendig, obwohl empirische Untersuchungen keinen diesbezüglich verlässlichen Zusammenhang nachweisen konnten?
- Welche Fremdkapitalkategorien sollen in das verzinsliche Fremdkapital einbezogen werden?
- Wie ist die Insolvenzwahrscheinlichkeit bei der Bestimmung der Fremdkapitalkostensätze zu berücksichtigen?
- Kann man die Finanzierungsrelationen bei der Bestimmung des durchschnittlichen Kapitalkostensatzes nicht auf der Basis von Buchwerten annähern, ohne dass dies wesentliche Auswirkungen auf das Ergebnis hätte?

Wie drängend solche Fragen werden können, beschreibt folgende Situation: Nach einer gründlichen Beschäftigung mit den Determinanten des künftigen freien Cashflow hat man sich schließlich zu einer Prognose durchgerungen. Bei der Bestimmung des Eigenkapitalkostensatzes stellt man dann fest, dass das Asset Beta in der Peer Group zwischen 0,8 und 1,2 schwankt. Im Rahmen einer Vorsteuerrechnung macht dies bei einer Marktrisikoprämie von 6%-Punkten beim Eigenkapitalkostensatz einen Unterschied von 2,4%-Punkten aus, woraus beim durchschnittlichen Kapitalkostensatz ein Unterschied von 1,2%-Punkten erwächst. Je nachdem, welchen Wert man zugrunde legt, ergibt sich ein Unterschied beim Marktwert des Unternehmens von ca. 20%. Der Aufwand, der mit der Prognose des freien Cashflow verbunden war, erscheint – rückwirkend betrachtet – teilweise vergebens. Denn die Schätzungenauigkeit beim Betafaktor wiegt schwerer als die Verbesserung der Prognose, zu der dieser Aufwand geführt hat.

Welche Schlussfolgerungen sind hieraus zu ziehen? Zunächst ist festzuhalten, dass für Unternehmensbewertungen wie für alle betriebswirtschaftlichen Problemstellungen das Wirtschaftlichkeitspostulat gilt. Der Aufwand, der mit der Bewertung verbunden ist, sollte sich an der angestrebten Genauigkeit der resultierenden Wertgröße orientieren. Ferner sollte der Grenznutzen der Beschäftigung mit den Wertdeterminanten ausgeglichen sein. Es wäre wenig sinnvoll, die künftigen Steuerzahlungen des Unternehmens mit großem Aufwand zu prognostizieren, dem Betafaktor aber nur wenig Aufmerksamkeit zuzuwenden. Von solchen Überlegungen zu unterscheiden sind jedoch Überlegungen zur Vereinfachung des Bewertungskalküls. Wer meint, die mangelnde Schätzgenauigkeit bei der Bestimmung des Betafaktors etwa rechtfertige eine Vereinfachung des Kalküls, muss sich fragen lassen, ob dem nicht eine Verwechslung von Aufwand und Bequemlichkeit zugrunde liegt. Für ein Tabellenkalkulationsprogramm macht es keinen Unterschied, ob mit periodenspezifischen oder konstanten Kapitalkostensätzen, ob mit der Anpassungsformel für den Fall einer wertabhängigen oder einer autonomen Finanzierung gearbeitet wird. Es gibt keinen überzeugenden Grund, ein methodisch als richtig erkanntes Kalkül durch ein letztlich inkonsistentes Vorgehen zu ersetzen. Die gegenüber komplexeren Bewertungsformeln bisweilen anzutreffende Skepsis ist daher aus unserer Sicht nicht gerechtfertigt.

Im Folgenden möchten wir ein paar Punkte formulieren, auf die bei der Unternehmensbewertung besonders geachtet werden sollte. Die Auswahl dieser Punkte resultiert zum einen aus der Bedeutung, die das jeweilige Vorgehen für das Bewertungsergebnis besitzt, und zum anderen aus der Erfahrung, dass trotz dieser Bedeutung häufig nicht entsprechend verfahren wird:

1. Bei der Prognose des erwarteten freien Cashflows ist der Wettbewerbsposition sowie den Ressourcen und Kompetenzen des zu bewertenden Unternehmens ebenso viel Aufmerksamkeit zu widmen wie den Abschlüssen des Unternehmens. Eine Fortschreibung der Entwicklung im Referenzzeitraum reicht in keinem Fall aus, um einen argumentativ gut unterlegten Unternehmenswert zu bestimmen.
2. Ebenso sorgfältig wie das Ergebnis des Unternehmens im Referenzzeitraum muss dessen Substanz betrachtet werden. Eine eingehende Untersuchung der vorhandenen Anlagen ist unabdingbare Voraussetzung für eine plausible Investitionsplanung.
3. Nur wenn am Ende der Detailprognosephase zumindest näherungsweise ein Steady State erreicht ist, kann der Übergang zur Rentenphase plausibel modelliert werden. Ist dies nicht der Fall, muss die Detailprognosephase verlängert werden.
4. Die bei der Berechnung des Restwertes angesetzte Wachstumsrate muss mit der langfristig erzielbaren Rentabilität und der Nettoinvestitionsrate einerseits sowie den Annahmen bezüglich des realen und des inflationsbedingten Wachstums andererseits begründet werden.
5. Die Annahmen bezüglich der Finanzierung des Unternehmens sind aufzudecken und argumentativ zu unterlegen. In der Rentenphase ist grundsätzlich von einer wertabhängigen Finanzierung auszugehen.
6. Die Zinsstruktur am Bewertungsstichtag ist vollständig auszuwerten. Die Kapitalkostensätze sind demnach zwingend als periodenspezifische Größen auszulegen. Wird für die Rentenphase ein einheitlicher Kapitalkostensatz verwendet, ist dieser Kapitalkostensatz so zu bestimmen, dass daraus keine Veränderungen des Bewertungsergebnisses resultieren.
7. Beim Unlevering und beim Relevering von Betafaktoren muss das Beta Debt berücksichtigt werden. Der Ansatz des risikolosen Zinssatzes wird der Bedeutung des Risikos, das die Fremdkapitalgeber tragen, nicht gerecht.
8. Bei der Bestimmung der Betafaktoren der Unternehmen in der Peer Group müssen mögliche Strukturbrüche in der Entwicklung dieser Unternehmen beachtet werden. Beim Unlevering ist dem Fremdkapitalkostensatz und dem Verschuldungsgrad dieser Unternehmen besondere Sorgfalt zuzuwenden.
9. Die Anpassungsformel für das Relevering des Asset Betas muss sich nach den Annahmen zur Finanzierung des zu bewertenden Unternehmens richten. Die Verwendung der auf Modigliani/Miller zurückgehenden Anpassungsformel führt im Fall einer wertabhängigen Finanzierung zu einer Bewertungsinkonsistenz.
10. Das Bewertungsergebnis muss im Rahmen einer Plausibilitätsprüfung mit den Finanzierungsannahmen, der Investitionsplanung und der intendierten Ausschüt-

tungspolitik abgestimmt werden. Dafür sind nach Möglichkeit Planabschlüsse zu erstellen, die die erwartete Entwicklung des zu bewertenden Unternehmens wiedergeben.

Ob der Wert eines Unternehmens mittels einer Vor- oder einer Nachsteuerrechnung besser begründet werden kann, ist unserer Meinung nach nicht eindeutig zu beurteilen. Auf der einen Seite erscheint es aus theoretischer Sicht geboten, die persönlichen Steuern bei der Bewertung von Unternehmen zu berücksichtigen. Auf der anderen Seite sind Nachsteuerrechnungen mit spezifischen Problemen verbunden, die die Güte der ermittelten Wertgrößen in Frage stellen. Diese Probleme beziehen sich insbesondere auf die Typisierung der persönlichen Steuern, die Berücksichtigung der Kursgewinnsteuer sowie die Bestimmung der Marktrisikoprämie nach Steuern und der Betafaktoren. Vorschnell wäre es jedoch, wenn man hieraus die Schlussfolgerung ziehen würde, dass die Ergebnisse einer Vorsteuerrechnung besser begründet wären. Vielmehr ist zu fordern, dass vor allem den Auswirkungen einer realisationsorientierten Kursgewinnbesteuerung sowie den Möglichkeiten zur Schätzung der Marktrisikoprämie nach Steuern in Theorie und Praxis mehr Beachtung geschenkt wird.

Literaturverzeichnis

Acharya, Viral V.; Pedersen, Lasse H.: Asset Pricing with Liquidity Risk, in: Journal of Financial Economics, Vol. 77, 2005, S. 375–410.

Achleitner, Ann-Kristin; Nathusius, Eva: Unternehmensbewertung bei Venture-Capital-Finanzierungen, in: Wirtschaftswissenschaftliches Studium, 33. Jg., 2004, S. 134–139.

Achleitner, Ann-Kristin; Nathusius, Eva: Venture Valuation – Bewertung von Wachstumsunternehmen – Klassische und neue Bewertungsverfahren mit Beispielen und Übungsaufgaben, Stuttgart 2004.

Achleitner, Paul; Dresig, Tilo: Unternehmensbewertung, marktorientierte, in: Ballwieser, Wolfgang; Coenenberg, Adolf G.; Wysocki, Klaus v. (Hrsg.): Handwörterbuch der Rechnungslegung und Prüfung, 3. Aufl., Stuttgart 2002, Sp. 2432–2445.

Adam, Dietrich: Planung und Entscheidung – Modelle, Ziele, Methoden – Mit Fallstudien und Lösungen, 4. Aufl., Wiesbaden 1996.

Aders, Christian: Unternehmensbewertung bei Preisinstabilität und Inflation, Frankfurt am Main u. a. 1998.

Aders, Christian; Schröder, Jakob: Konsistente Ermittlung des Fortführungswertes bei nominellem Wachstum, in: Richter, Frank; Timmreck, Christian (Hrsg.): Unternehmensbewertung – Moderne Instrumente und Lösungsansätze, Stuttgart 2004, S. 99–116.

Aders, Christian; Wagner, Marc: Kapitalkosten in der Bewertungspraxis – Zu hoch für die »New Economy« und zu niedrig für die »Old Economy«?, in: Finanz-Betrieb, 6. Jg., 2004, S. 30–42.

Albach, Horst: Shareholder Value, in: Zeitschrift für Betriebswirtschaft, 64. Jg., 1994, S. 273–276.

Albach, Horst: Shareholder Value und Unternehmenswert – Theoretische Anmerkungen zu einem aktuellen Thema, in: Zeitschrift für Betriebswirtschaft, 71. Jg., 2001, S. 643–674.

Albrecht, Thomas: Kritische Überlegungen zur Discounted Cash Flow-Methode – Anmerkungen; zur Äquivalenz von Brutto- und Netto-Methode der Unternehmenswertermittlung – Kritische Anmerkungen zum Beitrag von Hans-Jürgen Kirsch/ Clemens Krause (ZfB 66 Jg. (1996), H. 7, S. 793–812), in: Zeitschrift für Betriebswirtschaft, 67. Jg., 1997, S. 511–516.

Albrecht, Thomas: Überlegungen zu Endwertermittlung und Wachstumsabschlag, in: Finanz-Betrieb, 6. Jg., 2004, S. 732–740.

Ang, Andrew; Liu, Jun: How to Discount Cashflows with Time-Varying Expected Returns, in: Journal of Finance, Vol. 59, 2004, S. 2745–2783.

Arbeitskreis »Finanzierung« der Schmalenbach-Gesellschaft Deutsche Gesellschaft für Betriebswirtschaft e. V.: Wertorientierte Unternehmenssteuerung mit differenzierten Kapitalkosten, in: Zeitschrift für betriebswirtschaftliche Forschung, 48. Jg., 1996, S. 543–578.

Arbeitskreis Unternehmensbewertung (AKU) des Instituts der Wirtschaftsprüfer (IDW): Erhebungsbogen zur Unternehmensbewertung – Erhebung von Grundlagen und qualifizierten Daten für eine Unternehmensbewertung, 2. Aufl., Düsseldorf 2003.

Arnold, Sven; Lahmann, Alexander; Schwetzler, Bernhard: Der Einfluss der »Zinsschranke« auf den Unternehmenswert – Eine Anmerkung, in: Corporate Finance biz, 2. Jg., 2011, S. 293–299.

Arnold, Sven; Lahmann, Alexander; Schwetzler, Bernhard: Tax Shield, Insolvenzwahrscheinlichkeit und Zinsschranke – Eine empirische Analyse, in: Die Wirtschaftsprüfung, 65 Jg., 2012, S. 324–337.

Arrow, Kenneth J.: The Role of Securities in the Optimal Allocation of Risk-bearing, in: Review of Economic Studies, Vol. 31, 1964, S. 91–96.

Arzac, Enrique R.: Valuation of Highly Leveraged Firms, in: Financial Analysts Journal, Vol. 52, 1996, S. 42–50.

Ashton, David J.: The Cost of Equity Capital and a Generalisation of the Dividend Growth Model, in: Accounting and Business Research, Vol. 26, 1995, S. 3–17.

Ashton, David J.; Wang, Pengguo: Terminal Valuations, Growth Rates and the Implied Cost of Capital, in: Review of Accounting Studies, Vol. 18, 2013, S. 261–290.

Bachmann, Carmen; Schultze, Wolfgang: Einfluss der Besteuerung auf die Bewertung ausländischer Kapitalgesellschaften, in: Zeitschrift für Betriebswirtschaft, 77. Jg., 2007, S. 479–510.

Bachmann, Carmen; Schultze, Wolfgang: Unternehmenssteuerreform 2008 und Unternehmensbewertung – Auswirkungen auf den Steuervorteil der Fremdfinanzierung von Kapitalgesellschaften, in: Die Betriebswirtschaft, 68. Jg., 2008, S. 9–34.

Baetge, Jörg; Krause, Clemens: Die Berücksichtigung des Risikos bei der Unternehmensbewertung – Eine empirisch gestützte Betrachtung des Kalkulationszinses, in: Betriebswirtschaftliche Forschung und Praxis, 46. Jg., 1994, S. 433–456.

Baetge, Jörg; Krumbholz, Marcus: Überblick über Akquisition und Unternehmensbewertung, in: Baetge, Jörg (Hrsg.): Akquisition und Unternehmensbewertung, *Schriften des Instituts für Revisionswesen* der Westfälischen Wilhelms-Universität Münster, Düsseldorf 1991, S. 1–30.

Baetge, Jörg; Kümmel, Jens: Unternehmensbewertung in der externen Rechnungslegung, in: Richter, Frank; Schüler, Andreas; Schwetzler, Bernhard (Hrsg.): Kapitalgeberansprüche, Marktwertorientierung und Unternehmenswert – Festschrift für Jochen Drukarczyk zum 65. Geburtstag, München 2003, S. 1–17.

Baetge, Jörg; Lienau, Achim: Die Berücksichtigung von Steuern bei der Unternehmensbewertung von Personenhandelsgesellschaften mit Discounted-Cashflow-Verfahren nach IDW ES 1 n. F., in: Die Wirtschaftsprüfung, 58. Jg., 2005, S. 805–816.

Baetge, Jörg; Niemeyer, Kai; Kümmel, Jens; Schulz, Roland: Darstellung der Discounted Cashflow-Verfahren (DCF-Verfahren) mit Beispiel, in: Peemöller, Volker H. (Hrsg.): Praxishandbuch der Unternehmensbewertung – Grundlagen und Methoden, Bewertungsverfahren, Besonderheiten bei der Bewertung, 5. Aufl., Herne 2012, S. 349–498.

Baetge, Jörg; Schulz, Roland: Zur Berücksichtigung der Unternehmensgröße in der Unternehmensbewertung, in: Zeitschrift für Recht und Rechnungswesen, 19. Jg., 2009, S. 291–299.

Bajaj, Mukesh; Denis, David J.; Ferris, Stephen P.; Sarin, Atulya: Firm Value and Marketability Discounts, in: Journal of Corporation Law, Vol. 27, 2001, S. 89–115.

Ballwieser, Wolfgang: Möglichkeiten der Komplexitätsreduktion bei einer prognose-orientierten Unternehmensbewertung, in: Zeitschrift für betriebswirtschaftliche Forschung, 32. Jg., 1980, S. 50–73.

Ballwieser, Wolfgang: Die Wahl des Kalkulationszinsfußes bei der Unternehmensbewertung unter Berücksichtigung von Risiko und Geldentwertung, in: Betriebswirtschaftliche Forschung und Praxis, 33. Jg., 1981, S. 97–114.

Ballwieser, Wolfgang: Unternehmensbewertung bei unsicherer Geldentwertung, in: Zeitschrift für betriebswirtschaftliche Forschung, 40. Jg., 1988, S. 798–812.

Ballwieser, Wolfgang: Unternehmensbewertung und Komplexitätsreduktion, 3. Aufl., Wiesbaden 1990.

Ballwieser, Wolfgang: Unternehmensbewertung beim Management Buy-Out, in: Baetge, Jörg (Hrsg.): Akquisition und Unternehmensbewertung, *Schriften des Instituts* für *Revisionswesen* der Westfälischen Wilhelms-Universität Münster, Düsseldorf 1991, S. 81–96.

Ballwieser, Wolfgang: Unternehmensbewertung mit Hilfe von Multiplikatoren, in: Rückle, Dieter (Hrsg.): Aktuelle Fragen der Finanzwirtschaft und Unternehmensbesteuerung – Festschrift für Erich Loitlsberger zum 70. Geburtstag, Wien 1991, S. 47–66.

Ballwieser, Wolfgang: Methoden der Unternehmensbewertung, in: Gebhardt, Günther; Gerke, Wolfgang; Steiner, Manfred (Hrsg.): Handbuch des Finanzmanagements, München 1993, S. 151–176.

Ballwieser, Wolfgang: Adolf Moxter und der Shareholder Value-Ansatz, in: Ballwieser, Wolfgang; Böcking, Hans-Joachim; Drukarczyk, Jochen; Schmidt, Reinhard H. (Hrsg.): Bilanzrecht und Kapitalmarkt – Festschrift zum 65. Geburtstag von Adolf Moxter, Düsseldorf 1994, S. 1377–1405.

Ballwieser, Wolfgang: Aktuelle Aspekte der Unternehmensbewertung, in: Die Wirtschaftsprüfung, 48. Jg., 1995, S. 119–129.

Ballwieser, Wolfgang: Unternehmensbewertung und Steuern, in: Elschen, Rainer; Siegel, Theodor; Wagner, Franz W. (Hrsg.): Unternehmenstheorie und Besteuerung – Festschrift zum 60. Geburtstag von Dieter Schneider, Wiesbaden 1995, S. 15–37.

Ballwieser, Wolfgang: Eine neue Lehre der Unternehmensbewertung? – Kritik an den Thesen von Barthel, in: Der Betrieb, 50. Jg., 1997, S. 185–191.

Ballwieser, Wolfgang: Kalkulationszinsfuß und Steuern, in: Der Betrieb, 50. Jg., 1997, S. 2393–2396.

Ballwieser, Wolfgang: Unternehmensbewertung mit Discounted Cash Flow-Verfahren, in: Die Wirtschaftsprüfung, 51. Jg., 1998, S. 81–92.

Ballwieser, Wolfgang: Unternehmensbewertung, in: Gerke, Wolfgang; Steiner, Manfred (Hrsg.): Handwörterbuch des Bank- und Finanzwesens, 3. Aufl., Stuttgart 2001, Sp. 2082–2095.

Ballwieser, Wolfgang: Unternehmensbewertung aus Sicht der Betriebswirtschaftslehre, in: Baetge, Jörg (Hrsg.): Unternehmensbewertung im Wandel, Düsseldorf 2001, S. 1–24.

Ballwieser, Wolfgang: Unternehmensbewertung, Marktorientierung und Ertragswertverfahren, in: Wagner, Udo (Hrsg.): Zum Erkenntnisstand der Betriebswirtschaftslehre am Beginn des 21. Jahrhunderts – Festschrift für Erich Loitlsberger zum 80. Geburtstag, Berlin 2001, S. 17–31.

Ballwieser, Wolfgang: Der Kalkulationszinsfuß in der Unternehmensbewertung – Komponenten und Ermittlungsprobleme, in: Die Wirtschaftsprüfung, 55. Jg., 2002, S. 736–743.

Ballwieser, Wolfgang: Unternehmensbewertung und Optionspreistheorie, in: Die Betriebswirtschaft, 62. Jg., 2002, S. 184–201.

Ballwieser, Wolfgang: Ballwiesers Missverständnisse der DCF-Verfahren – Ein Missverständnis? – Erwiderungen zu Kruschwitz/ Löffler, Fünf typische Missverständnisse im Zusammenhang mit DCF-Verfahren (FB 2003 S. 731, in diesem Heft), in: Finanz-Betrieb, 5. Jg., 2003, S. 734–735.

Ballwieser, Wolfgang: Unternehmensbewertung durch Rückgriff auf Marktdaten, in: Heintzen, Markus; Kruschwitz, Lutz (Hrsg.): Unternehmen bewerten, Berlin 2003, S. 13–30.

Ballwieser, Wolfgang: Zum risikolosen Zins für die Unternehmensbewertung, in: Richter, Frank; Schüler, Andreas; Schwetzler, Bernhard (Hrsg.): Kapitalgeberansprüche, Marktwertorientierung und Unternehmenswert – Festschrift für Jochen Drukarczyk zum 65. Geburtstag, München 2003, S. 19–35.

Ballwieser, Wolfgang: Bewertung von Unternehmen und Kaufpreisgestaltung, in: Ballwieser, Wolfgang; Beyer, Sven; Zelger, Hansjörg (Hrsg.): Unternehmenskauf nach IFRS und US-GAAP – Purchase Price Allocation, Goodwill und Impairment-Test, 2. Aufl., Stuttgart 2005, S. 83–100.

Ballwieser, Wolfgang: Die Ermittlung impliziter Eigenkapitalkosten aus Gewinnschätzungen und Aktienkursen – Ansatz und Probleme, in: Schneider, Dieter; Rückle, Dieter; Küpper, Hans-Ulrich; Wagner, Franz W. (Hrsg.): Kritisches zu Rechnungslegung und Unternehmensbesteuerung – Festschrift zur Vollendung des 65. Lebensjahres von Theodor Siegel, Berlin 2005, S. 321–337.

Ballwieser, Wolfgang: Unternehmensbewertung in der IFRS-Bilanzierung, in: Börsig, Clemens; Wagenhofer, Alfred (Hrsg.): IFRS in Rechnungswesen und Controlling, Stuttgart 2006, S. 265–282.

Ballwieser, Wolfgang: Unternehmensbewertung, in: Köhler, Richard; Küpper, Hans-Ulrich; Pfingsten, Andreas (Hrsg.): Handwörterbuch der Betriebswirtschaft, 6. Aufl., Stuttgart 2007, Sp. 1781–1789.

Ballwieser, Wolfgang: Der neue IDW S 1, in: Die Wirtschaftsprüfung, 61. Jg., 2008, S. I.

Ballwieser, Wolfgang: Die Erfassung von Illiquidität bei der Unternehmensbewertung, in: Schäfer, Klaus; Burghof, Hans-Peter; Johanning, Lutz; Wagner, Hannes F.; Rodt, Sabine (Hrsg.): Risikomanagement und kapitalmarktorientierte Finanzierung – Festschrift zum 65. Geburtstag für Bernd Rudolph, Frankfurt am Main 2009, S. 283–300.

Ballwieser, Wolfgang: Erbschaftsteuer und Unternehmensbewertung, in: Rautenberg, Hans G. (Hrsg.): Unternehmen zwischen Investitionsförderung und neuen steuerlichen Belastungen, Stuttgart u. a. 2010, S. 155–165.

Ballwieser, Wolfgang: Unternehmensbewertung zwischen Individual- und idealisiertem Marktkalkül, in: Königsmaier, Heinz; Rabel, Klaus (Hrsg.): Unternehmensbewertung – Theoretische Grundlagen, Praktische Anwendung – Festschrift für Gerwald Mandl zum 70. Geburtstag, Wien 2010, S. 63–81.

Ballwieser, Wolfgang: Verbindungen von Ertragswert- und Discounted-Cashflow-Verfahren, in: Peemöller, Volker H. (Hrsg.): Praxishandbuch der Unternehmensbewertung – Grundlagen und Methoden, Bewertungsverfahren, Besonderheiten bei der Bewertung, 5. Aufl., Herne 2012, S. 499–510.

Ballwieser, Wolfgang; Coenenberg, Adolf G.; Schultze, Wolfgang: Unternehmensbewertung, erfolgsorientierte, in: Ballwieser, Wolfgang; Coenenberg, Adolf G.; Wysocki, Klaus v. (Hrsg.): Handwörterbuch der Rechnungslegung und Prüfung, 3. Aufl., Stuttgart 2002, Sp. 2412–2432.

Ballwieser, Wolfgang; Hachmeister, Dirk: Unternehmensbewertung – Prozess, Methoden und Probleme, 4. Aufl., Stuttgart 2013.

Ballwieser, Wolfgang; Kruschwitz, Lutz; Löffler, Andreas: Einkommensteuer und Unternehmensbewertung – Probleme mit der Steuerreform 2008, in: Die Wirtschaftsprüfung, 60. Jg., 2007, S. 765–769.

Ballwieser, Wolfgang; Leuthier, Rainer: Betriebswirtschaftliche Steuerberatung – Grundprinzipien, Verfahren und Probleme der Unternehmensbewertung, in: Deutsches Steuerrecht, 24. Jg., 1986, S. 545–551 und 604–610.

Balz, Ulrich; Bordemann, Heinz-Gerd: Ermittlung von Eigenkapitalkosten zur Unternehmensbewertung mittelständischer Unternehmen mithilfe des CAPM, in: Finanz-Betrieb, 9. Jg., 2007, S. 737–743.

Bamberg, Günter; Baur, Franz; Krapp, Michael: Statistik, 17. Aufl., München 2012.

Bamberg, Günter; Dorfleitner, Gregor; Krapp, Michael: Zur Bewertung risikobehafteter Zahlungsströme mit intertemporaler Abhängigkeitsstruktur, in: Betriebswirtschaftliche Forschung und Praxis, 56. Jg., 2004, S. 101–118.

Bamberg, Günter; Dorfleitner, Gregor; Krapp, Michael: Unternehmensbewertung unter Unsicherheit – Zur entscheidungstheoretischen Fundierung der Risikoanalyse, in: Zeitschrift für Betriebswirtschaft, 76. Jg., 2006, S. 287–307.

Bamberger, Burkhard: Unternehmensbewertung in Deutschland – Die zehn häufigsten Bewertungsfehler, in: Betriebswirtschaftliche Forschung und Praxis, 51. Jg., 1999, S. 653–670.

Barney, Jay B.: Firm Resources and Sustained Competitive Advantage, in: Journal of Management, Vol. 17, 1991, S. 99–120.

Bartels, Peter; Engler, Toralf: Das Steuerparadoxon bei Wachstum im Rahmen der Unternehmensbewertung, in: Der Betrieb, 52. Jg., 1999, S. 917–920.

Barthel, Carl W.: Unternehmenswert – Der Markt bestimmt die Bewertungsmethode, in: Der Betrieb, 43. Jg., 1990, S. 1145–1152.

Barthel, Carl W.: Unternehmenswert – Die vergleichsorientierten Bewertungsverfahren, in: Der Betrieb, 49. Jg., 1996, S. 149–163.

Barthel, Carl W.: Unternehmenswert – Die zuschlagsorientierten Bewertungsverfahren – Vom Buchwert-Zuschlagsverfahren zur strategischen Unternehmensbewertung, in: Der Betrieb, 49. Jg., 1996, S. 1349–1358.

Barthel, Carl W.: Unternehmenswert – Berücksichtigungsfähigkeit und Ableitung von Fungibilitätszuschlägen, in: Der Betrieb, 56. Jg., 2003, S. 1181–1186.

Barthel, Carl W.: Unternehmenswert – Schwächen und Stärken von Bewertungsverfahren in Verhandlungen, in: Unternehmensbewertung & Management, 2. Jg., 2004, S. 405–412.

Barthel, Carl W.: Unternehmenswert – Dominanz der Argumentationsfunktion, in: Finanz-Betrieb, 7. Jg., 2005, S. 32–38.

Barthel, Carl W.: Unternehmenswert – Glaubwürdigkeitsattribution von Argumentationswerten, in: Finanz-Betrieb, 8. Jg., 2006, S. 463–471.

Bartke, Günther: Grundsätze ordnungsmäßiger Unternehmensbewertung – Zur Entwicklung und zum Stand der Diskussion über die Unternehmensbewertung, in: Zeitschrift für betriebswirtschaftliche Forschung, 30. Jg., 1978, S. 238–250.

Bassemir, Moritz; Gebhardt, Günther; Leyh, Sascha: Der Basiszinssatz in der Praxis der Unternehmensbewertung – Quantifizierung eines systematischen Bewertungsfehlers, in: Zeitschrift für betriebswirtschaftliche Forschung, 64. Jg., 2012, S. 655–678.

Bassemir, Moritz; Gebhardt, Günther; Ruffing, Patricia: Zur Diskussion um die (Nicht-)Berücksichtigung der Finanz- und Schuldenkrisen bei der Ermittlung der Kapitalkosten, in: Die Wirtschaftsprüfung, 65. Jg., 2012, S. 882–892.

Bauer, Heinz: Wahrscheinlichkeitstheorie, 5. Aufl., Berlin 2002.

Bea, Franz X.; Haas, Jürgen: Strategisches Management, 6. Aufl., Konstanz München 2013.

Beckmann, Christoph; Meister, Jan M.; Meitner, Matthias: Das Multiplikationsverfahren in der kapitalmarktorientierten Unternehmensbewertungspraxis, in: Finanz-Betrieb, 5. Jg., 2003, S. 103–105.

Behr, Giorgio; Caliz, Stefan: Schwächen der herkömmlichen Bewertungsmethoden und notwendige Anpassungen – Unternehmensbewertung in der New Economy, in: Der Schweizer Treuhänder, 75. Jg., 2001, S. 1139–1146.

Behringer, Stefan: Bewertung von Start-up-Unternehmen, in: Betrieb und Wirtschaft, 55. Jg., 2001, S. 793–804.

Behringer, Stefan: Earn-out-Klauseln bei der Unternehmensakquisition, in: Unternehmensbewertung & Management, 2. Jg., 2004, S. 245–250.

Behringer, Stefan: Unternehmensbewertung der Mittel- und Kleinbetriebe – Betriebswirtschaftliche Verfahrensweisen, 5. Aufl., Berlin 2012.

Bellinger, Bernhard; Vahl, Günter: Unternehmensbewertung in Theorie und Praxis, 2. Aufl., Wiesbaden 1992.

Bender, Jürgen; Lorson, Peter: Verfahren der Unternehmensbewertung (II) – Das Ertragswertverfahren nach der HFA-Stellungnahme 2/1983, in: Betrieb und Wirtschaft, 50. Jg., 1996, S. 1–6.

Bender, Jürgen; Lorson, Peter: Verfahren der Unternehmensbewertung (III) – Kritische Würdigung des Ertragswertverfahrens nach HFA-Stellungnahme 2/1983, in: Betrieb und Wirtschaft, 50. Jg., 1996, S. 650–654.

Bender, Jürgen; Lorson, Peter: Verfahren der Unternehmensbewertung (IV): Discounted-Cashflow Verfahren und Anmerkungen zu Shareholder-Value-Konzepten, in: Betrieb und Wirtschaft, 51. Jg., 1997, S. 1–9.

Benninga, Simon Z.; Sarig, Oded H.: Corporate Finance – A Valuation Approach, New York u. a. 1997.

Berk, Jonathan; DeMarzo, Peter: Corporate Finance, 3. Aufl., Boston u. a. 2014.

Berner, Christian; Rojahn, Joachim: Anwendungseignung von marktorientierten Multiplikatoren, in: Finanz-Betrieb, 5. Jg., 2003, S. 155–161.

Berner, Christian; Rojahn, Joachim; Kiel, Olaf; Dreimann, Michael: Die Berücksichtigung des unternehmensindividuellen Risikos in der Unternehmensbewertung – Eine empirisch gestützte Untersuchung des Beta-Faktors, in: Finanz-Betrieb, 7. Jg., 2005, S. 711–718.

Beyer, Sven: Unternehmensbewertung, Wachstum und Abgeltungsteuer, in: Finanz-Betrieb, 10. Jg., 2008, S. 256–267.

Beyer, Sven; Gaar, Andreas: Neufassung des IDW S 1 »Grundsätze zur Durchführung von Unternehmensbewertungen«, in: Finanz-Betrieb, 7. Jg., 2005, S. 240–251.

Bieg, Hartmut: Das Capital Asset Pricing Model (CAPM), in: Der Steuerberater, 50. Jg., 1999, S. 298–305.

Bimberg, Lothar H.: Langfristige Renditeberechnung zur Ermittlung von Risikoprämien – Empirische Untersuchung der Renditen von Aktien, festverzinslichen Wertpapieren und Tagesgeld in der Bundesrepublik Deutschland für den Zeitraum von 1954 bis 1988, 2. Aufl., Frankfurt am Main u. a. 1993.

Blaufus, Kay: Unternehmensbewertung und Probleme mit der Unendlichkeit? – Anmerkungen zu den Beiträgen von Kruschwitz/ Löffler, DB 1998 S. 1041, Matschke/ Hering, DB 1999 S. 920 und Siegel, FS Brönner, S. 392, in: Der Betrieb, 55. Jg., 2002, S. 1517–1519.

Blum, Andreas: Auswirkungen der Unternehmensteuerreform 2008 auf die Bewertung von Unternehmen mittels APV-Ansatz, in: Die Wirtschaftsprüfung, 61. Jg., 2008, S. 455–463.

Blume, Marshall E.: On the Assessment of Risk, in: Journal of Finance, Vol. 26, 1971, S. 1–10.

Blume, Marshall E.: Unbiased Estimators of Long-run Expected Rates of Return, in: Journal of the American Statistical Association, Vol. 69, 1974, S. 634–638.

Blume, Marshall E.: Betas and Their Regression Tendencies – Some Further Evidence, in: Journal of Finance, Vol. 34, 1979, S. 265–267.

Böcking, Hans-Joachim: Das Verbundberücksichtigungsprinzip als Grundsatz ordnungsmäßiger Unternehmensbewertung, in: Ballwieser, Wolfgang; Böcking, Hans-Joachim; Drukarczyk, Jochen; Schmidt, Reinhard H. (Hrsg.): Bilanzrecht und Kapitalmarkt – Festschrift zum 65. Geburtstag von Adolf Moxter, Düsseldorf 1994, S. 1407–1434.

Böcking, Hans-Joachim: Zur Bedeutung des Börsenkurses für die angemessene Barabfindung, in: Richter, Frank; Schüler, Andreas; Schwetzler, Bernhard: Kapitalgeberansprüche, Marktwertorientierung und Unternehmenswert – Festschrift für Jochen Drukarczyk zum 65. Geburtstag, München 2003, S. 59–91.

Böcking, Hans-Joachim; Nowak, Karsten: Der Beitrag der Discounted Cash Flow-Verfahren zur Lösung der Typisierungsproblematik bei Unternehmensbewertungen – Eine Warnung vor einer »naiven« Übertragung modelltheoretischer Erkenntnisse auf die Bewertungspraxis, in: Der Betrieb, 51. Jg., 1998, S. 685–690.

Böcking, Hans-Joachim; Nowak, Karsten: Marktorientierte Unternehmensbewertung – Darstellung und Würdigung der marktorientierten Vergleichsverfahren vor dem Hintergrund der deutschen Kapitalmarktverhältnisse, in: Finanz-Betrieb, 1. Jg., 1999, S. 169–176.

Böcking, Hans-Joachim; Nowak, Karsten: Die Bedeutung des Börsenkurses bei Unternehmensbewertungen, in: Finanz-Betrieb, 2. Jg., 2000, S. 17–24.

Böcking, Hans-Joachim; Nowak, Karsten: Konkretisierung marktorientierter Unternehmensbewertung durch das Bundesverfassungsgericht, in: Arnold, Hansjörg; Englert, Joachim; Eube, Steffen (Hrsg.): Werte messen – Werte schaffen – Von der Unternehmensbewertung zum Shareholder-Value-Management – Festschrift für Karl-Heinz Maul zum 60. Geburtstag, Wiesbaden 2000, S. 129–157.

Börner, Dietrich: Unternehmensbewertung, in: Albers, Willi et al.: Handwörterbuch der Wirtschaftswissenschaft, Band 8, Stuttgart u. a. 1980, S. 111–123.

Börsig, Clemens: Unternehmenswert und Unternehmensbewertung, in: Zeitschrift für betriebswirtschaftliche Forschung, 45. Jg., 1993, S. 79–91.

Born, Karl: Überleitung von der Discounted-Cash-flow-Methode (DCF-Methode) zur Ertragswertmethode bei der Unternehmensbewertung, in: Der Betrieb, 49. Jg., 1996, S. 1885–1889.

Born, Karl: Unternehmensanalyse und Unternehmensbewertung, 2. Aufl., Stuttgart 2003.

Borowicz, Frank: Methoden der Unternehmensbewertung, in: Wirtschaftswissenschaftliches Studium, 34. Jg., 2005, S. 368–373.

Bradley, Michael H.; Jarrell, Gregg A.: Expected Inflation and the Constant-growth Valuation Model, in: Journal of Applied Corporate Finance, Vol. 20, 2008, S. 66–78.

Bradley, Michael H.; Jarrell, Gregg A.: Comment on »Terminal Value, Accounting Numbers, and Inflation« by Gunther Friedl and Bernhard Schwetzler, in: Journal of Applied Corporate Finance, Vol. 23, 2011, S. 113–115.

Brähler, Gernot: Der Wertmaßstab der Unternehmensbewertung nach §738 BGB, in: Die Wirtschaftsprüfung, 61. Jg., 2008, S. 209–213.

Brähler, Gernot: Internationales Steuerrecht – Grundlagen für Studium und Steuerberaterprüfung, 7. Aufl., Wiesbaden 2012.

Braun, Inga: Discounted Cashflow-Verfahren und der Einfluss von Steuern – Der Unternehmenswert unter Beachtung von Bewertungsnormen, Wiesbaden 2005.

Brealey, Richard A.; Myers, Stewart C.; Allen, Franklin: Principles of Corporate Finance, 11. Aufl., New York 2014.

Breithecker, Volker; Klapdor, Ralf: Einführung in die Internationale Betriebswirtschaftliche Steuerlehre – Mit Fallbeispielen, Übungsaufgaben und Lösungen, 3. Aufl., Berlin 2011.

Brennan, Michael J.: Taxes, Market Valuation and Corporate Financial Policy, in: National Tax Journal, Vol. 23, 1970, S. 417–427.

Brennan, Michael J.: Capital Market Equilibrium with Divergent Borrowing and Lending Rates, in: Journal of Financial and Quantitative Analysis, Vol. 6, 1971, S. 1197–1205.

Bretzke, Wolf-Rüdiger: Das Prognoseproblem bei der Unternehmensbewertung – Ansätze zu einer risikoorientierten Bewertung ganzer Unternehmungen auf der Grundlage modellgestützter Erfolgsprognosen, Düsseldorf 1975.

Bretzke, Wolf-Rüdiger: Zur Problematik des Objektivitätsanspruchs in der Unternehmensbewertungslehre – Ein Nachtrag zum Methodenstreit, in: Betriebswirtschaftliche Forschung und Praxis, 28. Jg., 1976, S. 543–553.

Bretzke, Wolf-Rüdiger: Unternehmensbewertung in dynamischen Märkten, in: Betriebswirtschaftliche Forschung und Praxis, 45. Jg., 1993, S. 39–45.

Breuer, Wolfgang: Die Marktwertmaximierung als finanzwirtschaftliche Entscheidungsregel, in: Wirtschaftswissenschaftliches Studium, 26. Jg., 1997, S. 222–226.

Breuer, Wolfgang: Unternehmensbewertung mittels Equity-, Entity- und APV-Ansatz, in: Das Wirtschaftsstudium, 30. Jg., 2001, S. 1511–1515.

Breuer, Wolfgang; Schuhmacher, Frank: Discounted-Cashflow-Verfahren und Kapitalmarktspekulation, in: Betriebswirtschaftliche Forschung und Praxis, 56. Jg., 2004, S. 119–133.

Brigham, Eugene F.; Houston, Joel F.: Fundamentals of Financial Management, 13. Aufl., Mason 2013.

Brösel, Gerrit: Objektiv gibt es nur subjektive Unternehmenswerte, in: Unternehmensbewertung & Management, 1. Jg., 2003, S. 130–134.

Brösel, Gerrit: Die Argumentationsfunktion in der Unternehmensbewertung – »Rotes Tuch« oder »Blaues Band« für Wirtschaftsprüfer?, in: Brösel, Gerrit; Kasperzak, Rainer (Hrsg.): Internationale Rechnungslegung, Prüfung und Analyse – Aufgaben und Lösungen, München Wien 2004, S. 515–523.

Brösel, Gerrit: Eine Systematisierung der Nebenfunktionen der funktionalen Unternehmensbewertungstheorie, in: Betriebswirtschaftliche Forschung und Praxis, 58. Jg., 2006, S. 128–143.

Brösel, Gerrit: Unternehmenswert, in: Kollmann, Tobias (Hrsg.): Gabler Kompakt-Lexikon Unternehmensgründung, 2. Aufl., Wiesbaden 2009, S. 416–417.

Brösel, Gerrit: Bilanzanalyse – Unternehmensbeurteilung auf Basis von HGB- und IFRS-Abschlüssen, 14. Aufl., Berlin 2012.

Brösel, Gerrit; Hauttmann, Richard: Einsatz von Unternehmensbewertungsverfahren zur Bestimmung von Konzessionsgrenzen sowie in Verhandlungssituationen – Eine empirische Analyse – Teil I und Teil II, in: Finanz-Betrieb, 9. Jg., 2007, S. 223–238 und 293–309.

Brösel, Gerrit; Keuper, Frank: Zur Bedeutung der funktionalen Unternehmensbewertung bei Unternehmensakquisitionen, in: Borowicz, Frank; Mittermair, Klaus (Hrsg.): Strategisches Management von Merger & Acquisitions – State of the Art in Deutschland und Österreich, Wiesbaden 2006, S. 145–162.

Brösel, Gerrit; Matschke, Manfred J.: Zur Ermittlung des Entscheidungswertes kleiner und mittlerer Unternehmen, in: Zeitschrift für Klein- und Mittelunternehmen – Internationales Gewerbearchiv, 52. Jg., 2004, S. 49–67.

Brown, Stephen J.; Goetzmann, William N.; Ross, Stephen A.: Survival, in: Journal of Finance, Vol. 50, 1995, S. 853–873.

Buchner, Robert: Marktorientierte Unternehmensbewertung, in: Seicht, Gerhard (Hrsg.): Jahrbuch für Controlling und Rechnungswesen, Wien 1995, S. 401–427.

Buchner, Robert; Englert, Joachim: Die Bewertung von Unternehmen auf der Basis des Unternehmensvergleichs, in: Betriebs-Berater, 49. Jg., 1994, S. 1573–1580.

Bühner, Rolf; Weinberger, Hans-Joachim: Cash-Flow und Shareholder Value, in: Betriebswirtschaftliche Forschung und Praxis, 43. Jg., 1991, S. 187–208.

Bühner, Rolf: Kapitalmarktorientierte Unternehmenssteuerung – Grundidee und Varianten des Shareholder Value, in: Wirtschaftswissenschaftliches Studium, 25. Jg., 1996, S. 392–396.

Bufka, Jürgen; Schiereck, Dirk; Zinn, Kai: Kapitalkostenbestimmung für diversifizierte Unternehmen – Ein empirischer Methodenvergleich, in: Zeitschrift für Betriebswirtschaft, 69. Jg., 1999, S. 115–131.

Bundesgerichtshof, Urteil vom 17.01.1973–IV ZR 142/70, in: Der Betrieb, 26. Jg., 1973, S. 563–565.

Bundesverfassungsgericht, Beschluß vom 27.04.1999–1 BvR 1613/94, in: Der Betrieb, 52. Jg., 1999, S. 1693.

Bungert, Hartwin; Eckert, Jan: Unternehmensbewertung nach Börsenwert – Zivilgerichtliche Umsetzung der BVerfG-Rechtsprechung, in: Betriebs-Berater, 55. Jg., 2000, S. 1845–1849.

Busse von Colbe, Walther: Der Zukunftserfolg – Die Ermittlung des künftigen Unternehmungserfolges und seine Bedeutung für die Bewertung von Industrieunternehmen, Wiesbaden 1957.

Busse von Colbe, Walther: Objektive oder subjektive Unternehmensbewertung?, in: Zeitschrift für Betriebswirtschaft, 27. Jg., 1957, S. 113–125.

Busse von Colbe, Walther: Gesamtwert der Unternehmung, in: Kosiol, Erich; Chmielewicz, Klaus; Schweitzer, Marcell (Hrsg.): Handwörterbuch des Rechnungswesens, 2. Aufl., Stuttgart 1981, S. 595–606.

Bysikiewicz, Marcus; Matschke, Manfred J.; Brösel, Gerrit: Einige grundsätzliche Bemerkungen zur Entscheidungswertermittlung im Rahmen der Konfliktsituation vom Typ der Spaltung, Working Paper, 2005.

Bysikiewicz, Marcus; Matschke, Manfred J.; Brösel, Gerrit: Unternehmensbewertung im Fall der Spaltung, in: Finanz-Betrieb, 7. Jg., 2005, S. 718–728.

Casey, Christopher: Unternehmensbewertung und Marktpreisfindung – Zur Mikrostruktur des Kapitalmarktes, Wiesbaden 2000.

Casey, Christopher: Neue Aspekte des Roll Back-Verfahrens in der Unternehmensbewertung, in: Zeitschrift für Betriebswirtschaft, 74. Jg., 2004, S. 139–163.

Casey, Christopher: Unternehmensbewertung anhand von Discounted Cash Flow-Modellen – Ein methodischer Vergleich der verschiedenen Verfahren, Wien 2004.

Casey, Christopher: Kapitalmarkttheoretische Unternehmensbewertung – Theoretische Fundierung, Vorteilhaftigkeit der Methoden und ökonomische Würdigung, in: Betriebswirtschaftliche Forschung und Praxis, 58. Jg., 2006, S. 180–198.

Casey, Christopher; Loistl, Otto: Risikoadjustierte Kapitalkosten und ihre empirische Ermittlung, in: Seicht, Gerhard (Hrsg.): Jahrbuch für Controlling und Rechnungswesen, Wien 2008, S. 309–338.

Castedello, Marc; Davidson, Ron; Schlumberger, Eric: Unternehmensbewertung bei Halbeinkünfteverfahren und unsicheren Steuervorteilen – Ein praktikabler Ansatz, in: Finanz-Betrieb, 6. Jg., 2004, S. 369–376.

Chamberlain, Gary: A Characterization of the Distributions that Imply Mean-Variance Utility Functions, in: Journal of Economic Theory, Vol. 29, 1983, S. 185–201.

Claus, James; Thomas, Jacob: Equity Premia as Low as Three Percent? – Evidence from Analysts' Earnings Forecasts for Domestic and International Stock Markets, in: Journal of Finance, Vol. 56, 2001, S. 1629–1666.

Clubb, Colin D. B.; Doran, Paul: On the Weighted Average Cost of Capital with Personal Taxes, in: Accounting and Business Research, Vol. 23, 1992, S. 44–48.

Clubb, Colin D. B.; Doran, Paul: Capital Budgeting, Debt Management and the APV Criterion, in: Journal of Business Finance and Accounting, Vol. 22, 1995, S. 681–694.

Coenenberg, Adolf G.: Unternehmensbewertung mit Hilfe der Monte-Carlo-Simulation, in: Zeitschrift für Betriebswirtschaft, 40. Jg., 1970, S. 793–804.

Coenenberg, Adolf G.: Unternehmensbewertung aus der Sicht der Hochschule, in: Institut der Wirtschaftsprüfer in Deutschland (Hrsg.): Bericht über die Fachtagung des Instituts der Wirtschaftsprüfer in Deutschland e. V., Düsseldorf 1981, S. 221–245.

Coenenberg, Adolf G.: Entscheidungsorientierte Unternehmensbewertung und »Ertragsschwäche«, in: Betriebswirtschaftliche Forschung und Praxis, 36. Jg., 1984, S. 496–507.

Coenenberg, Adolf G.: Bewertung von Unternehmen – Konzeptionen und Perspektiven, in: Börsig, Clemens; Coenenberg, Adolf G. (Hrsg.): Bewertung von Unternehmen – Strategie, Markt, Risiko, Stuttgart 2003, S. 25–46.

Coenenberg, Adolf G.: Shareholder Value – Betriebswirtschaftliche Sicht und öffentliche Wahrnehmung, in: Journal für Betriebswirtschaft, 53. Jg., 2003, S. 6–14.

Coenenberg, Adolf G.; Sautter, Michael T.: Strategische und finanzielle Bewertung von Unternehmensakquisitionen, in: Die Betriebswirtschaft, 48. Jg., 1988, S. 691–710.

Coenenberg, Adolf G.; Schultze, Wolfgang: Unternehmensbewertung anhand von Entnahme- oder Einzahlungsüberschüssen – Die Discounted Cash Flow-Methode, in: Matschke, Manfred J.; Schildbach, Thomas (Hrsg.): Unternehmensberatung und Wirtschaftsprüfung – Festschrift für Günter Sieben zum 65. Geburtstag, Stuttgart 1998, S. 269–299.

Coenenberg, Adolf G.; Schultze, Wolfgang: Das Multiplikator-Verfahren in der Unternehmensbewertung – Konzeption und Kritik, in: Finanz-Betrieb, 4. Jg., 2002, S. 697–703.

Coenenberg, Adolf G.; Schultze, Wolfgang: Unternehmensbewertung – Konzeptionen und Perspektiven, in: Die Betriebswirtschaft, 62. Jg., 2002, S. 597–621.

Coenenberg, Adolf G.; Schultze, Wolfgang: Residualgewinn- vs. Ertragswertmethode in der Unternehmensbewertung, in: Richter, Frank; Schüler, Andreas; Schwetzler, Bernhard (Hrsg.): Kapitalgeberansprüche, Marktwertorientierung und Unternehmenswert – Festschrift für Jochen Drukarczyk zum 65. Geburtstag, München 2003, S. 117–141.

Coenenberg, Adolf G.; Schultze, Wolfgang: Methoden der Unternehmensbewertung, in: Wirtz, Bernd W. (Hrsg.): Handbuch Mergers & Acquisitions Management, Wiesbaden 2006, S. 471–500.

Coenenberg, Adolf G.; Sieben, Günter: Unternehmensbewertung, in: Grochla, Erwin; Wittmann, Waldemar (Hrsg.): Handwörterbuch der Betriebswirtschaft, Bd. 3, 4. Aufl., Stuttgart 1976, Sp. 4062–4079.

Conen, Ralf; Väth, Hubertus: Risikoprämien am deutschen Kapitalmarkt, in: Die Bank, 1993, S. 642–647.

Cooper, Ian A.: Arithmetic Versus Geometric Mean Estimators – Setting Discount Rates for Capital Budgeting, in: European Financial Management, Vol. 2, 1996, S. 157–167.

Cooper, Ian A.; Nyborg, Kjell G.: Valuing the Debt Tax Shield, in: Journal of Applied Corporate Finance, Vol. 19, 2007, S. 50–59.

Copeland, Thomas E.; Weston, John F.; Shastri, Kuldeep: Financial Theory and Corporate Policy, 4. Aufl., Boston u. a. 2005.

Creutzmann, Andreas; Heuer, André: Der Risikozuschlag beim vereinfachten Ertragswertverfahren, in: Der Betrieb, 63. Jg., 2010, S. 1301–1307.

Damodaran, Aswath: Country Risk and Company Exposure – Theory and Practice, in: Journal of Applied Finance, Vol. 13, 2003, S. 63–76.

389

Damodaran, Aswath: Marketability and Value – Measuring the Illiquidity Discount, Working Paper, 2005.

Damodaran, Aswath: Damodaran on Valuation – Security Analysis for Investment and Corporate Finance, 2. Aufl., Hoboken 2006.

Damodaran, Aswath: Equity Risk Premiums (ERP) – Determinants, Estimation and Implications – A Post-Crisis Update, in: Financial Markets, Institutions and Instruments, Vol. 18, 2009, S. 289–370.

Damodaran, Aswath: The Dark Side of Valuation – Valuing Young, Distressed, and Complex Businesses, 2. Aufl., Upper Saddle River 2010.

Damodaran, Aswath: Applied Corporate Finance, 3. Aufl., Hoboken 2011.

Daske, Holger; Gebhardt, Günther: Zukunftsorientierte Bestimmung von Risikoprämien und Eigenkapitalkosten für die Unternehmensbewertung, in: Zeitschrift für betriebswirtschaftliche Forschung, 58. Jg., 2006, S. 530–551.

Daske, Holger; Gebhardt, Günther; Klein, Stefan: Estimating the Expected Cost of Equity Capital Using Analysts' Consensus Forecasts, in: Schmalenbach Business Review, Vol. 58, 2006, S. 2–36.

Daske, Holger; Wiesenbach, Kai: Praktische Probleme der zukunftsorientierten Schätzung von Eigenkapitalkosten am deutschen Kapitalmarkt, in: Finanz-Betrieb, 7. Jg., 2005, S. 407–419.

Dausend, Florian; Schmitt, Dirk: Abgeltungssteuern und die Zukunft des IDW S 1–Konsequenzen der Unternehmenssteuerreform 2008 für die Unternehmensbewertung, in: Finanz-Betrieb, 9. Jg., 2007, S. 287–292.

Dausend, Florian; Schmitt, Dirk: Implizite Schätzung der Marktrisikoprämie nach Steuern für den deutschen Kapitalmarkt, in: Corporate Finance biz, 2. Jg., 2011, S. 459–469.

Daves, Phillip R.; Ehrhardt, Michael C.; Shrieves, Ronald E.: Corporate Valuation – A Guide for Managers and Investors, Mason 2004.

De Matos, João A.: Theoretical Foundations of Corporate Finance, Princeton 2001.

De Vargas, Santiago R.: Bestimmung der historischen Marktrisikoprämie im Rahmen von Unternehmensbewertungen – Arithmetisches oder geometrisches Mittel?, in: Der Betrieb, 65. Jg., 2012, S. 813–819.

DeAngelo, Harry: Competition and Unanimity, in: American Economic Review, Vol. 71, 1981, S. 18–27.

Debreu, Gerard: The Theory of Value – An Axiomatic Analysis of Economic Equilibrium, New York 1959.

Deutsche Börse: Leitfaden zu den Aktienindizes der Deutschen Börse, Version 6.25, Dezember 2013, unter: http://www.dax-indices.com/DE/index.aspx?pageID=31 am 24.02.2014.

Dhaliwal, Dan; Heitzman, Shane; Li, Oliver Z.: Taxes, Leverage, and the Cost of Equity Capital, in: Journal of Accounting Studies, Vol. 44, 2006, S. 691–723.

Dhaliwal, Dan; Krull, Linda; Li, Oliver Z.; Moser, William: Dividend Taxes and Implied Cost of Equity Capital, in: Journal of Accounting Research, Vol. 43, 2005, S. 675–708.

Diedrich, Ralf: Substanzwertorientierte Verfahren zur Bewertung von Unternehmen in der ehemaligen DDR, in: Betriebswirtschaftliche Forschung und Praxis, 43. Jg., 1991, S. 155–167.

Diedrich, Ralf: Das Prognoseproblem bei der Unternehmensbewertung – Ein prädikatenlogisch basierter Ansatz zur Berücksichtigung theoretischer Konstrukte der strategischen Planung, in: Betriebswirtschaftliche Forschung und Praxis, 45. Jg., 1993, S. 90–103.

Diedrich, Ralf: Methoden der Künstlichen Intelligenz zur Lösung des Prognoseproblems bei der Unternehmensbewertung – Ein Prognoseverfahren auf der Grundlage der Prädikatenlogik 1. Ordnung, Berlin 1993.

Diedrich, Ralf: Die Sicherheitsäquivalentmethode der Unternehmensbewertung – Ein (auch) entscheidungstheoretisch wohlbegründbares Verfahren – Anmerkungen zu dem Beitrag von Wolfgang Kürsten in der zfbf (März 2002, S. 128–144), in: Zeitschrift für betriebswirtschaftliche Forschung, 55. Jg., 2003, S. 281–286.

Diedrich, Ralf: Vor- und Nachsteuerrechnungen bei der Unternehmensbewertung im Lichte der Ausschüttungspolitik, in: Betriebswirtschaftliche Forschung und Praxis, 65. Jg., 2013, S. 55–71.

Diedrich, Ralf; Dierkes, Stefan; Gröger, Hans-Christian: Kapitalmarktorientierte Unternehmensbewertung bei asymmetrischer Besteuerung von Soll- und Habenzinsen, in: Zeitschrift für Betriebswirtschaft, 81. Jg., 2011, S. 657–675.

Diedrich, Ralf; Gröger, Hans-Christian: Marktorientierte Unternehmensbewertung, in: Freidank, Carl-Christian; Lachnit, Laurenz; Tesch, Jörg (Hrsg.): Vahlens Großes Auditing Lexikon, München 2007, S. 1410–1412.

Diedrich, Ralf; Sieben, Günter: Aspekte der Wertfindung bei strategisch motivierten Unternehmensakquisitionen, in: Zeitschrift für betriebswirtschaftliche Forschung, 42. Jg., 1990, S. 794–809.

Diedrich, Ralf; Stier, Carolin: Zur Berücksichtigung einer realisationsorientierten Kursgewinnbesteuerung bei der Unternehmensbewertung – Anmerkungen zum Haltedauerproblem, in: Die Wirtschaftsprüfung, 66. Jg., 2013, S. 29–36.

Dierkes, Stefan: Marktwerte, Kapitalkosten und Betafaktoren bei wertabhängiger Finanzierung, in: Diskussionsbeiträge der Universität Leipzig, Wirtschaftswissenschaftliche Fakultät, Beitrag Nr. 21, Leipzig 2000.

Dierkes, Stefan; Diedrich, Ralf; Gröger, Hans-Christian: Unternehmensbewertung bei wertabhängiger und autonomer Finanzierungspolitik unter Berücksichtigung einer Kursgewinnbesteuerung, in: Zeitschrift für Betriebswirtschaft, 79. Jg., 2009, S. 275–301.

Dierkes, Stefan; Gröger, Hans-Christian: Hybride Finanzierungspolitiken in der Unternehmensbewertung, in: Corporate Finance biz, 1. Jg., 2010, S. 59–64.

Dierkes, Stefan; Hanrath, Stephanie: Unternehmensbewertung auf der Grundlage von Discounted Cash Flow (DCF)-Verfahren und des Economic Value Added (EVA), in: Brösel, Gerrit; Kasperzak, Rainer: Internationale Rechnungslegung, Prüfung und Analyse, München 2004, S. 500–509.

Dierkes, Stefan; Schirmer, Ulrike: CAPM und Preise für zustandsbedingte Zahlungsansprüche – Die Fallstudie zur Betriebswirtschaftslehre, in: Wirtschaftswissenschaftliches Studium, 39. Jg., 2010, S. 267 und 312–316.

Dierkes, Stefan; Schäfer, Ulrich: Corporate taxes, capital structure, and valuation: Combining Modigliani/Miller and Miles/Ezzell, Diskussionspapier, Göttingen 2013.

Dierkes, Stefan; Schäfer, Ulrich: Terminal Value for Firms with Heterogenous Return on Investment, Diskussionspapier, Göttingen 2014.

Dimson, Elroy; Marsh, Paul; Staunton, Mike: The Worldwide Equity Premium – A Smaller Puzzle, in: Mehra, Rajnish (Hrsg.): Handbook of the Equity Risk Premium, Amsterdam Oxford 2008, S. 467–514.

Dinstuhl, Volkmar: Discounted-Cash-Flow-Methoden im Halbeinkünfteverfahren, in: Finanz-Betrieb, 4. Jg., 2002, S. 79–90.

Dinstuhl, Volkmar: Konzernbezogene Unternehmensbewertung – DCF-orientierte Konzern- und Segmentbewertung unter Berücksichtigung der Besteuerung, Wiesbaden 2003.

Dirrigl, Hans: Synergieeffekte beim Unternehmenszusammenschluß und Bestimmung des Umtauschverhältnisses, in: Der Betrieb, 43. Jg., 1990, S. 185–192.

Dörner, Achim: Problemfelder der Unternehmensbewertung im Rahmen der Erbschaftsteuerreform, in: BewertungsPraktiker, 5. Jg., Nr. 2, 2009, S. 2–8.

Dörschell, Andreas; Franken, Lars: Rückwirkende Anwendung des neuen IDW-Standards zur Durchführung von Unternehmensbewertungen, in: Der Betrieb, 58. Jg., 2005, S. 2257–2258.

Dörschell, Andreas; Franken, Lars; Schulte, Jörn: Der Kapitalisierungszinssatz in der Unternehmensbewertung – Praxisgerechte Ableitung unter Verwendung von Kapitalmarktdaten, Düsseldorf 2009.

Dörschell, Andreas; Franken; Lars; Schulte, Jörn; Brütting, Christian: Ableitung CAPM-basierter Risikozuschläge bei der Unternehmensbewertung – Eine kritische Analyse ausgewählter Problemkreise im Rahmen von IDW S 1 i.d.F. 2008, in: Die Wirtschaftsprüfung, 61. Jg., 2008, S. 1152–1162.

Drukarczyk, Jochen: DCF-Methoden und Ertragswertmethoden – Einige klärende Anmerkungen, in: Die Wirtschaftsprüfung, 48. Jg., 1995, S. 329–334.

Drukarczyk, Jochen; Honold, Dirk: Unternehmensbewertung, DCF-Methoden und der Wert steuerlicher Finanzierungsvorteile, in: Zeitschrift für Bankrecht und Bankwirtschaft, 11. Jg., 1999, S. 333–349.

Drukarczyk, Jochen; Lobe, Sebastian: Discounted Cash Flow-Methoden und Halbeinkünfteverfahren, in: Achleitner, Ann-Kristin; Thoma, Georg F. (Hrsg.): Handbuch Corporate Finance – Konzepte, Strategien und Praxiswissen, 2. Aufl., Köln 2002, S. 1–31.

Drukarczyk, Jochen; Lobe, Sebastian: Unternehmensbewertung und Halbeinkünfteverfahren – Probleme individueller und marktorientierter Bewertung steuerlicher Vorteile, in: Betriebs-Berater, Beilage 6, 2002, S. 2–9.

Drukarczyk, Jochen; Richter, Frank: Unternehmensgesamtwert, anteilseignerorientierte Finanzentscheidungen und APV-Ansatz, in: Die Betriebswirtschaft, 55. Jg., 1995, S. 559–580.

Drukarczyk, Jochen; Schüler, Andreas: Unternehmensbewertung und Finanzierungsstrategie – Kritische Anmerkungen zum Beitrag von Thomas Schildbach im Heft 12/2000 der Zeitschrift für betriebswirtschaftliche Forschung, in: Zeitschrift für betriebswirtschaftliche Forschung, 53. Jg., 2001, S. 273–276.

Drukarczyk, Jochen; Schüler, Andreas: Unternehmensbewertung, 6. Aufl., München 2009.

Dück-Rath, Marijke: Unternehmensbewertung mit Hilfe von DCF-Methoden und ausgewählten Realoptionsansätzen, Frankfurt am Main u. a. 2005.

Duffie, Darrell: Dynamic Asset Pricing Theory, 3. Aufl., Princeton 2001.

DVFA Methoden-Kommission Expertengruppe Valuation: Stellungnahme zur Durchführung von Unternehmensbewertungen (IDW ES 1 n. F.), in: Finanz-Betrieb, 7. Jg., 2005, S. 558–560.

Dyckhoff, Harald: Semi-subjektive Unternehmensbewertung aus deskriptiv-entscheidungstheoretischer Sicht, in: Kürsten, Wolfgang; Nietert, Bernhard (Hrsg.): Kapitalmarkt, Unternehmensfinanzierung und rationale Entscheidungen – Festschrift für Jochen Wilhelm, Berlin 2006, S. 437–451.

Dyckhoff, Harald: Quasilineare Mittel von Periodensicherheitswerten als intertemporale Nutzenfunktionen, in: Zeitschrift für betriebswirtschaftliche Forschung und Praxis, 59. Jg., 2007, S. 982–1001.

Eberhart, Jörg: Bewertung von Start-up-Unternehmen – Erwiderung und Replik zum Beitrag von Prof. Dr. Dr. Ann-Kristin Achleitner, BB 2001 S. 927ff., in: Betriebs-Berater, 56. Jg., 2001, S. 1840–1841.

Eberl, Stephan: Weitere Erkenntnisse zum Steuervorteil von Fremdkapital nach der Unternehmensteuerreform 2008, in: Zeitschrift für betriebswirtschaftliche Forschung, 61. Jg., 2009, S. 251–282.

Ehrhardt, Olaf; Nowak, Eric: Viel Lärm um Nichts? Zur (Ir)Relevanz der Risikoprämie für die Unternehmensbewertung im Rahmen von Squeeze-Outs, in: Die Aktiengesellschaft, 50. Jg., 2005, S. 3–8.

Eichmann, Karsten: Marketingorientierte Unternehmensbewertung – Absatzmärkte als Grundlage der Wertfindung, Augsburg 1992.

Eisenführ, Franz; Weber, Martin; Langer, Thomas: Rationales Entscheiden, 5. Aufl., Berlin u. a. 2010.

Elsner, Simon; Krumholz, Hans-Christian: Corporate Valuation Using Imprecise Cost of Capital, in: Journal of Business Economics, 83. Jg., 2013, S. 985–1014.

Elton, Edwin J.; Gruber, Martin J.; Brown, Stephen J.; Goetzmann, William N.: Modern Portfolio Theory and Investment Analysis, 8. Aufl., New York 2010.

Endres, Dieter; Spengel, Christoph; Reister, Timo: Neu Maß nehmen – Auswirkungen der Unternehmenssteuerreform 2008 auf die Ermittlung von objektivierten Unternehmenswerten nach IDW S 1, in: Die Wirtschaftsprüfung, 60. Jg., 2007, S. 478–489.

Erb, Günther: Der Börsenkurs als Untergrenze der Abfindung auch in Verschmelzungsfällen – Zum Anwendungsbereich der Grundsätze des Beschlusses des Bundesverfassungsgerichtes vom

27.4.1999 bei Unternehmensverbindungen im Wege der Verschmelzung, in: Der Betrieb, 54. Jg., 2001, S. 523–524.

Ernst, Dietmar: Internationale Unternehmensbewertung, in: Das Wirtschaftsstudium, 42. Jg., 2013, S. 332–340.

Ernst, Dietmar; Amann, Thorsten; Großmann, Michael; Lump, Dietlinde F.: Internationale Unternehmensbewertung – Ein Praxisleitfaden, München u. a. 2012.

Ernst, Dietmar; Gleißner, Werner: Damodarans Länderrisikoprämie – Eine Ergänzung zur Kritik von Kruschwitz/ Löffler/ Mandl aus realwissenschaftlicher Perspektive, in: Die Wirtschaftsprüfung, 65. Jg., 2012, S. 1252–1264.

Ernst, Dietmar; Gleißner, Werner: Wie problematisch für die Unternehmensbewertung sind die restriktiven Annahmen des CAPM? – Ergebnisse der Befragung von Bewertungsspezialisten, in: Der Betrieb, 65. Jg., 2012, S. 2761–2764.

Ernst, Hermann-Josef: Modulgesteuerte Businessplanung als Instrument der Unternehmensbewertung, in: Peemöller, Volker H. (Hrsg.): Praxishandbuch der Unternehmensbewertung – Grundlagen und Methoden, Bewertungsverfahren, Besonderheiten bei der Bewertung, 5. Aufl., Herne 2012, S. 219–242.

Essler, Wolfgang; Dodel, Kerstin: Berücksichtigung des Size-Effekts bei der Ermittlung der Kapitalkosten, in: BewertungsPraktiker, 4. Jg., Nr. 3, 2008, S. 2–8.

Essler, Wolfgang; Kruschwitz, Lutz; Löffler, Andreas: Zur Anwendung des WACC-Verfahrens bei vorgegebener bilanzieller Verschuldung, in: Betriebswirtschaftliche Forschung und Praxis, 56. Jg., 2004, S. 134–147.

Essler, Wolfgang; Kruschwitz, Lutz; Löffler, Andreas: Wie sind Unternehmen zu bewerten, wenn ihr Verschuldungsgrad nicht in Markt-, sondern in Buchwerten gemessen wird?, in: Betriebs-Berater, 60. Jg., 2005, S. 595–600.

Estridge, Juliet; Lougee, Barbara: Measuring Free Cash Flows for Equity Valuation – Pitfalls and Possible Solutions, in: Journal of Applied Corporate Finance, Vol. 19, 2007, S. 60–71.

Fama, Eugene F.: Efficient Capital Markets – A Review of Theory and Empirical Work, in: Journal of Finance, Vol. 25, 1970, S. 383–417.

Fama, Eugene F.: Risk-adjusted Discount Rates and Capital Budgeting Under Uncertainty, in: Journal of Financial Economics, Vol. 5, 1977, S. 3–24.

Fama, Eugene F.: Efficient Capital Markets II, in: Journal of Finance, Vol. 46, 1991, S. 1575–1617.

Fama, Eugene F.: Discounting Under Uncertainty, in: Journal of Business, Vol. 69, 1996, S. 415–428.

Fama, Eugene F.; French, Kenneth R.: Common Risk Factors in the Returns on Stocks and Bonds, in: Journal of Financial Economics, Vol. 33, 1993, S. 3–56.

Fama, Eugene F.; French, Kenneth R.: The Corporate Cost of Capital and the Return on Corporate Investment, in: Journal of Finance, Vol. 54, 1999, S. 1939–1967.

Fama, Eugene F.; French, Kenneth R.: The Equity Premium, in: Journal of Finance, Vol. 57, 2002, S. 637–659.

Farkas, Julius: Theorie der einfachen Ungleichungen, in: Journal für die reine und angewandte Mathematik, 124. Jg., 1902, S. 1–27.

Fédération des Experts-comptables Européenes: Business Valuation – A Guide for Small and Medium Sized Enterprises, Guide for Carrying Out Business Valuation, Brüssel 2001.

Feldhoff, Patricia: Der neue IDW-Standard zur Unternehmensbewertung – Ein Fortschritt?, in: Der Betrieb, 53. Jg., 2000, S. 1237–1240.

Feltham, Gerald A.; Ohlson, James A.: Valuation and Clean Surplus Accounting for Operating and Financial Activities, in: Contemporary Accounting Research, Vol. 11, 1995, S. 689–731.

Fernández, Pablo: The Value of Tax Shields and the Risk of the Net Increase of Debt, Working Paper, 2004.

Fernández, Pablo: The Value of Tax Shields Is NOT Equal to the Present Value of Tax Shields, in: Journal of Financial Economics, Vol. 73, 2004, S. 145–165.

Fernández, Pablo: Reply to »Comment on ›The Value of Tax Shields Is NOT Equal to the Present Value of Tax Shields‹«, in: Quarterly Review of Economics and Finance, Vol. 45, 2005, S. 188–192.

Fieten, Paul; Kruschwitz, Lutz; Laitenberger, Jörg; Löffler, Andreas; Tham, Joseph; Vélez-Pereja, Ignacio; Wonder, Nicholas: Comment on »The Value of Tax Shields Is NOT Equal to the Present Value of Tax Shields«, in: Quarterly Review of Economics and Finance, Vol. 45, 2005, S. 184–187.

Fischer, Edwin O.; Mandl, Gerwald: Die Ermittlung des Shareholder Value mittels risikolosem Zinsfuß und Risikokorrekturfaktor, in: Die Betriebswirtschaft, 60. Jg., 2000, S. 459–472.

Fischer-Winkelmann, Wolf F.: Gutachterliche Unternehmensbewertung, in: Walger, Gerd (Hrsg.): Formen der Unternehmensberatung – Unternehmensberatung – Systemische Unternehmensberatung, Organisationsabwicklung, Expertenberatung und gutachterliche Beratungstätigkeit in Theorie und Praxis, Köln 1995, S. 19–40.

Fischer-Winkelmann, Wolf F.: IDW Standard – Grundsätze zur Durchführung von Unternehmensbewertungen (IDW S 1) – in aere aedificatus!, in: Fischer-Winkelmann, Wolf F. (Hrsg.): Management-Consulting & Controlling – Festschrift für Michael Munkert zum 60. Geburtstag, Hamburg 2003, S. 79–162.

Fischer-Winkelmann, Wolf F.: »Weiterentwicklung« der Grundsätze ordnungsmäßiger Unternehmensbewertung IDW S 1 = IDW ES 1 n. F.?, in: Betriebswirtschaftliche Forschung und Praxis, 58. Jg., 2006, S. 158–179.

Fischer-Winkelmann, Wolf F.; Busch, Kai: Die praktische Anwendung der verschiedenen Unternehmensbewertungsverfahren – Empirische Untersuchung im steuerberatenden Berufsstand – 2. spezieller Teil zur Bewertung von kleinen und mittelständischen Unternehmen (KMU), in: Finanz-Betrieb, 11. Jg., 2009, S. 715–726.

Fisher, Irving: The Theory of Interest – As Determined by Impatience to Spend Income and Opportunity to Invest It, New York 1930.

Franke, Günter; Hax, Herbert: Finanzwirtschaft des Unternehmens und Kapitalmarkt, 6. Aufl., Berlin 2009.

Franken, Lars; Schulte, Jörn: Beurteilung der Eignung von Betafaktoren mittels R^2 und t-Test – Ein Irrweg? – Auch eine Replik zu Knoll, in: Die Wirtschaftsprüfung, 63. Jg., 2010, S. 1106–1109.

Freiburg, Markus; Timmreck, Christian: Fundamentalmultiples, in: Richter, Frank; Timmreck, Christian (Hrsg.): Unternehmensbewertung – Moderne Instrumente und Lösungsansätze, Stuttgart 2004, S. 381–396.

Freygang, Winfried: Kapitalkostenallokation in diversifizierten Unternehmen – Ermittlung divisionaler Eigenkapitalkosten, Wiesbaden 1993.

Friedl, Gunther; Schwetzler, Bernhard: Inflation, Wachstum und Unternehmensbewertung, in: Die Wirtschaftsprüfung, 62. Jg., 2009, S. 152–158.

Friedl, Gunther; Schwetzler, Bernhard: Unternehmensbewertung bei Inflation und Wachstum, in: Zeitschrift für Betriebswirtschaft, 80. Jg., 2010, S. 417–440.

Friedl, Gunther; Schwetzler, Bernhard: Terminal Value, Accounting Numbers, and Inflation, in: Journal of Applied Corporate Finance, Vol. 23, 2011, S. 104–112.

Friedl, Gunther; Schwetzler, Bernhard: Unternehmensbewertung bei Wachstum und Inflation – Erwiderung zum Beitrag »Grundsätze ordnungsmäßiger Unternehmensbewertungs-Lehre« von Pawelzik, CF biz 2012 S. 35 (39), in: Corporate Finance biz, 3. Jg., 2012, S. 40–42.

Frühling, Volker: Sensitivitätsanalyse zum Barwertmodell der Unternehmensbewertung, in: Finanz-Betrieb, 6. Jg., 2004, S. 741–746.

Frühling, Volker: Unternehmensbewertung und ewige Rente, in: Finanz-Betrieb, 11. Jg., 2009, S. 200–203.

Funk, Joachim: Aspekte der Unternehmensbewertung in der Praxis, in: Zeitschrift für betriebswirtschaftliche Forschung, 47. Jg., 1995, S. 491–514.

Gampenrieder, Peter; Behrendt, Anneke: Zur Sinnhaftigkeit von Fungibilitätszuschlägen, in: Unternehmensbewertung & Management, 2. Jg., 2004, S. 85–91.

Gaughan, Patrick A.: Mergers, Acquisitions, and Corporate Restructurings, 5. Aufl., Hoboken 2011.

Gebhardt, Günther; Daske, Holger: Kapitalmarktorientierte Bestimmung von risikofreien Zinssätzen für die Unternehmensbewertung, in: Die Wirtschaftsprüfung, 58. Jg., 2005, S. 649–655.

Gebhardt, William R.; Lee, Charles M. C.; Swaminathan, Bhaskaran: Toward an Implied Cost of Capital, in: Journal of Accounting Research, Vol. 39, 2001, S. 135–176.

Gering, Thomas; Schneider, Johannes; Toll, Christian: Simulative Unternehmensbewertung, in: Betriebswirtschaftliche Forschung und Praxis, 65. Jg., 2013, S. 256–280.

Gerke, Wolfgang: Dilemma der Unternehmensbewertung, in: Betriebs-Berater, 57. Jg., Beilage 6, 2002, S. 1.

Gleißner, Werner: Kapitalkosten – Der Schwachpunkt bei der Unternehmensbewertung und im wertorientierten Management, in: Finanz-Betrieb, 7. Jg., 2005, S. 217–229.

Gleißner, Werner: Neue Wege für Unternehmensbewertung und wertorientierte Unternehmensführung in einem unvollkommenen Kapitalmarkt, in: Meyer, Conrad; Pfaff, Dieter (Hrsg.): Jahrbuch zum Finanz- und Rechnungswesen, Zürich 2006, S. 119–154.

Gleißner, Werner: Der Einfluss der Insolvenzwahrscheinlichkeit (Rating) auf den Unternehmenswert und die Eigenkapitalkosten – Zugleich Stellungnahme zum Fachtext Lobe, CORPORATE FINANCE biz 3/2010 S. 179 (182), in: Corporate Finance biz, 2. Jg., 2011, S. 243–251.

Gleißner, Werner; Wolfrum, Marco: Eigenkapitalkosten und die Bewertung nicht börsennotierter Unternehmen – Relevanz von Diversifikationsgrad und Risikomaß, in: Finanz-Betrieb, 10. Jg., 2008, S. 602–614.

Gode, Dan; Mohanram, Partha: Inferring the Cost of Capital Using the Ohlson-Juettner Model, in: Review of Accounting Studies, Vol. 8, 2003, S. 399–431.

Götz, Alexander; Deister, Benjamin: Unternehmensbewertung im Lichte der Abgeltungssteuer – Alte Probleme, neue Lösungen, in: Die Wirtschaftsprüfung, 64. Jg., 2011, S. 25–31.

Goetzke, Wolfgang; Sieben, Günter (Hrsg.): Moderne Unternehmungsbewertung und Grundsätze ihrer ordnungsmäßigen Durchführung, Köln 1977.

Gordon, Myron J.; Shapiro, Eli: Capital Equipment Analysis – The Required Rate of Profit, in: Management Science, Vol. 3, 1956, S. 102–110.

Gorny, Christian: Unternehmensbewertung in Verhandlungsprozessen – Ansätze zur Lösung der Argumentationsfunktion, Wiesbaden 2002.

Gorny, Christian; Rosenbaum, Dirk: Die methodische Berücksichtigung von Ertragsteuern in der Unternehmensbewertung – Aktuelle Probleme und Lösungsvorschläge, in: Die Wirtschaftsprüfung, 57. Jg., 2004, S. 861–868.

Grabowski, Roger J.; King, David W.: The Size Effect and Equity Returns, in: Business Valuation Review, Vol. 14, 1995, S. 69–74.

Grant, Robert M.: The Resource-based Theory of Competitive Advantage – Implications for Strategy Formulation, in: California Management Review, Vol. 33, 1991, S. 114–135.

Grant, Robert M.: Contemporary Strategy Analysis – Text and Cases, 8. Aufl., Chichester 2013.

Grinblatt, Mark; Titmann, Sheridan: Financial Markets and Corporate Strategy, 2. Aufl., Boston 2002.

Gröger, Hans-Christian: Mehrperiodiges Nachsteuer-CAPM mit Thesaurierung, in: Zeitschrift für Betriebswirtschaft, 77. Jg., 2007, S. 1263–1291.

Gröger, Hans-Christian: Zusammenhänge zwischen Ausschüttungsquote und Unternehmensrendite, in: Finanz-Betrieb, 10. Jg., 2008, S. 672–679.

Gröger, Hans-Christian: Kapitalmarktorientierte Unternehmensbewertung – Untersuchung unter Berücksichtigung der persönlichen Besteuerung der Kapitalgeber, Wiesbaden 2009.

Großfeld, Bernhard: Börsenkurs und Unternehmenswert, in: Betriebs-Berater, 55. Jg., 2000, S. 261–266.

Großfeld, Bernhard: Internationale Unternehmensbewertung, in: Betriebs-Berater, 56. Jg., 2001, S. 1836–1840.

Großfeld, Bernhard: Unternehmens- und Anteilsbewertung im Gesellschaftsrecht, 4. Aufl., Köln 2002.

Großfeld, Bernhard; Stöver, Rüdiger: Ermittlung des Betafaktors in der Unternehmensbewertung – Anleitung zum »Do it yourself«, in: Betriebs-Berater, 59. Jg., 2004, S. 2799–2810.

Grossmann, Sanford J.; Stiglitz, Joseph E.: On Value Maximization and Alternative Objects of the Firm, in: Journal of Finance, Vol. 32, 1977, S. 389–402.

Grün, Andreas; Grote, Leena: Bewertung von Steuerberatungskanzleien und Wirtschaftsprüfungsgesellschaften, in: Peemöller, Volker H. (Hrsg.): Praxishandbuch der Unternehmensbewertung – Grundlagen und Methoden, Bewertungsverfahren, Besonderheiten bei der Bewertung, 5. Aufl., Herne 2012, S. 835–848.

Grundke, Peter: Arbitragefreiheit und Bewertung von Finanztiteln, in: Das Wirtschaftsstudium, 29. Jg., 2000, S. 797–801.

Guenther, David A.; Sansing, Richard C.: Valuation of the Firm in the Presence of Temporary Book-Tax Differences – The Role of Deferred Tax Assets and Liabilities, in: Accounting Review, Vol. 75, 2000, S. 1–12.

Günther, Rolf: Unternehmensbewertung – Ermittlung des Ertragswerts nach Einkommensteuer bei Risiko und Wachstum, in: Der Betrieb, 51. Jg., 1998, S. 382–387.

Günther, Rolf: Unternehmensbewertung – Kapitalisierungszinssatz nach Einkommensteuer bei Risiko und Wachstum im Phasenmodell, in: Betriebs-Berater, 53. Jg., 1998, S. 1834–1842.

Günther, Rolf: Unternehmensbewertung – Steuerparadoxe Ertragswerte bei Risiko und Wachstum?, in: Der Betrieb, 52. Jg., 1999, S. 2425–2431.

Günther, Rolf: Unternehmensbewertung nach IDW S 1–Steuerliche Implikationen der im Wirtschaftsprüfer-Handbuch 2002 dargestellten Netto-Ertragswertformel, in: Finanz-Betrieb, 5. Jg., 2003, S. 348–355.

Günther, Rolf: Unternehmensbewertung – Netto-Ertragswertformel nach IDW S 1, in: Finanz-Betrieb, 6. Jg., 2004, S. 204–205.

Guthardt, Evelyn; Sielaff, Meinhard: Die Bewertung von Beteiligungen in Steuerbilanz und Vermögensaufstellung, in: Goetzke, Wolfgang; Sieben, Günter (Hrsg.): Moderne Unternehmungsbewertung und Grundsätze ihrer ordnungsmäßigen Durchführung, Köln 1977, S. 241–252.

Haberstock, Lothar; Breithecker, Volker: Einführung in die Betriebswirtschaftliche Steuerlehre – Mit Fallbeispielen, Übungsaufgaben und Lösungen, 16. Aufl., Berlin 2013.

Hachmeister, Dirk: Die Abbildung der Finanzierung im Rahmen verschiedener Discounted Cash Flow-Verfahren, in: Zeitschrift für betriebswirtschaftliche Forschung, 48. Jg., 1996, S. 251–277.

Hachmeister, Dirk: Diskontierung bei Unsicherheit, in: Kruschwitz, Lutz; Löffler, Andreas (Hrsg.): Ergebnisse des Workshops »Unternehmensbewertung« vom 7. Februar 1998–Diskussionsbeiträge des Fachbereichs Wirtschaftswissenschaft der Freien Universität Berlin Nr. 1998/7, 1998, S. 25–33.

Hachmeister, Dirk: Der Discounted Cash Flow als Maß der Unternehmenswertsteigerung, 4. Aufl., Frankfurt am Main 2000.

Hachmeister, Dirk: Diskontierung unsicherer Zahlungsströme – Methodische Anmerkungen zur Bestimmung risikoangepasster Kapitalkosten, in: Zeitschrift für Controlling & Management, 50. Jg., 2006, S. 143–149.

Hachmeister, Dirk; Kühnle, Benjamin; Lampenius, Niklas: Unternehmensbewertung in Squeeze-Out-Fällen – Eine empirische Analyse, in: Die Wirtschaftsprüfung, 62. Jg., 2009, S. 1234–1246.

Hachmeister, Dirk; Ruthardt, Frederik: Kapitalmarktorientierte Ermittlung des Kapitalisierungszinssatzes zur Beteiligungsbewertung – Basiszinssatz, in: Zeitschrift für Controlling & Management, 56. Jg., 2012, S. 180–185.

Hachmeister, Dirk; Ruthardt, Frederik: Kapitalmarktorientierte Ermittlung des Kapitalisierungszinssatzes zur Beteiligungsbewertung – Risikozuschlag, in: Zeitschrift für Controlling & Management, 56. Jg., 2012, S. 186–191.

Hachmeister, Dirk; Ruthardt, Frederik; Eitel, Fabian: Unternehmensbewertung im Spiegel der neueren gesellschaftsrechtlichen Rechtsprechung – Aktuelle Entwicklungen 2010–2012, in: Die Wirtschaftsprüfung, 66. Jg., 2013, S. 762–774.

Hachmeister, Dirk; Ruthardt, Frederik; Lampenius, Niklas: Unternehmensbewertung im Spiegel der neueren gesellschaftsrechtlichen Rechtsprechung – Berücksichtigung des Risikos, Risikozuschlags und persönlicher Steuern, in: Die Wirtschaftsprüfung, 64. Jg., 2011, S. 829–839.

Hachmeister, Dirk; Ruthardt, Frederik; Lampenius, Niklas: Unternehmensbewertung im Spiegel der neueren gesellschaftsrechtlichen Rechtsprechung – Bewertungsverfahren, Ertragsprognose, Basiszinssatz und Wachstumsabschlag, in: Die Wirtschaftsprüfung, 64. Jg., 2011, S. 519–530.

Hachmeister, Dirk; Wiese, Jörg: Der Zinsfuß in der Unternehmensbewertung – Aktuelle Probleme und Rechtsprechung, in: Die Wirtschaftsprüfung, 62. Jg., 2009, S. 54–65.

Hackmann, Annette: Unternehmensbewertung und Rechtsprechung, Wiesbaden 1987.

Häckel, Björn: Sicherheitsäquivalente zur risikoadjustierten Bewertung – Unternehmensexterne Bewertungssicht vs. unternehmensinterne Steuerungssicht – Replik zu den Anmerkungen »Zum Verhältnis von Wertadditivität bei Sicherheitsäquivalenten und Risikoanalyse« von Reichling et al. (2008), in: Zeitschrift für Betriebswirtschaft, 78. Jg., 2008, S. 969–977.

Häckel, Björn; Holtz, Christian; Buhl, Hans U.: Sicherheitsäquivalente sind nicht überflüssig! – Anmerkungen zum Beitrag »Sicherheitsäquivalente, Wertadditivität und Risikoneutralität« von Reichling et al. (2006), in: Zeitschrift für Betriebswirtschaft, 78. Jg., 2008, S. 951–959.

Hagemeister, Meike; Kempf, Alexander: CAPM und erwartete Renditen – Eine Untersuchung auf Basis der Erwartung von Marktteilnehmern, in: Die Betriebswirtschaft, 70. Jg., 2010, S. 145–164.

Hakelmacher, Sebastian: Das Alternative WP-Handbuch – Freud- und Leidfaden für Wirtschaftsprüfer – Trostbüchlein für Rechnungsleger – Aufklärung für Manager und Aufsichtsräte, 2. Aufl., Düsseldorf 2006.

Haley, Charles W.; Schall, Lawrence D.: The Theory of Financial Decisions, 2. Aufl., New York u. a. 1979.

Hannes, Frank: Die Rechtsprechung zur Unternehmensbewertung, in: Peemöller, Volker H. (Hrsg.): Praxishandbuch der Unternehmensbewertung – Grundlagen und Methoden, Bewertungsverfahren, Besonderheiten bei der Bewertung, 5. Aufl., Herne 2012, S. 1119–1142.

Harris, Robert S.; Pringle, John J.: Risk-adjusted Discount Rates – Extensions from the Average-risk Case, in: Journal of Financial Research, Vol. 8, 1985, S. 237–244.

Hasselbach, Kai; Klüsener, André: Referenzstichtag für Unternehmensbewertungen auf der Basis des Börsenkurses – Besonderheiten von Strukturmaßnahmen bei öffentlichen Übernahmen, in: Der Betrieb, 63. Jg., 2010, S. 657–661.

Hayn, Marc: Unternehmensbewertung – Die funktionalen Wertkonzeptionen – Gemeinsamkeiten, Unterschiede und Konsequenzen für die Überarbeitung des Entwurfs der HFA-Stellungnahme 2/1983, in: Der Betrieb, 53. Jg., 2000, S. 1346–1353.

Hayn, Marc: Bewertung junger Unternehmen, 3. Aufl., Herne 2003.

Hayn, Marc: Bewertung junger Unternehmen, in: Peemöller, Volker H. (Hrsg.): Praxishandbuch der Unternehmensbewertung – Grundlagen und Methoden, Bewertungsverfahren, Besonderheiten bei der Bewertung, 5. Aufl., Herne 2012, S. 769–802.

Heigl, Lysander M.: Unternehmensbewertung zwischen Recht und Markt – Eine rechtsvergleichende Untersuchung und kritische Stellungnahme, Frankfurt am Main u. a. 2007.

Heintzen, Markus; Kruschwitz, Lutz (Hrsg.): Unternehmen bewerten, Berlin 2003.

Heintzen, Markus; Kruschwitz, Lutz; Löffler, Andreas; Maiterth, Ralf: Die typisierende Berücksichtigung der persönlichen Steuerbelastung des Anteilseigners beim squeeze-out, in: Zeitschrift für Betriebswirtschaft, 78. Jg., 2008, S. 275–288.

Heitzer, Bernd; Dutschmann, Matthias: Unternehmensbewertung bei autonomer Finanzierungspolitik – Anmerkungen zum Beitrag von Bernhard Schwetzler und Niklas Darijtschuk (ZfB 1999, H. 3, S. 295–318), in: Zeitschrift für Betriebswirtschaft, 69. Jg., 1999, S. 1463–1471.

Helbling, Carl: Unternehmensbewertung auf der Basis von Einnahmen, Ausschüttungen, Cash Flows oder Gewinnen?, in: Der Schweizer Treuhänder, 64. Jg., 1990, S. 533–538.

Helbling, Carl: DCF-Methode und Kapitalkostensatz in der Unternehmensbewertung – Discounted Cash Flow-Methode falls kein Fair Market Value, in: Der Schweizer Treuhänder, 67. Jg., 1993, S. 157–164.

Helbling, Carl: Unternehmensbewertung und Steuern – Unternehmensbewertung in Theorie und Praxis, insbesondere die Berücksichtigung der Steuern aufgrund der Verhältnisse in der Schweiz und in Deutschland, 9. Aufl., Düsseldorf 1998.

Helbling, Carl: 25 Grundsätze für die Unternehmensbewertung, in: Der Schweizer Treuhänder, 76. Jg., 2002, S. 735–744.

Helbling, Carl: Besonderheiten der Bewertung von kleinen und mittleren Unternehmen, in: Peemöller, Volker. H. (Hrsg.): Praxishandbuch der Unternehmensbewertung – Grundlagen und Methoden, Bewertungsverfahren, Besonderheiten bei der Bewertung, 5. Aufl., Herne 2012, S. 803–813.

Henselmann, Klaus: Unternehmensrechnungen und Unternehmenswert – Ein situativer Ansatz, Aachen 1999.

Henselmann, Klaus: Zur Bewertung von Mehrstimmrechten, in: Zeitschrift für betriebswirtschaftliche Forschung, 53. Jg., 2001, S. 723–725.

Henselmann, Klaus: Gründe und Formen typisierender Unternehmensbewertung, in: Betriebswirtschaftliche Forschung und Praxis, 58. Jg., 2006, S. 144–157.

Henselmann, Klaus; Kniest, Wolfgang: Unternehmensbewertung – Praxisfälle mit Lösungen, 4. Aufl., Herne 2010.

Henselmann, Klaus; Weiler, Axel: Empirische Erkenntnisse zu Restwertverläufen in der Unternehmensbewertung, in: Finanz-Betrieb, 9. Jg., 2007, S. 354–362.

Hering, Thomas: Das allgemeine Zustands-Grenzpreismodell zur Bewertung von Unternehmen und anderen unsicheren Zahlungsströmen, in: Die Betriebswirtschaft, 60. Jg., 2000, S. 362–378.

Hering, Thomas: Konzeptionen der Unternehmensbewertung und ihre Eignung für mittelständische Unternehmen, in: Betriebswirtschaftliche Forschung und Praxis, 52. Jg., 2000, S. 433–453.

Hering, Thomas: Der Entscheidungswert bei der Fusion, in: Betriebswirtschaftliche Forschung und Praxis, 56. Jg., 2004, S. 148–165.

Hering, Thomas: Quo vadis Bewertungstheorie?, in: Burkhardt, Thomas; Körnert, Jan; Walther, Ursula (Hrsg.): Banken, Finanzierung und Unternehmensführung – Festschrift für Karl Lohmann zum 65. Geburtstag, Berlin 2004, S. 105–122.

Hering, Thomas: Unternehmensbewertung mit DCF-Verfahren gemäß IDW-S1, in: Brösel, Gerrit; Kasperzak, Rainer (Hrsg.): Internationale Rechnungslegung, Prüfung und Analyse, München 2004, S. 510–514.

Hering, Thomas: Betriebswirtschaftliche Anmerkungen zur »Unternehmensbewertung bei atmender Finanzierung und Insolvenzrisiko« – Stellungnahme zum Beitrag von Carsten Homburg, Jörg Stephan und Matthias Weiß »Unternehmensbewertung bei atmender Finanzierung und Insolvenzrisiko«, in: Die Betriebswirtschaft, 65. Jg., 2005, S. 197–199.

Hering, Thomas: Investitionstheorie, 3. Aufl., München 2008.

Hering, Thomas: Unternehmensbewertung, 3. Aufl., München Wien 2013.

Hering, Thomas; Brösel, Gerrit: Der Argumentationswert als »blinder Passagier« im IDW S 1–Kritik und Abhilfe, in: Die Wirtschaftsprüfung, 57. Jg., 2004, S. 936–942.

Hering, Thomas; Olbrich, Michael: Einige grundsätzliche Bemerkungen zum Bewertungsproblem beim Börsengang junger Unternehmen, in: Zeitschrift für Betriebswirtschaft, 72. Jg., 2002, S. 147–161.

Hering, Thomas; Schneider, Johannes; Toll, Christian: Simulative Unternehmensbewertung, in: Betriebswirtschaftliche Forschung und Praxis, 65. Jg., 2013, S. 256–280.

Herkenroth, Klaus E.: Konzernsteuerrecht, Wiesbaden 2008.

Heurung, Rainer-Otto: Berücksichtigung von Ertragsteuerwirkungen in Unternehmensbewertungsmodellen im Rahmen von Verschmelzungstatbeständen, in: Der Betrieb, 52. Jg., 1999, S. 1225–1233.

Heurung, Rainer-Otto; Kurtz, Michael; Wagner, Klaus: Zur Berücksichtigung unterschiedlicher Kapitalstrukturen im Rahmen der Unternehmensbewertung bei Verschmelzungstatbeständen, in: Die Wirtschaftsprüfung, 52. Jg., 1999, S. 797–811.

Hicks, John R.: Value and Capital – An Inquiry into Some Fundamental Principles of Economic Theory, 2. Aufl., Oxford 1946.

Hillmer, Hans-Jürgen: Aktuelle Fragen der Unternehmensbewertung, in: Finanz-Betrieb, 7. Jg., 2005, S. 423–425.

Hinz, Holger; Behringer, Stefan: Unternehmensbewertung – Anlässe, Funktionen, Instrumente, in: Wirtschaftswissenschaftliches Studium, 29. Jg., 2000, S. 21–27.

Hölscher, Luise: Käuferbezogene Unternehmensbewertung, Frankfurt am Main u. a. 1998.

Hölscher, Reinhold; Helms, Nils: Konvergenz von APV- und WACC-Verfahren unter Auflösung des Zirkularitätsproblems (Teil 1), in: Wirtschaftswissenschaftliches Studium, 42. Jg., 2013, S. 231–237.

Hötzel, Oliver; Beckmann, Klaus: Einfluss der Unternehmenssteuerreform 2001 auf die Unternehmensbewertung, in: Die Wirtschaftsprüfung, 53. Jg., 2000, S. 696–701.

Hoffmann, Norbert: Unternehmensbewertung nach dem IDW S 1–Vergleichsmaßstab für offensichtliche Unrichtigkeit der Wertermittlung nach dem Stuttgarter Verfahren?, in: Meeh, Gunther (Hrsg.): Unternehmensbewertung, Rechnungslegung und Prüfung – Festschrift für Wolf F. Fischer-Winkelmann, Hamburg 2006, S. 49–63.

Hoffmann, Steffen; Nippel, Peter: Die Abgeltungsteuer auf Kursgewinne und der Steuerstundungseffekt in der Unternehmensbewertung, in: Zeitschrift für Betriebswirtschaft, 82. Jg., 2012, S. 1311–1336.

Holthausen, Robert W.; Zmijewski, Mark E.: Pitfalls in Levering and Unlevering Beta and Cost of Capital Estimates in DCF Valuations, in: Journal of Applied Corporate Finance, Vol. 24, 2012, S. 60–74.

Homburg, Carsten; Stephan, Jörg; Weiß, Matthias: Unternehmensbewertung bei atmender Finanzierung und Insolvenzrisiko, in: Die Betriebswirtschaft, 64. Jg., 2004, S. 276–295.

Homburg, Carsten; Stephan, Jörg; Weiß, Matthias: Zur Bedeutung des Insolvenzrisikos im Rahmen von DCF-Bewertungen – Replik auf die Stellungnahme von Thomas Hering zum Beitrag »Unternehmensbewertung bei atmender Finanzierung und Insolvenzrisiko«, in: Die Betriebswirtschaft, 65. Jg., 2005, S. 199–203.

Hommel, Michael; Braun, Inga: Marktorientierte Unternehmensbewertung – Der Börsenkurs auf dem Prüfstand, in: Betriebs-Berater, 57. Jg., Beilage 6, 2002, S. 10–17.

Hommel, Michael; Braun, Inga; Schmotz, Thomas: Neue Wege in der Unternehmensbewertung? – Kritische Würdigung des neuen IDW-Standards (IDW S 1) zur Unternehmensbewertung, in: Der Betrieb, 54. Jg., 2001, S. 341–347.

Hommel, Michael; Dehmel, Inga: Unternehmensbewertung case by case, 7. Aufl., Frankfurt am Main 2013.

Hommel, Michael; Dehmel, Inga; Pauly, Denise: Unternehmensbewertung unter dem Postulat der Steueräquivalenz – Adjustierung der Discounted-Cashflow-Verfahren an das deutsche Steuerrecht, in: Betriebs-Berater, 60. Jg., Beilage 7, 2005, S. 13–18.

Hommel, Michael; Pauly, Denise: Unternehmenssteuerreform 2008–Auswirkungen auf die Unternehmensbewertung, in: Betriebs-Berater, 62. Jg., 2007, S. 1155–1161.

Hommel, Michael; Pauly, Denise; Nagelschmitt, Sabine: IDW ES 1–Neuerungen beim objektiven Unternehmenswert, in: Betriebs-Berater, 62. Jg., 2007, S. 2728–2732.

Hommel, Michael; Pauly, Denise; Schuster, Christian: Unternehmensbewertung und Unternehmenssteuerreform 2008–Eine gegenüberstellende Betrachtung der Auswirkungen der Reformmaßnahmen auf den Kapitalstruktur- und Ausschüttungsdifferenzeffekt, in: Finanz-Betrieb, 10. Jg., 2008, S. 412–423.

Hüttemann, Rainer: Unternehmensbewertung als Rechtsproblem, in: Zeitschrift für das gesamte Handelsrecht, 162. Band, 1998, S. 563–593.

Hüttemann, Rainer: Börsenkurs und Unternehmensbewertung, in: Zeitschrift für Unternehmens- und Gesellschaftsrecht, 30. Jg., 2001, S. 454–478.

Hughes, John S.; Liu, Jing; Liu, Jun: On the Relation Between Expected Returns and Implied Cost of Capital, in: Review of Accounting Studies, Vol. 14, 2009, S. 246–259.

Hull, John: Options, Futures and other Derivates, 8. Aufl., München u. a. 2012.

Hungenberg, Harald: Strategisches Management in Unternehmen – Ziele, Prozesse, Verfahren, 7. Aufl., Wiesbaden 2012.

Husmann, Sven; Kruschwitz, Lutz; Löffler, Andreas: Über einige Probleme mit DCF-Verfahren – Kritische Anmerkungen zum Beitrag von Thomas Schildbach im Heft 12/2000 der Zeitschrift für betriebswirtschaftliche Forschung, in: Zeitschrift für betriebswirtschaftliche Forschung, 53. Jg., 2001, S. 277–282.

Husmann, Sven; Kruschwitz, Lutz; Löffler, Andreas: Tilgungseffekt und Kapitalherabsetzung – Abschließende Replik zur Stellungnahme von J. Laitenberger zum Aufsatz: »Unternehmensbewertung unter deutschen Steuern« von S. Husmann, L. Kruschwitz und A. Löffler, in: Die Betriebswirtschaft, 62. Jg., 2002, S. 559–561.

Husmann, Sven; Kruschwitz, Lutz; Löffler, Andreas: Unternehmensbewertung unter deutschen Steuern, in: Die Betriebswirtschaft, 62. Jg., 2002, S. 24–42.

Ingersoll, Jonathan E. Jr.: Theory of Financial Decision Making, Lanham 1987.

Inselbag, Isik; Kaufold, Howard: Two DCF Approaches for Valuing Companies Under Alternative Financing Strategies (And How to Choose Between Them), in: Journal of Applied Corporate Finance, Vol. 10, 1997, S. 114–122.

Institut der Wirtschaftsprüfer (Hrsg.): Entwurf einer Verlautbarung des Arbeitskreises Unternehmensbewertung – Grundsätze zur Durchführung von Unternehmensbewertungen, in: Die Wirtschaftsprüfung, 33. Jg., 1980, S. 409–421.

Institut der Wirtschaftsprüfer (Hrsg.): HFA-Stellungnahme 2/1983–Grundsätze zur Durchführung von Unternehmensbewertungen, in: Die Wirtschaftsprüfung, 36. Jg., 1983, S. 468–480.

Institut der Wirtschaftsprüfer (Hrsg.): Stellungnahme HFA 2/1995–Zur Unternehmensbewertung im Familien- und Erbrecht, in: Die Wirtschaftsprüfung, 48. Jg., 1995, S. 522–526.

Institut der Wirtschaftsprüfer (Hrsg.): Berichterstattung über Sitzungen – 57. bis 61. Sitzung des Arbeitskreises Unternehmensbewertung, in: IDW Fachnachrichten, 1997, S. 33–34.

Institut der Wirtschaftsprüfer (Hrsg.): Stellungnahme HFA 6/1997–Besonderheiten der Bewertung kleiner und mittlerer Unternehmen, in: Die Wirtschaftsprüfung, 51. Jg., 1998, S. 26–29.

Institut der Wirtschaftsprüfer (Hrsg.): IDW Standard – Grundsätze zur Durchführung von Unternehmensbewertungen (IDW S 1), in: Die Wirtschaftsprüfung, 53. Jg., 2000, S. 825–842.

Institut der Wirtschaftsprüfer (Hrsg.): WP-Handbuch 2002, Band II, 12. Aufl., Düsseldorf 2002.

Institut der Wirtschaftsprüfer (Hrsg.): Anwendung der Grundsätze des IDW S 1 bei der Bewertung von Beteiligungen und sonstigen Unternehmensanteilen für die Zwecke eines handelsrechtlichen Jahresabschlusses, in: Die Wirtschaftsprüfung, 56. Jg., 2003, S. 1257–1258.

Institut der Wirtschaftsprüfer (Hrsg.): Arbeitskreis Unternehmensbewertung – 75. Sitzung des AKU – Basiszinssatz als Bestandteil des Kapitalisierungszinssatzes im Rahmen der Unternehmensbewertung, in: IDW Fachnachrichten, 2003, S. 26.

Institut der Wirtschaftsprüfer (Hrsg.): Erhebungsbogen zur Unternehmensbewertung – Erhebung von Grundlagen und qualifizierten Daten für eine Unternehmensbewertung, 2. Aufl., Düsseldorf 2003.

Institut der Wirtschaftsprüfer (Hrsg.): IDW Stellungnahme zur Rechnungslegung – Anwendung der Grundsätze des IDW S 1 bei der Bewertung von Beteiligungen und sonstigen Unternehmensanteilen für die Zwecke eines handelsrechtlichen Jahresabschlusses (IDW RS HFA 10) – Stand: 29.09.2003, in: IDW Fachnachrichten, 2003, S. 557–559.

Institut der Wirtschaftsprüfer (Hrsg.): Arbeitskreis Unternehmensbewertung – 84. Sitzung des AKU – Eckdaten zur Bestimmung des Kapitalisierungszinssatzes bei der Unternehmensbewertung, in: IDW Fachnachrichten, 2005, S. 70–71.

Institut der Wirtschaftsprüfer (Hrsg.): Arbeitskreis Unternehmensbewertung – Eckdaten zur Bestimmung des Kapitalisierungszinssatzes bei der Unternehmensbewertung – Basiszinssatz, in: IDW Fachnachrichten, 2005, S. 555–556.

Institut der Wirtschaftsprüfer (Hrsg.): Entwurf einer Neufassung des IDW Standards – Grundsätze zur Durchführung von Unternehmensbewertungen (IDW ES 1 n. F.) – Stand: 9.12.2004, in: Die Wirtschaftsprüfung, 58. Jg., 2005, S. 28–46.

Institut der Wirtschaftsprüfer (Hrsg.): IDW Standard – Grundsätze zur Durchführung von Unternehmensbewertungen (IDW S 1) – Stand: 18.10.2005, in: Die Wirtschaftsprüfung, 58. Jg., 2005, S. 1303–1321.

Institut der Wirtschaftsprüfer (Hrsg.): IDW Stellungnahme zur Rechnungslegung – Anwendung der Grundsätze des IDW S 1 bei der Bewertung von Beteiligungen und sonstigen Unternehmensanteilen für die Zwecke eines handelsrechtlichen Jahresabschlusses (IDW RS HFA 10) – Stand: 18.10.2005, in: Die Wirtschaftsprüfung, 58. Jg., 2005, S. 1322–1323.

Institut der Wirtschaftsprüfer (Hrsg.): Sitzung des AKU, in: IDW Fachnachrichten, 2005, S. 70–72.

Institut der Wirtschaftsprüfer (Hrsg.): Auswirkungen der Unternehmensteuerreform 2008 auf die Ermittlung von objektivierten Unternehmenswerten nach IDW S 1, in: IDW Fachnachrichten, 2007, S. 443–445.

Institut der Wirtschaftsprüfer (Hrsg.): Entwurf einer Neufassung des IDW Standards – Grundsätze der Durchführung von Unternehmensbewertungen (IDW ES 1 i. d. F. 2007), in: Die Wirtschaftsprüfung, Supplement, 2007, S. 11–32.

Institut der Wirtschaftsprüfer (Hrsg.): WP-Handbuch 2008 – Wirtschaftsprüfung, Rechnungslegung, Beratung, Band II, 13. Aufl., Düsseldorf 2007.

Institut der Wirtschaftsprüfung (Hrsg.): Ergänzende Hinweise des FAUB zur Bestimmung des Basiszinssatzes im Rahmen objektivierter Unternehmensbewertungen, in: IDW Fachnachrichten, 2008, S. 490–491.

Institut der Wirtschaftsprüfer (Hrsg.): IDW Standard – Grundsätze zur Durchführung von Unternehmensbewertungen (IDW S 1 i. d. F. 2008), in: Die Wirtschaftsprüfung, 58. Jg., 2008, Supplement, S. 68–89.

Institut der Wirtschaftsprüfer (Hrsg.): Auswirkungen der Finanzmarkt- und Konjunkturkrise auf Unternehmensbewertungen, in: IDW Fachnachrichten, 2009, S. 696–698.

Institut der Wirtschaftsprüfer (Hrsg.): FAUB – Hinweise zur Berücksichtigung der Finanzmarktkrise bei der Ermittlung des Kapitalisierungszinssatzes, in: IDW Fachnachrichten, 2012, S. 568–569.

Institut der Wirtschaftsprüfer (Hrsg.): WP Handbuch 2014 – Wirtschaftsprüfung, Rechnungslegung, Beratung, Band II, 14. Aufl., Düsseldorf 2014.

Irle, Albrecht: Finanzmathematik, 3. Aufl., Wiesbaden 2012.

Jacobs, Otto H.: Internationale Unternehmensbesteuerung – Deutsche Investitionen im Ausland – Ausländische Investitionen im Inland, 7. Aufl., München 2011.

Jäckel, Christoph; Kaserer Christoph; Mühlhäuser, Katja: Analystenschätzungen und zeitvariable Marktrisikoprämien – Eine Betrachtung der europäischen Kapitalmärkte, in: Die Wirtschaftsprüfung, 66. Jg., 2013, S. 365–383.

Jaensch, Günter H.: Unternehmensbewertung bei Akquisitionen in den USA, in: Zeitschrift für betriebswirtschaftliche Forschung, 41. Jg., 1989, S. 329–339.

Jakubowicz, Viktor: Wertorientierte Unternehmensführung, Wiesbaden 2000.

Jonas, Martin: Unternehmensbewertung – Zur Anwendung der Discounted-Cash-flow-Methode in Deutschland, in: Betriebswirtschaftliche Forschung und Praxis, 47. Jg., 1995, S. 83–98.

Jonas, Martin: Ausschüttungsverhalten und Betafaktor deutscher Aktiengesellschaften, in: Finanz-Betrieb, 8. Jg., 2006, S. 479–485.

Jonas, Martin: Unternehmensbewertung – Methodenkonsistenz bei unvollkommenen Märkten und unvollkommenen Rechtssystemen, in: Die Wirtschaftsprüfung, 60. Jg., 2007, S. 835–843.

Jonas, Martin: Besonderheiten der Unternehmensbewertung bei kleinen und mittleren Unternehmen, in: Die Wirtschaftsprüfung, Sonderheft, 61. Jg., 2008, S. 117–122.

Jonas, Martin: Relevanz persönlicher Steuern? – Mittelbare und unmittelbare Typisierung der Einkommensteuer in der Unternehmensbewertung, in: Die Wirtschaftsprüfung, 61. Jg., 2008, S. 826–833.

Jonas, Martin: Unternehmensbewertung in der Krise?, in: Finanz-Betrieb, 11. Jg., 2009, S. 541–546.

Jonas, Martin: Die Bewertung mittelständischer Unternehmen – Vereinfachungen und Abweichungen, in: Die Wirtschaftsprüfung, 64. Jg., 2011, S. 299–309.

Jonas, Martin; Löffler, Andreas; Wiese, Jörg: Das CAPM mit deutscher Einkommensteuer, in: Die Wirtschaftsprüfung, 57. Jg., 2004, S. 898–906.

Jonas, Martin; Wieland-Blöse, Heike; Schiffarth, Stefanie: Basiszinssatz in der Unternehmensbewertung, in: Finanz-Betrieb, 7. Jg., 2005, S. 647–653.

Joos, Peter; Plesko, Georg A.: Valuing Loss Firms, in: Accounting Review, Vol. 80, 2005, S. 847–870.

Jorion, Philippe: The Long-Term Risks of Global Stock Markets, in: Financial Management, Vol. 32, 2003, S. 5–26.

Jung, Maximilian; Mandl, Gerwald: Unternehmensbewertung bei wertorientierter Finanzierungspolitik und steuerlichen Verlustvorträgen, in: Seicht, Gerhard (Hrsg.): Jahrbuch für Controlling und Rechnungswesen, Wien 2003, S. 41–52.

Kaden, Jens; Wagner, Wolfgang; Weber, Theo; Wenzel, Klaus: Kritische Überlegungen zur Discounted Cash Flow-Methode – Methodenharmonisierung von Ertragswert und Discounted Cash Flow, in: Zeitschrift für Betriebswirtschaft, 67. Jg., 1997, S. 499–508.

Kaplan, Steven N.; Ruback, Richard S.: The Valuation of Cash Flow Forecasts – An Empirical Analysis, in: Journal of Finance, Vol. 50, 1995, S. 1059–1093.

Kaplan, Steven N.; Ruback, Richard S.: The Market Pricing of Cash Flow Forecasts – Discounted Cash Flow vs. the Method of »Comparables«, in: Journal of Applied Corporate Finance, Vol. 8, 1996, S. 45–60.

Karatzas, Ioannis; Shreve, Steven E.: Brownian Motion and Stochastic Calculus, 2. Aufl., New York 2005.

Kasperzak, Rainer: Unternehmensbewertung, Kapitalmarktgleichgewichtstheorie und Komplexitätsreduktion, in: Betriebswirtschaftliche Forschung und Praxis, 52. Jg., 2000, S. 466–477.

Keiber, Karl; Kronimus, André; Rudolf, Markus: State of the Art – Bewertung von Wachstumsunternehmen am Neuen Markt, in: Zeitschrift für Betriebswirtschaft, 72. Jg., 2002, S. 735–764.

Keller, Michael; Hohmann, Bruno: Besonderheiten bei der Bewertung von KMU, in: Richter, Frank; Timmreck, Christian (Hrsg.): Unternehmensbewertung – Moderne Instrumente und Lösungsansätze, Stuttgart 2004, S. 189–215.

Kemper, Thomas; Ragu, Bastian; Rüthers, Torben: Eigenkapitalkosten in der Finanzkrise, in: Der Betrieb, 65. Jg., 2012, S. 645–650.

Kengelbach, Jens: Unternehmensbewertung bei internationalen Transaktionen, Frankfurt am Main u. a. 2000.

Kern, Christian; Mölls, Sascha H.: Anmerkung zum Beitrag »Rendite und Kapitalkosten« von Jörg Laitenberger, in: Zeitschrift für Betriebswirtschaft, 77. Jg., 2007, S. 171–174.

Kern, Christian; Mölls, Sascha H.: Ableitung CAPM-basierter Betafaktoren aus einer Peergroup-Analyse – Eine kritische Betrachtung alternativer Verfahrensweisen, in: Corporate Finance biz, 1. Jg., 2010, S. 440–448.

Kessler, Wolfgang; Kröner, Michael; Köhler, Stefan (Hrsg.): Konzernsteuerrecht, 2. Aufl., München 2008.

Keuper, Frank: State of the Art – Unscharfe, kapitalwertbasierte Verfahren zur Unternehmensbewertung, in: Zeitschrift für Betriebswirtschaft, 72. Jg., 2002, S. 457–476.

Keynes, John M.: Allgemeine Theorie der Beschäftigung, des Zinses und des Geldes, München Leipzig 1936.

Kiechle, Daniel; Lampenius, Niklas: The Terminal Value and Inflation Controversy, in: Journal of Applied Corporate Finance, Vol. 24, 2012, S. 101–107.

Kirsch, Hans-Jürgen; Krause, Clemens: Kritische Überlegungen zur Discounted Cash Flow-Methode, in: Zeitschrift für Betriebswirtschaft, 66. Jg., 1996, S. 793–812.

Kleber, Peter: Prognoseprobleme in der Unternehmensbewertung, Wiesbaden 1989.

Kloock, Josef: Mehrperiodige Investitionsrechnung auf der Basis kalkulatorischer und handelsrechtlicher Erfolgsrechnung, in: Zeitschrift für betriebswirtschaftliche Forschung, 33. Jg., 1981, S. 873–890.

Kniest, Wolfgang: Quasi-risikolose Zinssätze in der Unternehmensbewertung, in: Der Bewertungs-Praktiker, 2005, S. 9–12.

Knoll, Leonhard: Wachstum und Ausschüttungsverhalten in der ewigen Rente – Probleme des IDW ES 1 n.F.? – Anmerkungen zu Schwetzler, WPg 2005, S. 601ff., und Wiese, WPg 2005, S. 617ff., in: Die Wirtschaftsprüfung, 58. Jg., 2005, S. 1120–1125.

Knoll, Leonhard: Basiszins und Zinsstruktur – Anmerkungen zu einer methodischen Neuausrichtung des IDW, in: Wirtschaftswissenschaftliches Studium, 35. Jg., 2006, S. 525–528.

Knoll, Leonhard: Unternehmensbewertung auf der Basis von IFRS-Zahlen – Ein Problem für die Abfindung von Minderheitsaktionären?, in: Betriebs-Berater, 61. Jg., 2006, S. 369–372.

Knoll, Leonhard: Äquivalenz zwischen signifikanten Werten des Beta-Faktors und des Bestimmtheitsmaßes – Anmerkungen zu Dörschell/ Franken/ Schulte/ Brütting, WPg 2008, S. 1152–1162, in: Die Wirtschaftsprüfung, 63. Jg., 2010, S. 1106–1109.

Knoll, Leonhard; Vorndran, Philipp; Zimmermann, Stefan: Risikoprämien bei Eigen- und Fremdkapital – Vergleichbare Größen?, in: Der Finanz-Betrieb, 8. Jg., 2006, S. 380–384.

Knoll, Leonhard; Wenger, Ekkehard: Marktrisikoprämie versus Laufzeitprämie, in Bewertungs-Praktiker, 7. Jg., Nr. 3, 2011, S. 18–21.

Knoll, Leonhard; Wenger, Ekkehard; Tartler, Thomas: Die Marktrisikoprämie nach den Vorgaben des IDW – Ein empirischer Vertretbarkeitstest, in: Zeitschrift für Steuern & Recht, 8. Jg., 2011, S. 47–56.

Koch, Wolfgang: Praktiker-Handbuch Due Diligence – Ganzheitliche Analyse und Bewertung von Unternehmen, 3. Aufl., Stuttgart 2011.

König, Wolfgang: Die Vermittlungsfunktion der Unternehmensbewertung, in: Goetzke, Wolfgang; Sieben, Günter (Hrsg.): Moderne Unternehmungsbewertung und Grundsätze ihrer ordnungsmäßigen Durchführung, Köln 1977, S. 73–89.

König, Wolfgang; Zeidler, Gernot W.: Die Behandlung von Steuern bei der Unternehmensbewertung, in: Deutsches Steuerrecht, 34. Jg., 1996, S. 1098–1103.

Köster, Armin: Nachhaltige Investitionsplanung in der Unternehmensbewertung Herausforderung für das wertorientierte Investitionscontrolling, in: Controlling, 25. Jg., 2013, S. 625–633.

Kohl, Torsten: Die neuen Ausschüttungs- und Wiederanlageprämissen des IDW S 1 und ihr Einfluss auf die Objektivierung bei der Unternehmensbewertung, in: Unternehmensbewertung & Management, 3. Jg., 2005, S. 182–187.

Kohl, Thorsten; Schilling, Dirk: Grundsätze objektivierter Unternehmensbewertung, Würdigung unter besonderer Berücksichtigung eines OFD-Leitfadens, in: Steuern und Bilanzen, 8. Jg., 2006, S. 539–545.

Kohl, Thorsten; Schilling, Dirk: Grundsätze objektivierter Unternehmensbewertung im Sinne des IDW S 1 n. F. – Zeitpunkt der erstmaligen Anwendung bei steuerlichen Bewertungsanlässen, in: Die Wirtschaftsprüfung, 60. Jg., 2007, S. 70–76.

Kohl, Torsten; Schulte, Jörn: Ertragswertverfahren und DCF-Verfahren – Ein Überblick vor dem Hintergrund der Anforderungen des IDW S 1, in: Die Wirtschaftsprüfung, 53. Jg., 2000, S. 1147–1164.

Koller, Tim; Goedhart, Marc; Wessels, David: Valuation – Measuring and Managing the Value of Companies, 5. Aufl., Hoboken 2010.

Kozikowski, Michael; Dirscherl, Gertraud; Keller, Günther: Implikationen der Weiterentwicklung der Grundsätze zur Durchführung von Unternehmensbewertungen, in: Unternehmensbewertung & Management, 3. Jg., 2005, S. 69–74.

KPMG: Corporate Tax Rates Table, unter: http://www.kpmg.com/global/en/services/tax/tax-tools-¬ and-resources/pages/corporate-tax-rates-table.aspx am 17.12.2013.

Krämer, Gregor: Die Auswirkungen bankenaufsichtsrechtlicher Vorschriften auf die Unternehmensbewertung von kleinen und mittleren Unternehmen durch Kreditinstitute, in: Meyer, Jörn-Axel (Hrsg.): Unternehmensbewertung und Basel II in kleinen und mittleren Unternehmen, Lohmar Köln 2003, S. 13–31.

Krag, Joachim: Unternehmensbewertung, in: Die Betriebswirtschaft, 53. Jg., 1993, S. 683–694.

Krag, Joachim; Kasperzak, Rainer: Grundzüge der Unternehmensbewertung, München 2000.

Kratz, Norbert; Wangler, Clemens: Unternehmensbewertung bei nicht kapitalmarktorientierten Unternehmen – Das Problem der Ermittlung entscheidungsrelevanter Kapitalkosten, in: Finanz-Betrieb, 7. Jg., 2005, S. 169–176.

Kraus-Grünewald, Marion: Unternehmensbewertung und Verkäuferposition bei Akquisitionen, in: Ballwieser, Wolfgang; Böcking, Hans-Joachim; Drukarczyk, Jochen; Schmidt, Reinhard H. (Hrsg.): Bilanzrecht und Kapitalmarkt – Festschrift zum 65. Geburtstag von Adolf Moxter, Düsseldorf 1994, S. 1435–1456.

Kraus-Grünewald, Marion: Gibt es einen objektiven Unternehmenswert? – Zur besonderen Problematik der Preisfindung bei Unternehmenstransaktionen, in: Betriebs-Berater, 50. Jg., 1995, S. 1839–1844.

Krause, Christian: Verallgemeinerte Zusammenhänge von Kapitalkosten im Discounted Cash-Flow-Verfahren, in: Finanz-Betrieb, 8. Jg., 2006, S. 710–715.

Krolle, Sigrid; Schmitt, Günter; Schwetzler, Bernhard (Hrsg.): Multiplikatorverfahren in der Unternehmensbewertung – Anwendungsbereiche, Problemfälle, Lösungsalternativen, Stuttgart 2005.

Krotter, Simon; Schüler, Andreas: Empirische Ermittlung von Eigen-, Fremd- und Gesamtkapitalkosten – Eine Untersuchung deutscher börsennotierter Aktiengesellschaften, in: Zeitschrift für betriebswirtschaftliche Forschung, 65. Jg., 2013, S. 390–433.

Kruschwitz, Lutz: Risikoabschläge, Risikozuschläge und Risikoprämien in der Unternehmensbewertung, in: Der Betrieb, 54. Jg., 2001, S. 2409–2413.

Kruschwitz, Lutz; Husmann, Sven: Finanzierung und Investition, 7. Aufl., München 2012.

Kruschwitz, Lutz; Lodowicks, Arnd; Löffler, Andreas: Zur Bewertung insolvenzbedrohter Unternehmen, in: Die Betriebswirtschaft, 65. Jg., 2005, S. 221–236.

Kruschwitz, Lutz; Löffler, Andreas: Unendliche Probleme bei der Unternehmensbewertung, in: Der Betrieb, 51. Jg., 1998, S. 1041–1043.

Kruschwitz, Lutz; Löffler, Andreas: DCF-Verfahren, Finanzierungspolitik und Steuern, in: Seicht, Gerhard (Hrsg.): Jahrbuch für Controlling und Rechnungswesen, Wien 2001, S. 101–116.

Kruschwitz, Lutz; Löffler, Andreas: DCF = APV + (FTE & TCF & WACC)?, in: Richter, Frank; Schüler, Andreas; Schwetzler, Bernhard (Hrsg.): Kapitalgeberansprüche, Marktwertorientierung und Unternehmenswert – Festschrift für Jochen Drukarczyk zum 65. Geburtstag, München 2003, S. 235–253.

Kruschwitz, Lutz; Löffler, Andreas: Fünf typische Missverständnisse im Zusammenhang mit DCF-Verfahren, in: Finanz-Betrieb, 5. Jg., 2003, S. 731–733.

Kruschwitz, Lutz; Löffler, Andreas: Semi-subjektive Bewertung, in: Zeitschrift für Betriebswirtschaft, 73. Jg., 2003, S. 1335–1345.

Kruschwitz, Lutz; Löffler, Andreas: Zur Bewertung ewig lebender Unternehmen mit Hilfe von DCF-Verfahren, in: Der Betrieb, 56. Jg., 2003, S. 1401–1402.

Kruschwitz, Lutz; Löffler, Andreas: Bemerkungen über Kapitalkosten vor und nach Steuern, in: Zeitschrift für Betriebswirtschaft, 74. Jg., 2004, S. 1175–1190.

Kruschwitz, Lutz; Löffler, Andreas: Antwort auf eine Replik zu einer Stellungnahme zu einer Kritik Wilhelms an einer Arbeit von Kruschwitz/ Löffler, in: Zeitschrift für Betriebswirtschaft, 75. Jg., 2005, S. 1025.

Kruschwitz, Lutz; Löffler, Andreas: Ein neuer Zugang zum Konzept des Discounted Cashflow, in: Journal für Betriebswirtschaft, 55. Jg., 2005, S. 21–36.

Kruschwitz, Lutz; Löffler, Andreas: Kapitalkosten, Wertprozesse und Steuern, in: Zeitschrift für Betriebswirtschaft, 75. Jg., 2005, S. 1013–1019.

Kruschwitz, Lutz; Löffler, Andreas: Unternehmensbewertung und Einkommensteuer aus der Sicht von Theoretikern und Praktikern, in: Die Wirtschaftsprüfung, 58. Jg., 2005, S. 73–79.

Kruschwitz, Lutz; Löffler, Andreas: Unternehmensbewertung, Zahlenbeispiele und Jensens Ungleichung, in: Finanz-Betrieb, 7. Jg., 2005, S. 419–422.

Kruschwitz, Lutz; Löffler, Andreas: Discounted Cash Flow – A Theory of the Valuation of Firms, Chichester 2006.

Kruschwitz, Lutz; Löffler, Andreas: Sechs Antworten auf Richter, in: Zeitschrift für Betriebswirtschaft, 76. Jg., 2006, S. 109–110.

Kruschwitz, Lutz; Löffler, Andreas: Kapitalkosten aus theoretischer und praktischer Perspektive, in: Die Wirtschaftsprüfung, 61. Jg., 2008, S. 803–810.

Kruschwitz, Lutz; Löffler, Andreas; Canefield, Dominica: Hybride Finanzierungspolitik und Unternehmensbewertung, in: Finanz-Betrieb, 9. Jg., 2007, S. 427–431.

Kruschwitz, Lutz; Löffler, Andreas; Lorenz, Daniela: Unlevering und Relevering – Modigliani/ Miller versus Miles/ Ezzell, in: Die Wirtschaftsprüfung, 64. Jg., 2011, S. 672–678.

Kruschwitz, Lutz; Löffler, Andreas; Lorenz, Daniela: Zum Unlevering und Relevering von Betafaktoren – Stellungnahme zu Meitner/ Streitferdt, WPg 2012, S. 1037–1047–Zugleich Grundsatzüberlegungen zu Kapitalkostendefinitionen, in: Die Wirtschaftsprüfung, 65. Jg., 2012, S. 1048–1052.

Kruschwitz, Lutz; Löffler, Andreas; Mandl, Gerwald: Damodaran's Country Risk Premium – A Serious Critique, Working Paper, 2010.

Kruschwitz, Lutz; Löffler, Andreas; Mandl, Gerwald: Damodarans Country Risk Premium – Und was davon zu halten ist, in: Die Wirtschaftsprüfung, 64. Jg., 2011, S. 167–176.

Kruschwitz, Lutz; Löffler, Andreas; Scholze, Andreas: Zahlungsverpflichtungen, bilanzielle Schulden und DCF-Theorie, in: Die Wirtschaftsprüfung, 63. Jg., 2010, S. 474–480.

Kruschwitz, Lutz; Milde, Hellmuth: Geschäftsrisiko, Finanzierungsrisiko und Kapitalkosten, in: Zeitschrift für betriebswirtschaftliche Forschung, 48. Jg., 1996, S. 1115–1133.

Kruschwitz, Lutz; Schneider, Dirk; Husmann, Sven: Investitionsneutrale Steuersysteme unter Sicherheit, in: Wirtschaftswissenschaftliches Studium, 32. Jg., 2003, S. 328–333.

Künnemann, Martin: Berücksichtigung der Steuern in der Unternehmensbewertung, in: Börsig, Clemens; Coenenberg, Adolf G. (Hrsg.): Bewertung von Unternehmen – Strategie, Markt, Risiko, Stuttgart 2003, S. 153–171.

Kürsten, Wolfgang: »Shareholder value« – Grundelemente und Schieflagen einer polit-ökonomischen Diskussion aus finanzierungstheoretischer Sicht, in: Zeitschrift für Betriebswirtschaft, 70. Jg., 2000, S. 359–381.

Kürsten, Wolfgang: »Unternehmensbewertung unter Unsicherheit«, oder: Theoriedefizit einer künstlichen Diskussion über Sicherheitsäquivalent- und Risikozuschlagsmethode – Anmerkungen (nicht nur) zu dem Beitrag von Bernhard Schwetzler in der zfbf (August 2000, S. 489–486), in: Zeitschrift für betriebswirtschaftliche Forschung, 54. Jg., 2002, S. 128–144.

Kürsten, Wolfgang: Grenzen und Reformbedarfe der Sicherheitsäquivalentmethode in der (traditionellen) Unternehmensbewertung – Erwiderung auf die Anmerkungen von Ralf Diedrich und Jörg Wiese in der zfbf, in: Zeitschrift für betriebswirtschaftliche Forschung, 55. Jg., 2003, S. 306–314.

Küting, Karlheinz; Weber, Claus-Peter: Die Bilanzanalyse – Beurteilung von Abschlüssen nach HGB und IFRS, 10. Aufl., Stuttgart 2012.

Kuhner, Christoph: Prognosen in der Betriebswirtschaftslehre, in: Die Aktiengesellschaft, 51. Jg., 2006, S. 713–719.

Kuhner, Christoph: Unternehmensbewertung – Tatsachenfrage oder Rechtsfrage?, in: Die Wirtschaftsprüfung, 60. Jg., 2007, S. 825–834.

Kuhner, Christoph: Die Zielsetzungen von IFRS, US-GAAP und HGB und deren Konsequenzen für die Abbildung von Unternehmenskäufen, in: Ballwieser, Wolfgang; Beyer, Sven; Zelger, Hansjörg (Hrsg.): Unternehmenskauf nach IFRS und US-GAAP – Purchase Price Allocation, Goodwill und Impairment-Test, 2. Aufl., Stuttgart 2008, S. 1–34.

Kuhner, Christoph; Maltry, Helmut: Unternehmensbewertung, Berlin Heidelberg 2006.

Kup, Alexander: Methoden der Unternehmensbewertung – Internationaler Vergleich kleiner und mittelgroßer Unternehmen, Hamburg 2007.

Kupke, Thomas; Nestler, Anke: Steuerliche Verlustvorträge bei der Ermittlung von objektivierten Unternehmenswerten – Plädoyer für eine differenzierte Behandlung, in: Betriebs-Berater, 58. Jg., 2003, S. 2279–2285.

Kureljusic, Goran: Besonderheiten bei der Bewertung von Versicherungsunternehmen in der Praxis, in: Finanz-Betrieb, 11. Jg., 2009, S. 453–463.

Kußmaul, Heinz: Betriebswirtschaftliche Steuerlehre, 7. Aufl., München 2014.

Laas, Tim: Einkommensteuerwirkungen bei der Unternehmensbewertung, in: Die Wirtschaftsprüfung, 59. Jg., 2006, S. 290–297.

Laitenberger, Jörg: Tilgungseffekt und Kapitalherabsetzung – Anmerkung zum Beitrag von Sven Husmann, Lutz Kruschwitz und Andreas Löffler: »Unternehmensbewertung unter deutschen Steuern«, in: Die Betriebswirtschaft, 62. Jg., 2002, S. 555–559.

Laitenberger, Jörg: Kapitalkosten, Finanzierungsprämissen und Einkommensteuer, in: Zeitschrift für Betriebswirtschaft, 73. Jg., 2003, S. 1221–1239.

Laitenberger, Jörg: Semi-subjektive Bewertung und intertemporales Hedging – Eine Anmerkung zu dem Beitrag »Semi-subjektive Bewertung« von Lutz Kruschwitz und Andreas Löffler in der Zeitschrift für Betriebswirtschaft, in: Zeitschrift für Betriebswirtschaft, 73. Jg., 2003, S. 1335–1345, 74. Jg., 2004, S. 1103–1112.

Laitenberger, Jörg: Kommentar zu dem Aufsatz »Nutzenorientierte versus traditionelle subjektive Unternehmensbewertung« von Bernhard Nietert, in: Zeitschrift für Betriebswirtschaft, 76. Jg., 2006, S. 373–381.

Laitenberger, Jörg: Rendite und Kapitalkosten, in: Zeitschrift für Betriebswirtschaft, 76. Jg., 2006, S. 79–101.

Laitenberger, Jörg; Bahr, Christian: Die Bedeutung der Einkommensteuer bei der Unternehmensbewertung, in: Finanz-Betrieb, 4. Jg., 2002, S. 703–708.

Laitenberger, Jörg; Lodowicks, Arnd: Das Modigliani-Miller-Theorem mit ausfallgefährdetem Fremdkapital, in: Wirtschaftswissenschaftliches Studium, 34. Jg., 2005, S. 145–149.

Laitenberger, Jörg; Tschöpel, Andreas: Vollausschüttung und Halbeinkünfteverfahren, in: Die Wirtschaftsprüfung, 56. Jg., 2003, S. 1357–1367.

Lally, Martin: Valuation of Companies and Projects Under Differential Personal Taxation, in: Pacific-Basin Finance Journal, Vol. 8, 2000, S. 115–133.

Lampenius, Niklas; Philippi-Beck, Peter: Ratingbasierter Ansatz zur Unternehmensbewertung, in: Meeh, Gunther (Hrsg.): Unternehmensbewertung, Rechnungslegung und Prüfung – Festschrift für Wolf F. Fischer-Winkelmann, Hamburg 2006, S. 131–173.

Lange, Ingo: Unternehmenswert und Behavioral Finance in der Insolvenz, Wiesbaden 2005.

Langenkämper, Christof: Unternehmensbewertung – DCF-Methoden und simulativer VOFI-Ansatz, Wiesbaden 2000.

Lausterer, Martin: Unternehmensbewertung zwischen Betriebswirtschaftslehre und Rechtsprechung, Baden-Baden 1997.

Laux, Helmut: Wertorientierte Unternehmenssteuerung und Kapitalmarkt – Fundierung finanzwirtschaftlicher Entscheidungskriterien und (Anreize für) deren Umsetzung, 2. Aufl., Berlin 2006.

Laux, Helmut; Schabel, Matthias M.: Subjektive Investitionsbewertung, Marktbewertung und Risikoteilung – Grenzpreise aus Sicht börsennotierter Unternehmen und individueller Investoren im Vergleich, Berlin Heidelberg 2009.

Lentfer, Ernst-August: Zur Maßgeblichkeit des Unternehmenswerts für die Feststellung des Auseinandersetzungsguthabens eines ausgeschiedenen Gesellschafters, in: Der Betrieb, 43. Jg., 1990, S. 2032–2034.

Lenz, Susanne: Gesellschaftsrechtliches Spruchverfahren – Die Rückwirkung geänderter Grundsätze zur Unternehmensbewertung auf den Bewertungsstichtag – Zugleich Besprechung der Beschlüsse des BayObLG vom 28.10.2005 und des LG Bremen vom 18.02.2002, in: Die Wirtschaftsprüfung, 59. Jg., 2006, S. 1160–1167.

Leuthier, Rainer: Das Interdependenzproblem bei der Unternehmensbewertung, Frankfurt am Main u. a. 1988.

Leuthier, Rainer: Zur Berücksichtigung der Besteuerung bei der Unternehmensbewertung, in: Betriebswirtschaftliche Forschung und Praxis, 40. Jg., 1988, S. 505–521.

Lewis, Thomas G.; Stelter, Daniel M.; Casata, Thomas; Reiter, Monika: Steigerung des Unternehmenswertes – Total-Value-Management, 2. Aufl., Landsberg am Lech 1995.

Linnainmaa, Juhani T.: Reverse Survivorship Bias, in: Journal of Finance, Vol. 68, 2013, S. 789–813.

Lintner, John: The Valuation of Risk Assets and the Selection of Risky Investments in Stock Portfolios and Capital Budgets, in: Review of Economics and Statistics, Vol. 47, 1965, S. 13–37.

Liu, Jing; Nissim, Doron; Thomas, Jacob: Equity Valuation Using Multiples, in: Journal of Accounting Research, Vol. 40, 2002, S. 135–172.

Lobe, Sebastian: Marktbewertung des Steuervorteils der Fremdfinanzierung und Unternehmensbewertung, in: Finanz-Betrieb, 3. Jg., 2001, S. 645–652.

Lobe, Sebastian: Unternehmensbewertung und Terminal Value – Operative Planung, Steuern und Kapitalstruktur, Frankfurt am Main u. a. 2006.

Lobe, Sebastian: Terminal Value bei der Unternehmensbewertung, in: Das Wirtschaftsstudium, 40. Jg., 2011, S. 1096–1102.

Löcherbach, Gerhard: Zur Berücksichtigung der Verpflichtungen aus Zusagen von betrieblicher Altersversorgung bei der Unternehmensbewertung, in: Betriebswirtschaftliche Forschung und Praxis, 45. Jg., 1993, S. 59–65.

Löffler, Andreas: Das CAPM mit Steuern, in: Wirtschaftswissenschaftliches Studium, 27. Jg., 1998, S. 420–422.

Löffler, Andreas: Zwei Anmerkungen zu WACC, in: Zeitschrift für Betriebswirtschaft, 74. Jg., 2004, S. 933–942.

Löffler, Andreas: Was kann die Wirtschaftswissenschaft für die Unternehmensbewertung (nicht) leisten?, in: Die Wirtschaftsprüfung, 60. Jg., 2007, S. 808–811.

Löhnert, Peter G.; Böckmann, Ulrich J.: Multiplikatorverfahren in der Unternehmensbewertung, in: Peemöller, Volker H. (Hrsg.): Praxishandbuch der Unternehmensbewertung – Grundlagen und Methoden, Bewertungsverfahren, Besonderheiten bei der Bewertung, 5. Aufl., Herne 2012, S. 679–701.

Löhr, Dirk: Unternehmensbewertung – Ausschüttungspolitik und Vollausschüttungshypothese, in: Die Wirtschaftsprüfung, 45. Jg., 1992, S. 525–531.

Löhr, Dirk: Die Grenzen des Ertragswertverfahrens, Frankfurt am Main u. a. 1994.

Löhr, Dirk: Bewertung von Kapitalgesellschaften mit dem Zukunftserfolgswert – Auswirkungen des Steuersenkungsgesetzes, in: Betriebs-Berater, 56. Jg., 2001, S. 351–357.

Lüdenbach, Norbert: Unternehmensbewertung nach IDW S 1–Neue Vokabeln, alte Denkverbote? – Teil I, in: Die Information für Steuerberater und Wirtschaftsprüfer, 55. Jg., 2001, S. 596–601.

Lüdenbach, Norbert; Schulz, Roland: Unternehmensbewertung für Bilanzierungszwecke – Neue Herausforderungen für den Berufsstand durch den impairment-Ansatz von FAS 142?, in: Die Wirtschaftsprüfung, 55. Jg., 2002, S. 489–499.

Luehrman, Timothy A.: Using APV – A Better Tool for Valuing Operations, in: Harvard Business Review, Vol. 75, 1997, S. 145–155.

Luhmann, Niklas: Soziale Systeme – Grundriß einer allgemeinen Theorie, 15. Aufl., Frankfurt am Main 2012.

Lutz, Christoph v.; Kalina, René: Best-Practice-Standards zur Erstellung von Finanzmodellen, in: Corporate Finance biz, 1. Jg., 2010, S. 75–83.

Lutz, Harald; Matschke, Manfred J.: Zur Bewertung von Sacheinlagen bei Gründung und Kapitalerhöhung unter dem Aspekt des Gläubigerschutzes, in: Die Wirtschaftsprüfung, 45. Jg., 1992, S. 741–748.

Maehrle, Harald; Friedrich, Monika; Jaslowitzer, Stefan: Bewertung junger High Tech-Unternehmen, in: Finanz-Betrieb, 7. Jg., 2005, S. 834–839.

Männel, Wolfgang: Discounted Cash Flow-Methoden, Lauf an der Pegnitz 2001.

Mai, Jan M.: Mehrperiodige Bewertung mit dem Tax-CAPM und Kapitalkostenkonzept, in: Zeitschrift für Betriebswirtschaft, 76. Jg., 2006, S. 1225–1253.

Mai, Jan M.: Anmerkungen zum Modell der buchwertorientierten Finanzierung bei Cashfloworientierter Investitionspolitik, in: Zeitschrift für Betriebswirtschaft, 78. Jg., 2008, S. 611–621.

Mai, Jan M.: Die Bewertung verschuldeter Unternehmen unter Berücksichtigung von Zinsabzugsbeschränkungen, in: Die Betriebswirtschaft, 68. Jg., 2008, S. 35–51.

Maiterth, Ralf; Müller, Heiko; Broekelschen, Wiebke: Anmerkungen zum typisierten Ertragsteuersatz des IDW in der objektivierten Unternehmensbewertung, in: Die Betriebswirtschaft, 68. Jg., 2008, S. 239–254.

Mandl, Gerwald; Rabel, Klaus: Unternehmensbewertung – Eine praxisorientierte Einführung, Wien 1997.

Mandl, Gerwald; Rabel, Klaus: Objektivierter Unternehmenswert und Verkehrswert bei Umgründungen, in: Bertl, Romuald; Mandl, Dieter; Mandl, Gerwald; Ruppe, Hans G. (Hrsg.): Von der Gründung bis zur Liquidation – Unternehmensplanung aus steuerrechtlicher, zivilrechtlicher und betriebswirtschaftlicher Sicht, Wien 2003, S. 99–114.

Mandl, Gerwald; Rabel, Klaus: Methoden der Unternehmensbewertung (Überblick), in: Peemöller, Volker H. (Hrsg.): Praxishandbuch der Unternehmensbewertung – Grundlagen und Methoden, Bewertungsverfahren, Besonderheiten bei der Bewertung, 5. Aufl., Herne 2012, S. 49–92.

Markowitz, Harry M.: Portfolio Selection, in: Journal of Finance, Vol. 7, 1952, S. 77–91.

Matschke, Manfred J.: Substanzwert in der Unternehmensbewertung, in: Lück, Wolfgang (Hrsg.): Lexikon der Betriebswirtschaft, 6. Aufl., München Wien 2004, S. 648–650.

Matschke, Manfred J.: Unternehmensbewertung, Konzeptionen der, in: Lück, Wolfgang (Hrsg.), Lexikon der Betriebswirtschaft, 6. Aufl., München Wien 2004, S. 682–684.

Matschke, Manfred J.: Unternehmungsbewertung – Anlässe und Konzeptionen, in: Corsten, Hans; Gössinger, Ralf (Hrsg.): Lexikon der Betriebswirtschaftslehre, 5. Aufl., München 2008, S. 852–855.

Matschke, Manfred J.: Unternehmungsbewertung – Wertarten nach der Art ihrer Ermittlung, in: Corsten, Hans; Gössinger, Ralf (Hrsg.): Lexikon der Betriebswirtschaftslehre, 5. Aufl., München 2008, S. 855–861.

Matschke, Manfred J.; Brösel, Gerrit: Unternehmensbewertung – Funktionen, Methoden, Grundsätze, 4. Aufl., Wiesbaden 2013.

Matschke, Manfred J.; Hering, Thomas: Unendliche Probleme bei der Unternehmensbewertung? – Erwiderung zu Kruschwitz/ Löffler, in: Der Betrieb, 52. Jg., 1999, S. 920–922.

Maul, Karl-Heinz: Offene Probleme der Bewertung von Unternehmen durch Wirtschaftsprüfer, in: Der Betrieb, 45. Jg., 1992, S. 1253–1259.

Maul, Karl-Heinz: Unternehmens- und Anteilsbewertung in Spruchstellenverfahren, in: Richter, Frank; Schüler, Andreas; Schwetzler, Bernhard (Hrsg.): Kapitalgeberansprüche, Marktwertorientierung und Unternehmenswert – Festschrift für Jochen Drukarczyk zum 65. Geburtstag, München 2003, S. 255–287.

McDougall, Fred M.: Multi-Period Capital Asset Pricing Models – A Review of Development, in: Accounting & Finance, Vol. 21, 1981, S. 33–44.

McNulty, James J., Yeh, Tony D., Schulze, William S., Lubatkin, Michael H.: Wie hoch sind Ihre Kapitalkosten wirklich?, in: Harvard Business Manager, 25. Jg., 2003, S. 68–77.

Mecklenbrauck, Dirk: Abfindungsbeschränkungen in Gesellschaftsverträgen, in: Betriebs-Berater, 55. Jg., 2000, S. 2001–2006.

Meinert, Carsten: Neuere Entwicklungen in der Unternehmensbewertung (Teil I) und (Teil II), in: Der Betrieb, 64. Jg., 2011, S. 2397–2403 und 2455–2460.

Meitner, Matthias: Die Berücksichtigung von Inflation in der Unternehmensbewertung – Terminal-Value-Überlegungen (nicht nur) zu IDW ES 1 i.d.F. 2007, in: Die Wirtschaftsprüfung, 61. Jg., 2008, S. 248–255.

Meitner, Matthias: Multi-period Asset Lifetimes and Accounting-based Equity Valuation: Take Care with Constant-growth Terminal Value Models!, in: A Journal of Accounting, Finance and Business Studies, Vol. 49., 2013, S. 340–366.

Meitner, Matthias; Streitferdt, Felix: Unternehmensbewertung – Verändertes Bewertungsumfeld, Krisenunternehmen, unsichere zukünftige Inflationsentwicklung, Wertbeitragsrechnung, innovative Lösungsansätze, Stuttgart 2011.

Meitner, Matthias; Streitferdt, Felix: Unternehmensbewertung unter Berücksichtigung der Zinsschranke, in: Corporate Finance biz, 2. Jg., 2011, S. 258–269.

Meitner, Matthias; Streitferdt, Felix: Die Bestimmung des Betafaktors, in: Peemöller (Hrsg.): Praxishandbuch der Unternehmensbewertung – Grundlagen und Methoden, Bewertungsverfahren, Besonderheiten bei der Bewertung, 5. Aufl., Herne 2012, S. 511–576.

Meitner, Matthias; Streitferdt, Felix: Zum Unlevering und Relevering von Betafaktoren – Stellungnahme zu Kruschwitz/ Löffler/ Lorenz, WPg 2011, S. 672, in: Die Wirtschaftsprüfung, 65. Jg., 2012, S. 1037–1048.

Mellerowicz, Konrad: Der Wert der Unternehmung als Ganzes, Essen 1952.

Mercer, Z. Christopher; Harms, Travis W.: Business Valuation – An Integrated Theory, 2. Aufl., Hoboken 2008.

Mertens, Hans-Joachim: Zur Geltung des Stand-alone-Prinzips für die Unternehmensbewertung bei der Zusammenführung von Unternehmen, in: Die Aktiengesellschaft, 37. Jg., 1992, S. 321–335.

Metz, Volker: Der Kapitalisierungszinssatz bei der Unternehmensbewertung, Wiesbaden 2007.

Meyer, Stefan: Die Ermittlung von Schiedswerten für Unternehmen und Unternehmensanteile, in: Unternehmensbewertung & Management, 3. Jg., 2005, S. 37–44.

Meyersiek, Dietmar: Unternehmenswert und Branchendynamik, in: Betriebswirtschaftliche Forschung und Praxis, 43. Jg., 1991, S. 233–240.

Miles, James A.; Ezzell, John R.: The Weighted Average Cost of Capital, Perfect Capital Markets, and Project Life – A Clarification, in: Journal of Financial and Quantitative Analysis, Vol. 15, 1980, S. 719–730.

Miles, James A.; Ezzell, John R.: Reformulating Tax Shield Valuation – A Note, in: Journal of Finance, Vol. 40, 1985, S. 1485–1492.

Miller, Merton H.; Modigliani, Franco: Dividend Policy, Growth and the Valuation of Shares, in: Journal of Business, Vol. 34, 1961, S. 411–433.

Miller, Merton H.: Debt and Taxes, in: Journal of Finance, Vol. 32, 1977, S. 261–275.

Modigliani, Franco; Miller, Merton H.: The Cost of Capital, Corporation Finance and the Theory of Investment, in: American Economic Review, Vol. 48, 1958, S. 261–297.

Modigliani, Franco; Miller, Merton H.: Corporate Income Taxes and the Cost of Capital – A Correction, in: American Economic Review, Vol. 53, 1963, S. 433–443.

Moral, Felix: Die Abschätzung des Wertes industrieller Unternehmungen, 2. Aufl., Berlin 1923.

Morawietz, Markus: Rentabilität und Risiko deutscher Aktien- und Rentenanlagen seit 1870, Wiesbaden 1994.

Moser, Ulrich: Behandlung der Reinvestitionen bei der Ermittlung des Terminal Value, in: Betriebs-Berater, 57. Jg., 2002, Beilage 6, S. 17–23.

Moser, Ulrich: Behandlung von negativen Cash Flows und Verlustvorträgen, in: Richter, Frank; Timmreck, Christian (Hrsg.): Unternehmensbewertung – Moderne Instrumente und Lösungsansätze, Stuttgart 2004, S. 41–59.

Moser, Ulrich; Auge-Dickhut, Stefanie: Unternehmensbewertung – Der Informationsgehalt von Marktpreisabschätzungen auf Basis von Vergleichsverfahren, in: Finanz-Betrieb, 5. Jg., 2003, S. 10–22.

Moser, Ulrich; Auge-Dickhut, Stefanie: Unternehmensbewertung – Zum Zusammenhang zwischen Vergleichsverfahren und DCF-Verfahren, in: Finanz-Betrieb, 5. Jg., 2003, S. 213–223.

Moser, Ulrich; Doleczik, Günter; Granget, Alexander; Marmann, Jochen: Unternehmensbewertung auf der Grundlage von IAS/ IFRS, in: Betriebs-Berater, 58. Jg., 2003, S. 1664–1670.

Mossin, Jan: Equilibrium in a Capital Asset Market, in: Econometrica, Vol. 34, 1966, S. 768–783.

Moxter, Adolf: Die Bedeutung der Grundsätze ordnungsmässiger Unternehmensbewertung, in: Zeitschrift für betriebswirtschaftliche Forschung, 32. Jg., 1980, S. 454–459.

Moxter, Adolf: Grundsätze ordnungsmäßiger Unternehmensbewertung, 2. Aufl., Wiesbaden 1983.

Müller, Heiko; Langkau, Dirk: Die Wirkung des steuerlichen Lock-in Effekts auf Share- und Asset-Grenzpreise, in: Corporate Finance biz, 4. Jg., 2013, S. 333–345.

Münstermann, Hans: Wert und Bewertung der Unternehmung, 3. Aufl., Wiesbaden 1970.

Munkert, Michael J.: Der Kapitalisierungszinssatz in der Unternehmensbewertung – Theorie, Gutachtenpraxis und Rechtsprechung in Spruchverfahren, Wiesbaden 2005.

Munkert, Michael; Munkert, Michael J.: Der Basiszinssatz im Spruchverfahren – Ein Berechnungsmodell zur Berücksichtigung des Zinsänderungsrisikos bei der Ermittlung der angemessenen Entschädigung, in: Meeh, Gunther (Hrsg.): Unternehmensbewertung, Rechnungslegung und Prüfung – Festschrift für Wolf F. Fischer-Winkelmann, Hamburg 2006, S. 337– 369.

Myers, Stewart. C.: A Time-State-Preference Model of Security Valuation, in: Journal of Financial and Quantitative Analysis, Vol. 3, 1968, S. 1–33.

Myers, Stewart C.: The Cost of Capital, in: Newman, Peter K.; Milgate, Murray; Eatwell, John (Hrsg.): The New Palgrave Dictionary of Money and Finance, London 1992, S. 486–489.

Nadvornik, Wolfgang; Sylle, Fabian: Bewertung ertragsschwacher Unternehmen, in: Petersen, Karl; Zwirner, Christian; Brösel, Gerrit: Handbuch Unternehmensbewertung – Funktionen, moderne Verfahren, Branchen, Rechnungslegung, Köln 2013, S. 887–903.

Nadvornik, Wolfgang; Volgger, Stefan: Die Bewertung ertragsschwacher Unternehmen, in: Feldbauer-Durstmüller, Birgit; Schlager, Josef (Hrsg.): Krisenmanagement, Wien 2007, S. 329–352.

Nelson, Charles R.; Siegel, Andrew F.: Parsimonious Modeling of Yield Curves, in: Journal of Business, Vol. 60, 1987, S. 473–489.

Neuhaus, Christoph: Unternehmensbewertung und Abfindung bei freiwilligem Ausscheiden aus der Personenhandelsgesellschaft, Heidelberg 1990.

Neumann, Kay-Uwe; Ogorek, Markus: Alles eine Frage der Zeit – BGH ändert Rechtsprechung zur Berechnung von Abfindungen auf der Basis des Börsenkurses, in: Der Betrieb, 63. Jg., 2010, S. 1869–1871.

Neus, Werner: Einführung in die Betriebswirtschaftslehre aus institutionenökonomischer Sicht, 8. Aufl., Tübingen 2013.

Nietert, Bernhard: Nutzenorientierte versus traditionelle subjektive Unternehmensbewertung, in: Zeitschrift für Betriebswirtschaft, 75. Jg., 2005, S. 541–571.

Nietert, Bernhard: Replik zu dem Kommentar von Jörg Laitenberger zu meinem Aufsatz »Nutzenorientierte versus traditionelle subjektive Unternehmensbewertung«, in: Zeitschrift für Betriebswirtschaft, 76. Jg., 2006, S. 383–394.

Nippel, Peter: Zirkularitätsprobleme in der Unternehmensbewertung, in: Betriebswirtschaftliche Forschung und Praxis, 51. Jg., 1999, S. 333–347.

Nippel, Peter; Streitferdt, Felix: Unternehmensbewertung mit dem WACC-Verfahren – Steuern, Wachstum und Teilausschüttung, in: Zeitschrift für betriebswirtschaftliche Forschung, 55. Jg., 2003, S. 401–422.

Nissim, Doron; Penman, Stephen H.: Ratio Analysis and Equity Valuation – From Research to Practice, in: Review of Accounting Studies, Vol. 6, 2001, S. 109–154.

Nölle, Jens-Uwe: Grundlagen der Unternehmensbewertung – Anlässe, Funktionen, Verfahren und Grundsätze, in: Schacht, Ulrich; Fackler, Matthias (Hrsg.): Praxishandbuch Unternehmensbewertung, 2. Aufl., Wiesbaden 2009, S. 9–29.

Nonnenmacher, Rolf: Das Umtauschverhältnis bei der Verschmelzung von Kapitalgesellschaften, in: Die Aktiengesellschaft, 27. Jg., 1982, S. 153–158.

Nowak, Karsten: Marktorientierte Unternehmensbewertung – Discounted Cash Flow, Realoption, Economic Value Added und der Direct Comparison Approach, 2. Aufl., Wiesbaden 2003.

Oberlandesgericht Düsseldorf, Beschluß vom 17.02.1984, in: Der Betrieb, 37. Jg., 1984, S. 817–818.

Obermaier, Robert: Unternehmensbewertung bei Auszahlungsüberschüssen – Risikozu- oder -abschlag?, in: Der Betrieb, 57. Jg., 2004, S. 2761–2766.

Obermaier, Robert: Marktzinsorientierte Bestimmung des Basiszinssatzes in der Unternehmensbewertung, in: Finanz-Betrieb, 8. Jg., 2006, S. 472–479.

Obermaier, Robert: Die kapitalmarktorientierte Bestimmung des Basiszinssatzes für die Unternehmensbewertung – the Good, the Bad and the Ugly, in: Finanz-Betrieb, 10. Jg., 2008, S. 493–507.

Oertmann, Peter: Firm-Size-Effekt am deutschen Aktienmarkt – Eine empirische Untersuchung, in: Zeitschrift für betriebswirtschaftliche Forschung, 46. Jg., 1994, S. 229–259.

Ohlson, James A.: Risk, Return, Security-Valuation and the Stochastic Behavior of Accounting Numbers, in: Journal of Financial and Quantitative Analysis, Vol. 14, 1979, S. 317–336.

Ohlson, James A.: Earnings, Book Values, and Dividends in Equity Valuation, in: Contemporary Accounting Research, Vol. 11, 1995, S. 661–687.

Olbrich, Christian: Zur Unternehmensbewertung bei Zugewinnausgleich, in: Die Wirtschaftsprüfung, 35. Jg., 1982, S. 247–250.

Olbrich, Michael: Zur Bedeutung des Börsenkurses für die Bewertung von Unternehmungen und Unternehmungsanteilen, in: Betriebswirtschaftliche Forschung und Praxis, 52. Jg., 2000, S. 454–465.

Olbrich, Michael: Zur Berücksichtigung unternehmungskultureller Probleme bei der Bewertung von Akquisitionsobjekten, in: Zeitschrift für Planung & Unternehmenssteuerung, 13. Jg., 2002, S. 153–172.

Olbrich, Michael: Zur Unternehmungsbewertung bei Scheidung des Unternehmers, in: Die Betriebswirtschaft, 65. Jg., 2005, S. 411–426.

Olbrich, Michael: Unternehmungsnachfolge durch Unternehmungsverkauf, 2. Aufl., Wiesbaden 2013.

Olbrich, Michael; Olbrich, Carola: Unternehmensbewertung im Zugewinnausgleich – Einige betriebswirtschaftliche Anmerkungen zum jüngsten BGH-Urteil vom 6.2.2008–XII ZR 45/06, in: Der Betrieb, 61. Jg., 2008, S. 1483–1485.

Olbrich, Michael; Rapp, David: Wider die Anwendung der DVFA-Empfehlungen in der gerichtlichen Abfindungspraxis, in: Corporate Finance biz, 3. Jg., 2012, S. 233–236.

Ollmann, Michael; Richter, Frank: Kapitalmarktorientierte Unternehmensbewertung und Einkommensteuer – Eine deutsche Perspektive im Kontext internationaler Praxis, in: Kleineidam, Hans-Jochen (Hrsg.): Unternehmenspolitik und Internationale Besteuerung – Festschrift für Lutz Fischer zum 60. Geburtstag, Berlin 1999, S. 159–178.

Ossadnik, Wolfgang: Die »angemessene« Synergieverteilung bei der Verschmelzung, in: Der Betrieb, 50. Jg., 1997, S. 885–887.

Ostmeier, Hanns: Unternehmenswert aus Sicht von Finanzinvestoren, in: Börsig, Clemens; Coenenberg Adolf G. (Hrsg.): Bewertung von Unternehmen – Strategie, Markt, Risiko, Stuttgart 2003, S. 61–79.

Palepu, Krishna G.; Healy, Paul M.: Business Analysis & Valuation – Using Financial Statements, 5. Aufl., Stamford 2012.

Pape, Ulrich; Kreyer, Felix: Differenzierte Ermittlung von Restwerten in der Unternehmensbewertung, in: Wirtschaftswissenschaftliches Studium, 38. Jg., 2009, S. 282–288.

Pape, Ulrich; Schlecker, Matthias: Berechnung des Credit Spreads, in: Finanz-Betrieb, 10. Jg., 2008, S. 658–665.

Paul, Eduard: Bewertung von Unternehmensimmobilien, in: Peemöller, Volker H. (Hrsg.): Praxishandbuch der Unternehmensbewertung – Grundlagen und Methoden, Bewertungsverfahren, Besonderheiten bei der Bewertung, 5. Aufl., Herne 2012, S. 849–894.

Pawelzik, Kai U.: Die Entwicklung der Konzepte zur Unternehmensbewertung bei inflations- und thesaurierungsbedingtem Wachstum, in: Die Wirtschaftsprüfung, 63. Jg., 2010, S. 964–977.

Pawelzik, Kai U.: Explizites und implizites Fremdkapital bei der Unternehmensbewertung, in: Die Wirtschaftsprüfung, 65. Jg., 2012, S. 936–950.

Pawelzik, Kai U.: Grundsätze »ordnungsmäßiger« Unternehmensbewertungs-Lehre – Nicht nur eine Replik auf Friedl/ Schwetzler, CF biz 2011 S. 352 (358), in: Corporate Finance biz, 3. Jg., 2012, S. 35–39.

Pawelzik, Kai U.: Taugen die International Valuation Standards (IVS) zur Unternehmensbewertung als Vorbild für den IDW S 1?, in: Der Betrieb, 65. Jg., 2012, S. 1882–1888.

Pawelzik, Kai U.: Einfache Unternehmensbewertung ohne Tax Shields, in: Corporate Finance biz, 4. Jg., 2013, S. 261–269.

Pedell, Burkhard: Kapitalmarktbasierte Ermittlung des Kapitalkostensatzes für Zwecke der Entgeltregulierung, in: Zeitschrift für Planung und Unternehmenssteuerung, 18. Jg., 2007, S. 35–60.

Peemöller, Volker H.; Keller, Bernd; Rödl, Michael: Verfahren strategischer Unternehmensbewertung, in: Deutsches Steuerrecht, 34. Jg., 1996, S. 74–79.

Peemöller, Volker H.: Grundsätze der Unternehmensbewertung – Anmerkungen zum Standard IDW S 1, in: Deutsches Steuerrecht, 39. Jg., 2001, S. 1401–1408.

Peemöller, Volker H.: Wert und Werttheorien, in: Peemöller, Volker H. (Hrsg.): Praxishandbuch der Unternehmensbewertung – Grundlagen und Methoden, Bewertungsverfahren, Besonderheiten bei der Bewertung, 5. Aufl., Herne 2012, S. 1–15.

Peemöller, Volker H.: Anlässe der Unternehmensbewertung, in: Peemöller, Volker H. (Hrsg.): Praxishandbuch der Unternehmensbewertung – Grundlagen und Methoden, Bewertungsverfahren, Besonderheiten bei der Bewertung, 5. Aufl., Herne 2012, S. 17–28.

Peemöller, Volker H.: Grundsätze ordnungsmäßiger Unternehmensbewertung, in: Peemöller, Volker H. (Hrsg.): Praxishandbuch der Unternehmensbewertung – Grundlagen und Methoden, Bewertungsverfahren, Besonderheiten bei der Bewertung, 5. Aufl., Herne 2012, S. 29–48.

Peemöller, Volker H.; Beckmann, Christoph; Meitner, Matthias: Einsatz eines Nachsteuer-CAPM bei der Bestimmung objektivierter Unternehmenswerte – Eine kritische Analyse des IDW ES 1 n. F., in: Betriebs-Berater, 60. Jg., 2005, S. 90–96.

Peemöller, Volker H.; Bömelburg, Peter; Denkmann, Andreas: Unternehmensbewertung in Deutschland – Eine empirische Erhebung, in: Die Wirtschaftsprüfung, 47. Jg., 1994, S. 741–748.

Peemöller, Volker H.; Kunowski, Stefan: Ertragswertverfahren nach IDW, in: Peemöller, Volker H. (Hrsg.): Praxishandbuch der Unternehmensbewertung – Grundlagen und Methoden, Bewertungsverfahren, Besonderheiten bei der Bewertung, 5. Aufl., Herne 2012, S. 275–347.

Peemöller, Volker H.; Kunowski, Stefan; Hillers, Jens: Ermittlung des Kapitalisierungszinssatzes für internationale Mergers & Acquisitions bei Anwendung des Discounted Cash Flow-Verfahrens (Entity-Ansatz) – Eine empirische Erhebung, in: Die Wirtschaftsprüfung, 52. Jg., 1999, S. 621–630.

Peemöller, Volker H.; Meister, Jan M.; Beckmann, Christoph: Der Multiplikatoransatz als eigenständiges Verfahren in der Unternehmensbewertung, in: Finanz-Betrieb, 4. Jg., 2002, S. 197–209.

Peemöller, Volker H.; Petersen, Karl; Zwirner, Christian: BilanzWert – Unternehmensbewertung mit Excel, Version 7.0, Herne 2012.

Peemöller, Volker H.; Popp, Matthias: Unternehmensbewertung bei ertragsteuerlichen Verlustvorträgen, in: Betriebs-Berater, 52. Jg., 1997, S. 303–309.

Penman, Stephen H.: Financial Statement Analysis and Security Valuation, 5. Aufl., New York 2013.

Pensel, Jens: Das Stuttgarter Verfahren im Licht der modernen betriebswirtschaftlichen Unternehmensbewertung, in: Hebig, Michael; Kaiser, Karin; Koschmieder, Kurt-Dieter; Oblau, Markus (Hrsg.): Aktuelle Entwicklungsaspekte der Unternehmensbesteuerung – Festschrift für Wilhelm H. Wacker zum 75. Geburtstag, Berlin 2006, S. 171–205.

Perridon, Louis; Steiner, Manfred; Rathgeber, Andreas W.: Finanzwirtschaft der Unternehmung, 16. Aufl., München 2012.

Piehler, Maik; Schwetzler, Bernhard: Zum Wert ertragsteuerlicher Verlustvorträge, in: Zeitschrift für betriebswirtschaftliche Forschung, 62. Jg., 2010, S. 60–100.

Pfohl, Hans-Christian: Abgrenzung der Klein- und Mittelbetriebe von Großbetrieben, in: Pfohl, Hans-Christian (Hrsg.): Betriebswirtschaftslehre der Mittel- und Kleinbetriebe – Größenspezifische Probleme und Möglichkeiten zu ihrer Lösung, 5. Aufl., Berlin 2013, S. 1–25.

Picot, Arnold; Reichwald, Ralf; Wigand, Rolf T.: Die grenzenlose Unternehmung – Information, Organisation und Management, 5. Aufl., Wiesbaden 2003.

Piltz, Detlev J.: Die Unternehmensbewertung in der Rechtsprechung, 3. Aufl., Düsseldorf 1994.

Piltz, Detlev J.: Unternehmensbewertung und Börsenkurs im aktienrechtlichen Spruchstellenverfahren – Zugleich Besprechung der Entscheidung BVerfGE 100, 289, in: Zeitschrift für Unternehmens- und Gesellschaftsrecht, 30. Jg., 2001, S. 185–213.

Pliska, Stanley R.: Introduction to Mathematical Finance – Discrete Time Models, Oxford 1997.

Pooten, Holger: Grundsätze ordnungsmäßiger Unternehmensbewertung – Ermittlung und Inhalt aus Käufersicht, Büren 1999.

Popp, Matthias: Unternehmensbewertung bei Verlustvorträgen vs. Bewertung von Verlustvorträgen, in: Betriebs-Berater, 54. Jg., 1999, S. 1154–1159.

Popp, Matthias: Vergangenheits- und Lageanalyse, in: Peemöller, Volker H. (Hrsg.): Praxishandbuch der Unternehmensbewertung – Grundlagen und Methoden, Bewertungsverfahren, Besonderheiten bei der Bewertung, 5. Aufl., Herne 2012, S. 173–217.

Porter, Michael E.: Wettbewerbsvorteile – Spitzenleistungen erreichen und behaupten, 7. Aufl., Frankfurt am Main 2010.

Porter, Michael E.: Wettbewerbsstrategie – Methoden zur Analyse von Branchen und Konkurrenten, 12. Aufl., Frankfurt am Main 2013.

Posch, Ingeborg; Knoll, Leonhard: Tax Shield Multiplikator, Abgeltungsteuer und Eigenkapitaldiskriminierung, in: Corporate Finance biz, 1. Jg., 2010, S. 297–300.

Poterba, James M.; Summers, Lawrence H.: Mean Reversion in Stock Prices – Evidence and Implications, in: Journal of Financial Economics, Vol. 22, 1988, S. 27–59.

Prahalad, Coimbatore K.; Hamel, Gary: The Core Competence of the Corporation, in: Harvard Business Review, Vol. 68, 1990, S. 79–91.

Pratt, Shannon P.: Business Valuation Discounts and Premiums, 2. Aufl., Hoboken 2009.

Pratt, Shannon P.; Grabowski, Roger J.: Cost of Capital – Applications and Examples, 4. Aufl., Hoboken 2010.

Pratt, Shannon P.; Niculita, Alina V.: Valuing a Business – The Analysis and Appraisal of Closely Held Companies, 5. Aufl., New York 2008.

Praxmarer, Sandra: Unternehmensbewertung in der Praxis – Probleme bei der Anwendung von Multiples in: Wirtschaftswissenschaftliches Studium, 34. Jg., 2005, S. 229–232.

Pümpin, Cuno: Strategische Unternehmensbewertung, in: Der Schweizer Treuhänder, 64. Jg., 1990, S. 553–556.

Raab, Hermann: Ausgewählte Themen der rechtsgeprägten Unternehmensbewertung, in: Meeh, Gunther (Hrsg.): Unternehmensbewertung, Rechnungslegung und Prüfung – Festschrift für Wolf F. Fischer-Winkelmann, Hamburg 2006, S. 371–415.

Ränsch, Ulrich: Die Bewertung von Unternehmen als Problem der Rechtswissenschaften – Zur Bestimmung der angemessenen Abfindung für ausscheidende Kapitalgesellschafter, in: Die Aktiengesellschaft, 29. Jg., 1984, S. 202–212.

Rapp, David: »Eigenkapitalkosten« in der (Sinn-) Krise – Ein grundsätzlicher Beitrag zur gegenwärtigen Diskussion, in: Der Betrieb, 66. Jg., 2013, S. 359–362.

Rapp, Marc S.: Die arbitragefreie Adjustierung von Diskontierungssätzen bei einfacher Gewinnsteuer, in: Zeitschrift für betriebswirtschaftliche Forschung, 58. Jg., 2006, S. 771–806.

Rapp, Marc S.; Schwetzler, Bernhard: Das Nachsteuer-CAPM im Mehrperiodenkontext – Stellungnahme zum Beitrag von Dr. Jörg Wiese, FB 2006 S. 242ff., in: Finanz-Betrieb, 9. Jg., 2007, S. 108–116.

413

Rappaport, Alfred: Linking Competitive Strategy and Shareholder Value Analysis, in: Journal of Business Strategy, Vol. 7, 1987, S. 58–73.

Rappaport, Alfred: Creating Shareholder Value – A Guide for Managers and Investors, 2. Aufl., New York u. a. 1998.

Rashid, Muhammad; Amoako-Adu, Ben: The Cost of Capital Under Conditions of Personal Taxes and Inflation, in: Journal of Business Finance & Accounting, Vol. 22, 1995, S. 1049–1062.

Rausch, Benjamin: Unternehmensbewertung mit zukunftsorientierten Eigenkapitalkostensätzen – Möglichkeiten und Grenzen der Schätzung von Eigenkapitalkostensätzen ohne Verwendung historischer Renditen, Wiesbaden 2008.

Rebien, Axel: Kapitalkosten in der Unternehmensbewertung – Auswahl und Einsatz von Ermittlungsmethoden zur sachgerechten Ableitung von Risikokosten unter Berücksichtigung fundamentaler Faktoren, Aachen 2007.

Reese, Raimo: Schätzung von Eigenkapitalkosten für die Unternehmensbewertung, Frankfurt am Main u. a. 2007.

Reese, Raimo; Wiese, Jörg: Die kapitalmarktorientierte Ermittlung des Basiszinses für die Unternehmensbewertung – Operationalisierung, Schätzverfahren und Anwendungsprobleme, in: Zeitschrift für Bankrecht und Bankwirtschaft, 19. Jg., 2007, S. 38–52.

Reichling, Peter; Spengler, Thomas; Vogt, Bodo: Sicherheitsäquivalente, Wertadditivität und Risikoneutralität, in: Zeitschrift für Betriebswirtschaft, 76. Jg., 2006, S. 759–769.

Reichling, Peter; Spengler, Thomas; Vogt, Bodo: Zum Verhältnis von Wertadditivität bei Sicherheitsäquivalenten und Risikoanalyse – Replik zu den Anmerkungen »Sicherheitsäquivalente sind nicht überflüssig!« von Björn Häckel, Christian Holtz und Hans Ulrich Buhl, in: Zeitschrift für Betriebswirtschaft, 78. Jg., 2008, S. 961–967.

Reinke, Rüdiger: Moderne Unternehmensbewertung, in: Institut der Wirtschaftsprüfer in Deutschland e. V. (Hrsg.): Bericht über die Fachtagung 1997 des Instituts der Wirtschaftsprüfer in Deutschland e. V., Düsseldorf 1998, S. 235–253.

Reuter, Alexander: Nationale und internationale Unternehmensbewertung mit CAPM und Steuer-CAPM im Spiegel der Rechtsprechung, in: Die Aktiengesellschaft, 52. Jg., 2007, S. 1–12.

Reuter, Alexander; Lenz, Susanne: Unternehmensbewertungen nach der Neufassung des IDW-Standards S 1–Modifikation für aktienrechtliche Zwecke, in: Der Betrieb, 59. Jg., 2006, S. 1689–1693.

Rhiel, Raimund: Pensionsverpflichtungen, Steuern, Cash Flow und Unternehmensbewertung, in: Die Wirtschaftsprüfung, 52. Jg., 1999, S. 62–73.

Richter, Frank: Die Finanzierungsprämissen des Entity-Ansatzes vor dem Hintergrund des APV-Ansatzes zur Bestimmung von Unternehmenswerten, in: Zeitschrift für betriebswirtschaftliche Forschung, 48. Jg., 1996, S. 1076–1097.

Richter, Frank: DCF-Methoden und Unternehmensbewertung – Analyse der systematischen Abweichungen der Bewertungsergebnisse, in: Zeitschrift für Bankrecht und Bankwirtschaft, 9. Jg., 1997, S. 226–237.

Richter, Frank: Unternehmensbewertung bei variablem Verschuldungsgrad, in: Zeitschrift für Bankrecht und Bankwirtschaft, 10. Jg., 1998, S. 379–389.

Richter, Frank: Simplified Discounting Rules in Binomial Models, in: Schmalenbach Business Review, Vol. 53, 2001, S. 175–196.

Richter, Frank: Kapitalmarktorientierte Unternehmensbewertung – Konzeption, finanzwirtschaftliche Bewertungsprämissen und Anwendungsbeispiel, Frankfurt am Main 2002.

Richter, Frank: Simplified Discounting Rules, Variable Growth, and Leverage, in: Schmalenbach Business Review, Vol. 54, 2002, S. 136–147.

Richter, Frank: Relativer Unternehmenswert und Einkommensteuer oder: Was ist paradox am Steuerparadoxon?, in: Richter, Frank; Schüler, Andreas; Schwetzler, Bernhard (Hrsg.): Kapitalgeberansprüche, Marktwertorientierung und Unternehmenswert – Festschrift für Jochen Drukarczyk zum 65. Geburtstag, München 2003, S. 307–329.

Richter, Frank: Valuation With or Without Personal Income Taxes?, in: Schmalenbach Business Review, Vol. 56, 2004, S. 20–45.

Richter, Frank: Unternehmensbewertung, in: Picot, Gerhard (Hrsg.): Handbuch Mergers & Acquisitions – Planung, Durchführung, Integration, 3. Aufl., Stuttgart 2005, S. 321–351.

Richter, Frank: Zwei Klarstellungen zu den »Bemerkungen über Kapitalkosten vor und nach Steuern« von Lutz Kruschwitz und Andreas Löffler, in: Zeitschrift für Betriebswirtschaft, 76. Jg., 2006, S. 103–107.

Richter, Frank: Steuerparadoxon 2.0? Zur Bestimmung und Kommunizierbarkeit von Unternehmensbewertungen unter Berücksichtigung der zukünftigen Abgeltungsteuer, Arbeitspapier, 2007.

Richter, Frank: Unternehmensbewertung in Abhängigkeit von der Haltedauer? Zur Berücksichtigung der Einkommensteuer bei der Unternehmensbewertung nach der Steuerreform 2008, Working Paper, 2007.

Richter, Frank; Drukarczyk, Jochen: Wachstum, Kapitalkosten und Finanzierungseffekte, in: Die Betriebswirtschaft, 61. Jg., 2001, S. 627–639.

Richter, Horst: Die Bewertung von Versicherungsunternehmen aus der Sicht des Wirtschaftsprüfers, in: Ballwieser, Wolfgang; Böcking, Hans-Joachim; Drukarczyk, Jochen; Schmidt, Reinhard H. (Hrsg.): Bilanzrecht und Kapitalmarkt – Festschrift zum 65. Geburtstag von Adolf Moxter, Düsseldorf 1994, S. 1457–1481.

Rieger, Wilhelm: Zur Frage der angemessenen Abfindung der bei der Umwandlung ausscheidenden Aktionäre, in: Juristische Wochenschrift, 67. Jg., 1938, S. 3016–3018.

Riegger, Bodo: Der Börsenkurs als Untergrenze der Abfindung? – Anmerkungen zum Beschluß des Bundesverfassungsgerichts vom 27.4.1999, in: Der Betrieb, 52. Jg., 1999, S. 1889–1891.

Ring, Stephan; Castedello, Marc; Schlumberger, Erik: Auswirkungen des Steuersenkungsgesetzes auf die Unternehmensbewertung – Zum Einfluss auf den Wertbeitrag der Fremdfinanzierung, in: Finanz-Betrieb, 2. Jg., 2000, S. 356–361.

Rodloff, Frank: Börsenkurs statt Unternehmensbewertung – Zur Ermittlung der Abfindung in Spruchstellenverfahren, in: Der Betrieb, 52. Jg., 1999, S. 1149–1153.

Röder, Klaus; Müller, Sarah: Mehrperiodige Anwendung des CAPM im Rahmen von DCF-Verfahren, in: Finanz-Betrieb, 3. Jg., 2001, S. 225–233.

Rösgen, Klaus: Unternehmensbewertung von Versicherungen, in: Zeitschrift für Controlling & Management, 57. Jg., 2013, S. 46–54.

Roll, Richard: A Critique of the Asset Pricing Theory's Tests – Part I: On Past and Potential Testability of the Theory, in: Journal of Financial Economics, Vol. 4, 1977, S. 129–176.

Rosarius, Stephan; Wiese, Jörg: Erweiterungen zu »Simplified Discounting Rules in Binomial Models« von Frank Richter, Working Paper, 2005.

Rose, Gerd: Die Steuerbelastung der Unternehmung – Grundzüge der Teilsteuerrechnung, Wiesbaden 1973.

Rosenbaum, Dirk: Beratung und Unternehmensbewertung bei Unternehmenstransfers, in: Der Betrieb, 52. Jg., 1999, S. 1613–1615.

Rosenberg, Barr; Guy, James: Prediction of Beta from Investment Fundamentals, in: Financial Analysts Journal, Vol. 32, 1976, S. 62–70.

Ross, Stephen A.; Westerfield, Randolph W.; Jaffe, Jeffrey F.: Corporate Finance, 10. Aufl., New York 2013.

Rudolf, Markus; Witt, Peter: Bewertung von Wachstumsunternehmen – Traditionelle und innovative Methoden im Vergleich, Wiesbaden 2002.

Rudolph, Bernd: Zur Theorie des Kapitalmarktes – Grundlagen, Erweiterungen und Anwendungsbereiche des »Capital Asset Pricing Model (CAPM)«, in: Zeitschrift für Betriebswirtschaft, 49. Jg., 1979, S. 1034–1067.

Ruhnke, Klaus: Unternehmensbewertung und -preisfindung – Bezugsrahmen für die Evaluation und Bewertungskalküle, in: Buchführung, Bilanzierung, Kostenrechnung, 2002, S. 747–759.

Ruthardt, Frederik; Hachmeister, Dirk: Das Stichtagsprinzip in der Unternehmensbewertung – Grundlegende Anmerkungen und Würdigung der jüngeren Rechtsprechung in Spruchverfahren, in: Die Wirtschaftsprüfung, 65. Jg., 2012, S. 451–460.

Sagasser, Bernd; Bula, Thomas; Brünger, Thomas R.: Umwandlungen – Verschmelzung, Spaltung, Formwechsel, Vermögensübertragung – Zivilrecht, Handelsrecht, Arbeitsrecht, Kartellrecht, Steuerrecht – Mit Vertragsmustern, 4. Aufl., München 2011.

Salm, Christian; Siemkes, Jörg: Persistenz von Kalenderanomalien am deutschen Aktienmarkt, in: Finanz-Betrieb, 11. Jg., 2009, S. 414–418.

Sanfleber-Decher, Martina: Abfindungsklauseln in Gesellschaftsverträgen, Düsseldorf 1990.

Sanfleber-Decher, Martina: Unternehmensbewertung in den USA, in: Die Wirtschaftsprüfung, 45. Jg., 1992, S. 597–603.

Schacht, Ulrich; Fackler, Matthias: Discounted Cashflow-Verfahren – Eine Einführung, in: Schacht, Ulrich; Fackler, Matthias (Hrsg.): Praxishandbuch Unternehmensbewertung – Grundlagen, Methoden, Fallbeispiele, 2. Aufl., Wiesbaden 2009, S. 205–232.

Schäfer, Henry; Schässburger, Bernd: Bewertungsmängel von CAPM und DCF bei innovativen wachstumsstarken Unternehmen und optionspreistheoretische Alternativen, in: Zeitschrift für Betriebswirtschaft, 71. Jg., 2001, S. 85–107.

Schaumburg, Harald: Internationales Steuerrecht – Außensteuerrecht, Doppelbesteuerungsrecht, 3. Aufl., Köln 2011.

Scheffler, Wolfram: Internationale betriebswirtschaftliche Steuerlehre, 3. Aufl., München 2009.

Scheffler, Wolfram: Besteuerung von Unternehmen I – Ertrag-, Substanz- und Verkehrsteuern, 12. Aufl., Heidelberg u. a. 2012.

Schildbach, Thomas: Kölner versus phasenorientierte Funktionenlehre der Unternehmensbewertung, in: Betriebswirtschaftliche Forschung und Praxis, 45. Jg., 1993, S. 25–38.

Schildbach, Thomas: Ist die Kölner Funktionenlehre der Unternehmensbewertung durch die Discounted Cash-flow-Verfahren überholt?, in: Matschke, Manfred J.; Schildbach, Thomas (Hrsg.): Unternehmensberatung und Wirtschaftsprüfung – Festschrift für Günter Sieben zum 65. Geburtstag, Stuttgart 1998, S. 301–322.

Schildbach, Thomas: Ein fast problemloses DCF-Verfahren zur Unternehmensbewertung, in: Zeitschrift für betriebswirtschaftliche Forschung, 52. Jg., 2000, S. 707–723.

Schildbach, Thomas: Stellungnahme zu den kritischen Anmerkungen zu meinem Beitrag im Heft 12/2000 der zfbf von Jochen Drukarczyk und Andreas Schüler, von Sven Husmann, Lutz Kruschwitz und Andreas Löffler sowie von Martin Wallmeier, in: Zeitschrift für betriebswirtschaftliche Forschung, 53. Jg., 2001, S. 289.

Schildbach, Thomas: Der Konzernabschluss nach HGB, IFRS und US-GAAP, 7. Aufl., München 2008.

Schildbach, Thomas: Fair-Value-Bilanzierung und Unternehmensbewertung, in: Betriebswirtschaftliche Forschung und Praxis, 61. Jg., 2009, S. 371–387.

Schildbach, Thomas; Stobbe, Thomas; Brösel, Gerrit: Der handelsrechtliche Jahresabschluss, 10. Aufl., Sternenfels 2013.

Schleithoff, Felix: Die Unternehmensbewertung im deutschen Steuerrecht, Lohmar u. a. 2006.

Schmalenbach, Eugen: Dynamische Bilanz, 13. Aufl., Köln Opladen 1962.

Schmalenbach, Eugen: Die Beteiligungsfinanzierung, 9. Aufl., Köln Opladen 1966

Schmidbauer, Rainer: Der Kapitalisierungszinssatz in der Unternehmensbewertung nach dem StSenkG – Diskussion auf Irrwegen?, in: Betriebs-Berater, 57. Jg., 2002, S. 1251–1257.

Schmidbauer, Rainer: Die Bewertung von Konzernen als Problem in der Theorie der Unternehmensbewertung, in: Deutsches Steuerrecht, 40. Jg., 2002, S. 1542–1548.

Schmidbauer, Rainer: Marktbewertung mithilfe von Multiplikatoren im Spiegel des Discounted-Cashflow-Ansatzes, in: Betriebs-Berater, 59. Jg., 2004, S. 148–153.

Schmidt, Johannes G.: Die Discounted Cash-flow-Methode – Nur eine kleine Abwandlung der Ertragswertmethode?, in: Zeitschrift für betriebswirtschaftliche Forschung, 47. Jg., 1995, S. 1088–1118.

Schmidt, Johannes G.: Unternehmensbewertung mit Hilfe strategischer Erfolgsfaktoren, Frankfurt am Main u. a. 1997.

Schmidt, Reinhard H.; Terberger, Eva: Grundzüge der Investitions- und Finanzierungstheorie, 4. Aufl., Wiesbaden 1997.

Schmidt-von Rhein, Gisela: Bewertung von Freiberuflerpraxen – Anwendung des Ertragswertverfahrens auf Einzelpraxen und Praxisanteile, Wiesbaden 1997.

Schmitt, Dirk; Dausend, Florian: Unternehmensbewertung mit dem Tax CAPM, in: Finanz-Betrieb, 8. Jg., 2006, S. 233–242.

Schneider, Dieter: Marktwertorientierte Unternehmensrechnung – Pegasus mit Klumpfuß, in: Der Betrieb, 51. Jg., 1998, S. 1473–1478.

Schneider, Jörg: Die Ermittlung strategischer Unternehmenswerte, in: Betriebswirtschaftliche Forschung und Praxis, 40. Jg., 1988, S. 522–531.

Scholze, Andreas: Unternehmensbewertung bei cashfloworientierter Bilanzpolitik, in: Zeitschrift für Betriebswirtschaft, 78. Jg., 2008, S. 1165–1182.

Scholze, Andreas: Zur Relevanz des Fremdkapitalbuchwerts in der Unternehmensbewertung, in: Die Betriebswirtschaft, 69. Jg., 2009, S. 427–437.

Schorcht, Heike: Risikomanagement und Risikocontrolling junger Unternehmen in Wachstumsbranchen – Konzeption eines theoriegeleiteten Handlungsrahmens für die praxisinduzierte Unternehmenssteuerung, 2. Aufl., Berlin 2010.

Schosser, Josef; Grottke, Markus: Nutzengestützte Unternehmensbewertung – Ein Abriss der jüngeren Literatur, in: Zeitschrift für betriebswirtschaftliche Forschung, 65. Jg., 2008, S. 306–341.

Schreiber, Ulrich: Besteuerung der Unternehmen – Eine Einführung in Steuerrecht und Steuerwirkung, 3. Aufl., Wiesbaden 2012.

Schubert, Wolfgang J.: Teilkommentierung von § 249 HGB, in: Förschle, Gerhart; Grottel, Bernd; Schmidt, Stefan; Schubert, Wolfgang J.; Winkeljohann, Norbert (Hrsg.): Beck'scher Bilanz-Kommentar, 9. Aufl., München 2014, Rn. 1–116.

Schüler, Andreas: Zur Bewertung ertrags- und liquiditätsschwacher Unternehmen, in: Richter, Frank; Schüler, Andreas; Schwetzler, Bernhard (Hrsg.): Kapitalgeberansprüche, Marktwertorientierung und Unternehmenswert – Festschrift für Jochen Drukarczyk zum 65. Geburtstag, München 2003, S. 361–382.

Schüler, Andreas; Krotter, Simon: Unternehmenswertorientierte Finanzierungsentscheidungen vor dem Hintergrund der Unternehmensteuerreform 2008, in: Der Betrieb, 60. Jg., 2007, S. 2325–2326.

Schüler, Andreas; Lampenius, Niklas: Wachstumsannahmen in der Bewertungspraxis – Eine empirische Untersuchung ihrer Implikationen, in: Betriebswirtschaftliche Forschung und Praxis, 59. Jg., 2007, S. 232–248.

Schüler, Andreas; Schwetzler, Bernhard: Unternehmensbewertung und Rückstellungen – Die Bedeutung der Mittelverwendungsannahme – Stellungnahme zum Beitrag von Zimmermann/Meier, FB 2005 S. 654ff., in: Finanzbetrieb, 8. Jg., 2006, S. 249–252.

Schultze, Wolfgang: Methoden der Unternehmensbewertung, 2. Aufl., Düsseldorf 2003.

Schultze, Wolfgang: Unternehmensbewertung und Halbeinkünfteverfahren – Steuervorteile aus der Finanzierung deutscher Kapitalgesellschaften, in: Die Betriebswirtschaft, 65. Jg., 2005, S. 237–257.

Schultze, Wolfgang; Dinh Thi, Tam P.: Kapitalwertneutrale Wiederanlage in der Unternehmensbewertung – Die Ermittlung der Mindestrenditen von Kapitalgesellschaften bei Thesaurierung, in: Zeitschrift für Betriebswirtschaft, 77. Jg., 2007, S. 1179–1216.

Schultze, Wolfgang; Fischer, Hans: Ausschüttungsquoten, kapitalwertneutrale Wiederanlage und Vollausschüttungsannahme – Eine kritische Analyse der Wertrelevanz des Ausschüttungsverhaltens im Rahmen der objektivierten Unternehmensbewertung, in: Die Wirtschaftsprüfung, 66. Jg., 2013, S. 421–436.

Schulz, Roland: Größenabhängige Risikoanpassungen in der Unternehmensbewertung, Düsseldorf 2009.

Schwetzler, Bernhard: Zinsänderungsrisiko und Unternehmensbewertung – Das Basiszinsfuß-Problem bei der Ertragswertermittlung, in: Zeitschrift für Betriebswirtschaft, 66. Jg., 1996, S. 1081–1101.

Schwetzler, Bernhard: Zinsänderungen und Unternehmensbewertung – Zum Problem der angemessenen Barabfindung nach § 305 AktG, in: Der Betrieb, 49. Jg., 1996, S. 1961–1966.

Schwetzler, Bernhard: Die Kapitalkosten von Rückstellungen – Zur Anwendung des Shareholder Value-Konzeptes in Deutschland, in: Zeitschrift für betriebswirtschaftliche Forschung, 50. Jg., 1998, S. 678–702.

Schwetzler, Bernhard: Gespaltene Besteuerung, Ausschüttungssperrvorschriften und bewertungsrelevante Überschüsse bei der Unternehmensbewertung, in: Die Wirtschaftsprüfung, 51. Jg., 1998, S. 695–705.

Schwetzler, Bernhard: Stochastische Verknüpfung und implizite bzw. maximal zulässige Risikozuschläge bei der Unternehmensbewertung, in: Betriebswirtschaftliche Forschung und Praxis, 52. Jg., 2000, S. 478–492.

Schwetzler, Bernhard: Unternehmensbewertung unter Unsicherheit – Sicherheitsäquivalent- oder Risikozuschlagsmethode?, in: Zeitschrift für betriebswirtschaftliche Forschung, 52. Jg., 2000, S. 469–486.

Schwetzler, Bernhard: Das Ende des Ertragswertverfahrens? – Replik zu den Anmerkungen von Wolfgang Kürsten zu meinem Beitrag in der zfbf (August 2000, S. 469–486), in: Zeitschrift für betriebswirtschaftliche Forschung, 54. Jg., 2002, S. 145–158.

Schwetzler, Bernhard: Unternehmensbewertung und Risiko – Anmerkungen zu Kruschwitz, DB 2001 S. 2409, in: Der Betrieb, 55. Jg., 2002, S. 390–391.

Schwetzler, Bernhard: Innenfinanzierung durch Pensionsrückstellungen und Unternehmenswert, in: Richter, Frank; Schüler, Andreas; Schwetzler, Bernhard (Hrsg.): Kapitalgeberansprüche, Marktwertorientierung und Unternehmenswert – Festschrift für Jochen Drukarczyk zum 65. Geburtstag, München 2003, S. 409–440.

Schwetzler, Bernhard: Probleme der Multiple-Bewertung, in: Finanz-Betrieb, 5. Jg., 2003, S. 79–90.

Schwetzler, Bernhard: Was impliziert die Wachstumsformel des IDW S1? – Zugleich Anmerkungen zum Beitrag von Günther, FB 2003 S. 348ff., in: Finanz-Betrieb, 6. Jg., 2004, S. 198–203.

Schwetzler, Bernhard: Ausschüttungsäquivalenz, inflationsbedingtes Wachstum und Nominalrechnung in IDW ES 1 n. F. – Replik zum Beitrag von Knoll, WPg 2005, S. 1120ff., in: Die Wirtschaftsprüfung, 58. Jg., 2005, S. 1125–1129.

Schwetzler, Bernhard: Unternehmensbewertung bei Rückstellungen, Mittelverwendungsannahme und APV-Bewertungsmodell, in: Betriebswirtschaftliche Forschung und Praxis, 58. Jg., 2006, S. 109–127.

Schwetzler, Bernhard: Wachstumsannahmen in der Unternehmensbewertung – Zum »Nebeneinander« von organischem und thesaurierungsbedingtem Wachstum, in: BewertungsPraktiker, 3. Jg., Nr. 4, 2007, S. 2–6.

Schwetzler, Bernhard: Die »volle Entschädigung« von außenstehenden und ausscheidenden Minderheitsaktionären – Eine Anmerkung aus ökonomischer Sicht, in: Die Wirtschaftsprüfung, 61. Jg., 2008, S. 890–902.

Schwetzler, Bernhard; Aders, Christian; Adolff, Johannes: Zur Anwendung der DVFA Best-Practice-Empfehlungen – Unternehmensbewertung in der gerichtlichen Abfindungspraxis, in: Corporate Finance biz, 3. Jg., 2012, S. 237–241.

Schwetzler, Bernhard; Darijtschuk, Niklas: Unternehmensbewertung mit Hilfe der DCF-Methode – Eine Anmerkung zum »Zirkularitätsproblem«, in: Zeitschrift für Betriebswirtschaft, 69. Jg., 1999, S. 295–318.

Schwetzler, Bernhard; Darijtschuk, Niklas: Unternehmensbewertung und Finanzierungspolitiken, in: Zeitschrift für Betriebswirtschaft, 70. Jg., 2000, S. 117–134.

Seetzen, Uwe: Unternehmensbewertung im Spruchstellenverfahren, in: Die Wirtschaftsprüfung, 44. Jg., 1991, S. 166–172.

Sedemund, Joachim: Kartellrecht, in: Hölters, Wolfgang (Hrsg.): Handbuch Unternehmenskauf, 7. Aufl., Köln 2010, S. 577–704.

Seppelfricke, Peter: Handbuch Aktien- und Unternehmensbewertung – Bewertungsverfahren, Unternehmensanalyse, Erfolgsprognose, 4. Aufl., Stuttgart 2012.

Serfling, Klaus; Pape, Ulrich: Das Ertragswertverfahren als entscheidungsorientiertes Verfahren der Unternehmensbewertung, in: Das Wirtschaftsstudium, 24. Jg., 1995, S. 940–946.

Serfling, Klaus; Pape, Ulrich: Theoretische Grundlagen und traditionelle Verfahren der Unternehmensbewertung, in: Das Wirtschaftsstudium, 24. Jg., 1995, S. 808–820.

Serfling, Klaus; Pape, Ulrich: Strategische Unternehmensbewertung und Discounted Cash Flow-Methode, in: Das Wirtschaftsstudium, 25. Jg., 1996, S. 57–64.

Sharpe, William F.: A Simplified Model for Portfolio Analysis, in: Management Science, 9. Jg., 1963, S. 277–293.

Sharpe, William F.: Capital Asset Prices – A Theory of Market Equilibrium Under Conditions of Risk, in: Journal of Finance, Vol. 19, 1964, S. 425–442.

Sharpe, William F.: Portfolio Theory and Capital Markets, New York u. a. 1970.

Sick, Gordon A.: Tax-adjusted Discount Rates, in: Management Science, Vol. 36, 1990, S. 1432–1450.

Sieben, Günter: Der Substanzwert der Unternehmung, Wiesbaden 1963.

Sieben, Günter: Bewertung von Erfolgseinheiten – Investitions- und Bewertungsmodelle aus nutzentheoretischer Sicht, Köln 1968.

Sieben, Günter: Funktionen der Bewertung ganzer Unternehmen und von Unternehmensanteilen, in: Das Wirtschaftsstudium, 12. Jg., 1983, S. 539–542.

Sieben, Günter: Wesen, Ermittlung und Bedeutung des Substanzwerts als »vorgeleistete« Ausgaben, in: Busse von Colbe, Walther; Coenenberg, Adolf G. (Hrsg.): Unternehmensakquisition und Unternehmensbewertung – Grundlagen und Fallstudien, Stuttgart 1992, S. 67–88.

Sieben, Günter: Unternehmensbewertung, in: Wittmann, Waldemar; Kern, Werner; Köhler, Richard; Küpper, Hans-Ulrich; Wysocki, Klaus v. (Hrsg.): Handwörterbuch der Betriebswirtschaft, Teilband 3, 5. Aufl., Stuttgart 1993, S. 4315–4331.

Sieben, Günter: Unternehmensbewertung – Discounted Cash Flow-Verfahren und Ertragswertverfahren – Zwei völlig unterschiedliche Ansätze?, in: Lanfermann, Josef (Hrsg.): Internationale Wirtschaftsprüfung – Festschrift zum 65. Geburtstag von Hans Havermann, Düsseldorf 1995, S. 713–737.

Sieben, Günter; Diedrich, Ralf: Aspekte der Wertfindung bei strategisch motivierten Unternehmensakquisitionen, in: Zeitschrift für betriebswirtschaftliche Forschung, 42. Jg., 1990, S. 794–809.

Sieben, Günter; Diedrich, Ralf; Kirchner, Martin; Krautheuser, Rüdiger: Nutzung der Expertensystemtechnologie für die Unternehmensbewertung, in: Der Betrieb, 42. Jg., 1989, S. 1681–1684.

Sieben, Günter; Diedrich, Ralf; Kirchner, Martin; Krautheuser, Rüdiger: Expertensystemgestützte Ergebnisprognose zur Unternehmensbewertung, in: Der Betrieb, 43. Jg., 1990, S. 1–8.

Sieben, Günter; Maltry, Helmut: Der Substanzwert der Unternehmung, in: Peemöller, Volker H. (Hrsg.): Handbuch der Unternehmensbewertung – Grundlagen und Methoden, Bewertungsverfahren, Besonderheiten bei der Bewertung, 5. Aufl., Herne 2012, S. 653–677.

Sieben, Günter; Sanfleber, Martina: Betriebswirtschaftliche und rechtliche Aspekte von Abfindungsklauseln, in: Die Wirtschaftsprüfung, 51. Jg., 1989, S. 321–329.

Sieben, Günter; Schildbach, Thomas: Zum Stand der Entwicklung der Lehre von der Bewertung ganzer Unternehmungen, in: Deutsches Steuerrecht, 17. Jg., 1979, S. 455–461.

Siegel, Theodor: Steuern in der Unternehmensbewertung bei Wachstum und Risiko, in: Der Betrieb, 50. Jg., 1997, S. 2389–2392.

Siegel, Theodor: Paradoxa in der Unternehmensbewertung und ihre Erklärung, in: Poll, Jens (Hrsg.): Bilanzierung und Besteuerung der Unternehmen – Das Handels- und Steuerrecht auf dem Weg ins 21. Jahrhundert – Festschrift für Herbert Brönner zum 70. Geburtstag, Stuttgart 2000, S. 391–411.

Sielaff, Meinhard: Die Steuerbemessungsfunktion der Unternehmensbewertung, in: Goetzke, Wolfgang; Sieben, Günter (Hrsg.): Moderne Unternehmungsbewertung und Grundsätze ihrer ordnungsmäßigen Durchführung, Köln 1977, S. 105–119.

Siepe, Günter: Die Berücksichtigung von Ertragsteuern bei der Unternehmensbewertung, in: Die Wirtschaftsprüfung, 50. Jg., 1997, S. 1–10 (Teil I) und 37–44 (Teil Il).

Siepe, Günter: Kapitalisierungszinssatz und Unternehmensbewertung, in: Die Wirtschaftsprüfung, 51. Jg., 1998, S. 325–338.

Siepe, Günter: Unternehmensbewertung in der Rechtsprechung, in: Börsig, Clemens; Coenenberg, Adolf G. (Hrsg.): Bewertung von Unternehmen – Strategie, Markt, Risiko, Stuttgart 2003, S. 81–92.

Siepe, Günter; Ballwieser, Wolfgang; Harig, Hans; Reinke, Rüdiger: Podiumsdiskussion: Unternehmensbewertung heute, in: Institut der Wirtschaftsprüfer e.V. (Hrsg.): Weltweite Rechnungslegung und Prüfung – Bericht über die Fachtagung 1997 des Instituts der Wirtschaftsprüfer in Deutschland e.V., Düsseldorf 1998, S. 255–283.

Siepe, Günter; Dörschell, Andreas; Schulte, Jörn: Der neue IDW Standard – Grundsätze zur Durchführung von Unternehmensbewertungen (IDW S 1), in: Die Wirtschaftsprüfung, 53. Jg., 2000, S. 946–960.

Silber, William L.: Discounts on Restricted Stock – The Impact of Illiquidity on Stock Prices, in: Financial Analysts Journal, Vol. 47, 1991, S. 60–64.

Sikes, Stephanie A.; Verrecchia, Robert E.: Capital Gains Taxes and Expected Rates of Return, in: Accounting Review, Vol. 87, 2012, S. 1067–1086.

Soffer, Leonard C.; Soffer, Robin J.: Financial Statement Analysis – A Valuation Approach, Upper Saddle River 2003.

Spremann, Klaus: Finanzanalyse und Unternehmensbewertung, München u.a. 2002.

Spremann, Klaus: Valuation – Grundlagen moderner Unternehmensbewertung, München u.a. 2004.

Spremann, Klaus: Modern Finance – Rendite, Risiko, Wert, 2. Aufl., München Wien 2005.

Spremann, Klaus: Wirtschaft und Finanzen – Einführung in die BWL und VWL, 6. Aufl., München 2013.

Standard & Poor's (Hrsg.): Corporate Ratings Criteria 2008, New York 2008, unter: http://www.¬nafoa.org/pdf/CorprateCriteriaBook-2008.pdf am 24.02.2014.

Stehle, Richard; Hartmond, Anette: Durchschnittsrenditen deutscher Aktien 1954–1988, in: Kredit und Kapital, 24. Jg., 1991, S. 371–411.

Stehle, Richard: Der Size-Effekt am deutschen Aktienmarkt, in: *Zeitschrift* für Bankrecht und Bankwirtschaft, 9. Jg., 1997, S. 237–260.

Stehle, Richard: Renditevergleich von Aktien und festverzinslichen Wertpapieren auf Basis des DAX und des REXP, Working Paper, 1999.

Stehle, Richard: Die Festlegung der Risikoprämie von Aktien im Rahmen der Schätzung des Wertes von börsennotierten Kapitalgesellschaften, in: Die Wirtschaftsprüfung, 57. Jg., 2004, S. 906–927.

Steiner, Manfred; Wallmeier, Martin: Unternehmensbewertung mit discounted Cash Flow-Methoden und dem Economic Value Added-Konzept, in: Finanz-Betrieb, 1. Jg., 1999, S. 1–10.

Steiner, Peter; Uhlir, Helmut: Wertpapieranalyse, 4. Aufl., Heidelberg 2001.

Steinhauer, Carsten: Der Börsenpreis als Bewertungsgrundlage für den Abfindungsanspruch von Aktionären – Finanztheoretischer Hintergrund einer möglichen Trendwende in der gesellschaftsrechtlichen Praxis, in: Die Aktiengesellschaft, 44. Jg., 1999, S. 299–308.

Steinmann, Horst; Schreyögg, Georg; Koch, Jochen: Management – Grundlagen der Unternehmensführung, Konzepte, Funktionen, Fallstudien, 7. Aufl., Wiesbaden 2013.

Stellbrink, Jörn: Der Restwert in der Unternehmensbewertung, Düsseldorf 2005.

Stellbrink, Jörn; Brückner, Carsten: Beta-Schätzung – Schätzzeitraum und Renditeintervall unter statistischen Gesichtspunkten, in: BewertungsPraktiker, 7. Jg., Nr. 3, 2011, S. 2–9.

Stelter, Daniel; Strack, Rainer; Roos, Alexander: Bewertung und wertorientierte Steuerung von E-Business-Unternehmen, in: Controlling, 12. Jg., 2000, S. 409–415.

Stock, Detlev: Zur Relevanz von CAPM-Anomalien für den deutschen Aktienmarkt, Frankfurt am Main 2002.

Stöckli, Erich: Die Bewertung ausländischer Unternehmungen, in: Der Schweizer Treuhänder, 64. Jg., 1990, S. 563–566.

Stoimenov, Pavel A.; Wilkens, Sascha: Die empirische Validierung des Capital Asset Pricing Model, in: Wirtschaftswissenschaftliches Studium, 34. Jg., 2005, S. 269–273.

Strauch, Joachim; Lütke-Uhlenbrock, Christian: Unternehmensbewertungsverfahren beim Börsengang an den Neuen Markt – Eine empirische Analyse von Researchberichten, in: Finanz-Betrieb, 4. Jg., 2002, S. 366–376.

Streitferdt, Felix: Finanzierungspolitik bei ewigem Wachstum und ihre Auswirkung auf den Unternehmenswert, in: Finanz-Betrieb, 5. Jg., 2003, S. 273–279.

Streitferdt, Felix: Ertragsteuerliche Verlustvorträge in den DCF-Verfahren zur Unternehmensbewertung, in: Zeitschrift für Betriebswirtschaft, 74. Jg., 2004, S. 669–693.

Streitferdt, Felix: Unternehmensbewertung mit dem WACC-Verfahren bei konstantem Verschuldungsgrad, in: Finanz-Betrieb, 6. Jg., 2004, S. 43–49.

Streitferdt, Felix: Unternehmensbewertung mit den DCF-Verfahren nach der Unternehmensteuerreform 2008, in: Finanz-Betrieb, 10. Jg., 2008, S. 268–276.

Sturm, Stephan: Bewertung von geschichtslosen Unternehmen, in: Börsig, Clemens; Coenenberg, Adolf G. (Hrsg.): Bewertung von Unternehmen – Strategie, Markt, Risiko, Stuttgart 2003, S. 207–234.

Svensson, Lars E. O.: Estimating and Interpreting Forward Interest Rates – Sweden 1992–1994, Working Paper, 1994.

Svensson, Lars E. O.: Estimating Forward Interest Rates with the Extended Nelson & Siegel Method, in: Sveriges Riksbank – Quarterly Review, Vol. 17, 1995, S. 13–26.

Taggart, Robert A. Jr.: Consistent Valuation and Cost of Capital Expressions with Corporate and Personal Taxes, in: Financial Management, Vol. 20, 1991, S. 8–20.

Thiele, Dirk; Cremers, Heinz; Robé, Sophie: Beta als Risikomaß – Eine Untersuchung am europäischen Aktienmarkt, Working Paper, 2000.

Tillmann, Albert: Unternehmens- und Immobilienbewertung, in: Betriebswirtschaftliche Forschung und Praxis, 55. Jg., 2003, S. 329–345.

Timmreck, Christian: -Faktoren – Anwendungsprobleme und Lösungsansätze, in: Finanz-Betrieb, 4. Jg, 2002, S. 300–307.

Tobin, James: Liquidity Preference as Behavior Towards Risk, in: Review of Economic Studies, Vol. 25, 1958, S. 65–86.

Tomaszewski, Claude: Bewertung strategischer Flexibilität beim Unternehmenserwerb – Der Wertbeitrag von Realoptionen, Frankfurt am Main New York 2000.

Trentini, Simon: Unternehmensbewertung – Die Fachgutachten im Vergleich, Wien 2006.

Tschöpel, Andreas: Risikoberücksichtigung bei Grenzpreisbestimmungen im Rahmen der Unternehmensbewertung, Lohmar Köln 2004.

Tschöpel, Andreas; Wiese, Jörg; Willershausen, Timo: Unternehmensbewertung und Wachstum bei Inflation, persönlicher Besteuerung und Verschuldung (Teil 1) und (Teil 2), in: Die Wirtschaftsprüfung, 63. Jg., 2010, S. 349–357 und 405–412.

Ury, William L.: Schwierige Verhandlungen – Wie Sie sich mit unangenehmen Kontrahenten vorteilhaft einigen, 3. Aufl., München 1998.

Uzik, Martin; Weiser, M. Felix: Kapitalkostenbestimmung mittels CAPM oder MCPM?, in: Finanz-Betrieb, 5. Jg., 2003, S. 705–718.

Valcárcel, Sylvia: Ermittlung und Beurteilung des »strategischen Zuschlags« als Brücke zwischen Unternehmenswert und Marktpreis, in: Der Betrieb, 45. Jg., 1992, S. 589–595.

Van Dijk, Mathijs A.: The Size Effect Paradox, Working Paper, 2007.

Van Dijk, Mathijs A.: Is Size Dead? A Review of the Size Effect in Equity Returns, in: Journal of Banking and Finance, 35. Jg., 2011, S. 3263–3275.

Vincenti, Aurelio J. F.: Wirkungen asymmetrischer Informationsverteilung auf die Unternehmensbewertung, in: Betriebswirtschaftliche Forschung und Praxis, 54. Jg., 2002, S. 55–68.

Vincenti, Aurelio J. F.: Subjektivität der Prognoseunsicherheit und der Informationswirkung – Eine wertorientierte Betrachtung am Beispiel der Unternehmensbewertung, Göttingen 2004.

von Lutz, Christoph; Kalina, René: Best-Practice-Standards zur Erstellung von Finanzmodellen, in: Corporate Finance biz, 1. Jg., 2010, S. 75–83.

Wagenhofer, Alfred: Der Einfluß von Erwartungen auf den Argumentationspreis in der Unternehmensbewertung, in: Betriebswirtschaftliche Forschung und Praxis, 40. Jg., 1988, S. 532–552.

Wagenhofer, Alfred: Die Bestimmung von Argumentationspreisen in der Unternehmensbewertung, in: Zeitschrift für betriebswirtschaftliche Forschung, 40. Jg., 1988, S. 340–359.

Wagner, Franz W.; Rümmele, Peter: Ertragsteuern in der Unternehmensbewertung – Zum Einfluß von Steuerrechtsänderungen, in: Die Wirtschaftsprüfung, 48. Jg., 1995, S. 433–441.

Wagner, Jürgen: Unternehmensverkauf in Deutschland, in: Der Schweizer Treuhänder, 67. Jg., 1993, S. 253–263.

Wagner, Wolfgang; Jonas, Martin; Ballwieser, Wolfgang; Tschöpel, Andreas: Weiterentwicklung der Grundsätze zur Durchführung von Unternehmensbewertungen (IDW S 1), in: Die Wirtschaftsprüfung, 57. Jg., 2004, S. 889–898.

Wagner, Wolfgang; Jonas, Martin; Ballwieser, Wolfgang; Tschöpel, Andreas: Unternehmensbewertung in der Praxis – Empfehlungen und Hinweise zur Anwendung von IDW S 1, in: Die Wirtschaftsprüfung, 59. Jg., 2006, S. 1005–1028.

Wagner, Wolfgang; Mackenstedt, Andreas; Schieszl, Sven; Lenckner, Christian; Willershausen, Timo: Auswirkungen der Finanzmarktkrise auf die Ermittlung des Kapitalisierungszinssatzes in der Unternehmensbewertung, in: Die Wirtschaftsprüfung, 66. Jg., 2013, S. 948–959.

Wagner, Wolfgang; Saur, Gerhard; Willershausen, Timo: Zur Anwendung der Neuerungen der Unternehmensbewertungsgrundsätze des IDW S 1 i. d. F. 2008 in der Praxis, in: Die Wirtschaftsprüfung, 61. Jg., 2008, S. 731–747.

Wallmeier, Martin: Kapitalkosten und Finanzierungsprämissen, in: Zeitschrift für Betriebswirtschaft, 69. Jg., 1999, S. 1473–1490.

Wallmeier, Martin: Ein neues DCF-Verfahren zur Unternehmensbewertung? – Kritische Anmerkung zum Beitrag von Thomas Schildbach im Heft 12/2000 der zfbf, in: Zeitschrift für betriebswirtschaftliche Forschung, 53. Jg., 2001, S. 283–288.

Wallmeier, Martin: Implizite Kapitalkostensätze und der Fortführungswert im Residualgewinnmodell, in: Betriebswirtschaftliche Forschung und Praxis, 59. Jg., 2007, S. 558–579.

Wameling, Hubertus: Die Berücksichtigung von Steuern im Rahmen der Unternehmensbewertung, Wiesbaden 2004.

Watrin, Christoph; Stöver, Rüdiger: Gibt es Alternativen zur DAX-basierten Schätzung von Marktrisikoprämie, Betafaktor und Risikozuschlag?, in: Corporate Finance biz, 3. Jg., 2012, S. 119–129.

Weber, Jürgen; Schäfer, Utz: Einführung in das Controlling, 14. Aufl., Stuttgart 2014.

Wehrheim, Michael: Grundzüge der Unternehmensbesteuerung, 2. Aufl., München 2008.

Weinert, Ansfried B.; Scheffer, David: Arbeitsmotivation und Motivationstheorien, in: Gaugler, Eduard; Oechsler, Walter A.; Weber, Wolfgang (Hrsg.): Handwörterbuch des Personalwesens, 3. Aufl., Stuttgart 2004, S. 326–339.

Weizsäcker, Robert K. Frhr. v.: Gedanken zur kapitalmarktorientierten Bewertung nicht-börsennotierter Unternehmen, in: Wollmert, Peter; Schönbrunn, Norbert; Jung, Udo; Siebert, Hilmar; Henke, Michael (Hrsg.): Wirtschaftsprüfung und Unternehmensüberwachung – Festschrift für Wolfgang Lück, Düsseldorf 2003, S. 573–582.

Wenger, Ekkehard: Der unerwünscht niedrige Basiszins als Störfaktor bei der Ausbootung von Minderheiten, in: Richter, Frank; Schüler, Andreas; Schwetzler, Bernhard (Hrsg.): Kapitalgeberansprüche, Marktwertorientierung und Unternehmenswert – Festschrift für Jochen Drukarczyk zum 65. Geburtstag, München 2003, S. 475–495.

Wenger, Ekkehard: Verzinsungsparameter in der Unternehmensbewertung – Betrachtungen aus theoretischer und empirischer Sicht, in: Die Aktiengesellschaft, Sonderheft Fair Valuations – Moderne Grundsätze zur Durchführung von Unternehmensbewertungen, 2005, S. 9–22.

Wernerfelt, Birger: A Resource-based View of the Firm, in: Strategic Management Journal, Vol. 5, 1984, S. 171–180.

Widmann, Bernd; Schieszl, Sven; Jeromin, Axel: Der Kapitalisierungszinssatz in der praktischen Unternehmensbewertung, in: Finanz-Betrieb, 5. Jg., 2003, S. 800–810.

Wiese, Jörg: Zur theoretischen Fundierung der Sicherheitsäquivalentmethode und des Begriffs der Risikoauflösung bei der Unternehmensbewertung – Anmerkungen zu dem Beitrag von Wolfgang Kürsten in der zfbf (März 2002, S. 128–144), in: Zeitschrift für betriebswirtschaftliche Forschung, 55. Jg., 2003, S. 287–305.

Wiese, Jörg: Wachstum und Ausschüttungsannahmen im Halbeinkünfteverfahren, in: Die Wirtschaftsprüfung, 58. Jg., 2005, S. 617–623.

Wiese, Jörg: Das Nachsteuer-CAPM im Mehrperiodenkontext, in: Finanz-Betrieb, 8. Jg., 2006, S. 242–248.

Wiese, Jörg: Komponenten des Zinsfußes in Unternehmensbewertungskalkülen – Theoretische Grundlagen und Konsistenz, Frankfurt am Main 2006.

Wiese, Jörg: Das Nachsteuer-CAPM im Mehrperiodenkontext – Replik zu der Stellungnahme von Rapp/ Schwetzler auf den Beitrag aus FB 2006 S. 242ff., in: Finanz-Betrieb, 9. Jg., 2007, S. 116–120.

Wiese, Jörg: Unternehmensbewertung und Abgeltungssteuer, in: Die Wirtschaftsprüfung, 60. Jg., 2007, S. 368–375.

Wiese, Jörg; Gampenrieder, Peter: Kapitalmarktorientierte Bestimmung des Basiszinses – Möglichkeiten und Grenzen, in: Der Schweizer Treuhänder, 81. Jg., 2007, S. 442–448.

Wilhelm, Jochen: Zum Verhältnis von Capital Asset Pricing Model, Arbitrage Pricing Theory und Bedingungen der Arbitragefreiheit von Finanzmärkten, in: Zeitschrift für betriebswirtschaftliche Forschung, 33. Jg., 1981, S. 891–905.

Wilhelm, Jochen: Unternehmensbewertung bei persönlicher Einkommensteuer – Sind die Kapitalkosten ein fruchtbares Konzept?, in: Wildemann, Horst (Hrsg.): Organisation und Personal – Festschrift für Rolf Bühner, München 2004, S. 941–961.

Wilhelm, Jochen: Bemerkungen über Kapitalkosten vor und nach Steuern – Anmerkungen zu dem gleichnamigen Beitrag von Kruschwitz und Löffler, in: Zeitschrift für Betriebswirtschaft, 75. Jg., 2005, S. 1005–1012.

Wilhelm, Jochen: Replik zu Kruschwitz und Löffler, in: Zeitschrift für Betriebswirtschaft, 75. Jg., 2005, S. 1021–1024.

Wilhelm, Jochen: Unternehmensbewertung – Eine finanzmarkttheoretische Untersuchung, in: Zeitschrift für Betriebswirtschaft, 75. Jg., 2005, S. 631–665.

Wilhelm, Jochen; Schosser, Josef: A Note on Arbitrage-free Asset Prices with and without Personal Income Taxes, in: Review of Managerial Science, Vol. 1, 2007, S. 133–149.

Wilts, Rainer; Schaldt, Klaus; Nottmeier, Andreas: Unternehmensbewertung im Rahmen von Squeeze-outs, in: Finanz-Betrieb, 4. Jg., 2002, S. 621–629.

Wilts, Rainer; Schaldt, Klaus; Nottmeier, Andreas; Klasen, Bernadette: Rechtsprechung zur Unternehmensbewertung, in: Finanz-Betrieb, 6. Jg., 2004, S. 508–514.

Wüstemann, Jens: Basiszinssatz und Risikozuschlag in der Unternehmensbewertung – Aktuelle Rechtsprechungsentwicklungen, in: Betriebs-Berater, 62. Jg., 2007, S. 2223–2227.

Wüstemann, Jens: BB-Rechtsprechungsreport Unternehmensbewertung 2007/08, in: Betriebs-Berater, 63. Jg., 2008, S. 1499–1503.

Wüstemann, Jens: BB-Rechtsprechungsreport Unternehmensbewertung 2008/09, in: Betriebs-Berater, 64. Jg., 2009, S. 1518–1523.

Wüstemann, Jens: BB-Rechtsprechungsreport Unternehmensbewertung 2009/10, in: Betriebs-Berater, 65. Jg., 2010, S. 1715–1720.

Wüstemann, Jens: BB-Rechtsprechungsreport Unternehmensbewertung 2011/12, in: Betriebs-Berater, 67. Jg., 2012, S. 1719–1724.

Wullenkord, Axel: New Economy Valuation – Moderne Bewertungsverfahren für Hightech-Unternehmen, in: Finanz-Betrieb, 2. Jg., 2000, S. 522–527.

Zeidler, Gernot W.: Die Anwendbarkeit von IDW S 1 auf kleine und mittlere Unternehmen, in: Baetge, Jörg; Kirsch, Hans-Jürgen (Hrsg.): Besonderheiten der Bewertung von Unternehmensteilen sowie von kleinen und mittleren Unternehmen, Düsseldorf 2006, S. 41–56.

Zeidler, Gernot W.; Schöniger, Stefan; Tschöpel, Andreas: Auswirkungen der Unternehmensteuerreform 2008 auf Unternehmensbewertungskalküle, in: Finanz-Betrieb, 10. Jg., 2008, S. 276–288.

Zeidler, Gernot W.; Tschöpel, Andreas; Bertram, Ingo: Kapitalkosten in Zeiten der Finanz- und Schuldenkrise – Überlegungen zu empirischen Kapitalmarktparametern in Unternehmensbewertungskalkülen, in: Corporate Finance biz, 3. Jg., 2012, S. 70–80.

Zimmermann, Heinz: State-Preference Theorie und Asset Pricing – Eine Einführung, Heidelberg 1998.

Zimmermann, Jochen: Kapitalkosten in der Krise – Krise der Kapitalkosten? – CAPM und Barwertmodelle im Langzeitvergleich, in: Corporate Finance biz, 4. Jg., 2013, S. 3–9.

Zimmermann, Jochen; Meier, Jan-Hendrik: Möglichkeiten einer objektivierten Berücksichtigung von Rückstellungen in der Unternehmensbewertung – Ein Lösungsvorschlag auf Grundlage von Arbitragemodellen, in: Finanz-Betrieb, 7. Jg., 2005, S. 654–658.

Zimmermann, Jochen; Meser, Michael: Kapitalkosten in der Krise – Krise der Kapitalkosten? – CAPM und Barwertmodelle im Langzeitvergleich, in: Coporate Finance biz, 4. Jg., 2013, S. 3–9.

Zimmermann, Jochen; Prokop, Jörg: Unternehmensbewertung aus der Sicht des Rechnungswesens – Das Residual Income Model, in: Wirtschaftswissenschaftliches Studium, 31. Jg., 2002, S. 272–277.

Zimmermann, Jochen; Prokop, Jörg: Rechnungswesenorientierte Unternehmensbewertung und Clean Surplus Accounting – Konzeptionelle Bewertungseignung der Konzernabschlüsse deutscher Aktiengesellschaften, in: Kapitalmarktorientierte Rechnungslegung, 3. Jg., 2003, S. 134–142.

Zimmermann, Jochen; Werner, Jörg-Richard; Hitz, Jörg-Markus: Buchführung und Bilanzierung nach IFRS, 2. Aufl., München 2011.

Zimmermann, Peter: Schätzung und Prognose von Betawerten – Eine Untersuchung am deutschen Aktienmarkt, Bad Soden/ Taunus 1997.

Zwirner, Christian: Kapitalisierungszinssätze in der Unternehmensbewertung – Eine empirische Analyse inländischer IFRS-Konzernabschlüsse 2012, in: Corporate Finance biz, 4. Jg., 2013, S. 416–421.

Zwirner, Christian: Unternehmensbewertung von KMU – Kritische Bestandsaufnahme und Grenzen des IDW S 1 sowie Notwendigkeit einer Skalierung, in: Der Betrieb, 66. Jg., 2013, S. 1797–1802.

Zwirner, Christian; Mugler, Jörg: Unternehmensbewertung nach BilMoG, in: Der Betrieb, 64. Jg., 2011, S. 2559–2565.

Stichwortverzeichnis

Walter Olbricht

Statistik zum Mitdenken

Ein Arbeits- und Übungsbuch

2., aktualisierte und erweiterte Auflage 2013
300 Seiten, 24 Abb.,
9 Tab. Zweifarbig. Kart.
€ 29,90
ISBN 978-3-17-023442-0

Mitdenken hilft gegen Vorurteile, z. B. gegen das Vorurteil, dass Statistik öde ist und Statistikklausuren noch öder sind. Dieses jetzt in zweiter erweiterter Auflage vorliegende Arbeits- und Übungsbuch nutzt diesen Effekt und setzt konsequent an dem Punkt an, der die Studierenden am meisten interessiert: an den Klausuren.

Lebensnahe Klausuraufgaben – oftmals selbst kleine „Fallstudien" oder der Tagespresse entlehnt – fordern die Studierenden heraus und sorgen auf diese Weise dafür, dass statistisches Denken in ihr „aktives Methodenrepertoire" übergeht statt bloß passiv aufgenommener (und entsprechend schnell vergessener) „Lernstoff" zu bleiben.

Walter Olbricht ist Akademischer Direktor und außerplanmäßiger Professor am Lehrstuhl für Stochastik der Universität Bayreuth.

Leseproben und weitere Informationen unter www.kohlhammer.de

W. Kohlhammer GmbH · 70549 Stuttgart
vertrieb@kohlhammer.de